全世界无产者，联合起来！

# 列 宁 全 集

## 第二版增订版

## 第八卷

1903年9月—1904年7月

中共中央 马克思 恩格斯 著作编译局编译
列 宁 斯大林

人民出版社

《列宁全集》第二版是根据中国共产党中央委员会的决定，由中共中央马克思恩格斯列宁斯大林著作编译局编译的。

# 凡　　例

1. 正文和附录中的文献分别按写作或发表时间编排。在个别情况下，为了保持一部著作或一组文献的完整性和有机联系，编排顺序则作变通处理。

2. 每篇文献标题下括号内的写作或发表日期是编者加的。文献本身在开头已注明日期的，标题下不另列日期。

3. 1918年2月14日以前俄国通用俄历，这以后改用公历。两种历法所标日期，在1900年2月以前相差12天(如俄历为1日，公历为13日)，从1900年3月起相差13天。编者加的日期，公历和俄历并用时，俄历在前，公历在后。

4. 目录中凡标有星花＊的标题，都是编者加的。

5. 在引文中尖括号〈　〉内的文字和标点符号是列宁加的。

6. 未说明是编者加的脚注为列宁的原注。

7.《人名索引》、《文献索引》条目按汉语拼音字母顺序排列。在《人名索引》条头括号内用黑体字排的是真姓名；在《文献索引》中，带方括号［　］的作者名、篇名、日期、地点等等，是编者加的。

# 目　　录

## 插　　图

# 前　　言

本卷收载列宁在 1903 年 9 月至 1904 年 7 月期间的著作。

这一时期，俄国正处在第一次资产阶级民主革命的前夜。人民反对专制制度的斗争持续发展。1904 年 1 月爆发的日俄战争加剧了俄国的革命危机。"处处都感到大风暴即将到来。一切阶级都动了起来，准备应变。"（见本版全集第 39 卷第 6—7 页）无产阶级要在革命中发挥领导作用，就必须建立一个集中统一的革命政党。1903 年 7—8 月举行的俄国社会民主工党第二次代表大会解决了这一任务。这次代表大会通过了统一的纲领和章程，建立了中央机关。列宁的建党思想取得了胜利。机会主义派成为少数派（即孟什维克），以列宁为首的多数派（即布尔什维克）在中央机关中占了优势。代表大会之后，布尔什维克面临的任务是巩固已经取得的胜利，在代表大会各项决议的基础上把所有党组织团结起来，领导广大无产阶级和农民群众做好迎接即将来临的革命战斗的准备。然而，孟什维克不甘心在代表大会上失败，仍坚持其机会主义立场，继续进行分裂活动。1903 年 9 月，孟什维克召开派别会议，建立秘密的反党中心——少数派常务局，制定派别活动的纲领和控制党中央机关的措施。10 月，在普列汉诺夫支持下，孟什维克控制了中央机关报《火星报》编辑部，并在党总委员会中占居多数席位。1904 年夏又控制了中央委员会。孟什维克还四处进行蛊惑宣传,诽谤、中伤列宁和布尔什维克,力图在国内地方党组织中扩展和巩固自己的阵地。孟什维克的分裂和破坏活动造成了严重的党内危机。本卷所收的文献主要反映列宁在孟什维克占了上风、布尔什维克处于不利地位的时期为维护党的第二次代表大会的成果,反对孟什维克的机会主义路线,争取党在布尔什维克立场上的团结而进行的斗争。

《进一步,退两步(我们党内的危机)》一文是本卷中最主要的著作。列宁在此文中论述俄国社会民主工党在第二次代表大会上划分为布尔什维克和孟什维克的政治意义,批判了孟什维克在组织问题上的机会主义,阐明了布尔什维克的组织原则,发展了马克思主义关于无产阶级政党的学说。

党的第二次代表大会在会议进程中形成了 4 个基本派别:火星派多数派、火星派少数派、中派和反火星派。火星派少数派在党章第 1 条问题上坚持机会主义观点,同火星派多数派发生原则分歧而与中派和反火星派结成联盟,继而在中央机关的选举问题上以庸俗观念反对党性观点,采取无理取闹的手段争取席位。代表大会最终划分出了多数派和少数派,即布尔什维克和孟什维克。

孟什维克力图歪曲和掩盖他们和布尔什维克在组织问题上的原则分歧,把列宁的火星派多数派在代表大会上的胜利说成是偶然的。为了让广大党员群众了解分歧的真实情况,认清斗争的意义,对党内斗争作出独立的判断,列宁在《进一步,退两步》中以俄国社会民主工党第二次代表大会的记录和党的其他文件为根据,用大量的事实说明代表大会上各派是怎样形成和演变的,令人信服地证明:多数派和少数派的划分是社会民主党划分为革命派和机会主义派的直接的必然的继续,少数派是由党内最带机会主义性质、在理论上最不坚定和在原则上最不彻底的分子组成的,两派的意见分歧主要表现在组织问题上。代表大会后新《火星报》加深、发展和扩大了马尔托夫在党章第1条条文问题上所犯的错误,使组织问题上的机会主义表现得更加明显。

列宁在《进一步,退两步》一文中详细分析了第二次代表大会上关于党章特别是党章第1条条文的争论。列宁的火星派坚持的建党两个基本思想,一个是集中制,这是贯穿在整个党章中的唯一的原则性思想;另一个是形式上离开集中制而成立两个中央机关(中央委员会和中央机关报),这是根据党处于秘密状态的特殊情况提出的局部性思想。列宁的建党思想受到反火星派和中派的反对。火星派内部在讨论党章第1条条文时也产生了分歧。这种意见分歧成了以马尔托夫为首的火星派少数派走向机会主义的转折点,奠定了他们同反火星派和中派结成联盟的基础。列宁和马尔托夫在党章条文上的分歧反映了两种不同的建党观点。列宁提出的党章草案第1条的条文是:"凡承认党纲、在物质上支持党并亲自参加党的一个组织的人,可以作为党员。"马尔托夫提出的条文是:"凡承认党纲、并在党的机关监督和领导下为实现党的任务而积极工作的人,可以作为俄国社会民主工党党员。"列宁的条文强调党员必须亲自参加党的一个组织。马尔托夫的条文却认为党员不必参加党的一个组织,只要经常协助党就够了,实际上是主张让每个同情党的知识分子和每个罢工者或游行示威者都有自行宣布为党员的权利。孟什维克认为列宁的条文会把虽然不能直接吸收到组织中、但毕竟还是党员的那些人抛到党的门外。列宁批驳了这种抹杀工人阶级的先锋队同其他部分的界限、迁就落后阶层的尾巴主义观点。他指出:党应当是组织的总和,应当是一个整体;

党应当是尽量有组织的,它只能吸收至少能接受最低限度组织性的分子;无限扩大党的界限不能加强反而只能削弱党对群众的影响,党的力量不是简单的算术数字,它首先取决于党的成员的坚定性,取决于内部的团结。党愈坚强,党的队伍中的动摇性愈少,党就愈能领导群众、领导工人阶级的一切组织。马尔托夫的条文实际上是为机会主义分子、小资产阶级分子敞开大门。列宁指出,"归结起来说,问题正在于是彻底实行组织原则,还是崇尚涣散状态和无政府状态"(见本卷第253页)。列宁主张建立一个集中的、组织严密的、纪律严格的无产阶级政党,马尔托夫要建立的则是组织涣散、没有定型、成分复杂的政党。党章第1条的争论的实质是维护与反对无产阶级组织性和纪律性的斗争。

代表大会之后,孟什维克提出自治制来对抗列宁的集中制原则,宣称党是各个自治委员会的总和,党的各个部分不应该服从整体,部分对于整体应该有自治权。他们竭力攻击集中制,把集中制诬蔑为"官僚主义"和"形式主义",说它把党变成一个由中央委员会充当厂长的"大工厂",把党员变成"小轮子和小螺丝钉"。他们把少数服从多数说成是硬性压制党员的意志,把维护党的纪律说成是在党内实行"农奴制"。列宁在《进一步,退两步》一文中对这些谬论作了详尽而有力的驳斥。他指出,否认局部必须服从整体,这就是无政府主义;"藐视纪律——自治制——无政府主义,这就是我们那个组织上的机会主义时而爬上时而爬下的梯子"(见本卷第405页)。从列宁在这一时期所阐述的思想可以看出,列宁的集中制原则实际上体现着民主和集中、自由和纪律的统一,它同民主制并不矛盾,它反对的是无政府主义的自治制。在当时的历史条件下,强调集中制既是在秘密状态下建党的需要,也是为了克服涣散状态和小组习气,制止孟什维克的分裂活动,保证党的战斗力。孟什维克把"上层"和"下层"、把领袖和普通党员对立起来,把自己置于全党之上,藐视党员群众的意志,任意破坏党章和党纪,破坏少数服从多数的民主原则,拒不服从党代表大会的决议。列宁谴责孟什维克侈谈党内民主、实则践踏党内民主的老爷式无政府主义行为。他指出,集中制不仅是严格的纪律,而且是所有党员不管其职位高低都必须遵守的统一的纪律,觉悟的工人应当"**不仅要求**普通党员,而且**要求**'上层人物'履行党员的义务"(见本卷第 395 页)。列宁还指出,党的联系不能用朋友关系或盲目的、没有根据的"信任"来维持,党的联系一定要以正式的、体现集中制原则的党章为基础,只有严格遵守这个章程,才能摆脱小组习气,摆脱小组的任意胡闹和无谓争吵。列宁主张任何一个党员或党组织有权充分表达自己的意见,有权批评中央的错误,中央机关应该认真研究这些意见,应该容许党内不同意见的争论,容许一定范围的思想斗争,但决不容许用违反党性的斗争手段来破坏党的利益。列宁要求把争论的情况完全公开,主张不要隐瞒党的缺点和毛病,而要勇敢地开展自我批评并无情地揭露自己的缺点。列宁的这些论述为党提出了极其重要的党内生活准则。

列宁在批判孟什维克在组织问题上的机会主义观点时,阐明和发展了马克思主义的建党学说。他指出:马克思主义政党是由工人阶级中最优秀、最忠于革命事业的人组成的,它是工人阶级的先进的有觉悟的部队,不能把它同整个阶级混淆起来;党是工人阶级有组织的部队,党只有成为由统一意志、统一行动和统一纪律团结起来的部队时,才能起先进部队的作用;党必须根据集中制原则组织起来,少数服从多数,下级组织服从上级组织,全体党员必须同样遵守统一的纪律；党是工人阶级一切组织中的最高组织形式，它要领导工人阶级其他一切组织，必须与工人阶级千百万群众保持密切联系，得到群众的信任和支持。

孟什维克在组织问题上的机会主义不是一种偶然现象。列宁把它作为国际机会主义的变种来考察。他指出，这种机会主义在其他各国社会民主党内都可以见到，西欧的机会主义者也是维护自治制，力图削弱党的纪律，把民主主义歪曲为无政府主义。

为了保证党内团结，为了保证党的工作的集中化，除了纲领和策略上的一致这种必要条件外，还需要有组织上的统一。组织对于无产阶级具有决定意义的思想像一根红线贯穿于《进一步，退两步》全文。列宁写道："无产阶级在争取政权的斗争中，除了组织，没有别的武器。"（见本卷第415页）无产阶级所以能够成为而且必然会成为不可战胜的力量，就是因为它根据马克思主义原则形成的思想统一是用组织的物质统一来巩固的，这个组织把千百万劳动者团结成一支工人阶级的大军。

俄国社会民主工党第二次代表大会在克服小组习气、建设新型无产阶级革命政党方面前进了一步。代表大会后孟什维克的破坏和分裂活动则使党倒退两步。列宁写作《进一步，退两步》一文正是在孟什维克控制了中央机关、党内危机最严重的时候，列宁对于战胜孟什维克机会主义、克服党内危机始终充满着信心。他认为，旧的顽固的小组习气压倒了还很年轻的党性，机会主义派对革命派占了优势，这只是暂时的现象，"革命的社会民主党的原则，无产阶级的组织和党的纪律，必定获得完全的胜利"（见本卷第414—415页）。

本卷所收的另一批论述当时党内斗争的文献在内容上同《进一步，退两步》一文有紧密的联系。在本卷首篇文献《俄国社会民主工党第二次代表大会记事》中，在俄国革命社会民主党人国外同盟第二次代表大会上的报告中，列宁充分说明了在党的第二次代表大会上产生意见分歧和形成派别的原因和过程，指出了孟什维克在代表大会上所持立场和所犯错误的危害性。《中央委员会和中央机关报编辑部告反对派成员书草稿》和《没有提交的声明》是列宁在孟什维克控制《火星报》编辑部之前写的，列宁尖锐批评孟什维克领导人抵制党中央机关的破坏党纪的行为，指出党决不容许用非法的、秘密的和不正当的施加压力和进行抵制的方法来进行党内斗争。列宁在《关于辞去党总委员会委员和中央机关报编辑部成员的职务的声明》、《没有发表的声明》、《给〈火星报〉编辑部的信》、《我为什么退出了〈火星报〉编辑部？》和《关于退出〈火星报〉编辑部的一些情况》等一系列文献中，说明了自己退出中央机关报编辑部的原因，批评普列汉诺夫对无理取闹的孟什维克迁就、让步以至违背党代表大会的意志把马尔托夫分子增补进中央机关报编辑部的错误。列宁认为不该向党隐瞒正在产生和发展的分裂的原因，进行党内斗争应该开诚布公，光明正大，要让党知道一切，让党得到全部的材料来分析和判断一切分歧、回到修正主义和离开纪律的行为。他强调指出，开诚布公是避免可能避免的分裂和把已经不可避免的分裂带来的危害减少到最小程度的最妥善和唯一可靠的方法。

　　孟什维克控制了《火星报》编辑部之后，把《火星报》变为宣扬机会主义的阵地、反党斗争的工具。普列汉诺夫于 1903 年 12 月转向了孟什维克，使孟什维克在党总委员会中占了多数，从而把党总委员会也变成了执行派别政策的工具。列宁在《谈谈新〈火星报〉的立场》、《告党员书》、《告全党书》、《〈就我们的组织任务给一位同志的信〉后记》等文献和在党总委员会一月会议上的发言中，深刻地揭露了孟什维克为争夺党内领导位置所进行的无原则斗争的反党性质，要求党谴责和制止这种毫无党性的斗争手段。在党总委员会一月会议上，列宁作了很大努力来争取恢复党内的和平，提出了一些原则性的建设性建议和实际措施，要求党把党内斗争可以容许的方式和不能容许的方式区别开来。他认为只要双方在这方面能够达成协议，就足以在把彼此隔开的墙上打开缺口，从而使党内生活不正常的现象得以逐渐消除。由于包括普列汉诺夫在内的孟什维克缺乏解决党内纠纷的诚意，列宁的努力没有取得成功。鉴于党的中央机关已经无力制止党内的分裂倾向，列宁向党总委员会提出了立即召开党的第三次代表大会的建议。

《给中央委员的信》和《三个中央委员的声明》是为反对中央委员会内的调和派而写的。在总委员会否决了列宁关于召开党的第三次代表大会的建议之后，列宁接连给其他中央委员写信，指出只有党的第三次代表大会才能解决党内冲突，要求中央委员会就此作出决议，并立即进行召开代表大会的鼓动工作。中央委员中不坚定的布尔什维克弗·亚·诺斯科夫、列·波·克拉辛、列·叶·加尔佩林等人采取调和立场，主张对孟什维克作出放弃原则的让步，以求党内和平。1904年2月中央委员会在国内的委员以5票对1票拒绝接受列宁关于召开代表大会的建议。列宁在上述两篇文献中批评了调和派的无原则立场，坚持认为党员有鼓动召开代表大会的自由。

在《最高的无耻和最低的逻辑》和《崩得在党内的地位》两篇文章中，列宁分析和批判了崩得主张的联邦制组织原则。崩得强调自己的独立性，企图把涣散时期的历史所形成的崩得独立性在党

章中固定下来,把崩得变成党的联邦部分。列宁指出,这是彻头彻
尾的机会主义,是最低级的尾巴主义。列宁批评崩得根本不了解
社会民主党的共同要求与特殊要求之间的关系,指出崩得并不是
犹太无产阶级的唯一代表,批判他们企图把犹太"民族"思想和社
会民主党的思想结合起来的反动性质。列宁指出,犹太人的问题
是同化还是保持隔绝状态的问题,犹太"民族"思想是和犹太无产
阶级的利益对立的,崩得不是去消除犹太人的隔绝状态,而是通过
散布犹太"民族"思想和犹太无产者与非犹太无产者建立联邦的方
案去加剧犹太人的隔绝状态,把这种隔绝状态固定下来,这是"崩
得主义"的根本错误。这个错误必须由犹太社会民主党的忠实代
表来纠正,而且一定会得到纠正。

　　本卷收载的一些政论文章和传单,表明列宁在以主要精力进
行党内斗争、批判各种机会主义倾向的同时,仍然关注着俄国各派
政治力量之间的斗争和无产阶级的革命运动。《民粹派化的资产
阶级和惊慌失措的民粹派》一文揭露了俄国自由派同民粹派的血
缘关系,指出尔·的《论土地问题》一文是自由派民粹主义同伯恩
施坦主义的接近以至融合的一个典型,是俄国自由主义的形成和
巩固的标志。列宁在此文中着重将社会民主党的土地纲领同自由
派的土地纲领加以比较,指出两者的原则区别:前者主张用革命的
办法来消灭农奴制残余,并扩大、发展和加深资产阶级社会的阶级
斗争;后者主张用不彻底的改良的办法消灭农奴制残余,力图抹杀
或缓和资产阶级社会的阶级斗争。本卷中的《告俄国无产阶级书》
是列宁就日俄战争为俄国社会民主工党中央委员会写的传单。在
这一传单和写于1904年4月的《五一节》传单中,列宁揭露了沙皇
进行的战争的掠夺性和侵略性,指出这样的战争只对贪得无厌、为

追逐利润而准备出卖和毁灭自己的祖国的资产阶级有利,对劳动人民只能带来无穷的灾难。列宁号召俄国无产阶级更牢固地团结起来,打倒掠夺成性的沙皇专制制度。

1904年3月列宁为日内瓦社会民主党人作了一次关于巴黎公社的报告。报告的原文没有保存下来,本卷收录了报告的三个提纲。这些提纲是列宁在研究马克思的小册子《法兰西内战》和利沙加勒、韦伊等人有关巴黎公社历史的一些著作的基础上写成的。从这些提纲中可以看到,列宁积极评价巴黎公社的政治改革和经济改革,肯定巴黎公社的无产阶级专政性质和它的世界历史意义,把宣传和推广巴黎公社的革命斗争经验作为自己的一项重要任务。

在《列宁全集》第2版中,本卷文献比《列宁全集》第1版相应时间所收的文献增加37篇。其中有:《告俄国无产阶级书》、1903年10月4日和6日《致记录委员会》两篇声明、《党总委员会的决定》、《俄国社会民主工党中央委员会按语》、《关于巴黎公社的报告的三个提纲》和《俄国社会民主工党中央委员会国外代表关于移交权力的声明》。此外,国外同盟第二次代表大会的材料增收了两篇发言,党总委员会一月会议增收6篇发言,党总委员会六月会议增收6篇发言。《附录》中的文献都是新增加的。

弗·伊·列宁

（1900 年）

# 俄国社会民主工党
# 第二次代表大会记事[1]

(1903年9月上半月)

这篇记事是专为我自己的朋友们写的,因此没有征得作者(列宁)的同意而阅读它,就等于偷看别人的信件。

为了便于理解下述的内容,我首先谈谈代表大会的组成,虽说这样谈是提前了一些。大会有表决权的票数是51票(有33位代表每人是1票,有9位代表每人是2票,也就是说,有9位代表是"双票")[2]。有发言权的人数,如果我没有记错的话,是10人,这就是说,代表总数是52人。**整个**大会过程表明,这些票在政治上的派别划分如下:有表决权的——崩得5票,工人事业派3票(2票代表国外俄国社会民主党人联合会[3],1票代表彼得堡"斗争协会"[4]),南方工人派4票(2票代表"南方工人"社[5],2票代表同"南方工人"社完全一致的哈尔科夫委员会),不坚定分子、动摇分子("泥潭派"[6],所有火星派分子都这样称呼他们,这自然是取笑他们的话)6票,最后,比较坚定、比较彻底地坚持自己的火星立场的火星派分子大约33票。这33个火星派分子原先团结一致,一直左右着大会各种问题的解决,但是后来也分裂成了两个小派别,他们是在大会快要结束的时候彻底分裂的:一派大约9票,他们是"温和路线,确切些说是曲折路线"(或者用某些爱开玩笑的人挖苦他们的说法,是女人路线,这样说并不是没有根据的)的火星派分子,他们主张公正,主张不偏不倚等等(从下面就可以看出);另一派大约24票,他们是强硬路线的火星派分子,他们无论在策略方面或是在党中央机关的人选方面都坚持彻底的火星主义。

我再说一遍,这样的派别划分,只是到后来,在大会(召开了近40次会议!)快要结束时才最终形成并完全显露出来的。而我提前一步,一开头就把这种派别划分勾画出来。我还要附带说一下,这种派别划分所反映的票数仅仅是个**大致的**数字,因为在某些细小问题上(而有一次也在一个大问题上,即在"语言平等"问题上,这在下面将要讲到)票数往往很分散,一部分人弃权,各派互相掺杂起来,等等。

大会的组成是由组织委员会[7]预先确定的。按照大会的章程,组织委员会有权邀请它认为需要邀请的人(有发言权)参加大会。大会一开始就选出了代表资格审查委员会,所有与大会组成有关的问题都交给它(委员会)去解决。(这里附带提一下,有一个崩得分子也参加了这个委员会,他常常同委员会的全体委员纠缠不休,把他们拖到夜里3点钟,而最后还是**在每一个问题上**"保留自己的意见"。)

大会是在全体火星派分子和谐地同心协力地工作下开幕的。自然,在他们中间小小的意见分歧是经常有的,但是这些分歧并没有成为政治上的分歧。这里,我们顺便预先提一下,火星派的分裂是大会的主要政治结果之一,因此,要弄清楚这个问题,就必须特别注意同这一分裂有关的哪怕是关系并不密切的全部细节。

选举**主席团**是大会刚开始时极重要的一幕。马尔托夫主张选

1903 年列宁《俄国社会民主工党第二次代表大会记事》手稿第 1 页
（按原稿缩小）

出9人,每次开会由这9人推选3人主持,而且他还提出一名崩得分子参加这个9人委员会。我主张只选出3人在整个大会期间主持会议,并且要由这3人"严格掌握"。结果选出了普列汉诺夫、我和Т同志(下面要常常提到他,他是强硬路线的火星派分子,组委会委员)。后者得到的票数其实只比一位南方工人派分子(也是组委会委员)稍微多一点。但是,我和马尔托夫在主席团问题上的分歧(从以后的种种事实看来,这是一个重要的分歧),并没有造成任何分裂或冲突:问题也像在《火星报》[8]组织中和在《火星报》编辑部内通常处理大部分问题那样,就那么和和平平地、自然而然地、"按家庭方式"解决了。

在大会即将开始的时候,《火星报》组织召开了一次会议(当然是秘密的和非正式的),讨论了《火星报》组织出席大会代表的代表委托书问题。会议同样和平地、"友好地"解决了问题。我所以提起这次会议,只是因为我认为这次会议有两个特点:第一,火星派分子在大会开始时是亲密合作的;第二,他们决定在发生怀疑和争论时,由《火星报》组织(确切些说是出席大会的《火星报》组织成员)的权威来解决,当然,这种会议的表决并不具有约束力,因为有一条规定:"取消限权委托书",每个代表在大会上可以而且应当根据自己个人的信念自由投票,完全不用服从任何组织。这项规定可以说是全体火星派分子一致承认的,而且几乎在《火星报》的每一次会议开始时都由主席大声宣布过。

其次,大会上的第一个事件是众所周知的**"组委会事件"**,这个事件暴露了火星派内部并不完全一致,并成了最终的悲剧(或者说悲喜剧?)的"开场戏"。关于这一事件应当详细谈谈。当大会还忙于制定自己本身的各项规定,还在讨论大会议事规程的时候,这一事件就发生了(顺便说说,由于崩得分子的干扰,由于他们不放过任何一个机会有意无意地、千方百计地加以阻挠,讨论议事规程花了许多时间)。组委会事件的症结是:组委会一方面还在大会开会以前就拒绝了要求准许参加大会的"斗争"社[9]的抗议,在代表资格审查委员会内支持这个决定,另一方面同一个组委会突然又**在大会上宣布**,它邀请梁赞诺夫以有发言权的代表的资格参加大会。这一事件爆发的经过如下。

　　还在大会开幕以前,马尔托夫就秘密地告诉我,有个《火星报》组织的成员同时也是组委会委员的人(我们暂且把他叫做N),决定在组委会里坚持邀请一个人以有发言权的代表的资格参加大会。拟邀请的这个人,据马尔托夫自己说,只有用"反复倒戈的分子"这个词才能说明他的为人[10]。(这个人有一个时期的确向《火星报》靠拢过,但是,后来,而且是仅仅几个星期以后,又跑到《工人事业》杂志[11]那边去,尽管它当时已经处于完全没落的阶段。)我和马尔托夫谈过这件事情。使我们感到愤慨的是:一个《火星报》组织的成员竟采取了这样的步骤,他明明知道(因为马尔托夫事先警告过N同志)这样做对《火星报》是一个直接的打击,但他还是认为没有必要同组织商量。N的确向组委会提出过建议,但是他的建议由于遭到T同志的激烈反对而被否决了。T同志当时详详细细地描绘了这个"反复倒戈的分子"整个变化无常的政治面貌。值得注意的是,N的这种做法使得马尔托夫大为震惊,以至于在当时,用他自己的话说,已经不能和N谈话,尽管过去他们私交很好。N成心同《火星报》作对还表现在:在他的支持下,组委会对《火星报》编辑部提出了警告,这一警告虽然只是为了一件很小的事情,但是引起了马尔托夫极大的愤怒。此外,来自俄国国内的消息(也是马尔托夫告诉我的),还表明 N 一再散布国外火星派分子和国内火星派分子闹纠纷的谣言。所有这一切都使火星派分子对 N 采取极端不信任的态度。而在这时,又发生了这样一件事。组委会拒绝了"斗争"社的抗议,被邀请参加代表资格审查委员会的组委会委员(T 和 N)异口同声地最坚决地反对(**N 也在内!!!**)"斗争"社。可是,在大会的一次上午会议休息时,组委会突然在"窗边"召开会议,并且在这次会议上决定邀请梁赞诺夫以有发言权的代表的资格参加大会!**N 赞成邀请。** T 当然坚决反对,并且声明:在大会的组成问题交给由大会选出的专门的代表资格审查委员会处理以后,组委会作出这样的决定是不合法的。当然,组委会内的南方工人派分子+一个崩得分子+N 压倒了 T 同志,于是组委会的决定成立了。

关于这一决定,T 向《火星报》编辑部作了报告。编辑部(并非全体委员出席,但有马尔托夫和查苏利奇在场)当然一致决定在大会上同组委会进行斗争,因为许多火星派分子在大会上已经公开反对"斗争"社,当时在这一问题上退却是不可能的。

当组委会(在下午的会议上)向大会宣布了它的决定以后,T 也在大会上提出了抗议。当时,组委会内的一个南方工人派分子谴责 T,责备他破坏纪律(!),因为组委会已决定不得在大会上泄露这件事情的真相(原文如此!)。不言而喻,我们(普列汉诺夫、**马尔托夫**和我)那时也强烈谴责组委会,责备他们恢复限权委托书,破坏大会的最高权力等等。大会站到了我们这一边,组委会被击败了,通过了一项决议,取消组委会作为一个委员会干预大会组成的权利。

"组委会事件"就是这样。第一,这一事件彻底摧毁了很多火星派分子在政治上对 N 的信任（同时加强了对 T 的信任）；第二，它不仅证明而且十分清楚地**表明**甚至在仿佛是清一色的火星派中央机关——组委会内，火星派还是这样地不巩固。很明显，在组委会内除了一个崩得分子以外，还有：（1）采取自己特殊政策的南方工人派分子，（2）"以当火星派分子为可耻的火星派分子"，以及（3）只有**一部分**不以当火星派分子为可耻的火星派分子。当南方工人派分子希望同《火星报》编辑部就这一不幸事件进行谈话（当然是私下进行）时，——**N 同志丝毫没有愿意谈话的表示（指出这一点很重要）**，——编辑部同他们进行了谈话，我直截了当地对南方工人派分子讲，大会彻底揭示了这样一个重大的政治事实：党内有许多以当火星派分子为可耻的火星派分子，他们专门使《火星报》为难，做出像邀请梁赞诺夫这样的怪事。我对 N 在代表资格审查委员会内发言**反对**"斗争"社后又做出这种怪事感到非常气愤，我在大会上公开地说："参加过国外代表大会的同志们都知道，那些在委员会内说一套，而在代表大会上又说另一套的人，总是会引起大家极大的愤怒的。"①这些害怕崩得分子"斥责"他们是《火星报》的傀儡"，并且**仅仅为了这个缘故**而做出反对《火星报》的**政治性怪事**的"火星派分子"，当然不会得到人们的信任。

马尔托夫试图找 N 谈话导致了 **N 声明退出《火星报》组织!!**这时，火星派分子对 N 的普遍不信任大大地增加了。从这时起，N"事件"就转到《火星报》组织去处理。《火星报》组织的成员对他**这种退出《火星报》组织的行为**感到很气愤，《火星报》组织为这个问题召开了**四次会议**。这几次会议，特别是最后一次，非常重要，因

---

① 见本版全集第 7 卷第 244 页。——编者注

为在这几次会议上,火星派内部**主要**是在中央委员会的人选问题上最后形成了分裂。

但是,在谈《火星报》组织的这几次会议以前(我再说一遍,这些会议是私下的、非正式的),我要先来讲一讲大会的工作。这些工作当时都是同心协力地进行的,这就是说无论在第 1 项议程(崩得[12]在党内的地位)上、还是在第 2 项议程(党纲)和第 3 项议程(批准党中央机关报)上,所有火星派分子的步调是一致的。火星派分子的一致行动,使大会上形成了一个很大的、团结一致的多数派(崩得分子伤心地称之为紧密的多数派!),同时"不坚定分子"(或称"泥潭派")和南方工人派就在这时也不止一次地在某些细小问题上表现出自己十分不坚定。不完全是火星派的分子在政治上的派别划分在大会上愈来愈明显地暴露出来了。

现在我再回过头来谈《火星报》组织的几次会议。在第 1 次会议上决定请 N 作解释,并让 N 自己表示他愿意同《火星报》组织的哪些人谈话。我坚决反对这样处理问题,要求把政治问题(火星派在这次代表大会上在政治上对 N 不信任)同个人问题(指定一个委员会调查 N 的奇怪行为产生的原因)分开。在第 2 次会议上,有人宣告说 N 愿意**在 T 不在场的条件下**谈话,虽然据说关于 T 本人,他并不想讲什么。我第二次提出反对意见,拒绝参加这种谈话,认为不能允许一个非本组织的成员排斥(即使是非常短暂地排斥)一个本组织的成员,何况他并不是要讲该成员;我认为这是 N 玩弄的可耻的把戏,是打这个组织的耳光:N 不相信这个组织已经达到这样的程度,以致要这个组织给他提供一定的条件,他才进行谈话!在第 3 次会议上,N 作了"解释",但是大多数参加谈话的人都不满意他的解释。第 4 次会议是在全体火星派分子出席的情况下召开的,但在这次会议召开以前,大会发生了一系列重大事件。

首先值得提出的是"语言平等"事件。在通过党纲时,曾讨论到语言方面平等和享有同等权利这一要求如何措辞的问题(党纲的每一条都是单独讨论通过,崩得分子拼命阻挠,以致差不多大会的三分之二的时间都花在讨论党纲上面了!)。崩得分子在这个问题上达到了动摇火星派队伍的目的,使一部分火星派分子相信了他们的所谓《火星报》不同意"语言平等"的说法;事实上,《火星报》编辑部只是不同意这种在编辑部看来是文理不通的、荒谬的、多余的措辞。斗争十分激烈,大会分成了两半——两个票数相等的部分(有个别代表弃权)。《火星报》(和《火星报》编辑部)方面大约有23票(可能是23—25票,确切数目记不清了);反对它的也有同样多的票数。问题不得不拖延下来,交给一个委员会去解决。委员会拟出了一个方案,被整个大会一致通过。语言平等事件的重要意义在于,它又一次暴露了火星主义阵地的不稳固,同时也彻底暴露了不坚定分子的动摇性(如果我没有记错的话,正是在这时候,正是马尔托夫一派的火星派分子自己把这些人叫做泥潭派!)和一致反对《火星报》的南方工人派分子的动摇性。感情冲动到极点,火星派分子,特别是马尔托夫分子,对南方工人派说了无数尖刻的话。有一位马尔托夫派"首领"在休息时差一点跟南方工人派分子动起武来,这时我赶紧宣布继续开会(因为普列汉诺夫再三催促,他生怕打起来)。必须指出,在这23名最坚定的火星派分子中间,马尔托夫分子(即后来跟着马尔托夫跑的火星派分子)也是占少数。

另一个事件是由于"党章"第1条而引起的斗争。这已经是第5项议程,接近大会尾声了。(第1项通过了反对联邦制的决议;

第 2 项通过了党纲;第 3 项承认了《火星报》是党中央机关报[1];第 4 项听取了"代表们的报告",听取了其中的一部分,其余的交给了一个委员会,因为大会显然已经没有时间了(经费和人们的精力都已耗尽了)。)

　　党章第 1 条确定了党员的概念。在我的草案中,党员的定义是这样的:"凡承认党纲、在物质上支持党并亲自**参加党的一个组织**的人,可以作为俄国社会民主工党党员。"马尔托夫则提议用**在党的一个组织的监督和领导下工作**来代替上述加了着重标记的字样。普列汉诺夫赞成我的条文,其余的编辑部成员都赞成马尔托夫的条文(阿克雪里罗得代表他们在大会上讲了话)。我们证明:为了把干实事的人和说空话的人分开,为了消除组织上的混乱现象,为了防止可能出现有些组织由党员组成但又不是党的组织这种荒谬现象等等,必须**缩小**党员的概念。马尔托夫则主张**扩大**党,并讲到广泛的阶级运动要求广泛的、界限模糊的组织等等。奇怪的是,差不多所有马尔托夫的拥护者在为自己的观点辩护时,都引用了《怎么办?》[2]!普列汉诺夫激烈地反对马尔托夫,指出马尔托

---

[1]　指出下面这一点很重要,即根据我的报告**在组委会内**通过的并得到**大会批准**的议程,包括下列两个单独项目:**第 3 项**"建立或批准党中央机关报"和**第 24 项**"选举党中央机关"。当时有一个工人事业派分子就第 3 项提出质问说:我们批准谁? 是批准报纸的名称吗? 我们连编辑部是哪些人也不知道! 于是**马尔托夫**起来发言解释:要批准的是《**火星报**》**方针**,不管编辑部是哪些人;这决不是预先决定编辑部的人选,因为选举中央机关将在第 24 项议程中进行,并且任何限权委托书都已经取消了。

　　马尔托夫的这些话(关于第 3 项,**在火星派分裂以前**)是非常非常重要的。马尔托夫的解释同我们**大家**对议程第 3 项和第 24 项的意义的理解是完全一致的。

　　第 3 项议程结束以后,马尔托夫在大会的发言中甚至不止一次地使用《火星报》**原来的**编辑部成员这样一个字眼。

[2]　见本版全集第 6 卷第 1—183 页。——编者注

夫的饶勒斯主义的条文是给那些只渴望既在党内又置身于组织以外的机会主义者敞开大门。当时我说，所谓"在监督和领导下"实际上是不折不扣地意味着**没有任何监督和任何领导**①。在这个问题上，马尔托夫获得了**胜利**：他的条文被大会通过（大约以28票对23票的多数或大致如此的票数通过，确切票数记不清了）。这是**多亏了崩得**，他们自然立刻就看到了漏洞所在，把他们的所有**5张**票都投了出去，通过了"更坏的东西"（《工人事业》杂志的一位代表正是这样说明自己为什么投票赞成马尔托夫的！[13]）。关于党章第1条的激烈争论和表决又一次显示了大会上的政治派别划分，并清楚地表明：崩得＋《工人事业》杂志支持火星派的少数派来反对它的多数派，就能够**决定**任何一项决议的**命运**。

　党章第1条的争论和表决**结束后**，《火星报》组织召开了**最后一次**（第4次）会议。火星派内部在中央委员会人选问题上的意见分歧已经表现得很明显，并且在他们队伍中引起了分裂：有些人主张选出一个火星派的中央委员会（鉴于《火星报》组织和"劳动解放社"[14]已经解散，以及必须继续完成火星派的工作）；另一些人则主张让南方工人派也参加，并让采取"曲折路线"的火星派分子占主要地位。有些人坚决反对N当候选人，另一些人则表示赞成。为了争取达成协议作了最后一次努力，召开了**16人会议**（《火星报》组织的成员，并且，我再说一遍，有发言权的也包括在内）。表决结果：9票反对N，4票赞成，其余的弃权。在这以后，多数派还不愿同少数派宣战，提出了一个调和的5人名单，其中有一个南方工人派分子（为少数派所欢迎的）和一个好战的少数派分子，其余都是

---

彻底的火星派分子（其中——这一点很重要——有一个是在大会
的斗争快结束时才参加斗争的，实际上是不偏袒任何一方的；另外
两个则根本没有参加斗争，在人选问题上是绝对不偏不倚的）。赞
成这个名单的有 10 人（后来又增加了 1 人，变成 11 人），反对的 1
人（只有马尔托夫一人！），其余的弃权！这样，调和的名单就被**马
尔托夫撕毁了**。之后，双方各自提出了"对抗的"名单付表决，但是
都只得到了少数票。[15]

这样，在《火星报》组织的最后一次会议上，马尔托夫分子**在两
个问题上都处于少数地位**，但是当多数派的一个成员（一个不袒护
任何一方的人即主席）在会后去找他们，试图作最后一次调解的时
候，他们却宣战了。

马尔托夫派的打算是明显而**准确**的：崩得分子和工人事业派
分子无疑会支持**曲折路线**的名单，因为在大会开了一个月的会议
之后，每个问题都非常清楚，每个人物的面貌也都非常明显，大会
的**每一个代表**都不难作出抉择：什么对他更好些，或者说什么对他
害处少些。而对崩得＋《工人事业》杂志来说，采取曲折路线的火
星派分子自然害处少些，而且永远是这样。

16 人会议**以后**，火星派最后分裂了，双方正式宣战。大会上
分裂成的两个派别开始各自召开会议，即各自召集所有思想一致
者举行私下的、非正式的会议。最初，坚持彻底路线的火星派分子
有 9 人（16 人中的 9 人）开会，后来有 15 人，最后有 **24 人（按有表
决权的票数而不是按人数**计算）。这样迅速增长的原因是：（中央
委员会）候选人的各种不同的名单已经开始传阅，马尔托夫派的名
单立即无可挽回地遭到绝大多数火星派分子的拒绝，因为这是一
张软弱的名单——马尔托夫派提出的候选人在大会上的表现实在

太差了(动摇不定,反复无常,一味蛮干等等)。这是一。第二,向火星派分子说明在《火星报》组织内部发生了什么事情这一做法,使他们在大多数场合转到多数派这方面来,再加上马尔托夫不能坚持明确的政治路线已是众所周知的事实。因此,24票就很顺利地、迅速地联合起来,一致坚持彻底的火星派的策略,赞同中央委员会候选人名单,赞同选出编辑部三人小组(而不是批准旧的、没有工作能力的、界限模糊的编辑部六人小组)。

这时,大会结束了党章的讨论。在这期间,马尔托夫及其一伙**又在崩得+《工人事业》杂志的有力协助下**,再一次(甚至不止一次,而是好几次)**战胜**了火星派多数派,比如在增补中央机关的成员问题上(这一问题,大会是**按照马尔托夫的主张**解决的)。

尽管党章遭到了损害,整个党章还是由全体火星派分子和整个大会通过了。但在共同章程通过以后,接下去讨论崩得的章程时,大会以**压倒**的多数票否决了崩得的提议(即承认崩得为党内犹太无产阶级的**唯一**代表)。看来,在这个问题上崩得几乎是单独同整个代表大会相对立。当时,**崩得分子退出了大会,并且声明退出党**。马尔托夫派失去了5个可靠的同盟者!接着,当俄国革命社会民主党人国外同盟[16]被承认为国外唯一的党组织的时候,工人事业派也退出了大会。马尔托夫派又失去了2个可靠的同盟者!这时,大会上有表决权的一共有44票(51票-7票),其中**大多数**是彻底的火星派分子(24票);马尔托夫派加上南方工人派和"泥潭派"总共只有20票。

采取曲折路线的火星派分子本来应该服从,像坚持强硬路线的火星派分子在遭到马尔托夫和崩得的联合**打击**并被击败时那样不声不响地服从,但是马尔托夫分子却放肆到了这样的地步,他们不仅不服从，而且无理取闹，制造分裂。

提出批准旧编辑部的问题就是无理取闹，因为只要有一个编辑提出声明，大会就必须对整个中央机关报的人选问题**重新进行审查**，而不仅仅是批准一下。**拒绝**选举中央机关报编辑部和中央委员会就是一种分裂行为。

先谈谈编辑部的选举。前面已经讲过，议程的第 24 项是：**选举党的中央机关**。而且**我**在对议程的说明[17]（**所有火星派分子和所有参加大会**的**代表**都知道这个说明，而且火星派分子**在大会召开以前老早**就已经知道这个说明）中，曾在页边上写道：选出**三人为中央机关报编辑部成员**，选出三人为中央委员会委员。因此，毫无疑问，选举 3 人的要求是从编辑部内部提出的，而且编辑部**没有一个人**反对这个要求。就连马尔托夫和另一个马尔托夫派首领，也在大会召开以前，在**许多代表**面前维护过这"两个三人小组"的主张。

在大会开幕前几星期，我曾亲口对斯塔罗韦尔和马尔托夫说过，我将在大会上要求**选举**编辑部；我同意选举两个三人小组，并认为编辑部三人小组**可以**增补 7 人（或更多），**也可以**就只是 3 人（我特别说明了后者的可能性）。斯塔罗韦尔甚至直截了当地说，这三人就是普列汉诺夫＋马尔托夫＋列宁，我也**赞同**他的意见。有一点对每个人来说一直是很清楚的，即只有这些人可以当选为领导者。只有在大会斗争中恼羞成怒、怨天尤人和丧失了理智的人，才会在事后来攻击三人小组的合理性及其工作效能。旧的六人小组如此没有工作效能，**三年来竟没有**开过**一次**全体会议——这很难令人置信，但这是事实。45 号《火星报》**没有一号**不是马尔托夫或列宁编的（就编辑技术工作来说）。除了普列汉诺夫，谁也没有提出过**一个重大的**理论问题。阿克雪里罗得什么事情也没有做（在《曙光》杂志<sup>18</sup>上连一篇文章也没有写，而在所有 45 号《火星报》上总共也只写了三四篇文章），查苏利奇和斯塔罗韦尔只限于写稿和提出一些建议，**从来**没有做过真正的编辑工作。应当选什么人当**政治领导者**，应当把什么人选入**中央**——这在大会开了一个月之后，对于大会的每个代表来说，都已经非常清楚了。

把批准旧编辑部的问题搬到大会上来，只能是**一种荒谬的制造纠纷的行为**。

说它荒谬，是因为它是徒劳无益的。即使六人小组被批准，只要有一个编辑部成员（例如我）要求重新审查编辑部，检查它的内部关系，大会就又得重新处理这个问题。

说它是制造纠纷的行为，是因为**不批准**就会被认为是一种**侮辱**，——而重新选举却丝毫不含有侮辱之意。既然中央委员会是由大家选举的，那么中央机关报也应该让大家来选举。既然没有谈到批准组委会，那也就不必谈什么批准旧编辑部。

马尔托夫派**要求**批准的提议提出以后，自然在大会上**引起了**反对。反对被看做是一种**侮辱**、欺凌、**驱逐**、排斥……于是各式各样的可怕故事都编造出来了，现在一些无聊的造谣者的种种想入非非的杜撰，就是以这些故事作材料的！

当讨论关于选举还是批准的问题时，编辑们退出了会场。经过异常激烈的争辩后，**大会决定：不采取批准旧编辑部的办法**①。

这一决定通过后，**原来的**编辑部成员才回到会场。这时，马尔

---

① 有一个马尔托夫分子这时作了一个**非常激动的**发言，以致在他的话说完以后，有一位代表就向秘书高声喊叫：请在记录上用一滴眼泪来代替句点吧！最坚决的"**泥潭派**"分子特别热烈地拥护旧编辑部。

托夫就站起来,以**个人名义**并代表他的一伙人拒绝选举,讲了许许多多可怕的和抱怨的话,谈到什么"党内戒严状态"(是对落选的阁员们吗?),什么"对付个别分子和独立团体的非常法"(是对那些以《火星报》名义把梁赞诺夫偷偷塞给火星派,在委员会内说一套,在大会上又说另一套的人吗?)。

我在答复他时指出,是**政治概念的极端混淆**使他们反对选举,反对代表大会改组党的负责人员组成的委员会[①]。

结果选出了普列汉诺夫、马尔托夫和列宁。**马尔托夫再次表示拒绝。**柯尔佐夫(得了3票)也表示拒绝。于是,大会通过决议,委托中央机关报的两位编辑部成员**在找到适当人选时**增补第三位成员。

接着选出了三位中央委员,检票人只向**大会报了其中一人**的名字。同时还选出了(用秘密投票方式)党总委员会[19]的第五个委员。

马尔托夫派及其追随者整个"泥潭派"都**没有投票**,他们就此事向主席团提交了一份书面声明。

这显然是分裂行为,是**破坏大会**、不承认党的行为。但是,当一个南方工人派分子公开声明他对大会的决议的合法性**表示怀疑**(原文如此!)时,马尔托夫感到有些不好意思,并起来反驳这位代表,**当众声明,他对决议的合法性并不怀疑**。

遗憾的是,马尔托夫(以及马尔托夫派)的所作所为同他的这些漂亮的忠诚的话不一致……

接着,大会把公布记录的问题提交"记录委员会",并通过了

----

① 　见本版全集第7卷第288页。——编者注

11项策略性的决议：

(1)关于游行示威的决议。

(2)关于工会运动的决议。

(3)关于在教派信徒中的工作的决议。

(4)关于在青年学生中的工作的决议。

(5)关于在审问时应采取的态度的决议。

(6)关于工厂的工长的决议。

(7)关于1904年阿姆斯特丹国际代表大会的决议。

(8)关于自由派的决议(斯塔罗韦尔提出的)。

(9)关于自由派的决议(普列汉诺夫提出的)。

(10)关于社会革命党人[20]的决议。

(11)关于党的出版物的决议。

接着,主席作了简短的讲话,提醒大家必须遵守大会决议,最后宣布大会闭幕。

————

在仔细地考察了马尔托夫派在大会以后的行为——拒绝撰稿（**中央机关报编辑部正式请他们撰稿**[①]），**拒绝**参加中央委员会的工作,进行抵制的宣传——之后,我只能说这是一种狂妄的、不是党员所应有的破坏党的行为……为什么要这样呢? **只是**由于他们不满意中央机关的人选,因为**在客观上**,只是在这个问题上,我们才分道扬镳,而主观的判断(如说什么侮辱、欺凌、驱逐、排斥、诋毁,等等,等等)**只不过是受触犯的自尊心和病态的幻想所造成的结果。**

————

① 见本版全集第44卷第223号文献。——编者注

这种病态的幻想和受触犯的自尊心直接导致最可耻的**造谣**。**他们不知道也还没有看到新的中央机关的活动**，就散布谣言说中央机关"没有工作效能"，说伊万·伊万诺维奇的"刺猬皮手套"，说伊万·尼基佛罗维奇的"拳头"[21]等等。

他们**用抵制中央机关的手段**来证明中央机关"没有工作效能"，这是见所未见、闻所未闻的违反**党员义务**的行为。任何诡辩都不能掩盖这一点：**抵制是分裂党的行为**。

俄国社会民主党还要经历最后一个困难的过渡：从小组习气过渡到**党性**，从庸俗观念过渡到对**革命义务**的自觉**认识**，从造谣中伤和施加小组压力过渡到**纪律性**。

谁珍视党的工作，珍视维护社会民主主义工人运动的**事业**，谁就不能容许像对中央机关进行"合理的"、"正当的"抵制这种卑劣的诡辩行为，谁就不能容许因十来个人对自己和自己的朋友没有被选入中央机关感到不满而使事业遭到损害，工作陷于停顿，谁就不能容许在私下秘密地通过以不撰稿相威胁，通过抵制，通过断绝经费，通过造谣中伤和散布流言蜚语来影响党的负责人员。

载于1927年《列宁文集》俄文版
第6卷

译自《列宁全集》俄文第5版
第8卷第1—20页

# 致记录委员会

（1903 年 9 月 21 日〔10 月 4 日〕）

同志们！你们询问，我们是否同意在第二次代表大会的记录中公布自己的名字，我们的答复是：就我们方面来说丝毫也不反对这样做，但是为了我们国内同志们的安全，从保密的角度考虑，是否容许这样做，这不能由我们自己来决定。这个关系到保密的问题，要由党的有关机关来决定。

**尼·列宁**

**格·普列汉诺夫**

1903 年 10 月 4 日于日内瓦

载于 1927 年《列宁文集》俄文版
第 6 卷

译自《列宁全集》俄文第 5 版
第 8 卷第 21 页

# 致记录委员会

(1903 年 9 月 23 日〔10 月 6 日〕)

中央委员会请代表大会记录公布委员会立即将代表大会通过的下列文件的全文送交中央：（1）党的纲领；（2）党的组织章程；（3）代表大会的**全部**决议和决定。

译自《列宁全集》俄文第 5 版
第 8 卷第 22 页

# 最高的无耻和最低的逻辑

(1903 年 10 月 1 日〔14 日〕)

我们在第 46 号上,转载了崩得第五次代表大会关于崩得在俄国社会民主工党内的地位的决议,并对这个决议作了评价①。崩得国外委员会在其 9 月 9 日(22 日)的专页上,给了我们一个十分详细的怒气冲冲的答复。这个怒气冲冲的答复的最重要部分是下面这样一番精彩的表白:"**除了最高章程以外**〈原文如此!〉,**崩得第五次代表大会还制定了最低章程**",并把这个最低章程全部引了上去,还在两个附注中作了说明——"摒弃自治",加入党的其他部分只有得到崩得中央的同意才可以向犹太无产阶级发出号召,这二者"**应当作为最后通牒提出**"。崩得第五次代表大会就是这样决定的。

真是……太妙了,不是吗? 崩得代表大会**一下子**就制定了两个章程,一下子就把自己最高的和最低的愿望或要求,都定了下来。同时,还聪明地(啊,可说是极端聪明地!)把最低章程藏在口袋里。发表出来(在 8 月 7 日(20 日)的专页上)的只是最高章程,而且**公开地**、直接地、明确地声明,这个最高章程草案"应当作为讨论崩得在党内地位问题的**基础**〈请注意这一点!〉提交给俄国社会民主工党第二次代表大会"。当然,对手之所以特别激烈地攻击这

---

① 见本版全集第 7 卷第 303—306 页。——*编者注*

个最高章程,正是因为这是最高章程,是他们所谴责的派别的"最新成就"①。可是,**过了一个月**,他们又毫不难为情地从口袋里掏出"最低章程",并以威胁的口吻加上一个"**最后通牒**"!

这已经不是"最新成就",而是真正的**最低价格**…… 先生们,只是不知道:这是否就是最低价格? 你们另一个口袋里是不是还有一个最低的最低章程呢? 再过一个月左右,它是不是还要出世呢?

我们非常担心,崩得分子对这最高章程和最低章程的全部"精华"领会得很差。先索高价,然后减价 75%,并说这是"最后价格",——买卖不就是要这样做吗? 难道买卖和政治之间还有什么差别吗?

有的,先生们,我们敢向你们肯定,是有差别的。首先,在政治上,有些政党一贯奉行一定的**原则**,而在原则上讨价还价是不体面的。其次,如果加入一个政党的人,把自己一些要求看做是最后通牒,就是说,看做是自己作为该党党员的条件,那么政治上的诚实态度,就不是把这个情况掩饰起来,"**暂时**"藏到口袋里去,而是相反,一开始就公开地明确地提出来。

我们早就向崩得分子宣传过这个浅显的道理。早在 2 月(第33 号),我们就写道:捉迷藏是不聪明的,不体面的;崩得单独出面(发表关于组委会的声明),是因为它想**作为一方**,向全党提出**条**

---

① 顺便提一下。由于这个词,《最新消息》²²曾特别疯狂地攻击我们,这对崩得的论战来说,是很能说明问题的。这个词(要求实行联邦制)是两年多以前说的,怎么能说是最新成就呢?《火星报》以为读者就是那么健忘! ……冷静点,冷静点,先生们:文章的作者把你们的最高章程称为最新成就,是因为**这个词**是在《火星报》第 46 号出版的前两天(大约)说的,而不是两年前说的。

件①。由于我们这个估价，崩得当时就向我们大力施展它所惯用的(也可以说是泼妇骂街式的)辱骂伎俩，**然而现在实际情况表明，我们是对的**。崩得在第五次代表大会的决定中，正是**作为一方**向全党公然提出最后通牒的！我们一直设法让崩得分子做到的正是这样把问题摆出来，从而证明，这是他们所站的立场的必然结果：崩得分子先是怒气冲冲地提出抗议，接着躲躲闪闪，敷衍搪塞，最后还是不得不拿出自己的"最低章程"。

这是很可笑的，但更可笑的是：崩得直到现在还在敷衍搪塞，还在说"火星派编造所谓崩得想跟俄国党结成联邦制的联盟这个老掉牙的众所周知的说法"是"造谣"。这个说法之所以是造谣，据说是因为崩得提出的党章第1条就公开谈到崩得要成为党的一部分，而不是跟党结成联盟。

太好了，先生们！但就是那一条，不是还谈到崩得是党的**联邦的部分**吗？整个最高章程不是还谈到协议的双方吗？最低章程不是谈到**最后通牒**，谈到只有取得加入党的各个部分的一致同意才能修改"主要条文"，而在这方面无论是地方组织还是区域组织都不能认为是党的一部分吗？你们自己说，协议的一方既不能是地方组织，也不能是区域组织，而只能是"像崩得这样的联合的部分"。你们自己举例子说，"波兰、立陶宛、拉脱维亚的社会民主党"可以成为这样的联合部分，"**如果它们是在一个党内的话**"，——你们聪明地这样补充说。那么，如果它们不在一个党内呢？如果你们所喜欢的各民族组织的联邦，党的所有其他部分都不喜欢，而且坚决拒绝呢？其实你们都很清楚，事情就是这样，你们自己也公开

---

① 　见本版全集第7卷第80—86页。——编者注

声明,你们不再提出在各民族联邦的基础上建立整个党的要求了。试问,你们**究竟向谁**提出**最后通牒**呢? 是向崩得除外的全党提出的,这不是很明显吗? 你们没有证明火星派的说法是造谣,而只是暴露了你们的遁词缺乏起码的逻辑。

但是,对不起——崩得分子反驳我们说——我们的最低章程本来就把联邦制也都删掉了! 去掉这个"可怕的"字眼,在所谓从最高章程转到最低章程中间,的确是一个很有意思的插曲。崩得对原则的冷淡,恐怕从来没有像在这里表现得这样天真。你们是教条主义者,不可救药的教条主义者,什么也不能促使你们承认联邦制的"组织原则"。而我们可不是教条主义者,我们"把问题提到纯粹实际的基础上来"。你们不是不喜欢某些原则吗? 真是些怪人! 那我们完全可以不提什么原则,我们可以"把第 1 条写得使它不致成为一定组织原则的宣言"。"问题的关键不在章程前面有关原则的阐述上,而在根据犹太工人运动和整个工人运动的需要而制定的具体条文上。"(9 月 9 日(22 日)专页第 1 页)

这番议论真是天真可爱到了极点,使人真想好好亲吻一下它的作者。这位崩得分子真的以为教条主义者只怕一些可怕的字眼,因此他判定:只要删掉这些字眼,那些具体的条文,教条主义者就根本不会懂得! 于是崩得分子就苦心孤诣地制定最高章程,把最低章程藏起来(以备不时之需),草拟最后通牒第 1 号、第 2 号…… Oleum et operam perdidisti, amice! 我的朋友,你这是白白浪费时间和气力。尽管你们狡猾地(啊,惊人的狡猾!)拿掉了招牌,教条主义者还是可以从最低章程的"具体条文"中看出联邦制的原则来的。从要求不要把党的组成部分局限于任何区域范围上，从自封为犹太无产阶级的"唯一"①代表上，从要求有"代表"参加党中央委员会上，从不许党中央不经崩得中央同意就跟崩得各部分发生联系上，从要求只有经过党的**各部分**的同意才能改变主要条文上，都可以看出这一原则。

不，先生们！摆在我们面前的崩得在党内的地位问题的关键，正是在于一定组织原则的宣言上，而决不在具体条文上。关键在于**选择**哪条路，是把历史上形成的崩得的孤立状态合法化，还是在原则上抛弃它，公开地、明确地、坚决地、真诚地走上同全党愈来愈接近、愈来愈密切地融合在一起的道路？是保持隔绝状态，还是**转向融合**。这就是面临的抉择。

这个问题如何解决，要由崩得自愿地作出选择，因为正如我们在第33号上已经说过的，"爱情不能强求"。如果你们**愿意转向融合**，那就会放弃联邦制，接受自治。那时，你们就会了解，自治可以使融合成为一个渐进的过程，使改组可能带来的破坏减少到最小限度，同时使犹太工人运动不会因这个改组和融合受到任何损失，反而会大有所得。

如果你们不愿意转向融合，那就是坚持联邦制（不管是以最高形式还是最低形式，发表宣言还是不发表宣言），害怕"少数服从多数的原则"，把崩得的不幸的隔绝状态奉为偶像，一听到消除隔绝状态就叫喊是消灭崩得，找论据为自己的隔绝状态进行辩护，而为了寻找论据，不是抓住犹太"**民族**"的锡安主义[23]思想不放，就是进

---

① 现在崩得向我们肯定说："这个词没有什么意义。"奇怪！为什么一个没有什么意义的词，不管是最低章程还是最高章程，都要放进去呢？在俄语里，这个词是有完全确定的意义的。在这里，它既是联邦制的又是民族主义的"宣言"。我们奉劝看不出民族主义和联邦制之间的联系的崩得分子考虑考虑这一点。

行蛊惑宣传和造谣诽谤。

联邦制在理论上只能用民族主义思想来进行论证；我们奇怪的是，还要我们向崩得分子证明，正是那个通过关于存在犹太民族的宣言的第四次代表大会宣布了联邦制的宣言，并不是偶然的。

为了在实际上诋毁融合的思想，只有唆使不觉悟的懦怯的分子去反对所谓要把各委员会"一刀切"、要它们"没有上面命令一步也别动弹的"《火星报》的"骇人听闻的"、"阿拉克切耶夫式的"组织计划。多么可怕！我们毫不怀疑，所有的委员会都会马上起来反抗这种"刺猬皮手套"和阿拉克切耶夫式的"拳头"等等……　但是，先生们，你们是从哪里知道这个残暴的组织计划的呢？是从刊物上吗？你们为什么不加以引用呢？还是从最确实地了解这个阿拉克切耶夫式的统治[24]的一切详情细节的在党内专门搬弄是非的长舌妇们嘴里知道的呢？后一种可能性也许更大一些，因为只要有起码的逻辑，就不会把这样两种东西混为一谈：一种是必要的要求，以便使中央**"有可能了解每一个党员"**①，一种是用来吓唬人的明显的诽谤之词，说什么中央要"包办一切"和"管制一切"。还有："地方和中央之间"，将有一些"松散的组织"，这是什么意思呢？我们猜想：我们善良的崩得分子只知其一，不知其二。这一点，将来有机会还需要跟他们详细解释解释。

然而，最糟糕的是，不光地方，就连中央都要起来反抗。诚然，中央还没有诞生[25]，但那些长舌妇不仅确切地知道它的生日，而且知道这新生儿的整个命运。看来，这将是一个**"受一帮著作家操纵的"**中央。你看，这不是一个很有效的不花什么本钱的斗争手段

_____

① 见本版全集第7卷第249页。——编者注

吗？崩得分子在这方面不是头一份,大概也不会是最后一份。要揭露这个中央或组委会的错误,就要找到证据。要揭露某些人不是按照自己的信念行动,而是受别人的**操纵**,就要敢于出来公开控告,并向全党对这种控告负责！所有这些,代价都太大了,从任何意义上讲代价都太大了。而长舌妇的胡说八道却是不花什么本钱的…… 也许还有人上钩呢。一个人(或机关)受人"操纵",随人摆布,成为《火星报》的走狗、傀儡和仆从,这个名声确实不大好听…… 我们可怜的未来的中央啊！它能求谁来保护自己不受阿拉克切耶夫式的统治呢？也许可以求"独立的"和不会受到任何"怀疑"的崩得分子吧？

载于 1903 年 10 月 1 日《火星报》
第 49 号

译自《列宁全集》俄文第 5 版
第 8 卷第 23—29 页

# 中央委员会和中央机关报编辑部告反对派成员书草稿[26]

(1903 年 10 月 13 日〔26 日〕以前)

在多次个别解释失败以后,党中央委员会和中央机关报编辑部认为自己有义务以他们所代表的党的名义向你们发出正式通知。马尔托夫同志拒绝参加编辑部和拒绝为《火星报》撰稿,《火星报》原来的编辑部成员拒绝撰稿,某些做实际工作的同志对我们党的中央机关抱敌对态度,这一切使这个所谓的"反对派"同全党的关系处于完全不正常的状态。消极地逃避党的工作,"抵制"党中央机关(例如从《火星报》第 46 号起停止为该报撰稿,以及布柳缅费尔德同志退出印刷所),硬用"集团"的名义同一位中央委员[27]谈话,违反党章规定激烈地攻击代表大会所批准的中央机关的人选,坚持以更换人选作为停止抵制的条件,——所有这些行为不能认为是与党员的义务相符合的。所有这些行为几乎已达到直接破坏纪律的地步,并使代表大会所通过的(在党章中)关于委托中央委员会分配党的人力和经费的决议化为乌有。

因此,中央委员会和中央机关报编辑部提醒所谓的"反对派"的全体成员注意他们的党员义务。不能而且也不应当由于对中央机关人选的不满而采取不正当的行动,不管这种不满是由个人的愤慨引起的,还是由在某个党员看来是严重的分歧引起的。如果有某些人认为中央机关犯了什么错误，那么所有这些党员就有义务向全党指出这些错误，首先是向中央机关本身指出这些错误。为了对党负责，中央委员会和中央机关报编辑部同样应当极其细心地研究这些意见，不论它们是谁提出来的。然而所谓的反对派既没有向中央机关报编辑部，也没有向中央委员会直接而明确地指出什么错误或者对某件事情表示不满和反对；马尔托夫同志甚至拒绝参加中央机关报编辑部和最高机关党总委员会，虽然只有在这个岗位上他才有可能向党揭露他在中央机关工作中所发现的错误。

中央委员会和中央机关报编辑部坚信，俄国社会民主工党决不会允许用非法的、秘密的（对党保守秘密的）、不正当的施加压力和进行抵制的方法来影响它所建立的机关。中央委员会和中央机关报编辑部声明，只要党不解除他们的职务，他们将坚守自己的岗位，履行自己的义务，并且尽一切努力去完成委托给他们的全部任务。"抵制"这种做法丝毫不能使中央机关报编辑部和中央委员会离开他们遵照党的代表大会的意旨所走的道路。这种做法只会给党的某些工作部门带来一些小麻烦和大损失。这种做法只能表明那些还要这么做的人不了解党员的义务，并且在违反党员的义务。

载于1927年《列宁文集》俄文版第6卷

译自《列宁全集》俄文第5版第8卷第30—33页

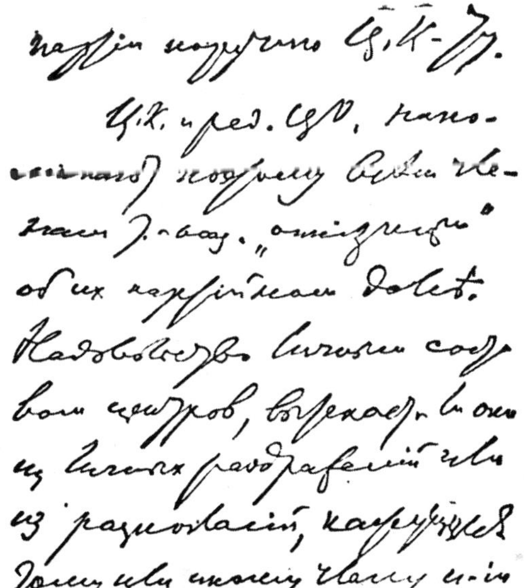

1903 年列宁《中央委员会和中央机关报编辑部告反对派成员书草稿》手稿的一页

（按原稿缩小）

# 俄国革命社会民主党人
# 国外同盟第二次代表大会文献²⁸

## （1903 年 10 月）

## 1

## 对议程的意见

### （10 月 13 日〔26 日〕）

#### （1）

没有必要预先限制有关章程方面的工作。章程将是新的，因而可以保留"制定章程"的提法。²⁹

#### （2）

我的报告时间一个小时不够。当然，我可以草草了事，但是我认为，这样做对会议没有好处。请主席征求大会的意见：是给我增加时间还是我把报告加以压缩？

## （3）

　　同盟选出了两名代表。马尔托夫同志放弃了自己的代表权，所以现在合法代表只有我一个人。既然取消了对发言人的一切时间限制，那我就不明白马尔托夫的提议[30]有什么意义。这里参加过代表大会的人很多，因此，我想那样就不会只有一个补充报告，而会有一系列的补充报告。

# 2

# 对《关于俄国社会民主工党
# 第二次代表大会的报告》的预先说明

## (10 月 13 日〔26 日〕)

### (1)

列宁对自己的报告作了几点预先的说明。他说,首先我建议保留在代表大会上所使用的别名,因为我对它们已很习惯,使用起来比较方便,省得每次都要考虑某某代表是属于哪个组织的。其次,我还想谈谈《火星报》组织在代表大会会议的间歇期间举行的所谓非正式会议。我想这样做是可以的,因为第一,同盟是《火星报》组织国外部;第二,《火星报》组织现在已经解散;第三,如果没有这些材料,我就更难说明党代表大会上所发生的各种事件的真正意义。

### (2)

马尔托夫同志反对谈《火星报》组织的非正式会议,因为会上没有作记录,可是现在连党代表大会的记录也还没有,因此我也无法引证。好在马尔托夫同志在这里;如果有什么不确切的地方,他可以提出修正。既然《火星报》的非正式会议具有实际意义，那我就要让更多的人知道这些会议的情况，马尔托夫同志无论如何是掩盖不住的（"哦！"）。当时我不允许谁参加这种会议，谁退出了会场，我记得很清楚，因此我在这方面有很多话要谈。当然，错误是会有的，因为我不可能把所有的事情都记住。最重要的事是政治上的派别划分。当然，关于每一次表决所反映的派别划分，我只能回忆起大致的情况，但是总的说来，这种划分我是完全清楚的。向同盟隐瞒有关已经解散的《火星报》组织的情况，隐瞒已成为党的财富的东西，是没有好处的。至于记录上用了别名，那当然更好，但我没有看过记录，因此也不知道这些别名。

（3）

马尔托夫同志担心，如果谈论《火星报》的非正式会议，便会落到说谎的地步。我不打算来谈是否说谎的问题，但"我们要看一看"，究竟谁能够坚持原则性的争论，谁一定会落到这种悲惨的地步（"哦！"）。"我们要看一看，""我们要看一看！"我认为我完全有自由来谈论编辑部的会议，如果马尔托夫同志也要谈，我决不反对。但是我还应当指出，在代表大会期间我们没有开过一次专门的编辑部会议。

（4）

的确，是我自己要求召开会议的，而且谁也没有阻止过我。我认为，把一切都敞开来谈一谈是完全合适的。私人谈话与《火星报》组织的会议之间有很大差别。无论如何,希望召开会议来谈。在同盟认为我有必要谈《火星报》组织的非正式会议以前,我先不谈这个问题。

(5)

我的报告的主要目的,是要证明马尔托夫同志犯了错误,但是他作的关于普列汉诺夫同志的暗示,我认为完全是另外一回事。[31]我记得我在党代表大会上就一件事说过这样一句话:"那些在委员会内说一套,而在会议上又说另一套的人,总是会引起大家极大的愤怒的。"①暗示这种行为,这已经不是讨论政治行为,而是转到个人问题上去了。至于帕·波·阿克雪里罗得说某某人走的时候根本不了解情况,我可以证明这完全不是事实。[32]他本人曾写信告诉我,在他看来在这整个分歧中有许多个人的东西,而很少原则的东西。由此我可以断定,他是了解情况的。由于他要求我发表自己对大会的看法,我也曾经不止一次地写信给他。

---

① 参看本版全集第7卷第244页。——编者注

3

# 关于俄国社会民主工党第二次
# 代表大会的报告

（10 月 14 日〔27 日〕）

在开始报告以前，列宁谈了上次会议上的争论，即关于火星派分子在党代表大会期间举行的非正式会议可以谈到什么程度的问题。他是这样解释昨天的大会决议的：报告人只能在最低限度内涉及记录上没有记载的事实[33]。因此，当他谈到《火星报》组织的成员所举行的会议时，只打算谈表决的结果。

说了这些话以后，他叙述了党代表大会召开前夕那一段时期的情况。他说，在负责筹备召开代表大会的组织委员会中，火星派分子占优势，因此它的活动是遵循火星派方针进行的。但还在大会筹备期间，就已暴露出组委会远不是完全团结一致的。首先，这个委员会内有一个崩得分子，他竭力利用各种借口阻碍召开遵循火星派方针的代表大会；这位组委会委员始终执行他自己的路线。组委会里还有两个"南方工人"社的代表；虽然他们也自称为火星派分子，他们在经过长时间谈判之后甚至声明拥护《火星报》，但是毕竟不能承认他们真是这样的人。最后，就是参加组委会的火星派分子本身也不是完全团结一致的，他们之间也有意见分歧。指出组委会关于限权委托书问题的决定也很重要。这个问题远在代表大会召开以前就发生了，当时决定限权委托书必须取消。编辑部也很明确地表示对这个问题抱有同样的看法。这项决定对编辑部本身也是适用的。当时决定：在作为党的最高权力机关的代表大会上，任何党员和任何编辑部成员都不应当受他对委派他的组织所负的任何义务的约束。鉴于这项决定，我给代表大会拟定了一个议程草案，并附有说明；这个草案我决定以我个人的名义提交代表大会。在这个草案第23条的页边，我作了各选3人到编辑部和中央委员会的说明。[34] 同这一条有关的还有一件事。由于原来的编辑部由6人组成，所以一致同意通过下列决定：如果在大会期间需要召开编辑部会议而票数双方相等，那就邀请巴甫洛维奇同志作为有表决权的一员参加会议。

　　远在代表大会开幕以前，代表们就开始聚集在一起了。组委会给他们提供了预先认识各位编辑的机会。很自然，火星派分子希望在代表大会上能够团结起来，步调一致。为此，同报到的代表进行了个别交谈，还召开会议以求得观点一致。在这些会议上，某些代表的面目便充分暴露了。例如在一次会议上，当我作了关于民族问题的报告[35] 以后，一位矿区的代表以波兰社会党的观点发言[36]，暴露了在看法上极端混乱。

　　这就是大会召开以前的情况。

　　现在我来说明一下，既然同盟选出了两名代表，那我怎么会成了同盟的唯一代表。本来《火星报》国内组织[37] 也应该派遣两名代表，但是一个代表也没有到会。因此在代表大会开幕前召开的一次火星派的会议上决定：同盟选出的两个代表之一应该把代表委托书交给另外一个代表，而自己充当《火星报》组织的代表，持有该组织的两张代表委托书，如果国内选出的代表到来，则将《火星报》

组织的两张代表委托书交出一张给这个代表。由于同盟起的作用不大，我和马尔托夫自然都愿意当《火星报》的代表。这个争执我们用抽签方法解决了。

第一个预先要解决的问题是代表大会主席团的选举问题。这个问题引起了我和马尔托夫之间一些分歧(尽管分歧不大)。马尔托夫坚决主张选举9人，其中甚至包括一个崩得分子。而我则认为必须选出一个能够执行坚定不移的政策、在必要时甚至能够使用所谓"刺猬皮手套"的主席团。结果选出了普列汉诺夫、列宁和巴甫洛维奇。

除了5个崩得分子以外，在代表大会上还有两个国外俄国社会民主党人联合会的代表，以及几乎经常跟着他们投票的彼得堡"斗争协会"的一个代表。这些人一开始就竭力拖延讨论。仅仅讨论大会的议事规程一项，就花了很多时间。崩得在党内的地位问题也争论不休，接连开了好几次会。一个参加代表资格审查委员会的崩得分子，也同样拖延时间。他处处阻挠会议的进行，在任何一个问题上都不同意该委员会(我也参加这个委员会)其他委员的意见，总是保留"自己的意见"。当有人指出这样会使大会拖延的时候，这位崩得分子回答说，"就让它拖延好了"，并且表示准备在委员会内坚持开会，无论开多少时间都可以。因此代表资格审查的工作一直拖到深夜才结束。

在代表大会头几天的会议中，就发生了组委会事件。按照组委会所拟定的章程，只有"党的著名活动家"才能以有发言权的代表的资格被邀请参加大会;代表资格审查委员会拒绝了"斗争"社提出的关于承认它的代表委托书的请求。在这个委员会内有两个组委会委员，他们坚决反对批准"斗争"社的代表参加大会。当委员会的报告人把这项决定向代表大会传达时,引起了一场"赞成"和"反对"的长时间的争论。有一位火星派分子在会上发言,认为决不应当邀请"斗争"社的代表参加大会,因为这个社一味搞阴谋诡计,千方百计地钻空子,到处制造纠纷,等等。(托洛茨基:"你何必不说出发言人的姓名,这话是我说的。"帕·阿克雪里罗得:"显然,报告人认为这对自己没有好处。")不错,这样尖锐地评论"斗争"社的是托洛茨基同志。在是否批准"斗争"社的代表参加大会的争论进行得最激烈的时候,一个没有赶上大会开幕而刚刚到会的"南方工人"社代表[38]要求休会5分钟,以便了解有关争论问题的全部情况。在大会决定休会以后,组委会的委员在窗子旁边就地举行了会议。应当指出,还在大会开幕以前,组委会的某些委员就已经对编辑部有些不满。例如,组委会中的那个崩得代表,对于编辑部事先未经组委会许可而用自己的名义并代表组委会送给德国社会民主党人500马克作为选举经费这件事,就曾经感到非常愤慨。在不能及时同国内同志取得联系的情况下,这种行动本来是十分自然而没有过错的,但这个崩得分子认为这是国外编辑部不征求组委会同意而任意使用它的名义。当时有人甚至向组委会建议对编辑部提出警告,组委会也这样做了,因为《火星报》组织的一个原来的成员NN同志赞同这个崩得分子的意见。当我把这件事告诉马尔托夫的时候,他很气愤,说这真是"卑鄙无耻"。(马尔托夫:"不,我没有用过'卑鄙无耻'这个词。")准确的说法我记不清了。当时马尔托夫还说,他"决不就此罢休"。我劝他说,这没有什么了不起,最好保持缄默,不要把这件事看得那么严重。组委会在窗子旁边开过会议以后,它的成员之一巴甫洛维奇同志便告诉主席团的其他两位委员说,根据那个迟到的"南方工人"社代表(也是组委会委员)的提议,组委会以多数票(除他反对外)通过了一项决议,同意邀请"斗争"社的代表梁赞诺夫以有发言权的代表的资格参加大会。巴甫洛维奇同志坚决反对这项决议,由于已经取消限权委托书,他认为自己有权在大会上对这项决议提出异议。我们这些主席团成员以及编辑部成员和其他火星派分子,对组委会的这项决议都感到非常气愤。我刚才提到的那位组委会委员 NN 同志,在代表资格审查委员会的一次会议上自己曾反对批准"斗争"社的代表参加大会,而现在在组委会的会议上却同意邀请他出席大会。现在他自己把梁赞诺夫拉到大会上来。这样我们就上了圈套。因此我们决定坚决反对组委会这项令人愤慨的决议。许多代表都表示反对这项决议。我在就这件事发言时说:"那些在委员会内说一套,而在代表大会上又说另一套的人,在欧洲的代表大会上会引起大家极大的愤怒的。"我当时说这句话是指《火星报》组织的成员 NN。当巴甫洛维奇同志通知大会说他反对组委会的这项决议时,"南方工人"社的代表认为这是破坏纪律,是瓦解组织的行为等等,并要求大会对巴甫洛维奇同志的这种行为给以应有的惩罚。但是我们驳倒了所有这些说法。组委会的多数被击败了。当时通过了一项决议:在代表大会已经选出了代表资格审查委员会之后,组委会作为一个委员会已无权干预大会的组成。邀请梁赞诺夫的提议被否决了。但是在大会闭幕以后,我还听到某些火星派分子质问为什么不批准"斗争"社的代表参加大会。(捷依奇:"我在大会上就说过这样的话。")一点不错,在其他问题上(这我以后还会谈到),捷依奇同志有时也不和其他所有火星派分子一起投同样的票,例如在语言平等问题上就是这样。现在某些火星派分子还发表这样一些非常奇怪的意见,认为中央委员会在自己的活动中应当反映出党内的种种动摇倾向和幼稚观点。某些不坚定的动摇的火星派分子,在代表大会上也说过类似的话。因此,如果认为一切自称火星派分子的人都是名副其实的火星派分子,那是完全错误的。事实上还有些火星派分子甚至以火星派分子的称号为可耻。有些火星派分子同《火星报》作斗争,给《火星报》设置种种障碍,阻挠《火星报》的活动。《火星报》已经享有声誉,火星派分子的称号已经成为一种时髦,但是这并不妨碍许多人依然故我,还是《火星报》被许多委员会承认以前那个老样子。这类不可靠的火星派分子给《火星报》造成了许多危害。如果他们直接地公开地同《火星报》作斗争倒还好……　但是他们不是这样做,而是在背后偷偷摸摸地、悄悄地、秘密地进行活动。

党代表大会的第2项议程是讨论党纲。《工人事业》杂志的支持者、崩得分子和在大会期间被取名为"泥潭派"的一些代表,制造了巨大的障碍。关于党纲的辩论拖延得令人难以置信。光是阿基莫夫一人就提出了不止10条修正案。争论几乎都发生在个别词上,发生在该使用这个还是那个连接词上。参加纲领草案审查委员会的一个崩得分子完全有根据地问道:我们究竟审查谁的草案,是《火星报》编辑部提出的呢,还是阿基莫夫提出的?——当时要讨论的修正案实在太多了。这些修正案都是无足轻重的,结果党纲未作任何重大修改而被通过了。可是,关于党纲的辩论却用了将近20次会议。可见大会的工作效率由于各种反火星派分子和冒牌火星派分子采取反对立场而低到了什么程度。

继组委会事件之后,在大会上发生的第二个重大事件就是关于语言平等的事件,或者像人们在大会上用讽刺的口吻所说的"关于舌头自由"的事件。(马尔托夫:"或者叫做'关于驴子'的事件。"

笑声)不错,也可以叫做"关于驴子"的事件。事情是这样的。党纲草案中规定,全体公民,不分性别、民族、宗教信仰等等,都享有平等权利。但是崩得分子感到不满足,他们要求在党纲中规定每个民族都有使用本民族语言进行学习以及在各种社会团体和国家机关内使用本民族语言的权利。一个能说会道的崩得分子在发言中拿国家种马场作例子,普列汉诺夫针对他的意见指出,谈论种马场没有必要,因为马不会讲话,"只有驴子才会讲话"。崩得分子为此感到不快,显然认为这是拿他们开玩笑。

在语言平等问题上,第一次出现了分裂。除了崩得分子、工人事业派、"泥潭派"以外,赞成"舌头自由"的还有一些火星派分子。在这个问题表决时,捷依奇同志的表现使我们感到惊奇、不满和气愤;他一会儿弃权,一会儿又投票反对我们。最后,这个问题总算在意见一致的情况下友好地得到了解决。

一般说来,在大会的前半期所有火星派分子是一致行动的。当时,崩得分子说有人在制造反对他们的阴谋。一个崩得分子在发言中用"紧密的多数派"来形容代表大会。为了回答这种说法,我表示希望我们全党能成为一个紧密的多数派。①

大会的后半期情况就完全不同了。从这时起开始了马尔托夫的历史性的转变。这时我们之间的分歧已经不是无足轻重的分歧了。这些分歧的产生是由于马尔托夫对当时的情况作了错误的估计。马尔托夫同志背离了他过去所遵循的路线。

议程的第5项是讨论党章。关于党章第1条,我同马尔托夫在委员会内就发生了争论。我们各自坚持不同的条文。我提议,

---

① 见本版全集第7卷第248页。——编者注

凡承认党纲、在物质上支持党并参加党的一个组织的人,可以作为党员。但马尔托夫认为,除了前两个条件以外,只要在党的一个组织监督下进行工作就够了。我坚持自己的条文,并指出,除非放弃集中制的原则,否则我们决不能给党员下其他的定义。承认不参加党的任何一个组织的人是党员,就等于反对党的任何监督。马尔托夫在这里提出了一个同《火星报》原则完全抵触的新原则。马尔托夫的条文扩大了党的范围。他的理由是:我们的党应当成为群众的党。他给各种机会主义者敞开了大门,把党的范围扩大到了完全模糊的地步。在目前条件下,这是非常危险的,因为很难划清革命者和空谈家之间的界限;因此我们必须缩小党的概念。马尔托夫的错误在于:当已经发现甚至在代表大会上还有整整三分之一的人搞阴谋的时候,他给各种坏分子敞开了党的大门。马尔托夫在这个问题上表现出了机会主义。他的条文把杂音加进了党章:每个党员都应当受组织的监督,以便使中央有可能了解每一个党员。我的条文则是要促使组织起来。马尔托夫同志贬低了"党员"的概念,而我认为必须把它提得很高很高。《工人事业》杂志、崩得和"泥潭派"都倒向马尔托夫一边,在他们的赞助下,他的党章第 1 条条文被通过了。

于是,马尔托夫就说有人散布关于他的"可耻的谣言"。但是,指出马尔托夫同谁联合,没有任何侮辱的意思。当我同布鲁凯尔同志联合的时候,我自己也遭受过同样的谴责。当马尔托夫给我一张写着"看看是谁和你投同样的票"的纸条时,我丝毫不以为是侮辱。其实,我同布鲁凯尔的联合是暂时的和偶然的,可是马尔托夫同崩得的联合是长期的。我反对马尔托夫的条文,因为它意味着陷入泥潭。这一点我曾提醒过马尔托夫,而我们的反对者们则像一个人似地跟着马尔托夫走，以各种动听的理由为这个错误辩护。但最危险的并不是马尔托夫陷入了泥潭，而是他偶然陷入泥潭之后不设法爬上来，而且愈陷愈深。崩得分子觉得自己成了左右局势的人，因此便把自己的烙印打在党章上。

在代表大会的后半期，也形成了一个紧密的多数派，只是这个多数派是由马尔托夫分子加"泥潭派"加《工人事业》杂志和崩得中的紧密的少数派组成的联盟。这个紧密的多数派是反对火星派的。一个崩得分子看到火星派内部发生争吵便说："当领袖们打架的时候进行争论，那是很痛快的。"我不明白为什么崩得在这种情况下离开会场。他们乃是左右局势的人，他们还可以决定很多事情。很可能他们是受到限权委托书的约束。

党章第 1 条遭到破坏以后，我们不得不打个双结把被打破的罐子尽可能紧地扎起来。我们自然担心我们会受到暗算，陷于困境。因此有必要实行中央机关成员的相互增补，以便保证党中央机关行动一致。在这个问题上又引起了斗争。必须做到，在党的第三次代表大会召开之前不再发生组委会所发生的事情。必须组成一个坚定不移的、忠实的火星派内阁。在这个问题上我们又失败了。关于中央机关成员的相互增补的条款被否决了。在"泥潭派"支持下的马尔托夫所犯的错误，更加明显地表现出来了。从这时起，他们的联盟便完全形成了，而我们面对失败的威胁，不得不把我们的枪炮装上双倍的弹药。崩得和《工人事业》杂志坐在那里运用自己的投票权决定大会的命运。因此就发生了激烈的残酷的斗争。

现在来谈一谈《火星报》组织的非正式会议。在这些会议上，我们主要是讨论中央委员会的人选问题。在《火星报》组织的整整四次会议上,都是就 NN 同志的问题进行辩论。一部分火星派分子主张对 NN 表示政治上不信任,但这不是就这个词的字面上的意义来讲的,因为根本没有人把任何污辱之词加在 NN 头上,而只是就 NN 是否适于当火星派内阁成员这个特定的意义讲的。这件事引起了激烈的斗争。在最后一次 16 人参加的会议上,有 9 人反对 NN,4 人赞成,其余的人弃权。在这次会议上也讨论了内阁由哪些人组成的问题。

马尔托夫和我分别提出了自己的"三人小组名单",我们无法取得一致意见。我们不希望代表大会上的票数分散,因此决定提出一个折中的名单。我们作了种种让步:我同意把两个马尔托夫分子列入名单。少数派不同意这样做。此外,"南方工人"社的代表不愿意列入我们的名单,而同意列入马尔托夫派的名单。于是,中央委员会的人选问题竟要由"南方工人"社的代表这个局外人来决定。在火星派分裂以后,我们不得不集合自己的同道者,大力进行鼓动。崩得的突然退出,立刻改变了整个形势。由于他们退出大会,又形成了紧密的多数派和少数派。我们成了多数派,因此我们把自己所需要的人选进了中央委员会。

这就是造成分裂的情况。马尔托夫知道我会坚持选举编辑部的主张,便向代表大会提出批准《火星报》全部原来的六位编辑部成员的问题,真是太笨拙了。这等于把选举编辑部的问题变成对编辑部的某些人表示不信任的问题。

选举在星期六 5 点钟结束。接下去我们开始讨论决议案。我们只剩下几个小时来进行这项工作了。由于"泥潭派"的阻碍和拖延,我们不得不从议程上取消许多重要项目;例如,我们就根本没有时间讨论所有策略问题。

　　大会对各个决议案的态度非常一致,我们得到的印象是:调和情绪占了优势。我们觉得,马尔托夫并没有把已经发生的分歧看做一个重大问题。当"南方工人"社的一个代表提出选举的合法性问题时,他甚至说少数派是服从大会的一切决议的。所有的决议案都和平地友好地通过了;只是在斯塔罗韦尔提出的关于自由派的决议案上发生了分歧。这项决议案含糊不清,而且又表现出了机会主义。我们表示反对,并力争通过了关于这个问题的另一项决议。

　　对代表大会的总的印象是:我们一直在同阴谋诡计作斗争。我们曾陷于不能工作的境地。结论是:"愿上帝保佑我们摆脱这样的朋友",就是说摆脱冒牌火星派分子。马尔托夫完全不了解这种形势。他把他的错误立场提高为一种原则。马尔托夫关于多数派造成了"戒严状态"的断言,显然是同党的真正需要抵触的。为了更有效地进行工作,必须清除妨碍工作的分子,使他们不能给党造成损害。只有这样,我们才能在下届代表大会上卓有成效地进行工作。这就是党的中央机关之间要完全一致的原因。

　　大会前半期与后半期的情况恰恰相反。整个大会的主要问题可以归结为四大类,这就是:(1)组委会事件;(2)关于语言平等的争论;(3)关于党章第1条的争论;(4)党中央机关选举问题上的斗争。

　　在大会前半期,我们同马尔托夫一起反对组委会、崩得、《工人事业》杂志以及"泥潭派",大会的后半期马尔托夫偶然陷入了泥潭。可是现在,在代表大会以后,他已经不是偶然陷入泥潭,而是真正陷入泥潭了。(掌声)

# 4

# 关于马尔托夫的报告的声明[39]

（10 月 15 日〔28 日〕）

我坚决反对这样一种**不光彩的**斗争手段，反对马尔托夫提出谁在叙述我、他以及斯塔罗韦尔之间的私人谈话时撒了谎和耍了阴谋诡计这样的问题。我认为，这种手段全然违背了马尔托夫自己昨天的声明，昨天他说，他不屑于提出对于私人谈话的叙述是否真实这样一个无法解决的问题！我声明，马尔托夫对这里涉及的私人谈话的叙述是**完全错误的**。我声明，如果他要指责我，说我的行为与在党内所担负的重要职务不相容，那我愿意接受任何公断，并要求同马尔托夫对质。我声明，马尔托夫不能像现在这样不提出直接的责难，而只是作些隐晦的暗示，他负有道义上的责任，也就是说要有勇气在全党面前公开地和负责地坚持自己的责难。而我，作为党中央机关报编辑部成员，以整个编辑部的名义建议马尔托夫立即把自己的**一切**责难编成一本小册子**出版**。如果马尔托夫不这样做，那就只能证明他在同盟代表大会上不过是无理取闹，而不是从道义上弄清党内问题。

# 5

# 关于马尔托夫的报告的声明

## （10 月 16 日〔29 日〕）

我声明，自从马尔托夫昨天的所谓补充报告把讨论转到不体面的基础上以后，我认为没有必要也不可能再参加这项议程的任何讨论，因而我也拒绝再作自己的总结性发言；尤其是，如果马尔托夫有勇气提出明确和公开的责难，他就应该在我昨天正式要求他编写的小册子里向全党提出这些责难。

# 6

# 讨论同盟章程时的发言

## （10 月 17 日〔30 日〕）

### （1）

我主要谈一个问题，即报告人认为同盟有制定自己章程的自主权。据我看来，这是完全错误的，因为按照党章第 6 条，中央委员会既然有权组织各委员会，它就是唯一可以制定同盟章程的机关；因为组织首先就是制定章程。在中央还没有认可同盟的章程之前，同盟就**没有**章程。自主权的概念在这里完全不适用，因为它与党章背道而驰。我再一次特别强调指出，在未经中央认可以前，同盟就没有章程。至于党代表大会对同盟加以认可，那不是着眼于它的工作，主要可能是着眼于它坚持原则的精神，而不管它有多少各种各样的缺点。

### （2）

对这些理由无须多加反驳。[40]第 6 条规定有权组织，从而也就有权改组，而改组后的同盟仍然是同盟，是国外唯一的党组织。

## （3）

对马尔托夫同志提出的关于负责人员是否须经中央委员会批准的问题，我的回答是：选入领导机关的人员须经中央委员会批准，这样做我看不出有任何障碍。

# 7

## 就关于同盟章程的决议的
## 表决结果所作的发言

（10 月 17 日〔30 日〕）

　　……列宁以自己的名义并代表和他投同样票的同志提出声明，认为否决科尼亚金同志的决议案而通过马尔托夫同志的决议案是粗暴地违反党章的行为。[41]（"这一表决究竟违背党章的哪一条？"）我拒绝回答这类问题，因为这在讨论过程中已被充分阐明。（"请指出我们通过的决议违背党章的哪一条。"）党章的解释权属于党的中央机关；它们也一定会作出解释的。

载于 1903 年 10 月底日内瓦出版的
《俄国革命社会民主党人国外同盟
第二次（例行）代表大会记录》一书

译自《列宁全集》俄文第 5 版
第 8 卷第 35—57 页

# 没有提交的声明[42]

1903 年 10 月 29 日

同志们！我昨天(10 月 28 日)退出了代表大会的会场,因为看到马尔托夫在那里翻腾那些卑鄙龌龊的流言蜚语、私人谈话,而且那样歇斯底里地吼叫,博得形形色色的专好惹是生非的人的热烈喝彩,感到实在恶心,再也呆不下去了。马尔托夫简直是在拿自己开玩笑,就是他,前天还振振有词地说,这样援引私人谈话是不体面的,因为这种私人谈话无法核实,而且会引起交谈双方**谁撒谎**的问题。可是昨天马尔托夫干的正是这种不体面的事,他在谈到众所周知的关于三人小组的众所周知的私人谈话时歇斯底里地质问我**谁撒谎**,是我还是他。

用提出"**谁撒谎?**"的问题来挑起争吵,这只有两种人可以做得出,一种是整日寻衅闹事的暴徒,一种是失去理智的狂人。一个政治家,当有人指责他犯有一定的政治错误的时候,竟使用这样一种手法,这就确凿地证明他没有什么其他办法为自己辩护,而只好出此下策,把政治上的意见分歧弄成无谓争吵和造谣中伤。

现在要问,对于一切寻衅闹事者根据私人谈话提出**无法证实的**指责这种手法,究竟可以用什么自卫手段呢?我之所以说"无法证实的"指责,是因为没有记录的私人谈话,由于这种谈话本身的性质,是**根本**没有可能证实的,而根据这种谈话提出责难,结果只能是以各种不同的形式重复"撒谎"这个词。马尔托夫昨天在重复这个词方面达到了登峰造极的地步，我就不来学他的样子了。

我在昨天的声明中已经提出了**一个自卫办法**，并且现在还坚持这个办法。我建议我的对手把他对我的所有责难——他在发言中通过种种数不清的隐晦的暗示影射我撒谎、耍阴谋诡计等等——立即编成一本小册子出版。我**要求**我的对手务必负责地向**全党发表**，因为他给我抹黑就是给党中央机关报编辑部成员抹黑，因为他说过某某人不能担任党内的重要职务。我有责任把我的对手的责难全部公布出来，因为我很清楚，把无谓争吵和造谣中伤公开摆出来，是我在全党面前最好的自卫。我再说一遍，如果对手回避我的挑战，那就证明他的指责只不过是恶意诽谤，进行这种诽谤的不是惯于造谣生事的坏蛋，就是神经失常的落魄政客。

此外，我还有一个间接的自卫手段。我在昨天的声明中指出，马尔托夫对这里涉及的私人谈话的转述是完全不符合事实的。我不想重述这个谈话，因为**无法证实的**论断是站不住脚的，毫无补益的。但请大家好好考虑一下我昨天交给马尔托夫在代表大会上宣读过的那份"文件"。这份文件是代表大会的纲领和我对它的说明；这个说明是**在"私人"谈话以后**写的，**我曾把它送给马尔托夫**，他作了一些修改又还给了我。

这份文件**无疑**是我们谈话的主要内容，因此我只要分析一下这个文件的原文，就足以证明马尔托夫的责难是造谣中伤。下面就是全文：

"第23项(代表大会议程)。**选举党的中央委员会和中央机关报编辑部。**"

我的说明："代表大会选出三人为中央机关报编辑部成员，选出三人为中央委员会委员。必要时，这六个人**在一起**，经三分之二多数的同意，以增补的办法补充中央机关报编辑部和中央委员会的成员，并向代表大会作出相应的报告。代表大会批准这个报告以后，中央机关报编辑部和中央委员会再分别进行增补。"①

马尔托夫硬说，采取这种做法**仅仅**是为了扩大编辑部六人小组。这个说法和"必要时"三个字是**根本**矛盾的。显然，在当时就预料到可能不会有这种必要。其次，既然 6 人中要有 4 人同意才能增补，那就很明显，**不经非编辑的同意**，即至少是一个中央委员的同意，增加编辑部成员**是不可能的**。可见，编辑部能否扩大取决于一个人的意见，而这个人究竟是谁，当时（代表大会召开前一个月，如果不是一个半月的话）只能作些非常模糊的猜测。因此很明显，既然在扩大选任的三人小组问题上，决定权操在一个也是选任的**非编辑**手里，所以，马尔托夫**当时**也承认，编辑部的六人小组本身是不能**继续独立存在**的。马尔托夫也认为，没有外部的即编辑部以外的帮助，《火星报》旧编辑部是不能变成党中央机关报的编辑部的。

其次，既然全部问题**仅仅**是为了扩大六人小组，那还提三人小组做什么呢？那就只要用任何一种多数决定的增补来代替一致通过的增补就行了。那就根本用不着说什么编辑部，只要说党的机关或者具体地说党的中央机关的成员增补就行了。所以很明显，绝不仅仅是扩大的问题。同样明显的是，既然人们认为，为了**扩大**六人小组，应该首先把这六人小组**缩小**到三人小组，那就说明，阻碍这种可能的扩大的**不是**旧编辑部的一个成员，**而可能是两个，甚至是三个**。

---

① 　见本版全集第 7 卷第 377 页。——编者注

最后，关于"补充"即扩大中央机关的成员问题，请大家把代表大会通过的现行党章中的规定同我和马尔托夫对第 23 项议程作的上述说明中提到的草案对照一下。草案要求**4 比 2** 的多数同意（在扩大**中央机关报编辑部**和中央委员会的问题上），而现行党章归根到底只要求 **3 比 2** 的多数同意，因为现在中央机关的成员增补问题是由总委员会最后决定的，所以如果有两个编辑部成员再加上一个总委员会委员主张扩大编辑部，那么，即使第三者反对，他们也可以自行扩大。

可见，丝毫用不着怀疑（从可靠文件的确切内容来看），变动编辑部的成员问题，早在代表大会以前就提出来了（我和马尔托夫提出，没有一个编辑部成员反对），而且不管六人小组的某一个人甚至是两个或三个人愿意与否，同意与否，都要变动。因此，大家可以判断，马尔托夫发言中大量的抱怨的话，什么非正式的限权委托书把六人小组联合在一起，什么六人小组内部精神上的联系，什么不变动编辑部至关重要，以及诸如此类的托词，在目前究竟有多大价值。所有这些托词是同说明的明确内容截然矛盾的，因为说明要求**更新**编辑部的成分，用相当复杂因而是经过周密考虑的办法进行更新。

根据这个说明，更用不着怀疑，决定变动编辑部的成员至少要取得代表大会选出的两个国内的中央委员的**同意**。显然我和马尔托夫**都想说服**这两个未来的中央委员，使他们相信有必要对编辑部成员作某种变动。就是说，我们把编辑部的成员问题提交尚未确定的中央委员去决定。所以，我们进行了斗争，希望**把这些中央委员争取到自己方面来**。既然现在大多数有威望的国内同志都在代表大会上表示赞成我而不赞成马尔托夫（在我们之间产生的意见分歧上），那马尔托夫歇斯底里地为自己的失败哀号，大肆散布根本无法核实的造谣中伤和无谓争吵，就只能说是一种不体面不光彩的斗争手法。

**尼·列宁（弗·伊·乌里杨诺夫）**

载于1928年《列宁文集》俄文版第7卷

译自《列宁全集》俄文第5版第8卷第58—62页

# 党总委员会的决定

1903 年 11 月 1 日于日内瓦

**副本**。

俄国社会民主工党。

党总委员会成员瓦连廷诺夫、伊林、卢、瓦西里耶夫（他还全权代表总委员会第五名委员叶菲莫夫），由伊林和瓦西里耶夫两委员召集，于 1903 年 11 月 1 日在日内瓦举行会议并作出决定：认为中央委员会代表在同盟代表大会上的行动是正确的[43]，并责成他以增补新成员的办法改组同盟。瓦连廷诺夫、伊林、瓦西里耶夫、叶菲莫夫（瓦西里耶夫代）、卢。

载于 1904 年日内瓦出版的《对俄国革命社会民主党人国外同盟第二次代表大会记录的述评》一书

译自《列宁全集》俄文第 5 版第 8 卷第 63 页

# 关于辞去党总委员会委员和
# 中央机关报编辑部成员的职务的声明[44]

（1903 年 10 月 19 日〔11 月 1 日〕）

　　党总委员会委员、中央机关报编辑部成员格·瓦·普列汉诺夫认为，在目前情况下，对马尔托夫派作出让步和增补六人小组有利于党的统一。我不同意这种意见，因此我声明辞去党总委员会委员和中央机关报编辑部成员的职务。

尼·列宁
1903 年 11 月 1 日于日内瓦

　　附言：在任何情况下，我决不拒绝用自己的工作给新的党中央机关以力所能及的支持。

————

1903 年 11 月 1 日交普列汉诺夫。

载于 1904 年日内瓦出版的尔·马尔托夫《同俄国社会民主工党内的"戒严状态"作斗争》一书

译自《列宁全集》俄文第 5 版第 8 卷第 64 页

# 崩得在党内的地位

（1903 年 10 月 22 日〔11 月 4 日〕）

崩得用这个标题发表了《工人呼声报》[45]第 34 号上一篇文章的译文。这篇文章和崩得第五次代表大会的决定唱的是同样的调子，可以看做是对决定的正式说明。文章试图系统地阐述各种论据，以便得出崩得"应当成为党的联邦部分"这一结论。研究一下这些论据是很有意思的。

作者开头谈到，俄国社会民主党面临的最迫切的问题，是联合的问题。在什么样的基础上才能实现联合呢？1898 年的宣言[46]认为自治原则是实现联合的基础。作者分析了这个原则，认为这个原则在逻辑上是荒谬的，存在着内在的矛盾。如果把涉及犹太无产阶级的特殊问题仅仅了解为鼓动方式问题（适应犹太人的特殊语言、特殊心理、特殊文化），那将是技术性的（?）自治。但这样的自治意味着取消任何独立性，因为党的任何一个委员会都享有这种自治权，而把崩得和委员会画等号就是否认自治。如果把自治了解为在某些纲领性问题上的自治，那么取消崩得在其他纲领性问题上的任何独立性也是荒谬的；在纲领性问题上的独立性一定要以崩得本身在党中央机关里的代表权为前提，即不是以自治而是以联邦为前提。崩得在党内地位的牢固的基础，应当到俄国犹太革命运动的历史中去寻找。这个历史向我们表明，在犹太工

人中进行工作的所有组织融合成了一个联盟——崩得，它的活动
范围从立陶宛扩大到波兰，然后又扩大到俄国南部。可见，历史破
除了一切地域壁障，推出崩得作为犹太无产阶级的唯一代表。原
则就是：崩得是犹太无产阶级利益的唯一代表。这不是什么凭空
臆造(?)的东西，而是全部犹太工人运动历史的产物。而一个整个
民族的无产阶级组织自然只能在党内实行联邦制的条件下才能加
入党，因为犹太无产阶级不仅仅是全世界无产者大家庭中的一部
分，而且是在各民族中占有一个特殊地位的犹太民族的一部分。最
后，联邦最好地表现了党的各部分之间的紧密团结，因为联邦的主
要标志就是党的每个组成部分直接参与党的事务；这样，党的各个
部分都感到自己有平等的权利。自治则以党的各个部分没有权利、
对共同事务漠不关心、以及相互间的不信任、摩擦和冲突为前提。

　　作者的论据就是这样，我们转述的几乎完全是他的原话。这
种论据可以归纳成以下三点：一个是一般性的理由，就是说，自治
存在着内在的矛盾，从党的各部分紧密团结的角度看来是不适宜
的；一个是历史的教训，历史推出崩得作为犹太无产阶级的唯一代
表；最后，认为犹太无产阶级是占有特殊地位的一个整个民族的无
产阶级。可见，作者打算依据的既有一般的组织原则，也有历史的
教训，也有民族的思想。作者努力(应当为他说句公道话)从各个
方面来分析问题。正因为这样，他的阐述就把崩得在我们大家非
常关心的这个问题上的立场完全明朗化了。

　　据说，在实行联邦的情况下，党的各个部分是平等的，是直接
参与共同事务的；而在实行自治的情况下，它们是无权的，因而不
参与整个党的生活。这种论调完全是睁着眼睛说瞎话，跟数学家
所说的数学上的诡辩，比如证明(用乍一看来还是完全合乎逻辑的

方法证明）二二得五，部分大于整体等等，没有什么两样。这种数学上的诡辩还编成了集子出版，这种集子对小学生会有些用处。但对企图成为犹太无产阶级唯一代表的人，我们真是有点不好意思向他们说明这样一个一眼就可以看出的诡辩：对"党的一部分"一词，在同一段论断中间，前半段和后半段理解就不相同。在谈联邦的时候，把党的一部分理解为不同地区的组织的总和；在谈到自治的时候，又把党的一部分理解为每个单个的地方组织。如果把这两个仿佛相同的概念放到一个三段论法里，那就必然得出这样的结论：二二得五。如果崩得分子还不清楚他们的诡辩的实质，那他们看一看自己的最高章程，就可以看到：正是在实行联邦的情况下，地方组织和党中央的联系是间接的，而在实行自治的情况下，才是直接的。不，我们的联邦主义者们最好不要再谈什么"紧密的团结"了！如果否认联邦意味着党的各个部分互相**隔绝**而自治意味着它们的**融合**这个原理，那只会惹人发笑。

把自治分成纲领性的自治和技术性的自治，从而证明自治的"逻辑上的混乱"，这种做法也并不高明。这种分法本身就十分荒唐。为什么在犹太工人中进行鼓动的特殊方式问题可以叫做技术性问题呢？语言、心理、生活条件的特点跟技术有什么相干呢？在比方涉及要求犹太人享有公民平等权利的一些纲领性问题上怎么能谈独立性呢？社会民主党的纲领只提出全体无产阶级的共同的基本要求，不管职业、地区、民族、种族的差别如何。而由于这些差别，同样是公民在法律面前完全平等这个要求，在某一地区进行鼓动时，要反对某一种不平等，在另一地区或对另一部分无产阶级进行鼓动时，就要反对另一种不平等，等等。同样一个纲领性条文，在国内不同的地区，由于生活条件、文化和各种社会力量相互关系的不同,运用起来也就不同,等等。就同样一个纲领性要求进行的鼓动,也要适应所有这些差别而采取不同的方式和语言。因此,在专门涉及某一种族、某一民族、某一地区的无产阶级的问题上,自治就意味着要由相应的组织自行确定:为实现共同纲领而提出什么特殊的要求,采取什么鼓动方式。整个党、党的中央机关制定的是纲领和策略的共同的基本原则;至于实际贯彻和宣传这些原则的各种不同方式,则由隶属于中央的各党组织根据地区、种族、民族、文化等差别而自行规定。

试问,这种自治的概念难道还不清楚吗? 把自治分成纲领性的和技术性的两种岂不完全是故弄玄虚吗?

请看我们所探讨的这本小册子是怎样"从逻辑上分析"自治这个概念的。小册子在谈到作为1898年宣言的基础的自治原则时写道:"从社会民主党所面临的大量问题中间分离出〈原文如此!!〉一些被认为是专门涉及犹太无产阶级的问题……　一般问题一开始,崩得的自治也就宣告结束……　所以,崩得在党内的地位是双重的:在特殊问题上,它作为崩得出现……在一般问题上,它就失去了本来面目,和一般的党委员会相同……"　社会民主党的纲领要求所有公民在法律面前完全平等。**为了实现**这个纲领,维尔纳的犹太工人提出一个特殊要求,乌法的巴什基尔工人提出另一个完全不同的特殊要求。这是否就是"从大量问题中间","**分离出一些问题**"呢? 提出一些消灭特殊形式的不平等的特殊要求,来贯彻关于权利平等的共同要求,这难道是什么从一般问题中**分离出**特殊问题吗? 特殊要求不是从纲领的共同要求中分离出来,提出这些要求正是**为了实现**纲领的共同要求。专门涉及维尔纳的犹太人的问题同专门涉及乌法的巴什基尔人的问题二者倒是可以分离的。全党的任务,党中央的任务,就是综合他们的要求,体现他们的**共同的阶级利益**(而不是他们职业的、种族的、区域的、民族的以及其他等等特殊的利益)。这个问题看来是十分清楚的! 崩得分子所以把这个问题弄得一团糟,是因为他们没有进行逻辑分析,反而一再表现出逻辑混乱。他们根本就不了解社会民主党的共同要求与特殊要求之间的关系。他们以为是"从社会民主党所面临的大量问题中间分离出一些问题",实际上,我们党纲所涉及的**每个**问题都是一系列特殊问题和要求的综合;党纲的**每一条**对**全体**无产阶级都是共同的,同时又根据无产者的职业、生活条件、语言等等的不同而分成一些特殊问题。崩得分子对崩得地位的矛盾性和两重性感到困惑,这种矛盾性和两重性据说就表现在:在特殊问题上,它作为崩得出现,而在一般问题上,它就失去了本来面目。只要稍稍考虑一下,他们就会了解到,这种"两重性"在**任何一个**工人社会民主党员身上都是**绝对**存在的:他们在特殊问题上,作为某一职业的从业者、某个民族的一员、某一地区的居民出现,而在一般问题上,则"失去了本来面目",和**其他任何一个**社会民主党员一样。根据1898年的章程,崩得的自治和图拉委员会的自治性质是完全相同的;只是自治的范围稍有不同,前者比后者略微广泛一些。崩得想用下面的论调来推翻上述结论,他们说:"既然崩得在某些**纲领性**问题上有独立性,那为什么在其他纲领性问题上就没有**任何**独立性呢?"这种论调只能是惊人的逻辑混乱。这种把特殊问题与一般问题的对比搞成"某些问题"与"**其他问题**"的对比,是崩得式的"逻辑分析"的无与伦比的范例! 这些人根本不理解,这就等于把某些苹果的不同的色香味与"其他"苹果的**数量**拿来对比。先生们,我们敢向你们担保,不仅某些苹果,而且每个苹果都有它自己特殊的色香味。先生们，不仅在"某些"而且**在毫无例外的一切**纲领性问题上，都给你们以独立性，但这只是指根据犹太无产阶级的特点运用这些问题而言。因此，我的亲爱的朋友，我劝您还是先学学逻辑学吧！[47]

　　崩得分子的第二个论据是援引历史，据说是历史推出崩得作为犹太无产阶级的唯一代表。

　　首先，这种说法是不符合事实的。小册子的作者自己也说："其他组织〈崩得除外〉在这方面的工作〈即在犹太无产阶级中间进行的工作〉不是没有成绩，就是成绩微不足道。"这就是说，他自己承认，其他组织还是做了工作，所以崩得**并不是**犹太无产阶级的**唯一代表**；至于对这个工作的成绩的评价，当然谁也不能相信崩得本身的见解；而且，谁都知道，崩得曾经**阻挠**其他组织在犹太无产阶级中进行工作（只要举出崩得反对叶卡捷琳诺斯拉夫党委会向犹太工人发传单这一人所共知的事件[48]就够了），——可见，即使成绩真是微不足道，崩得本身也应当担负一部分责任。

　　其次，崩得援引的历史材料所包含的一部分真实情况丝毫也不能证明他们的论据正确。实际上发生的事实即崩得所指的那些事实，恰恰不能证实崩得的说法，而是相反。这些事实就是：崩得在第一次代表大会以后的五年中间，是离开党的其他组织而完全独立自主存在和发展的。一般说来，在这期间，所有党组织之间的实际联系都是很少的，而崩得同党的其他部分的联系不仅比其他组织彼此之间的联系少得多，而且愈来愈少。是崩得自己**削弱了**这种联系，这是我们党的国外组织的历史直接证明了的。1898年，崩得的成员属于国外一个统一的党组织；到1903年时，他们已经分离出去，成为一个完全独立自主的国外组织。崩得的独立性以及这种独立性的逐步加强，都是毋庸置疑的。

从这一毋庸置疑的事实应当得出什么结论呢？在崩得分子看来，应当得出的结论是：必须拜倒在这个事实面前，无条件地服从这个事实，把它奉为原则，奉为使崩得的地位得到巩固基础的唯一原则，在党章中把这个原则固定下来，让党章承认崩得是犹太无产阶级在党内的唯一代表。在我们看来，这个结论是彻头彻尾的机会主义，是十足的"尾巴主义"。从这五年涣散的历史中，应当得出的结论不是把这种涣散状态固定下来，而是必须永远结束这种状态。难道还有谁能否认这是十足的涣散状态吗？在这期间，党的**所有**各个部分都是独立自主地发展的，由此是不是要得出在西伯利亚、高加索、乌拉尔、南方等等之间建立联邦的"原则"呢??崩得分子自己都讲，从各部分在组织上联合起来这个意义上来说，党实际上并不存在，那怎么能从不存在党的情况下形成的东西得出**恢复**组织统一问题的结论呢？不，先生们，你们援引这段造成隔绝状态的涣散的历史，只能证明这种隔绝状态的不正常。从党的组织**瓦解**的几年中得出组织"原则"，这种做法正和当年那些历史学派的代表人物一样，大家都知道马克思曾经嘲笑他们，说他们乐意为鞭子进行辩护的根据就是因为它是历史的鞭子①。

可见，无论是对自治进行"逻辑分析"，还是援引历史，都根本不能为崩得的隔绝状态提供任何"原则"论据。但是，崩得的第三个论据，即举出关于犹太民族的思想，无疑是有原则性的。不过很遗憾，这种锡安主义思想实质上是完全错误的和反动的。最卓越的马克思主义理论家之一卡尔·考茨基说："犹太人已经不再是一

①　参看《马克思恩格斯文集》第1卷第5页。——编者注

个民族了,因为一个民族没有一定的地域是不能想象的。"(见《火星报》第 42 号及其抽印本《基什尼奥夫惨案和犹太人问题》第 3 页)不久以前,这位作者在考察奥地利民族问题时,试图为民族这个概念下个科学定义,指出这个概念有两个基本特征:语言和地域(1903 年《新时代》杂志[49]第 2 期)。一位法籍犹太人、激进派分子阿尔弗勒德·纳凯在同反犹太主义者和锡安主义者论战时也说过同样的话,几乎一字不差。他在谈到一个出名的锡安主义者时说:"假如贝尔纳·拉扎尔愿意自称是一个特殊民族的公民,那是他的事;但我声明,虽然我生来是犹太人……我却不承认犹太民族……我只属于法兰西民族,而不属于其他任何民族……　犹太人是不是一个特殊民族呢? 虽然很久以前,他们无疑是个民族,然而我现在来回答这个问题,却要斩钉截铁地说**不是**。民族这个概念要以一定的条件为前提,而犹太人却不具备这些条件。民族应当有它发展的地域,其次,至少在目前世界联盟还没有扩大这个基地的时候,一个民族应当有它共同的语言。而犹太人已经既没有地域,又没有共同的语言……　贝尔纳·拉扎尔大概和我一样,一句犹太人的话也不懂,要是锡安主义得以实现的话,他要和世界其他地方的同胞(congénères)做到相互理解也并不那么容易。"(1903 年 9 月 24 日《小共和国报》[50])"德国和法国的犹太人根本不同于波兰和俄国的犹太人。犹太人的特征根本不包含作为一个民族所应具有的那种标志(empreinte)。即使可以像德吕蒙那样承认犹太人是民族,那也是人为的民族。现代犹太人是他们祖先将近 18 个世纪以来所经历的反自然选择的产物。"这样,崩得分子就只有去制定一种俄国犹太人是一个特殊民族的理论,这个民族的语言就是依地语,它的地域就是犹太区[51]。

科学上根本站不住脚的①特殊犹太民族的思想，从政治上来说是反动的。不久前的历史中以及目前政治生活中的一些众所周知的事实，都无可辩驳地实际证明了这一点。在整个欧洲，中世纪制度的衰落和政治自由的发展是跟犹太人的政治解放相辅而行的，是跟他们从依地语转到使用他们生活于其中的民族的语言，以及受周围居民同化而得到的无可怀疑的进步相辅而行的。难道我们还要再回到特殊论，宣布只有俄国是个例外吗？——而实际上由于犹太无产阶级的英勇精神和高度觉醒，犹太人的解放运动在俄国要深刻和广泛得多。正是整个欧洲特别是俄国的反动势力起来**反对**犹太人的同化，竭力使他们永远处于隔绝状态，这样一个事实难道可以解释成偶然现象吗？

犹太人问题正是这样**摆着**的：是同化还是保持隔绝状态？——犹太"民族"思想有着明显的反动性质，不管提出这种思想的是一贯坚持这种思想的人（锡安主义者），还是企图把这种思想和社会民主党的思想结合起来的人（崩得分子）。犹太"民族"思想是和犹太无产阶级的利益对立的，因为这种思想在犹太无产阶级中间直接间接地造成一种敌视同化的情绪，一种建立"犹太人居住区"[52]的情绪。勒南写道："1791 年的国民议会把犹太人的解放

---

①　把犹太人的**历史**特点提到了首位的现代科学研究不仅否定了犹太人的民族特点，而且否定了犹太人的种族特点。卡·考茨基问道："是不是能从犹太人的种族特性中得出犹太人的特点呢？"他回答说，我们甚至都搞不清楚，种族究竟是个什么东西。"我们没有必要使用种族的概念，因为它不能给我们真正的答复，只会引起一些新的问题。只要考察一下犹太人的历史，就可以弄清造成他们的特性的原因。"就连勒南这样一位精通犹太人历史的专家也说："犹太人的特点和他们的生活方式与其说是由于种族特点（phénomène de race）形成的，远不如说是若干世纪来对他们发生影响的社会条件（nécessités sociales）所造成的后果。"

用法令规定了下来,但大会对种族问题研究得很少…… 19世纪的问题是要消灭一切‘犹太人居住区’,我对竭力恢复‘犹太人居住区’的人无法表示赞美。犹太种族对世界作出了巨大的贡献。它将来和其他各种不同的民族同化以后,和其他各种不同的民族单位和谐地融合在一起以后,还会作出过去曾经作出的贡献。”卡尔·考茨基在专门谈到俄国犹太人的问题时,说得更加肯定。要消除对异族居民的仇视,“只有使异族居民不再是异己的,而和全体居民融合在一起。**这是解决犹太人问题的唯一可行的办法,所以我们应当支持能够促使犹太人的隔绝状态消除的一切措施**”。而崩得却反对这种唯一可行的解决办法,它不是去消除犹太人的隔绝状态,而是通过散布犹太“民族”思想和犹太无产者与非犹太无产者建立联邦的方案去加剧犹太人的隔绝状态,把这种隔绝状态固定下来。这是“崩得主义”的根本错误,这个错误应当由犹太社会民主党的忠实代表来加以纠正,而且一定会得到纠正。这个错误使崩得做出了国际社会民主运动中前所未闻的事情,如煽动犹太无产者对非犹太无产者不信任,乱加猜疑,散布关于他们的谣言。下面就是从这本小册子引的一个例证:“这种谬论〈剥夺整个民族的无产阶级组织在党中央机关的代表权〉,只〈请注意这个词!〉能对犹太无产阶级公开进行宣扬。由于犹太民族的特殊历史命运,犹太无产阶级还必须为争取在世界无产阶级大家庭中的平等地位〈!!〉而斗争。”不久以前,我们在一张锡安主义的传单上看到的也正是这种胡言乱语:传单的作者暴跳如雷地大肆反对《火星报》,认为《火星报》同崩得进行斗争说明它不愿承认犹太人和非犹太人的“平等”。而现在,崩得分子又来重复锡安主义的胡言乱语了! 这完全是撒谎,因为我们不“只”对犹太人,而且也对亚美尼亚人、格鲁吉亚人等等"宣扬""剥夺代表权",而且也号召波兰人同反对沙皇专制制度的全体无产阶级接近、团结和融合。正因为如此,波兰社会党也大肆攻击我们! 把自己为锡安主义的犹太民族**思想**、为党组织的联邦制**原则**而进行的斗争,说成是"为争取犹太人**在世界无产阶级大家庭中**的平等地位而斗争"——这就是把思想、原则方面的斗争降低为猜忌、挑唆和煽动历史上形成的偏见。这显然说明崩得分子在斗争中没有真正的思想武器和原则武器。

＊　　　＊　　　＊

因此,我们可以得出结论说,崩得的不论是逻辑上的、历史上的或是民族方面的论据,都是经不起任何批判的。涣散时期加剧了俄国社会民主党人中间的动摇性和某些组织的隔绝状态,这在崩得分子方面也有同样的表现,甚至表现得更为严重。他们不是把反对这种历史上形成的(由于涣散而加剧的)隔绝状态作为自己的口号,反而把它奉为原则,并用所谓自治有内在矛盾的诡辩以及锡安主义的犹太民族思想来进行论证。只有坚决地坦率地承认这个错误,宣布**转向融合**,才能使崩得离开它已经走上的这条错误道路。我们相信,犹太无产阶级中的社会民主主义思想的优秀代表,迟早会使崩得离开隔绝状态的道路而走上融合的道路。

载于1903年10月22日《火星报》第51号

译自《列宁全集》俄文第5版第8卷第65—76页

# 民粹派化的资产阶级和
# 惊慌失措的民粹派[53]

(1903 年 10 月 29 日和 11 月 5 日
〔11 月 11 日和 18 日〕之间)


　　俄国的马克思主义者早就指出,旧的俄国的古典的革命民粹派,从上一世纪 80 年代起就开始不断蜕化了。他们对于建立特殊的农民经济结构,对于以村社作为社会主义的萌芽和基础,对于通过人民已经准备好立即举行的社会革命可以绕过资本主义道路这些信念,已经愈来愈淡薄了。只有采取各种措施以巩固农民经济和整个"人民小生产"这个要求,还保持了政治意义。这实际上已经是资产阶级的改良;民粹派已经和自由主义融为一体;形成了一个自由主义民粹派,他们不愿意看到或者说不可能看到,他们拟定的措施(信贷、合作社、改良土壤、扩大地产等等)并没有超出**现存的**资产阶级社会的范围。瓦·沃·、尼古拉·—逊两位先生以及他们的许多应声虫的民粹主义理论,不过是为这个不愉快的但又毋庸置疑的事实披上了一件貌似科学的外衣。马克思主义者的批判撕去了这件外衣,民粹主义思想对俄国革命者的影响急剧削弱。这种思想实际上已经成为同它有血缘关系的人们——俄国自由派"社会"的独有财产了。

　　西欧的伯恩施坦主义是一种新的思潮,它使上述流派得到加强,同时又使它有所改变。难怪都说"本国无先知"[54],确实如此。伯恩施坦在本国没有交上好运,可是法国、意大利、俄国的一些社会主义者却"认真接受了"他的思想,而且实际加以运用,他们本身也就很快地变成了资产阶级改良主义的代言人。这种思想培育出来的我国自由主义民粹派,在过去的马克思主义者中间得到了新的拥护者,同时抛弃了某些原始的幻想和反动的附属物,而更加成熟了。伯恩施坦主义的功劳并不在于它改造了社会主义,而在于它给资产阶级自由主义的新阶段戴上了一副面具,而撕下了一些冒牌社会主义者的社会主义面具。

尔·先生在《解放》杂志[55]第9期(总第33期)上发表的《论土地问题》一文,是欧洲机会主义思想和俄国民粹主义思想相互接近以至融合的一个非常值得注意的颇有教益的典型。这是一篇真正纲领性的文章,它真诚地陈述了作者的一般信条,并且展示了这个信条在一个方面的问题上的系统运用。这篇文章是俄国自由主义历史上的里程碑,标志着俄国自由主义在其形成和巩固方面已经大大前进一步。

作者给自己的资产阶级自由主义披上了时装。他几乎是逐字逐句地重复伯恩施坦的原话,摆出一副使人好笑的一本正经的样子,要读者相信:"决不能把自由主义和社会主义截然分开,甚至把两者对立起来,因为按其基本理想来说,两者是相同的,是不可分割的。社会主义并不像许多人担心的那样会对自由主义形成危险,它不是要毁弃而是要实现自由主义的遗训。"大家知道,希望什么,就相信什么,尔·先生及其喽啰们非常非常希望社会民主党人不要离开自由派,"不要"把社会主义理解为"企图预先估计到整个历史发展进程的现成的教条和死板的教义……"(如此等等,和《革命俄国报》[56]的思想一模一样)而要理解为"一般的伦理理想……"
(谁都知道,一切庸夫俗子,其中包括自由派,都把这种理想看成今
生不能实现的东西,看成来世的东西和"自在之物"。)

　　自由派自然是想乔装打扮,以广招徕(请原谅我用这么粗俗的
词儿!),把俄国政治上的自由主义同社会经济上的民主主义等同
起来。这种想法是很"善良的",但同时又是很混乱、很圆滑的。说
它善良,是因为它反映了一部分自由派坚持广泛实行社会改革的
善良愿望。说它混乱,是因为它把民主派自由主义同资产阶级自
由主义相提并论(这又是和《革命俄国报》的思想一模一样!);作者
看来还不了解,任何资本主义社会都不会没有一些**资产阶级**民主
分子主张进行广泛的民主改革和社会经济改革;作者和所有俄国
的米勒兰一样,想把**资产阶级**改良主义和社会主义(这里指的当然
"不是现成的教条")等同起来,等等。最后,说这种想法很圆滑,是
因为作者要使自己和别人相信,一部分自由派在一个历史时期同
情改良——"关心人民的需要和利益,真正的和高尚的伦理意义上
的'民粹主义'"——就是或者可能是整个自由主义的永恒本性。
这未免太幼稚了。谁不知道,任何已经下野的资产阶级内阁,任何
"陛下的反对派",只要还处在反对派的地位,就总是宣扬他们的真
正的高尚的和伦理的"民粹主义"? 俄国资产阶级玩弄民粹主义
(有时还相当真诚地玩弄),正因为他们处于反对派的地位,还没有
掌握政权。俄国无产阶级会回敬解放派先生们的花言巧语说:pas
si bête,messieurs! 先生们,我们还没有愚蠢到这个地步,竟会相
信你们这一套!

　　尔·先生谈完了自由主义和社会主义是相同的这些一般见解
以后,接着就谈土地问题的一般理论。他用短短十来行文字,就把

马克思主义取消了(又和《革命俄国报》一模一样),他为了达到这
一目的,采用了他惯用的手法,即把马克思主义庸俗化简单化,说
马克思主义不符合实际经验,没有科学根据,是根本错误的! 非常
有意思的是,作为唯一的论据,他引证了欧洲的**社会主义**(黑体是
尔·先生用的)著作,——显然是伯恩施坦主义的著作。这个引证
实在太有说服力了。既然欧洲的(**欧洲的!**)社会主义者已经开始
用资产阶级的观点来考虑和谈论问题,俄国的资产者为什么不可
以宣布自己既是民粹主义者又是社会主义者呢? 尔·先生硬要我
们相信,马克思主义对农民问题的看法"如果是无可辩驳和唯一正
确的话,那就会使整个地方自治派的〈原文如此!〉俄国处于可怕
的、可悲的境地,使它一筹莫展,因为已经证明不可能采取进步的
土地政策,甚至不可能对农民经济给以任何合理的切实的帮助"。
理由看来是无可辩驳的:**既然**马克思主义证明,在资本主义制度
下,任何广泛的农民阶层都不可能得到任何持久的繁荣,**所以**它就
使"地方自治派的"(是不是把"土地占有者的"写成"地方自治派
的"了?)俄国,即靠农民破产和无产阶级化维持的俄国,处于可怕
的、可悲的境地。不错,这的确是马克思主义的一个具有世界历史
意义的功绩:它使披着民粹主义、社会经济上的民主主义等外衣的
资产阶级思想家永远处于可怕的、可悲而又可笑的境地。

　　为了完全揭穿尔·先生的理论把戏,我们还要举出下面一个
妙论。他说:"这里〈指农业〉没有而且也不可能有工业中那种由于
技术的客观〈!〉发展而在一定程度上可能出现的自动的〈!〉进步。"
这种妙不可言的高论,完全是从卡布鲁柯夫、布尔加柯夫、爱·大
卫这些先生们以及诸如此类的先生们那里照搬过来的;这些人在
他们的"学术"著作中,用农业在技术、经济和社会方面的落后来为

自己的观点的落后辩护。农业的落后是无可怀疑的,是马克思主义者早就承认的,而且是完全可以理解的,可是这个"工业的自动的〈即使是在一定程度上的〉进步"和技术的客观发展,却是十足的胡说八道。

　　然而,到科学领域去游览一番,不过是尔·先生的文章的一种建筑装饰品罢了。他作为真正现实的政治家,虽然一般论断异常混乱,但他所提出的实际纲领还是非常清醒而切实的。诚然,他谦逊地作了一个声明(用他惯用的官样俄语),说他并没有打算设计一个纲领,而只是表示一下自己的态度,但这不过是故作谦逊而已。实际上,尔·先生的文章提出了一个非常详尽而完备的俄国自由派土地纲领,所缺的只是文字上的加工,以及按条款分一分段落。这是一个贯彻自由派精神的纲领:政治自由、民主的税制改革、迁徙自由、旨在实现地产民主化的农民民主主义的土地政策。为了实现这种民主化,要有退出村社的自由,要把村社从强迫的联合变成类似一切经济合作组织的自由联合,要制定民主的租佃法。"国家"应当采取一系列措施,促使"土地转到劳动大众手里",这些措施就是:扩大农民银行的活动,把皇族的土地转为国家所有,"建立个人经营或合作经营的小规模的劳动农场",最后,强制转让或强迫赎买农民需用的土地。"当然,这种强迫赎买应该完全合乎法律规定,每一次都要有可靠的保证",但在某些情况下,例如对于造成类似农奴制关系的"割地",却必须"近乎〈原文如此!〉无条件地"实行。为了消除半农奴制关系,国家应该有权强制转让和强制划出这种地块。

　　这就是自由派的土地纲领。把它和社会民主党的土地纲领相对比,情况是一目了然的。相似之处是两者的近期趋向是一致的,大部分要求也是相同的。差别则在于以下非常重要的两点：第一，消灭农奴制残余（两个纲领都把这一点直接作为目的提出来），社会民主党人主张用革命的办法，采取革命的坚决态度，自由派则主张用改良的办法，采取不坚决的行动。第二，社会民主党人强调指出，清除了农奴制残余的制度是资产阶级制度，他们现在就立即预先揭露了这个制度的一切矛盾，还力图立即扩大这个新制度内部蕴藏着的、而且现在就已暴露出来的阶级斗争，使这个斗争更加自觉。自由派却忽视清除了农奴制的这一制度的资产阶级性质，掩盖这个制度的矛盾，竭力缓和这个制度内部所蕴藏着的阶级斗争。

现在来详细谈谈这两个差别。

自由派土地纲领的改良性质和不彻底性质是很明显的。首先，它仅限于"强迫赎买"，而且还只是"近乎"无条件地实行；社会民主党的土地纲领则要求无偿地转让过去占有者的割地，赎买只有特殊情况才能允许，而且是指贵族的土地。谁都知道，社会民主党人并不反对没收全部地主土地①，只是认为把这种并非在一切情况下都适当的要求列入纲领是不容许的和冒险的。社会民主党人从一开始就号召无产阶级同富裕农民一起采取最初的革命步骤，以便立即继续前进——或者是同农民资产阶级一起反对地主阶级，或者是反对同地主阶级联合起来的农民资产阶级。自由派在这里，在反对半农奴制关系的斗争中，就已抛弃阶级行动和阶级斗争了。他们想委托"国家"（忘了国家的阶级性质）在自治机关和"特设"委员会的帮助下实行改良，把强制转让割地同强制转让修建铁路用地相提并论（这再典型不过了）！！我们的自由派再清楚

---

① 见普列汉诺夫发表在《曙光》杂志第4期上的声明[57]和我在给伊克斯的回答中的声明。（见本版全集第7卷第210—211页。——编者注）

不过地表示了，或确切些说，**泄露了**自己内心的愿望，这个愿望就是要通过新的改良，使统治阶级得到就像在任何地方和任何时候出卖修建铁路用地得到的同样的"方便"。而在这同时却在大声疾呼什么要用农民民主主义的土地政策来代替等级制的贵族的土地政策！要真正实现这种代替，就不应该诉诸"社会的关注"，而应该诉诸被压迫阶级——农民，反对压迫阶级——贵族，应该**发动**前者去反对后者，应该号召农民采取革命行动，而不应该请求国家实行改良。其次，自由派在说消除半农奴制关系的时候，不愿正视他们要从中清除农奴制的是什么样的关系。比如，尔·先生重弹尼古拉·—逊、瓦·沃·等先生的老调，即所谓"承认耕作者有权占有自己耕种的土地的原则"，农民有"生命力"，但是对于这些有生命力的农民从事资本主义经营和剥削雇佣劳动的"原则"，他却谦逊地避而不谈。资产阶级民主派没有而且也不愿意考虑到，在土地方面彻底实行民主主义，必然会加强和巩固农民中的小资产阶级。尔·先生不愿（又是跟在民粹派之后，和《革命俄国报》一模一样）把农民无产阶级化看做是一种"发展类型"，而把它说成是"农奴制的残余"和"农村的通病"！想必我们制定宪法以后，城市就会不再增长，贫苦农民就会不再逃离农村，地主就会不再从工役经济转向雇用雇农的经济，如此等等！尔·先生描绘了法国大革命对法国农民的良好影响，热情洋溢地谈到饥饿的消失，农业的发展和进步，至于这是资产阶级的进步，是建立在形成"巩固的"农业雇佣工人阶级、**下层**农民群众处于经常性贫困状态基础上的进步，对于这一点，民粹派化的资产者当然是只字不提的。

　　总之，尔·先生的土地纲领和社会民主党的土地纲领的差别，作为一个缩影，极其准确地反映了自由主义民主派的最低纲领和无产阶级民主派的最低纲领之间的所有总的差别。这两个纲领，不论是从它们各自的思想家对它们的理论分析来看，还是从它们各自的党派对这两个纲领的实际贯彻来看，或者是回顾一下比如1848年的历史，你们都可以看到，自由派和社会民主党对于当前实际任务的提法正是存在着这两个根本的差别。自由派采取不彻底的改良的办法来消除农奴制的残余，抹杀"现代"社会的阶级矛盾，社会民主党则用革命的办法来消除旧制度的残余，以便在新社会的基础上扩大、发展和加深阶级斗争。当然，由发展着的资本主义社会的性质本身所形成的这些根本区别，在不同的民族国家，在不同的时期，表现形式是很不相同的。不善于透过新的独特的形式看出"旧的"资产阶级民主，这是资产阶级民主的彻底的和不彻底的思想家的特点。例如，我们不能不认为"惊慌失措的民粹派"的代表彼·诺沃勃兰策夫先生就属于这一类思想家（见《革命俄国报》第32号和第33号）。他在谈到《火星报》抨击《解放》杂志是资产阶级的阶级刊物的时候，就用讽刺的口吻说："真不简单，总算找到资产阶级了。"《革命俄国报》傲慢地教训我们说："司徒卢威先生是'知识分子'的代表，而不是'作为一个阶级的资产阶级'的代表，因为他并不联合和带领任何阶级和阶层。"好极了，先生们！可是，稍微仔细琢磨一下，就会看到司徒卢威先生是**资产阶级**知识分子的代表。至于说作为一个阶级的资产阶级，那只有在将来有了政治自由的情况下，当政府几乎直接成为资产阶级某一阶层的"委员会"的时候，俄国无产阶级才会在历史舞台上看到这样的资产阶级。只有"由误会造成的社会主义者"才会不了解，他们的职责就是使工人阶级认清资产阶级，不论是它的行动，还是它的思想，不论是在它成熟的时期，还是在它喜欢幻想的青年时期。

　　谈到喜欢幻想,诺沃勃兰策夫先生倒是一个很好的例子。可是,我们的文章已经够长了,而诺沃勃兰策夫先生的世界观和他对土地问题的历史分析又颇有意思,特别是同尔·先生相比,因此我们只好留到下次再谈了。

载于1903年12月1日《火星报》
第54号

译自《列宁全集》俄文第5版
第8卷第77—86页

# 致俄国社会民主工党
# 中央机关报编辑部

## （1903 年 11 月 5 日〔18 日〕）

尊敬的同志：请在《火星报》上登载以下的声明：

"从 1903 年 11 月 1 日（公历）起，尼·列宁不再在《火星报》编辑部工作。"

致社会民主主义的敬礼！

**尼·列宁**

载于 1904 年日内瓦出版的尔·马尔托夫《同俄国社会民主工党内的"戒严状态"作斗争》一书

译自《列宁全集》俄文第 5 版第 8 卷第 87 页

# 没有发表的声明[58]

(1903 年 11 月 14 日〔27 日〕)

俄国社会民主工党中央委员会于 1903 年 11 月 27 日在日内瓦召开的会议上一致通过以下决议:

普列汉诺夫同志把马尔托夫分子增补到编辑部里去的行动,表明普列汉诺夫已直接转到党代表大会少数派方面,而这个少数派,普列汉诺夫本人曾不止一次地公开指出它倾向于机会主义和无政府主义。从党代表大会和同盟代表大会的记录中可以十分清楚地看出这一点。这个转变是在国外同盟的影响下不顾国内大多数党委员会坚决表明的决定而干出的一种直接违背党代表大会意志的行为。中央委员会不能容忍这种违背代表大会意志的行为,特别是由于普列汉诺夫同志为了采取上述行动而利用了列宁同志的辞职,公然不讲信用,因为列宁同志提出辞职是有条件的,是为了谋求党内真正的和平。而马尔托夫分子却不接受 11 月 25 日中央委员会的最后通牒[59],拒绝和平,用这种行动向多数派宣战。

因此,中央委员会采用革命的办法将党中央机关报掌握到自己手里,并且声明它将全力争取由全党的意志,而不是由国外同盟的意志或个别人的背叛行为来决定党的未来命运。

**中央委员会**

载于 1928 年《列宁文集》俄文版第 7 卷

译自《列宁全集》俄文第 5 版第 8 卷第 88 页

# 俄国社会民主工党中央委员会给国外同盟领导机关、国外党的协助小组和全体党员的信<sup>60</sup>

（不早于 1903 年 11 月 16 日〔29 日〕）

同志们：党的彻底统一，使我们面临一项刻不容缓、急需解决的任务，就是广泛开展社会民主党在国外的工作，并把在这方面从事活动的一切工作人员紧紧地团结起来。

按照党章（第 13 条）规定，党的全部国外工作分成组织形式不同的两大方面。一方面，国外的宣传鼓动工作直接由国外同盟主管和集中掌握。中央将采取一切措施促使这项工作完全由同盟来集中掌管，并保证同盟在行使这项职能时拥有自主权。另一方面，同盟对国内运动的支援，只能通过中央委员会专门指定的个人和团体来进行。

中央在号召同盟的全体成员、国外的所有党的协助小组和全体党员全力支持同盟所进行的宣传鼓动工作的同时，目前打算集中一切力量来建立这些中介性团体，通过它们支援国内的运动。

中央认为自己在这方面的任务如下。

从国外支持国内运动主要表现在：（1）派革命工作者到国内去；（2）把在国外筹集的经费送到国内去；（3）在国外收集有关国内的关系、情报和消息并立刻通知国内，以便给在国内进行活动的同志以帮助,以便防止遭受破坏,等等;(4)把书刊送到国内去;如此等等。

这些还不是从国外直接支持国内运动的一切形式,但我们认为,目前只要指出几种主要形式并使正在建立的组织与这些形式相适应就够了。经验会表明,将来需要怎样改变这种组织。

先来谈谈派人回国内工作的问题。当然,大多数回去的人最好都同中央在国外的总代办处即日内瓦代办处直接取得联系,从它那里取得接头地点、暗号、经费和必要的情报。但是许多回去工作的人自然是无法经过日内瓦的,因此,中央打算指派自己的代办员常驻国外各个比较重要的中心城市,如伦敦、巴黎、布鲁塞尔、柏林、维也纳等。请每一个打算回国内工作的人去找当地的中央代办员,中央代办员一定会采取各种措施使他们尽量快尽量安全地到达指定地点,使他们一开始行动就符合于中央关于分配人力和经费等的总计划。中央希望国外同盟多方协助这些中央代办员,例如使国外的大多数同志了解这些代办员的职能和同他们联系的条件,并使这种联系尽量秘密进行,等等。

由于从国外各大中心城市派人回国内去是一项巨大的工作,由于对被派者进行应有的了解有时为一个人的力量所不及,因此,按照党章第13条,中央可以根据需要指派一些代办员,而不是一个代办员。

其次,关于送款到国内的问题,最好能使国外筹集经费的工作完全由同盟来集中掌管,并由同盟的领导机关把款项转交给中央委员会。经验表明,只有在必要时,才可以让同盟的地方支部将一定数量的款项直接交给地方的中央代办员,例如情况紧急,需要立即帮助逃走、派遣人员、运送书刊等等。中央希望同盟的领导机关给各支部作出相应的指示，并制定出最适当的经费收支报告制度。

再其次，大家当然都知道，从国内到国外来的人常常会报告一些对于国内工作人员来说十分重要的消息，例如关于遭受破坏的程度，关于必须通知远离出事地点的城市里的某些同志提高警惕，以及必须利用逃走或离开的同志没有来得及利用或不可能利用的国内某些关系，等等。当然，随着全党工作完全统一在中央领导之下，所有这些关系和消息愈来愈可能就在国内获得，而这才是最正常和最理想的方式。但是毫无疑问，在相当长的时间内还会遇到这样的情况：从国内逃出来的或合法离开的同志由于种种原因来不及在国内转交关系，这样，就需要在他们到达国外以后加以转交。

最后，关于运送书刊的工作，中央当然会设法尽可能交给专门的运输小组来集中进行，这个小组的部分成员将常驻国外。因此，要指派一些中央特别的代办员来管理国外各个中心城市的党的书刊，负责同边境的联系，等等。当然，即使运输工作安排得很好，也总会有一些漏洞，要由某些临时出现的机会来弥补，如（也许可以）装在衣箱里运送，利用商业交往和轮船交通中的某些机会，等等。有关这项工作的所有情报、消息，要一律送交中央代办员，他们将集中处理所有这类事情，并按中央的总计划和指示行事。

中央把自己的工作计划通知同盟领导机关，相信同盟会多方协助国外的中央代办员，特别是设法使这些代办员能够广泛地接触协助小组、青年小组等等。

载于1928年《列宁文集》俄文版 第7卷

译自《列宁全集》俄文第5版 第8卷第89—92页

# 给《火星报》编辑部的信[61]

(1903 年 11 月 25 日〔12 月 8 日〕)

## 给编辑部的信

《不该这么办》一文提出了我们党的生活中这样一些非常重要而且在目前非常迫切的问题,使我不禁要马上对编辑部如此热情恳切地在自己的报纸上辟出一定的篇幅请大家发表意见作出反应,特别是对于一个一直参加《火星报》工作的人来说,特别是在晚一个星期表示意见也许就等于完全放弃发言权的时候,就更是如此。

我想表示一下自己的意见,以便消除某些可能发生的、甚至是不可避免的误会。

首先我要说,在我看来,文章的作者坚持要维护党的统一,避免新的分裂(特别是由于一些算不上严重的分歧造成的分裂),这是万分正确的。一般说来,特别是在目前,一个领导人号召大家和睦相处、温和谦让,是值得大大称赞的。要不仅把以前的经济派,而且把一些患有"一定的不彻底性"毛病的社会民主党小组革出教门或者说开除出党,无疑是过于荒唐的,因此我们完全可以理解文章的作者对他心目中的那些莽撞的、顽固的、愚蠢的、只会主张开除的索巴开维奇[62]们恼火的声调。我们甚至更进一步认为:当我

们有了党纲和党的组织的时候,我们就不仅要热情地在党的机
关报上辟出一定的篇幅让大家交换意见,而且要使那些由于自
己的不彻底性而去维护某些修正主义教条和由于某种原因而坚
持自己的小组特点和个性的小组——或者如作者所说的小小
组——能够系统地阐述自己的不同意见,即使是无关紧要的不
同意见。正是为了不要过于莽撞地和像索巴开维奇那样粗暴地
对待"无政府个人主义",我们认为必须尽可能(甚至不惜在一定
程度上抛开美好的集中制模式,不要绝对服从纪律)让这些小小
组有发表意见的自由,让全党有可能来衡量分歧的深浅,判断**不
彻底性**究竟表现在什么地方,在什么问题上,以及表现在**哪一方**的
**身上**。

　　的确,现在已经到了这样的时候,应该坚决抛弃宗派主义小组
习气的传统,应该在一个依靠**群众**的党的内部提出这样一个坚决
的口号:**多一些光**,要让党知道**一切**,让它得到**全部的**,**真正全部的
材料**来对一切分歧、对回到修正主义和背离纪律的行为等等作出
评价。要更加相信党的全体工作人员的独立判断能力:他们,也只
有他们,才能够抑制那些爱闹分裂的小小组的狂热,才能够慢慢
地、不知不觉地、而又坚持不懈地影响他们,使他们产生遵守党的
纪律的"善良愿望",才能够使无政府个人主义的狂热冷却下来,用
自己毫不计较的态度来说明、证明和表明,被爱闹分裂的人所夸大
的那些分歧并没有多大意义。

　　对于"不该这么办?"(一般不该这么办以及为了不致引起分裂
不该这么办)的问题,我的答复首先是:不该向党隐瞒正在产生和
发展的分裂原因,不该隐瞒造成这些原因的任何情况和事件。不
仅如此,不但不要向党隐瞒,而且尽可能地不要向局外的公众隐

瞒。我说"尽可能地",是因为考虑到,秘密活动要求有些事情必须保密,但是这类情况在我们的分裂中是不起什么作用的。开诚布公——这是避免可以避免的分裂、把已经不可避免的分裂带来的危害减少到最低限度的最妥善和唯一可靠的方法。

确实,大家要好好考虑一下,党已经不是同小组而是同**群众**打交道这种情况使党所承担的责任。为了不只在口头上成为群众的党,我们就应当吸引愈来愈多的群众参加党的各项活动,不断地使他们从不关心政治提高到参加反抗和斗争,从具有一般的反抗精神提高到自觉地接受社会民主主义观点,从接受这些观点提高到支持运动,从支持运动提高到在组织上加入党。不把问题完全开诚布公地摊出来(这些问题的解决将决定能否对群众发生这样或那样的影响),能够达到这种结果吗? 作者说得很对,如果由于小小的分歧而发生分裂,工人就会不再理解我们并离开我们,我们就会成为没有军队的司令部。要使工人**不会**不再理解我们,要使他们的斗争经验和他们的无产阶级的辨别力**也能给我们**这些"领导人"**一些教育**,那就要使有组织的工人学会观察正在产生的分裂原因(这种原因在任何群众性的政党内部都总是会有的,而且总是会反复出现),自觉地对待这些原因,从全党的利益和整个运动的利益出发来评价国内或国外的某个波舍霍尼耶[63]发生的事件。

作者强调指出,我们的中央机关将会得到很多,同时要求于它的也会很多,这是十分正确的。事情正是这样。也正因为这样,**全党必须系统地、逐步地和坚定不移地为中央机关培养称职的人**,对每个准备担任这种高级职位的候选人的**全部活动**了如指掌,甚至了解他们的个人特点,他们的优点和缺点,他们的成功和"失败"。

作者对造成这类失败的某些原因提出了非常精辟、显然是以丰富的经验为依据的意见。正因为这些意见非常精辟，全党也就应当加以吸取，应当**经常看到**自己的这个或那个"领导人"的每次"失败"，哪怕是局部的"失败"。没有一个政治活动家不是经历过这样或那样的失败的，因此如果我们要认真地谈论怎样影响群众、怎样赢得群众的"善良愿望"，我们就应当尽力使这些失败不要隐藏在小组和小小组的陈腐气氛中，而要拿出来让大家评论。这乍看起来可能是令人难为情的，有时对个别领导人来说好像是一种"难堪的事情"，但是这种认为难为情的错觉我们必须克服，这是我们对党、对工人阶级应尽的责任。这样，也只有这样，我们才能使全体（而不是由哪个小组或小小组偶然挑选出来的）有影响的党的工作人员有机会了解自己的领袖，并且**把每个领袖放在适当的位置上**。只有开诚布公才能纠正一切莽撞的、片面的、反复无常的偏向，只有这样才能把"小小组"之间有时荒谬可笑的"争执"变成有益的和必要的党内自我教育的材料。

光，多一些光！[64]我们需要一个大音乐会；我们需要取得经验，好恰当地分配角色，让一个人去奏抒情的小提琴，让另一个人去拉狂暴的大提琴，让第三个人去挥动指挥棒。让作者发出的热情欢迎大家在党的机关报上和党的一切刊物上发表意见的美好呼吁真正实现吧，让大家来评判我们由于各种不同的"音调"而引起的"争论和口角"吧，对这些音调，一些人认为太刺耳，另一些人认为不和谐，第三种人认为不合拍。只有通过许多这样的公开讨论，才能使我们的领导者形成一个真正合唱得很好的集体；只有这样，工人才**不会**不再理解我们，只有那时，我们的"司令部"才能真正以既跟着司令部前进、同时又引导自己的司令部前进的这支军队的**善良的**、

**自觉的**愿望作为自己的依靠！

列　宁

载于 1903 年 11 月 25 日《火星报》
第 53 号

译自《列宁全集》俄文第 5 版
第 8 卷第 93—97 页

# 我为什么退出了《火星报》编辑部？①

给《火星报》编辑部的信[65]

(1903 年 11 月 25 日和 29 日〔12 月 8 日和 12 日〕之间)

这完全不是一个个人问题。这是我们党代表大会上的多数派和少数派的关系问题,因此我有义务立刻公开回答这个问题,我所以说有义务,不仅仅是因为多数派的代表们纷纷向我提出质问,而且还因为《火星报》第 53 号上《我们的代表大会》一文对代表大会所造成的火星派内部的虽不很严重但起着很大瓦解作用的分歧,作了**完全不真实的**说明。

这篇文章把问题说成这样:任何人即使用放大镜,也不能从中发现**一点**真正重大的足以造成分歧的原因,也不能找到丝毫关于中央机关报编辑部成员变动的说明,也不能找到我退出编辑部的任何一点正当的理由。该文的作者说,我们的分歧发生在组织党的中央机关的问题上,在中央机关报和中央委员会之间的关系问题上,在实行集中制的方法问题上,在可能实现的和有益的集中化的范围和性质问题上,在官僚主义的形式主义的危害问题上。

真是这样吗？难道我们不是在中央机关的人选问题上,在能

---

① 这封给《火星报》编辑部的信是我在该报第 53 号出版以后立刻发出的。编辑部拒绝把它刊登在第 54 号上,因此我只好把它印成单页发表。

否允许因不满意代表大会选出的中央机关成员而抵制这些中央机关的问题上,在能否允许破坏实际工作、改变党代表大会的决议以迎合某个像同盟多数派那样的国外社会民主党人**小组**的问题上**发生分歧**的吗?

同志们,你们知道得很清楚,事情正是这样。但是绝大多数最有影响和最积极的党的工作者还不知道这一点,因此我想简略地谈一些主要的事实,我所以只想简略地谈一谈,是因为根据《火星报》第53号上的声明来看,关于我们分歧的经过的全部材料很快就会公布出来。**66**

我们所讨论的这篇文章的作者,以及崩得代表团新近出版的报告书,都正确地指出,在我们这次代表大会上,"火星派"占大多数,——据我统计,即使在崩得的代表和《工人事业》杂志的代表退出大会以前,"火星派"也占将近五分之三的票数。在代表大会前半期,这些火星派分子是同心协力地反对一切反火星派分子和不彻底的火星派分子的。这一点,从代表大会前半期发生的两个事件(这两个事件对于了解我们的分歧很重要),即组委会事件和语言平等事件,可以特别明显地看出(只是在后一问题上,紧密的火星派多数派从$\frac{3}{5}$降到$\frac{1}{2}$)。在代表大会的后半期,火星派**开始**发生分歧,而到大会结束时就**完全**分道扬镳了。关于党章第1条和关于选举中央机关的争论,清楚地表明了这种分歧的性质:火星派少数派(以马尔托夫为首)逐渐把非火星派分子和不坚定的分子愈来愈多地团结到自己的周围,来和火星派多数派(其中包括普列汉诺夫和我)相对抗。在表决党章第1条时,这种派别划分还没有最终形成,但是崩得分子的全部选票和工人事业派分子三票中的两票使火星派少数派占了上风。在选举中央机关时,由于五个崩得分子和两个工人事业派分子退出代表大会,火星派多数派便成了党代表大会上的多数派。**只是在这个时候,我们才真正分道扬镳了。**

使我们产生重大分歧的首先是中央委员会的人选问题。早在组委会事件以后,在代表大会刚开始的时候,火星派就在热烈讨论组委会的各个委员(**和非委员**)参加中央委员会的候选人问题,并且在《火星报》组织的非正式的会议上,经过长时间热烈的争论,以9票对4票3票弃权否决了马尔托夫所支持的一个候选人,以10票对2票4票弃权通过了五人名单,**根据我的提议**,这个名单中包括了一个非火星派领袖和一个火星派少数派领袖。[67]但是少数派坚持要在5人中占3人,因此他们在党代表大会上遭到了彻底的失败。代表大会上就批准中央机关报编辑部原来的六人小组还是选举新的三人小组的问题①进行的一场大战,也是这样结束的。

**只是从这时起,**分歧才变得十分严重,使人意识到可能产生分裂;只是从这时起,少数派(它已经变成真正"紧密的"少数派)才开始采取弃权的办法,而这种现象在代表大会上在此以前还没有见到过。在代表大会以后这种分歧愈来愈尖锐了。心怀不满的少数派转而采取抵制手段竟达数月之久。[68]在这个基础上产生的责难,即所谓官僚主义的形式主义,所谓要人绝对地机械地服从,以及诸

---

① 鉴于这个有名的"三人小组"引起了许许多多的议论和误传,我要立即指出,远在代表大会召开以前,所有稍微同我接近的同志都知道我对大会议程草案所作的说明。这个曾在大会上传阅的说明中写道:"代表大会选出三人为中央机关报编辑部成员,选出三人为中央委员会委员。必要时,这六个人**在一起**,经三分之二多数的同意,以增补的办法补充中央机关报编辑部和中央委员会的成员,并向代表大会作出相应的报告。代表大会批准这个报告以后,中央机关报编辑部和中央委员会再分别进行增补。"

如此类的胡言乱语,只不过是企图诿过于人,这一点是不言自明的,只要指出下面这个典型的事例就足以说明这一点。新的编辑部(即普列汉诺夫和我)邀请所有原来的编辑写稿,当然,开始时没有采用"形式主义"的方式,只是口头上邀请。结果遭到了拒绝。于是我们写了一份"公文"(真是官僚主义者!)给"敬爱的同志们",请他们**在我们编辑的刊物上**就任何问题写稿,特别是**陈述自己的不同意见**。我们收到一份"正式"声明,说他们不愿意**参加《火星报》的任何工作**。整整几个月,这些非编辑谁也没有为《火星报》工作。关系变成纯粹形式主义和官僚主义的了,但"带头"这么做的是谁呢?

开始出现地下出版物,它们充斥于国外,并在国内各委员会之间辗转传播,而且有一部分现在已经开始由国内传回到国外。一位西伯利亚代表的报告,一恩写的论"反对派"口号的信,马尔托夫的《又一次处在少数地位》都充满了对列宁的非常可笑的责难,说什么列宁实行"专制制度",建立罗伯斯比尔式的死刑制度(原文如此!),给老同志举行政治葬礼(不把他们选入中央机关就是给他们举行葬礼!),等等。事态的发展使反对派热衷于寻找组织问题上的使我们无法共同工作的"原则"分歧。在这方面,他们特别喜欢谈论的是党总委员会的所谓"第五个委员"。上面提到的所有著作都把总委员会描绘成列宁玩弄外交手腕或权术的机关,描绘成国外的中央机关报用来压制国内的中央委员会的工具——这和崩得代表团在他们关于代表大会的报告中对问题所作的描绘一模一样。不用说,这个原则分歧是和所谓的官僚主义的形式主义一样的胡说八道,因为第五个委员是由代表大会选出的;因此,问题所涉及的是一个受到多数人的最大信任的人;而党代表大会多数人的意志,不管党的中央机关怎样组成,总是要通过选择一定的人表现出来的。

所有这类出版物在国外传播得多么广泛,可以从下面的事实看出:连善良的帕尔乌斯也起来攻击独揽一切和从日内瓦之类的地方向工人们"发号施令"(原文如此!)的倾向(《世界政策问题小报》[69],第5年卷,1903年11月30日第48期)。再过一两个月,当我们这位专制制度的新的敌人读到党代表大会和同盟代表大会的记录时,他就会认识到:如果把一切党内的流言蜚语都信以为真,就很容易成为一个可笑的人。

同盟代表大会是反对派对中央机关采取军事行动的顶点。读者从同盟代表大会的记录中可以看出,那些把同盟代表大会叫做算党代表大会的账的场所的人是否正确;在反对派的进攻中是否有过什么事情促使中央委员会采取非常措施[70](非常措施这个词是中央委员会自己说的,因为当时编辑部成员的变动曾使党内有实现和平的希望)。这个代表大会的决议表明,在专制的官僚主义问题上的"原则"分歧具有怎样的性质。

在同盟代表大会以后,气氛非常紧张,大有分裂之势,因此普列汉诺夫决定把原来的编辑部成员都增补进来。我预料反对派是不会满足于这一点的,而我认为改变党代表大会的决议去迎合**一个小组**是不行的。但是我又认为给可能实现的党内和平造成障碍是更加不能允许的,因此,从《火星报》第51号以后,我就退出了编辑部,同时声明我并不拒绝继续撰稿,甚至并不坚持公开宣布我的辞职,只要党内能够确立真正的和平。反对派要求的(不是改变实际上并不存在的什么官僚主义、形式主义、专制制度、机械服从等等,而)是恢复原来的编辑部,把反对派的代表增补到中央委员会里去，在总委员会中占两席，承认同盟代表大会合法。中央委员会为了确保和平，同意增补两名反对派代表进中央委员会，把总委员会中的一个席位让给他们，逐步进行同盟的改组。反对派连这样的条件也拒绝了。编辑部进行了增补，可是和平的问题仍旧没有得到解决。这就是《火星报》第53号出版时的情况。

党希望获得和平并进行积极的工作，这一点恐怕是无须怀疑的。而像《我们的代表大会》这样的文章却阻碍和平的实现，我所以说阻碍，是因为这样的文章往往只是作一些暗示或提到有关某些问题的片面情况，对这些东西，如果不充分说明分歧的全部过程，是不会理解也不可能理解的；我所以说阻碍，是因为这样的文章把国外小组的罪过都推在我们做实际工作的中央机关头上，而我们的中央机关正从事于把党真正统一起来这项非常艰巨的工作，它在实行集中制的道路上已经碰到和正在碰到的障碍本来就已经够多的了。国内各委员会目前正在同少数派妨碍整个工作的分裂活动和抵制手段进行斗争。我们已经收到彼得堡、莫斯科、下诺夫哥罗德、特维尔、敖德萨、图拉等地的委员会和北方协会寄来的关于这方面的决议。

这种国外的著作家的无谓争吵我们已经受够了！希望它现在能成为向国内的实际工作者表明**"不该这么办"**的例子！希望党中央机关报编辑部能号召大家停止一切抵制，不管它来自哪一方；号召大家在党中央委员会的领导下同心协力地工作！

＊　　　　　＊　　　　　＊

可是，不同色彩的火星派之间的分歧是什么呢？——读者会提出这个问题。我们的回答是：第一，分歧在于多数派认为，不管中央机关的成员怎样变动，人们在党内都可以而且应当宣传自己的观点。任何一个小组，即使是工人事业派的小组，只要参加了党，都有权要求给它陈述和宣传自己观点的机会；但是任何一个小组，哪怕是由将军组成的小组，也无权要求派自己的代表参加党的中央机关。第二，分歧在于多数派认为，形式主义和官僚主义的产生，应该归咎于那些拒绝在中央机关领导下进行工作、因而使得难以避免形式主义地处理问题的人。第三，我知道一个**而且仅仅**一个有关组织问题的原则分歧，那就是在关于党章第 1 条的争论中所表现出来的分歧。等到代表大会的记录发表以后，我们要回过头来再谈谈这个问题。那时我们将说明，马尔托夫的条文在非火星派分子和冒牌火星派分子的支持下获得通过并不是偶然的，而是因为这一条文向机会主义迈进了一步，这一步我们在—恩写的信中和《又一次处在少数地位》一文中看得更加清楚。① 记录将表明，《我们的代表大会》一文的作者的意见是违背事实的，他说"在讨论党章时，争论几乎完全集中在关于组织党的中央机关的问题上"。恰恰相反。把双"方"（即火星派多数派和火星派少数派）比较明显地划分开来的唯一真正原则性的争论，是关于党章第 1 条的争论。至于关于总委员会的人选、中央机关成员的增补等问题的争论，不过是个别代表之间，是我和马尔托夫之间以及其他人之间的争论，这些争论所涉及的相对说来是一些很小的细节问题，并没有在火星派中间引起任何明显的分化，火星派通过他们的投票纠正了我们中间这个或那个人的偏向。把在实行集中制的方法、

---

① 那时我们还要请求解释一下，《我们的代表大会》一文中所谓对非火星派分子的不应有的轻视，所谓党章的严格的条文同党内实际的力量对比不相适应，是什么意思。这些话是指什么而言？

范围、性质等等问题上的意见分歧都说成是由这些争论造成的，那不过是粉饰少数派的立场和他们为改变中央机关的成员所采用的斗争方法，而正是这个斗争在我们之间引起了真正的分歧。

1903 年 12 月印成单页　　　　　　　　　译自《列宁全集》俄文第 5 版

　　　　　　　　　　　　　　　　　　　　　　第 8 卷第 98—104 页

# 谈谈新《火星报》的立场

（1903 年 12 月下半月）

　　"马尔托夫派的"《火星报》现在所采取的立场中特别使我感到气愤的，就是他们所**固有的欺骗和虚伪**，就是企图回避问题的实质，企图隐瞒党内的舆论和党的决定，企图**歪曲**概念和事实。我认为，有些同志对这种虚伪感觉迟钝，麻木不仁，只是因为不了解情况。而要使他们了解情况，就应该大力进行解释，所以我一直打算写一本专门的小册子，把全部问题详详细细地（必要时要利用**一切**文件）加以解释。[71]党代表大会和同盟代表大会的记录一公布，也就是说不久以后，我就要这样做。

　　马尔托夫派用来**欺骗**党（由于神经失常，他们可能、甚至很可能首先是自己欺骗自己）的主要**伎俩**，第一是**歪曲**火星派内部分歧的真正根源和原因，第二是**歪曲**关于小组习气和组织瓦解、关于宗派主义和党性等等这些概念。

　　第一个歪曲就是，他们把代表大会之后在中央机关同反对派作斗争期间实质上是双方的**对骂**说成是"原则性的"分歧。对骂的内容就是反对派称多数派为专制君主、形式主义者、官僚等等，多数派则称反对派为**歇斯底里的钻营之徒**，一帮被淘汰的阁员或歇斯底里的闹事者（见同盟代表大会）。然而现在竟有人在中央机关报上把这些互相"恭维"的**一方**的话公然说成是**原则性的**分歧！这难道还不卑鄙吗？

　　实际上，分歧的真正原因是**马尔托夫派转向泥潭派**。代表大会上党章第 1 条的讨论，以及在选举中央机关时的派别划分，都清楚地反映出这种转变。**这种分歧**有相当一部分确实是**原则性的分歧**，对此他们却避而不谈。

　　第二个歪曲就是，马尔托夫派**三个月**来为了**小组**的利益，为了钻进中央机关（因为没有任何人限制就实质问题进行争论或自由发表意见，相反，我们曾一再邀请和要求马尔托夫派把自己的意见写出来），一直在**瓦解**整个党和整个工作，现在当他们从后门钻进编辑部之后，却可笑地责备多数派犯有起瓦解作用的形式主义、官僚主义等等，而对于自己的抵制行为、自己的钻营行为等等却**闭口不谈**。这难道还不卑鄙吗？两者只能选择其一：或者**忘掉**全部的"无谓争吵"，那就**根本**不要再谈它，也不要让**无谓争吵**在中央机关报上**再现**，因为关于官僚主义的叫嚷正是恶劣的钻营行为的**再现**；或者提出分歧问题，那就要**把一切都端出来**。

载于 1929 年《列宁文集》俄文版　　　　译自《列宁全集》俄文第 5 版
第 10 卷　　　　　　　　　　　　　　　第 8 卷第 105—106 页

# 《就我们的组织任务
# 给一位同志的信》序言

### (1904年1月)

我现在重印的《给一位同志的信》①,是在一年多以前,如果我
没有记错的话,是在1902年9月写的。起先,它的抄本在大家手
头辗转传阅,并且作为阐述火星派的组织观点的材料流传于俄国
各地。后来,西伯利亚联合会在去年6月印了这封信,而且大量加
以散发。这样一来,这封信就完全成了公众的财产,现在已经没有
任何理由阻止它公开发表了。以前,我没有印这封信,是考虑到它
文字上还很粗糙,还完全是"草稿"性质的,这个理由现在已经不存
在了,因为俄国许多做实际工作的同志都已经看过这封还是草稿
的信了。此外,重印这封还是草稿的信(我只作了一些最必要的修
辞性修改)的更重要的理由,是现在这封信已具有"文件"的②意
义。大家知道,《火星报》的新编辑部已经在第53号上提出了**组织**
问题上的分歧。可惜这些分歧究竟是在什么地方,编辑部并没有
急于明确指出,而多半只是作了一些谁也不懂的暗示。

应当尽量帮助新编辑部解决这个难题。把《火星报》的**旧的**组

---

① 见本版全集第7卷第1—18页。——编者注
② 当我的对手不止一次地表示要把这封信当做文件使用以后,我自己也觉得重
印时再作任何修改,简直……怎样说得婉转些呢?……有些不得体了。

织观点,详详细细地公之于众,甚至连草稿都公布出来,这样,也许新编辑部终于会向在他们的"思想领导"之下的党公开自己的**新的**组织观点了吧。这样,也许新编辑部终于会向我们介绍一下,他们是怎样**准确表述**他们准备对我们党的组织章程作的那些带有根本性质的修改的吧。因为,实际上谁会不了解正是这个组织章程体现了我们一贯的组织计划呢?

把《怎么办?》①和《火星报》上关于组织问题的文章同这封《给一位同志的信》对照一下,再把这封信同第二次代表大会通过的党章对照一下,读者就会清楚地看到,我们,火星派多数派,即党代表大会上的多数派,是怎样始终如一地贯彻我们的组织"路线"的。而对《火星报》新编辑部,我们将等待,并且以极大的耐心等待,等他们阐明他们的新的组织观点,等他们指出,他们究竟是在什么问题上,究竟是从什么时候起感到失望,为什么要"把自己过去崇拜的东西付之一炬"**72**。

**尼·列宁**
**1904 年 1 月**

载于 1904 年俄国社会民主工党中央委员会在日内瓦出版的《就我们的组织任务给一位同志的信》一书

译自《列宁全集》俄文第 5 版第 7 卷第 5—6 页

---

① 见本版全集第 6 卷第 1—183 页。——编者注

# 《就我们的组织任务
# 给一位同志的信》后记

(1904 年 1 月)

　　《火星报》编辑部在第 55 号上谈到,中央和反对派"已经达成协议,要忘掉"我在《给〈火星报〉编辑部的信》(《我为什么退出了〈火星报〉编辑部?》)①中提到的事实。编辑部的这一声明是真正形式主义、官僚主义和文牍主义的(用阿克雪里罗得同志的漂亮词汇来说)"遁词"。事实上,**并没有达成**这样的协议,正像中央驻国外代表在《火星报》第 55 号出版后立即出版的专页上公开声明的那样。而且也**不可能达成**这样的协议,这是每个认真读过我的信的人都很清楚的,因为反对派**拒绝了**中央提出的"真正的和平",而这种和平**当然**也包括忘掉应该忘掉的一切这个条件在内。当编辑部拒绝了和平,并**在第 53 号上掀起了反对所谓官僚主义的战争**时,难道他们就如此幼稚,竟指望对方缄口不谈关于官僚主义的这些鬼话的**真正来源**吗?

　　编辑部非常不喜欢我把这些鬼话的真正来源归之于**无谓争吵**(Literatengezänk——著作家的无谓争吵)。这也是毫不奇怪的!但要知道,对这个确实使人不愉快的事实喋喋不休地说些抱怨的

---

① 见本卷第 91—98 页。——编者注

话,并不能否定事实。

我们想冒昧地向最尊敬的编辑部提出两个问题。

**第一个问题**。**有人**对于拼命责难专制制度、罗伯斯比尔式的制度和搞政变等等,只是觉得**可笑**,而**另一些人**对于别人心平气和地叙述事实和谈论实际上要求将军地位的人,却感到是对自己的莫大**侮辱**,这是为什么呢?他们确实感到是奇耻大辱,竟说起什么"意气用事"、"有损道德"、甚至"动机卑下〈这是从何说起??〉"这样一些全然"没有意义"的话来了。我的朋友们,为什么会有这样的差别呢?是不是因为将军的"地位"比专制君主的地位"更卑下"呢?

**第二个问题**。编辑部为何不向读者解释一下,**为什么**它(在很久以前,当它还属于反对派而事实上是"少数派"的时候)曾表示希望要**忘掉**某些事实呢?编辑部难道不懂得,希望"忘掉"**原则**分歧,这个想法本身就是荒谬的,任何一个头脑清楚的人都不会产生这个念头吗?

请看,我亲爱的"政治对手们",你们有多狼狈啊!你们谴责我,说**我**把原则争论降低为无谓争吵,你们本来想通过这种办法把我置于死地,然而,事与愿违,你们恰恰**证实了**我对你们的某些"分歧"的真实原因所作的论断。

其次,由于处境狼狈,编辑部承认曾经有过无谓争吵,但他们却不肯向读者说明,在他们看来,原则分歧是从哪里结束,无谓争吵是从哪里开始的。编辑部避而不谈我在信中曾试图把这两件事**十分明确地**区分开来。我在信中指出,原则分歧(远未严重到真正**分手**的地步)是在党章第1条的问题上暴露出来的,并由于火星派少数派在代表大会结束时同非火星派分子接近而扩大。我还指出，关于官僚主义、形式主义等等的言论，主要不过是**代表大会闭幕以后**发生的那些无谓争吵的**回声**。

　　编辑部大概不会同意**这样**划分"原则的"东西和"应该忘掉的"东西吧？那他们为什么不肯把**自己**"正确"划分这两件事的意见讲出来呢？这是不是因为，这两件事在他们的头脑里还没有划清界限（而且划不清界限）呢？

　　根据尊敬的阿克雪里罗得同志在《火星报》同一号即第55号上发表的小品文，读者可以想象得出，这样……模模糊糊会产生什么样的结果，我们的党中央机关报成了一个什么样子。阿克雪里罗得同志实际上**一个字**也没有提到我们在党章第1条问题上的争论，只是作了一些没有出席代表大会的人根本不懂的什么"外层团体"的暗示。阿克雪里罗得同志大概忘了，我们对第1条进行了多么长久多么详细的争论！阿克雪里罗得同志反而编造了一种"理论"，说什么"出席代表大会的火星派多数派都有一个念头，就是他们的主要任务是……同内部敌人进行斗争"。"由于这个使命"，对火星派多数派来说，"我们面临的正常任务就冲淡了〈尊敬的阿克雪里罗得同志坚信这一点〉"。"进行正常工作的前景被推到了遥远的不可预测的未来"；摆在党的面前的是更加迫切的"制服内部敌人的战斗任务"，阿克雪里罗得同志简直不知道该用什么字眼来咒骂这个"官僚主义的①〈或机械的〉集中制"，这些"雅各宾式的"（!!?)计划，这些拿别人"当叛乱分子来镇压和处置"的"瓦解组织的分子"。

———

① 顺便提一下，请编辑部注意，我这本书是用"指定的标题"出版的。我是个坚定的集中主义者，我服从我们中央机关报的"原则"指示，它已在第55号上开辟了一个从"标题"的角度评论党的出版物的专栏（为了同形式主义作斗争）。

为了说明这个理论，确切些说，为了说明这些谴责代表大会的多数派镇压（应该说是**想象中的**）叛乱的瓦解倾向和轻视正常工作的态度的论调的真实价值，我只需要向健忘的阿克雪里罗得同志提醒**一个**（开头只提一个）小小的事实。1903年10月6日，经过多次向少数派分子讲明他们进行抵制活动的荒谬和瓦解性质之后，我和普列汉诺夫一起**正式**约请"叛乱"著作家（阿克雪里罗得同志也包括在内）开始进行正常工作，并正式向他们申明，拒绝这个工作，无论从个人意气用事还是从某种意见分歧（为了阐述这些分歧，我们在我们的刊物上**开辟了**一定的篇幅）出发，都是愚蠢的。①

阿克雪里罗得同志忘了这回事。他忘了，他当时的回答是，没有说明任何理由而表示断然拒绝。他忘了，在当时，在这早已成为过去的时期，他认为"正常工作被推到了遥远的不可预测的未来"，而这个未来，只是到了1903年11月26日才成了期待中的现实[73]。

阿克雪里罗得同志不仅"忘了"这回事，而且希望把诸如此类的"意气用事"统统"忘掉"，——不是这样吗？

向少数派指出，他们**长年累月地**瓦解党，抛弃正常工作，把中央的**许许多多力量**吸引到他们挑起的无谓争吵上去，——这是"意气用事"，是有损道德，是把两种倾向的斗争降低为无谓争吵。中央机关报不能登载这样的东西。

而谴责党代表大会的多数派，说他们竟敢把时间花到训诫"叛乱分子"上去，说他们通过跟（**想象中的**）瓦解组织的分子进行斗争来破坏党，——这才是原则分歧，《火星报》应该"腾出"篇幅专门登

---

①　见本卷第352—353页。——编者注

载这种分歧。不是这样吗，尊敬的阿克雪里罗得同志？

假如阿克雪里罗得同志看一下自己的周围，即使现在也许还可以找到不少这样的例子，说明"正常工作"对少数派的实际工作者来说，也被推到了同样是期待中的，但还是不可预测的遥远未来吧？

不，你们知道吧，你们最好还是根本不要涉及多数派和少数派对正常工作的态度这个问题！最好还是不要提起例如某城一位工厂工人[74]在给我的下面一封信中谈到的事情：

"**亲爱的同志**：

近来，也就是第二次党代表大会以后，我们听说，中央委员会不是代表大会一致选出的，代表大会在中央机关报与中央委员会的关系问题上分成了两派，形成了所谓的多数派和少数派。这一切，就像一块很沉的石头压在我们头上一样，我们感到非常沉重，因为中央机关报与中央委员会的关系问题，对我们来说，是个出乎意料的新闻：在这次代表大会以前，不仅没有一个小组和会议提到这个问题，而且据我的记忆，各种出版物也都没有谈论过这个问题。我不懂，代表大会以前，为什么避而不谈这个问题。假如这个问题根本就不存在，那就必须承认，竭力要把党统一起来的那些同志，对党的组织，也就是党的机构，心中无数。但后面这个情况是完全不可能的，因为现在造成党的分裂的这个问题，已经清楚地表明，对党的机构是有看法的，而且大家的看法是不一样的。如果是这样，那为什么要隐瞒呢？这是一。第二，就是这个问题本身。当我要解决这个问题的时候，我就产生这样一个问题：什么样的党的机构可以保证党的正统方向呢，与此同时，我的脑子里还出现了一个想法，就是除了党的机构，党的领袖人选也是很重要的，就是说，如果他们是正统的，党的方向也会是正统的，如果他们是机会主义者，那么党也会是机会主义的。现在，有了这样一些设想，也知道了党的领袖人选，我就毫不犹豫地表示主张在对党进行思想领导方面中央机关报比中央委员会占支配地位。尤其是俄国的实际情况使我更加坚持这种主张。因为尽管中央委员会是正统的，但它在俄国，就不能保险不被破坏，从而不能保险不会违背自己的意志而丧失正统性，因为继承人并不总是和他们的前人相像。在委员会做过一段工作的同志，谁不知道这样的事情：一个最好的委员会由于某一偶然原因而被一个糟糕的委员会代替，或者相反。中央机关报就完全不同了：它所处的条件不同（因为中央机关报将设在国外），它可以较长时期地存在下去。因而也有可能为自己培养合格的继承人。但是，同志，我不知道，这个问题是不是一经解决就一成不变，就是说，或者是中央机关报永远比中央委员会占支配地位，或者是中央委员会永远比中央机关报占支配地位。我想，不能这样。比如发生了这样的情况：中央机关报成员突然起了变化，从正统的变成了机会主义的，像德国的《前进报》那样；试问，那时，是不是还要他们在思想领导方面居于支配地位呢？我们这些受过正统教育的人应该采取什么行动呢？难道应该向他们妥协吗？不，那时，我们就应该剥夺他们的支配权，把它交给另一个机关，如果由于某种原因——不管是由于党的纪律或是其他——而没有做到这一点，那我们大家就都应该被叫做社会民主主义工人运动的叛徒。我是这样来看这个问题的，我无论如何不能同意问题一经解决就一成不变，像有些同志做的那样。

　　现在，我对目前多数派和少数派之间的斗争，简直不能理解，我们许多人都觉得，进行这个斗争是不对的。同志，请您说说！仅仅为了议论多数派和少数派而把全部力量用来奔走于各委员会之间，这是正常的吗？我真不懂。难道这个问题就这么重要，值得把全部力量都投进去，并且为了这个而彼此怒目相对，视如仇敌吗？事实上出现了这样的情况：假定一个委员会由一派选出，那另一派就不会有人参加进去，尽管他完全适合做这个工作，甚至可以说，即使工作需要他，没有他，工作会遭到很大损失，他也不参加。当然，我这并不是说，在这个问题上根本不要进行斗争，完全不是这样，我只是认为，这个斗争应该具有另一种性质，我们不要因为进行这个斗争而忘记我们的主要任务，即在群众中进行社会民主主义思想的宣传，因为忘了这一点，我们就会削弱我们的党。我不知道这样说是否妥当：当我看到有人肆意践踏事业的利益、把它们全置之脑后的时候，我就把所有这样的人叫做政治阴谋家。当你看到领导事业的人在干别的勾当，你会为这个事业而感到多么痛心和恐惧啊！看到这个，你会想到：难道我们党一定要为这些琐事长期分裂下去吗？难道我们就不能同时进行内部斗争和外部斗争吗？既然代表大会的决议不被重视，每个人都借口代表大会作出的决定不正确，借口中央委员会不中用等等，而各行其是，那还举行代表大会做什么呢？这样干的正是那些在代表大会以前一直叫喊集中制，叫喊党的纪律等等的人，而他们现在好像又想表明，只有普通人需要纪律，他们这些上层人士是不需要的。他们大概忘了，他们的所作所为对缺乏经验的同志起了多么可怕的腐蚀作用。现在在工人中间，已经又可以听到对知识分子只顾自己进行无谓争吵而忘记了工人这一点表示不满的呼声，现在已经有些比较性急的同志由于自己不知道应该做些什么而心灰意冷了。对工作进行集中统一的安排，在目前还完全是一句空话。现在只有希望将来一切会好起来。"

载于1904年俄国社会民主工党中央
委员会在日内瓦出版的《就我们的组
织任务给一位同志的信》一书

译自《列宁全集》俄文第5版
第7卷第26—32页

# 告 党 员 书[75]

(1904 年 1 月 4 日和 10 日〔17 日和 23 日〕之间)

是小团体还是党？这就是我们的中央机关报提出讨论的问题。

我们认为，提出这个问题进行讨论是非常适时的。我们请我们的中央机关报编辑部首先看一看自己。这个编辑部是个什么样子呢？是由一群共事多年，现在通过抵制和瓦解组织，并以分裂相威胁才得以钻进编辑部的人组成的小团体呢，还是由我们党的负责人员组成的委员会？

你们不要企图回避这个问题，说什么自己是按照党章合法地增补进来的。我们并不怀疑这种合法性，但我们请你们不要只从形式上看问题，而要从实质上回答我们的问题。我们不仅要求从法律上，而且要求从政治上回答这个问题。我们正是要你们这些不是代表大会选出的、不是党所任命的"编辑"先生们回答，而不是要普列汉诺夫同志回答，他也许是为了避免分裂，只好把你们增补进来，而没有别的选择。

是小团体呢，还是党的负责人员组成的委员会？

如果是小团体，那何必还要来这一套伪善和欺骗，说什么党呀这样一些空话呢？你们几个星期、几个月都在嘲弄党的机关和党章，难道你们不是在实际上破坏这个党吗？难道你们没有在实际上破坏这个党的第二次代表大会的决议，难道你们没有把事情弄到分裂的地步，没有拒绝服从中央委员会和总委员会，难道你们没有说党的代表大会对你们不是偶像，就是说，没有约束力，从而使自己置身于党外吗？你们一面践踏党的机关和法律，同时却乐于利用"党中央机关报"这块招牌！

　　如果你们是党的负责人员，那你们是否可以向这个党解释一下，一些未经代表大会任命的人极力设法在党的一个中央机关取得位置，这是为什么，是出于什么目的？也许是为了保持原来那个编辑们的家庭式小团体的"继承性"？在同盟代表大会上举手通过关于保持这种庸俗的"继承性"的决议的人，现在竟想用侈谈党来欺骗我们！现在你们究竟有什么资格来谈论党呢？

　　你们把遵照第二次代表大会的正式决议办事的人叫做形式主义者，是因为你们要抹杀和掩盖这样一个事实，就是你们**辜负了**所有那些再三相互保证服从代表大会决议的同志的**信任**。当正式决议对你们不利的时候，你们就不服从，而与此同时，当同盟的正式权利对你们有利的时候，你们就毫不客气地加以利用。当你们违背党的意志钻进党总委员会的时候，你们就来利用党的这个最高机关的正式决议！

　　你们把按照党代表大会的意志担当党的负责工作，而不听凭国外一帮著作家摆布的人叫做官僚。你们这样做，是要掩盖这样一个你们感到不愉快的事实，就是那些非在党中央机关便无法工作的人才正是全身浸透了官僚主义习气、地位观念和钻营作风。当然，通过你们的所作所为，我们确实清楚地看到，我们的党受到了官僚主义的毒害，有这种习气的人把地位放在工作之上，为了争得地位，不惜采取抵制和瓦解组织的手段。

　　你们把由党代表大会多数票通过的决定叫做粗暴的机械的决定，可是你们却不把你们在国外侨民中和在同盟代表大会上采用的、使你们对我们党报编辑部取得了可耻的胜利的斗争手段看做粗暴的、机械的和极端卑鄙的手段！那些在党代表大会上属于**少数派**的人，竭力设法控制而且已经控制了党的中央机关报，这种人还在说什么要保证承认党，你们难道看不出这种保证是何等的虚伪！

　　而这种伪善地粉饰自己不体面的反党行为的做法，这种无政府主义的说教，这种对党代表大会的嘲笑，这种为庸俗观念和小组习气所作的机会主义的辩解，你们却叫做你们的新的组织观点！

　　同志们！谁要真正认为自己是个党员，谁就必须起来坚决反对和制止这种荒唐的做法！谁要真正重视《火星报》三年来的工作，重视该报所筹备的体现了真正有坚强信念和真正从事实际工作的俄国社会民主党人的意志的党代表大会，谁就不能让国外的小组习气践踏这次党代表大会所获得的一切成就。

　　二者必居其一。

　　或者是我们没有党，我们完全被我们代表大会所摒弃的国外一帮著作家、编辑所控制，这样的话，就用不着这些关于党的虚伪言论，用不着"党的"出版物、机关报和机关这些虚假的招牌。我们不是社会革命党人，我们不需要花里胡哨的装饰品。无产阶级的政党需要的是真理，无产阶级的政党需要无情地公开地揭露陈腐的小组习气。我们要敢于承认党已经不存在，我们要重起炉灶，从头做起，重新创建一个真正的党。我们不会因为小组习气的一时得势而张皇失措，我们相信并且知道，觉悟的俄国无产阶级一定会为自己建立一个真正的而不是有名无实的党，建立一个拥有真正的党的机关的，而不是只挂几块虚假的招牌的党。

或者是我们有党，这样的话，就要打倒一切小团体利益，打倒国外那些闹事者的会议！这样，就要请那些不是党代表大会任命担当**党报**编辑职务的人立刻离开那里。这样，就要恢复由代表大会选出的同志组成的中央机关报编辑部。这样，**我们**党的机关报就要宣传党的多数派的观点，**我们**党的机关报就要维护党的组织和党的机关，而不是诋毁它们。

打倒小组习气，首先是打倒党报编辑部中的小组习气！

打倒瓦解组织的分子！

能够真正遵守党代表大会的决议、尊重党的纪律和组织的无产阶级政党万岁！

打倒虚伪的言论和虚假的招牌！

载于 1929 年《列宁文集》俄文版　　　　　译自《列宁全集》俄文第 5 版
第 10 卷　　　　　　　　　　　　　　第 8 卷第 107—110 页

# 俄国社会民主工党总委员会文献

## (1904 年 1 月)[76]

# 1

# 对议程的意见

## (1 月 15 日〔28 日〕)

**列宁**要求就议程问题发言,经允许后,他提议讨论如何采取措施来促进恢复党内和平和恢复持有不同意见的党员之间的正常关系的问题。

# 2

## 关于恢复党内和平的措施的决议草案

（1 月 15 日〔28 日〕）

鉴于党员之间由党的第二次（例行）代表大会产生的意见分歧的性质和表现形式,党总委员会认为,迫切需要大力号召全体党员在党的两个中央机关——中央机关报和中央委员会的领导下和衷共济地工作。

俄国目前正处在这样一个历史关头：在国内,革命风潮大大加剧；在国际上,各种纠纷可能引起战争。这就使站在为全体人民挣脱专制制度枷锁而斗争的前列的觉悟的无产阶级政党负有特别重大的责任。任何时候都没有像现在这样迫切需要在党的两个中央机关的领导下,为巩固我们的组织、提高工人阶级最广大群众的觉悟和增强他们的团结而和衷共济地工作。

在一个依靠大规模的人民运动、以这个运动的自觉的代表者为己任、坚决反对任何小组习气和狭隘的宗派观点的党内,在各种不同的问题上,总会产生而且将来也不可避免地会产生这样那样的意见分歧。但是,我们的党员要使自己不愧为觉悟的战斗的无产阶级的代表,不愧为全世界工人运动的参加者,就应当尽一切力量,使我们在理解和实行我们党纲所确定的原则方面发生的任何局部分歧,不要妨碍而且不至于妨碍在我们两个中央机关的领导下和衷共济地进行工作。我们对我们的党纲和国际无产阶级的任务了解得愈是深刻和全面,我们对开展宣传、鼓动和组织方面的正常工作的意义愈是重视,我们同宗派主义、小组习气和计较地位离得愈远,我们就愈是应当努力使党员之间的意见分歧能够心平气和地进行实质性的讨论,使这些意见分歧不至于妨碍我们的工作,不至于打乱我们的活动,不至于阻碍我们的中央机关正常地履行职责。

作为党的最高机关的总委员会,坚决斥责不管来自哪一方的任何捣乱行为,斥责任何拒绝工作、拒绝从物质上支持党的中央会计处的行为,斥责任何抵制行为,这种行为只会把意见、观点和细小分歧的纯思想斗争引导到采取粗暴的、机械的手段,引导到某种无谓的争吵上去。党深受党内纠纷的折磨已近半年之久,因此迫切要求和平。党员之间的任何意见分歧,对这个或那个中央机关的人选的任何不满,都不能成为采取抵制以及诸如此类的斗争手段的理由,采取这种手段只能证明毫无原则性和思想性,证明是靠牺牲党的利益来满足小团体的利益,牺牲工人运动的利益来满足狭隘的地位观念的利益。当然,在我们党内有这样的情况,而且在一个大党内总是会有这样的情况,即某些党员对某个中央机关的活动的某些细节、对某个中央机关的方针的某几点、或对它的人选以及其他方面不满。这样的党员可以而且应当通过同志式的交换意见和在党的刊物上进行辩论的方式来说明自己不满的原因和性质,但是作为一个革命者,绝对不容许也不应当用抵制手段或拒绝全力支持党的两个中央机关统一领导的全部正常工作来表示自己的不满。支持两个中央机关,在它们的直接领导下和衷共济地工作,这是我们作为党员应尽的共同的和直接的义务。

上面所说的那些没有原则的、粗暴的、机械的斗争手段，应当无条件地受到谴责，因为它们会彻底毁坏完全依靠革命者的善良愿望团结起来的整个党。党总委员会提醒全体党员，这种善良愿望已经十分明确地体现在我们的一项谁也没有表示反对的共同的决定中，即承认全体党员都必须服从第二次代表大会的一切决议和它所进行的一切选举。组织委员会（全党应当感谢它为召开代表大会所进行的工作）早就通过了一项为党的一切委员会所赞同的决定作为第二次代表大会的章程的第18条，这项决定如下：

"代表大会的一切决定和它所进行的一切选举，都是党的决定，一切党组织都必须执行。这些决定任何人都不能以任何借口加以反对，只有下一届党代表大会才能取消或加以修改。"

这个决定是在代表大会召开以前由全党通过并且为代表大会一再确认了的，它等于是全体社会民主党员自愿作出的保证。但愿他们不要忘记这个保证！但愿他们能尽快抛弃彼此之间微不足道的旧日恩怨，但愿他们能把思想斗争永远限制在一定范围内，不让它导致破坏章程，阻碍实际的活动和正常的工作！

3

# 关于恢复党内和平的措施的发言

（1月15日〔28日〕）

## （1）

　　我所以提出关于采取措施恢复党内真正和平和正常关系的问题，是因为党的工作人员中间的误会多到令人可怕的程度。我认为，如果党员之间由于这种或那种原因彼此产生了误会，以致使他们的活动失去了可以依据的共同基础，那么要进行卓有成效的党的工作是不可能的。谁都知道，在某些党员或党的某些部分之间已经造成不正常的关系，因此如果不是玩弄字眼的话，现在已经很难谈什么**统一的**社会民主工党了。当然，如果有必要，我可以提出详细的证据来证明这种情况（例如，我们可以回想一下中央委员会和中央机关报信函往来中的许多情形[77]），但是，由于我所肯定的这件事是大家都知道的，也许现在不谈这类需要慎重对待的例子更好一些。因此，我们必须尽力采取一些更坚决的措施来消除这个主要的弊病。不然，即使是党采取一项最简单最普通的措施，也会弄得非常不愉快，双方在交换意见时也总是选择一些最激烈的字眼和最好听的……怎么说得温和一些呢……　可以说是最好听的恭维话……　虽然看起来好像我是在某种程度上想侵犯别人的

"舌头自由"，但是问题在于在行动方面也并非万事如意。我们这些以制止党内分裂倾向、保持党的团结作为自己主要使命的总委员会委员，应当努力消除妨碍党的工作的种种摩擦，只要我们有这个愿望，这并不是不能做到的。因此，我要问，我们能不能采取某些措施来反对党内那些使党降低到一个组织涣散的小团体、使党变成一个空架子的斗争手段呢？也许，总委员会为了共同事业的利益，可以通过一项决议，决议的草案我已经拟好，等一会我把它宣读一下。我认为总委员会通过这样的决定具有重要的原则意义，因为其目的是要消除和谴责党的队伍中在某些问题上持不同意见的个人或小组彼此进行斗争时所采取的那些不能容许的方式。我再说一遍，目前的状况非常不正常，必须加以纠正。（阿克雪里罗得："这一点我们全都同意。"）请秘书把阿克雪里罗得同志的话记录下来。

现在我来宣读一下我要提出的决议草案①。

这就是有中央委员会的两个代表签名、由我代表中央委员会提出的决议草案，这个草案不是用来解决关于消除党员之间的某些意见分歧这种局部问题的，而是用来建立一个俄国社会民主党人为一个共同的事业而工作的共同基础的。

(2)

从中央机关报两位代表的发言中，我满意地看到，他们在原则上同意必须采取坚决措施来确立党内的真正统一。这样，我们之

---

① 见本卷第115—117页。——编者注

间就有了一定的共同基础。不过对于普列汉诺夫同志的建议，我认为需要谈一下我的意见。普列汉诺夫同志建议我把我的决议草案中用来消除党内生活中已经得到确认的弊病的最重要的实际措施删去，他说这个决议案带有呼吁的性质；是的，我的提案确实带有呼吁的性质，但是要知道，这正是它的用意所在。这个"呼吁"的意思就是要总委员会以两个中央机关的名义把党内斗争可以容许的方式和不能容许的方式区别开来。我知道，一般说来，斗争本身是不可避免的，但是斗争也有各种各样。有些斗争手段是根本不正常的，在一个多少有生命力的党内是完全不能容许的。马尔托夫同志说得对，除了思想斗争之外，还出现了他称之为"组织纠纷"的东西。

我们在这里集会不是为了斗争，而是为了消除党内生活中的不正常现象，我们可以而且应当影响我们的其他同志，利用我们的权威地位指出党内斗争在什么范围内可以容许。但是除了发出呼吁以外，我不知道还有其他什么办法。删掉实际措施，这个决议案就没有意义了。中央机关报代表的声明里说我只指出了党内生活中的不正常现象，而没有提到产生这种现象的原因。对此我应当说，我选择这种做法并不是偶然的，而完全是有意识的，因为我担心：如果我们现在即使稍稍触及这个本来就够混乱的复杂问题，那就不仅不能解决，反而只会把它弄得更加混乱。毕竟不能忘记，对于这个复杂问题，我们双方都同样利害相关，并怀有很主观的情绪，因此，即使试图加以解决，那么能够做这件事的也无论如何不是我们，而是与这个问题弄得混乱不堪完全无关的人。如果我们去作这种尝试，我们就会重新翻出各种各样的文件，而在总委员会目前的组成情况下，这只会重新引起……无谓的争吵。

我们要从实际情况出发来谈论问题，因为现实是不能抹杀的。马尔托夫同志说，用劝善的话是消除不了所有的分歧和冲突的，这话我倒是很同意。这是对的，但是谁能担当我们党内生活中这种令人可悲的情况的评判者呢？我想能够担当这个角色的无论如何不是我们自己，而是大量没有卷入这种无谓争吵的忠于事业的做实际工作的革命者。我虽然小心谨慎地回避了我们的纠纷的原因问题，但是我还是想引用不久前的一个例子来说明我的看法。斗争已经延续了 5 个月。在这个期间，据我所知，已经有 50 来个调解人试图解决党内纠纷，但是我知道只有一个人在这方面获得了虽然很小但还是比较好的成绩。我说的是特拉温斯基同志。应当指出，这个人可以说是专心致志地埋头于正常的实际革命工作，所以他的注意力几乎全部集中在革命工作上，而没有参加过争吵。这些有利条件也许正好可以说明他的调解尝试何以能多少取得些成绩。我认为在这种人参加下来分析党内这些不幸的情况的原因，也许有可能解决现在使我们感到手足无措的这个复杂问题。我们自己则应当避免去对引起争吵的这些或那些原因进行探讨，因为这会违反我们的本意，使我们在许多旧伤还远没有痊愈的情况下又彼此造成新的创伤（用马尔托夫同志的话来说）。正是由于这一点，我反对分析原因，而主张寻求一些至少可以把斗争方式限制在比较可以容许的范围内的措施。二者必居其一：如果在这方面可以做一些工作的话，那就应当试一试；如果不行的话，如果不能利用我们的权威地位来说服和影响斗争双方的话，那就只有把问题诉诸我已经说过的那些站在斗争之外执行着自己正常的实际任务的第三者。我怀疑我们双方自己能够使对方相信一方或另一方是正确的。在我看来，这是不可能的。

## （3）

　　我不完全理解普列汉诺夫同志的建议。他说必须采取一些实际措施，但是在我的草案里不是已经指出可以采取这种实际措施了吗？我们只须说明，利用我们的权威地位说明：正常的斗争，思想斗争，一定限度内的斗争，是容许的，但是抵制，拒绝在中央委员会的领导下工作，拒绝资助党的中央会计处等等，是不能容许的。有人说，光是凭口头上讲的话，我们谁也说服不了。我也不敢断定，这就足以使党的两个部分建立起良好的关系，因为要治的病确实是老病了；因为，正像马尔托夫同志所形容的那样，党的两个部分之间确实筑起了一堵很牢固的墙。也许，我们筑这堵墙的人拆不掉这堵墙，但是，尽管我们彼此给对方造成很重的创伤，我们作为总委员会委员，利用自己的权威地位呼吁同志们不要使用不恰当的斗争方式，还并不是完全不可能的。在拆墙这件事情上，在我看来，时间将会起作用，使一切逐渐得以消除。至于说对于呼吁的某些地方，双方都可以按照自己的理解去解释，那么，在我看来，不管我们说什么，恐怕双方都会按自己的理解去解释的。（阿克雪里罗得："因此不仅需要说，而且需要做。"）其次，我不理解为什么阿克雪里罗得同志觉得我的建议只会成为新的斗争的根源。我再说一遍，党内两个部分之间筑起的墙我们是拆不掉的，因为我们自己曾用了很大的劲去筑这堵墙，但是我们那些专心从事实际工作而没有卷入我们的纠纷的同志，是能够推倒这堵墙的。今天我很高兴地看到，马尔托夫同志在原则上同意这样一种说法，即与我们的争吵无关的其他一些同志在调解这一争吵中能够起良好的作用。

但是除此以外,我想只要中央机关的代表们之间在什么样的斗争方式可以容许和什么样的斗争方式不能容许这方面取得协议,单是这一点就有可能在把我们双方隔开的墙上打开第一个缺口,从而使党内生活中现在存在的不正常现象逐渐得以消除。

(4)

普列汉诺夫同志的建议[78]使我产生了很复杂的感情。他大谈斗争的原因,这样就正好触到了连马尔托夫同志也确认是我们彼此给对方造成的那些创伤。我在自己的草案中试图把我们的斗争中哪些做法是容许的和哪些做法是不容许的区别开来,不管是谁攻击谁。如果我们都大谈谁在什么时候干了什么事,那么,这样就会使我们的对话开始结束,也就是说宣告结束。要我们自己来评判自己,这在心理上精神上是完全不可能的。如果我们在这里重新着手讨论党员之间关系紧张的原因,那么我们自己能不能提高到超过琐碎的无谓争吵的水平呢?(阿克雪里罗得:"能!")我可不像阿克雪里罗得同志那样乐观。我不同意普列汉诺夫同志在分析党内分裂的原因时对事实所作的说明。如果我们要争论的话,那么就必须把记录搬出,必须查阅记录。比如,普列汉诺夫同志说:在选举中央机关的问题上,代表大会分成两个几乎相等的部分;大会的一个代表退出多数派加入少数派,结果就使代表大会的两半完全相等;因此中央委员会只代表了党的一部分,如此等等。但是要知道,这样谈问题是不行的;无论如何也不能说中央委员会仅仅是由党的一个部分选出来的。也许许多人现在在某些问题上投票会和在代表大会上投的票不同。也许我自己在许多问题上投的票也会不同。但是这并不等于说，由于在这方面可能出现变动和新的组合就可以否定过去投票的结果。既然是斗争，那就经常会有整体分裂成部分的现象。诚然，中央委员会**现在**，而不是在代表大会上，是一个部分的代表，但是我清楚地知道，在同志们看来，中央机关报从这个意义上来讲也只是一个部分的代表。只有从一个角度来看，即从实际上存在着分裂这个角度来看，我才能承认普列汉诺夫同志的说法是正确的。并不是由于代表大会有什么过错，人们才谈到某个中央机关的组成"不正常"，而只是由于存在着某些情况，大家不愿意在一起工作……　这样，只要我们一触及不正常状态的原因，我们就又得去解决那个我们不仅解决不了而且只会弄得更加混乱的复杂问题。至于说有许多人对中央委员会的组成不满，这是事实；但是，也有许多人对中央机关报目前的组成不满，这同样也是事实。对于马尔托夫同志提出的是否容许"破坏"现有的组织这个问题，我要说："是的！改组组织是完全容许的！"是否容许党的主管机关解除某一个人所担负的某一项革命工作？我的回答是："是的，容许！"但是如果我问：为什么和怎么会发生这样或那样"侵犯"某个组织的完整性和不可破坏性的现象，为什么某个人不能进入党的工作的某一部门，等等，那我就又得着手去解决那个我们无力解决的复杂问题。这样，在是否容许"破坏"组织的问题上，我们又会产生意见分歧。这一切都证明，现在来讨论我们争吵的原因完全是浪费时间，不仅无益，甚至有害。现在我再回过头来谈比例代表制的问题。要谈这个问题，只有先承认已经存在的分裂状态。我们在这里是斗争的双方的代表……　（普列汉诺夫："我们是以总委员会委员的资格，而不是作为斗争的双方来这里开会的。"）普列汉诺夫同志的话是和他自己的决议案相矛盾的，在他的决议案里说:党内的争吵,使党分裂成了两半,而且有一半——用决议案的话说——在中央委员会这样一个中央机关里根本没有代表。当然,正式说来,我们不是斗争的双方的代表,但是,既然这种代表制是在我们争论的过程中产生的,所以我理所当然有权利这样说。(普列汉诺夫:"您说我们是作为斗争的双方的代表来这里开会的,我的意见是针对这句话的。")我不否认也许我说得不很确切……(普列汉诺夫:"您说得不对。")也许我说得不对,我不打算在这上面争论。我只是肯定一点,普列汉诺夫同志的决议案把争论转移到实际上承认分裂这一点上去了。我们分裂了,这一点我已经认定。如果情况不是这样的话,那么决议案也就是不合法的了。党内的多数派也不满意中央机关报的组成,它的 5 个成员里面有 4 个是属于少数派的。中央委员会方面也可以像现在中央机关报对中央委员会那样,提出改变中央机关报组成的要求。普列汉诺夫同志的决议案实质上等于宣布了仅仅单方面的条件……(普列汉诺夫:"我既不属于多数派,也不属于少数派。")普列汉诺夫同志对我们说,他既不属于多数派,也不属于少数派,但是除了他以外,总委员会里是谁也不会这样说的。从形式上讲,从党章的角度看,普列汉诺夫同志提出的决议案是不合法的。但是,我再说一遍,这个决议案就其实质来说是可以理解的,因为它是从分裂这一事实出发的。不过,既然有一方讲了自己的"条件",那么另一方也同样有权利提出自己的"条件"。我们并没有超出于"双方"之上,我们本身就是这"双方"。因此,既然我们都承认党内事实上已经造成分裂,那么为了解决我们的争执和"误会",我们应当承认只有采取诉诸第三者这样一个根治的办法。我前面已经说过,党内有一些从事正常工作、没有参加"多数派"和"少数派"的斗争的人。我们只能请这些人来仲裁。

(5)

马尔托夫和普列汉诺夫的意见我都不同意。他们说这个决议案根本不能说是不合法的，并且提出了两点理由。(1)马尔托夫的理由是：总委员会是党的最高机关。但是要知道，总委员会的权力是受党章的专门规定限制的，而这一点在当时也是马尔托夫同志本人竭力赞成的。(2)第二个理由是：总委员会只是在它所提出的决议案中表示了自己的意见和希望。当然，总委员会可以表达自己的意见，表示自己的希望，但是不能对这个对那个进行干预。(普列汉诺夫："当然！当然!")总委员会只能建议中央委员会进行增补，但是，那样中央委员会会要求改变中央机关报的组成。在一定的条件下，我愿意同意比例代表制。但是我要问，中央机关报是否实行比例代表制呢？中央机关报的组成是 1 比 4，而且这个 1 既不属于多数派，也不属于少数派。中央委员会曾经提出过 2 比 9[79]；这是在完全涣散时期，即在分裂的前夜提出的。任何一种分歧在某种意义上讲都是分裂，而当两个部分不愿意在一起工作时，那就是实际的分裂。仅仅从分裂的角度来看，我们才可以承认普列汉诺夫同志的决议案有意义。可以把这个决议案看做是最后的手段，但是，在这种情况下，双方都可以同样有改变中央机关组成的权利。我坚决认定，中央委员会也对中央机关报的组成不满。只要我们一提到关于上次代表大会的问题，就会发生冲突，而我们将一无所获。例如，普列汉诺夫说，代表大会没有把第三者选入编辑部似乎是由于没有这样一个第三者可选。我敢断言，代表大会没有选第三者是由于它相信马尔托夫同志会加入编辑部。关于总委员会的组成也是这样。在代表大会上，许多人都以为马尔托夫同志会以编辑部成员的资格参加总委员会。多数派可以说而且一定会说，既然谈到比例代表制，那就还需要从所谓多数派中选出6个代表来充实中央机关报。但是这样谈论问题并不能使我们接近我们所希望的结局，因此我认为普列汉诺夫同志的决议案不如我的决议案。我的关于"可以容许和不能容许"的决议案，可以有这样一个意义：我们作为斗争的双方的代表，可以呼吁其他同志不要越出可以容许的斗争形式的范围。

我们不应该只从法律观点来看问题，因为按事情的本质说来，我们都承认党内的关系不正常，也就等于承认我们是互相斗争的双方，即中央机关报和中央委员会。（普列汉诺夫："这里不是编辑部会议，而是总委员会会议。"）是的，我没有忘记这一点。从法律观点来看，我们不能够谈中央机关实行比例代表制的问题。但是即使从政治观点来看，这种看法也是不妥当的，因为我们必然会在考虑一方的愿望的时候，忽视另一方的愿望。在我们中间没有一个能够解决我们的争执的第三者。但是只有这个第三者的意见才能在政治上和道义上都有意义。实际上的分裂已经存在，而且如果少数派继续不择手段地设法使自己变成多数派，我们很快就会发生正式的分裂。

# 4

# 关于恢复党内和平的措施的发言

## （1月16日〔29日〕）

## （1）

　　我认为必须作些回答，主要是回答马尔托夫同志对我提出的详细的反驳；但是，为了对普列汉诺夫同志的反驳也作出答复，我先简单地谈一谈普列汉诺夫同志的反对意见。我觉得他在原则上是主张比例代表制的……　（普列汉诺夫："不对！"）也许我没有了解他，但我是这样觉得的。在我们党组织内按照惯例是不采取比例代表制的原则的，代表大会的多数清楚表达出来的意志，是由代表大会选举产生的这个或那个党机关的组成具有合法性的唯一标准。但是，这里有人说，代表大会上的合法的选举所造成的这种"合法的"情况比不合法的还糟。确实如此，但是为什么会这样呢？是因为多数派人数不够多，还是因为少数派造成了实际的分裂？有人说中央委员会仅仅以24票当选，即只占微弱的多数，似乎后来在党内生活中产生各种不愉快的纠纷的原因也就在这里。我可以肯定地说，这是不对的。普列汉诺夫同志说，我的"形式主义的想法"使我看不到问题的根源，我实在不知道这究竟是什么意思。也许"问题的根源"在代表大会？　如果是这样，那我们全都是形式主义者,因为在回顾代表大会的情况时,都必须以大会的正式决议为依据。如果"问题的根源"不在代表大会,那究竟在哪里呢? 的确,党内形成的情况比不合法的还糟(这话是很重的),但是全部问题就在于为什么会是这样? 这应当归咎于代表大会还是归咎于代表大会以后发生的情况? 遗憾的是,普列汉诺夫同志没有这样提出问题。

现在我来回答马尔托夫同志。马尔托夫同志断定:少数派方面现在没有而且过去也没有不愿意一起工作。这不是事实。在9月、10月和11月这三个月中,许多少数派代表用事实证明了他们不愿意一起工作。在这种情况下,被抵制的一方没有别的办法,只好进行谈判,同拒绝工作的、"受了委屈的"反对派进行交易,后者正在把党引向分裂,因为擅自拒绝一起工作这个事实本身就已经是分裂了。有人直截了当地声明说,我们不愿意和你们一起工作,从而在事实上证明,"统一的组织"只是一个空架子,它在实际上已经被破坏了。这样,他们也就提出了一个如果不是令人信服的理由,那确实是**毁灭性的**理由……  现在我来回答马尔托夫同志的第二个反对意见,即关于卢同志退出总委员会的问题。这个问题又分为两个单独的问题。第一个问题:卢不是编辑部成员,任命他代表编辑部参加总委员会,这样做是否合法? 我认为是合法的。(马尔托夫:"当然是合法的!")请把马尔托夫同志的话记录下来。第二个问题:是否可以按照原委派机关的意愿来撤换总委员会委员? 这是一个复杂的问题,可以有各种不同的解释。但无论如何我必须指出:从11月1日起成为编辑部留下的唯一成员的普列汉诺夫,直到11月26日把马尔托夫和他的伙伴增补进来以前,始终**没有撤换**卢的总委员会委员的职务。卢是自己退出的,他为了不致因为他个人的问题引起争论，才作了这种让步。（普列汉诺夫：
"我觉得，现在来争论卢同志的问题是不恰当的。这个问题不包括
在我们的议程之内，我不明白为什么我们要把宝贵的时间花在这
个目前与我们不相干的问题的争论上。"）我必须指出，马尔托夫同
志在上次会议上曾经要求把他对这个问题所作的解释记录下来，
而我对他的解释根本不同意，因此，如果不允许另一方对同一个问
题发表自己的意见，那么在这里，在总委员会里，对这个问题的说
明就会是错误的、片面的。（普列汉诺夫："我要提请注意：这个问
题没有列入议程，并且和我们会议的主要议程没有直接关系。"）

　　**列宁**反对这种说法，并提请总委员会确定他（列宁）是否有权
反驳马尔托夫，对在这里被解释得有很大出入的这件事实作出自
己的说明。（普列汉诺夫再一次指出在这种场合争论卢的问题是
不恰当的。）

　　**列宁**坚持自己有权要求总委员会允许他来谈在总委员会内已
经提出并引起争论的这个问题。（马尔托夫："鉴于列宁同志涉及
了一个很重要的问题，即关于派代表参加总委员会的机关是否有
权召回自己的代表的问题，我宣布我将提出一个一劳永逸地解决
这个问题的专门提案。也许我的这个声明会使列宁感到满意，使
他在当前的讨论中不再涉及卢的问题。"）

　　马尔托夫同志不仅不反对，而且确认我想在现在对卢同志退
出总委员会的问题作适当的说明的意图是正当的。我要说，我对
这个问题的解释只是对马尔托夫同志的有关意见的答复。（普列
汉诺夫向马尔托夫和列宁提出，关于卢的问题不应当在现在讨论，
因为它不包括在这次总委员会会议上应集中精力来讨论的问题的
范围以内。）我反对普列汉诺夫同志认为在这里讨论卢同志的问题

不恰当的意见,卢主张总委员会委员不能撤换,所以他的退出总委员会应当被看做是他为了党内的真正和平而向反对派所作的一种让步。(普列汉诺夫:"既然总委员会根本不反对就卢同志的问题交换意见,那么我建议列宁继续谈这个问题。")我已经谈完了。(普列汉诺夫:"如果你已经谈完,那我建议总委员会讨论昨天列宁同志提出的和我提出的决议案。")

我同意马尔托夫同志所说的总委员会的决议没有法律上的意义,而只有道义上的意义。普列汉诺夫同志曾表示最好我能参加编辑部。(普列汉诺夫:"我没有说过这个话。")至少,你的话我是这样记的:"最好能让列宁参加编辑部,而中央委员会增补三个委员。"(普列汉诺夫:"是的,我说过,在一定的条件下,为了党内和平,可以让列宁同志参加编辑部,并增补少数派代表进中央委员会。")

这里有人曾问我,中央机关报编辑部的组成作怎样的变动最好,对这个问题,我可以很容易地引用"多数派"的意见作为回答,"多数派"认为最好是阿克雪里罗得、查苏利奇和斯塔罗韦尔这三位同志退出编辑部。其次我应当说明,在中央委员会的活动中从来没有过不让某一个人参加党的工作的事情。同样,我不能不反对马尔托夫同志的说法,他说什么中央委员会已成为一方反对另一方的战争工具。中央委员会应当是执行党的职能的工具,而不是"一方反对另一方的战争"工具。马尔托夫同志的这种论断根本不符合事实。谁也举不出一件事实来证明中央委员会发动和进行了反对少数派的"战争"。相反,少数派倒实行了抵制,进行了必然引起反击的战争。其次,我也反对这样一种论断,似乎现在对中央委员会的不信任妨碍中央委员会要比对中央机关报的不信任妨碍正常地和平地进行工作更甚一些。马尔托夫同志坚持说,争吵的中心似乎不是在国外,而是在国内。对于这种说法,我应当指出,党的文件所表明的恰恰相反。马尔托夫同志引证 11 月 25 日的文件说,中央委员会在原则上自己也承认它的组成具有单方面的性质,所以它同意从少数派中增补两个委员。我反对这样来解释这个文件,因为我本人就参加了这个文件的起草。中央委员会的文件说的完全是另外的意思。中央委员会决定增补两个委员,不是因为它承认它的组成具有单方面的性质,而是因为我们看到党内实际上存在着完全的分裂。我们对情况了解得是否正确,那是另一个问题…… 当时传说有人准备出版新的机关报…… (普列汉诺夫:"如果我们听信传说,我们就会一事无成。"阿克雪里罗得:"而我听说,现在还有人准备出版新的机关报……")我向总委员会声明:既然马尔托夫同志对中央委员会的文件[80]作了一种解释,我就不得不对此作出我的解释…… 我不明白为什么我的意见在这里会引起这么大的激动。(普列汉诺夫:"问题不在于激动,而在于在这里听信传说是不恰当的。")也许有人会说,我说的那些理由根据不足。这可能!但是我无论如何还是要肯定地说,这些理由正是具有我刚才所指出的那种性质。

我现在继续来谈实质问题:马尔托夫同志怀疑中央委员会同意增补两个委员的理由。而我要肯定指出,中央委员会所依据的是这样一种意见,即党内已经存在实际上的分裂,并且很快会发生彻底的正式的分裂,因为已经有人要另外出版机关报,另外建立运输机构,在国内另外建立组织。现在我来谈程序问题:马尔托夫同志的发言谈的是实质问题,而不是程序问题。我要问总委员会:主席这样做是否正确?[81]

## （2）

马尔托夫同志说，好像我是一上来就发动论战，而不是心平气和地讨论寻求恢复党内和平的措施这个共同问题。我不同意这种说法，因为**发动**论战的不是别人，正是马尔托夫同志自己。在我的决议草案中丝毫没有论战的东西。难怪阿克雪里罗得同志把这个决议案叫做"牧师的呼吁"。而大家都知道，在牧师的呼吁中是不会有论战的东西。确实，我在那里只是谈党内斗争应该在什么范围内进行，这种斗争采用什么形式是可以容许的，什么形式是不能容许的，并且不仅对正常进行党的生活，甚至对党的存在本身都是危险的。同时，在谈论问题时，我还小心谨慎地竭力避免使我们再次进行无益的论战，我在自己的建议里竭力不从评价某些斗争手段出发，而这些斗争手段已成了党的两个部分之间将近半年的战争的特点。马尔托夫同志却不愿意保持在这个范围内，他发动了论战。但是，尽管如此，如果大家愿意的话，我还是准备以后再回到我开始谈的问题。现在我先来谈下面一件事情。马尔托夫同志曾提出一个借口，说特拉温斯基赞成把编辑部原来的成员增补到编辑部里去。我认为必须在这里着重指出一个情况，即私人的谈话和商谈没有什么意义。特拉温斯基所进行的一切正式商谈都是采用书面的方式。至于他的私人声明，看来马尔托夫同志也没有正确地领会，如果必要的话，我可以**另外找时间**来证明这一点。

其次，马尔托夫同志说，中央委员会的工作存在着种种缺点；这样，马尔托夫同志又开始了论战。也许，中央委员会的工作确有缺点，但是中央机关报的代表对这一工作提出批评，那就只能是论战。例如，我也同样认为，中央机关报的活动离开了正路，但尽管如此，我并没有在这里先去批评中央机关报的工作方针，而是说中央委员会和中央机关报**彼此之间**存在着不满。我也反对这样一种论断，说我的决议案一旦被总委员会通过，总委员会就会变成"战争的工具"。我的呼吁中只是讲什么样的斗争形式可以容许，什么样的不能容许…… 这与"战争的工具"有什么关系呢？阿克雪里罗得同志说我是"开头致贺词，末了唱挽歌"，并且责备我把全部注意力都集中在证明党内存在着分裂上。可是我们昨天正是从肯定有分裂谈起的…… 其次，马尔托夫同志为了证实争吵的中心不是在国外，还引证了瓦西里耶夫同志12月12日的一封信，在这封信里谈到国内是真正的地狱[82]。对此，我要指出，能"造成地狱"的并不是强有力的集团，因为正是细小的琐碎的争吵往往最容易给工作造成巨大的障碍。我已经提到我在9月13日给一位前任编辑的信。我将来会把这封信发表出来。① 普列汉诺夫同志说"泥潭"一词含有侮辱的意思。我要提醒大家：在德国的社会主义出版物中和德国党的代表大会上，泥潭这个字眼有时引人发笑，但是从来也没有人因此而大叫这是侮辱。无论是我或是瓦西里耶夫同志，在使用这个字眼时从没有想到要侮辱任何人。当谈到具有一定倾向的双方时，对处于这两派之间的不坚定分子和动摇分子，人们就用"泥潭"这个词来形容他们，或者也可以用"中庸之道"这个词来代替它。

说中央委员会偏心，这也许是俏皮话，但是它也会引起争论。要知道，我也可以用这样的话来说中央机关报。有人对我说，我的

————————

① 见本卷第348—350页。——编者注

"呼吁"是用顺势疗法的药来医治应当用对抗疗法医治的病。我并不否认，我所开的药只是一种缓和剂，但是**在这里**我们找不到对抗疗法的药。既然你们说到必须用"对抗疗法的"、根治性的药来医治这种病，那么就治个彻底吧。这种药是有的，这唯一可以根治的药就是**代表大会**。我们已经白白地谈判了 5 个月（"这不是事实！"）……不，这是事实，我可以拿出文件来作证明…… 我们是从 9 月 15 日起开始谈判的，到现在为止还没有谈妥。在这种情况下，请昨天马尔托夫同志也说过的那种机构来解决也许更好一些，而这种机构只能是党的工作人员代表大会。党代表大会正是解决"指挥棒"问题的机构。我们出席代表大会的目的之一也就是为了"争夺""指挥棒"（当然，不是从这个词的粗俗的意义上来说的）。在那里，斗争是通过投票，通过和同志们协商等等来进行的；在那里，为中央机关的组成而进行斗争是容许的，而在代表大会以外，在党内生活中就不应当有这种斗争。

因此，如果说我的"牧师的呼吁"是缓和剂，那么要是你们不愿意使这种病成为慢性病，除了代表大会以外，就没有别的什么可以根治的药。阿克雪里罗得同志指出，在西欧，中央机关的成员很重视反对他们政策的反对派，甚至在党的最偏僻的角落里也是如此，他们努力通过同反对派的谈判来调解已经发生的冲突…… 可是我们的中央委员会也是这样做的。中央委员会因此派了两个委员到国外去[83]，中央委员会**几十次**同反对派的各种各样的代表进行商谈，向他们证明他们的论点是荒谬的，他们的担心是没有根据的，如此等等。应当指出，这一切在人力、经费和时间上造成了不应有的浪费，在这方面，我们确实是要对历史负责的。

在重新谈到实际建议的问题时，我要再说一遍，你们只有一种根治性的药可以结束这个可悲的论战时期,这就是代表大会。我的决议案的目的是要使党内斗争在比较正常的范围内进行…… 有人说,刺并没有拔出来,病愈来愈重了…… 既然如此,只有召开代表大会才能把刺彻底拔掉。

(3)

把要求明确性和准确性说成是一种侮辱,这是可笑的[84]。我们已经几十次看到(特别是在同盟代表大会上)对私人谈话作不正确的叙述引起了多少误会甚至吵闹。否认这个事实是奇怪的。我声明,中央机关报的代表把特拉温斯基同志的私人谈话理解错了,普列汉诺夫同志多少也有点理解错了。特拉温斯基同志 12 月 18 日写给我一封信,其中谈到:"我刚刚接到一个消息,说编辑部给各委员会发出了一封正式信件,这封信的内容非常**不好**〈我用了一个温和的词,原话还要激烈一些〉。在这封信里编辑部直接反对中央委员会,并且威胁说,它现在就可以通过总委员会强行增补它所要增补的任何一个人,但是它目前还不想采取这种手段,它要向各委员会指出中央委员会有小圈子习气并且无能,说增补列宁是不合法的…… 一大堆这样的人身攻击。总之,是令人气愤的,而且……〈我在这里再一次删去一个过于尖锐的字眼〉违背了对我所作的全部诺言。我气愤极了。难道普列汉诺夫也参加了这件事吗?叶卡捷琳诺斯拉夫委员会读了这封信以后也感到非常气愤,因此写了一封措辞非常激烈的回信…… 现在少数派正在不顾一切地割断所有的联系。它发给各委员会的这封信,在我看来是它的孤注一掷,也是一次公开的挑战。至于我个人,我以为列宁完全有权在《火星报》以外的刊物上发表自己的信。我想，别的同志也决不会反对这一点。"

上面所说的情况证明特拉温斯基同志的意见是被理解错了。特拉温斯基同志由于希望在党内建立真正的和平，是可以**要求**增补的，但是他的希望根本没有实现。

原来，马尔托夫和他的同伴们的编辑部不仅没有致力于和平，反而向多数派发动了战争。而特拉温斯基是希望恢复和平的，而且他也是可以这样希望的。

原来，普列汉诺夫想遏制"无政府个人主义者"的尝试没有获得成功（尽管他尽了很大的努力）。因此，我和特拉温斯基所抱的希望，即希望普列汉诺夫能够遏制新编辑部，使他们不向多数派发动战争，没有能实现。这只能证明，并不是所有的希望都能实现的；我自己退出编辑部，也是希望能因此而促进和平，但是我的希望也没有实现。谁也没有否认私人谈话的事实，不过必须把个别的人所表示的希望和愿望同整个团体的决定区别开来。我说在这里不应从私人谈话中作出结论，这句话对总委员会的委员来说，丝毫没有侮辱的意思。我坚决否认特拉温斯基同志曾经无条件地主张增补中央委员会委员。毫无疑问，他的离开是希望得到和平，而作为这种和平的结果，可以指望进行增补，但决不是无条件地主张增补。

马尔托夫同志反对我的呼吁，认为它只包括单方面的攻击。根本不是这么一回事。而且，我也可以再提出一个补充决议案，对马尔托夫同志所不喜欢的一些词句进行修改，但是他硬说我的决议案是单方面的，这是一种荒谬的说法。曾经有人说我的决议案好像牧师的呼吁，说它满篇都是陈词滥调等等，但没有人说它有造成新的创伤的倾向。马尔托夫同志责备我,说我回避正面回答普列汉诺夫同志提出的中央委员会是否愿意增补"少数派"代表的问题。如果我们不知道9个中央委员中的所有其他委员现在对这个问题的看法,我们怎么能向你们回答所提的问题呢?(普列汉诺夫:"你没有了解马尔托夫同志的意思。")说我故意回避问题,这是可笑的。即使有人因我不作回答而责备我回避问题,我也不能回答。我已经明确地说过,我们彼此都对两个中央机关的组成不满。因此也必须考虑其他同志的意见。有人对我说,必须大家商量好,但是我们已经商量了5个月了。因此,马尔托夫同志的推论,即认为中央委员会建议召开代表大会也就是承认自己软弱无能,这简直是可笑的。中央委员会不是已经尽一切可能试图用家庭的方式来解决冲突吗?"中央委员会显得无能……" 在哪方面无能呢?是在斗争方面吗?还是在建立党内和平方面呢?噢,是的!我的那个在这里大受批评的建议就清清楚楚地表明了这一点。你们的决议案说什么要占领对手的地盘,但是要知道,这样的要求是会促使对方提出反要求的,因此我甚至要这样提出问题:中央委员会是否有权根据这些原则重新开始商谈?要知道,有些委员会已经在**指责**中央委员会对同盟让步了[85]。你们希望我们重视少数派,**忽视多数派**。这是可笑的。在这种条件下逃避代表大会就像是害怕代表大会。正是就这一点来说我们承认自己软弱无能,而不是像马尔托夫同志所理解的那种意义上的无能。中央委员会确实没有能力解决党内的纠纷,正因为如此我们才向总委员会建议召开代表大会。其次,马尔托夫同志把总委员会召开代表大会的权利这个纯粹法律性的问题完全解释错了。党章规定:"代表大会由党总委员会召开(尽可能每两年不少于一次)。"可见,总委员会**有权随**

**时**召开代表大会。只有在一种特定的情况下,总委员会才**必须**召开代表大会。(马尔托夫:"从党章里可以直接得出这样的结论:当一定数目的有权利能力的组织要求召开代表大会或在上次代表大会召开两年以后,总委员会必须召开代表大会。因此,在未满两年以前和在一定数目的组织声明必须召开代表大会以前,总委员会不能召开代表大会。"普列汉诺夫:"我认为现在不应当在这里讨论召开代表大会的条件问题,从现在摆在我们面前的任务来看,这是一个不相干的问题。")

这个问题是马尔托夫同志提出来的,我们也没有作出决定把它从议程上取消。马尔托夫说总委员会不能召开代表大会,而我说它能够召开。党总委员会可以不经过任何征询随时(尽可能每两年不少于一次)召开代表大会。马尔托夫同志说,召开代表大会是一个最后的手段。是的,现在我们这些争论的毫无结果,也证实了这一点。

大家应该记得,马尔托夫同志自己在原则上曾经承认,由没有卷入我们的纠纷的人组成的委员会可以在恢复党内和平方面起良好的作用。由于我们自己的调解工作没有获得什么结果,甚至在书刊上我们看来也不能把自己限制在可以容许的论战形式的范围内,因此我断言只有局外的同志才能说出有决定意义的话。我们这些中央委员会的代表,不愿担负进一步做恢复党内和平的工作的责任,我们认为除了诉诸代表大会以外,没有其他可以消除我们的纠纷的公正办法。现在我来谈谈普列汉诺夫同志对"泥潭"这个词的意见。(普列汉诺夫:"我是针对瓦西里耶夫同志的问题说的,因为他用这个词来形容党内一部分人;我再重复一遍,作为主席,我不能容许在党总委员会里使用这类字眼。")这里有人告诉我,说我对中央委员会组成的不正常和片面性什么话也没有说;不过,我要肯定一个事实,即党内存在着彼此使用不能容许的手段进行斗争的双方。现在我们已经弄到不能进行任何正常工作的地步了。

## (4)

在谈实质问题以前,我顺便再说一下泥潭这个词从来没有使任何人感到受侮辱。

现在我来谈谈关于同特拉温斯基进行的商谈。这里有人根据我的话得出结论说,似乎我否认同特拉温斯基进行过商谈的事实。决没有这样的事情。我没有否认过商谈这个事实,我只是要说明,私人商谈能起的作用和正式商谈所起的作用是有区别的。我在这里引用特拉温斯基亲笔写的**信件**是为了证明,如果说特拉温斯基同志过去的看法同普列汉诺夫同志现在的看法一样,那么后来他已经改变了自己的看法。因此,我认为提出法国相信谁的问题是根本不恰当的。把问题诉诸"法国"是没有任何必要的[86]。

普列汉诺夫同志指出,我的和平"呼吁"甚至对自己也没有发生作用。我再重复一遍,我在自己的"呼吁"里只是表示希望不要采取某些斗争手段。我呼吁和平。人们却以**攻击**中央委员会作为对我的回答,然后又对我**因此**而攻击中央机关报表示惊奇。他们攻击中央委员会**以后**,却责备我对这种攻击给以回敬是缺乏和平诚意! 只要回顾一下我们在总委员会中的全部争论,就可以看出是谁首先建议在维持现状的基础上建立和平,是谁在继续进行反对中央委员会的战争。有人说,列宁只做了一件事,那就是他不断对反对派重复说:"要听话,不要乱发议论!"……这样说不大对。

我们9月和10月的全部通信证明情况恰好相反。大家总还记得，在10月初的时候，我（和普列汉诺夫）曾经准备增补两个人参加编辑部。其次，在我亲自参加起草的最后通牒里，我把中央委员会委员的两个席位让给了你们。在这以后，我又作了新的让步，就是我退出了编辑部，退出的目的是希望不至于阻碍别人参加编辑部。由此可见，我不仅说了"要听话，不要乱发议论"，而且还作了让步。现在来谈问题的实质。对我的决议案所采取的态度，使我感到非常奇怪。它难道真的是在责备什么人，或者带有攻击什么人的性质吗？决议案里只是谈某种斗争可以容许或不能容许。存在着斗争，这是事实，全部问题就在于要把这种斗争的可以容许的形式和不能容许的形式区分开。因此我要问，这种主张是否可以接受呢？可见，把"斗争的工具"、"对少数派进行攻击"等等用到我的决议案上是非常不恰当的。也许，这个决议案的形式不怎么成功，对于这一点我不打算专门进行争辩，我可以修改一下措辞，但它的实质，即要求党内的斗争双方在进行这种斗争的时候不要超出一定的可以容许的范围，这个实质是无可非议的。决议案在这里所得到的这种对待，我认为是片面的，因为当事双方的一方拒绝这个决议案，认为它对自己有某种危险。（普列汉诺夫："我提醒一下，我在这里已经说过好几次，总委员会里不存在双方。"）我可以指出，我说的是实际上存在的**双方**，而不是在法律上把总委员会分成两个部分。对于普列汉诺夫同志的决议案，在这里实际上什么也没有说，编辑部的代表什么也没有补充。我却始终希望这个决议案的片面性能够得到纠正。

# 5

# 对议程的意见

## (1月16日〔29日〕)

### (1)

**列宁**根据先提出的决议案先付表决的惯例,要求先表决他的决议案。[87]

### (2)

从会议程序的角度来看,提出不同意见的权利总是被承认的。马尔托夫同志试图将一般与个别分开。[88]我完全同意这一点,只是要对他的提议的措辞稍加改动。

# 6

# 关于建立党内和平的决议草案

## （1 月 16 日〔29 日〕）

**列宁**（宣读自己的决议案）："为了建立党内和平和建立持有不同意见的党员之间的正常关系,有必要由党总委员会阐明如下问题,即哪些党内斗争形式是正确的和可以容许的,哪些是不正确的和不能容许的。"

# 7

# 中央委员会代表的不同意见

## （1）

## 关于不同意见的发言

### （1月17日〔30日〕）

在历次代表大会的实践中确立了一条规则，根据这条规则，参加表决的人有权提出自己的不同意见。当然，任何不同意见就其实质来说都是一种批评。但是，这种情况并没有妨碍第二次代表大会听取崩得代表的不同意见——对代表大会所通过的决议进行极其尖锐的批评。我们的不同意见是陈述理由，说明我们为什么反对普列汉诺夫同志的提案，以及我们对这一提案所持的整个态度。宣读这个不同意见之所以必要，尤其是因为在这个意见的末尾有一个声明，说明了我们收回自己的决议案的理由。

## （2）

## 不 同 意 见

### （1月17日〔30日〕）

党总委员会中的中央委员会代表认为自己有责任就关于普列汉诺夫同志的决议案问题提出不同意见。

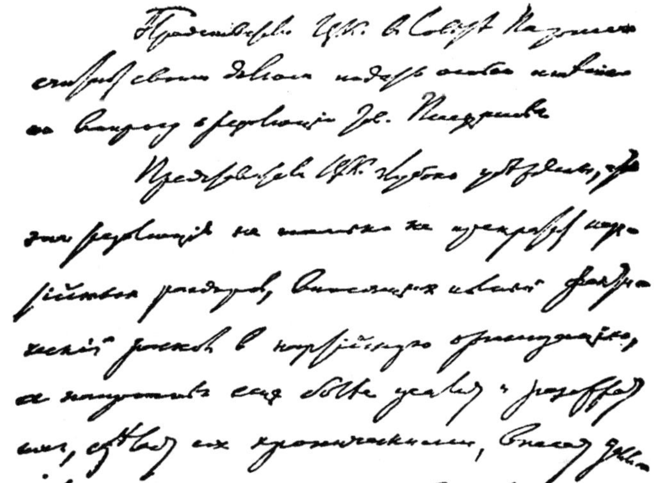

1904 年 1 月 17 日（30 日）列宁在党总委员会会议上提出的
中央委员会代表的《不同意见》手稿第 1 页
（按原稿缩小）

中央委员会代表深信,这项决议案不仅不能制止正在给党组织带来实际上的彻底分裂的党内纠纷,反而会更加加深和扩大这些纠纷,使它们经常化,使党的正常工作进一步遭到破坏。

这项决议案实质上不过是表达了党代表大会少数派改变中央委员会人选的愿望,同时它却忽略了党代表大会多数派的相反的愿望。

我们坚信,这项决议案实质上是反对派从党代表大会时起就已经遵循的政策在总委员会内的继续,这种政策就是实行抵制、瓦解组织和造成无政府状态的政策,其目的是要改变中央机关的人选,所采用的手段完全不合乎党内正常生活的准则,现在它也受到革命舆论的谴责,多数委员会已就此作出决议。

这项决议案表示希望中央委员会同反对派再度进行商谈。商谈已经持续了5个多月,它使党处于完全瓦解的状态。中央委员会已经声明,它还在1903年11月25日就已经表示了它的最后意见,同意增补两个委员,以表示同志的信任。

商谈使一些革命者离开了自己的工作,让他们耗费了许多路费,而且更重要得多的是,使他们耗费了不少精力和时间。

中央委员会的代表认为自己现在无权重新恢复这种无休止的商谈,这种商谈只会使双方产生新的不满,激起计较地位的新的争吵,极其严重地妨碍正常的工作。

我们非常认真地注意到,这种商谈完全打断了党内的正常生活的进程。

我们声明,中央委员会认为少数派要对这种商谈负全部责任。

我们声明,除了立即召开党代表大会以外,绝无任何其他办法可以正确地解决目前的党内纠纷,制止这种为中央机关的人选问题进行的不能容许的斗争。

　　同时,我们觉得,既然普列汉诺夫同志的决议案被通过,我们先提出的决议案实际上已经被否决,已经完全没有意义,因此,我们收回这个决议案。

总委员会委员

**尼·列宁**

**弗·瓦西里耶夫**

(3)

# 对马尔托夫的反驳

(1月17日〔30日〕)

　　我坚决反对说我们的不同意见中有针对总委员会的任何责难。这种说法是绝对错误的,马尔托夫同志这样做是侵犯我们发表意见的自由;所以,他的决议案是非法的[89]。

# 8

# 对议程的意见

（1 月 17 日〔30 日〕）

中央委员会代表本想再提出几个小问题来讨论，但是我请求先把召开代表大会的问题列入议程。

# 9

# 关于召开党的第三次代表大会问题的发言

## （1月17日〔30日〕）

## （1）

　　对召开代表大会的问题，我要补充几句。总委员会里发生的一系列的争论也说明了党的处境非常困难。已经不止一次地指出过，在代表大会上形成了两个几乎相等的部分，由于一个代表退出了"多数派"，结果就完全相等。我认为，不召开党代表大会，这种力量相等的局面是不会带来和平的。谁也不怀疑，争吵会造成极不正常的现象。目前**双方**都有好战的情绪，这应当是一个不容怀疑的事实。从所有这些情况看来，除了召开代表大会以外，不能设想有任何其他正确的出路。马尔托夫同志指出，实现我的召开代表大会的建议在技术、经费等方面有困难，但是，目前的情况要比所有这些困难都糟糕得多。

## （2）

　　我不能同意马尔托夫的意见；他并没有正确地理解代表大会的任务。他说，意见分歧并不是所有的同志都已经弄清楚，召开代表大会会打断划清界限和在出版物上阐明组织问题上的冲突的进程。我认为正是为了自由地说明**原则**分歧,才需要消除危机,需要停止争吵,净化气氛,而为了做到这一点就必须召开代表大会。第三次代表大会所以需要召开,并不是为了取消斗争,而是为了把斗争纳入正常的范围。说代表大会会取消原则的斗争,这是令人奇怪的。我要提醒大家回想一下在第二次代表大会上主席说过的话,大意是说连我们的纲领也需要进一步加以发挥和阐明[90];然而,正是为了使不同意见之间的原则斗争能够顺利开展,收到效果,才需要创造条件,而目前没有这样的条件。我反对在这里所作的历史类比和拿《工人事业》杂志作例子。目前的情况和3年以前不同,那时我们还没有一个统一的党,而现在我们已经有了。正是按那些在这里谈什么分出去的一半的人的观点,才不应当反对召开代表大会来消除我们目前用自己的力量无法消除的不正常现象。只有第三次代表大会消除了这种不正常现象并使不同意见之间的斗争在一定范围内进行,才能进行正常的工作和弄清原则分歧。

(3)

普列汉诺夫同志明确提出的理由是“有力的”,然而是不正确的。如果第三次代表大会会引起分裂,那就意味着没有服从多数的愿望,没有一起工作的愿望,也就是说,我们在实际上没有党。大家都承认,特拉温斯基同志调解冲突的尝试并不是毫无结果的,像特拉温斯基这样的同志有很多,代表大会正是这些同志聚会和交谈的机会。激烈的斗争,坚决的斗争,即使是到了过火的程度,也还不是分裂。如果真有一起工作的愿望,那也就应当有服从多数的意志即服从代表大会的愿望。

# 10

# 关于召开党的
# 第三次代表大会的决议草案

## （1 月 17 日〔30 日〕）

鉴于党的中央机关无力制止第二次代表大会以后党内形成的延续了 5 个多月的极不正常的分裂状态，党总委员会决定召开党的第三次代表大会。

# 11

# 关于党的出版工作的发言

(1 月 17 日〔30 日〕)

## (1)

我的话要从后面说起。马尔托夫同志对中央委员会的信件[91],特别是关于钱的问题,理解和解释错了。他没有考虑到这些信件是他自己和特拉温斯基的谈话的继续。马尔托夫自己关于这次谈话的内容是这样写的:"对特拉温斯基同志,也像对你本人一样,我提到了 5 000—6 000 这个数目,这是预计党**在一年中**能够从编辑部成员拥有的两个来源得到的最低收入。"我声明,特拉温斯基告诉我们的是一次给这个数目,而不是在一年中陆续付给,所以说这里有一些误会。事实是我们指望得到这 5 000,而且已经按照这个数目在国内和国外的会计处之间进行了分配。

马尔托夫同志说,两个经费来源(顺便说一下,马尔托夫在给中央委员会的信里甚至用了带引号的"钱袋"这个字眼,责备我们使用这个字眼,从这里也可以看出编辑部把事情歪曲——由于恼怒——到了什么程度。实际上,这个字眼不是我们的,而是马尔托夫的)——我再说一遍:马尔托夫同志说,两个经费来源我们是知道的。是的,是知道的,但是问题不在于知道不知道,而在于拿到拿不到钱。据我所知，在**一年内**我们从一个来源可以得到1万，从另一个来源可以得到4万，但是这没有用，因为我**拿不到**。这些本来可以拿到的来源变成了**拿不到的**，这就表明采用了停止供给经费这种绝对不能容许的党内斗争手段。

此外，不久以前又发生了一些组织遭到破坏的事件，涉及本来负责在国内弄到经费的人。我们这里没有钱，从国内也不能很快弄到钱，如果派专人去，就要花费不止一百卢布。当然，只要不再有什么不幸的事情发生，钱总归还是可以弄到的，但是不会很快弄到，而且未必会有足够的数目。

说中央委员会的信里有威胁的口吻，那是完全不对的。信里没有任何威胁的意思，因为中央委员会是一贯关心中央机关报的出版工作的。关于接头地点，瓦西里耶夫同志会回答。据我们所知，编辑部正在派自己的代办员到俄国各地去。中央机关报这样做，也就要有自己单独的会计处，而这意味着党的实际上的分裂。这是和党章相抵触的，党章要求中央委员会充分了解和**完全**集中掌管整个**会计处**和实际工作的全部组织事务。中央机关报严重地破坏了党章，因为它建立了自己的巡视和代办中心，建立了自己的领导实际工作和干预各委员会事务的中心。这种和党章相抵触的代办机构直接给工作带来破坏。既然中央机关报本身不断地制造混乱，中央委员会自然就无法保证也不能保证有正常的秩序。这里有敖德萨和巴库的来信，它们可以说明这方面的情况。敖德萨12月24日的来信写道："昨天扎戈尔斯基到我们这里来，他说编辑部委派他作为全权代表向各委员会传达最近发生的事件、商谈的情况、编辑部目前的状况，编辑部还要求我们寄材料、写稿、订购小报，或为一般的小报以及专门的小册子提供题材，为出版这些东西已经成立了一个小组。他把过去所有的事情都重新说了一遍，竭力证明少数派是正确的、光明正大的和'忠诚的'。委员会听他把话说完，提了一些问题，其中一个问题就是：中央委员会是否知道他担负这项使命。对这个问题，他没有直截了当地回答是或不是，而只是为自己辩护，竭力证明编辑部完全有权不通知中央委员会而和各委员会打交道。他坚持要马上当着他的面讨论他的传达并作出决议，对此，委员会声明，它注意到了他所传达的内容，至于说要进行讨论和作出决议，那要等到委员会认为有必要的时候，而现在还需要进行日常的工作。"[92] 下面是巴库 1 月 1 日的来信，信中写道："马尔丁代表中央机关报到巴库委员会来作了一个报告，目的显然是要散布对中央委员会的不信任。最后，当他询问委员会的意见时，我们回答他说：我们绝对信任中央委员会。当他说他想知道我们对中央机关报的态度时，我们就毫不犹豫地告诉他，我们听了他刚才说明他的使命的话以后，对中央机关报的信任'动摇了'。"

中央机关报不仅把中央委员会的组成告诉了各地方委员会，而且还告诉了个别人（例如告诉了德鲁扬，关于这一点，中央委员会在给中央机关报的信里已经指出了），这也是不合法的，而且是一种泄密行为。至于讲到"好战的态度"，那么问题就在于马尔托夫同志在这里把两个完全不同的东西混为一谈了。在进行正常工作和筹集经费方面采取好战的态度（抵制等）是绝对不能容许的，中央委员会从来也没有做过这种事。而在出版物方面进行"战争"则是容许的，任何人任何时候都没有限制过中央机关报进行论战。你们应该还记得，甚至在很早以前，中央委员会就表示非常愿意出版唐恩写的论反对派口号的信和马尔托夫的小册子《又一次处在少数地位》，尽管这两篇东西都包含攻击中央委员会的内容。

中央委员会从来没有耽搁出版中央机关报的出版物。在分配出版物时，中央委员会从来没有过不正确的或偏袒的做法，从来没有"委屈过"少数派的各委员会。相反，特拉温斯基作为见证人已经在这里证明：少数派各委员会都是尽先得到充分的供应，马尔托夫同志也不能不承认中央委员会在这方面的活动是无可非议的。至于谈到拒绝发给党的出版物的问题，情况是这样的。我们毫无例外地把出版物**免费**发给**任何一个**党员（如果他在保密等方面可以信任的话），让他们运往国内并交给那里的中央代办员进行分配。但是如果一些人有勇气把自己叫做党员而同时又拒绝把出版物交给中央代办员去进行统一的分配，那么很自然，中央委员会就无法（甚至无权）同这些人打交道。如果这些人以后又为自己的那些破坏共同工作的单个手工业企业收买出版物，那对他们只会更加不利。

（2）

我根本不能理解，分发人员究竟在第一封信和第二封信里什么地方表现得蛮横无理[93]。他要求知道对他写工作报告很重要的情况，但编辑部对他的要求不是用同志式的态度作出切实的回答（他始终没有得到回答），而是用纯粹官僚主义的态度敷衍了事。现在我念一段中央机关报编辑部给中央委员会的信，这封信才是真正蛮横无理的一个例子。"中央机关报编辑部提请中央委员会注意一个事实，即三个中央委员住在国外是没有任何正当的理由的，并且这样会形成一个党章所没有规定的新的组织中心，因此必然会把玩弄政客手腕和瓦解组织的现象带进党的生活……"　这简直是毫无事实根据的**谩骂**(政客手腕)！中央委员会对这一点的答复是："编辑部如果不是极端恼怒的话，就很容易发现，它的关于有多少中央委员在国外的说法是极不恰当的。中央委员会国外的代表对编辑部的这种不体面的行为以及其他类似的行为(如可笑地指出所谓"秘密的"刊印)的唯一回答，就是号召不要忘记党员的义务和停止那些能够使出版物上的论战成为分裂借口的行动……"94

至于说连资产阶级出版社都给编辑们**几百份**，这我要坦白地说，我没有听说过。马尔托夫同志如果不是信口开河的话，不妨去问一问狄茨，他是不是给过考茨基 400 份《新时代》杂志去分发？或者问一问辛格尔或费舍，格拉德瑙尔是否也要过 **200 份**《前进报》95 自己出钱去分发？德国社会民主党人是懂得无政府状态和组织性之间的区别的。

关于钱的问题是在组织遭到破坏以前提出来的，而我只是指出在这个问题上由于组织遭到破坏引起的变化。

编辑部怎样把可以容许的论战和不能容许的抵制行为混淆起来，从下面这一点看得特别清楚。编辑部在 1 月 4 日的信中，在答复我们关于钱的问题的质问时说，编辑部"在熟人中间宣传积极支援中央会计处有困难，造成这种困难的原因"之一就是："中央代办员和为他们所庇护的那些人在大会上说了编辑部目前的组成是不合法的这种带有威胁口吻的话(而且在中央委员列宁的信里也谈到这一点……)。"请看，这是对政治概念的多么惊人的歪曲！获得(或断绝)经费来源的问题竟同在讲话和小册子中进行论战的问题**联在一起了**！这岂不是把思想斗争同计较地位和无谓争吵混同起来了吗?！党员赞成不赞成编辑部的组成(和活动)问题竟和"合法性!"的问题**混淆起来了**！这岂不是官僚主义的形式主义吗?！当然,中央委员会国外代表只好对此回答说:"……作为中央委员会的代表,我认为有必要向编辑部指出,根据国外作的报告中的过激言词或根据出版物上的论战来提出**合法性等等**问题,是没有任何道理的……　如果编辑部认为论战是对自己的进攻,那它是有充分的而且是最充分的可能进行反驳的。当任何地方都没有提到抵制和其他某种不忠诚的(在中央委员会看来)活动方式的时候,因论战中的某些尖锐言词(在编辑部看来)而动怒,这是否理智呢?……"[96]说什么"所庇护"的人,这实在是太奇怪了……　这是什么意思呢? 这是什么官腔呢? 中央委员会同报告中的话有什么关系呢? 我们没有书报检查机关来限制言论自由和争论自由。难道不需要把**这种**斗争同抵制区分开来吗?

马尔托夫同志叙述的关于敖德萨委员会的情况(说什么它问过中央委员会,是否要给中央机关报寄信),我认为显然是在开玩笑。对这种话是不能当真的。

我再说一遍:没有任何事实可以说明中央委员会不让少数派工作。我要着重指出,马尔托夫同志自己也承认,他举不出任何不正确地、片面地或偏袒地分配出版物的事实。

(3)

马尔托夫同志认为我们是想搞政变。这是可笑的。(马尔托夫:"那么最后通牒是什么意思呢?")中央委员会的"最后通牒"是对斯塔罗韦尔的最后通牒[97]的答复。最后通牒是表示我们对恢复真正和平所能接受的条件的最后意见。这就是全部意思。只有胡思乱想才会认为我们给少数派（它无疑把党弄到了分裂的地步）的答复是企图搞政变。多数派根本不需要搞什么政变。至于说到《火星报》的分配，我们每号都是尽量按时分配的，如果某一个委员会发现自己"被忘记了"，那它只要用同志式的态度通知中央委员会就行了。可是，直到现在为止，我们没有接到过这种通知。编辑部给各委员会的信却不是同志式的，而是一种军事行动。

中央委员会主张分配出版物的工作应当统一进行，另搞一个分配中心是不必要的和有害的。现在就分发人员问题谈几句。我再说一遍，分发人员受到责备，只是因为他想忠实地履行自己的职责和向编辑部作了工作上的询问。随后编辑部提出要求，说什么"别争辩！"、"给 100 份或 200 份"等等，——充分表现出一副十足的官僚主义态度。

关于通信地址的事情，我只想说明，凡是属于编辑部的东西都交给了编辑部。我们只是把私人的和组织的信件挑出来，其余的都交给编辑部了。此外，我还想提醒你们，在伦敦的时候，组委会就已经把全部组织的来往信件正式掌管在自己的手里。

由于几名中央委员住在国外就说什么形成了新的中心，这显然是吹毛求疵，是对属于中央委员会独立管理的工作进行官僚主义的干涉。

（4）

马尔托夫同志对党章的解释是完全错误的。中央机关报应当消息灵通，全面了解情况，这是党章所要求的，也是工作所需要的。

但是中央机关报派遣负有组织任务的全权代表出去,例如,不通知中央委员会就派 Z 到敖德萨委员会去,显然是违反两个党中央机关之间的自然分工的。要了解情况根本用不着这样做,这只会直接造成组织瓦解,完全破坏行动的统一。这种做法只会使党的工作更加混乱,在实际上等于把党完全分成两半,取消两个中央机关的分工。

# 12

# 四个决议草案

(1 月 17 日〔30 日〕)

## (1)

党总委员会请中央机关报编辑部尽快采取它所能采取的一切措施,使中央委员会能在最近得到中央机关报和中央委员会在通信中已经谈过的 5 000—6 000 卢布。由于最近国内一些组织遭到破坏所造成的特别紧急的情况,党的中央会计处目前迫切需要这笔款子。

## (2)

党总委员会认为,中央机关报编辑部未经中央委员会同意,也没有通知中央委员会就派遣编辑部的全权代表到各委员会去的做法是错误的,因为这种做法会使党组织瓦解,而且根本违反第二次代表大会所确定的两个中央机关的分工。

## (3)

党总委员会认为中央机关报编辑部未经中央委员会的同意就

把中央委员会的组成通知各委员会的做法是错误的。

（4）

　　党总委员会认为，中央机关报编辑部代表将瓦西里耶夫同志对中央机关报秘书的评语告诉秘书本人的做法是错误的，因为这个评语只是向总委员会的委员们提出的，是党的最高机关内部会议的一部分。

载于1904年日内瓦出版的尼·沙霍夫《为召开代表大会而斗争》一书（非全文）全文载于1929年《列宁文集》俄文版第10卷

译自《列宁全集》俄文第5版第8卷第111—162页

# 俄国社会民主工党
# 中央委员会按语<sup>98</sup>

(1904 年 1 月 16 日〔29 日〕)

我们由衷地赞成"发起人小组"关于建立"俄国社会民主工党中央委员会图书馆和档案库"的卓越创举,并恳切地要求所有的同志和支持这一早就该办的事业的人,尽力帮助我们肩负起创办这一复杂而重要的事业的艰苦工作的同志们。

**俄国社会民主工党中央委员会**

1904 年 1 月 29 日

载于 1904 年 1 月"发起人小组"的传单《告全体书》

译自《列宁全集》俄文第 5 版第 8 卷第 163 页

# 告 全 党 书[99]

（不早于 1904 年 1 月 18 日〔31 日〕）

同志们！我们的党正经历着一场严重的危机，这一点现在大家都已清楚，我们的中央机关报上也公开地直截了当地宣布了这一点。

我们认为自己有责任号召全体党员积极地自觉地参加为尽快地尽可能无痛苦地摆脱危机所必需的一切活动。

在党的代表大会上以及此后很久召开的国外同盟代表大会上，一直是属于党代表大会的多数派的普列汉诺夫同志，现在却在《火星报》第 57 号上为少数派的要求进行辩护，指责中央委员会"偏袒"，不肯让步，说这只对敌人有利，责备中央委员会不愿增补少数派分子。普列汉诺夫同志认为，只有进行增补才是"使我们党摆脱严重危机的唯一办法，这个危机正在使我们的力量大大削弱而使我们的人数众多的敌人和对手的力量大大加强"。普列汉诺夫同志说，我们不但要遵守党章（这里想必是就这种严重的危机而言），而且要考虑到实际情况和当前党内的力量对比。我们必须摆脱小组习气的和学理主义的观点，因为它强调的是把工人分开的东西而不是把工人团结起来的东西。

这些一般道理无疑是正确的，而全体社会民主党员要正确地运用这些一般的道理，必须确切了解事实，认真考虑实际情况。

当然,我们应当用一切办法,尽一切努力,不怕进行长期的坚持不懈的工作,来消除我们党内的小组习气、在无关紧要的问题上的意见分歧和不团结、为争夺指挥棒而发生的不体面的不成体统的争吵!看看我们党自第二次代表大会以来发生的事件吧。我们应当有勇气揭开我们的脓疮,以便老老实实地进行诊断,对症下药地加以治疗。

第二次代表大会的记录现已全部出版;还为党员出版了国外同盟代表大会的记录。党的出版物已经揭示了我们危机的不少表现和征象,虽然这方面还有许多事情要做,但现在已经可以并且应当作出一些总结了。

第二次代表大会是以在我党中央机关成员问题上进行的激烈斗争告终的。以24票对20票的多数选出了由三人(普列汉诺夫、马尔托夫和列宁)组成的中央机关报编辑部和也由三位同志组成的中央委员会。马尔托夫拒绝选举,同全体少数派一起,拒绝参加中央委员会的选举。从这次代表大会起,就开始了少数派反对中央机关的激烈斗争,这是争夺指挥棒的真正斗争,是小组习气同党性的真正斗争,是为恢复旧编辑部、为把相应数量的(按少数派的看法)党员增补进中央委员会而进行的斗争。这个斗争进行了好几个月,在此期间,少数派完全拒绝在中央机关领导下进行工作,实行抵制,进行纯粹无政府主义的宣传,这种宣传的典型例子,党员同志们在同盟代表大会的记录中可以看到很多很多。这个斗争主要集中在国外,是在完全脱离正常工作和没有自觉的无产阶级代表参加的条件下进行的。这个斗争使第二次代表大会成立的中央机关拿出了很大一部分力量去奔走、会晤和商谈,以消除无数琐碎的不满、冲突和无谓争吵。至于反对派的要求既没有考虑到第二次代表大会上的力量对比，也没有考虑到整个党内的力量对比，这从下面的情况就可以看出，例如，中央机关报编辑部（普列汉诺夫和列宁）甚至同意增补两人，就是说，同意党代表大会的多数派和少数派有相等的代表。反对派却要求在编辑部占大多数（4 比 2）。在立即就要发生分裂的情况下，两个中央机关最后对于争夺指挥棒的要求作了一系列让步：编辑部成员进行了增补，列宁辞去了编辑部和总委员会的职务，多数派的一个委员退出了总委员会[100]，在自己的代表大会上破坏了党代表大会的一切决定的国外同盟没有改组，建议给反对派两个中央委员席位。

反对派不接受最后一个条件。他们显然要求有更多的席位，而且不是给中央委员会挑选的人，而是给反对派指定的人。无论是从力量对比，还是从事业的利益来说，都不能认为这种要求是对的，这些最后通牒只能通过以分裂相威胁，通过抵制和扣留经费这类施加压力的粗暴的、机械的手段来支持。

这种迫使我们抛开了正常工作的争夺席位的斗争，使党处于极其严重的组织瓦解和思想混乱的状态。少数派的所谓原则分歧为这场斗争披上了伪装，这就使党内的思想混乱不但没有减弱，甚至更加严重。

过去，所有的人都一致同意——并多次断然声明——承认第二次代表大会的一切决定和一切选举对自己具有绝对的约束力。现在少数派实际上已经拒绝承认整个党章和一切选举；现在，坚持一致通过的决议的人倒成了"形式主义者"；所有接受了代表大会的全权委托的人被称为"官僚"；依据反映了（根据我们共同一致的看法）党内力量对比的多数票办事的人被指责为抱着粗暴的、机械的、文牍主义的观点。谁在代表大会上受全体同志的委托选举负责人员,让某些编辑去当撰稿人和让某些组委会委员去当一般工作人员,他就被斥责为把党员变成小螺丝钉和小轮子等等。少数派早在党代表大会上就持有的不正确的和不坚定的立场,必然使他们采取这种虚伪手段,我们认为这是完全不以某个人的主观意志为转移的。

现在不是到了结束这种涣散状态的时候了吗? 每个珍惜我们党的命运的人都来考虑考虑这个问题吧。

现在不是到了坚决结束这种争夺中央机关的斗争,这种对我们整个工作起着严重瓦解作用的计较地位的时候了吗? 经过好几个月的商谈之后,还一再提出同反对派进行新的商谈,提出中央委员会片面或者说偏心的问题,这样做合适吗? 在编辑部进行了增补,和平已经得到了保障以后,再次提出这个问题,必然又会产生我们中央机关报是否片面和偏心,甚至违背党性的问题。这场关于中央机关成员问题的不体面的争吵,我们还要进行多久呢? 我们怎样才能够解决某一方的要求是否合理的问题呢? 衡量是否合理的尺度是什么呢? 为什么要把在代表大会所决定的问题上已经作了许许多多让步的"坚定派"说成是不肯让步的,而不把在竭力制造分裂和直接准备分裂方面实际上表现得异常坚定的那些所谓"温和派"说成是不肯让步的呢?

请同志们考虑一下怎样摆脱这种反常状况吧。中央委员会曾经希望,中央机关报的内阁的更迭能够导致和平。当争论双方都已走得很远的时候,当争夺指挥棒的斗争已达到分裂边缘的时候,本来还有一线希望,即至少在某种程度上彼此隔离开来,以便互不妨碍,以便通过在一个党内共同工作来逐步消除一切摩擦,以便不触及或少触及那些"麻烦的"问题。原以为中央机关的分开至少能部分地使危机得以消除,因为少数派有了自己的中央机关报,可以自由地聚集在它的周围,自由地表达自己的观点,自由地进行自己的党的工作,而不会感到自己在党内是"外人"了。多数派也会因为掌握中央(或者说在中央委员会中占多数)而得到一定程度的满足。这样,争夺中央机关的斗争就可以停止,而转到完全从原则上来分析各种意见分歧和差别。

由于《火星报》提出对中央委员会进行增补的问题,这一线希望也破灭了。我们认为,不能再在使我们感到厌恶的争夺席位的问题上讨价还价了。如果没有其他办法,而少数派又只有占据最高职位才能在党内工作,我们甚至宁愿把**所有的**指挥棒都交给他们。随着我们运动的这种新的使人厌恶的病症变成慢性的顽症,随着这些琐碎的争吵变得愈来愈琐碎,愈来愈使人无法容忍,我们采取这种步骤的决心也愈来愈大了。

但是,我们首先要尽可能明确地了解全党的意见,我们还要考虑革命舆论,特别是国内的革命舆论。我们请同志们仔细地考察和研究一下有关我们的"危机"的实际材料,从各个方面来估量一下党内的现状,对所提出的一切问题发表意见。

载于 1929 年《列宁文集》俄文版　　　　　　　　译自《列宁全集》俄文第 5 版
第 10 卷　　　　　　　　　　　　　　　　　　　第 8 卷第 164—169 页

# 告俄国无产阶级书<sup>101</sup>

（1904 年 2 月 3 日〔16 日〕）

战争开始了。日本人已经使俄国军队遭受了一连串的失败，目前沙皇政府正在竭尽全力要为这些失败复仇。军区一个接一个地被动员起来；成千成万的士兵匆忙开赴远东；政府正在国外竭力活动，以签订新的借款协定；它向承包人许诺，如能加速军事部门所必需的工程，每天可以得到数千卢布的奖金。人民的全部力量处于极度紧张的状态，因为已经开始了一场非同小可的斗争，一场同 5 000 万人的民族进行的斗争，他们装备精良，对战争准备充分；他们是在争取在他们看来对民族的自由发展绝对必需的条件。这将是一个专制而又落后的政府同政治上自由和文化上迅速进步的民族进行的一场斗争。1877—1878 年同虚弱的土耳其的战争就曾经使俄国人民付出了高昂的代价，但它与现在开始的这场战争相比却是微不足道的。

究竟因为什么俄国的工人和农民现在要同日本人进行殊死的斗争呢？是因为满洲和朝鲜，是因为俄国政府侵占的这片新的土地，是因为"黄俄罗斯"。俄国政府曾向其他大国保证不侵犯中国，答应不迟于 1903 年 10 月 8 日将满洲归还中国，但它并没有履行这一诺言<sup>102</sup>。沙皇政府在推行其军事冒险和掠夺邻国的政策方面已经走得太远，以致它已经无法后退。在"黄俄罗斯"建筑了要塞和港口,铺设了铁路,集结了数以万计的军队。

攫取这些新的土地付出了那么多的鲜血和生命,并且还要继续付出更高得多的代价,但是,这些土地究竟给俄国人民带来什么好处呢?对俄国工人和农民来说,战争预示着新的灾难、无数人的死亡、大批家庭的破产和新的苛捐重税。在俄国军事长官和沙皇政府看来,战争可以带来军事荣誉。在俄国商人和拥有百万财富的企业主看来,战争之所以必要,是为了保住新的商品销售市场,保住新的自由的不冻港以发展俄国贸易。向本国挨饿的农民和失业的工人是卖不出多少商品的,要到别国去寻找销路!俄国资产阶级的财富是靠俄国工人的贫困和破产创造出来的;而现在,为了更多地增加这些财富,工人们又得去流血卖命,以便俄国资产阶级能够随心所欲地去征服和奴役中国和朝鲜的工人。

正是贪得无厌的资产阶级的利益,正是为了追逐利润而准备出卖和毁灭自己祖国的资本的利益,引起了这场给劳动人民带来无穷灾难的罪恶战争。正是践踏一切人权和奴役本国人民的专制政府的政策,导致了用俄国公民的鲜血和财产进行的这场赌博。为了回击疯狂的战争鼓噪,为了回击钱袋的仆从们和警鞭的奴才们的"爱国"表演,有觉悟的社会民主主义的无产阶级必须极其坚决地提出要求:"打倒专制制度!"、"召开人民立宪会议!"

沙皇政府在其军事冒险的赌博中如此贪婪,以致把赌注下得太多太多了。同日本的战争即使打赢了,也会带来民穷财尽的后果,而取得的胜利成果将微乎其微,因为其他大国是不会容许俄国独享胜利果实的,就像他们在1895年不让日本独享胜利果实一样。[103]而这场战争如果打败了,首先就会使建立在人民愚昧和无权的基础之上、建立在压迫和暴力的基础之上的全部统治体系土

Россійская Соціальдемократическая Рабочая Партія.

Пролетаріи всѣхъ странъ, соединяйтесь!

# Къ русскому пролетаріату..

**Война началась.** Японцы успѣли уже нанести русскимъ войскамъ рядъ пораженій, и теперь царское правительство напрягаетъ всѣ силы, чтобы отмстить за эти пораженія. Мобилизуются одинъ за другимъ военные округа, десятки тысячъ солдатъ спѣшно отправляются на Дальній Востокъ, заграницей дѣлаются отчаянныя усилія заключить новый заемъ, подрядчикамъ обѣщаютъ премію по нѣскольку тысячъ рублей въ день за ускореніе работъ, необходимыхъ для военнаго вѣдомства. Всѣ силы народа подвергаются величайшему напряженію, ибо борьба начата не шуточная, борьба съ 50-ти милліоннымъ народомъ, который превосходно вооруженъ, превосходно подготовленъ къ войнѣ, который борется за настоятельно необходимыя, въ его глазахъ, условія свободнаго національнаго развитія. Это будетъ борьба деспотическаго и отсталаго правительства съ политически свободнымъ и культурно быстро прогрессирующимъ народомъ. Война съ хилой Турціей въ 1877-78 годахъ, обошедшаяся такъ дорого русскому народу, была ничтожна по сравненію съ начатой теперь войной.

Изъ-за чего же борется теперь не на жизнь, а на смерть, русскій рабочій и крестьянинъ съ японцами? Изъ-за Манджуріи и Кореи, изъ-за этой новой земли, захваченной русскимъ правительствомъ, изъ-за „Желтороссіи". Русское правительство обѣщало всѣмъ другимъ державамъ сохранять неприкосновенность Китая, обѣщало отдать Манджурію Китаю не позже 8 октября 1903 г. и не исполнило этого обѣщанія. Царское правительство настолько уже зарвалось въ своей политикѣ военныхъ приключеній и грабежа сосѣднихъ странъ, что идти назадъ оно уже оказалось не въ силахъ. Въ „Желтороссіи" настроены крѣпости и гавани, проведена желѣзная дорога, собраны десятки тысячъ войска.

Но какая же польза русскому народу отъ этихъ новыхъ земель, пріобрѣтеніе которыхъ стоило столько крови и жертвъ и будетъ стоить еще гораздо больше? Русскому рабочему и крестьянину война сулитъ новыя бѣдствія, потерю бездны человѣческихъ жизней, разореніе массы семей, новыя тягости и налоги. Русскому военному начальству и царскому правительству война кажется обѣщающей военную славу. Русскому купцу и промышленнику-милліонеру война кажется необходимой, чтобы отстоять новые рынки для сбыта товаровъ, новыя гавани въ свободномъ незамерзающемъ морѣ для развитія русской торговли. Голодающему мужику и безработному рабочему у себя дома не продать много товаровъ, надо искать сбыта въ чужихъ земляхъ! Богатства русской буржуазіи созданы обнищаніемъ и разореніемъ русскихъ рабочихъ, — и вотъ, чтобы увеличить еще болѣе эти богатства, рабочіе должны теперь своею кровью добиваться того, чтобы русская буржуазія могла безпрепятственно покорять и кабалить работника китайскаго и корейскаго.

Интересы алчной буржуазіи, интересы капитала, готоваго продать и разорить свою родину въ погонѣ за прибылью, — вотъ что вызвало эту преступную войну, несущую неисчислимыя бѣдствія рабочему народу. Политика деспотическаго правительства, которая попираетъ всѣ человѣческія права и держитъ въ рабствѣ свой народъ, — вотъ что привело къ этой азартной игрѣ кровью и достояніемъ русскихъ гражданъ. Въ отвѣтъ на обѣщанные военные клики, въ отвѣтъ на „патріотическія" манифестаціи холоповъ денежнаго мѣшка и лакеевъ полицейской нагайки соціальдемократическій пролетаріатъ долженъ выступить съ удесятеренной энергіей съ требованіемъ: „Долой самодержавіе!" „Пусть будетъ созвано народное учредительное собраніе!"

Царское правительство зарвалось до такой степени въ своей азартной игрѣ военныхъ приключеній, что поставило на карту слишкомъ, слишкомъ многое. Даже въ случаѣ удачи, война съ Японіей грозитъ полнымъ истощеніемъ народныхъ силъ — при совершенной ничтожности результатовъ побѣды, ибо другія державы также не позволятъ Россіи воспользоваться плодами побѣды, какъ не позволили онѣ этого Японіи въ 1895 году. А въ случаѣ пораженія, война приведетъ прежде всего къ паденію всей правительственной системы, основанной на темнотѣ и безправіи народа, на угнетеніи и насиліи.

Кто сѣетъ вѣтеръ, тотъ пожнетъ бурю!

Да здравствуетъ братское единеніе пролетаріевъ всѣхъ странъ, борющихся за полное освобожденіе отъ ярма международнаго капитала! Да здравствуетъ японская соціальдемократія, протестовавшая противъ войны! Долой разбойническое и позорное царское самодержавіе!

Центральный Комитетъ
Россійской Соціальдемократической Рабочей Партіи.

Трестъ соціалдемократъ.

1904 年列宁撰写的俄国社会民主工党中央传单《告俄国无产阶级书》
（按原版缩小）

崩瓦解。

玩火者必自焚！

为彻底摆脱国际资本压迫而斗争的全世界无产者的兄弟团结万岁！反战的日本社会民主运动万岁！打倒掠夺成性的和卑鄙无耻的沙皇专制制度！

**俄国社会民主工党中央委员会**

1904 年 2 月印成传单

译自《列宁全集》俄文第 5 版
第 8 卷第 170—174 页

# 关于退出《火星报》
# 编辑部的一些情况[104]

1904年2月20日于日内瓦

尊敬的同志们：

　　既然你们在自己的小册子中提到引起我退出《火星报》编辑部的一些情况，所以我请你们把我对普列汉诺夫同志的一封信的答复作为你们的小册子的附录。这封信是普列汉诺夫同志1904年1月29日写给马尔托夫同志的，载入马尔托夫关于反对"戒严状态"的小册子中。

　　普列汉诺夫同志觉得我在给编辑部的信①中对事情的经过叙述得**不确切**。然而他并没有提出而且也不可能提出**任何一个事实性的修正**。他只是**不确切**地转述了我和他之间的私人谈话，以此补充我的叙述。

　　一般说来，我认为引用私人谈话是缺乏有力论据的确凿证明。我到现在还坚持不久以前普列汉诺夫同志在谈到马尔托夫同志引用私人谈话（同盟记录第134页）时所持的意见，即"准确复述"这样的谈话是不大可能的，就这些谈话进行"论战"也**"不会有什么结果"**。

　　但是，既然普列汉诺夫同志已经引用了我们的私人谈话，我认

_____

　　① 见本卷第91—98页。——编者注

为我有权对这些谈话加以说明和补充,何况这些谈话还有第三者在场。

　　第一次谈话,就是普列汉诺夫同志谈到如果我坚决不同意增补,他就决定①辞职的那一天,是在同盟代表大会闭幕的那天晚上和第二天早上,在党总委员会的两位委员参加下进行的。谈话围绕着是否向反对派让步这个问题。普列汉诺夫坚持要让步,认为反对派不会服从党总委员会的任何决定,党马上就会完全分裂,这都是毫无疑问的。我则坚持:在同盟发生了那些事情之后,在同盟代表大会通过了中央的一位代表所提出的措施(普列汉诺夫同志参加了每项措施的讨论,并且表示完全同意)之后,是不能再向无政府个人主义让步了;独立的著作家小组(我在同普列汉诺夫的谈话中,与他的看法相反,曾不止一次地指出这个小组是完全可以容许的)的出现也许还不一定就意味着分裂。当我们的谈话最后归结到我们俩谁辞职时,我当即表示我辞职,因为我不想妨碍普列汉诺夫去作调解冲突的尝试,以避免他所说的分裂。

　　普列汉诺夫同志现在对我真够亲切友好的,说我这样做,除了胆怯退让之外,不可能有别的动机。为了用最生动的色彩来描绘我的这个特性,普列汉诺夫同志竟把这样的话加到我的头上:"任何人都会说:一定是列宁错了,如果连普列汉诺夫都同他分手了的话。"

　　毫无疑问,色彩是够浓的了! 浓得连普列汉诺夫同志都没有

---

　　①　普列汉诺夫同志为了追求精确,有点过分用心了,他说:普列汉诺夫没有权利**决定**增补,因为根据党章规定,增补必须得到一致同意。这不是纠正,而是吹毛求疵,因为党章是禁止在未取得一致同意的情况下采取一定的组织**行动**,并不是禁止作出**决定**;许多人则经常只是为了装装样子作出决定,而并不付诸行动。

发现,这里有一个显然不符合实际的情况。如果我相信,"任何人"都认为普列汉诺夫是正确的(像普列汉诺夫谦虚地对自己估计的那样),如果我认为必须考虑这个任何人的意见,那么显然,我永远也不敢同普列汉诺夫分手,我在这个场合也同样会跟着他走的。普列汉诺夫同志由于想把我的做法说成是最丑恶的,是出于最卑鄙的动机,于是就把一个没有**任何意义**的动机加到我的头上。好像我是由于非常害怕同普列汉诺夫分手,才不得不同他分手。普列汉诺夫的这些话是不能自圆其说的。

实际上,我当时的想法是:最好是我走开,否则,我个人的意见会妨碍普列汉诺夫缔结和约的**尝试**。我不想妨碍他的尝试;也许我们在媾和条件上也会取得一致意见,但是,一个国外小组织硬要**以这样的方式**把一些人塞进编辑部,对于这样的编辑部我认为是不能负责的。

过了几天,我真的同一位总委员会委员一起去见普列汉诺夫,我和普列汉诺夫这次谈话的经过如下:

——要知道,世界上有那么一些爱吵闹的老婆,对她们必须让步,免得她们歇斯底里发作,当众大吵大闹起来。——普列汉诺夫说。

——也许是这样,但是在让步的同时,自己还是要保持力量,以防止发生更大的"吵闹"。——我回答说。

——那你辞职不就是全都让出来了吗。——普列汉诺夫又回答说。

——那不一定——我反驳说,并且举了张伯伦的例子。我的想法就是我曾在报刊上发表过的:如果普列汉诺夫能够求得和平,而这种和平又是普列汉诺夫那样长期地、那样积极地与之并肩奋斗过的多数派也能接受的,那我也不会发动战争;如果不能求得和平,那我就保留行动的自由,以揭露"爱吵闹的老婆",如果**连**普列汉诺夫也不能使她平静下来的话。

就在那次谈话中,我曾向普列汉诺夫(他当时还不知道反对派的条件)表示过我"决定"加入中央委员会(我可以"决定"这样做,当然,还要取得全体中央委员的同意)。普列汉诺夫完全同意我这个打算,把它看成是不管怎样都同"爱吵闹的老婆"和睦共处的最后一次尝试。我在1903年11月6日给普列汉诺夫的信中表示了这样一种看法:他可能是要干脆把编辑部交给马尔托夫分子①。普列汉诺夫在11月8日的回信中说:"……您好像是误解了我的意图。我昨天又把这些意图跟瓦西里耶夫同志〈中央委员,参加过同盟代表大会〉解释了一遍。"普列汉诺夫11月10日又给瓦西里耶夫同志写了一封信,谈到载有代表大会公报的《火星报》第52号是提前还是延期出版的问题:"……发表代表大会的报道就意味着:(1)要么是宣告马尔托夫等人不参加《火星报》;(2)要么是拒绝马尔托夫在这方面的要求,那样,马尔托夫就会以专页的形式宣布这个情况。无论是哪种情况,都会使分裂公之于众,**而这正是我们现在应当避免的。**"(黑体是我用的。——**尼·列·**)11月17日,普列汉诺夫又给这位同志写道:"……您对马尔托夫等人提出的立即进行增补是怎样考虑的? 我倒觉得这也许是一种最不费力的调解冲突的方法。**没有您的同意,我不打算行动……**"(黑体是普列汉诺夫用的)

从这几段话可以清楚地看出,普列汉诺夫确实是尽力同多数

---

① 参看本版全集第44卷第233号文献。——编者注

派采取一致行动,希望增补编辑部成员只是为了求得和平,并且是以和平作为条件,决不是为了同多数派进行战争。如果说后来事与愿违,那只能说明抵制和瓦解组织的策略使无政府个人主义的马车疾驰狂奔,连最灵的刹车也不管用了。这当然很遗憾,诚心祈求和平的普列汉诺夫也因此弄得很难堪;但把这个责任都推到我一个人身上,是不应该的。

至于普列汉诺夫说我为换取合适的"等价物"而用沉默表示让步,同时他傲慢地声称"我认为没有必要购买他的沉默",那只要对照一下我上面引的11月10日的信中的一些话,就会觉得这种论战手法只能使人发笑。正是普列汉诺夫认为,沉默、不使分裂公之于众的问题,是非常重要的。① 而我告诉他,只要保持和平,我也同意这种看法,这不是十分自然的吗?所谓"为换取等价物"而实行让步,所谓"购买",——这些话使人预感到,普列汉诺夫下一次也许会告诉大家,列宁在制造伪钞以进行这种购买。在国外流亡者争吵的时候,确实常有这样的情形,而现在,又出现适宜的气氛了。

普列汉诺夫同志的信使人不由得想到:他现在是不是要**购买**当少数派的权利呢?从我们的所谓党机关报上可以看出少数派的策略已经明朗化了。这就是要竭力掩饰真正导致我们分手的争论问题和事实;要竭力证明,同列宁比起来马尔丁诺夫和《火星报》更接近得多,至于怎样接近,在哪方面接近,接近到什么程度,这还有

---

① 顺便提一下,正是普列汉诺夫特别坚持不让发表同盟的记录和党代表大会记录的**结尾部分**,在这结尾部分,普列汉诺夫声明,他对直接投票反对旧的所谓编辑部在道义上负完全责任,并希望党不会缺乏写作人才。一位少数派代表把这个声明称为仿古典派的豪言壮语。

待于一团混乱的新《火星报》编辑部去慢慢分析；要伪善地指责在论战中涉及个人，而实际上把整个斗争变成对一个人的攻击，甚至不惜把互相矛盾的有害品质——从鲁莽粗暴到怯懦狡猾，都加到这个"敌人"的头上。只要尖刻就行。两位新盟友普列汉诺夫同志和马尔托夫同志确实非常尖刻，很快就会丝毫不比赫赫有名的崩得分子及其尽人皆知的"下流谈吐"逊色了。两位盟友从他们的战舰上这样拼命向我开炮，使我产生一个想法：这是不是可怕的三人小组的三分之二的人的密谋呢？我是不是也要装出一副受了委屈的样子呢？是不是也要大叫"戒严状态"呢？因为这样做有时是很方便的，很有利的……

不过，要成为真正的少数派，普列汉诺夫同志也许还要做两件小事：第一，承认马尔托夫同志和阿克雪里罗得同志在代表大会上坚持的（现在他们又竭力回避的）党章第1条的条文不是向机会主义跨了一步，不是向资产阶级个人主义屈服，而是新的、真正社会民主党的、阿基莫夫—马尔托夫式的和马尔丁诺夫—阿克雪里罗得式的组织观点的核心。第二，承认代表大会以后同少数派的斗争不是反对粗暴破坏党纪的行为、反对只能引起公愤的鼓动手法的斗争，不是反对无政府主义和无政府主义词句（见同盟记录第17、96、97、98、101、102、104页及其他许多页）的斗争，而是反对"戒严状态"、官僚主义、形式主义等等的斗争。

这类争论问题，我在即将付印的一本小册子[105]中，还要详细加以阐述。暂时……暂时让我们来看看惯于要读者猜谜的我们的领导机关报所开辟的果戈理笔下人物的画廊吧。谁像动辄践踏别人的自尊心或者说触人隐痛的粗暴的索巴开维奇呢？谁像除了买死魂灵、还要买沉默的狡猾的乞乞科夫呢？谁像诺兹德列夫和赫列斯塔科夫呢？谁像马尼洛夫和斯克沃兹尼克-德穆汉诺夫斯基呢？[106]有趣而又有教益的谜……　"原则性的论战"……

尼·列宁

载于1904年日内瓦出版的《对俄国革命社会民主党人国外同盟第二次代表大会记录的述评》一书

译自《列宁全集》俄文第5版第8卷第175—180页

# 关于巴黎公社的报告的三个提纲[107]

(1904 年 3 月 9 日〔22 日〕以前)

1

纪 念 巴 黎 公 社

庆祝 19 世纪最伟大的工人起义。历史概要。

## 1. 拿破仑第三执政时期的法国

帝制。(第 45 页)——对 48 年 6 月的惩罚。拿破仑第三。

——一伙匪徒剥夺法国。

α. 波拿巴主义 { 工人们还不能

{ 资产阶级已经不能①

β. 工业的迅速发展。金融寡头的专横统治。投机盛行。贪污腐败。

γ. ——工人运动——

国际工人协会[108]。1862 年伦敦博览会[109]

——1864 年成立

---

① 见《马克思恩格斯文集》第 3 卷第 102 页。——编者注

$$\left\{\begin{array}{l}\text{蒲鲁东主义}\\\text{布朗基主义}\end{array}\right\}\text{第 10 页}$$

2. **王朝战争**。一伙冒险家的救星——**沙文主义**。

莱茵河左岸地区。打到柏林去(特别是在 1866 年以后)①

$$\left\{\begin{array}{l}\text{70 年 7 月 19 日宣战。}\\\text{德国的声明(威廉一世):防御战争。(御前演说第 20 页:是}\\\text{同拿破仑第三作战,\textbf{不是}同法国人民作战;70 年 8 月}\\\text{11 日在越过国境线时对法国人的宣言也讲了同样的}\\\text{内容。)}\end{array}\right.$$

3. **工人们的抗议**

$$\text{国际总委员会的第一篇宣言。}\left\{\begin{array}{l}\text{——70 年 7 月 12 日的法国宣言(第 16 页)(和 70}\\\text{年 7 月 22 日外省的决议)(第 16—17 页)7 月}\\\text{12 日国际的巴黎会员的宣言}\\\text{——德国的抗议(\textbf{开姆尼茨}大会)(第 18 页)}\\\text{(70 年 7 月 16 日的不伦瑞克大会)(第 18 页)}\\\text{——国际柏林支部。}\\\text{——国际\textbf{总委员会 70 年 7 月 23 日}反对战争的第}\\\text{一篇宣言。}\end{array}\right.$$

4. **战争的结局**

70 年 9 月 2 日的色当。拿破仑第三被俘。《覆灭》[110]。

贪污腐败的制度的崩溃。

---

①   见《马克思恩格斯文集》第 3 卷第 103 页。——*编者注*

巴黎工人于 70 年 9 月 4 日宣布成立共和国。

政权落在**坏蛋们**,即路易-菲力浦的警察-大臣**梯也尔**,特罗胥将军的手里。**茹尔·法夫尔**,茹尔·费里,厄内斯特·皮卡尔。 ⎫政权属于立法团中的巴黎代表⎭

……**"国防政府"**……

> 国防＝武装工人＝革命。背叛人民的政府。
>
> 防御……**巴黎工人**。

5. **国际的忠告**。

| 总委员会的第二篇宣言(70 年 9 月 9 日)(第 25 页)。 | 防御战已变为进攻战。德国社会民主工党中央委员会反对兼并阿尔萨斯—洛林。**111**(白拉克等被捕。)不要受挑衅去采取"绝望的蠢举"。不要为 1792 年的民族回忆所迷惑。"镇静而且坚决地**组织本阶级**",利用充分的自由①。 |
|---|---|

6. **巴黎被围**。**特罗胥**(永远不!)和**茹尔·法夫尔**(决不会让出一寸领土!)的滑稽剧。②巴黎的投降。71 年 1 月 28 日。 | 保卫的滑稽剧:吉奥在给苏桑的信中关于他的一位被保护者写道:让他去蒙瓦勒里安,那里人们正在装模作样地放炮。**112**

---

① 见《马克思恩格斯文集》第 3 卷第 127—128 页。——编者注
② 同上书,第 132—133 页。——编者注

7. **波尔多的国民议会**。

——容克议会。**反动派**。

——与巴黎和谈的滑稽

剧。**力图解除巴黎武装**

("解除革命的武装"70年

9月4日)联合德军反对

巴黎。

> 说什么国民自卫军的
> 大炮是属于国家的!
> 撒谎! 第36—37页。

根据投降条件(71年1月28日)

(第34页),**在8天之内**(!)应

召开国民议会。

梯也尔鼓动支持**反动议会**,正统派

等(750个代表中有450个保

皇党人)。

反巴黎阴谋:**梯也尔的手段**(第35

页)。

(1)国民议会反对共和制度的

示威

(2)梯也尔含糊其辞

(3)对巴黎的威胁(砍去巴黎的

头颅并取消它的首都称号)

(4)查封共和主义报纸

(5)判处布朗基死刑

(6)任命**维努瓦**为巴黎总督,**瓦**

**朗坦**为警察局长,**奥雷尔·德·帕**

**拉丹**为国民自卫军司令。

8. **71年3月18日夺取大炮**

**的尝试**。

(从国民自 ⎰维努瓦。⎱

卫军手中 ⎱失败 ⎰

夺取。)

公社。

**3月18日的宣言**:第43页。

71年3月18日。国民自卫军**中央**

**委员会**

71年3月26日。公社。

3月18日政府逃往凡尔赛。

（教权派，波拿巴主义者，宪兵。）

从4月初起巴黎同凡尔赛作战。

> 波拿巴军官勒孔特和克莱芒·托马被杀与公社无关，而是愤怒的士兵所为。

央求俾斯麦放回军队（被俘的军队）（第57—58页）。

9. **公社的事业**。

　　它的**弱点**：——**无自觉性**（蒲鲁东主义者，布朗基主义者）

　　　　　　——**无组织性**（没有掌握银行，没有向凡尔赛进军。）

　　　　　　——**醉心于民族主义的和革命的空话**。

10. **它的长处**：

　　（A）**政治改革**

　　　　α. 教会同国家分离（71年4月2日）。剥夺教会的财产。取消国家给教会的所有津贴。

　　　　免费的国民教育（第46页）

　　　　β. 废除常备军（71年3月30日）（第46页）

工人阶级的政府　γ. 废除官僚制度。**工人的政府**（第49页）。有管理能力。

　　　　（1）一切官员由选举产生并可以撤换（第46页）

　　　　　　71年4月1日

　　　　（2）薪俸不高于6 000法郎（第46页）

> 只需要以前官吏的¼就可以了:利沙加勒,S.

δ.外国人享有同等权利(71 年 3 月 30 日)—一位德国人担任公社的部长[113](第 53 页)**有波兰人**(东布罗夫斯基、符卢勃列夫斯基)**参加**。

> 公社的旗帜是世界共和国的旗帜

ε.公社自治。

11.(B)**经济改革**。

把寄生虫和荒淫无耻的富人的巴黎改造成工人的巴黎(第 55—56 页)。

——禁止面包工人做夜工(4 月 20 日)(第 53 页)。

——禁止罚款(第 53 页)。

——公社把大批被拿破仑第三弄得**破产的**(加以发展)巴黎小资产者争取过来(延期偿还债务)(第 51 页)。**公社对农民呼吁**(第 51 页)。

——4 月 16 日把遗弃的工厂交给工人协作社(第 54 页):工厂的统计**调查**。

12.**最后的斗争**

——公社战士的英雄气概(4 月 30 日进行市镇选举反对国民议会。梯也尔向俾斯麦让步:5 月 10 日在法兰克福签订和约。5 月 21 日经国民议会批准)。

——71年5月21—28日的流血周(第62页)。

枪不够用

还用多管炮。

——总计35 000——20 000人被杀害。

15 000人被流放等。

(**审判**进行了好几年。)

一片诽谤声(第64—66页)。

13. **总结和教训**。　　资产阶级的报复。**甚至"民族战争"也变成了政治欺骗**(第67页)。

出卖了祖国(联合德国人:第66页)。

资产阶级民主的不稳定性。

**无产阶级专政**。

1871年的俾斯麦。与**1904**年比较。

载于1934年《列宁文集》俄文版
第26卷

译自《列宁全集》俄文第5版
第8卷第483—488页

2

1. 拿破仑第三执政时　　波拿巴主义者的政府。
　　期的法国。　　　　　工业发展。

　　　　　　　　　　　工人运动——⎰蒲鲁东主义和⎱
　　　　　　　　　　　　　　　　　⎱布朗基主义　⎰

　　　　　　　　　　　国际工人协会

2. 王朝战争。　　　　　沙文主义
　　（70 年 7 月 19 日）　打到柏林去。
　　　　　　　　注意　　莱茵河左岸地区。——（德国的声明：**防
　　　　　　　　　　　　御战争**）

3. 工人们的抗议（工　　——法国的宣言。
　　人阶级的态度）　　　　（决议）
　　　　　　　　　　　——德国的抗议
　　　　　　　　　　　——国际总委员会的**宣言**——**对工人发**
　　　　　　　　注意　　**出警告**：组织起来，**不要受人挑衅**。

4. 战争的经过和结局。　——贪污腐败的制度的崩溃。
　　　　　　　　　　　——巴黎被围。
　　　　　　　　　　　**——70 年 9 月 4 日共和国宣告成立。**
　　　　　　　　　　　法国工人——他们的事业——利用

了资产者。

**"国防"政府**。(其中的大骗子。)

5. 保卫巴黎。茹尔·法夫尔(特罗胥)的**滑稽剧**。

——它的投降。

6. 企图解除无产阶级的武装。71 年 3 月 18 日。**公社**。

7. **凡尔赛政府**。容克地主(乡下佬,土贵族)的议会。

——与巴黎"和谈"的滑稽剧

——与俾斯麦的交易

——联合德军反对无产阶级。

8. **公社**……    它的弱点——无自觉性

(蒲鲁东主义和布朗基主义)

——无组织性 { 没有掌握银行,

没有向凡尔赛进军 }

——各民族主义成分的纠结

9. +(A)**政治自由**    —— **教会同国家分离**

—— 废除常备军

—— 废除官僚制度

—— 外国人享有同等权利。波兰人的参加

—— **公社**自治。

10. (B)**经济改革**    —— 禁止面包工人做夜工

—— 禁止罚款

—— 延期偿还债务

—— 把遗弃的工厂交给工人

——**任何形式的**与妇女同居都有义务（赡养等等）

——给**每个**寡妇以津贴（抚恤金？）。

11.**最后的斗争**：

公社战士的英雄气概。

流血周。

总计：35 000。

恐怖。

12.**总结和教训**：

资产阶级的报复。

战斗的号召。

1871 年的俾斯麦和 1904 年。

载于 1934 年《列宁文集》俄文版 第 26 卷

译自《列宁全集》俄文第 5 版 第 8 卷第 489—491 页

3

一、1.拿破仑第三及其匪帮。

　　2.法兰西的耻辱。

　　3.**资产阶级**的过错在于拿破仑第三。

二、1.同德国进行的王朝战争。

　　2.法国工人的抗议(7 月 12 日巴黎工人的抗议和 7 月 23 日
　　国际的宣言)。

　　3.威廉一世的庄严诺言(8 月 11 日)。他的欺骗。

　　4.德国工人的抗议(70 年 9 月 5 日)和他们的被捕。

三、1.70 年 9 月 4 日的共和国。巴黎工人争得的。

　　2.**骗子们**(法夫尔、特罗胥、梯也尔——假释犯**114**)篡夺政权。

　　3.“国防政府”＝背叛人民的政府。同法国**工人**作斗争。

四、马克思的警告(国际 70 年 9 月 9 日的宣言)。

　　　　　杜邦的信件**115**。

五、1.奴隶主和保皇党人阴谋解除巴黎的武装。

　　2.波尔多和国民议会迁至**凡尔赛**。

　　3.维努瓦、瓦朗坦和德·帕拉丹被派到巴黎。

　　4.保皇党人在“乡绅”会议上的演说。

六、梯也尔发动国内战争:71 年 3 月 18 日夺取大炮(勒孔特和克莱芒·托马被杀)。

七、71 年 3 月 18 日。**公社**。

　　1.共和国＋自治。

　　2.**公社的措施**。

　　3.《《它的两个错误》》 [没有向凡尔赛进军/没有掌握银行]

八、与公社的战争:央求俾斯麦放回士兵,可耻的和约。71 年 5 月 21—28 日的流血周。

被杀害者——35 000　　　按**资产阶级报纸**的**统计** 20 000。

被法庭判罪者——13 450(其中有 157 名妇女)**116**(！在 3 月 18 日以后,审判还继续了**五年半!**)

载于 1926 年 3 月 18 日《真理报》
第 63 号

译自《列宁全集》俄文第 5 版
第 8 卷第 492—493 页

# 五　一　节[117]

(1904 年 4 月 2 日〔15 日〕)

工人同志们！五一节快到了。在这一天,全世界工人都将庆祝他们觉醒起来走向自觉的生活,庆祝他们在反对一切人压迫人、人奴役人的现象的斗争中,在争取千百万劳动人民摆脱饥饿、贫困和屈辱的斗争中的团结。在这一伟大的斗争中,两个世界——资本的世界和劳动的世界,剥削、奴役的世界和友爱、自由的世界互相对立着。

一方是一小撮富有的寄生虫。他们把工厂、工具和机器攫为己有。他们把千万亩土地和大量金钱变为自己的私有财产。他们使政府和军队成为他们的仆役,成为他们所积累的财富的忠实守护人。

另一方是千百万穷苦人。他们不得不请求富人雇用他们。他们用自己的劳动创造全部财富,但是自己却终生难得温饱,求乞似地请求工作,因从事力不胜任的劳动而损害了自己的健康,在农村的草棚里、在大城市的地下室和阁楼里忍饥挨饿。

终于这些穷苦的劳动者向富人和剥削者宣战了。全世界的工人在为使劳动摆脱雇佣奴役、摆脱贫穷和困苦而斗争。他们在为这样一种社会制度而斗争,在这种社会制度里,共同劳动所创造的财富将归全体劳动者享用而不是归一小撮富人享用。他们要使土地、工厂和机器变为全体劳动者的共同财产。他们要使人不再分为富人和穷人，要使劳动的果实归劳动者自己，要使人类智慧的一切成就和工作中的一切改进都用来改善劳动者的生活，而不是成为压迫劳动者的工具。

劳动反对资本的伟大斗争使各国工人付出了巨大的牺牲。他们为了捍卫自己过美好生活和享有真正自由的权利，已经流了许多血。无数为工人事业而奋斗的战士遭到政府的迫害。但是不管怎样迫害，全世界工人的联合还是在不断发展和加强。工人们日益紧密地团结起来，结成社会主义的政党，社会主义政党的拥护者已经数以百万计，他们正一步一步、勇往直前地向着完全战胜资本家剥削者阶级的目标前进。

俄国无产阶级也已经觉醒过来，要走向新的生活。它也参加到这个伟大的斗争中来了。过去，我国工人看不到摆脱奴隶生活的出路，在自己苦役般的生活中看不到一线光明，只能俯首贴耳地当牛做马，如今，这种时代已经过去了。社会主义已经指出了这种出路，成千上万的战士涌聚在红旗下面，把它作为指路的明灯。罢工向工人表明了联合的力量，教会了工人怎样去进行反抗，表明了组织起来的工人对资本是一个多么大的威胁。工人们亲眼看到，资本家和政府是靠他们的劳动来生活和发财的。工人们渴望进行共同的斗争，渴望自由和社会主义。工人们已经懂得沙皇专制制度是一种多么凶恶和黑暗的力量。工人们需要斗争的自由，但是沙皇政府束缚了他们的手脚。工人们需要自由集会、自由结社和自由出版书报，但是沙皇政府以监狱、皮鞭和刺刀来压制一切争取自由的愿望。"打倒专制制度！"的口号已响彻全俄国。在街头，在成千上万人参加的工人大会上，愈来愈多地听到这个口号。去年夏天,俄国整个南部的数以万计的工人奋起为改善生活、为摆脱警察的压迫而斗争。资产阶级和政府看见威严的工人大军胆战心惊,因为这支大军一下子就使大城市的全部工业陷于停顿。一批批为工人事业而奋斗的战士,在被派来对付内部敌人的沙皇军队的枪弹下倒下去了。

但是,这个内部敌人不可能被任何力量所击败,因为统治阶级和政府只有依靠他们的劳动才能维持下去。世界上没有一种力量能够击溃千百万日益觉悟、日益联合和组织起来的工人。工人们的每一次失败都唤起更多的战士,都促使更广大的群众觉醒起来,走向新的生活和准备参加新的斗争。

俄国现在正经历着的形势是:工人群众的这种觉醒不可避免地会更加迅速、更加广泛;我们必须竭尽全力来团结无产阶级的队伍,使他们作好准备去进行更坚决的战斗。战争使无产阶级最落后的阶层也关心起政治问题。战争愈来愈明显、愈来愈清楚地暴露了专制制度的全部腐朽性及统治俄国的警察和宫廷集团的全部罪恶。我们的人民在自己的国家里正在遭受穷困和大批地饿死,而有人却驱使他们进行一场毁灭性的毫无意义的战争,以掠夺几千里以外别国人居住的土地。我们的人民正在遭受政治奴役,而有人却驱使他们进行战争,以奴役其他民族。我们的人民要求改造国内的政治制度,而有人却用世界另一端的隆隆炮声来转移他们的注意力。沙皇政府还在野心勃勃地进行赌博,罪恶地耗费人民的财产,把大批青年送到太平洋岸边去当炮灰。任何战争都要求国家付出很大的力量,而同文明的自由的日本进行的艰苦的战争更要求俄国付出特别巨大的力量。而且这恰恰发生在警察专制的大厦在日益觉醒的无产阶级的打击下已开始摇摇欲坠的时候。

战争揭露了政府的一切弱点，战争揭穿了各种虚伪的招牌，战争暴露了内部的腐朽性，战争使每个人一眼就看清沙皇专制制度的荒谬性，战争向所有的人表明旧的俄国，人民无权和愚昧无知的俄国，依然农奴般地受着警察政府奴役的俄国，已处于垂死的境地。

旧俄国快要死亡了。代替它的将是一个自由的俄国。保护沙皇专制制度的黑暗势力正在衰亡。但是只有觉悟的组织起来的无产阶级才能给这种黑暗势力以致命的打击。只有觉悟的组织起来的无产阶级才能为人民争得真正的而不是虚伪的自由。只有觉悟的组织起来的无产阶级才能回击一切欺骗人民、剥夺人民权利并使人民变成资产阶级的简单工具的企图。

工人同志们！让我们用十倍的努力来准备迎接即将到来的决战！让社会民主主义无产者的队伍更牢固地联合起来！让他们的主张更广泛地流传开来！让他们为实现工人们的要求更大胆地展开宣传！让五一节吸引成千上万的新战士参加我们的队伍，在为全体人民的自由并使全体劳动者摆脱资本压迫的伟大斗争中成倍地增强我们的力量！

八小时工作制万岁！

国际革命社会民主运动万岁！

打倒罪恶的强盗般的沙皇专制制度！

1904 年 4 月印成传单(有改动)　　　　　　　译自《列宁全集》俄文第 5 版
　　　　　　　　　　　　　　　　　　　　　　第 8 卷第 181—184 页

# 进一步，退两步

## （我们党内的危机）[118]

### （1904 年 2—5 月）

# 序　言

当持久的顽强的激烈的斗争进行的时候，通常经过一些时候就开始显出来一些中心的基本争论点，战斗的最终结局如何，就要看这些争论点是怎样解决的，而斗争中所有一切细微的枝节问题，同这些争论点比较起来，都会日益退居次要地位。

我们党内的斗争情况也是如此，这个斗争引起全体党员的深切注意已经半年了。正因为我现在向读者介绍全部斗争的概况时不得不涉及许多毫无意思的细节，许多实质上没有什么意思的无谓争吵，所以我想一开头就请读者注意两个真正中心的基本点，这两个基本点是很有意思的，是有明显的历史意义的，并且是我们党内当前最迫切的政治问题。

第一个问题是在党的第二次代表大会上我们党划分为"多数派"和"少数派"的政治意义问题，这两个派别的划分使俄国社会民主党人中以前的一切划分都退居次要地位了。

第二个问题是新《火星报》在组织问题上的立场的原则意义问

题,因为这个立场真正带有原则性。

第一个问题是关于我们党内斗争的出发点,斗争的根源,斗争的原因,斗争的基本政治性质的问题。第二个问题是关于这个斗争的最终结果,斗争的结局,把一切属于原则方面的东西综合起来和把一切属于无谓争吵方面的东西剔除出去而作出的原则性总结的问题。解决第一个问题要靠分析党代表大会上发生的斗争情况,解决第二个问题要靠分析新《火星报》的新的原则内容。这两种分析占了我的小册子十分之九的篇幅,通过这些分析我们得出这样一个结论:"多数派"是我们党的革命派,而"少数派"是我们党的机会主义派;目前使我们分为两派的意见分歧主要不是在纲领问题上,也不是在策略问题上,而只是在组织问题上;新《火星报》愈是深刻地表述自己的立场,这个立场愈是摆脱由增补问题引起的无谓争吵,在新《火星报》上也就愈清楚地显露出一系列新的观点,这一系列观点就是组织问题上的机会主义。

现有的一些论述我们党内危机的出版物,其主要缺点就是在研究和阐明事实方面对党代表大会的记录几乎完全没有加以分析,而在阐明组织问题的基本原则方面,对马尔托夫和阿克雪里罗得两同志在提出党章第1条条文以及为这个条文辩护时所犯的根本性错误同《火星报》现在在组织问题上的原则性观点的整个"体系"(如果这里说得上体系的话)之间显然存在的联系,也没有加以分析。关于党章第1条条文争论的意义,尽管"多数派"的出版物已经多次指出,但是现在的《火星报》编辑部似乎根本看不见这种联系。其实,阿克雪里罗得和马尔托夫两同志现在只是在加深、发展和扩大他们最初在党章第1条条文问题上所犯的错误。其实,机会主义者在组织问题上的整个立场,还在讨论党章第1条条文时就表现出来了:当时他们主张建立界限模糊的、松散的党组织;他们反对自上而下地建党,即从党代表大会以及它所建立的机关出发来建党的思想("官僚主义"思想);他们要求自下而上地建党,让任何一个大学教授、任何一个中学生和"每一个罢工者"都能自封为党员;他们反对要求每个党员参加党所承认的一个组织,认为这是"形式主义";他们欣赏只愿意"抽象地承认组织关系"的资产阶级知识分子的心理;他们屈服于机会主义的深奥思想和无政府主义的空谈:他们欣赏自治制而反对集中制,总之,现在新《火星报》上极力鼓吹的一切,使人愈来愈明确地看出他们最初所犯的错误。

至于说到党代表大会的记录,人们所以对它采取那种实在不应该有的忽视态度,只能是因为我们的争论夹杂了一些无谓的争吵,也许还因为这些记录中有过多的过分辛辣的真情实话。党代表大会的记录使我们看到唯一非常确切、完备、全面、充分和正确地反映我们党内真情实况的情景,那些参加运动的人自己描绘的各种观点、情绪和计划的情景,我们党内存在的各种政治色彩及其对比力量、相互关系和相互斗争的情景。正是党代表大会的记录,也只有这些记录,向我们表明,究竟我们已经在多大程度上真正清除了旧的、纯粹小圈子式的联系的一切残余,而代之以统一的伟大的党的联系。每一个党员,只要他愿意自觉地参加自己党的事业,都应该仔细研究我们党的代表大会,——我是说要研究,因为只读一遍记录所包含的一大堆素材,还不能了解代表大会的情景。只有经过仔细和独立的研究,才能够(而且一定会)使简短的发言提纲、干巴巴的讨论摘要、小问题(似乎是小问题)上的小的摩擦构成一个完整的东西,使每一个突出的发言人都在党员面前以生动的姿态出现，使出席党代表大会的每一个代表集团的整个政治面貌都很分明。本书作者如果能够对大家广泛地独立地研究党代表大会的记录起点推动作用，这项工作就算没有白做。

还有一句话要奉告那些反对社会民主党的人。他们看见我们发生争论，就幸灾乐祸，洋洋得意；他们为了自己的目的，当然会竭力断章取义，抓住我这本谈论我们党内缺点和失误的小册子中的个别地方。可是，俄国社会民主党人已经久经战斗，决不会为这种刺激所惊扰，他们将不理会这些，而继续进行自我批评，无情地揭露自己的缺点，这些缺点是一定会、必然会随着工人运动的发展而被克服的。希望反对社会民主党的先生们也能把反映他们"党"内**真实**情况的图景拿出来给我们看看，哪怕只是稍微同我们第二次代表大会的记录所提供的相近也好！

**尼·列宁**

1904 年 5 月

# （一）代表大会的准备

常言说，每一个人都有权利在 24 小时之内咒骂自己的审判官。我们的党代表大会，也和任何一个政党的任何一次代表大会一样，成了某些觊觎领导地位而遭到失败的人的审判官。现在，这些"少数派"分子怀着十分动人的天真心情"咒骂自己的审判官"，并且千方百计地想破坏代表大会的威信，贬低它的意义和权威性。这种倾向在《火星报》第 57 号发表的一篇署名为实际工作者的文章中，可以说表现得最突出，这位作者对于代表大会"神圣不可侵犯"这种思想深表愤慨。这正是新《火星报》一个很有代表性的特征，我们决不能对此保持沉默。被代表大会**否决**的人员占多数的编辑部，一方面继续自称为"党的"编辑部，另一方面又竭力欢迎那些说什么代表大会不是神灵的人。这岂不是太妙了吗？是的，先生们，代表大会当然不是神灵，可是对于那些**在代表大会**上遭到失败**以后**"痛骂"起代表大会来的人，又该怎么想呢？

那么，就让我们回想一下代表大会准备过程中的一些主要事实吧。

《火星报》从一开始就在 1900 年的出版预告①中说过，在统一以前，我们必须划清界限。《火星报》曾经力求把 1902 年的代表会

---

① 见本版全集第 4 卷第 311—318 页。——编者注

议[119]变成非正式的会议, 而不是党的代表大会①。《火星报》在1902 年夏秋期间设法恢复这次代表会议上选出的组织委员会时, 行动是十分慎重的。最后, 划清界限的工作结束了, ——我们大家都认为是结束了。1902 年底, 组织委员会正式宣告成立。《火星报》欢迎组织委员会的成立, 并在第 32 号的**编辑部**文章中宣布, 召开党代表大会已经是**迫切**需要, 刻不容缓②。可见, 完全没有理由责备我们在召开第二次代表大会问题上过于匆忙。我们正是按七次量, 一次裁这个准则办事的。我们有充分的道义上的权利期待同志们在裁了以后就不要再怨天尤人, 也不要再量来量去。

　　组织委员会制定了非常细致的第二次代表大会的章程(有些人也许会说这个章程是形式主义的和官僚主义的东西, 他们现在用这些字眼来掩盖自己在政治上的毫无气节), 并且交给所有的委员会讨论通过, 最后正式批准, 其中第 18 条是这样规定的: "代表大会的一切决定和它所进行的一切选举, 都是党的决定, 一切党组织都必须执行。这些决定任何人都不能以任何借口加以反对, 只有下一届党代表大会才能取消或加以修改。"③其实, 这几句话本身是无可指责的, 所以当时就作为一种不言而喻的东西, 默默地通过了, 可是现在听起来真令人惊奇, 好像是专门给"少数派"下的判决词! 规定这一条文的目的是什么呢? 难道只是为了走一下形式吗? 当然不是, 当时, 这个决定看来是必要的, 而且确实是必要的, 因为党是由许多分散的独立的集团组成的, 它们有可能不承认代表大会。这个决定正是表达了所有革命者的**善良愿望**(现在有人

---

①　见第二次代表大会的记录第 20 页。
②　见本版全集第 7 卷第 76—78 页。——编者注
③　见第二次代表大会的记录第 22—23 页和第 380 页。

N. LENIN. Ein Schritt vorwärts, zwei Schritt rückwärts
(Über die Krise in unserer Partei).

РОССІЙСКАЯ СОЦІАЛЬДЕМОКРАТИЧЕСКАЯ РАБОЧАЯ ПАРТІЯ

## Н. ЛЕНИНЪ.

# Шагъ впередъ, два шага назадъ

### (Кризисъ въ нашей Партіи).

ЖЕНЕВА
Типографія Партіи. Rue de la Coulouvreniere, 27.
1904

1904 年列宁《进一步，退两步》一书封面
（按原版缩小）

对这种愿望未免讲得太多而且太不恰当,本来应当用"奇怪的"字眼表示的东西却娓娓动听地用"善良的"字眼来形容了)。这个决定等于全体俄国社会民主党人相互立下的**誓言**。这个决定是要保证一切为召开代表大会而承担的巨大的劳动、风险和开支都不至于白费,保证代表大会不至于变成一出滑稽剧。这个决定事先就规定任何不承认代表大会的决定和**选举**的行为都是**破坏信任**的行为。

新《火星报》说代表大会不是神灵,代表大会的决定也不是圣经,把这当做新发现的新《火星报》究竟是在嘲笑谁呢？ 它的发现究竟是包含了"新的组织观点",还是只包含一些掩盖旧痕迹的新企图呢？

## （二）代表大会上的派别划分的意义

总之,代表大会是经过极细致的准备并根据有最充分的代表性的原则召开的。大会主席在代表大会宣告组成以后所作的声明(记录第54页)中也谈到,大家一致承认代表大会的组成是正确的,认为必须**无条件地**执行代表大会的决定。

代表大会的主要任务究竟是什么呢？ 就是在《火星报》所提出和制定的原则基础和组织基础上建立**真正的**党。《火星报》三年来的活动以及大多数委员会对《火星报》的承认,决定了代表大会应当按照这个方针进行工作。《火星报》制定的纲领和方针应该成为党的纲领和方针,《火星报》制定的组织计划应该在党的组织章程中明文规定下来。但是,不言而喻,要达到这样的结果,不经过斗争是不行的，因为代表大会的充分代表性保证了那些坚决反对《火星报》的组织（崩得和《工人事业》杂志）以及那些口头上承认《火星报》是指导性的机关报，但是事实上却别有企图，并在原则方面表现得很不坚定的组织（"南方工人"社以及靠近该社的某些委员会的代表），都能出席代表大会。在这种情况下，代表大会不能不变**成为火星派方针的胜利而斗争的舞台**。代表大会也确实成了一场这样的斗争，每一个稍微细心阅读代表大会记录的人，马上就会看清这一点。现在我们的任务是要详细追溯一下在代表大会上讨论各种问题时暴露出来的最主要的派别划分，并根据记录的精确材料重新描述一下代表大会上每一个主要集团的政治面貌。代表大会上要在《火星报》指导下融合成为统一的政党的那些集团、派别和色彩的真实面貌究竟是怎样的呢？——这是我们要通过分析争论情况和表决情况来加以阐明的。阐明这个情况，无论对于研究我们社会民主党人的真正面貌，或者对于了解产生意见分歧的原因，都是极端重要的。正因为如此，我在同盟代表大会上的发言和在给新《火星报》编辑部的信件中，都着重于分析各种派别划分①。"少数派"中一些出面反对我的人（以马尔托夫为首）根本不了解问题的实质。他们在同盟代表大会上只限于提出一些局部的修正，对谴责他们转向机会主义的问题作一些"辩解"，而根本没有试图对代表大会上的派别划分作出和我所作的**哪怕是稍有不同**的描绘。现在，马尔托夫在《火星报》（第56号）上，企图把一切想确切划分代表大会上的各个政治集团的尝试称为不过是"小集团政客手腕"。马尔托夫同志，你说得真够厉害的！可是新《火星报》的厉

---

① 见本卷第38—48，91—98页。——编者注

害的话具有一种独特的属性：只要我们把分歧的全部演变过程（从代表大会开始）确切地重述一下，这些厉害的话就会**不折不扣地首先**反对现在的编辑部。请你们这帮提出小集团政客手腕问题的所谓党的编辑先生们看一看自己吧！

现在马尔托夫对我们在代表大会上的斗争的事实感到非常不愉快，以致竭力想根本抹杀这些事实。他说："火星派分子就是那些在党代表大会上以及在代表大会以前对《火星报》表示完全支持，拥护它的纲领和组织观点，赞成它的组织政策的人。在代表大会上，这样的火星派分子共有40多人，——当时赞成《火星报》的纲领并赞成承认《火星报》是党中央机关报的决议的就是这么多票。"只要翻开代表大会的记录就可以看出，除了阿基莫夫一人弃权以外，**全体**一致通过了纲领（第233页）。这样，马尔托夫同志是要我们相信，无论是崩得分子、布鲁凯尔以及马尔丁诺夫，都曾经**证明**他们"完全支持"《火星报》并且**拥护**《火星报》的组织观点！这是令人可笑的。这是把**一切**参加代表大会的人**在**代表大会**以后**成为权利平等的党员（而且还不是一切参加代表大会的人，因为崩得分子退出了）和**在代表大会上**引起斗争的派别划分混为一谈。结果不去研究代表大会以后的"多数派"和"少数派"究竟是**由哪些分子**组成的，反而用"承认了党纲"这么一句冠冕堂皇的话来打掩护！

试举承认《火星报》是中央机关报问题上的表决情况为例。你们可以看出，正是马尔丁诺夫，即现在被马尔托夫同志硬说是拥护过《火星报》的组织观点和组织政策的那个马尔丁诺夫，坚决要求把决议案分成两部分来表决：一部分是仅仅承认《火星报》为中央机关报，另一部分则是承认《火星报》的功绩。在表决决议案的前一部分时（承认《火星报》的功绩，对它表示**支持**）赞成的只有**35**

票，反对的有2票（阿基莫夫和布鲁凯尔），弃权的有11票（马尔丁诺夫，5个崩得分子，以及编辑部的5票：我和马尔托夫各2票，普列汉诺夫1票）。由此可见，反火星派集团（5个崩得分子和3个工人事业派分子）在这里，在这个对马尔托夫现在的观点最有利的并且是他自己选定的例子上，也是暴露得极其明显的。再看决议案的后一部分的表决情况，即不用说明任何理由和不用表示是否支持而只承认《火星报》为中央机关报的表决情况（记录第147页）：**赞成的有44票**，现在的马尔托夫把这些票数都算做火星派分子投的。总共是51票，除了编辑们的5票弃权以外，还有46票；有2票（阿基莫夫和布鲁凯尔）表示**反对**；可见在其余的44票中是**包括所有5个崩得分子**在内的。总之，崩得分子在代表大会上是"表示了完全支持《火星报》"的，——请看，正式的《火星报》就是这样撰写正式的历史！我们现在预先向读者说明一下编造这个正式的实际情况的真正动机：**如果崩得分子和工人事业派分子没有退出代表大会**，那么现在的《火星报》编辑部就会成为而且真正会成为党的编辑部（而不是现在这样的冒牌的党的编辑部）；正因为如此，所以也就需要把现在的所谓党的编辑部的这些最忠实的卫士提升为"火星派分子"。不过这个问题要留待下文再详细说明。

其次，试问：如果代表大会是火星派分子和反火星派分子之间的斗争，那么是不是还有一些动摇于两者之间的中间的、不坚定的分子呢？任何一个稍微了解我们党以及任何代表大会的一般面貌的人，都会预先对这个问题作出肯定的回答。马尔托夫同志现在很不愿意提起这些不坚定的分子，于是就把"南方工人"社以及倾向于该社的代表描绘成道地的火星派分子，把我们和他们之间的意见分歧说成是微不足道和无关紧要的。幸亏现在我们面前有大会的全份记录,因此我们可以根据文件材料来解决这个问题——当然是事实问题。我们在上面说明了代表大会上的一般派别划分情况,当然没有奢望解决这个问题,而只是正确地提出这个问题。

如果不分析政治上的派别划分,如果不了解代表大会上某些色彩之间的斗争情景,那就丝毫不能了解我们的意见分歧。马尔托夫甚至把崩得分子算做火星派分子,以便抹杀各种色彩之间的区别,这不过是回避问题而已。根据俄国社会民主党代表大会以前的历史,就可以预先指出(以备以后检验和详细研究)存在三个主要集团:火星派,反火星派,以及不坚定的、犹豫的、动摇的分子。

# （三）　代表大会的开始。——组织 委员会事件

分析代表大会上的争论情况和表决情况,最好按照代表大会开会的顺序来进行,以便循序渐进地指出那些愈来愈明显的政治色彩。只有在绝对必要时,我们才离开时间顺序而综合地考察有密切联系的问题或者同类的派别划分。为了公正起见,我们将力求指出**所有**最重要的表决,同时当然要撇开许多有关枝节问题的表决,这些表决占去了我们代表大会过多的时间(部分原因是我们没有经验,不善于使各专门委员会和全体会议分工讨论问题,还有一部分原因是受到一些近乎捣乱的阻挠)。

第一个引起争论从而开始暴露出各种色彩的差别的问题,就是要不要把"崩得在党内的地位"一项提到第一位(作为代表大会"议程"的第1项)来讨论(记录第29—33页)。从普列汉诺夫、马

尔托夫、托洛茨基和我所拥护的《火星报》观点看来，这个问题是毫无疑问的。崩得退党一事显然证明了我们的看法是正确的：既然崩得不愿意同我们一起走，不愿意承认党内大多数人和《火星报》一致主张的组织原则，那么"装个样子"好像我们在一起走，那是没有好处而且是毫无意义的，只能阻碍代表大会的工作（正如崩得分子曾经阻碍过一样）。问题早已在出版物上谈得很清楚了，每一个稍微细心思考的党员都知道，剩下的只是把问题公开地提出来，直截了当地老老实实地作一个选择：是自治（那么我们就一起走）还是联邦制（那么我们就分道扬镳）。

在自己的全部政策上一向支吾搪塞的崩得分子，在这里也想支吾搪塞，拖延问题。阿基莫夫同志表示赞同他们的意见，并且——大概是代表全体《工人事业》杂志的拥护者——马上提出他在组织问题上同《火星报》的分歧意见（记录第 31 页）。站在崩得和《工人事业》杂志方面的有马霍夫同志（他代表尼古拉耶夫委员会的两票，不久以前这个委员会还对《火星报》表示支持呢！）。马霍夫同志对问题完全没有弄清楚，并且认为"关于民主制的问题，或者反过来说〈请注意这几个字！〉关于集中制的问题"也是个"麻烦的问题"，就像现在我们"党的"编辑部中的多数人完全一样，而他们在代表大会上还不曾觉察到这个"麻烦的问题"！

总之，反对火星派的有崩得、《工人事业》杂志和马霍夫同志，加在一起恰恰是当时反对我们的 10 票（第 33 页）。**赞成的有 30 票**，——正如我们下面所看到的，火星派方面的票数经常在 30 票左右。当时有 11 票弃权，——大概是不愿意站在互相斗争着的两"党"的任何一方。值得指出的是，当我们表决崩得的章程第 2 条时（由于这个第 2 条被否决，崩得退出了党），赞成的和弃权的也是

10票(记录第289页)，而弃权的正是三个工人事业派分子(布鲁凯尔、马尔丁诺夫和阿基莫夫)以及马霍夫同志。可见，表决崩得问题在议程上占什么**位置**的问题时形成的派别划分，**并不是偶然的**。可见，所有这些同志不仅在讨论次序这个技术问题上，并且在**实质上也**同《火星报》有意见分歧。《工人事业》杂志在实质上所持的分歧意见是每个人都清楚的，而马霍夫同志在关于崩得退党一事的发言中再好没有地说明了自己的态度(记录第289—290页)。这个发言是值得谈一下的。马霍夫同志说，在通过了否决联邦制的决议以后，"关于崩得在俄国社会民主工党内的地位问题，在他看来已经由一个原则问题变成对待历史上已经形成的民族组织的现实政策问题了"；这位发言人继续说："这里我不能不考虑到我们的表决可能产生的一切后果，因此我想投票赞成整个第2条"。马霍夫同志出色地领会了"现实政策"的精神，他在原则上**已经**否决了联邦制，**因此**他在实践上就想**投票赞成**章程内主张这个联邦制的那一条！于是这位"讲求实际的"同志就用下面的话来说明自己的具有深刻原则性的立场："但是⟨有名的谢德林式的"但是"！⟩[120]，由于代表大会的其余一切参加者几乎一致表决了，所以我是赞成还是反对就只有原则意义⟨!!⟩而不会有什么实际意义，于是我宁肯弃权，以便原则地⟨上帝保佑我们别沾染上这种原则性吧!⟩表明在这个问题上我的立场同投票拥护该条的崩得代表们的立场是不同的。相反，如果崩得的代表像他们自己预先主张的那样对这一条弃权，那么我就会投票赞成这一条了。"有谁能懂得这一点呢！一个有原则性的人因为大家都说"不"，就不肯大声说一个"是"字，因为这样说实际上没有用处。

在表决了崩得问题占什么位置的问题以后，接着在代表大会上又爆发了"斗争"社的问题，在这个问题上也产生了非常值得注意的派别划分，并且同代表大会上的最"麻烦的"问题，也就是同中央机关的人选问题有密切联系。负责决定代表大会人员组成的委员会，根据组织委员会**两次决议**（见记录第383页和第375页）以及**组织委员会代表在这个委员会中**的报告（第35页），反对邀请"斗争"社参加代表大会。

　　**组委会委员**叶戈罗夫同志说，"'斗争'社问题〈请注意：这里说的是"斗争"社，而不是该社的某一个成员〉对于我是一个新问题"，因而请求休会。组委会两次解决过的问题对于组委会委员怎么会成了一个新问题，——这实在是令人莫名其妙。在休会时，组委会把当时偶然列席代表大会的委员（有几个组委会委员是《火星报》组织中的老成员，没有列席代表大会）召集起来开会（记录第40页）。① 就"斗争"社问题展开了争论。工人事业派分子表示赞成（马尔丁诺夫、阿基莫夫和布鲁凯尔，第36—38页），火星派分子（巴甫洛维奇、索罗金、朗格、托洛茨基、马尔托夫等人）表示反对。代表大会又分裂成我们已经熟悉的那些派别。"斗争"社问题引起了激烈的斗争，马尔托夫同志作了一个特别详细的（第38页）和"富有战斗性的"发言，公正地指出国内组织和国外组织的"代表名额不均等"，认为给国外组织以"特权"未必有什么"好处"（真是金玉良言，现在从代表大会以后发生的一些事件看来，这话是特别有教益的！），认为不应当助长"党内组织上的混乱，即没有任何原则性的理由就发生分裂"（真是打中了……我们党代表大会的"少数派"的要害！）。一直到停止报名发言时，除了《工人事业》杂志的拥

---

　　① 关于这次会议，请参看组委会委员、代表大会以前被**一致**选为编辑部代理人兼编辑部第7个成员的巴甫洛维奇所写的一封《信》（同盟记录第44页）。

护者以外，**没有一个人**公开地有根有据地表示支持"斗争"社（第40页）。应该为阿基莫夫同志以及他的朋友们说一句公道话：他们至少没有闪烁其词，没有隐瞒观点，而是公开地提出了自己的路线，公开地说出了自己的意图。

**在停止报名发言以后**，就问题实质来发表意见已经是不容许的了，可是叶戈罗夫同志却"坚持要求听取组委会刚才通过的决议"。怪不得代表大会的参加者对这种手法表示愤慨，连大会主席普列汉诺夫同志也表示"莫名其妙，叶戈罗夫同志怎么能坚持自己的要求"。看来二者必居其一：或者是在代表大会全体代表面前就问题的实质公开而明确地发表自己的意见，或者是根本不发表意见。但是，既然已经同意停止报名发言，忽然又以作"结论"为借口向代表大会捧出组委会的**新决议**（正是对于已经讨论过的问题的决议），这简直是放冷箭！

下午继续开会，仍然感到莫名其妙的主席团决定放弃"形式手续"，而采用了在代表大会上只有在不得已的情况下才使用的最后措施，即进行了"同志式的解释"。组委会的代表波波夫宣读了组委会的决议，这个决议是除了巴甫洛维奇一人反对以外由组委会全体委员通过的（第43页），决议建议大会邀请梁赞诺夫出席代表大会。

巴甫洛维奇声明：他过去和现在都不承认组委会会议是合法的；组委会的新决议"**同组委会以前的决议相抵触**"。这个声明引起了一场风波。另一个组委会委员，"南方工人"社的成员叶戈罗夫同志回避切实地回答问题，而想把重心转移到纪律问题上去。他说巴甫洛维奇同志违背了党的纪律（!），因为组委会讨论过巴甫洛维奇的反对意见并决定"不把巴甫洛维奇的个别意见通知代表大会"。争论转到党的纪律问题上，普列汉诺夫在代表大会的热烈掌声下开导叶戈罗夫同志说："**我们这里没有什么限权委托书**"（第42页，参看第379页所载代表大会章程第7条："代表的职权不应当受限权委托书的限制。他们在执行自己的职权时是完全自由和独立自主的"）。"代表大会是党的最高权力机关"，因此违背党的纪律和代表大会的章程的正是以任何方式妨碍任何一个代表把**所有一切**党内生活问题**直接**提请代表大会解决的人。于是，争论问题就归结为二者必居其一：是小组习气呢，还是党性？是为了各种团体和小组臆造出的权利或章程而限制大会代表的权利呢，还是不仅口头上而且事实上在代表大会面前**完全解散所有一切**下级机关和旧时的小团体，直到建立真正的党的领导机关？读者由此可以看出，在目的是要把党切实恢复起来的代表大会上，一开始（第三次会议）就爆发的这次争论具有多么重大的原则意义。这次争论可以说是旧时的小组、团体（如"南方工人"社）和复兴的党之间发生冲突的集中表现。所以各反火星派集团立刻就暴露了自己的面目：无论是崩得分子阿布拉姆松，无论是马尔丁诺夫同志，即现在的《火星报》编辑部的热心的同盟者，或者是我们熟悉的马霍夫同志，都表示支持叶戈罗夫和"南方工人"社而反对巴甫洛维奇。马尔丁诺夫同志现在同马尔托夫和阿克雪里罗得抢着夸耀组织上的"民主制"，甚至拿……军队作比喻，说军队中只有经过下级机关才可以向上级机关申诉！！这个"紧密的"反火星派的反对派的真正意思，是任何一个出席过代表大会或者仔细注意过代表大会以前我们党内历史的人，都完全清楚的。这个反对派的任务（也许不是该派所有一切分子都经常意识到的，有时是惰性使得他们这样做），就是维护各个小团体的独立性、独特性以及

狭隘利益，以免被广大的、根据《火星报》的原则建立起来的党
吞掉。

　　当时还没有来得及同马尔丁诺夫联合起来的马尔托夫同志，
正是从这个角度看问题的。马尔托夫同志坚决而公正地反对那些
"认为党的纪律无非是指革命家必须服从他所参加的那个**下级**团
体"的人。"在统一的党内决不容许有任何**强制性的**〈黑体是马尔
托夫用的〉派别划分"，——马尔托夫当时向那些拥护小组习气的
人这样解释，却没有料到他的这些话正是斥责了他自己在代表大
会快结束时以及代表大会以后的政治行为……　强制性的派别划
分对于组委会是不容许的，但是对于编辑部却完全可以容许了。
当马尔托夫从中央机关的角度看问题时，他谴责强制性的派别划
分，可是，当马尔托夫对中央机关的组成表示不满时，他却又坚持
这种派别划分了……

　　值得指出的一个事实是，马尔托夫同志在他的发言中，除了指
出叶戈罗夫同志的"重大错误"以外，还特别着重指出组委会所表
现的政治上的不坚定性。马尔托夫公正地愤慨地说，"以组委会名
义提出的建议同向代表资格审查委员会的报告〈我们要补充一句：
根据组委会委员的报告所作的报告：第43页，柯尔佐夫的话〉以及
**组委会先前的建议相抵触**"（黑体是我用的）。你们可以看出，马尔
托夫**当时**，即在他没有"转变"以前，清楚地了解，用梁赞诺夫代替
"斗争"社丝毫不能消除组委会行动上的极端矛盾性和极端动摇性
（党员们从同盟代表大会记录第57页上可以看出，马尔托夫在转
变以后又是怎样看问题的）。马尔托夫当时并没有局限于分析纪
律问题；他还直接向组委会提问："有什么新情况使这种**改变**成为
必要的呢？"（黑体是我用的）的确，组委会提出自己的建议时，甚至

没有足够的勇气像阿基莫夫等人那样公开维护自己的意见。马尔托夫现在否认这一点（同盟记录第56页），但是看了代表大会记录的读者却可以看出是马尔托夫错了。波波夫以组委会的名义提出建议时，对于建议的理由**一个字**都没有谈（党代表大会记录第41页）。叶戈罗夫把问题转移到纪律问题上去，而对问题的实质只是说："组委会可能有一些新的理由〈但是究竟有没有，以及是些什么理由呢？——都不得而知〉，它可能忘记提出某人等等。〈这"等等"二字就是该发言人的唯一退路，因为组委会决不会**忘记**自己在代表大会以前讨论过两次、向代表资格审查委员会报告过一次的'斗争'社问题。〉组委会所以通过这个决议，并不是因为它对'斗争'社改变了自己的态度，而是因为它想消除将来党中央机关一开始活动时就会碰到的不必要的障碍。"这不是说明理由，而正是回避说明理由。任何一个有诚意的社会民主党人（我们连想也没有想到要怀疑任何一个参加代表大会的人的诚意）都想要消除**他认为**是暗礁的东西，想要用**他认为**适当的**方法**来消除这种暗礁。所谓说明理由，就是要解释并且确切说明自己对于事物的看法，而不是用一些老生常谈来搪塞。但是要说明理由，就**非得**"改变自己对'斗争'社的态度"**不可**，因为组委会从前所通过的那些截然相反的决议也是想要消除暗礁的，但是那些决议所认定的"暗礁"恰巧是在相反的方面。所以马尔托夫同志非常尖锐非常有根据地攻击这种理由，说这是一种"**小气的**"理由，是想"**抵赖**"才提出来的理由，并且劝告组委会"**不要怕别人议论**"。马尔托夫同志的这些话非常形象地说明了在代表大会上起过巨大作用的那种政治色彩的实质和意义，因为这种色彩的特点正在于没有独立性，小里小气，没有自己的路线，怕别人议论，永远在两个营垒之间动摇不定，怕公开说出自己的信条等等，——总之，就是带有"泥潭性"①。

正因为这个不坚定的集团在政治上没有气节，结果除了崩得分子尤金以外（第53页），**谁都没有**向代表大会提出邀请"斗争"社的某一个成员出席代表大会的决议案。投票赞成尤金的决议案的有5票，——显然都是崩得分子：动摇分子又变节了！至于中间集团的大概票数究竟有多少，从表决柯尔佐夫和尤金两人关于这个问题各自提出的决议案的结果可以看出：拥护火星派分子的有32票（第47页）；拥护崩得分子的有16票，就是说，除了反火星派分子的8票以外，有马霍夫同志的2票（第46页），"南方工人"社分子的4票以及另外2票。下面我们就要说明这样的分配决不是偶然的，但是我们首先要简略地指出马尔托夫**现在**对这次组委会事件的意见。马尔托夫在同盟中硬说"巴甫洛维奇等人煽起了激烈情绪"。只要把大会记录拿来对照一下就可以看出，在反对"斗争"社和组委会时发言最详尽、最热烈和最尖锐的正是马尔托夫本人。他企图把"罪过"转嫁到巴甫洛维奇身上，只不过暴露了自己的不坚定性：在代表大会以前由他投票选举到编辑部的第7个委员正是巴甫洛维奇，在代表大会上他是完全站在巴甫洛维奇方面（第44页）来反对叶戈罗夫的，后来当他从巴甫洛维奇那里遭到失败以后，就开始责难巴甫洛维奇"煽起了激烈情绪"。这只能令人发笑。

马尔托夫在《火星报》（第56号）上讽刺人家把邀请某某人的

---

① 现在我们党内有些人，一听到这个词就大惊小怪，叫喊说这是非同志式的论战。由于爱打官腔……而且又打的不是地方，以致使він感觉异常得令人惊奇！恐怕没有一个经历过内部斗争的政党不曾用过这个词，因为这个词一向是用来形容在斗争双方之间摇来摆去的不坚定分子的。连那些善于把党内斗争限制在严格的范围内的德国人也并不因为听见"泥潭"这个词而生气，既不大惊小怪，也不表现出令人好笑的假正经。

问题看成有重要意义的问题。这个讽刺又反过来针对马尔托夫本人了，因为正是组委会事件成了邀请某某人参加中央委员会和中央机关报这样"重要"问题的争论的伏线。在衡量一个事物时，如果根据是涉及**自己的**"下级团体"（对党而言）还是涉及**他人的**"下级团体"而使用两个不同的尺度，——这是很糟糕的。这正是庸俗观念和小组习气，决不是党性的态度。只要把马尔托夫在同盟中的发言（第57页）和他在代表大会上的发言（第44页）对照一下，就可以充分证明这一点。马尔托夫在同盟中说："我真不了解，为什么有人无论如何都要以火星派分子自命，同时却又以成为火星派分子为可耻。"不了解"自命"和"成为"之间的区别，不了解言和行之间的区别，——这才真令人奇怪呢。马尔托夫自己在代表大会上曾**自命为**反对强制性的派别划分的人，可是在代表大会以后他却又**成为**拥护强制性的派别划分的人了……

# （四）"南方工人"社的解散

在组委会问题上形成的代表的划分也许有人认为是偶然的。但是这种看法是错误的。为了消除这种错误看法，我们暂且离开时间顺序，来分析一下在代表大会快结束时发生的同上述问题有密切联系的事件。这个事件就是"南方工人"社的解散。在这里与《火星报》制定的组织方针对立的，即与主张团结全党力量、消除那种分散力量的混乱状态的方针对立的，是**一个集团的利益**，这个集团在没有真正的政党时曾做过有益的事情，可是当工作已经按集中制原则进行时，它就成为多余的了。为了小组的利益，"南方工人"社同《火星报》旧编辑部一样有权利要求保存"继承性"，保存自己的不可侵犯性。为了党的利益，该社应当服从调动，把它的力量调到"相应的党组织"中去（第313页，代表大会的决议末尾）。从小组利益和"庸俗观念"来看，解散一个同《火星报》旧编辑部一样不愿意解散的有益的团体，不能不是一个"棘手的"问题（鲁索夫同志和捷依奇同志语）。从党的利益来看，解散这个团体，使它"融化"（古谢夫语）在党内，是必要的。"南方工人"社公开声明，它"不认为必须"自行宣告解散，并要求"代表大会果断地表示自己的意见"，"立刻表示是或者不是"。"南方工人"社直接引证了《火星报》旧编辑部……在解散以后所申述过的那种"继承性"！叶戈罗夫同志说："虽然我们大家是以个人组成统一的党，但是党终究是由许多组织组成的，这些组织**作为历史实体**应当受到尊重……　如果这样的组织**对党没有什么害处，那就不必解散它**。"

这样就十分明确地提出了一个重要的**原则**问题，而所有的火星派分子，由于他们自己的小组习气还不显得突出，都坚决反对那些不坚定的分子（这时崩得分子以及两个工人事业派分子已经退出了代表大会；不然他们一定会竭力主张必须"尊重历史实体"的）。表决结果是**31票赞成**，5票反对，5票弃权（其中4票是"南方工人"社分子，还有1票大概是别洛夫，这可以从他早先的声明中推测出来，第308页）。这个拥有**10票**、激烈地反对《火星报》的彻底的组织计划、维护小组习气而反对党性的集团，在这里已经表现得十分明确了。在讨论中，火星派分子正是从原则上提出了这个问题（请看朗格的发言，第315页），表示反对手工业方式和涣散状态，不考虑个别组织的"同情"，而直截了当地说，"如果'南方工人'社的同志们早在一两年以前就持较有原则的观点，那么党的统一事业和我们在这里所批准的纲领原则的胜利早就达到了”。奥尔洛夫、古谢夫、利亚多夫、穆拉维约夫、鲁索夫、巴甫洛维奇、格列博夫和哥林等人，都本着这个精神发表了意见。“少数派”方面的火星派分子，不但没有表示反对这些在代表大会上多次提出的肯定指明“南方工人”社、马霍夫等人缺乏原则性政策和“路线”的意见，不但没有对这一点提出什么保留，反而通过捷依奇表示坚决赞同这些意见，斥责“混乱状态”，欢迎鲁索夫同志“直接提出问题”（第315页），但是这个鲁索夫同志**在同一次会议上**居然——真不得了！——敢于把旧编辑部问题也“直接提到”纯粹党的立场上来（第325页）。

解散“南方工人”社的问题引起了该社的无比愤怒，这个迹象在记录中也可以看得出来（不要忘记，记录只能约略地反映出讨论情况，因为记录没有记下发言的全文，而只是最简略的要点）。叶戈罗夫同志甚至一听见有人把《工人思想报》集团**121**的名字和“南方工人”社相提并论，就说这是“造谣”，——由此可以明显地看出代表大会上一般人对于彻底的经济主义所持的态度了。叶戈罗夫甚至在很晚的时候，即在第37次会议上，还十分愤慨地提起解散“南方工人”社的问题（第356页），并请求在记录上写明：在讨论“南方工人”社问题时，既没有向该社社员征求过关于出版经费的意见，也没有征求过关于中央机关报和中央委员会的监督的意见。波波夫同志在讨论“南方工人”社问题时暗示说，有一个紧密的多数派似乎已经预先决定了关于该社的问题。他说：“**现在，在鲁索夫同志和奥尔洛夫同志发言以后，一切都看得很清楚了。**”（第316页）这些话的意思无疑是说：现在，在火星派分子已经发了言，并且提出了决议案以后，一切都很清楚了，换句话说，“南方工人”社将被解散，而且是违反它本身的意愿，这一点是已经很清楚了。“南方工人"社的代表自己在这里就是把火星派分子（并且是像鲁索夫和奥尔洛夫这样的火星派分子）和自己的同道者作为不同的组织政策"路线"的代表分开的。所以现在的《火星报》把"南方工人"社（大概也把马霍夫？）说成"道地的火星派分子"，只是清楚地表明，新编辑部忘记了代表大会上的一些最大的（从这个团体的观点来看）事件，并想把那些说明所谓"少数派"究竟是由哪些分子组成的痕迹掩盖起来。

可惜，代表大会上没有提到关于出版通俗机关报的问题。所有的火星派分子，无论在代表大会以前还是在代表大会期间（在会外），都非常热烈地讨论了这个问题，一致认为在目前党内生活的情况下创办这样一个机关报或者把现有的某一个刊物改成这样的机关报，都是非常不合适的。反火星派分子在代表大会上发表了相反的意见，"南方工人"社也在自己的报告中发表过这样的意见，只是由于偶然的原因或者由于不愿意提出"没有希望的"问题，才没有把一个有 10 个人署名的相应的决议案提出来。

# （五）语言平等事件

现在我们再按照代表大会开会的顺序来谈。

现在我们深信，还在代表大会没有转入讨论实质性问题以前，就不仅清楚地暴露了一个完全确定的反火星派集团（8 票），而且清楚地暴露了一个准备支持这 8 个人而给它凑到大约 16—18 票的不坚定的中间集团。

代表大会对于崩得在党内的地位问题进行了极其详细、过分详细的讨论后，只作出了一个带有原则性论点的决定，而实际的解决却一直拖延到讨论组织关系问题的时候。由于代表大会以前报刊已经用了相当多的篇幅解释过与此有关的问题，所以代表大会上的讨论所提供的新东西也就比较少了。不过要指出的一点就是，《工人事业》杂志的拥护者（马尔丁诺夫、阿基莫夫和布鲁凯尔）虽然同意马尔托夫提出的决议案，但是有保留，认为这个决议案不够充分，并且不同意从这个决议案得出的结论（第 69、73、83、86 页）。

　　崩得的地位问题讨论以后，代表大会接着就讨论纲领问题。这次讨论大部分是一些意义不大的局部修正。在原则上，反火星派的反对态度只表现为马尔丁诺夫同志激烈地反对关于自发性和自觉性问题的人人皆知的提法。崩得分子和工人事业派分子当然是完全拥护马尔丁诺夫的意见的。顺便说一下，马尔托夫和普列汉诺夫也曾经指出马尔丁诺夫的反对意见是毫无根据的。可笑的是，现在《火星报》编辑部（大概是经过一番考虑之后）已经转到马尔丁诺夫方面，说的话和它在代表大会上说过的完全相反！[122] 大概这是符合有名的"继承性"原则吧…… 我们只好静候编辑部把问题完全弄清楚时再向我们说明一下，究竟它是在什么程度上同意马尔丁诺夫的意见的，究竟是在哪一点以及从什么时候开始同意的。在等待这个答案时，我们只想问一下，什么地方看见过有这样的**党**的机关报，它的编辑部在代表大会以后说的话竟然同自己在代表大会上说过的正好相反呢？

　　现在我们不谈承认《火星报》为中央机关报问题的争论（前面我们已经提到过了），也不谈党章问题开初的辩论（关于这些辩论，最好以后在分析党章问题的全部讨论情况时再来谈），而谈一下在讨论纲领时暴露出来的那些原则性的色彩。我们首先指出一个非

常有特色的细节,即关于比例代表制问题的讨论。"南方工人"社
的叶戈罗夫同志主张把这一点写进纲领,于是波萨多夫斯基(少数
派方面的火星派分子)公正地指出这里有"严重的意见分歧"。波
萨多夫斯基同志说:"毫无疑问,我们在以下这个基本问题上有不
同的意见:**是要使我们将来的政策服从某些基本民主原则而承认
这些原则有绝对价值呢**,还是应当使所有的民主原则都完全服从
我们党的利益? 我是坚决拥护后一种意见的。"普列汉诺夫"完全
同意"波萨多夫斯基的意见,并且用更肯定、更坚决的话反对那种
认为"民主原则有绝对价值"的说法,反对"抽象地"看待这些原则。
他说:"可以设想,有那么一天,我们社会民主党人会反对普选权。
意大利各共和国中,资产阶级曾经剥夺过属于贵族阶层的人的政治
权利。革命无产阶级可以限制上层阶级的政治权利,就像上层阶级
曾经限制过无产阶级的政治权利一样。"对普列汉诺夫的发言有人
鼓掌,也有人**嘘斥**,当普列汉诺夫对会场上的嘘声表示抗议——
"你们不应当嘘斥"——同时请同志们不要受拘束时,叶戈罗夫同
志马上站起来说:"既然这个发言有人鼓掌,那我一定要嘘斥。"叶
戈罗夫同志和戈尔德布拉特同志(崩得代表)一同发言反对波萨多
夫斯基和普列汉诺夫的看法。可惜辩论被中断了,辩论过程中产
生的问题也就立即消失了。但是马尔托夫同志现在企图减弱甚至
完全抹杀这个问题的意义却是徒劳的,他在同盟代表大会上说:
"这些话〈指普列汉诺夫的话〉激怒了一部分代表,假使普列汉诺夫
同志当时补充说,自然很难设想会出现这样一种不幸的局面,即无
产阶级为了巩固自己的胜利而必须践踏像出版自由这样的政治权
利,那么这种愤怒是不难避免的……(普列汉诺夫说:"谢谢")"(同
盟记录第 58 页)　这种解释同波萨多夫斯基同志**在代表大会上的**

说法是**直接**矛盾的,他当时完全肯定地认为在"基本问题"上存在"严重的意见分歧"和不同的意见。关于这个基本问题,所有火星派分子都在代表大会上发言**反对**"右翼"反火星派分子(戈尔德布拉特)以及代表大会上的"中派"分子(叶戈罗夫)。这是事实,并且我们可以大胆地保证:假如"中派"(我想,这个字眼该比任何别的字眼都更少使"正式的"温情主义者感到难堪……),假如"中派"(以叶戈罗夫同志或马霍夫同志为代表)有机会"**不受拘束地**"就诸如此类问题发表意见,那么严重的意见分歧是会立刻暴露出来的。

　　这种意见分歧在"语言平等"问题上暴露得还要明显(记录第171页及以下各页)。关于这一项,表决情况比讨论更能说明问题,统计一下表决的次数,就可以看到一个不可思议的数目——**16次**! 导火线是什么呢? 导火线就是:在党纲中只要指明全体公民不分性别等等**以及舌头**一律平等就够了呢,还是必须指出"舌头自由"或"语言平等"? 马尔托夫同志在同盟代表大会上相当正确地说明了这一事件的特点,他说:"关于党纲一项条文措辞的小小的争论,竟有了原则的意义,因为在代表大会上半数代表都决心推翻纲领委员会。"正是如此。① 引起冲突的导火线确实很小,但是冲

---

① 马尔托夫补充说:"在这里,普列汉诺夫关于驴子的挖苦话给我们带来很大害处"(当谈到舌头自由时,仿佛有一个崩得分子列举各种机关而提到了种马场,当时普列汉诺夫就自言自语地说:"马是不讲话的,而驴子有时倒讲话")。我当然不认为这种挖苦话特别温和、特别谦让、特别慎重和特别灵活。但我终究觉得奇怪的是,马尔托夫虽然承认争论具有**原则的意义**,却完全不来分析这方面的原则性究竟表现在哪里以及暴露出怎样的色彩,而只限于指出挖苦话的"害处"。这才真是官僚主义的和形式主义的观点呢! 尖刻的挖苦话确实"在代表大会上带来很大害处",其中不仅对崩得分子说了挖苦话,还对那些有时受崩得分子支持甚至被他们从失败危险中救出来的人说了挖苦话。但是,既然已经承认这一事件有原则的意义,那就不能用指出某些挖苦话"不能容许"(同盟记录第58页)的说法来回避问题。

突具有真正**原则的**性质，因而也具有非常激烈的形式，直到有人企图"**推翻**"纲领委员会，直到猜疑有人存心"**把代表大会引向歧途**"（叶戈罗夫就是这样猜疑过马尔托夫的！），直到彼此……破口大骂，反唇相讥（第 178 页）。甚至波波夫同志也"表示了遗憾，说为了一点小事竟造成**这样的气氛**"（黑体是我用的，第 182 页），一连三次（第 16、17、18 次）会议都充满了这种气氛。

所有这些话都非常明确、肯定地指出一件极重要的事实：充满"猜疑"和最激烈的斗争形式（"推翻"）的那种气氛（后来在同盟代表大会上有人指责火星派多数派造成了这种气氛！），其实**早在我们分裂为多数派和少数派以前**就形成了。我再说一遍，这是一件有重大意义的事实，这是一件基本事实，许多人往往由于不了解这件事实而产生一种极轻率的看法，认为在代表大会快结束时形成的多数派是人为的。从现在硬说代表大会的参加者中十分之九都是火星派分子的马尔托夫同志的观点看来，由于一点"小事"，由于"小小的"导火线就爆发具有"原则的性质"并且几乎弄到推翻代表大会纲领委员会地步的冲突，是绝对解释不通和绝对荒诞的。对"带来害处"的挖苦话仅仅表示埋怨和遗憾，以此来回避这件**事实**，是令人可笑的。冲突是不会由于任何尖刻的挖苦话就产生**原则的**意义的，只有代表大会上政治派别划分的性质才会产生这样的意义。不是什么尖刻话或挖苦话引起了冲突，——这些话只是**表明**代表大会上政治派别的划分本身存在着"矛盾"，存在着引起冲突的一切前提，存在着一碰到**甚至小小的**导火线就会以其固有的力量爆发出来的内在分歧。

相反，从我用来观察代表大会的观点（我认为我应该坚持把这种观点作为观察事件的某种政治见解，尽管有人觉得这种见解令人难堪)看来,由于"小小的"导火线而爆发十分剧烈的**原则性的**冲突,是完全可以理解和不可避免的。既然在我们的代表大会上,**时刻都有火星派分子和反火星派分子的斗争**,既然在他们之间有一些不坚定的分子,既然这些不坚定的分子和反火星派分子共占三分之一的票数(8 票+10 票=51 票中的 18 票,这当然是根据我的粗略计算),那么,**火星派分子方面有一些人,哪怕是很小一部分人分离出去**,就有可能使反火星派的方针取得胜利,因而引起"疯狂的"斗争,这是完全可以理解而且十分自然的。这并不是由什么过分尖刻的话语或者攻击引起的,而是由政治的分化引起的。并不是什么尖刻话造成了政治冲突,而是代表大会上的派别划分本身存在的政治冲突造成了尖刻话和攻击,——这种截然相反的看法,也就是我们和马尔托夫在估计代表大会的政治意义及其结果方面的基本的原则性意见分歧。

在整个代表大会期间,使极少数火星派分子脱离大多数火星派分子的重大事件共有三次,即语言平等、党章第 1 条和选举问题,这三次事件都引起了激烈的斗争,这种斗争最终导致现在的党内严重的危机。为了从政治上了解这个危机和这次斗争,不应该只限于空谈什么有人讲过不能容许的挖苦话,而应该考察一下在代表大会上彼此发生冲突的各种色彩的政治派别划分。所以,"语言平等"事件对于说明分歧的原因是有双重作用的,因为马尔托夫当时还是(还是!)一个火星派分子,并且几乎比任何一个人都更起劲地攻击反火星派分子和"中派"。

战争是由马尔托夫同志和崩得首领李伯尔同志的争论开始的(第 171—172 页)。马尔托夫证明只要提出"公民平等"的要求就够了。"舌头自由"被否决了,但是接着提出了"语言平等",而且有

叶戈罗夫同志同李伯尔一起进行战斗。马尔托夫说这是**拜物教**，
"因为发言人坚决主张民族平等,而把不平等现象转移到语言问题
方面。其实,问题正应该从另一方面来考察:民族不平等现象是存
在的,其表现之一就是属于某一民族的人失去了使用本族语言的
权利"(第172页)。马尔托夫当时说得完全对。李伯尔和叶戈罗
夫毫无理由地企图为他们自己的说法辩护,并且企图证明我们不
愿意或者不善于实行民族平等原则,这的确是一种拜物教。确实,
他们像"拜物教徒"一样只坚持词句而不坚持原则,他们做事不是
怕犯什么原则错误,而是怕别人议论。正是这种动摇心理(如果
"别人"因这一点而责备我们,那怎么办呢?)——在发生组织委员
会事件时我们已经指出的心理,——我们的整个"中派"在这里表
现得十分明显。另一个中派分子,即与"南方工人"社密切接近的
矿区代表李沃夫"认为边疆地区提出的关于压制语言平等的问题
是个很严重的问题。所以我们必须在党纲中规定关于语言的条
文,消除别人可能猜疑社会民主党人搞俄罗斯化的任何推测"。这
种对于问题的"严重性"的论证真是太妙了。问题所以很严重,是
**因为必须消除边疆地区的可能的猜疑**! 这个发言人根本没有谈什
么涉及到问题本质的话,根本没有回答关于拜物教的指责,反而完
全证实了这个指责,因为他完全没有自己的论据,只是借口边疆地
区会怎么说这一点来敷衍搪塞。当时有人对他说:他们**可能**说的
话都是**不对**的。而他并不去分析究竟说得对不对,却回答说:"**别
人可能猜疑**。"

**这样**一种自以为说明了问题的严重性和重要性的提法,倒确
实具有了原则的性质,不过这完全不是李伯尔们、叶戈罗夫们、李
沃夫们想在这里找到的那种原则的性质。成为原则性问题的是:

我们应该让各级党组织和党员运用党纲上规定的一般的基本原理，把这些原理运用于具体条件并在具体运用上加以发挥呢，还是仅仅因为害怕别人猜疑就应该用枝节的条文、局部的指示、重复的语句和烦琐的解释来充斥党纲的篇幅。成为原则性问题的是：社会民主党人怎么能把反对烦琐的解释的斗争看成（"猜疑为"）想缩小起码的民主权利和自由。我们究竟要到什么时候才会丢掉这种崇拜烦琐解释的拜物教心理呢？——这就是我们看到由于"语言"问题引起斗争时产生的想法。

　　由于进行过多次记名投票，所以在这个斗争中代表们的派别划分表现得特别明显。这样的表决一共有三次。始终竭力反对火星派核心的，有全部反火星派分子（8 票）以及只有很小变动的整个中派（马霍夫、李沃夫、叶戈罗夫、波波夫、梅德维捷夫、伊万诺夫、察廖夫和别洛夫，——只有后面两个人起初表现动摇，时而弃权，时而投票赞成我们，直到第三次表决时才完全确定了自己的态度）。火星派方面有一部分人，主要是高加索人（3 个人共有 6 票）脱离出去了，于是"拜物教派"终于占了优势。在进行第三次表决时，当两种不同倾向的人们都已经十分确切地表明自己的立场时，脱离火星派多数派而转到对方去的是拥有 6 票的 3 个高加索人，而脱离火星派少数派的是拥有 2 票的波萨多夫斯基和科斯季奇；在头两次表决中转到对方或弃权的，在火星派多数派方面有连斯基、斯捷潘诺夫和哥尔斯基，在火星派少数派方面则有捷依奇。**火星派方面有 8 票（从 33 票总数里）脱离出去，结果就使反火星派分子和不坚定分子的联盟占了优势**。这就是代表大会派别划分的**基本事实**，这一事实在表决党章第 1 条以及在进行选举时也都再次出现（不过当时脱离出去的是**另一些**火星派分子而已）。怪不得那些在选举时遭到失败的人现在竭力想抹杀他们失败的**政治原因**，竭力想抹杀各种色彩之间斗争的**出发点**，而这个斗争却在全党面前愈来愈清楚地暴露了和愈来愈无情地揭露了那些不坚定的、政治上没有气节的分子。语言平等事件所以特别明显地向我们说明了这个斗争，是因为当时连马尔托夫同志也还没有博得阿基莫夫和马霍夫两人的夸奖和赞许。

# （六）土地纲领

反火星派和"中派"的不坚持原则，在讨论土地纲领时也表现得很明显，这些讨论占了代表大会不少时间（见记录第 190—226 页），并且提出了不少很有意义的问题。果然不出所料，马尔丁诺夫同志（在李伯尔和叶戈罗夫两位同志发表了小小的责难意见以后）对纲领发动了进攻。他提出一个旧论据，说我们是通过纠正"历史上的这种不公平现象"来间接地"尊崇历史上的另一些不公平现象"等等。站在他一边的还有叶戈罗夫同志，叶戈罗夫说自己甚至"不了解这个纲领有什么意义。提出这个纲领是为了我们自己，即把我们所提出的那些要求确定下来呢，还是我们想使它成为大家都能接受的东西"（!?!?）。李伯尔同志"也想提出叶戈罗夫同志所提的意见"。马霍夫同志本着他所固有的坚决精神发言说，"大多数〈?〉发言人都根本不了解提出来的这个纲领是个什么东西，其目的何在"。据他说，这个纲领"很难认为是社会民主党的土地纲领"；这个纲领……"有一种把纠正历史上的不公平现象当儿戏的味道"，有"一种蛊惑人心和冒险主义的色彩"。这种深奥思想

的理论根据,就是庸俗马克思主义所惯用的夸张其词和简单化的
手法,说火星派似乎"想把农民看做是成分一样的;既然农民早已
〈?〉分化为几个阶级,所以提出单一的纲领,势必使整个纲领成为
蛊惑人心的东西,一旦实行起来就会成为冒险行为"(第202页)。
马霍夫同志在这里"说穿了"许多社会民主党人对我们的土地纲领
持否定态度的真正原因,他们虽然决心"承认"《火星报》(正如马霍
夫本人也承认它一样),但是根本没有考虑过它的方针、理论立场
和策略立场。正因为他们在运用马克思主义观察现代俄国农民经
济结构这样一种错综复杂的现象时把马克思主义庸俗化了,所以
他们始终不了解这个纲领,而决不是因为在个别细节问题上有不
同的意见。正是在这种庸俗的马克思主义观点上,反火星派首领
(李伯尔和马尔丁诺夫)和"中派"首领(叶戈罗夫和马霍夫)很快就
趋于一致了。叶戈罗夫同志也直爽地表现了"南方工人"社以及所
有倾向于它的团体和小组的一个特点,即他们不了解农民运动的
意义,不了解我们社会民主党人在第一批有名的农民起义时期表
现的弱点不是过高估计了这个运动的意义,而是过低估计了这个
运动的意义(而且没有力量来利用这个运动)。叶戈罗夫同志说:
"我丝毫不像编辑部那样迷恋农民运动,在农民骚动以后有许多社
会民主党人都迷恋过。"只是可惜叶戈罗夫同志没有积极向代表大
会多少确切地指明**编辑部**的这种迷恋究竟表现在哪里,也没有积
极具体地指明《火星报》所提供的文字材料。此外,他忘记了,我们
的土地纲领的**一切**基本条文在《火星报》第3号[①]上,即在农民骚动
**很久**以前就已经发挥过了的。谁如果不只是口头上"承认"《火星

---

　　① 见本版全集第4卷第379—386页。——编者注

报》，那他就不妨稍微多注意一下《火星报》的理论原则和策略原则！

叶戈罗夫同志感叹地说："不，我们在农民中间不会有多大作为！"随后他又说明这种感叹不是表示反对某种个别的"迷恋现象"，而是否定我们的整个立场："这也就是说，我们的口号不能同冒险主义口号相竞争。"这真是把一切都归结为各政党口号"竞争"的非原则态度的最典型的说法！并且这还是在他自称已经对理论解释"表示满意"以后说出来的，在这种理论解释中指出：我们力求在鼓动工作中取得牢靠的成绩而不怕暂时的失利；要取得牢靠的成绩（不管那些"竞争者"……一时如何叫嚷），就必须使纲领有巩固的理论基础（第196页）。既然自称对这种解释已经"表示满意"，又立刻重复从旧经济主义那里继承下来的庸俗论点：认为"口号竞争"决定一切问题，不仅决定土地纲领问题，而且决定经济斗争和政治斗争的全部纲领和全部策略问题，这是多么混乱的观点。叶戈罗夫同志说："你们不能强迫雇农同富农一道为已经有不小一部分落到这些富农手里的割地而斗争。"

又是那一套显然同我们的机会主义经济派有血统关系的简单化的论调，经济派硬说：不能"强迫"无产者去为现在有不小一部分已落到资产阶级手里而将来还会有更大一部分落到资产阶级手里的东西而斗争。又是那一套庸俗化的论调，忘记了在雇农和富农之间的一般资本主义关系方面俄国所具有的特点。现在，事实上受到割地重压的**也有**雇农，他们为摆脱盘剥制而斗争是根本不必"强迫"的。需要"强迫"的倒是某些知识分子——强迫他们更广泛地看到他们担负的任务，强迫他们在讨论具体问题时丢掉那一套死板公式，强迫他们考虑到使我们的目的复杂化和发生变化的历史情况。只有认为农民是傻子的这种偏见，即马尔托夫同志公正指出的(第202页)，在马霍夫同志以及其他反对土地纲领的人们的发言中流露出来的偏见，可以解释为什么这些反对者忘记了我国雇农生活的现实条件。

我们的"中派"分子把问题简单化为只存在工人和资本家的对立，并且力图把自己的狭隘观点照例强加在农民身上。马霍夫同志说："正因为我认为农民就其狭隘的阶级观点的限度来说是聪明的，所以我以为他们会拥护夺取土地和分割土地的小资产阶级理想。"这里显然是把两件事情混为一谈：一件事情是把农民的阶级观点估计为小资产者的阶级观点，另一件事情是**缩小了**这个观点，把**它**归结为"狭隘的限度"。叶戈罗夫们和马霍夫们的错误正在于作了这种归结(也如马尔丁诺夫们和阿基莫夫们的错误在于把无产者的观点归结为"狭隘的限度"一样)。其实，逻辑或历史都教导我们：正是因为小资产者的地位有两重性，所以小资产者的阶级观点可能比较狭隘，又比较进步。所以，我们决不能因为农民狭隘("愚昧")或者受"偏见"支配就灰心失望，恰恰相反，我们的任务是要始终不倦地开阔农民的眼界，促使他们用理智战胜偏见。

对于俄国土地问题的庸俗的"马克思主义"观点，在《火星报》旧编辑部的忠实捍卫者马霍夫同志那篇原则性发言的结束语中集中地表现出来了。怪不得这些话博得了掌声……虽然是讽刺的掌声。普列汉诺夫说，我们丝毫不怕土地平分运动，我们不会阻碍这个进步(资产阶级的进步)的运动，马霍夫同志听了以后愤慨地说："我真不知道什么东西叫做不幸。但是，这个革命即使可以称为革命，也会是一个不革命的革命。正确些说，不是革命而是反动(笑声)，类似骚动的革命……　这样的革命将使我们倒退，并且要经过相当时间才可以使我们重新回到我们现在的状况。而我们现在却有比法国革命时期更多得多的东西（**讽刺的掌声**），我们有社会民主党（**笑声**）……" 是的，如果社会民主党是按照马霍夫的观点看问题，或者拥有受到马霍夫们支持的中央机关，那它确实只能受到嘲笑……

可见，就是在讨论土地纲领所引起的一些纯粹原则性的问题时，也立即反映出我们已经熟悉的派别划分。反火星派分子（8票）为了庸俗的马克思主义而出马上阵，"中派"首领，叶戈罗夫们和马霍夫们尾随在他们的后面，而且总是陷在那个狭隘的观点里出不来。所以很自然，在表决土地纲领的某些条文时，赞成的有30票和35票（第225页和第226页），就是说，恰巧和我们在争论崩得问题讨论的次序、组委会事件以及解散"南方工人"社问题时所看到的那个数目接近。每当问题稍微超出通常的框框，稍微要求把马克思的理论独立地运用于新的（对德国人说来是新的）特殊的社会经济关系时，真正胜任的火星派分子立刻就只占五分之三的票数，整个"中派"就立刻转到李伯尔们和马尔丁诺夫们方面去了。马尔托夫同志却拼命抹杀这一明显的事实，胆怯地回避那些显然暴露出各种色彩的表决情况！

从土地纲领问题的讨论中可以明显地看到火星派分子同在代表大会上足足占有五分之二的人进行斗争的情况。高加索的代表在这里采取了完全正确的立场，——这也许多半是因为他们熟悉当地无数农奴制残余的各种表现，所以才没有赞同马霍夫们觉得满意的那套抽象而幼稚的简单对立法。当时发言反对马尔丁诺夫和李伯尔、马霍夫和叶戈罗夫的，有普列汉诺夫、古谢夫（他证实说，"对我们的农村工作所持的这种悲观看法"……即叶戈罗夫同志的那种看法……他"常常在俄国工作的同志中间听到"），有科斯特罗夫、卡尔斯基，还有托洛茨基。托洛茨基正确地指出，土地纲领的批评者的"各种忠告""是十分**庸俗的**"。不过我们在谈到研究代表大会上的政治派别划分问题时必须指出,他在这一段发言中(第208页)把朗格同志同叶戈罗夫和马霍夫两人相提并论却不一定正确。谁如果仔细地读一读记录就能够看出,朗格和哥林两人所站的立场跟叶戈罗夫和马霍夫两人的立场完全不同。朗格和哥林两人不喜欢关于割地一条的提法,他们却完全领会我们土地纲领的思想,他们不过企图**用另一种方式**体现这个思想,积极努力寻找在他们看来更为完善的提法,提出自己的决议草案来说服土地纲领的起草人,或是站在土地纲领起草人方面反对所有的非火星派分子。例如,只要把马霍夫关于否决全部土地纲领的提议(第212页,**9 票**赞成,38 票反对)以及关于否决这个纲领的个别条文(第216页及其他各页)的提议,拿来和朗格对割地条文**提出**独立的修订方案(第225页)的立场对比一下,就可以清楚地看出这两种立场是截然不同的①。

　　托洛茨基同志在往下谈论那些带有"庸俗气味"的理由时指出,"在即将来临的革命时期,我们应该同农民联系起来"…… "在这个任务面前,马霍夫和叶戈罗夫的怀疑态度和政治'远见'比任何一种近视更加有害。"另一个火星派少数派分子科斯季奇同志,很准确地指出了马霍夫同志"不相信自己,不相信自己的原则稳定性",——这个估计真是打中了我们的"中派"的要害。科斯季奇同志继续说:"马霍夫同志的悲观态度是跟叶戈罗夫同志一致的,虽然他们各有不同的色彩。马霍夫同志忘记了,社会民主党人现时已在农民中间进行工作,已在可能范围内领导农民运动。而他们

---

① 　见哥林的发言,第213页。

却用这种悲观态度来缩小我们工作的规模。"（第210页）

在快要谈完代表大会讨论纲领问题的情形时，还应该指出关于支持反政府派问题的简短辩论。我们的纲领说得很清楚，社会民主党支持"任何**反对俄国现存社会政治制度的反政府**运动和革命运动"。看来，这个限定语已经十分明确地指出我们支持的**究竟是哪些**反政府派别。然而我们党内早已形成的各种不同色彩**在这里也**立即暴露出来了，本来很难设想在这样一个已经再三说明过的问题上还会发生"疑问和误解"！显然，并不是由于什么误解，而是由于有**各种不同的色彩**。马霍夫、李伯尔以及马尔丁诺夫立刻就惶恐不安了，结果又落到了"紧密的"少数派的地位，马尔托夫同志大概认为这也是由于有人搞阴谋、倾轧、耍权术和其他种种卑鄙手腕（见他在同盟代表大会上的发言），而那些不能理解形成"紧密的"少数派和多数派的政治原因的人才会求助于这些东西。

马霍夫又是从把马克思主义庸俗地简单化开始。他宣称："我国唯一革命的阶级是无产阶级"，可是他从这个正确的论点马上得出一个不正确的结论："其余的阶级都是微不足道的，都是无关紧要的（全场大笑）……　是的，它们是无关紧要的，都是为了自己的利益。我反对支持它们。"（第226页）马霍夫同志对自己立场作的这种绝妙的表述，使许多人（他的许多同道者）都感到难为情，但是李伯尔和马尔丁诺夫两个人和他的意见实质上是一致的，他们提议删掉"反政府派"字样，或者添上"民主的反政府派"加以限定。普列汉诺夫对马尔丁诺夫的这个修正作了公正的反驳。他说："我们应当批判自由派，揭露他们的不彻底性。这是对的……　但是我们在揭露一切非社会民主主义运动的狭隘性和局限性时，必须向无产阶级说明，同专制制度比较起来，就连不保证普选制的宪法也是一种进步，所以无产阶级不应该宁要现存制度而不要这种宪法。"马尔丁诺夫、李伯尔和马霍夫三位同志不同意这个意见，仍然坚持自己的立场；阿克雪里罗得、斯塔罗韦尔、托洛茨基，还有普列汉诺夫的第二次发言都抨击了这种立场。马霍夫同志在这里又一次自己打了自己。起初他说，其余的阶级（除了无产阶级以外）都是"微不足道的"，他"反对支持它们"。后来他又大发慈悲地承认说，"资产阶级实质上虽然是反动的，但往往又是革命的，例如，在反对封建制度及其残余的时候"。接下去，他愈说愈糟了："可是，有些集团始终〈？〉是反动的，——手工业者就是这样的。"请看，后来慷慨激昂地拥护旧编辑部的那些"中派"首领竟在原则方面发表了什么样的妙论！正是手工业者，甚至在行会制度十分盛行的西欧，也如同城市中其他小资产者一样，在专制制度崩溃时代起过特殊的革命作用。俄国社会民主党人不假思索地重复西欧同志在专制制度崩溃已有100年或50年之久的时代就现代手工业者所讲的那些话，是特别荒谬的。在俄国，硬说手工业者在政治问题上比资产阶级反动，只不过是背诵一些陈词滥调而已。

可惜，记录完全没有载明马尔丁诺夫、马霍夫和李伯尔对这个问题提出的已被否决的修正案所得到的票数。我们能指出的只是，反火星派分子的各个首领和"中派"的一个首领[1]在这里也结

---

[1]　该派即"中派"的另一个首领叶戈罗夫同志，在另一个地方讨论到阿克雪里罗得所提的关于社会革命党人的决议案时，发表了他对于支持反政府派问题的意见（第359页）。叶戈罗夫同志认为：既在纲领中要求**支持**任何反政府运动和革命运动，又要对社会革命党人以及自由派持**否定**态度，这是个"矛盾"。叶戈罗夫同志在这里虽然是用另一种形式，稍微从另一个角度观察问题的，但同样暴露出他也像马霍夫、李伯尔和马尔丁诺夫三位同志那样狭隘地理解马克思主义，对（他"所承认的"）《火星报》的立场采取了不坚定的、半敌视的态度。

成了我们已经熟悉的反火星派分子的派别。在总结对于**纲领**问题的**全部**讨论经过时，不能不作出这样的结论：没有**哪一次**比较热烈和引起普遍兴趣的辩论不暴露出马尔托夫同志和《火星报》新编辑部现在力图掩饰的那些色彩的区别。

## （七）党章。马尔托夫同志的草案

　　代表大会在讨论了纲领问题以后，接着就讨论党章问题（我们把前面提到的中央机关报问题以及代表们所作的报告撇开不谈，可惜大多数代表的报告都作得不能令人满意）。不用说，党章问题对于我们大家都有重大的意义。要知道，《火星报》从创办时起就不仅作为机关报，而且作为**组织**细胞在进行活动。在《火星报》第4号的编辑部文章（《从何着手?》[①]）中提出了一个完备的组织计划[②]，并且**三年来**始终一贯地执行了这个计划。当党的第二次代表大会承认《火星报》为中央机关报时，在相应的决议所提的三条理由中（第147页）有两条谈的**正是《火星报》的这个组织计划和组织思想**：《火星报》在领导党的**实际**工作方面的作用和它在统一工作中的领导作用。所以很自然，如果一定的组织思想得不到全党

---

① 见本版全集第5卷第1—10页。——编者注
② 波波夫同志在关于承认《火星报》为中央机关报的发言中还说过："我现在回想起《火星报》第3号或第4号上所发表的《从何着手?》一文。许多在俄国工作的同志都认为它是不策略的，另一些人觉得这个计划是个幻想，而大多数人〈? 大概是波波夫同志周围的大多数人〉则说这不过是好大喜功而已。"（第140页）读者可以看出，这种把我的政治观点解释成好大喜功的说法，这种现在又被阿克雪里罗得和马尔托夫两同志煽起的说法，我早已听惯了。

承认,没有正式规定下来,《火星报》的工作和建党即**事实上恢复党的全部工作**,就**不能**算是完成了。而党的组织章程就是为了完成这个任务。

《火星报》力求奠定的作为建党基础的基本思想,实际上可以归结为以下两点。第一是集中制思想,它从原则上确定了解决所有局部的和细节性的组织问题的方法。第二是承认进行思想领导的机关报的特殊作用,它恰恰估计到了俄国社会民主主义工人运动在政治奴役的环境下、在把革命进攻的**最初的**根据地建立在国外这种条件下的暂时的和特殊的需要。第一个思想是唯一的原则性思想,应该贯穿在整个党章中;第二个思想是由活动地点和活动方式的暂时情况产生的局部性思想,即**表面上离开集中制,而成立两个中央机关——中央机关报和中央委员会**。《火星报》的这两个建党的基本思想,我在《火星报》(第4号)编辑部文章《从何着手?》以及《怎么办?》①中已经发挥过了,后来我在《给一位同志的信》②中用几乎是说明党章条文的形式又详细作了解释。其实,剩下的只是在措辞上加加工就可以把党章条文规定下来,因为,如果对《火星报》的承认不是一纸空文,不只是一句应酬话,那么党章正应当把这些思想体现出来。我在《给一位同志的信》再版的序言中已经指出:只要把党章和这本小册子对照一下,就可以看出这里和那里谈的组织思想是完全一致的。③

讲到《火星报》的组织思想在党章中如何措辞和表述的问题,我不得不提到马尔托夫同志所掀起的一次事件。马尔托夫在同盟

---

① 见本版全集第6卷第1—183页。——编者注
② 同上,第7卷第1—18页。——编者注
③ 见本卷第102页。——编者注

代表大会上说："……你们实际考证一下就会知道，我在这一条（即第1条）条文上陷入机会主义立场在多大程度上是出乎列宁的意料之外。在代表大会召开以前一个半月至两个月，我曾经把我的草案给列宁看过，那里第1条叙述得同我在代表大会上提出的条文正好一样。当时列宁表示反对我的草案，认为写得太详细了，并且对我说，他只喜欢第1条的思想，即关于党员的定义，他说要把这个思想用另一种形式吸收到自己的党章中去，因为他觉得我的表述不妥当。可见，列宁早就了解我的条文，知道我对于这个问题的看法。因此你们可以看出我是光明正大地去参加代表大会的，没有隐瞒自己的观点。我曾经预先声明，我要反对相互增补，反对在中央委员会和中央机关报成员增补时采取一致同意的原则，等等。"

关于预先声明反对相互增补一事，我们在一定的地方就会知道事实真相究竟是怎样的。现在我们要谈一谈马尔托夫的党章中的这种"光明正大"。马尔托夫在同盟里靠记忆叙述有关他那个不妥当的草案的情节时（马尔托夫本人在代表大会上曾把这个草案当做不妥当的草案收回了，而在代表大会以后，又本着他所特有的一贯精神把它重新亮了出来），照例忘记了许多事情，因而又把问题弄模糊了。看来，已经有很多事实足以告诫大家不要引用私人谈话和凭本人记忆（人们总是不由自主地只记起对自己有利的东西！）来说明问题，但是马尔托夫同志因为没有别的材料，只好利用次品。现在甚至普列汉诺夫同志也学起他的样子来了——大概是近墨者黑吧。

马尔托夫草案第1条的"思想"是不可能使我"喜欢"的，因为他的草案中**根本没有**后来在代表大会上提出的**那种思想**。是他记错了。我侥幸在纸堆中找到了马尔托夫的草案，那里**"第1条叙述得同他在代表大会上提出的条文正好不一样"**！请看这是什么"光明正大"！

马尔托夫草案第1条条文是："凡承认党纲、并在党的机关〈原文如此！〉监督和领导下为实现党的任务而积极工作的人，可以作为俄国社会民主工党党员。"

我的草案第1条条文是："凡承认党纲、在物质上支持党并亲自参加党的一个组织的人，可以作为党员。"

马尔托夫在代表大会上提出并由代表大会通过的第1条条文是："凡承认党纲、在物质上支持党并在党的一个组织领导下经常亲自协助党的人，可以作为俄国社会民主工党党员。"

两相对比可以明显地看出，马尔托夫的草案根本没有什么**思想**，而只是**泛泛空谈**。说党员应该在党的**机关**监督和领导下进行工作，这是不言而喻的，**只能是这样的**，只有爱说废话、爱在"章程"中堆砌大量空洞的词句和官僚主义的（就是说，对事业不需要，只有在装饰门面时才似乎需要的）公式的人，才会这样说。第1条的**思想**只有在这样提出问题时才会产生：**党的机关实际上能不能**对那些**不加入任何一个党组织**的党员进行领导。这种思想在马尔托夫同志的草案中连一点影子也没有。所以**我也就无法知道**马尔托夫同志"对于这个问题"的"看法"，因为马尔托夫同志的草案**对于这个问题根本没有提出什么看法**。可见，马尔托夫同志所作的实际考证是**一笔糊涂账**。

相反，对马尔托夫同志正应该说，他从我的草案中"知道我对于这个问题的看法"，并且无论在编辑委员会里（虽然我的草案在代表大会以前两三个星期就给大家看过了），无论在那些仅仅看过我的草案的代表面前,他都没有表示异议,没有反驳过我的这种看法。不但如此。甚至**在代表大会上**,当我提出自己的党章草案①**并在选举章程委员会以前**为这个草案辩护时,马尔托夫同志还直截了当地声明:"我赞同列宁同志的结论。**只是在两个问题上我和他有意见分歧**"(黑体是我用的)——即关于总委员会组成的方法和增补要一致同意的问题(第157页)。这里对党章第1条的**不同意见还只字未提**。

马尔托夫同志认为有必要在自己的论戒严状态的小册子里再一次地、特别详细地回顾自己的党章草案。他在这本小册子里说,他的党章草案——对于这个草案,除了某些次要的细节以外,他现在(1904年2月,——不知道过两三个月以后又会怎样)还是完全同意的——"充分表明了他对于过分集中制的否定态度"(第Ⅳ页)。这个草案之所以没有提交代表大会,据马尔托夫同志**现在**解释是因为:第一,"在《火星报》受到的锻炼启示了他对章程持蔑视态度"(当马尔托夫同志喜欢这样做时,《火星报》这个词在他看来就不是狭隘的小组习气,而是最坚定的方针了!可惜,三年来在《火星报》受到的锻炼,没有启示马尔托夫同志对那些不坚定的知

① 顺便说一下。记录委员会在第11号附录上刊载了"**由列宁提交代表大会的**"党章草案(第393页)。记录委员会在这里也搞错了一些事情。它把我交给全体代表(并且是在代表大会开会以前给很多代表)看的**初稿**(见本版全集第7卷第238—239页。——编者注)和我后来提交代表大会的草案混为一谈,并**把第一个草案当做第二个草案刊载出来了**。我当然丝毫不反对别人把我的草案,**哪怕是所有各个准备阶段的条文**一概公布出来,但是制造混乱毕竟是不应该的。而混乱终于造成了,因为波波夫和马尔托夫(第154页和第157页)批评我实际提交代表大会讨论的草案中的那些提法,原来是记录委员会刊载出来的**草案中所没有的**(参看第394页第7条和第11条)。如果对待问题比较仔细,那只要把我刚才指出的一些页码对照一下,就很容易发现这个错误了。

识分子在为自己违背共同通过的党章的行为辩护时惯用的那种无政府主义词句持藐视态度)。第二,要知道,他马尔托夫同志是要避免"在《火星报》这样一个基本组织核心的策略中加进任何杂音"。说得多么头头是道啊! 在关于党章第1条的机会主义条文或关于过分集中制这个**原则**问题上,马尔托夫同志竟这么害怕杂音(只有从最狭隘的小组观点来看才是可怕的杂音),甚至在编辑部这样一个核心面前都没有提出自己的不同意见! 在关于中央机关人选的**实际**问题上,马尔托夫同志却背离《火星报》组织(这个真正的**基本组织核心**)大多数人的意见而去向崩得和工人事业派分子求救。马尔托夫同志暗中用小组习气替冒牌编辑部辩护,而责备最了解情况的人在估计问题时表现了"小组习气",他的这些话里的"杂音",马尔托夫同志却听不出。为了惩戒他,我们现在把他那个党章草案**全部**引证出来,并指出它究竟有什么样的**观点**和什么样的**过分地方**①:

"党章草案。(一)党员。(1)凡承认党纲、并在党的机关监督和领导下为实现党的任务而积极工作的人,可以作为俄国社会民主工党党员。(2)党员如果违反党的利益,由中央委员会作出决定开除其党籍。[说明开除理由的决定书,应保存在党的档案库里,并须根据要求,通知每个党委员会。对于中央委员会关于开除党籍的决定,在有两个或两个以上的委员会要求时,可以向代表大会提出申诉。]"我用方括号来表明马尔托夫草案中那些**显然**没有什么意思的议论,这些议论不仅没有什么"思想",而且也没有什么肯定的条件或要求,——例如在"党章"中绝妙地指明决定书**究竟**要保存在**什么地方**,或者说对于中央委员会关于开除党籍的决定(而不是它的一切决定和任何决定吗?)可以向代表大会提出申诉。这正是过分玩弄辞藻或十足的官僚主义的形式主义,即杜撰一些多余的、显然没有益处或文牍主义的条款。"(二)地方

①　我要指出,可惜我找不到马尔托夫草案的第一种稿本,这种稿本共有大约48条,其中包含了更加"过分的"毫无意义的形式主义。

委员会。(3)党委员会是党在地方工作中的代表。"(真是既新颖又聪明!)
"(4)[凡是召开第二次代表大会时存在并派有代表出席代表大会的委员会,
都可以认为是党的委员会]。(5)除了第4条指出的委员会以外,新的党委员
会应当由中央委员会指定[中央委员会或者承认现有的某地方组织为委员
会,或用改组该地方组织的办法组成地方委员会]。(6)委员会用增补的办
法补充自己的名额。(7)中央委员会有权用不超过地方委员会名额总数三分
之一数量的同志(它所了解的同志)补充地方委员会。"好一个典型的官样文
章:为什么不超过三分之一呢? 有什么意思呢? 这种根本起不了限制作用的
限制——因为**补充**是可以重复许多次的——究竟有什么意思呢? "(8)[如果
地方委员会由于遭到迫害而瓦解或者被破坏,"(就是说不是全体被捕?)"中
央委员会应当把它恢复起来。"](已经不考虑第7条了吗? 马尔托夫同志是
不是觉得第8条和规定平日工作而节日休息的俄罗斯公安法相似呢?)"(9)
[党的例行代表大会可以委托中央委员会改组某个地方委员会,如果该地方
委员会的活动被认为是违反党的利益的话。在这种情况下,该委员会就可认
为已被解散,而该委员会所属地区的同志可以不受其管辖①。"]本条所规定
的规则,同迄今俄罗斯法律中规定的所谓"禁止人人酗酒"的条文一样,是大
有好处的。"(10)[党的地方委员会领导该地党的全部宣传、鼓动和组织工
作,并尽力协助党中央委员会和中央机关报实现它们所担负的全党的任
务。"]……哎哟天哪! 要这些话干什么呢? (11)["地方组织的内部规则,委
员会和它所管辖的"(阿克雪里罗得同志,听见了吗,听见了吗?)"各集团之间
的相互关系以及各该集团的权限范围和自治范围"(难道权限范围和自治范
围不是一回事吗?)"由委员会自行规定并报告中央委员会和中央机关报编辑
部。"](这里有一个疏忽:没有说明这种报告应当保存在哪里。)"(12)[委员会
所管辖的各集团和各个党员,都有权要求把他们对任何问题的意见和愿望报
告给党中央委员会和中央机关报]。(13)党的地方委员会必须把自己收入的
一部分按中央委员会规定的分配比例上交给中央委员会会计处。(三)建立
用其他语言(除了俄语以外)进行鼓动的组织。(14)[为了用某种非俄罗斯语
言进行鼓动并把有关的工人组织起来,可以在特别需要把这种鼓动工作专门
化并把这种组织划分出来的地方成立单独组织。](15)至于是不是真有这种
需要,这个问题由党中央委员会解决,如果发生争论,则提交党代表大会解
决。"如果我们注意到这个章程后面的一些规定,可以看出这一条的第一部分

① 我们请阿克雪里罗得同志注意这个字眼。这还了得! 这就是甚至……甚至
弄到更换编辑部成员的那种"雅各宾主义"的根源……

是多余的，而关于发生争论情况的第二部分，简直是滑稽可笑的。"(16)〔第14条所规定的地方组织在其特殊事务方面是自治的，但是它们在地方委员会监督下进行工作并受其管辖，这种监督的形式以及该委员会和该特殊组织之间的组织关系的准则，由地方委员会规定。"（谢天谢地！现在可以看出所有这一大堆话都是多余的空话。）"在党的一般事务方面，这种组织应当作为委员会组织的一个部分来进行工作。〕——(17)〔第14条所规定的地方组织，可以成立自治联盟，以便顺利地执行它的特殊任务。这种联盟可以有自己专门的机关报和领导机关，但这些机关都应当受党中央委员会的直接监督。这个联盟的章程由它自行规定，但是必须经过党中央委员会批准。〕(18)〔如果党的地方委员会根据地方条件多半是用当地语言进行鼓动工作时，也可以加入第17条所规定的自治联盟。**附注**：这种委员会虽然是自治联盟的一部分，但并不因此就不成其为党的委员会"。〕（整个一条都是非常有益处和非常聪明的，附注更是有过之无不及。）"(19)〔加入自治联盟的地方组织同该联盟中央机关之间的联系，应当受地方委员会的监督。〕(20)〔各自治联盟的中央机关报和领导机关对党中央委员会的关系，也和党的地方委员会对党中央委员会的关系一样。〕(四)党中央委员会和中央机关报。(21)〔党中央委员会和中央机关报——政治的和学术的机关报——是全党的代表。〕(22)中央委员会负责对党的全部实际活动实行总的领导，关心正确使用和正确配备全党的一切力量，监督全党各部分的活动，把报刊发给各地方组织，建立党的技术机关，召开党代表大会。(23)党的机关报负责对党内生活进行思想领导，宣传党纲，通过学术的和政论的形式阐明社会民主党的世界观。(24)所有党的地方委员会和自治联盟都同党中央委员会和党机关报编辑部发生直接联系，并定期报告本地的运动和组织工作情况。(25)党的机关报的编辑部由党代表大会指定，一直工作到下一届代表大会时止。(26)〔编辑部在其内部事务方面是独立自主的〕，并且可以在两届代表大会期间补充和更换自己的成员，但每次都必须通知中央委员会。(27)所有由中央委员会发出的声明或者经过它批准的声明，都应当根据中央委员会的要求在党的机关报上刊载。(28)党中央委员会经党的机关报的编辑部同意后，可以成立专门从事某种文字工作的著作家小组。(29)中央委员会由党代表大会指定，一直工作到下一届代表大会时止。中央委员会可以用增补办法补充自己的名额（人数不限），但每次都必须通知党中央机关报编辑部。(五)国外的党组织。(30)国外的党组织主管党在国外俄国侨民中的宣传工作并把其中的社会主义分子组织起来。国外的党组织由它们选出的领导机关领导。(31)加入党的各自治联盟可以在国外设立自己的支部，以便协助执行联盟的专门任务。这些支部以自治团体的资格加入总的国外组织。（六）党代表大会。（32）党代表大会是党的最高权力机关。（33）[党代表大会制定党纲、党章以及全党活动的指导原则；监督各级党机关的工作并处理它们之间发生的冲突。]（34）出席代表大会的代表由下列组织和机关选派：（a）党的各地方委员会；（b）所有加入党的各自治联盟的中央领导机关；（c）党中央委员会和党中央机关报编辑部；（d）国外的党组织。（35）代表委托书可以转托，但是每一个代表至多只能拥有三张有效委托书。两个代表可以拥有一张委托书。不准使用限权委托书。（36）中央委员会如果认为吸收某同志参加代表大会有益处时，可以邀请该同志参加代表大会并享有发言权。（37）在修改党纲或党章的问题上，须经占总票数三分之二的多数通过；其他问题则由简单多数决定。（38）代表大会只有在出席的代表能代表半数以上的现有的党委员会时，才可以认为有效。（39）代表大会应当尽可能每两年召开一次。[凡因某种不以中央委员会的意志为转移的障碍不能如期召开代表大会时，中央委员会可以自行决定延期举行。"]

　　读者如果能以超乎寻常的耐性读完这个所谓党章，大概就不会要求我们对以下几个结论再作专门的分析了。第一个结论：这个章程染上了难以医治的浮肿病。第二个结论：这个章程根本没有什么对过分集中制持否定态度的特别色彩的组织观点。第三个结论：马尔托夫同志把自己章程中的$^{38}/_{39}$以上的东西都瞒过世人的耳目（并且不让在代表大会上讨论）是做得很巧妙的。令人奇怪的只是，他居然把这种隐瞒行为称为光明正大。


# （八）火星派内部分裂以前关于
## 集中制问题的讨论


　　在谈党章第 1 条条文这个确实很有意义并且显然表明了各种色彩的观点的问题以前，我们还要稍微谈一下关于党章问题的简短的一般讨论，这次讨论占去了代表大会第 14 次会议的全部时间和第15次会议的部分时间。这次讨论是有一定意义的，因为它是在《火星报》组织因中央机关人选问题而完全分离**以前进行的**。相反，后来那些一般关于党章问题的讨论，特别是关于增补问题的讨论，都是我们已经**在《火星报》**组织内部发生分离**以后**进行的。自然，**在尚未发生分离以前**，我们还能比较公正地发表自己的看法，就是说，能比较不考虑我们大家所关心的中央委员会人选问题而发表自己的意见。前面我已经指出，马尔托夫同志当时**赞成**（第157页）我的组织观点，只不过在**细节**上有两点不同意见。相反，不论是反火星派或"中派"，都立刻对《火星报》的整个组织计划（也就是整个党章）中的两个**基本**思想发起了攻击，即反对集中制，也反对有"两个中央机关"。李伯尔同志把我的党章称为"有组织的不信任"，把有两个中央机关看做**分权制**（同波波夫和叶戈罗夫两位同志一样）。阿基莫夫同志主张扩大地方委员会的权限，尤其是要给以自行"改变自己成员的权利"。"必须给以更大的活动自由……地方委员会应当由在当地积极活动的工作人员选出，正如中央委员会是由在俄国所有积极活动的组织的代表选出一样。如果这也不许可的话，就要把中央委员会指派到地方委员会的委员名额限制一下……"（第158页）　可见，阿基莫夫同志在那里提出了反对"过分集中制"的理由，但是马尔托夫同志当时还没有因在中央机关人选问题上遭到失败而跟着阿基莫夫跑，所以他对这些权威性的指示还是充耳不闻的。甚至当阿基莫夫同志把马尔托夫**同志自己那个章程的"思想"**（第7条——限制中央委员会指派委员加入地方委员会的权利）讲给他听时，他还是置若罔闻！马尔托夫同志当时还不愿意唱出同我们意见不一致的"杂音"，所以他也就忍耐了同阿基莫夫同志以及同他本人意见不一致的杂音……　当时发言攻击"可怕的集中制"的还只有那些觉得《火星报》主张的集中制对他们显然**不利**的人，即阿基莫夫、李伯尔和戈尔德布拉特，小心翼翼地（所以如此，是为了随时可以向后转）跟着他们**走**的有叶戈罗夫（见第156页和第276页）等等。当时党内绝大多数人都还看得很清楚，崩得、"南方工人"社等等正是根据狭隘的小组利益反对集中制的。顺便说一下，现在党内大多数人也看得很清楚，《火星报》旧编辑部正是根据小组利益反对集中制的……

　　例如拿戈尔德布拉特同志（第160—161页）的发言来说吧。他拼命攻击我所主张的"可怕的"集中制，说这种集中制是要导致下级组织的"消灭"，"完全是想使中央机关有无限权力来随意干预一切"，而各级组织"只有权驯顺地服从上级的命令"等等。"按照这个草案建立的中央机关将是孤独的，它周围不会有任何外层，只有无定型的散漫人群，它的一些唯命是听的代办员将在这个散漫人群中进行活动。"这同马尔托夫们和阿克雪里罗得们在代表大会上遭到失败以后用来款待我们的那套**虚伪空话**一模一样。人们曾讥笑崩得，因为它一方面反对**我们的**集中制，同时又使**自己那里**的中央机关拥有**更明确**规定的无限权力（例如，可以吸收和开除成员，甚至不许代表出席代表大会）。在人们了解了问题真相以后，也会嘲笑**少数派**的喊叫，因为他们一处在少数地位就大声疾呼地反对集中制和党章，而一拥有多数，就立刻又要按党章办事了。

　　在两个中央机关的问题上也明显地表现了派别划分：反对**所有**火星派的有李伯尔，有阿基莫夫（他首先唱出了现在阿克雪里罗得和马尔托夫爱唱的调子，说总委员会内中央机关报压倒了中央委员会)，有波波夫，还有叶戈罗夫。根据旧《火星报》一向发挥的(而且是波波夫们和叶戈罗夫们的同志们**在口头上赞成过的!**)那些组织思想，自然要产生两个中央机关的计划。旧《火星报》的政策，是同"南方工人"社主张创办一个平行的通俗机关报并把它变成事实上占主要地位的机关报的计划截然相反的。这就是当时所有反火星派和整个泥潭派主张一个中央机关，即**主张似乎更厉害的集中制**的那种初看起来很奇怪的矛盾现象的根源。当然也有(特别是泥潭派中间)一些代表，未必清楚地了解"南方工人"社的组织计划将会引起，并且由于客观进程一定会引起怎样的后果，但是他们那种优柔寡断和毫无自信的本性，把他们推到反火星派方面去了。

在火星派分子参加**这些**(在火星派尚未分裂以前)关于党章问题的争论的发言中，马尔托夫("赞成"我的组织思想)和托洛茨基两位同志的发言特别出色。托洛茨基当时回答阿基莫夫同志和李伯尔同志时说的每一句话，都揭穿了"少数派"在代表大会以后的行为和理论的全部虚伪实质。他(阿基莫夫同志)说:"党章规定的中央委员会的权限不够确切。我不能同意他的意见。恰恰相反，党章对这一点规定得很确切:既然党是一个整体，那就必须保证它对地方委员会的监督。李伯尔同志用我所用过的字眼说，党章表明'有组织的不信任'。这是对的。但是，我用这个字眼是指崩得代表所提出的那个章程，因为他们的章程是意味着党内一部分人对全党表示有组织的不信任。而我们的党章〈在中央机关人选问题上还没有遭到失败时，这个章程还是"我们的"!〉则意味着党要对它的各个部分表示有组织的不信任，就是说，要对各地方组织、各区组织、各民族组织以及其他组织实行监督。"(第158页)是的，

**这里**对**我们的**党章作了正确的说明，我们奉劝那些现在公然说"有组织的不信任"制度或所谓"戒严状态"是由阴险毒辣的多数派发明和实行的人多回忆一下这种说明吧。只要把上面引用的发言和在国外同盟代表大会上的发言对照一下，就可以看到一个典型事例，它说明了政治上的毫无气节，说明马尔托夫这伙人是怎样根据问题是涉及他们自己的下级团体还是别人的下级团体而改变自己的观点的。

# （九）党章第1条

我们已经列举了在代表大会上引起热烈的有意义的争论的不同条文。这种争论几乎占了两次会议的时间，并且是以**两次记名**投票结束的（如果我没有记错的话，在整个代表大会期间只举行过八次记名投票，这种记名投票花费时间太多，所以只在特别重要的情况下才采用）。当时涉及的问题无疑是原则问题。代表大会对于争论的兴趣是很大的。**所有代表都参加了表决**——这是我们代表大会（正如任何一个大的代表大会一样）少有的现象，这也证明，所有参加争论的人都很关心这个问题。

试问，所争论的问题的实质究竟是什么呢？我在代表大会上已经说过，后来又不止一次地重复过："我决不认为我们的意见分歧（关于党章第1条）是决定党的生死存亡的重大分歧。我们还决不至于因为党章有一条不好的条文而灭亡！"（第250页）①这种意

---

① 见本版全集第7卷第269页。——编者注

见分歧，虽然暴露出原则上的不同色彩，它本身无论如何也不会引起代表大会以后所形成的那种分离（其实，如果老实不客气地说，这是分裂）。但是，任何一种**小的**意见分歧，如果有人坚持它，如果把它提到首位，如果**硬要**去寻找这种分歧的全部来龙去脉，那它就会变成**大的**意见分歧。任何一种**小的**意见分歧，如果成为**转向**某些错误见解的出发点，如果这些错误见解又由于新增加的分歧而同使党分裂的**无政府主义**行动结合起来，那么这种意见分歧就会有**重大的**意义了。

这一次也正是这样。党章第 1 条引起的比较不大的意见分歧，现在竟有了重大的意义，因为正是这种意见分歧成了少数派（特别是在同盟代表大会上以及后来在新《火星报》上）走向机会主义的深奥思想和无政府主义的空谈的转折点。正是这种意见分歧**奠定**了火星派少数派同反火星派以及泥潭派结成联盟的**基础**，这个联盟到选举时已经有了确定的形式，不了解这个联盟，就**不能了解**在中央机关人选问题上发生的主要的根本的分歧。马尔托夫和阿克雪里罗得在党章第 1 条问题上所犯的小错误，原是我们的罐子上的一个小裂缝（正如我在同盟代表大会上所说的那样）。这个罐子本来可以用绳子打个**死结**（而不是用绞索，就像在同盟代表大会期间几乎陷于歇斯底里状态的马尔托夫所听错的那样）把它捆紧。也可以**竭尽全力**扩大裂缝，使它完全破裂。由于热心的马尔托夫分子采取了抵制等等无政府主义的手段，结果出现了后一种情况。关于党章第 1 条的意见分歧在中央机关选举问题上起了不小的作用，而马尔托夫在这个问题上遭到失败，也就使他走向用粗暴机械的、甚至是无理取闹的（在俄国革命社会民主党人国外同盟代表大会上的发言）手段进行"原则斗争"。

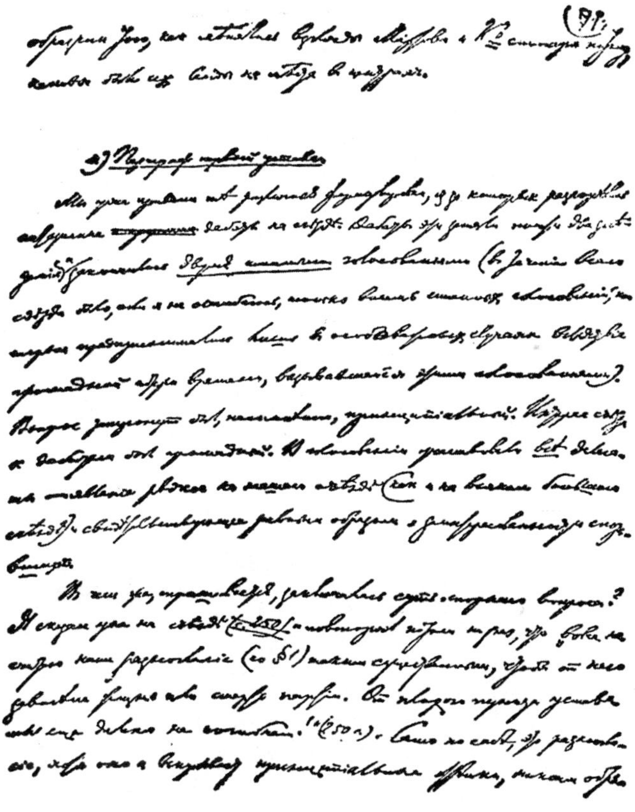

1904 年列宁《进一步，退两步》手稿第 71 页
（按原稿缩小）

现在,经过这一切事件以后,党章第1条问题就有了**重大的意义**,所以我们应当确切地认识到代表大会在表决这一条时形成的派别划分的性质,同时更重要的是,应当确切地认识到在讨论党章第1条时就已经显现或者开始显现出来的那些**观点的色彩**的真实性质。**现在**,在读者熟悉的各种事件发生以后,问题的**提法**已经是这样,究竟是得到阿克雪里罗得拥护的马尔托夫的条文,像我在党代表大会上所说的那样(第333页),反映了他的(或者他们的)不坚定性、动摇性和政治态度模糊,或像普列汉诺夫在同盟代表大会上所指出的那样(同盟记录第102页及其他各页),反映了他(或者他们)倾向于饶勒斯主义和无政府主义呢,还是得到普列汉诺夫拥护的我的条文,反映了我在集中制问题上有官僚主义的、形式主义的、彭帕杜尔[123]式的、非社会民主主义的错误观点呢? **是机会主义和无政府主义呢,还是官僚主义和形式主义**?——**现在**,当小的分歧变成大的分歧时,问题的**提法**已经是这样了。在**从实质上**讨论那些赞成和反对我的条文的理由时,我们应当**注意**的正是事态的发展强加给我们大家的,甚至可以说(如果不是有点夸张的话)是由历史进程形成的**这种**问题的提法。

让我们从分析代表大会的讨论来开始剖析这些理由吧。第一个发言,即叶戈罗夫同志的发言所以值得注意,只是因为他的态度(不明白,我还不明白,我还不知道真理在哪里)很可以说明当时还难以认清这个确实是新的、相当复杂而细致的问题的许多代表的态度。第二个发言,即阿克雪里罗得的发言,立刻从原则上提出问题。这是阿克雪里罗得同志的第一个原则性的发言,其实这就是他在代表大会上的第一次发言,而且很难说他这个谈到有名的"大学教授"的发言是特别成功的。阿克雪里罗得同志说:"我认为,我们必须分清党和组织这两个概念。而这里有人把这两个概念混淆了。这种混淆是危险的。"这就是用来反对我的条文的第一个理由。请你们仔细看一看这个理由吧。如果我说，党应当是**组织**①**的总和**（并且不是什么简单的算术式的总和，而是一个整体），那么，这是不是说我把党和组织这两个概念"混淆了"呢？当然不是。我只是以此来十分明确地表示自己的愿望，自己的要求，使作为阶级的先进部队的党成为尽量**有组织的**，使党只吸收**至少能接受最低限度组织性**的分子。反之，我的论敌却把有组织的分子和无组织的分子，接受领导的分子和不接受领导的分子，先进的分子和不可救药的落后分子——因为还可救药的落后分子是能够加入组织的——**混淆**在党内。**这样的混淆才真正是危险的**。随后，阿克雪里罗得同志援引"从前那些十分秘密的集中的组织"（"土地和自由"社[124]和"民意党"[125]）作例子，说这些组织周围"聚集了许多虽然没有加入组织，却以某种方式帮助它，并被认为是党员的人。…… 这个原则应当在社会民主党组织内更严格地实行"。于是我们就接触到一个**关键**问题："这个原则"，即许可那些不加入任何一个党组织而只是"以某种方式帮助它"的人自称为党员的原

---

① "组织"一词通常有两种含义，即广义的和狭义的。狭义的是指人类集体中的，至少是有最低限度确定形式的人类集体中的单个细胞。广义的是指结合成一个整体的这种细胞的总和。例如，海军、陆军和国家，既是许多组织（从该词的狭义来说）的总和，同时又是一种社会组织（从该词的广义来说）。教育主管机关是一个组织（从该词的广义来说），同时它又是由许多组织（从该词的狭义来说）组成的。同样，党也是一个组织，而且**应当是**一个组织（从该词的广义来说）；同时党又应当是由许多不同的组织（从该词的狭义来说）组成的。所以，阿克雪里罗得同志在谈论划分党和组织这两个概念时，第一，他没有注意到组织一词的广义和狭义的这个区别，第二，他没有发现他自己**把有组织的分子和无组织的分子混淆起来了**。

则，真的是社会民主党的原则吗？普列汉诺夫对这个问题作了唯一可能的回答，他说："阿克雪里罗得援引 70 年代的情况作例子是不正确的。当时有组织严密、纪律良好的中央机关，在它周围有它所成立的各种组织，而在这些组织以外是一片混乱和无政府状态。这一混乱状态中的分子虽然也自称为党员，对于事业却并没有好处，反而造成了损失。我们不应当仿效 70 年代的无政府状态，而要避免这种状态。"可见，阿克雪里罗得同志想要冒充为社会民主党的原则的"这个原则"，其实是**无政府主义的原则**。谁要想推翻这个结论，就必须证明在组织以外**有可能**实现监督、领导和纪律，就必须证明**有必要**授予"混乱状态中的分子"以党员称号。拥护马尔托夫同志的条文的人，对于**以上两点**都没有加以证明，而且也无法加以证明。阿克雪里罗得同志拿了"自认为是社会民主党人并声明这一点的大学教授"作例子。要把这个例子所包含的思想贯彻到底，阿克雪里罗得同志就应当进一步说明：有组织的社会民主党人本身是否承认这位大学教授是社会民主党人？阿克雪里罗得同志既然没有提出这个更进一步的问题，那他就是中途抛弃了自己的论据。的确，二者必居其一：或者是有组织的社会民主党人承认我们所谈的这位大学教授是社会民主党人，那么他们为什么又不把他编到某一个社会民主党组织里面呢？只有把他编进去，这位大学教授的"声明"才会同他的行动相符合，才不致成为空话（大学教授们的声明往往是空话）；或者是有组织的社会民主党人**不承认**这位大学教授是社会民主党人，那么给这位大学教授以享有光荣而又责任重大的党员称号的权利，就是荒谬的，毫无意义的，而且是**有害的**。所以，归结起来说，问题正在于是彻底实行组织原则，还是崇尚涣散状态和无政府状态。我们究竟是以已经形成的、已经团结起来的**社会民主党人核心**——譬如说，已经召开党代表大会并且将扩大和增设各种党组织的社会民主党人核心——为出发点来建设党呢，还是满足于一切帮助党的人都是党员这种聊以自慰的**空话**？阿克雪里罗得同志接着又说："我们采纳列宁的条文，就会把虽然不能直接吸收到组织中，但终究还是党员的那一部分人抛弃掉。"在这里，阿克雪里罗得同志本人十分明显地犯了他想归罪于我的那种混淆概念的错误：他竟把所有帮助党的人**都是党员**这一点当做既成事实，其实正是这一点引起了争论，而我的论敌还应当来**证明**这种解释是必要的和有益的。所谓"抛弃"这样一个初看起来似乎可怕的词，究竟有什么内容呢？如果说只有被承认为党组织的那些组织中的成员才能称为党员，那么不能"直接"加入任何一个党组织的人，也还是能在靠近党的非党组织中工作的。因此，所谓抛弃，如果是指取消工作机会，取消参加运动的机会，那是根本谈不上的。相反，我们容纳**真正的**社会民主党人的党组织愈坚强，**党内**的动摇性和不坚定性愈少，党对于在它周围的、受它领导的工人**群众**的影响也就会愈加广泛、全面、巨大和有效。把作为工人阶级先进部队的党同整个阶级混淆起来，显然是绝对不行的。阿克雪里罗得同志说："当然我们要建立的首先是党的最积极的分子的组织，革命家的组织，但是我们既然是阶级的党，就应当想法不把那些也许并不十分积极然而却自觉靠近这个党的人抛在党外。"他这样说，正是犯了上述把党同整个阶级混淆起来的错误（这种错误是我们的整个机会主义经济派的特点）。第一，列为社会民主工党积极部分的，决不单是革命家组织，还有**许多**被承认为党组织的工人组织。第二，究竟有什么理由，按照什么逻辑，可以根据我们是阶级的党这一事实，就作出结论说不必把**加入党**

的人和**靠近**党的人区分开来呢？恰恰相反：正因为人们的觉悟程度和积极程度有差别，所以必须区别他们同党的关系的密切程度。我们是阶级的党，因此，**几乎整个阶级**（而在战争时期，在国内战争年代，甚至是整个阶级）都应当在我们党的领导下行动，都应当尽量紧密地靠近我们党，但是，如果以为在资本主义制度下，不论在什么时候，几乎整个阶级或者整个阶级都能把自己的觉悟程度和积极程度提高到自己的先进部队即自己的社会民主党的水平，那就是马尼洛夫精神和"尾巴主义"。还没有一个明白事理的社会民主党人怀疑过，在资本主义制度下，连职业的组织（比较原始的、比较容易为落后阶层的觉悟程度接受的组织）也不能包括几乎整个工人阶级或者整个工人阶级。忘记先进部队和倾向于它的所有群众之间的区别，忘记先进部队的经常责任是把愈益广大的阶层**提高**到这个先进的水平，那只是欺骗自己，无视我们的巨大任务，缩小这些任务。抹杀靠近党的分子和加入党的分子之间的区别，抹杀自觉、积极的分子和帮助党的分子之间的区别，正是这种无视和遗忘的表现。

　　拿我们是阶级的党作借口来为组织界限模糊**辩护**，为把有组织和无组织现象混淆起来的观点**辩护**，就是重复纳杰日丁的错误，因为纳杰日丁"把运动在'深处'的'根子'这一哲学的和社会历史的问题，同……组织技术问题混淆起来了"（《怎么办？》第91页）①。阿克雪里罗得同志首创的这种混淆，后来被拥护马尔托夫同志条文的那些发言人重复了几十次。"党员称号散布得愈广泛愈好"——马尔托夫这样说，但是他没有说明这种名不副实的**称号**

---

① 见本版全集第6卷第115页。——编者注

散布得广泛究竟有什么好处。对不加入党组织的党员实行监督不过是一句空话,这能否定得了吗？ 空话如果广泛散布,那是有害而无益的。"如果每一个罢工者,每一个示威者,在对自己行动负责的情况下,都能宣布自己是党员,那我们只会对此表示高兴。"(第239页)真的吗？ **每一个罢工者**都应当有权**宣布自己是党员吗**?马尔托夫同志的这个论点一下子就把他的错误弄到了荒谬的地步,他把社会民主主义**降低**为罢工主义,重蹈阿基莫夫们的覆辙。如果社会民主党能够领导每一次罢工,我们只会对此表示高兴,因为社会民主党的直接的和责无旁贷的义务就是领导无产阶级的一切表现形式的阶级斗争。而罢工就是这种斗争最深刻最强有力的表现形式之一。但是,如果我们把这种初步的、按实质来说不过是工联主义的斗争形式同全面的自觉的社会民主主义的斗争**等同起来**,那么我们就会是尾巴主义者了。如果我们给每一个罢工者以"宣布自己是党员"的权利,那么我们就是以机会主义态度**使一件分明不真实的事情合法化**,因为这样的"宣布"**在大多数场合都是不真实的**。如果我们想自欺欺人,硬说那些"没有受过训练的"非熟练工人的极广大阶层在资本主义制度下必然是十分涣散、备受压迫、愚昧无知,在这种情况下,**每一个罢工者**都可以**成为**社会民主主义者和社会民主党党员,那么我们就是沉湎于马尼洛夫的幻想了。正是根据**"罢工者"**的例子,可以特别明显地看出力求本着社会民主主义精神领导每一次罢工的**革命意向**同宣布**每一个罢工者为党员**的**机会主义词句**之间的区别。我们是阶级的党,这是就我们**在事实上**本着社会民主主义精神领导几乎整个或者甚至整个无产阶级来说的,但是,只有阿基莫夫们才能由此作出结论说,我们**在提法上**应当把党和阶级等同起来。

马尔托夫同志在同一次发言中说,"我不怕密谋组织",但是,他补充说,"在我看来,密谋组织,只有当它由广泛的社会民主工党围绕着的时候,才是有意义的"(第239页)。为了说得确切些,应当说,只有当它由广泛的社会民主主义工人**运动**围绕着的时候,才是有意义的。如果马尔托夫同志的论点是以这种形式表达的,那就不仅是不容争辩,而且是不言自明的定论了。我所以要讲到这一点,只是因为以后发言的人把马尔托夫同志的这个不言自明的定论变成非常**流行和非常庸俗的**论据。说什么列宁想"使党员总数以密谋者人数为限"。当时作出这个只能令人好笑的结论的有波萨多夫斯基同志以及波波夫同志,而当马尔丁诺夫和阿基莫夫发言附和这个结论时,这个结论的真正性质,即机会主义词句的性质,就充分暴露出来了。目前阿克雪里罗得同志在新《火星报》上又发挥了这个论据,想使读者们了解新编辑部的新的组织观点。还在代表大会讨论党章第1条问题的第1次会议上,我就发现我的论敌想要利用这种廉价的武器,所以我在发言中告诫说:"不要以为党的组织只应当由职业革命家组成。我们需要有不同形式、类型和色彩的极其多种多样的组织,从极狭小极秘密的组织直到非常广泛、自由的组织(松散的组织)。"(第240页)①这本来是有目共睹、不言自明的真理,所以我当时认为这是不必多谈的。但是,在目前时期,有人在很多很多方面把我们拉向后退,这就使人不得不在这个问题上也"重提旧事"。因此我要从《怎么办?》和《给一位同志的信》中摘录几段话:

"……像阿列克谢耶夫和梅什金、哈尔图林和热里雅鲍夫这样

---

① 见本版全集第7卷第269页。——编者注

一些卓越的活动家的小组,却是能够胜任最切实最实际的政治任务的。他们所以能够胜任,正是并且只是因为他们的热烈的宣传能够获得自发觉醒起来的群众的响应,因为他们的沸腾的毅力能够得到革命阶级的毅力的响应和支持。"①要成为社会民主**党**,就必须得到本**阶级的支持**。不是像马尔托夫同志所想象的那样,党应当去围绕密谋组织,而是革命阶级即无产阶级应当围绕既包括密谋组织又包括非密谋组织的党。

"……为进行经济斗争而建立的工人组织应当是职业的组织。每个工人社会民主党人都应当尽量帮助这种组织并在其中积极工作…… 但是要求只有社会民主党人才能成为行业工会会员,那就完全不符合我们的利益了,因为这会缩小我们影响群众的范围。让每一个了解必须联合起来同厂主和政府作斗争的工人,都来参加行业工会吧。行业工会如果不把一切只要懂得这种起码道理的人都联合起来,如果它们不是一种很**广泛的**组织,就不能达到行业工会的目的。这种组织愈广泛,我们对它们的影响也就会愈广泛,但这种影响的发生不仅是由于经济斗争的'自发的'发展,而且是由于参加工会的社会党人对同事给以直接的和自觉的推动。"(第86页)②顺便说一下,对于评价关于党章第1条的争论,工会的例子是特别值得注意的。说工会**应当**在社会民主党组织的"监督和领导下"进行工作,这在社会民主党人中间是不会产生异议的。但是**根据这一点**就给工会全体会员以"宣布自己"为社会民主党党员的权利,那就是十分荒谬的了,而且势必有两个害处:一方面是**缩小工会运动的规模并且削弱工人在工会运动基础上的团结**,另一

---

① 见本版全集第6卷第101页。——编者注

② 同上书,第108页。——编者注

方面,这会把模糊不清和动摇不定的现象带进社会民主党内。德国社会民主党在发生了有名的汉堡泥瓦工做包工活事件[126]的具体情况下曾解决过类似的问题。当时社会民主党毫不迟疑地认为工贼行为是社会民主党人所不齿的无耻行为,即认为领导罢工和支援罢工是**自己的**切身事业,但是同时它又十分坚决地否定了把党的利益和行业工会的利益等同起来、**要党**对个别工会所采取的个别步骤**承担责任**的要求。党应当并且将力求把自己的思想灌输到行业工会中去,使工会接受自己的影响,但是,正是为了这种影响,党应当把这些工会中完全是社会民主主义的(加入社会民主党的)人和那些不十分自觉和政治上不十分积极的人区别开来,而不是像阿克雪里罗得同志所希望的那样,把他们混为一谈。

“……革命家组织把最秘密的职能集中起来,这决不会削弱而只会扩大其他许许多多组织的活动范围和内容,这些组织既然要把广大群众包括在内,就应当是一些形式尽量不固定、秘密性尽量少的组织,如工会、工人自学小组、秘密书刊阅读小组以及其他**一切**居民阶层中的社会主义小组和民主主义小组等等。这样的小组、工会和团体必须**遍布各地**,履行各种不同的职能;但是,如果**把这些组织同革命家**的组织**混为一谈**,抹杀这两者之间的界限……那就是荒唐和有害的了。”(第 96 页)①从这种引证中可以看出,马尔托夫同志是多么不合时宜地对我提醒说,革命家组织应当由广泛的工人组织**围绕起来**。我在《怎么办?》中就已经指出了这一点,而在《给一位同志的信》中更具体地发挥了这个思想。我在这封信中写道,工厂小组“对我们特别重要:运动的全部主要力量就在于

---

① 见本版全集第 6 卷第 120 页。——编者注

各**大**工厂工人的组织性,因为大工厂里集中的那一部分工人,不但数量上在工人阶级中占优势,而且在影响、觉悟程度和斗争能力方面更占优势。每个工厂都应当成为我们的堡垒…… 工厂分委员会应当力求通过各种小组(或代办员)网掌握整个工厂,吸收尽量多的工人参加工作…… 所有的小组和分委员会等,都应当是委员会的附属机构或分部。其中一些人将直接申请加入俄国社会民主工党,**一经**委员会**批准**就成为党员,(受委员会委托或经委员会同意)担负一定的工作,保证服从党机关的指示,**享有党员的权利**,可以成为委员会委员的直接候选人,等等。另一些人将**不加入俄国社会民主工党**,他们是由党员建立的那些小组的成员,或者是与某个党小组接近的那些小组的成员,等等"(第 17—18 页)①。从我加上着重标记的地方可以特别明显地看出,我的第 1 条条文的**思想**在《给一位同志的信》中已经充分表明了。那里直接指出了入党的条件:(1)一定程度的组织性;(2)由党委员会批准。在下一页,我又大致指出什么样的团体和组织,根据什么理由应当(或者不应当)吸收入党:"书刊投递员小组成员必须是俄国社会民主工党的党员,应该认识一定数量的党员和党的负责人。研究职工劳动条件和拟定职工各种要求的小组,其成员不一定必须是俄国社会民主工党的党员。大学生自学小组、军官自学小组和职员自学小组都有一两个党员**参加**,有时甚至根本不该让人知道他们是党员,等等。"(第 18—19 页)②

请看这又是一种可以说明"光明正大"问题的材料! 马尔托夫同志的草案上的条文甚至完全没有讲到党对于各组织的关系,而

---

① 见本版全集第 7 卷第 10、12—13 页。——编者注
② 同上书第 13 页。——编者注

我几乎在代表大会一年以前就已经指出，一些组织应该包括在党内，另一些组织不应该包括在党内。在《给一位同志的信》里已经很明确地提出我在代表大会上所辩护的那个思想。这一点可以具体表述如下。一般按照组织程度，尤其是按照秘密程度来说，各组织大致可以分为以下几种：（1）革命家组织；（2）尽量广泛和多种多样的工人组织（我只说到工人阶级，当然，在一定条件下，这里也包括其他阶级中的某些分子）。这两种组织就构成为党。其次，（3）靠近党的工人组织；（4）不靠近党，但是事实上服从党的监督和领导的工人组织；（5）工人阶级中没有参加组织的分子，其中一部分——至少在阶级斗争的重大事件中——也是服从社会民主党的领导的。按照我的看法，情况大致就是这样。相反，按照马尔托夫同志的看法，党的界限是极不明确的，因为"每一个罢工者"都可以"宣布自己是党员"。试问，这种界限模糊有什么好处呢？可以使"称号"广泛散布。它的害处就是会产生一种把党和阶级混淆起来的**瓦解组织**的思想。

　　为了说明我们所提出的一般原理，我们还要粗略地看一看代表大会继续讨论党章第 1 条的情况。布鲁凯尔同志发言（这一点使马尔托夫同志感到满意）赞成我的条文，但是**他**和我的联盟是跟阿基莫夫同志和马尔托夫的联盟不同的，这只是出于误会。布鲁凯尔同志"不同意整个党章和它的整个精神"（第 239 页），而他拥护我的条文，是因为他把我的条文**看成是**《工人事业》杂志的拥护者所希望的那种**民主制的基础**。布鲁凯尔同志当时还没有认识到在政治斗争中有时不得不选择**害处较少**的办法；布鲁凯尔同志没有觉察到，在我们这样的代表大会上为民主制辩护，是徒劳无益的。阿基莫夫同志就比较精明了。他完全正确地提出问题，认为

"马尔托夫同志和列宁同志争论的是哪一种〈条文〉更能达到他们的共同目的"（第252页）。他继续说："我和布鲁凯尔，想挑选一个**比较不能达到这个目的的条文**。于是我就挑选了马尔托夫的条文。"阿基莫夫同志又坦率地解释说，他认为"他们的目的〈即普列汉诺夫、马尔托夫和我三个人的目的——建立一个起领导作用的革命家组织〉是实现不了的，而且是有害的"；他像马尔丁诺夫同志一样[①]，拥护经济派所谓不必有"革命家组织"的思想。他"完全相信，实际生活终究会闯进我们党组织中来，不管你们是用马尔托夫的条文还是用列宁的条文阻挡它的去路"。本来，这种"尾巴主义的""实际生活"观点是不值一提的，如果我们没有在马尔托夫同志那里也看到这种观点的话。马尔托夫同志的第二次发言（第245页）一般讲来是很有意思的，所以值得详细分析一番。

　　马尔托夫同志的第一个理由是说：党组织对于不加入组织的党员的监督是"可以实现的，因为委员会既然委托某人担负某种职务，就有可能对其考察"（第245页）。这个论点非常值得注意，因为它可以说是"道破了"马尔托夫的条文究竟是**谁**需要的，**事实上**是为谁效劳的：是为知识分子个人效劳呢，还是为工人团体和工人群众效劳。原来，马尔托夫的条文有可能作两种解释：(1)凡是在党的某一个组织的领导下经常亲自协助党的人，都有权"**宣布自**

---

　　① 不过，马尔丁诺夫同志想同阿基莫夫同志区别开来，他想证明，密谋似乎不等于秘密，在这两个词的差别的后面掩盖着概念上的差别。究竟是什么差别，无论马尔丁诺夫同志或者现在跟着他走的阿克雪里罗得同志都没有加以说明。马尔丁诺夫同志"装出一副样子"，使人感到，似乎我，例如在《怎么办？》中，没有坚决（如在《任务》（见本版全集第2卷第426—449页。——编者注）中那样）反对"把政治斗争**缩小成密谋**"。马尔丁诺夫同志想使听众**忘记**一件事实，就是我当时所反对的那些人认为**不需要革命家组织**，正如阿基莫夫同志现在认为不需要这种组织一样。

己"（这是马尔托夫同志本人的话）是党员；（2）每一个党组织**都有权承认**凡是在它的领导下经常亲自协助党的人是党员。只有第一种解释才真正有可能使"每一个罢工者"自称为党员，所以也**只有这种解释**才立刻得到了李伯尔们、阿基莫夫们以及马尔丁诺夫们的衷心拥护。但是，这种解释显然是一句空话，因为这样就会把整个工人阶级都包括进去，从而抹杀党和阶级之间的区别；所谓监督和领导"每一个罢工者"，那只能是"象征性地"谈一谈。正因为如此，马尔托夫同志在第二次发言时立刻就倒向第二种解释（不过，顺便说一下，**这种解释被代表大会直接否决了**，因为代表大会否决了科斯季奇的决议案<sup>127</sup>，第 255 页），即认为委员会将委托人们担负各种职务并考察其执行情况。这种专门职务当然从来不会委托给工人**群众**，不会委托给**数以千计的**无产者（即阿克雪里罗得同志和马尔丁诺夫同志所说的那些无产者），而恰恰是常常委托给阿克雪里罗得同志所提起的**大学教授**，委托给李伯尔同志和波波夫同志所关心的**中学生**（第 241 页），委托给阿克雪里罗得同志在第二次发言中所提到的**革命青年**（第 242 页）。总之，马尔托夫同志的条文要么是一纸空文和空洞的辞藻，要么就多半是而且几乎完全是有利于那些**"浸透了资产阶级个人主义"**而不愿意加入组织的**"知识分子"**。马尔托夫的条文**在口头上**是维护无产阶级广大阶层的利益的，但是**事实上**却是为那些害怕无产阶级的纪律和组织的**资产阶级知识分子**的利益效劳。谁也不敢否认，作为现代资本主义社会中**特殊阶层的知识分子**，他们的特点，一般和整个说来，**正是个人主义**和不能接受纪律和组织（可以参看一下考茨基论述知识分子的一些著名论文）；这也就是这个社会阶层不如无产阶级的地方；这就是使无产阶级常常感觉到的知识分子意志消沉、动摇不定的一个原因;知识分子的这种特性是同他们通常的生活条件,同他们在很多方面接近于**小资产阶级生存**条件的谋生条件(单独工作或者在很小的集体里工作等等)有密切联系的。最后,拥护马尔托夫同志条文的那些人恰恰必须拿大学教授和中学生作例子,也不是偶然的! 在关于党章第 1 条的争论中并不像马尔丁诺夫和阿克雪里罗得两位同志所想的那样,是坚决主张广泛进行无产阶级斗争的人反对坚决主张搞激进密谋组织的人,而是拥护**资产阶级知识分子个人主义**的人同拥护**无产阶级组织和纪律**的人发生了冲突。

波波夫同志说:"在彼得堡,也像在尼古拉耶夫或敖德萨一样,据这些城市的代表说,到处都有数以十计的散发书刊和进行口头鼓动的工人不能成为组织中的成员。可以把他们编到组织里面,但是不能看做组织中的成员。"(第 241 页)为什么他们不能成为组织中的成员呢? 这始终是波波夫同志的一个秘密。上面我引了《给一位同志的信》中的一段话,正是说明把所有这些工人(是数以百计,而不是数以十计)编到组织里面是可能的而且是必要的,其中有许许多多这样的组织能够而且应当包括在党内。

马尔托夫同志的第二个理由是说:"列宁认为党内除了党组织以外,再也不能有其他什么组织……"完全对啊! ……"反之,我却认为这样的组织应当存在。实际生活在十分迅速地建立和繁殖这些组织,以致我们来不及把它们一一纳入我们职业革命家的战斗组织的体系……" 这个说法在两方面都是不正确的:(1)"实际生活"繁殖真正干练的革命家组织,要比我们所需要的,要比工人运动所要求的少得多;(2)我们党应当是一个不仅包括革命家组织而且包括许许多多工人组织在内的体系……"列宁认为中央委员会只会批准那些在原则方面完全可靠的组织为党的组织。可是,布鲁凯尔同志清楚地了解,实际生活〈原文如此!〉一定会显示自己的力量,中央委员会为了不致把许多组织抛在党外,就会不管它们是不是完全可靠而一概批准;因此,布鲁凯尔同志也就附和了列宁的意见……"　请看,这真是尾巴主义的"实际生活"观点!当然,如果中央委员会**一定要**由一些不是按照自己的意见而是按照别人的意见行事的人(见组委会事件)组成,那"实际生活"就真正会"显示自己的力量",就是说,党内最落后的分子就会占上风(**现在由于党内存在着由落后分子组成的"少数派",情况正是如此**)。但是,无论如何也找不到一个**适当的**理由能迫使一个**干练的**中央委员会把那些"不可靠的"分子吸收到党内来。马尔托夫同志拿"实际生活""繁殖"不可靠的分子作借口,正好十分明显地暴露了他的组织计划的机会主义性质!……他继续说:"而我认为,如果这样的组织〈不完全可靠的组织〉同意接受党纲,接受党的监督,我们可以把它吸收入党,但并不因此就把它变成党的组织。例如,如果某个'独立派'协会决定接受社会民主党的观点和党纲,并加入党,那我就会认为这是我们党的一个重大胜利,然而这还不是说,我们就把这个协会编入党组织中了……"　请看,马尔托夫的条文竟混乱到什么程度:加入党的非党组织!请看一看**他的**公式吧:党=(1)革命家组织,+(2)被承认是党组织的工人组织,+(3)没有被承认是党组织的工人组织(多半是"独立派"组织),+(4)执行各种任务的个人,如大学教授、中学生等等,+(5)"每一个罢工者"。可以同这个出色的计划相媲美的只有李伯尔同志的下面一段话:"我们的任务不只是要建立一个组织〈!!〉,我们能够并且应当建立一个党。"(第241页)是的,当然我们能够并且应当做到这一点,但是要做到这

一点，需要的并不是什么"建立一些组织"的废话，而是向党员**直接**
提出**要求**，要他们切实地从事**建立组织**的工作。说是"建立一个
党"，而又拥护用"党"这个词来掩盖一切无组织性和一切涣散状
态，那就是说空话。

马尔托夫同志说："我们的条文是表示一种想使革命家组织和
群众之间有一系列组织的意图。"恰恰不是这样。马尔托夫的条文
恰恰**不是表示**这种真正必要的意图，因为它并**不是促使大家组织
起来**，不是要求大家组织起来，不是把有组织的东西和无组织的东
西区分开来。它只是给大家一个**称号**①。说到这里，不能不回想
起阿克雪里罗得同志说过的一段话："无论用什么命令都不能禁止
它们〈革命青年小组等等〉以及个别人自称为社会民主主义者〈十
足的真理!〉，甚至自认为是党的一部分⋯⋯"　这就**大错特错了!**

---

① 马尔托夫同志在同盟代表大会上又提出一个令人好笑的论据来为自己的条
文辩护。他说："我们可以指出，列宁的条文按字面意义来了解，是把**中央代
办员**置于党外，因为这些代办员并不组成一个组织。"(第59页)这个论据在同
盟代表大会上曾受到**嘲笑**，这一点从记录上可以看出来。马尔托夫同志以为
他所指出的"困难"，只有中央代办员加入"中央委员会的组织"才能够解决。
但是问题不在这里。问题在于马尔托夫同志所引用的例子清楚地表明**他完
全不了解党章第1条的思想**，表明那种纯粹咬文嚼字的批评方式确实值得嘲
笑。**从形式上说**，只要成立一个"中央代办员组织"，起草一个把这个组织编
到党内来的**决议**，那个使马尔托夫同志大伤脑筋的"困难"就会立刻消失。而
我提出的党章第1条条文的**思想**是要**促使大家"组织起来!"**，是要**保证实在的**
监督和领导。从**实质上看**，中央代办员应不应当包括在党内这个问题本身就
是可笑的。因为对他们的**实在的监督，由于他们被任命为代办员**，由于他们
被留在代办员的职位上，**已经有了完全的和绝对的保证**。所以，这里根本谈
不上把有组织的东西和无组织的东西混为一谈(而这正是马尔托夫同志条文
的错误的根源)。马尔托夫同志的条文所以要不得，就是因为它使每一个人，
使每一个机会主义者，每一个夸夸其谈的人，每一个"大学教授"和每一个"中
学生"都可以**宣布自己**是党员。这就是马尔托夫同志条文的**阿基里斯之
踵128**，而马尔托夫同志却枉费心机地企图**掩饰**这个致命弱点，举了一些根本
谈不上什么自封为党员、自行宣布为党员的例子。

禁止人家自称为社会民主主义者是不可能的，而且也**没有必要**，因为这个词**直接**表示的只是一种信念体系，而不是一定的组织关系。当个别小组和个别人危害党的事业、败坏和瓦解党的组织时，禁止这些小组和个人"自认为是党的一部分"，是可以而且应该的。如果党竟不能"用命令禁止"小组"自认为是"整体的"一部分"，那么说**党**是个整体，是个政治单位，就太可笑了！如果这样，那又何必规定开除党籍的手续和条件呢？阿克雪里罗得同志显然已经把马尔托夫同志的基本错误弄到了荒谬的地步；他甚至把这个错误发挥成**机会主义理论**，因为他补充说："按照列宁的条文，党章第1条是直接同无产阶级社会民主党的实质〈!!〉及其任务根本矛盾的。"（第243页）这恰恰等于说：对党提出的要求高于对阶级的要求，是同无产阶级任务的实质根本矛盾的。怪不得阿基莫夫要竭力拥护这样的**理论**。

必须公正地指出，阿克雪里罗得同志**现在**想把这个显然有机会主义倾向的错误条文变成**新**观点的种子，但是他当时在代表大会上倒是表示愿意"磋商"，他说："但是我发觉，我原来敲的是敞开的大门"（我在新《火星报》上也发觉了这一点），"因为列宁同志及其被认为是党的一部分的外层小组表示赞同我的要求。"（不仅外层小组，而且还有各种各样的工人联合会：参看记录第242页斯特拉霍夫同志的发言，以及上面从《怎么办？》和《给一位同志的信》里摘录的一些话）"剩下的还有个别人。但是在这里也是可以磋商的。"我当时回答阿克雪里罗得同志说，一般说来，我并不反对磋商①，但是我现在应当解释一下，这句话究竟是指什么而言。正是

---

① 见本版全集第7卷第269页。——编者注

关于个别人,关于所有这些大学教授和中学生等等,我是最不同意作什么让步的。但是,如果引起怀疑的是工人组织问题,那我就会同意(虽然上面我已经证明,这种怀疑是完全没有根据的)给我的第 1 条条文加上这样一个附注:"凡是接受俄国社会民主工党党纲和党章的工人组织,应当尽量列入党组织。"当然,严格说来,党章应当以法律式的定义为限,这种愿望不适于在党章中规定,而只适于在解释性的注解中、在小册子中加以说明(我已经指出,还在党章制定之前很久,我就在自己的小册子中作过这样的解释了);但是,这样的附注至少丝毫不会有什么可能导致瓦解组织的**错误**思想,丝毫不会有马尔托夫条文中显然包含的**机会主义的**论断①和

---

① 在企图论证马尔托夫的条文时必然涌现出来的这些论断中,特别值得提出的是托洛茨基同志的一段话(第 248 页和第 346 页),他说:"机会主义是由一些比党章某一条文更复杂的原因造成的〈或者说:由更深刻的原因决定的〉,——它是由资产阶级民主运动和无产阶级二者的相对发展水平引起的……" 但是问题不在于党章条文能造成机会主义,而在于要利用党章条文锻造出比较锐利的武器来反对机会主义。机会主义产生的原因愈深刻,这种武器也就应当愈锐利。因此,以机会主义有"深刻的原因"作理由来为向机会主义敞开大门的条文**辩护**,那就是十足的尾巴主义。当托洛茨基同志还在反对李伯尔同志时,他了解党章是整体对部分、先进部队对落后部队所表示的"有组织的不信任";而当托洛茨基同志站到李伯尔同志方面时,他却忘记了这一点,甚至用"复杂的原因"、"无产阶级的发展水平"等等,为**我们**在组织这种不信任(对机会主义的不信任)方面所表现的**软弱**和动摇辩护了。托洛茨基同志的另一个论据是说:"已有某种组织的青年知识分子,是更容易**自行列入**〈黑体是我用的〉党员名单的。"正是这样。所以,有知识分子模糊不清的毛病,正是那个甚至容许无组织的分子**自行宣布**为党员的条文,而不是我的**绝对不许**人们"**自行列入**"名单的条文。托洛茨基同志说,中央委员会"不承认"机会主义者的组织,只是因为注意到这些人的性质,但是既然大家都知道这些人的政治面貌,那么他们就没有什么危险,因为可以用全党抵制的办法把他们驱逐出去。这一点只有在必须把某人**驱逐出党**的情况下才是对的(而且只是对了一半,因为有组织的党不是用抵制的办法而是用表决的办法**实行驱逐**的)。这一点在很多日常情况下,即在只需要**实行监督**而绝对不能

"无政府主义的观念"。

我加了引号的最后一个说法，是巴甫洛维奇同志的。他当时很公正地把承认"**不负责任的和自行列名入党的分子**"是党员的主张看做**无政府主义**。巴甫洛维奇同志向李伯尔同志解释我的条文时说，"如果翻译成普通话"，——这个条文就是说："既然你想做一个党员，就应当也承认组织关系，而且不只是抽象地承认。"这种"翻译"虽然很简单，但是它不仅对于那些各种各样可疑的大学教授和中学生，而且对于最真实的党员，对于上层人物，都不是多余的（正如代表大会以后的事件证明的那样）…… 巴甫洛维奇同志同样公正地指出，马尔托夫同志的条文是同马尔托夫同志引证得很不恰当的那个不容争辩的科学社会主义原理相抵触的。"我们党是不自觉过程的自觉表现者。"正是如此。并且正因为如此，要"每一个罢工者"都能自称为党员是不正确的，因为假使"每次罢工"都不只是强大的阶级本能和必然引向社会革命的阶级斗争的自发表现，而是这个过程的**自觉表现**，那么……那么，总罢工就不会是无政府主义的空话，那么我们的党就会立刻一下子**包括**整个

---

**实行驱逐**时，是完全不正确的。中央委员会为了实行监督，可以**有意把某一个虽然不完全可靠，但有工作能力的组织在一定条件下接纳到党内来，以便考验它，试图把它引上正确道路**，用自己的领导来克服它的局部的偏向，等等。**如果根本不允许"自行列入"**员名单，那么这样的接纳是没有危险的。为了能使人公开地和**负责地**，即在有监督的条件下表达（并讨论）其错误观点和错误策略，这样的接纳往往是有好处的。"但是，如果说法律式的定义应当适合事实上的关系，那么列宁同志的条文就应当被否决。"——托洛茨基同志这样说，但这又是机会主义者的说法。事实上的关系并不是死的，而是有生气的和不断发展的。法律式的定义能适合这些关系的进步发展，但是也能（如果这些定义是坏定义的话）"适合"退化或停滞。后一种情况也就是马尔托夫同志的"情况"。

工人阶级，因而也就会一下子把**整个资产阶级社会**消灭掉。为了**真正**成为自觉的表现者，党应当善于造成一种能**保证有相当的**觉悟**水平**并不断提高这个水平的组织关系。巴甫洛维奇同志说："按照马尔托夫的道路走去，首先就要删掉关于承认**党纲**的条文，因为要接受党纲，就必须领会和了解这个党纲……承认党纲是要有相当高的政治觉悟水平才能做到的。"我们从来不容许用任何要求（领会、了解等等）来人为地**限制**人们**支持**社会民主党以及**参加**它所领导的斗争，因为单是**参加**斗争这一事实本身就能**提高**觉悟性和组织本能，但是，既然**我们结成一个党**，以便进行有计划的工作，那我们就应当设法保证这种计划性。

巴甫洛维奇同志关于党纲问题的警告看来不是多余的，这在**同一次**会议过程中**就立即**显示出来了。保证马尔托夫同志的条文得以通过①的阿基莫夫同志和李伯尔同志**立刻就**暴露出自己的真正本性，他们要求（第254—255页）对于党纲也只要（为了取得"党员资格"）抽象地加以承认，即只承认它的"基本原理"就行了。巴甫洛维奇同志指出："阿基莫夫同志的提议，从马尔托夫同志的观点看来，是完全合乎逻辑的。"可惜，我们从记录中看不出究竟有**多少票**赞成阿基莫夫的这个提议，——大概不少于七票（五个崩得分子，再加上阿基莫夫和布鲁凯尔）。正因为**七个**代表退出了代表大会，所以原先在讨论党章第1条时形成的"紧密的多数派"（反火

---

① 投票赞成这个条文的有28票，反对的有22票。八个反火星派分子中有七个人赞成马尔托夫，有一个人赞成我。假如没有机会主义者的帮忙，马尔托夫同志就不能使自己的机会主义条文通过。（马尔托夫同志在同盟代表大会上毫无成效地企图驳倒这件不成问题的事实，不知为什么只指出崩得分子的票数，而把阿基莫夫同志和他的朋友们忘记了，确切些说，**只有**在这一点可以作为攻击我的证据——布鲁凯尔同志同意我的条文——时，才想起这些人。）

星派分子、"中派"和马尔托夫分子)结果变成了紧密的少数派！正因为**七个**代表退出了代表大会,主张批准旧编辑部的提议才遭到了失败,《火星报》办报的"继承性"才受到这种似乎惊人的破坏！这奇异的**七个**人竟是《火星报》的"继承性"的唯一救星和保证,而这七个人就是崩得分子以及阿基莫夫和布鲁凯尔,也就是说,正是那些对承认《火星报》为中央机关报的**理由**投过反对票的代表,而他们的机会主义立场曾经由代表大会肯定地指出过几十次了,并且是由马尔托夫和普列汉诺夫两人在讨论关于**缓和**第一条有关党纲的提法问题时就肯定地指出过的。反火星派分子捍卫《火星报》的"继承性"！——这就是代表大会以后展开的一出悲喜剧的**开端**。

＊　　　＊　　　＊

表决党章第 1 条条文时形成的派别划分,也跟语言平等事件暴露的情况完全相同:由于火星派多数派方面有四分之一(大概数目)的票数脱离出去,结果就使"中派"所追随的反火星派有可能取得胜利。当然,这里也有个别的票数破坏了画面的完整性,——在像我们代表大会这样一个大规模的会议上,必然有一部分"野"票偶然地有时跑到这方有时跑到那方,尤其是在讨论党章第 1 条这样的问题时情况是这样,因为在这个问题上发生意见分歧的实质才刚刚显露出来,许多人简直**还来不及把问题弄清楚**(因为这个问题预先没有在书刊上探讨过)。从火星派多数派方面跑出去五票(各有两票表决权的鲁索夫和卡尔斯基以及有一票表决权的连斯基);同时,又有一个反火星派分子(布鲁凯尔)和三个中派分子(梅德维捷夫、叶戈罗夫和察廖夫)归附到火星派多数派方面;结果多数派共有 23 票(24－5＋4),比后来进行选举时最终形成的派别划分少一票。**反火星派分子使马尔托夫取得了多数**，反火星派分子中有七个人赞成马尔托夫，有一个人赞成我（"中派"方面也有七票赞成马尔托夫，三票赞成我）。火星派少数派和反火星派以及"中派"的联盟——即在代表大会快结束时和在代表大会以后组成的紧密的少数派的那个联盟——**开始形成起来**。马尔托夫和阿克雪里罗得在提出党章第 1 条条文时，特别是在为这个条文辩护时所犯的**无疑是向机会主义和无政府个人主义迈进了一步**的政治错误，由于有代表大会这样一个自由的公开的舞台，立刻和特别明显地暴露出来了，具体表现就是，最不坚定的和最不坚持原则的分子马上发动了他们的全部力量来扩大社会民主党革命派观点中出现的裂缝，或者说缺口。在组织方面公开追求**不同目的**（见阿基莫夫的发言）的人们共同参加代表大会的事实，立刻就推动了**在原则上**反对我们的组织计划和反对我们的章程的人去支持马尔托夫同志和阿克雪里罗得同志的错误。在这个问题上也仍然忠实于社会民主党革命派观点的火星派分子竟成了**少数**。这是一件**有重大意义的**事实，因为谁如果没有弄清楚这件事实，谁就根本无法了解由于争论党章的细节问题而发生的斗争，也无法了解由于争论中央机关报和中央委员会人选问题而发生的斗争。

## （十）　无辜被加上莫须有的
## 机会主义罪名的人

　　在谈党章问题继续讨论的情况以前，必须讲一下《火星报》组织在代表大会期间举行的几次**非正式**会议，以便说明我们在中央机关人选问题上发生的分歧。这四次会议中最后的和最重要的一次会议**正是在**表决了党章第 1 条**以后**举行的，所以，《火星报》组织在这次会议上发生的分裂，无论在时间上或者在逻辑上都是以后斗争的先声。

　　《火星报》组织的非正式会议①是在组委会事件（它是挑起讨论中央委员会的可能的候选人问题的导火线）以后不久召开的。不言而喻，由于限权委托书被取消，这几次会议只具有协商性质，对任何人都没有约束作用，但是这几次会议的意义毕竟是很大的。中央委员会人选问题在许多代表看来是个很大的难题，因为他们既不知道秘密名字，也不知道《火星报》组织的内部工作情况，虽然这个组织造成了党在事实上的统一，并且实现了成为正式承认《火星报》的理由之一的对于实际运动的领导。前面我们已经看到了，当火星派分子团结一致的时候，他们完全有保证在代表大会上取得五分之三的大多数，全体代表都很了解这一点。所有的火星派分子正是期望《**火星报**》**组织**提出一个关于中央委员会一定人选的名单，并且《火星报》组织中没有一个人有一句话表示反对预先在这个组织中讨论中央委员会人选问题，没有一个人提到要批准组委会全体委员，即把它变成中央委员会，**甚至**没有提到要同组委会全体委员**协商**中央委员会候选人问题。这个情况也非常重要，而且十分值得重视，因为**现在**马尔

---

　　①　为了避免陷入无法解决的争论，我在同盟代表大会上对于这些非正式会议上的情况的说明，已经是尽量简单了。基本的事实已经在我的《给〈火星报〉编辑部的信》（第 4 页）中叙述过了。马尔托夫同志在他的《答复》中并没有对这些基本事实表示异议。

托夫分子事后热心拥护组委会，这不过是千百次地证明自己在政治上没有气节而已。① 当中央机关人选问题引起的分裂还没有使马尔托夫和阿基莫夫团结起来的时候，代表大会上所有的人都清楚认识到一个事实——任何一个不抱偏见的人从代表大会的记录和《火星报》的全部历史中都很容易看清这样一个事实，即组委会**主要**是一个负责召集代表大会的委员会，是一个有意吸收各种色彩的代表（直到崩得为止）组成的委员会；而实际**建立党**的组织统一工作，则完全由《火星报》组织来担负（同时必须指出，有**几个**火星派的组委会委员没有出席代表大会，完全是偶然的，有的是由于被捕，有的是由于其他种种"客观"情况）。参加代表大会的《火星报》组织成员已由巴甫洛维奇同志在他的小册子中列举过了（见他的《关于第二次代表大会的信》第13页）**129**。

　　《火星报》组织内部激烈辩论的最终结果，就是我在《给编辑部的信》中引证过的两次表决。第一次表决是"以9票对4票3票弃权否决了马尔托夫所支持的候选人之一"。《火星报》组织所有出席代表大会的16个成员一致同意讨论关于可能的候选人问题，并以多数票否决了马尔托夫同志所提出的候选人之一（这个候选人就是现在马尔托夫同志自己也忍不住将其泄漏出来的施泰因同志，《戒严状态》第69页）——这不是最简单最自然的事情吗？ 要

---

① 请仔细想象一下这幅"风俗画"吧：《火星报》组织的**一个代表在代表大会上只**同《火星报》组织协商过，并且甚至**连提也没有提到**要同组委会协商。而当他自己在这个组织内以及在代表大会上遭到了失败之后，他却对组委会没有被批准一事**表示惋惜**，事后赞扬组委会，并傲慢地漠视给他代表委托书的那个组织！ 我敢说，这样的事情在任何一个真正的社会民主党和真正的工人政党的历史中都是找不出来的。

知道,我们聚集起来举行党代表大会,正是为了讨论和解决究竟把"指挥棒"交给谁掌握的问题,而我们全体党员的义务就是要极认真地对待议程上的这一项,正如鲁索夫同志后来十分公正指出的那样,解决这个问题要从**事业的利益**出发,而不是从"庸人的温情"出发。当然,**在代表大会上讨论候选人问题时**,特别是在非正式的和小型的会议上,不能不涉及到某些个人品质,不能不表示自己是赞成还是不赞成。① **我在同盟代表大会上就已经警告过**:把不赞成候选人看做一种"侮辱"(同盟记录第49页),是很荒谬的;由于人家直接履行党员的义务即自觉地慎重地选择负责人员就"吵闹"和大发歇斯底里,是很荒谬的。可是当时我们的少数派却为此而掀起了一场轩然大波,他们**在代表大会以后**开始叫嚷什么"破坏名誉"(同盟记录第70页),并**在报刊上向广大读者**说施泰因同志是旧组委会的"主要人物",无辜被人指责有"什么险恶的计谋"(《戒严状态》第69页)。你看,在是否赞成候选人的问题上叫嚷什么"破坏名誉",这难道不是歇斯底里吗? 有人在《火星报》组织的非正式会议上以及在党的正式的最高会议即代表大会上遭到了失败以后,就在街头公众面前抱怨,并把落选的候选人当做"主要人物"

---

① 马尔托夫同志在同盟代表大会上伤心地抱怨,说我表示不赞成时的态度过于激烈,但是他没有觉察到,从他的抱怨里得出了对他自己不利的结论。列宁当时的举动——用他的说法——狂暴(同盟记录第63页)。真的。他使劲把门关了一下。不错。他的行为(在《火星报》组织的第二次或第三次会议上)使当时在场的人感到愤慨。这是实情。但是由此应当得出什么结论呢? 结论只是我在各个争论问题的实质方面的论据是有说服力的,而且已经为代表大会的进程所证实。其实,既然《火星报》组织的16个成员中毕竟有9个赞成我的立场,那么,显而易见,**虽然**态度激烈,**哪怕**态度激烈,人们还是赞成我的。这就是说,如果不是"态度激烈",当时站到我方面来的人也许比9个还要多呢。也就是说,当时我的论据和事实必须胜过人们的"愤慨",而终于得到克服的这种"愤慨"愈大,这些论据和事实也就显得愈有说服力。

推荐给可尊敬的公众；有人后来竟用闹分裂和要求**增补**的办法来要挟党接受他们的候选人，这难道不是无谓争吵吗？我们在国外沉闷的气氛中，政治概念竟然混淆到如此程度，以致马尔托夫同志连什么是党员义务，什么是小组习气和私人关系也分辨不清！主张候选人问题**只**适合在代表大会上讨论和解决，据说这是官僚主义和形式主义，虽然在代表大会上代表们开会首先就是要讨论重要的原则问题；参加代表大会的是运动的代表，他们能够大公无私地对待人选问题，能够（而且应当）为了投票表决而**要求**和收集有关候选人的一切材料；在代表大会上为指挥棒问题而发生的一定的争论本来是自然的和必要的。现在我们这里，代替这种官僚主义和形式主义观点而形成了另外一种风气：我们可以在代表大会闭幕以后信口开河，说伊万·伊万内奇在政治上被埋葬了，伊万·尼基佛罗维奇的名誉被破坏了等等；候选人将由一些著作家在小册子里大加渲染，这些著作家装出一副伪善面孔，拍着胸脯说这不是小组而是党……　一些喜欢看热闹的读者就会如获至宝地欢迎这种耸人听闻的消息，说什么据马尔托夫本人说，某某人曾是组委会的主要人物。①　这些读者要比粗暴机械地根据多数通过决议的代表大会这类形式主义的机关有更大的本事去讨论问题和解决问题……　是的，在国外还有许多充满了无谓争吵的奥吉亚斯的牛圈**130**需要我们真正的党

---

①　我也在《火星报》组织里提出过一个中央委员会候选人，而且也像马尔托夫一样没有能使这个候选人当选，对于这个候选人，我本来也能说一下他在代表大会以前和代表大会初期有过什么杰出事迹证明他的良好的声誉。但是，我从来没有这样的念头。这位同志**很有自尊心，决不会**让任何人在代表大会以后在报刊上提出他的候选资格，或者抱怨什么政治上被埋葬，名誉被破坏等等。

的工作人员去打扫！

———

《火星报》组织举行的另一次表决，是"以10票对2票4票弃权通过了五人名单（中央委员会候选人名单），根据我的提议，这个名单中包括了一个非火星派领袖和一个火星派少数派领袖"①。这次表决非常重要，因为它明显而不容争辩地证明，后来在无谓争吵的气氛中产生的那些谰言，说什么我们想把非火星派驱逐出党或者除掉，说什么多数派只是通过代表大会半数从半数里选等等，是毫无根据的。所有这一切都是彻头彻尾的谎言。我所引证的这次表决情况表明，我们不但没有把非火星派分子从党内排除出去，甚至没有把他们从中央委员会内排除出去，而是让我们的对手占了一个相当大的**少数**。全部问题就在于他们**想占多数**，当这个小小的愿望实现不了时，他们就**大吵大闹**，根本拒绝参加中央机关。事实真相就是如此，同马尔托夫同志在同盟中所说的截然相反，从下面**一封信**里可以看出这一点，这封信是我们火星派多数派（在七个人退出代表大会以后成了代表大会上的多数派）在代表大会通过党章第1条以后不久从《火星报》组织中的少数派那里收到的（必须指出，我所说的那次《火星报》组织的会议是**最后一次**会议，在这次会议以后，《火星报》组织**事实上**已经瓦解了，因此双方都力图说服代表大会的其余代表相信自己是正确的）。

这封信的原文如下：

"我们听了索罗金和萨布林娜两位代表关于编辑部和'劳动解放社'的多

———

① 见本卷第93页。——编者注

数愿意参加（某一天①的）会议问题的解释，同时我们又在这两位代表的帮助下查明，在上一次会议上宣读过一个似乎是由我们提出的中央委员会候选人名单，这个名单被人用来对我们的整个**政治**立场作了不正确的估计；同时我们注意到，第一，人们丝毫没有试图查一查来源就认定这个名单是我们提出的；第二，这种情况和公开加在《火星报》编辑部以及'劳动解放社'多数身上的机会主义罪名无疑是有联系的；第三，我们十分了解这个罪名是同**改变《火星报》编辑部成员**的一个完全确定的计划有联系的，因此，我们认为：对我们作的关于不让参加会议的原因的解释是不能使我们满意的，而不愿意让我们参加会议就是证明不愿意让我们有可能消除上述莫须有的罪名。

至于我们彼此能不能协商提出一个共同的中央委员会候选人名单的问题，我们声明：我们可以当做协商基础接受的唯一名单就是波波夫、托洛茨基、格列博夫三个人，同时我们着重指出这个名单是一个**妥协性的**名单，因为我们把格列博夫同志列入这个名单只是为了向多数派的愿望表示让步，因为我们在代表大会上认清格列博夫同志的作用以后，**我们不认为格列博夫同志具备中央委员会候选人所应具备的条件**。

同时，我们要着重指出的一点就是，我们参加中央委员会候选人问题的谈判一事，同中央机关报编辑部成员的问题毫无关系，因为我们决不同意就这个问题（编辑部成员问题）进行任何谈判。

代表各同志署名的<br>马尔托夫和斯塔罗韦尔"

从这一封确切反映出争论双方的情绪和争论情况的信中，可以明白看出当时发生分裂的"核心"及其真实原因。《火星报》组织

---

① 据我计算（见本卷第496页。——编者注），这封信指的日期是星期二。会议是在星期二晚上，即在代表大会第28次会议**以后**举行的。这种时间上的考证很重要。它证据**确凿地驳斥了**马尔托夫同志的说法，即所谓我们的分离是由于中央机关的组成问题而不是由于中央机关的人选问题引起的。它**证据确凿地证明**我在同盟代表大会上和在《给编辑部的信》里的说明是正确的。在代表大会**第28次会议以后**，马尔托夫和斯塔罗韦尔两同志大谈什么莫须有的机会主义罪名，却**只字不提**在总委员会人选或中央机关成员增补问题上的分歧（关于这个问题，我们在第25、26、27次会议上曾经争论过）。

的少数派虽然不愿同意多数派的意见，而宁愿在代表大会上自由地进行鼓动（他们当然完全有权利这样做），但是他们还是力争多数派的"代表"允许他们参加非正式会议！当然，这种滑稽的要求在我们的会议上（这封信当然是在会议上宣读过的）只能使人发笑和感到惊异，至于他们因"莫须有的机会主义罪名"而大叫大闹，几乎是大发歇斯底里，那就不能不引起人们的嘲笑了。但是，我们首先还是逐条剖析一下马尔托夫和斯塔罗韦尔那些伤心的抱怨吧。

　　他们说：有人不正确地认为名单是他们提出的；有人不正确地估计了他们的政治立场。但是，马尔托夫自己也承认（同盟记录第64页），我并不怀疑他说这个名单不是他提出的一语的真实性。一般说来，名单究竟是谁提出的，这个问题在这里并没有多大关系，因为名单究竟是由火星派分子中某个人或者是由"中派"中某个人拟定的等等，那是根本无关紧要的。重要的是，完全由现在的少数派分子构成的这个名单曾在代表大会上传阅过，尽管只是作为一种设想或假设而传阅的。最后，**最重要的是**，马尔托夫同志当时在代表大会上**曾经**拼命表示拒绝**这个**名单，要是放到现在，他**一定会**表示欢迎。请看，在两个月以内他就由高喊"可耻的谣言"一变而为要挟党把这个似乎可耻的名单中开列的候选人接纳到中央机关去，——这种变化最明显不过地证明他对于人物和对于色彩的评价是多么不坚定啊！①

　　马尔托夫同志在同盟代表大会上说，这个名单，"意味着我们以及'南方工人'社同崩得在政治上结成联盟，即达成**直接的协定**"

---

①　当我们听到关于古谢夫同志和捷依奇同志的事件的消息时，上面所写的这些话已经付排了。关于这次事件，我们将在本书**附录**中专门加以分析。（见本卷第416—425页。——编者注）

（第 64 页）。这种说法是不正确的，因为第一，崩得永远不会同意达成一个关于没有一个崩得分子在内的名单的"协定"；第二，当时不仅同崩得，而且同"南方工人"社，都没有而且**也不可能**有什么直接的协定（当时在马尔托夫看来这是可耻的）。当时的问题恰恰不是协定，而是联盟，不是马尔托夫同志缔结过什么协定，而是那些在代表大会前半期曾遭到马尔托夫同志反对，后来却抓住马尔托夫同志在党章第 1 条问题上的错误加以利用的反火星派分子和动摇分子**不可避免地要支持**马尔托夫同志。我上面引用的信就确凿地证明，他们"委屈"的**根本原因**正在于人家**公开地给他们加上了莫须有的机会主义罪名**。这些曾经引起一场轩然大波而**现在**马尔托夫同志不管我在《给编辑部的信》中如何提醒仍然竭力回避的"罪名"，可归结为以下两点：第一，在讨论党章第 1 条时，普列汉诺夫直截了当地说，党章第 1 条的问题是把"各种机会主义分子"和我们"分开"的问题，我提出的草案是防止这些人钻进党内的壁垒，"单是这一个理由就应该使所有反对机会主义的人投票拥护"这个草案（代表大会记录第 246 页）。这些强有力的话尽管由我把语气缓和了一些（第 250 页）[①]，还是引起了强烈的反应，这在鲁索夫（第 247 页）、托洛茨基（第 248 页）和阿基莫夫（第 253 页）等同志的发言中有明显的表现。在我们"议会"的"走廊"里，大家都热烈地评论普列汉诺夫的这一论点，并在党章第 1 条问题的无数争论过程中对它作了各种各样的解释。但是我们那些亲爱的同志不但不从实质上来辩护，反而可笑地感到委屈，直到用书面抱怨什么"莫须有的机会主义罪名"！

---

① 见本版全集第 7 卷第 270 页。——编者注

那种充满小组习气和非常缺乏党性而经受不起吹来一点当众公开争论的新鲜空气的心理，在这里表现得很明显。这正是俄罗斯人所熟悉的心理，这种心理用一句古老的格言来说就是：要么饱以老拳，要么握手言欢！人们已经习惯于在一小群亲密伙伴的小圈子里生活，因此一旦在自由的公开的舞台上由自己负责发表言论，就手足无措了。给别人加上机会主义的罪名，给谁？给"劳动解放社"，而且是给该社的多数人加上这种罪名，——可以想见，这是多么可怕！或者是为了这个洗不掉的侮辱而造成党内分裂，或者是用恢复小圈子的"继承性"来遮盖这种"家丑"——这就是上面那封信里已经相当明确地提出的两种办法。知识分子的个人主义和小组习气的心理同在党面前公开发表意见的要求发生了冲突。你能设想在德国党内会有抱怨**"莫须有的机会主义罪名"**这样一种荒谬现象，这样一种无谓争吵吗！在那里，无产阶级的组织和纪律早已使人抛弃了这种知识分子的脆弱性。例如，对李卜克内西是任何人都十分尊敬的，但是，李卜克内西在1895年代表大会上在土地问题上非常糟糕地同露骨的机会主义者福尔马尔及其同伙站到一起去了，因而被人"公开加上机会主义罪名"（和倍倍尔一起）[131]，如果他因此而**抱怨起来**，人们该会怎样地嗤笑他啊！李卜克内西的名字同德国工人运动史密不可分地联系在一起，当然不是因为李卜克内西在这样一个比较小的局部问题上犯了机会主义的错误，尽管他犯了这样的错误，这种联系还是不会被否定的。同样，不管斗争多么激烈，比方说，阿克雪里罗得同志的名字现在而且将来永远会受到每个俄国社会民主党人的尊敬，但这并不是因为阿克雪里罗得同志在我们党的第二次代表大会上拥护过机会主义的思想，也不是因为他在同盟第二次代表大会上提出过旧的无政府主义的谬论，尽管他拥护过这种思想，提出过这种谬论，他的名字还是受人尊敬的。只有迷恋最落后的小组习气及其要么飨以老拳，要么握手言欢的逻辑的人，才会因"'劳动解放社'多数人被加上莫须有的机会主义罪名"而大发歇斯底里，掀起无谓争吵和制造党内分裂。

　　这种可怕的罪名的另一个根据同前一个根据有十分密切的联系（马尔托夫同志在同盟代表大会上（第63页）力图回避和抹杀这个事件的**一个**方面）。这个根据就是反火星派分子和动摇分子同马尔托夫同志在讨论党章第1条时已经**表现出来的联盟**。自然，当时马尔托夫同志和反火星派分子之间没有而且也不可能缔结什么直接的协定或间接的协定，而且谁也没有怀疑他缔结过什么协定：这不过是他自己由于害怕而产生的想法罢了。但是，那些显然有机会主义倾向的人在他周围组成一个愈加坚实"紧密的"多数派（现在**只是**由于有七个代表"偶然地"退出代表大会才变成了少数派），这一事实正暴露了他所犯的错误的**政治**意义。对于这个"联盟"，我们在讨论党章第1条以后当然也立刻**公开地**在代表大会上（见上面引用的巴甫洛维奇同志的评语，代表大会记录第255页）以及在《火星报》组织中指出过（我记得，普列汉诺夫曾特别指出过这一点）。这正像蔡特金在1895年向倍倍尔和李卜克内西两人提出的意见和嘲笑一样："Es tut mir in der Seele weh, daß ich dich in der Gesellschaft seh'"（我看见你〈即倍倍尔〉落在这样一伙人中间〈即与福尔马尔及其伙伴在一起〉，感到非常痛心）**132**。说也奇怪，当时倍倍尔和李卜克内西两人并没有歇斯底里地向考茨基和蔡特金写过什么关于莫须有的机会主义罪名的信……

关于中央委员会候选人名单的问题，这封信表明，马尔托夫同志在同盟中说他们当时还没有最后拒绝同我们协商，这话说错了，——这再一次说明，在政治斗争中不查对文件而企图靠记忆来重述谈话，是多么不妥当。其实，"少数派"当时是那样谦逊，竟然向"多数派"提出最后通牒：让"少数派"出两个人而"多数派"出一个人（作为妥协办法，并且只是为了表示让步！）。这真是怪事，但这是事实。这件事实清楚地表明，现在散布谰言，说什么"多数派"通过代表大会半数只选出这个半数的代表，是多么荒唐。恰恰相反：马尔托夫分子只是为了表示让步才主张让我们在三个席位中占一个席位，也就是打算在我们不同意这个奇特的"让步"时完全选出他们自己的人！我们在自己的非正式会议上嘲笑过马尔托夫分子的这种谦逊态度，并给自己拟定了一个名单：格列博夫、特拉温斯基（他后来被选入中央委员会）以及波波夫。我们随后（也是在24人的非正式会议上）用瓦西里耶夫同志（他后来被选入中央委员会）代替波波夫同志，只是因为波波夫同志拒绝列入我们提出的名单，起初他在私人谈话中表示拒绝，后来又在代表大会上公开表示拒绝（第338页）。

**事实真相就是如此。**

谦逊的"少数派"本来有一种想占多数席位的谦逊的愿望。当这种谦逊的愿望得不到满足时，"少数派"就公然完全表示拒绝，并开始无理取闹。但是现在竟有人煞有介事地大谈什么"多数派""不肯让步"！

"少数派"出马上阵在代表大会上进行自由鼓动的时候，曾向"多数派"提出可笑的最后通牒。当**我们的英雄**遭到失败的时候，**就嚎啕大哭，叫喊起戒严状态**来了。这就是全部情况。

给我们加上蓄意改变编辑部成员这一可怕的罪名，我们（在24人举行的非正式会议上）也是一笑置之，因为大家从代表大会刚一开始，甚至早在代表大会以前，就很清楚地知道以选举原先预定的三人小组来**改组**编辑部的计划（关于这一点，我在下面讲到代表大会选举编辑部的情况时还要详细说明）。"少数派"看到它同反火星派的联盟就是明显地证明这个计划的正确性**以后**，被这个计划吓得目瞪口呆，这并不使我们觉得奇怪，这是十分自然的事情。我们当然不能严肃看待那种要我们不经过代表大会上的斗争就自愿变成少数派的提议，我们当然不能严肃看待整个那封信，因为那封信的作者气愤到了不可思议的地步，以致说起什么"莫须有的机会主义罪名"来了。我们深信党员的义务感很快就会战胜那种想要"泄愤出气"的自然愿望。

# （十一）继续讨论党章。总委员会的组成

党章以后各条所引起的争论多半是关于细节问题的，很少涉及到组织原则。代表大会第24次会议完全是讨论选派代表出席党代表大会的问题，当时坚决而明确地反对全体火星派的共同计划的又只有崩得分子（戈尔德布拉特和李伯尔，第258—259页）以及阿基莫夫同志，后者以值得称赞的坦率精神承认他在代表大会上起的作用，他说："我每次说话都完全意识到，我所提出的论据不会影响同志，反而会危害我所拥护的那个条文。"（第261页）这一段中肯的意见紧接在讨论党章第1条以后来讲是特别恰当的；只是"反而"一词在这里用得不完全正确，因为阿基莫夫同志不仅

善于危害一定的条文,还因此而善于"影响同志"……即影响某些
爱好机会主义空谈的很不彻底的火星派分子。

　　总之,党章第 3 条——规定选派代表出席代表大会的条
件——是在 7 票弃权的情况下由多数通过的(第263页),弃权的
显然都是一些反火星派分子。

　　关于总委员会组成问题的争论占了代表大会第25次会议的
大部分时间,这次争论暴露了在许多不同的草案周围形成的非常
零散的派别划分。阿布拉姆松和察廖夫根本反对成立总委员会的
计划。帕宁硬想使总委员会变成一个纯粹的仲裁法庭,因此他始
终一贯地提议把那些规定总委员会是最高机关以及总委员会可以
由它的任何两个委员召集会议的词句删掉。① 赫尔茨和鲁索夫坚
持采取各种不同的方法来组成总委员会,以补充章程委员会**五个**
委员所提出的**三种**方法。

　　争论的问题首先归结为确定总委员会的任务:是仲裁法庭呢
还是党的最高机关? 我已经说过,一贯赞成前一种意见的有帕宁
同志。但是他只是一个人。马尔托夫同志坚决反对这个意见,他
说:"我提议否决那种主张把'总委员会是最高机关'一语删掉的建
议,因为我们的条文〈即我们在章程委员会内一致同意的关于总委
员会任务的条文〉正是想使总委员会有可能发展成为全党最高机
关。我们认为,总委员会不只是一个调解机关。"但是按照马尔托
夫同志的草案,总委员会的组成完全符合"调解机关"或仲裁法庭

————————

① 斯塔罗韦尔同志显然也倾向于帕宁同志的观点,不同的只是后者知道他想达
到的目的是什么,所以他始终一贯地提出把总委员会变成一个纯粹仲裁性的
调解机关的决议案;斯塔罗韦尔同志虽然说总委员会按草案规定"只应该根
据双方的愿望"(第266页)召集,但是他并不知道他想达到的目的是什么。他
这种说法是完全不正确的。

的性质：两个中央机关各选派两个委员，第五个委员由这四个人来聘请。别说这样的总委员会组成，就是按照鲁索夫同志和赫尔茨同志提议的由代表大会通过的总委员会组成（第五个委员由代表大会任命），也只符合调解或仲裁的目的。总委员会的这种组成和它应该成为党的最高机关的使命是根本矛盾的。党的最高机关在组成方面应该固定不变，而不应该受中央机关组成的偶然（有时是由于被破坏）变动的影响。最高机关应该同党代表大会有直接的联系，从代表大会方面取得自己的全权，而不是从其他两个服从于代表大会的党机关方面取得自己的全权。最高机关应该由党代表大会所了解的人组成。最后，**最高机关组成**的方式不应该使**它本身的存在**取决于偶然情况：在两个委员会对于选举第五个委员的问题意见不一致时，党就会处于没有最高机关的境地！反驳这个意见的人说：(1)当五个委员中有一个委员弃权，而其余四个委员又形成二对二时，结果也是没有出路的（叶戈罗夫语）。这种反驳意见是站不住脚的，因为无法**通过决定**是**任何一个**委员会有时都免不了的，但是这完全不是说委员会就无法**组成**。第二种反驳意见说："如果像总委员会这样的机关不能选出第五个委员，这就说明这个机关根本不中用。"（查苏利奇语）然而，这里的问题不在于中用不中用，而在于**最高机关存在不存在**：没有第五个委员就**不会有**什么总委员会，就不会有**任何"机关"**，也就根本谈不上什么中用不中用。最后，如果问题在于无法建立一个在自身之上还有上级委员会的党委员会，那倒还好办，因为这个上级委员会在非常情况下随时可以用某种方法来弥补这个缺陷。而在总委员会上面，除了代表大会以外，**没有**任何委员会了，因此，如果在党章内留下一种使总委员会**甚至无法组成**的**可能性**，那就显然不合乎逻辑了。

　　我在代表大会上对于这个问题所作的两次简短的发言，只是为了剖析（第267页和第269页）①马尔托夫本人以及其他同志用来替马尔托夫草案辩护的**这两个**不正确的反驳意见。至于总委员会中究竟是中央机关报占优势，还是中央委员会占优势的问题，**我甚至没有提到过**。这个问题是**阿基莫夫同志**还在代表大会第14次会议上就提到的（第157页），是他**首先**谈到中央机关报有占优势的危险。至于马尔托夫、阿克雪里罗得以及其他人**在代表大会以后**制造蛊惑人心的谬论，说"多数派"想把中央委员会变成编辑部的工具等，那**只不过**是步阿基莫夫的后尘**而已**。马尔托夫同志在他的《戒严状态》中谈到这个问题时，竟谦虚得不提真正首先提出这个问题的人！

　　谁只要不是断章取义地摘引个别词句，而是想了解中央机关报对中央委员会占优势的**整个**问题在党代表大会上是如何提出来的，他就会很容易地发现马尔托夫同志歪曲了事实真相。还在第14次会议上，**不是别人**，正是波波夫同志起来**反驳阿基莫夫同志的观点**，说他想"在党的最高层维护'**最严格的集中制**'，以便削弱**中央机关报的影响**〈第154页，黑体是我用的〉，这样的〈阿基莫夫式的〉体系的全部意义就在于此"。波波夫同志补充说："对于这样的集中制，我不仅不拥护，并且要大力反对，因为它是**机会主义的旗帜**。"这就是中央机关报对中央委员会占优势这一轰动一时的问题的**根源**，怪不得马尔托夫同志现在**只好**对这个问题的真实起源避而不谈。**甚至**波波夫同志也不能不发现阿基莫夫这些所谓中央

────────────

　　① 见本版全集第7卷第274页。——编者注

机关报占优势的论调中所包含的**机会主义**性质①,而且为了把自己和阿基莫夫同志好好地区分开来,波波夫同志**断然**声明:"让这个中央机关〈总委员会〉由编辑部出三人和中央委员会出两人来组成吧。**这是个次要的问题**〈黑体是我用的〉,重要的是党的最高领导要出自一个来源。"(第155页)阿基莫夫同志反驳说:"按照草案,由于编辑部的组成是固定的,而中央委员会的组成是经常变化的,单是这一点就保障了中央机关报在总委员会中占优势"(第157页)——但这一论据所说的仅指**原则**领导的"固定性"(这是正常的、合乎愿望的现象),而决不是指有干涉或侵犯独立性意义上的"优势"。因此波波夫同志(他当时还不属于以所谓中央委员会没有独立性的谰言来掩盖其对中央机关的组成不满的"少数派")很有道理地回答阿基莫夫同志说:"我提议把它〈总委员会〉当做全党的领导中心,这样,**总委员会里面究竟是中央机关报的代表占多数还是中央委员会的代表占多数,就完全不重要了**。"(第157—158页。黑体是我用的)

　　在第25次会议重新讨论总委员会组成问题时,巴甫洛维奇同志继续原先的辩论,表示拥护中央机关报对中央委员会占优势,

---

① 无论波波夫同志或马尔托夫同志都没有害怕把阿基莫夫同志称为机会主义者,只是当人们对**他们本人**使用这个称呼,当人们由于"语言平等"问题或党章第1条问题而公正地对他们使用这个称呼时,他们才生了气,发了火。然而阿基莫夫同志(跟着他走的是马尔托夫同志)在党代表大会上的行动要比马尔托夫同志及其伙伴在同盟代表大会上的行动更庄重而有勇气些。阿基莫夫同志在党代表大会上说:"在这里,人们把我称为机会主义者;我个人认为这是一个骂人的侮辱性的字眼,并且我认为这样称呼我是完全不应该的;但是我并不抗议这一点。"(第296页)也许马尔托夫和斯塔罗韦尔两同志曾向阿基莫夫同志建议在他们为反对莫须有的机会主义罪名而提出的抗议书上签名,但是被阿基莫夫同志拒绝了吧?

"因为前者具有稳定性"（第264页），而他所指的正是**原则的**稳定性，紧接着在巴甫洛维奇同志之后发言的马尔托夫同志也正是这样理解的，马尔托夫同志在发言中认为不必"规定一个机关对另一个机关的优势"，并指出可以留一个中央委员在国外："这样就能使中央委员会的原则的稳定性在一定程度内保持下去。"（第264页）这里还丝毫没有**把关于原则的**稳定性以及保持这种稳定性的问题和关于保持中央委员会独立自主性的问题蛊惑人心地**混淆起来**。这种混淆手法，**在代表大会以后**几乎成了马尔托夫同志的主要法宝，而**在代表大会上只有阿基莫夫同志一人顽强地使用过**，阿基莫夫同志**当时还说到**"党章的阿拉克切耶夫精神"（第268页），说到**"如果党总委员会中有三个委员是中央机关报的，那么中央委员会就会变成只是编辑部意志的执行者**〈黑体是我用的〉。三个住在国外的人就会取得无限制地〈!!〉处理全〈!!〉党工作的权利。他们在安全方面是有保证的，因此他们的权力就会是终身的。"（第268页）为了反驳这些十分荒谬的蛊惑人心的说法，这些把**思想领导曲解为干涉全党工作的**说法（这种说法在代表大会以后给了阿克雪里罗得同志一个廉价的口号来大谈所谓"神权政治"[133]），巴甫洛维奇同志又起来发言，着重声明他"拥护《火星报》所代表的那些原则的坚定性和纯洁性。我主张中央机关报编辑部占优势，就是为了巩固这些原则"（268页）。

　　所谓中央机关报对中央委员会占优势这一轰动一时的问题的真相就是如此。阿克雪里罗得和马尔托夫两位同志指出这一有名的"原则性的意见分歧"，无非是**重复阿基莫夫同志的那些机会主义的和蛊惑人心的词句而已，**这些词句的本质，连波波夫同志也看得很清楚，当然只是在他还没有在中央机关组成问题上遭到失败以前才看得很清楚！

＊　　　　＊　　　　＊

关于总委员会组成问题的总结是：不管马尔托夫同志在《戒严状态》中怎样企图证明我在《给编辑部的信》中的说法有矛盾和不正确，代表大会的记录清楚地表明，这个问题和党章第 1 条**比较起来**确实只是**细节**问题；《我们的代表大会》一文（《火星报》第 53 号）说当时我们争论的"几乎只是"关于党中央机关的建立问题，**这完全是歪曲**。这种歪曲所以更加令人不能容忍，是因为该文作者**完全回避了党章第 1 条的争论**。其次，火星派分子在总委员会组成问题上并没有什么确定的派别划分，这一点也可以拿代表大会的记录来证实：没有举行过记名投票；马尔托夫和帕宁的意见不一致；我和波波夫的意见相同；叶戈罗夫和古谢夫两人坚持自己的立场，等等。最后，我最近（在俄国革命社会民主党人国外同盟代表大会上）认为马尔托夫分子和反火星派分子的联盟已经巩固起来，这一论断**也可以**由现在大家都看得清楚的马尔托夫和阿克雪里罗得两同志在这个问题上也转到阿基莫夫同志方面去的事实来**证实**。

## （十二）党章讨论的结束。中央机关成员的 增补。《工人事业》杂志代表的退出

谈到党章的继续讨论（代表大会第 26 次会议），值得指出的只有关于限制中央委员会权力的问题，从**这个**问题可以看出马尔托夫分子**现在**攻击过分集中制的用意。叶戈罗夫同志和波波夫同志

力图限制集中制，而且信心更足，不以他们自己的候选资格或他们所支持的候选人为转移。他们早在章程委员会里就已经提议要限制中央委员会的权利：解散地方委员会必须得到总委员会的同意并且限于特别列举出的情况（第 272 页，注释 1）。章程委员会中有三个委员（格列博夫、马尔托夫和我）反对这种限制，马尔托夫同志在代表大会上也曾拥护我们的意见（第 273 页），并反驳叶戈罗夫和波波夫，他说："即使没有这些限制，中央委员会在决定像解散组织这样的重大步骤时也会预先讨论的。"可见，**当时**马尔托夫同志对于**一切**反集中制的企图还是不加理睬的，结果代表大会否决了叶戈罗夫和波波夫的提议，——可惜只是我们不能从记录上查明究竟是多少票否决的。

在党代表大会上，马尔托夫同志也曾"反对以'批准'一词来代替'组织'一词〈党章第 6 条说：中央委员会组织各委员会等等〉。必须也给以组织的权利"。马尔托夫同志**当时**是这样说的，那时他还没有想出后来在同盟代表大会上才发现的那个绝妙的思想，即认为"批准"不包括在"组织"这个概念以内。

除了这两点以外，其余关于党章第 5 条至第 11 条的讨论完全是细节的辩论（记录第 273—276 页），没有多大意思。第 12 条是关于所有党委员会成员的增补，特别是中央机关成员的增补的问题。章程委员会提议把增补所必要的法定多数从 2/3 提到 4/5。报告人（格列博夫）提议：中央委员会成员的增补**需要一致通过**。叶戈罗夫同志认为留下一些**疙瘩**是不恰当的，主张在没有人提出理由充分的异议时只要简单多数通过就可以了。波波夫同志既不同意章程委员会的意见，也不同意叶戈罗夫同志的意见，而要求要么是简单多数通过（没有提出异议权），要么是一致通过。马尔托夫同志既不同意章程委员会的意见,也不同意格列博夫、叶戈罗夫以及波波夫的意见,表示反对一致通过,反对⅘(赞成⅔),**反对"相互增补",即中央机关报编辑部有对中央委员会成员的增补提出异议的权利,反之亦然**("对增补进行相互监督的权利")。

读者可以看出,这里派别划分是很复杂的,意见分歧表现在几乎每一个代表的看法都"一致"具有自己的特点!

马尔托夫同志说:"我承认,同所厌恶的人一起工作从心理上说是不行的。但是同样重要的是使我们的组织有生命力和活动能力……　中央委员会和中央机关报编辑部在增补方面相互监督的权利是不需要的。我所以反对这一点,并不是因为我认为它们相互对对方的工作没有权利说话。不!例如,关于是否应该把纳杰日丁先生接收到中央委员会里的问题,中央机关报编辑部是可以向中央委员会提出很好的建议的。我所以反对,是因为我不愿意造成一种互相激怒的拖延。"

我反驳他说:"这里有两个问题。第一个是关于法定多数的问题,我反对从⅘减到⅔的提议。采用提出说明理由的异议这种做法是欠考虑的,我反对这样做。第二个问题,即关于中央委员会和中央机关报对增补进行相互监督的权利问题,要重要得多。两个中央机关的相互一致,是保证协调的必要条件。这里谈的是两个中央机关不协调的问题。谁不愿意分裂,他就应该关心维持协调。从党的生活中可以知道,曾经有过一些制造分裂的人。这是个原则问题,重要问题,它决定着党的整个未来的命运。"(第276—277页)①这就是在党代表大会记录中所载的我那次发言内容概要的

---

全文,马尔托夫同志对于这次发言特别重视。可惜他虽然重视这次发言,但是他在提到这次发言时却不肯联系这次发言时的全部讨论情况和代表大会上的整个政治形势。

首先是这样一个问题:为什么我在自己最初的草案中(第394页第11条)①仅以⅔的票数为限,而没有要求中央机关在成员增补问题上实行相互监督呢?继我以后发言的托洛茨基同志(第277页)也立刻提出了这个问题。

我在同盟代表大会上的发言以及巴甫洛维奇同志关于第二次代表大会写的一封信,都对这个问题作了答复。党章第1条"把罐子打破了",我们必须用"双结"把它捆好,——我在同盟代表大会上这样说过。这就是说,第一,马尔托夫在纯理论问题上暴露出自己是个机会主义者,而李伯尔和阿基莫夫**坚持**了他所犯的错误。这就是说,第二,马尔托夫分子(即火星派中的区区少数)和反火星派分子的联盟使他们在通过中央机关的人选时成为**代表大会上的多数**。我强调协调的必要性并**预先提醒要防备"制造分裂的人"**,我在这里谈的正是中央机关的**人选**问题。当时这种提醒确实有重要的原则意义,因为《火星报》组织(当然,它在中央机关人选问题上是更有权威的组织,因为它最熟悉实际工作中的一切事务和所有候选人)已经表示了它对这个问题的意见,已经通过了我们都知道的关于它所顾虑的那些候选人的决议。无论就道义或就实质而言(即就作出决定的权限而言),《火星报》组织在这个微妙的问题上都应该起决定作用。但是**从形式上来说**,马尔托夫同志当然有充分的权利请求李伯尔们和阿基莫夫们帮忙**反对**《火星报》组织的

---

① 见本版全集第7卷第239页。——编者注

多数派。阿基莫夫同志在关于党章第 1 条的出色的发言中非常明白而聪明地说，每当他看到火星派分子中间在达到他们共同的火星派目的的方法上发生意见分歧时，他就自觉地、有意地**投票赞成比较差的方法**，因为他的目的是同火星派的目的针锋相对的。所以，**毫无疑问**，不管马尔托夫同志本身的愿望和意图如何，**正是比较差的中央机关人选**将会得到李伯尔们和阿基莫夫们的支持。他们**可能会投票**，他们一定会投票（不是根据他们的言论，而是根据他们的**行为**，根据他们对于党章第 1 条的投票情况来判断）赞成包括"制造分裂的人"在内的名单，并且他们投票的目的正是**为了**"制造分裂"。在这样的情况下，我说这是个重要原则问题（两个中央机关的协调），它可能关系到党的整个未来命运，这样说又有什么奇怪呢？

　　凡是稍微了解火星派的思想和计划，了解运动的历史，稍微有诚意赞成这些思想的社会民主党人，一分钟也不会怀疑：由李伯尔们和阿基莫夫们来解决《火星报》组织内部对于中央机关人选问题的争论在形式上虽然是正确的，但是一定会造成**最坏的**结果。我们一定要为防止这种最坏的结果而**斗争**。

　　试问：怎样进行斗争呢？我们进行斗争既不用歇斯底里的手段，也不用无理取闹的方法，而是用**完全老老实实和完全正当的办法**：当我们感觉到我们处在少数地位时（正如讨论党章第 1 条时那样），**我们就请求代表大会保护少数人的权利**。接受委员时采取更严格的法定多数（以 $\frac{4}{5}$ 代替 $\frac{2}{3}$），增补时采取一致同意和对中央机关成员的增补实行相互监督，——所有这些，**当我们在中央机关人选问题上处于少数地位时**我们都曾加以坚持。有些人总是忽视这一事实，他们喜欢在一两次朋友间的谈话之后就轻率地对代表大会作评论和判断，却不肯认真研究一下**全部**记录和当事人的所有"证词"。凡是愿意诚实地把这些记录和这些证词拿来进行研究的人，必然会看到我所指出的这一事实：**在代表大会当时的形势下，争论的根源正是中央机关人选**问题，而我们所以力求规定更严格的监督条件，正是因为我们处于少数地位，想用"双结捆好"马尔托夫在李伯尔们和阿基莫夫们的欣赏和欣然参加之下打破的"罐子"。

巴甫洛维奇同志讲到代表大会的当时形势时说："如果事情不是这样，那就只好认为，我们提出增补时需要一致同意这一条，就等于替对方操心，因为对于在某个机关中占多数的派别来说，一致同意不仅不必要，而且是不利的。"（《关于第二次代表大会的信》第14页）可是，现在有人总是忘记事件发生的顺序，忘记现在的少数**派在代表大会整个时期内**都曾经是多数（由于李伯尔们和阿基莫夫们的参加），忘记关于中央机关成员增补问题的争论正是发生在那个时期，并且这次争论的内在原因就是《火星报》组织内部因中央机关人选问题而发生意见分歧。谁弄清了这个情况，谁也就会懂得我们争论为什么这样激烈，谁也就不会对这样一个**似乎**矛盾的现象表示惊奇：一些细枝末节的意见分歧居然引起真正重要的原则问题。

捷依奇同志在同一次会议上（第277页）说得很对，他说："毫无疑问，这个建议是针对目前形势提出来的。"的确，只有了解**当时形势**的全部复杂性以后，才能了解争论的真正意义。同时最重要的是要注意到，当**我们**处于少数地位时，我们总是用任何一个欧洲社会民主党人都认为合情合理的**方法**来维护少数的权利，即请求代表大会对中央机关人选进行更严格的监督。叶戈罗夫同志在同一次代表大会上——不过是在另一次会议上——说得也很对，他说："使我非常惊奇的是，我在辩论中又听到有人拿原则作借口。〈这是在代表大会第31次会议上谈到中央委员会的选举时说的，就是说，如果我没有记错，是在星期四早晨说的，而我们现在所说的第26次会议则是在星期一晚上举行的。〉看来，大家都明白，在最后几天内，所有的争论都不是围绕某个原则问题，而只是围绕怎样保证或者阻止某人加入中央机关的问题。我们应该承认，在这次代表大会上原则早就丧失净尽了，我们应该如实地说出事实真相。（全场大笑。穆拉维约夫说："请在记录中写上马尔托夫同志笑了。"）"（第337页）马尔托夫同志和我们大家听见叶戈罗夫同志这些确实可笑的抱怨都哈哈大笑起来，这是不奇怪的。是的，"**在最后几天内**"，许许多多争论都**围绕**在中央机关人选问题上。这是事实。这在代表大会上确实是**大家都清楚的**（只是**现在少数派**力图**抹杀**这一明显的事实）。最后，应该如实地说出事实真相，这也是对的。可是，上帝啊，**这究竟跟"原则丧失净尽"有什么相干呢??**要知道我们所以聚集在一起举行代表大会，是**为了**（见第10页，代表大会议程）**在最初几天**谈一谈纲领、策略、章程并解决有关的问题，**在最后几天**（议程第18—19项）谈一谈中央机关的人选并解决**这些**问题。人们把代表大会的**最后几天**用来就指挥棒问题进行争论，这本来是很自然的，是完完全全正当的。（至于**在代表大会以后**为指挥棒而吵架，那就是无谓争吵了。）如果谁**在代表大会上**在中央机关人选问题上遭到了失败（如叶戈罗夫同志那样），**在这之后**竟说什么"原则丧失净尽"，那简直令人可笑。难怪大家都嘲笑叶戈罗夫同志。同样也难怪穆拉维约夫同志请求把马尔托夫同志参与这一嘲笑写入记录，因为**马尔托夫同志嘲笑叶戈罗夫同志，**

**就是自己嘲笑自己……**

为了补充穆拉维约夫同志的讽刺，举出这样一件事实也许不是多余的。大家知道，**在代表大会以后**，马尔托夫同志到处扬言，说正是中央机关成员增补问题在我们的意见分歧中起了主要作用；说"旧编辑部中的多数"曾经激烈反对对中央机关成员的增补实行相互监督。**在代表大会以前**，马尔托夫同志在接受我提出的选举两个三人小组以及根据三分之二的多数实行相互增补的草案时，**曾把他对这个问题的意见写给我**，他写道："**在接受这样的相互增补形式时**，应当着重指出，在代表大会以后，每个委员会成员的补充都将按照稍微不同的另一种原则来实行（**我的意见是**：每个委员会在增补新委员时都要把自己的意图告诉给另一个委员会：**后者可以提出异议，那时争论就由总委员会来解决**。为了避免拖延，这种手续应当用于**那些已经预先确定的候选人（至少对中央委员会来说应当这样做）**，拿这些候选人来补充，会更简便一些）。为了着重指出将来的增补应当按照将由党章规定的手续进行，必须在第22条①补充一句：'……已经形成的决定也要由它批准'。"（黑体是我用的）

这是用不着说明的。

————

在说明了就中央机关成员增补问题进行争论的当时形势的意义以后，我们应当稍微谈一下这个问题的**表决情况**；至于**讨论情况**

————

① 这是指全体代表都知道的我最初提出的那个大会议程草案以及草案说明。这个草案第22条说的正是关于选举两个三人小组为中央机关报编辑部和中央委员会，由这六人小组根据三分之二的多数实行"相互增补"，由代表大会批准这个相互增补以及中央机关报编辑部和中央委员会分别进行增补的问题。

就不必谈了,因为在我引用过两个发言(马尔托夫同志的和我的发言)以后,只有很少几个代表提出过一些简短的质问(记录第277—280页)。说到表决情况,马尔托夫同志在同盟代表大会上硬说我在自己的说明里作了"最大的歪曲"(同盟记录第60页),"把围绕党章进行的斗争〈马尔托夫同志无意中说了一句大实话:在党章第1条问题以后,激烈的争论正是**围绕**党章进行的〉描写成《火星报》对那些同崩得结成联盟的马尔托夫分子的斗争"。

让我们仔细看一看这个关于"最大的歪曲"的有趣问题吧。马尔托夫同志把关于总委员会组成问题的表决同关于增补问题的表决合在一起,举出了**八次**表决:(1)由中央机关报和中央委员会各选出两人参加总委员会——赞成的有27票(马),反对的有16票(列),弃权的有7票①(顺便说一下:在记录第270页上写的是,弃权的有8票,但这无关紧要);(2)由代表大会选出总委员会的第五个委员——赞成的有23票(列),反对的有18票(马),弃权的有7票;(3)由总委员会自己增补新委员来代替总委员会的离职委员——反对的有23票(马),赞成的有16票(列),弃权的有12票;(4)增补中央委员会委员要取得一致同意——赞成的有25票(列),反对的有19票(马),弃权的有7票;(5)只要有**一个**能说明理由的异议就不能接受委员——赞成的有21票(列),反对的有19票(马),弃权的有11票;(6)增补中央机关报编辑部成员要一致同意——赞成的有23票(列),反对的有21票(马),弃权的有7票;(7)可否把总委员会有权取消中央机关报和中央委员会关于不接受新成员的决定的问题提付表决——赞成的有25票(马),反对

---

① 括弧中"马"字和"列"字,是表示我(列)和马尔托夫(马)当时站在哪一方面。

的有 19 票(列)，弃权的有 7 票；(8)对于这个提议本身——赞成的有 24 票(马)，反对的有 23 票(列)，弃权的有 4 票。马尔托夫同志的结论是：**"这里，显然有一位崩得代表投票拥护这个提议，其余的崩得代表弃权**。"(黑体是我用的)(同盟记录第 61 页)

试问，当时没有实行记名投票，马尔托夫同志根据什么认为**显然**有一位崩得分子投票**拥护他马尔托夫的主张**呢？

原来是他注意到了**表决人数**，当表决人数表明崩得**参加**了投票时，马尔托夫同志就深信**这种参加**是有利于他的。

我的"最大的歪曲"究竟在什么地方呢？

总共是 51 票，除去崩得分子是 46 票，再除去工人事业派分子是 43 票。马尔托夫同志列举的 8 次表决中的 **7 次**分别有 43、41、39、44、40、44、44 个代表参加，**有一次**是 47 个代表(确切些说，是 47 票)参加，马尔托夫同志本人在这里也承认有一个崩得分子支持他的主张。可见马尔托夫所描绘的(而且描绘得很不全面，这一点我们马上就会看到)情景**只是证实和加重我所描述的斗争情况！**原来在很多场合弃权票的数字是**很大的**，这恰恰表明整个代表大会对于某些**细节问题**的兴趣是**比较小的**，火星派分子在这些问题上并没有发生十分明显的派别划分。马尔托夫所说的崩得分子"弃权显然是帮助了列宁"一语(同盟记录第 62 页)，**恰恰是不利于马尔托夫本人的**，因为这意味着只有在崩得分子缺席或者弃权时，我才有胜利的机会。但是每当崩得分子**认为值得**对斗争干预一下时，他们总是支持马尔托夫同志的，而他们这种干预又**不只表现在**上述有 47 个代表参加的那次表决中。谁愿意查一查代表大会的记录，谁就能看出马尔托夫同志所描绘的情景是**出奇的不完备**。马尔托夫同志干脆把崩得**另外参加过的整整三次表决都漏掉了，**

而**这三次表决**结果**当然**都是使马尔托夫同志取得了胜利。这三次就是:(1)通过佛敏同志提出的把法定多数从 $\frac{4}{5}$ 减为 $\frac{2}{3}$ 的修正案。赞成的有 27 票,反对的有 21 票(第 278 页),就是说,有 48 票参加了表决。(2)通过马尔托夫同志关于取消相互增补的提议。赞成的有 26 票,反对的有 24 票(第 279 页),就是说,有 50 票参加了表决。最后,(3)否决我所提的只有取得总委员会全体委员的同意才能增补中央机关报和中央委员会成员的提议(第 280 页)。反对的有 27 票,赞成的有 22 票(甚至是记名投票,可惜这些没有保存在记录中),就是说,有 49 票参加了表决。

总结:对于中央机关成员增补问题,崩得分子只参加**四次表决**(**有三次**是我刚才列举过的,分别有 48、50、49 人参加,还**有一次**是马尔托夫同志列举过的,有 47 人参加)。**所有这四次表决**的结果,都是马尔托夫同志取得了胜利。**可见我的叙述在各方面都是正确的**,无论是在指出马尔托夫分子和崩得的联盟方面,无论是在说明问题的比较细节的性质(在许多场合都有很多人弃权)方面,也无论是在指出火星派分子没有明显的派别划分(没有举行记名投票;参加讨论的人数很少)方面。

马尔托夫同志想在我的叙述中找矛盾,不过是一种不高明的手法,因为马尔托夫同志只是抓住只言片语,却不肯花点气力把全部情景重述出来。

————

党章中最后关于国外组织问题的一条,又引起了充分表明代表大会上派别划分情况的讨论和表决。当时谈的是承认同盟是我们党的国外组织的问题。阿基莫夫同志当然马上表示反对,他提醒注意第一次代表大会所批准的国外联合会,并指出这个问题的原则意义。他说："我首先应当声明，我并不认为这个问题得到这样还是那样的解决有什么特殊的实际意义。直到现在我们党内进行的思想斗争显然还没有完结；但是它会在另一些方面和另一种力量配置下继续下去……　党章第13条再次非常鲜明地表现出把我们的代表大会由党的大会变为派别大会的倾向。有人要代表大会消灭少数派的组织，迫使少数派消失，而不是迫使俄国所有社会民主党人为了党的统一而服从党代表大会的决议，把所有的党组织统一起来。"（第281页）读者可以看出，对于马尔托夫同志在中央机关人选问题上遭到失败以后所十分珍爱的"继承性"，阿基莫夫同志也同样十分珍爱。但是，在代表大会上，那些对自己用一个尺度而对别人用另一个尺度的人却起来猛烈地反对阿基莫夫同志。虽然党纲已被通过，《火星报》已被承认，党章几乎全部被通过了，但是恰恰在这时出现了一个"在原则上"把同盟和联合会分开的"原则"。马尔托夫同志高声喊道，"如果阿基莫夫同志想把问题提到原则的基础上，那我们一点也不反对；特别是因为阿基莫夫同志说到在同两个派别斗争时的各种可能的组合。所以要认可一种**方针的胜利**〈请注意，这是在代表大会**第27次**会议上说的！〉并不是要向《火星报》再一次鞠躬致敬，而是要**同阿基莫夫同志提到的一切可能的组合彻底鞠躬告别。**"（第282页，黑体是我用的）

　　请看这幅图画吧：在代表大会上关于纲领问题的一切争论已经完结**以后**，马尔托夫同志还在继续同一切可能的组合**彻底鞠躬告别**……直到他在中央机关人选问题上遭到失败为止！马尔托夫同志在代表大会上就同他**在代表大会以后第二天就顺利实现的那种可能的"组合""彻底鞠躬告别"**了。但是，阿基莫夫同志**在当时就已经**比马尔托夫同志有远见得多；阿基莫夫同志援引了"根据第一次代表大会的意志被称为委员会的一个老的党组织”五年来的工作，最后并以一句非常尖刻而又确**有先见之明的**警句作为结束："至于说马尔托夫同志认为我希望我们党内产生另外一种派别是白费心思，那我应当说，**甚至他本人都使我抱着这种希望。**"（第283页，黑体是我用的）

是的，应当承认，马尔托夫同志确实没有辜负阿基莫夫同志的希望！

当一个可以算是做过三年工作的老的党委员会的"继承性"遭到破坏时，马尔托夫同志深信阿基莫夫同志的话正确而跟着他走了。阿基莫夫同志取得胜利没有花多大的代价。

但是，在代表大会上拥护——而且一贯拥护——阿基莫夫同志的只有马尔丁诺夫同志、布鲁凯尔同志和崩得分子（8票）。作为"中派"真正领袖的叶戈罗夫同志采取了中庸之道：请看，他赞成火星派分子的意见，对他们表示"同情"（第282页），并且为了**证明**这种同情而**建议**（第283页）要完全回避当时已经提出的原则问题，**避而不谈**同盟和联合会。他的提议以27票对15票被否决了。显然，除了反火星派分子（8票）以外，几乎所有的"中派"分子（10票）都同叶戈罗夫同志一起投票拥护这个提议（投票总数是42票，可见有许多人是弃权的，或者是**缺席**的，像进行既没有意思而结果又是**毫无疑义**的表决时常常发生的那种情况）。**每当要切实地**实行《**火星报**》**的原则时**，立刻就暴露出"中派"的所谓"同情"原来只是**口头上**的，而拥护我们的只有30票或者稍微多一点。对鲁索夫的提议（承认同盟为**唯一的**国外组织）举行的辩论和表决，更明显地证明了这一点。反火星派分子和"泥潭派"已经直接采取了**原则的立场**，拥护这一立场的就有李伯尔和叶戈罗夫两位同志，他们说鲁索夫同志的提议被提付表决是不能允许的，是不合理的，因为"这个提议是要扼杀其余一切国外组织"（叶戈罗夫语）。发言人不愿意参加"扼杀这些组织"，所以他不仅拒绝表决，并且退出了会场。但是我们要替这位"中派"首领说一句公道话：他表现了比马尔托夫同志及其伙伴们要大十倍的坚定信念（对自己的错误原则）和政治勇气，他**并不只是在事关自己那个**已在公开斗争中遭到失败的**小组时**才维护"被扼杀的"组织。

鲁索夫同志的提议以 27 票对 15 票被认为可以交付表决，然后又以 25 票对 17 票获得通过。如果把没有参加表决的叶戈罗夫同志加到这 17 票中，那就是**反火星派分子和"中派"的全班人马（18 票）**。

党章第 13 条关于国外组织的全文，只是以 **31 票**对 12 票 6 票弃权通过的。31 票这个数目表明，代表大会上大约有多少火星派分子，就是说大约有多少人一贯坚持并且**切实执行**《火星报》的观点，——这个数目，我们在分析代表大会的表决情况时已经碰到过不下 **6 次**（关于崩得问题的地位，组委会事件，"南方工人"社的解散，关于土地纲领的两次表决）。而马尔托夫同志却硬要我们相信，把这样一个"狭隘的"火星派集团划分出来是毫无根据的！

同时还要指出，在通过党章第 13 条时，就阿基莫夫和马尔丁诺夫两位同志声明"拒绝参加表决"进行了非常值得注意的讨论（第 288 页）。当时大会主席团讨论了这个声明，并且完全合理地认为，即使把联合会干脆封闭也不能使联合会的代表有任何理由拒绝参加代表大会的工作。拒绝参加表决是根本反常的和绝对不能容许的，——这就是当时整个代表大会同主席团一致的看法，其中也有火星派少数派分子，他们在第 28 次会议上还**激烈地抨击他们自己后来在第 31 次会议上所干的事情！**当马尔丁诺夫同志为自己的声明辩护时(第 291 页)，巴甫洛维奇、托洛茨基、卡尔斯基和马尔托夫全都起来反对他。马尔托夫同志特别清楚地认识到心怀不满的少数派的义务(在他自己还没有成为少数派以前!)，并且就这个问题大有教益地讲了一通。他指着阿基莫夫和马尔丁诺夫两位同志高声说:"或者你们是代表大会的成员，那你们就**应该**参加大会的**一切**工作〈黑体是我用的；当时马尔托夫同志还没有觉得少数服从多数是形式主义和官僚主义!〉，或者你们不是代表大会的成员，那你们就不能留在会场上…… 联合会的代表们的声明使我不得不提出两个问题:他们是不是党员，他们是不是代表大会的成员?"(第 292 页)

　　**马尔托夫同志教训阿基莫夫同志要懂得党员的义务！**可是，阿基莫夫同志说他对马尔托夫同志抱着希望，这也没有白说…… 不过这种希望只能是在马尔托夫**在**选举中遭到失败**以后**才得以实现。当问题还没有涉及到他自己而只涉及到别人时，马尔托夫同志甚至对**马尔丁诺夫同志首先**(如果我没有记错的话)**使用**的"非常法"这一可怕的字眼，是根本充耳不闻的。马尔丁诺夫同志回答那些劝他收回本人声明的人说:"我们听到的解释并没有说清楚，究竟这是个原则的决定呢，还是用来对付联合会的一种**非常办法**。如果是一种非常办法，我们就认为这是对联合会的一种侮辱。叶戈罗夫同志也同我们一样感到这是用来对付联合会的**非常法**〈黑体是我用的〉，所以甚至退出了会场。"(第 295 页)当时马尔托夫和托洛茨基两位同志同普列汉诺夫一起，都坚决反对把代表大会表决结果看做一种**侮辱**的荒谬思想，反对这种**确实荒谬的**思想；托洛茨基同志在维护代表大会根据他的提议通过的决议(决议说:阿基莫夫和马尔丁诺夫两位同志可以认为自己已经十分满意)时说，

"这个决议是原则性的而不是庸俗的，**至于有谁因为这个决议而感到委屈，那不关我们的事**。"（第296页）但是，事实很快就说明，小组习气和庸俗观念在我们党内还非常厉害，而我加上了着重标记的这些豪言壮语只不过是一些响亮的空话而已。

阿基莫夫和马尔丁诺夫两同志拒绝收回自己的声明，并退出了代表大会，对他们的这种行动，大会代表们喊道："真是莫明其妙！"

## （十三）选举。代表大会的结束

代表大会在通过党章以后，接着又通过了关于各区组织的决议以及好几个关于党内个别组织的决议，在进行了我在上面分析过的关于"南方工人"社的富有教益的讨论以后，跟着就讨论党中央机关的选举问题。

我们已经知道，当时整个代表大会都期待《火星报》组织作出权威性的推荐，但是《火星报》组织在这个问题上发生了分裂，因为《火星报》组织中的**少数派**想试验一下，他们在代表大会上通过公开的自由的斗争能否取得**多数**。同时我们还知道，早在召开代表大会很久以前以及在代表大会上，所有代表都知道有一个**革新**编辑部的计划，即准备选出两个三人小组作为中央机关报编辑部和中央委员会。为了阐明代表大会上的讨论情况，下面我们比较详细地谈谈这个计划。

我在代表大会议程草案说明中讲述了这个计划，原文如下①：

---

① 见我的《给〈火星报〉编辑部的信》第5页和同盟记录第53页。

"代表大会选出三人为中央机关报编辑部成员，选出三人为中央委员会委员。必要时，这六个人**在一起**，经三分之二多数的同意，以增补的办法补充中央机关报编辑部和中央委员会的成员，并向代表大会作出相应的报告。代表大会批准这个报告以后，中央机关报编辑部和中央委员会再分别进行增补。"

这里十分肯定而明确地说明了这个计划的内容，就是要**在最有威信的实际工作领导者的参加之下革新**编辑部。我所指出的这个计划的两个特点，是每一个愿意稍微留心阅读上述说明的人立刻就可以看出的。可是，现在就连最粗浅的道理也必须加以解释。这个计划就是要**革新**编辑部，不一定是增加，也不一定是缩减编辑部成员人数，而是加以革新，因为可能增加或可能缩减的问题还是一个**悬案**：增补只是预定**在必要时**才实行。人们对革新问题提出种种设想，有的预计可以把编辑部成员人数缩减，有的则主张增加到 7 个人（我本人从来就认为七人小组比六人小组好得多），甚至增加到 11 个人（我认为如果同所有社会民主主义组织，特别是同崩得以及波兰社会民主党实行和平联合，是可以这样做的）。但是主张"三人小组"的人通常忽略的一个最主要之点，就是**要求中央委员会委员参加解决中央机关报编辑部成员将来的增补问题**。"少数派"方面所有身为本组织成员并出席代表大会的同志，都知道而且拥护这个计划（有些人曾特别表示赞同，有些人则默许），但是他们中间没有一个人肯费点气力说明一下这种要求的意义。第一，为什么正是把三人小组并且仅仅把三人小组作为革新编辑部的出发点呢？显然，如果提出这个计划的用意**完全**是或者主要是**扩大**编委会[①]，

---

① 这里所说的编委会和几人小组都是指《火星报》编辑部。——编者注

如果大家认为这个编委会是个真正"协调的"集体，那么这个计划就**根本没有什么意思**了。在扩大一个"协调的"编委会时，不以这个编委会的全体成员**为出发点**，而只以**其中一部分成员为出发点**，那就未免太奇怪了。显然，并**不是**编委会的**全体**成员都被认为完全适于讨论和**解决**革新编委会的组成问题，即把旧的编辑小组变成**党机关**的问题。显然，甚至那些自己想用扩大的办法进行革新的人也承认原来的组成是不协调的，是不符合党机关的理想的，否则就没有必要为了扩大六人小组而**先把它缩减为三人小组**了。我再重复一遍：这本来是不言而喻的事情，只是由于"个人意气"把问题一时弄模糊了，人们才忘记了这一点。

第二，从上面引用的那段说明可以看出，即使**中央机关报编辑部的三个成员一致同意**，也还不能扩大三人小组。这一点也是常常被忽略的。为了实行增补，必须**六个人**中有三分之二的票数，即**4 票**表示同意；就是说，只要中央委员会三个当选的委员提出"异议"，**三人小组就根本不能扩大**。相反，即使中央机关报编辑部三个成员中有两个人反对实行增补，只要中央委员会三个委员都同意，增补还是可以进行。所以很明显，当时的用意是，要让代表大会所选出的那些做实际工作的领导者在把旧的小组变成党机关时有**表决权**。至于我们当时大致提出的是哪些同志，从以下事实便可以看出来：编辑部在代表大会以前曾一致选举巴甫洛维奇同志为编辑部中的第七个成员，使他在代表大会上必要时可以用编辑部名义表示意见；除了巴甫洛维奇同志以外，还有**后来被选为中央委员会委员**的《火星报》组织的一个老成员兼组委会委员被提名为第七个委员。**134**

可见，选出两个三人小组的计划显然是打算：(1)革新编辑部，

(2)消除编辑部中某些与党机关不相称的旧的小组习气的特点（假如没有什么可消除的，那就根本不必想出最初的三人小组了！），最后，(3)消除著作家小组的"神权"特点（消除的办法就是吸收优秀的实际工作者参加**解决**扩大三人小组的问题）。这个由全体编辑看过的计划，显然是根据**三年来的**工作**经验**，并**完全**符合我们一贯奉行的革命组织的原则的：在《火星报》问世的那个**涣散**时代，各个团体经常偶然地自发地形成起来，必然带有一些有害的小组习气。要建立党就需要消除这些特点，要求消除这些特点；吸收一些优秀的实际工作者参加这项工作是**必要的**，因为有些编辑部成员**一向**负责组织方面的事务，编辑部加入党机关系统不应当只是一个著作家小组，而应当是一个政治领导者小组。至于让代表大会选举最初的三人小组，这从《火星报》的一贯政策来看，也是理所当然的，因为我们十分**慎重地**筹备了代表大会，等待大家**充分**弄清楚纲领、策略和组织方面发生争论的原则问题；我们**并不怀疑**代表大会将是**火星主义的**代表大会，即绝大多数代表在这些基本问题上将是意见一致的（承认《火星报》为领导机关报的决议也部分地证实了这一点）。因此我们**应当让**那些担负了传播《火星报》思想并准备把《火星报》变成政党这一切工作重担的同志**自己**去决定，究竟谁是最适合参加新的党机关的候选人。正是因为"两个三人小组"计划是理所当然的计划，**正是因为**这个计划**完全符合**《火星报》的全部政策，**完全符合**比较了解问题的人关于《火星报》所知道的一切，**所以**这个计划才得到大家的赞同，而没有人提出任何别的计划同它抗衡。

所以，鲁索夫同志在代表大会上首先提议选出**两个三人小组**。虽然马尔托夫曾用**书面通知**我们，说这个计划同莫须有的机会主义罪名有联系,但是那些拥护马尔托夫的人却**连想也没有想到**要把六人小组和三人小组问题的争论转到这个罪名是否正确的问题上。**他们中间谁也没有提到这一点！他们中间谁也没有勇气多少谈一谈**同六人小组和三人小组有关的各种色彩的原则区别。他们宁愿采用更流行更廉价的手法——求助于**抱怨**,说什么**可能受到委屈**,借口**编辑部问题已经**由于任命《火星报》为中央机关报**而得到解决**。这后一个由柯尔佐夫同志为反对鲁索夫同志而提出的论据,**简直是瞎说**。在代表大会议程上规定了——当然不是偶然规定的——两个单独项目(见记录第 10 页):第 4 项是"党中央机关报",第 18 项是"选举中央委员会和中央机关报编辑部"。这是第一。第二,在任命《火星报》为中央机关报时,**全体**代表都坚决声明说这**不是批准编辑部而只是批准方针**①,**谁也没有**对这个声明提出过**异议**。

因此,认为代表大会批准一定的机关报其实就是批准编辑部这一说法,即少数派方面(柯尔佐夫,第 321 页,波萨多夫斯基,同上页,波波夫,第 322 页,以及其他许多人)重复过许多次的说法,是**根本不符合事实的**。这是谁都看得清楚的**手法**,这种手法是要

---

① 见记录第 140 页。**阿基莫夫**发言说:"……据说我们将把中央机关报选举问题留到最后去谈";**穆拉维约夫**发言反驳阿基莫夫,说阿基莫夫"对于未来的中央机关报编辑部问题太关心"(第 141 页);**巴甫洛维奇**发言说:我们任命了机关报,也就得到了"我们能够用来实行阿基莫夫同志如此关心的那些手术的具体材料",至于《火星报》应当"服从""党的决议",那是毫无疑问的(第 142 页);**托洛茨基**发言说:"既然我们不是批准编辑部,那么我们究竟是批准《火星报》的什么东西呢?……我们不是批准名称,而是批准方针……不是批准名称,而是批准旗帜"(第 142 页);**马尔丁诺夫**发言说:"……我也同其他许多同志一样,认为我们现在讨论承认代表一定方针的《火星报》为我们中央机关报的问题时,不应当涉及到选举方法或批准其编辑部的问题;这个问题留待以后议程的适当场合再谈……"(第 143 页)

把他们**背弃大家**在还能真正公正地看待中央机关人选问题时所采取的立场这种行为掩盖起来。这种背弃行为决不能用原则性理由来辩护(因为**在代表大会上**提起"莫须有的机会主义罪名"问题对少数派是很**不利的**,所以他们**也就没有提起**这一点),也不能拿有关六人小组或三人小组的实际工作能力的**事实**材料作借口(因为一涉及这些材料,就会有一大堆反对少数派的证据)。所以他们只好用所谓"严密的整体"、"协调的集体"、"严密的如结晶般完整的整体"等**空话**来搪塞。难怪这些论据立刻就被人恰如其分地称为**"抱怨的话"**(第328页)。三人小组计划本身就清楚地证明不够"协调",而代表们在一个多月的共同工作中得到的印象,显然又给他们提供了大批可以**独立**判断问题的材料。当波萨多夫斯基同志暗示到这种材料时(在他看来这是说话不慎和考虑不周的结果:见第321页和第325页,他说他是"有条件地"使用了"疙瘩"一词),穆拉维约夫同志就直截了当地说:"我认为现在代表大会上的多数派已经十分明白,这样的①疙瘩无疑是存在的。"(第321页)当时少数派宁愿把"疙瘩"一词(第一次使用这个词的不是穆拉维约夫而是波萨多夫斯基)了解为仅仅是涉及个人的东西,不敢接受穆拉维约夫同志的挑战,不敢**根据问题实质**提出**任何一种**论据为六人小组辩护。于是发生了一场毫无结果的、十分可笑的争论:多数派(以穆拉维约夫同志为代言人)说他们**十分了解**六人小组和三人小组的真正意义,而少数派根本不听这一点,硬说"我们**没有可能**进

---

① 波萨多夫斯基同志指的究竟是什么"疙瘩",我们在代表大会上始终不知道。穆拉维约夫同志却在同一次会议上(第322页)提出抗议,说人家把他的思想转述错了,后来在批准记录时他又直截了当地声明,说他"所讲的是在代表大会讨论各种问题时暴露出来的疙瘩,这是原则性的疙瘩,遗憾的是,目前这些疙瘩的存在已经是谁也不会否认的事实了"(第353页)。

行分析"。多数派不仅认为可能进行分析,而且已经"进行了分析",并且说这种分析的结果已使他们**看得十分明白**。少数派大概是**害怕分析**,所以只是用一些"抱怨的话"来掩饰自己。多数派要人们"注意到,我们的中央机关报编辑部不只是个著作家小组",多数派"希望,主持中央机关报的都是一些**完全确定的并为代表大会所了解的人物,符合我所说的那些要求的人物**"(那些要求不只是对著作家提出的,第327页,朗格同志的发言)。少数派又不敢接受挑战,一字不提他们究竟认为谁适合参加不只是个著作家小组的编辑部,究竟谁是"完全确定的并为代表大会所了解的"人物。少数派仍旧拿所谓"协调性"作护身符。不但如此,少数派甚至拿一些原则上根本错误、因而受到应得的尖锐抨击的理由作论据,说什么"代表大会既没有道义权利,也没有政治权利来改变编辑部"(托洛茨基,第326页);说什么"这是一个很棘手的〈原文如此!〉问题"(也是他说的);说什么"**那些落选的编辑部成员应当怎样对待代表大会不愿意把他们留在编辑部的事实呢?**"(察廖夫,第324页)①

　　这样的理由已经把问题完全转到抱怨和委屈方面了,这就是公开承认他们在真正原则的论证上,在真正政治的论证上陷于破产。多数派立刻就用一个**恰如其分**的字眼来形容这种做法:**庸俗观念**(鲁索夫同志)。鲁索夫同志公正地指出:"这样一些同党的工作概念截然相反,同党的道德概念不能相容的奇谈怪论,居然出自某些革命家之口。反对选举三人小组的一些人所持的基本理由,可归结为**以纯粹庸人的观点看待党的事业**。〈黑体全是我用的〉我

_____

① 参看波萨多夫斯基同志的发言:"……如果你们从旧编辑部六个人当中选出三个人,那么你们就是认为其余三个人都是不必要的,是多余的。而你们这样做,既没有权利,也没有根据。"

们如果持这种不是党性的而是**庸人的**观点，那么我们在每次选举时都会遇到这样一个问题：如果我们不选举甲而选举乙，甲会不会感到委屈呢；如果我们不选举组委会的某个委员而选举另一个人为中央委员会委员，这位组委会委员会不会感到委屈呢。同志们，这会把我们引到什么地方去呢？如果我们聚集在这里**不是为了说些相互捧场的话，不是为了表示庸人的温情**，而是为了建立党，那么我们就无论如何也不能赞同这样的观点。我们的问题是要**选出负责人员**，所以也就谈不上什么对某个落选者不信任的问题，而只**是看对事业是不是有利和当选人是不是适合他当选后所担任的职务的问题**。"(第325页)

我们建议每一个愿意独立研究党内分裂的原因并探讨在代表大会上发生分裂的**根源**的人，都把鲁索夫同志的发言**反复读上几遍**；对于鲁索夫同志提出的理由，少数派不仅没有推翻，而且也没有提出过异议。对这样一个基本的起码的道理本来是提不出异议的；鲁索夫同志自己很公正地指出，人们忘记了这个道理只是由于"**神经过敏**"。这样来说明少数派怎样从党性观点滚到庸俗观念和小组习气观点，使少数派感到的不愉快确实是最少的了①。

---

① 马尔托夫同志在他的《戒严状态》中对于这个问题的态度，也同他对于所涉及的其他问题的态度一样。他并没有费点气力说明一下这次争论情况的全貌。他悄悄地回避了这次争论中提出来的唯一的真正**原则**问题：是讲庸人的温情呢，还是选举负责人员？是坚持党性观点呢，还是怕伊万·伊万内奇受委屈？马尔托夫同志在这里也只限于从整个事件中引用一些个别的、没有联系的片段情况，并且还加上许多谩骂我的话。马尔托夫同志，这样恐怕不太够吧！

马尔托夫同志特别拿来**同我**纠缠的一个问题，就是**为什么代表大会没有**选举阿克雪里罗得、查苏利奇和斯塔罗韦尔三位同志。他所持的那种庸俗观念使他看不到这个问题多么**不体面**(为什么他不去质问他编辑部的同事普列汉诺夫同志呢？)。他认为我的话有矛盾，说我一面认为少数派在代表大会上可是，少数派根本无法找出一条合理的切实的理由来反对选举，所以他们除了把庸俗观念加进党的事业中去，还公然采取了一种简直是**无理取闹的手段**。例如，波波夫同志劝穆拉维约夫同志"不要接受棘手的**委托**"（第 322 页），他这种手段不是只能称为无理取闹吗？这不正如同索罗金同志公正地指出的那样是"笼络人心"吗？（第 328 页）这不正是在找不出**政治**理由时想利用"**个人意气**"吗？索罗金同志所说"我们一向反对这种手段"一语，说得是不是正确呢？"难道**捷依奇同志公然企图对那些不同意他的意见的同志给以当众侮辱的行为是可以容许的吗**?"①（第 328 页）

----

对待六人小组问题的行为"不恰当"，同时又要求全党公论。其实这里没有矛盾，马尔托夫同志如果愿意费点气力把问题的**全部**情况作一个联贯的叙述，而不是截取一些片断情况，那么他自己也不难了解到这一点。用庸俗观念对待问题，求助于抱怨，诉说委屈，这是不恰当的；为了全党公论，必须**从实质上**评价六人小组比三人小组究竟有什么优越的地方，评价担当这些职务的候选人，评价各种色彩，但是**少数派在代表大会上却一个字也没有提到这一切**。

马尔托夫同志只要仔细研究一下记录，就会看到代表们在发言中提出一**系列**反对六人小组的理由。请看这些发言中的几段话吧：第一，旧的六人小组中间显然有原则性的疙瘩；第二，最好把编辑工作的技术手续简化一下；第三，事业的利益要高于庸人的温情；只有实行选举才可以保证当选人适合他们所担任的职务；第四，决不能限制代表大会的选举自由；第五，党现在所需要的中央机关报不应当只是著作家小组，中央机关报内需要的不仅仅是著作家，而且是管理人；第六，进入中央机关报的应当是完全确定的、**为代表大会**所了解的人物；第七，六人编委会往往没有工作能力，它的工作**并不是靠它的**不正常的章程进行的，**而是不顾这个章程**；第八，办报是党的（而不是小组的）事业，等等。如果马尔托夫同志对于六人小组没有当选的原因很感兴趣，那么就请他**细心考虑一下**这些理由中的每一条理由，并驳倒其中的**任何一条**吧。

① 索罗金同志在**同一次会议上**就是这样理解捷依奇同志的话的（参看第 324 页——"同奥尔洛夫的激烈对话"）。捷依奇同志解释说（第 351 页），他"根本没有讲过类似的话"，但他自己又**立刻**承认他讲过**非常**"类似的话"。捷依奇同志解释说，"我没有说过看谁敢这样做，而只是说：我很想看一看究竟是哪些人敢〈原文如此！捷依奇同志愈说愈糟了！〉拥护像选举三人小组这样罪恶的〈原文如此！〉提议"（第 351 页）。捷依奇同志不是驳倒而是**证实了**索罗金

现在我们把编辑部问题的讨论情况作一个总结。少数派没有驳倒（而且也没有反驳过）多数派再三指出过的事实，即三人小组计划是**代表们在大会之初以及在大会以前已经知道了的**，因此这个计划所根据的一些**理由和材料是同代表大会上发生的事件和争论不相干的**。少数派在拥护六人小组时采取了**原则上错误的和不可容许的庸人**立场。少数派暴露了自己完全忘记选举**负责人员**问题上的**党的**观点，甚至根本没有**评价**每个候选人以及这个候选人是不是适合这个职务。少数派始终**回避**讨论实质问题，却一味谈论所谓协调性，"流眼泪"和"激动"（第327页，朗格的发言），说什么"有人想要谋害"某某人。少数派"**神经过敏**"，他们甚至不惜采取"**笼络人心**"，叫嚷选举是"**罪恶**"以及诸如此类**不能容许的**手段。（第325页）

**庸俗观念同党性作斗争**，最坏的"**个人意气**"同政治上的理由作斗争，**抱怨的话**同起码的**革命责任感作斗争**——这就是我们代表大会第30次会议上因六人小组和三人小组问题而发生的斗争的实质。

在第31次会议上，当代表大会已经以19票对17票3票弃权的多数**否决了**关于批准旧编辑部全体人员的提议（见第330页和**勘误表**），而当**原来的编辑们**也已经回到会场上时，马尔托夫同志在他的"代表旧编辑部多数提出的声明"（第330—331页）中更突出地表现了他那种政治立场和**政治观念**的动摇性和不坚定性。让

___

同志的话。捷依奇同志证实了索罗金同志的责难："这里把所有的概念都混淆了"（在少数派拥护六人小组的理由方面）。捷依奇同志证实了索罗金同志提醒大家要记住一个起码的道理——"我们既是党员，就应当处处以政治上的考虑为依据"是完全必要的。叫嚷实行选举是**罪恶行为**，这不仅是堕落到庸俗观念，简直是堕落到无理取闹的地步了！

我们把这篇集体声明和我对该声明的答复（第 332—333 页）逐条详细地分析一下吧。

马尔托夫同志在旧编辑部未被批准以后说："从今天起,旧《火星报》就停止存在了,所以把它的名称改一下,也许更彻底。无论如何,我们认为代表大会新通过的决议大大限制了在大会初期的一次会议上对《火星报》所表示的信任。"

马尔托夫同志和他的同事提出了一个确实值得注意而且在许多方面大有教益的**政治彻底性**问题。我已经援引过**大家**在批准《火星报》时说的那些话来回答了这一点（记录第 349 页,参看前面第 82 页）[①]。毫无疑问,我们在这里看到的是政治不彻底性表现得最明显的一个例子;至于表现了这种不彻底性的究竟是代表大会的多数还是旧编辑部的多数,请读者自己去判断吧。同时,我们还要请读者自己解决马尔托夫同志和他的同事提得正是时候的另外两个问题:（1）想把**代表大会**关于**选举负责人员参加中央机关报编辑部**的决定看做"限制了对《火星报》所表示的信任",——这是**庸人观点**还是**党的观点**?（2）旧《**火星报**》是从什么时候起真正**停止存在**的呢? 是从我和普列汉诺夫两人开始编辑第 46 号的时候起呢,还是从旧编辑部多数开始编辑第 53 号时候起? 如果说第一个问题是很值得注意的**原则问题**,那么第二个问题就是很值得注意的**事实问题**。

马尔托夫同志继续说:"既然现在已经决定要选举三个人组成的编辑部,我就要用本人和其他三个同志的名义声明,我们当中谁也不会参加这样一个新编辑部。至于我个人,我要补充说:如果某

---

① 见本卷第 308—309 页。——编者注

些同志真想把我的名字当做一个候选人列入这个'三人小组'，那我只能把这件事情看做是对我的无端侮辱〈原文如此！〉。我这样说，是因为考虑到那些促使人们决定改变编辑部的情况。据说这样决定是因为存在某种'摩擦'①，是因为旧编辑部没有工作能力，可是代表大会从一定意义上解决这个问题的时候，并没有向编辑部询问过这种摩擦，甚至也没有指定一个专门委员会提出关于它的工作能力问题。〈奇怪得很，少数派当中谁也没有想到建议代表大会"询问编辑部"或指定一个专门委员会！ 是不是因为在《火星报》组织分裂以后以及在马尔托夫和斯塔罗韦尔两位同志信中提到的谈判失败以后，这就没有益处了呢?〉在这种情况下，我不能不把某些同志以为我会同意参加这样改组后的编辑部的推测，看做是损害我的政治名誉……"②

--------

① 马尔托夫同志大概是指波萨多夫斯基同志用过的"疙瘩"这个字眼而言。我再说一遍，波萨多夫斯基同志始终没有向代表大会说明**他**是指什么而言，而同样使用这个字眼的穆拉维约夫同志却说明，他指的是**在代表大会讨论中所表现出来的那些原则性的疙瘩**。读者一定记得，有四个编辑（普列汉诺夫、马尔托夫、阿克雪里罗得和我）参加过的**唯一真正原则性的**讨论就是关于党章第1条问题的讨论；马尔托夫和斯塔罗韦尔两位同志曾用书面形式抱怨说，人们把"莫须有的机会主义罪名"作为"改变"编辑部的理由之一。马尔托夫同志**在这封信中**认为"机会主义"同改变编辑部的计划有**明显的**联系，而他在**代表大会上**却只隐约地暗示**某种摩擦**。至于"莫须有的机会主义罪名"，他已经忘记了！

② 马尔托夫同志还补充说："同意扮演这样的角色的恐怕只有梁赞诺夫，而不会是马尔托夫，至于马尔托夫，我想你们从他的工作就可以知道他的为人。"由于这是对梁赞诺夫的一种**个人**攻击，马尔托夫同志把这个声明收回了。可是，梁赞诺夫所以在代表大会上被当做一个普通名词来使用，决不是由于他的某些个人品质（这些个人品质是不应该涉及的），而是由于"斗争"社的**政治面貌**，由于它的**政治错误**。马尔托夫同志收回他所认为的或者他确实给人硬加上的个人侮辱，这样做是很好的，但是决不能因此忘记那些应当使**党接受教训的**政治错误。"斗争"社在我们代表大会上受到斥责，是因为它引起了"组织上的混乱"和"完全是由非原则性的考虑所产生的分散状态"（第38页，

　　我故意把这段话全部引下来，是为了让读者看看**在代表大会以后**十分流行的一种行为的标本和开端，对于这种行为，我们只能称之为**无谓争吵**。我在我的《给〈火星报〉编辑部的信》中已经使用过这个字眼，不管编辑部怎样感到不满，我不得不反复使用它，因为它无疑是个用得正确的字眼。有人以为无谓争吵一定是出于"卑鄙的动机"（如新《火星报》编辑部所推论的那样），这种想法是错误的。凡是稍微熟悉我们的流放生活和侨居生活的革命家，都一定看见过数十次无谓争吵的现象，当时由于"神经过敏"以及由于不正常的死气沉沉的生活条件，人们往往提出并且一再重复一些最荒谬的责难、猜疑、自责、"个人意气"等等。**不管这种无谓争吵表现得多么卑鄙**，但是没有一个明白事理的人一定要在这些无谓争吵中寻找卑鄙的**动机**。只有用"神经过敏"才可以说明马尔托夫同志发言中的上述言论，即把谬论、个人意气、幻想出来的恐怖、笼络人心的行为、虚构出来的侮辱和诋毁等等搅成一团的言论。死气沉沉的生活条件在我们这里产生数以百计的无谓争吵，而一个政党假如不敢如实地说出自己的病，不敢进行严格的诊断和找出治病的办法，那它就不配受人尊敬了。

　　如果说从这一团糟的言论中可以提取什么原则性的东西的话，那么**势必**得出一个结论："实行选举是同损害政治名誉毫不相干的"，"否认代表大会有权实行新的选举，有权对负责人员作某种变动，有权改组由它授予全权的委员会"，那就会把问题弄得**一塌**

---

马尔托夫同志的发言）。**这样的**政治行为，不仅在党代表大会以前，在**普遍混**乱时期，当它还是在一个小组中表现出来的时候就完全应该受到谴责，而且**在党代表大会以后**，在混乱已被克服的时期，即使是由《火星报》编辑部多数和'劳动解放社'多数"表现出来的时候也完全应该受到谴责。

糊涂，而"马尔托夫同志在是否可以从原先的编委会中选举一部分成员问题上的观点，表现出**政治概念的极大的混淆**"。（这是我在代表大会上说的话，第332页）①

现在我不谈马尔托夫同志对于是谁提出三人小组计划这一问题所作的"个人"评论，而只谈一下他对于旧编辑部没有被批准这一事实所作的"政治"评价："……现在发生的事件是代表大会后半期进行的那个斗争的最后一幕。〈对啊！但这后半期是从马尔托夫在党章第1条问题上被阿基莫夫同志紧紧控制的时候开始的。〉谁都知道，实行这种改革涉及的不是'工作能力'问题，而是争取对于中央委员会的影响。〈第一，谁都知道，当时**既**涉及工作能力，**又**涉及中央委员会**人选**问题引起的意见分歧，因为提出"改革"计划时还**根本谈不上**这方面的意见分歧，当时我们和马尔托夫同志还一起选出巴甫洛维奇同志为编辑委员会第七个成员呢！第二，我们已经根据**文件**材料指明，当时的问题关系到中央委员会的**人选**，当时的问题归根到底是两个不同的名单：一个名单是格列博夫、特拉温斯基、波波夫，另一个名单是格列博夫、托洛茨基、波波夫。〉编辑部的多数已经表明他们不愿意把中央委员会变成编辑部的工具。〈开始唱起阿基莫夫的调子来了。任何一个党代表大会上的任何一个多数派在任何时候都会努力争取影响，以便借助于**多数**把这种影响在中央机关中**巩固起来**，但是人们把这个问题转移到**机会主义的诽谤**方面去，说什么变成**编辑部**的"工具"，变成编辑部的"简单**附属品**"，像同一个马尔托夫同志在晚些时候说的那样，第334页。〉因此才认为有必要减少编辑部成员人数〈！！〉。因此我也

---

①　见本版全集第7卷第288、289页。——编者注

就不能加入这样一个编辑部。〈请注意一下"因此"二字。编辑部怎样**才能**把中央委员会变成附属品或工具呢？不是**只有**当编辑部在总委员会内拥有三票并且**滥用**这个优势的时候才会如此吗？这难道不是很明显的吗？同样，当选为第三个成员的马尔托夫同志随时都能阻止任何滥用职权的现象，并且**单单用自己的一票**就能消灭编辑部在总委员会内的任何优势，——这难道不也是很明显的吗？所以问题完全在于中央委员会的人选，而所谓变成工具和附属品的说法只不过是一种**诽谤**而已。〉我和旧编辑部的多数本来认为，代表大会将会结束党内的'戒严状态'而奠定党内的正常秩序。但实际上戒严状态以及用来对付独立团体的非常法仍然存在，甚至变本加厉了。只有在保存旧编辑部的全体成员时，我们才能担保编辑部根据党章享有的那些权利不会使党受到危害……"

以上就是马尔托夫同志**第一次抛出"戒严状态"**这个著名口号的那段言论的全文。现在请看我对他的答复：

"……不过，在纠正马尔托夫所谓两个三人小组的计划是私人性质的这一声明时，我并不想因此否认同一个马尔托夫所说的我们所采取的、不批准旧编辑部这个步骤是具有'政治意义'的说法。恰恰相反，我完全无条件同意马尔托夫同志的意见，即这个步骤具有重大的政治意义，——只不过不是马尔托夫所加给它的那种政治意义罢了。他说，这是为争取影响国内的中央委员会而进行斗争的一个行动。我比马尔托夫还更进一步。迄今为止，作为一个独立团体的《火星报》的全部活动，都是为争取影响而进行的斗争，但现在问题已经进了一步，已经是要在组织上巩固这种影响，而不只是为争取这种影响而斗争了。马尔托夫同志认为这样希望影响中央委员会是我的罪过,而我却认为我过去和现在力求通过组织途径巩固这种影响正是我的功劳,由此可以看出,我和马尔托夫同志在政治上的分歧已经深刻到什么程度了。原来我们是各说各的话。如果我们的全部工作、我们的一切努力的结果仍然是照旧为争取影响而斗争,而不是完全获得和巩固这种影响,那么这些工作、这些努力又有什么意思呢? 是的,马尔托夫同志说得完全对:业已采取的步骤无疑是重大的政治步骤,说明我们选定了现在已经显露出来的方向之一作为我们党今后工作的方向。'**党内戒严状态**'、'**对付个别分子和独立团体的非常法**'**这些可怕的字眼,是一点也吓唬不了我的**。对那些不坚定的和动摇的分子,我们不仅可以而且必须实行'戒严',而我们的整个党章、我们现在已由代表大会批准的整个集中制,正是对政治上模糊不清的许多来源实行'戒严'。为了对付这种模糊不清,我们正需要有特别的、哪怕是非常的法律,而代表大会所采取的步骤正确地规定了政治方向,给这样的法律和这样的措施打下了牢固的基础。"①

这就是我在代表大会上所作的发言的提要,我在这个提要中加上着重标记的**一句话,是马尔托夫同志在他的《戒严状态》**(第16页)**中故意删掉了的**。他不喜欢这句话而且不愿意了解这句话的明显意义,那是毫不奇怪的。

马尔托夫同志,"可怕的字眼"一语意味着什么呢?

就是意味着**嘲笑**,嘲笑那些小题大做的人,嘲笑那些用装腔作势的空话把简单问题复杂化了的人。

**唯一**能够引起而且确实已经引起马尔托夫同志"神经过敏"

---

① 见本版全集第7卷第290—291页。——编者注

的,**仅仅**是这样**一个**小小的简单事实,即马尔托夫同志**在代表大会上**在关于**中央机关人选**问题上**遭到了失败**。这一简单事实的政治意义在于,党代表大会的多数派在取得胜利以后就着手巩固自己的影响,方法就是在党的领导机关中也取得多数,建立起组织基础,以便根据党章同多数派认为是动摇性、不坚定性和态度模糊的东西作斗争①。在这种情况下怀着一种恐怖神情说什么"争取影响的斗争",抱怨什么"戒严状态",那只不过是**装腔作势的空话**,可怕的字眼罢了。

马尔托夫同志不同意这一点吗? 那么他不妨告诉我们,世界上是否有过这样一种党代表大会,或者从根本上说是否可以设想会有这样一种党代表大会,在会上,多数派竟会不去努力(1)在中央机关中也取得多数,(2)使这个多数拥有克服动摇性、不坚定性和态度模糊的权力,以此巩固已经赢得的影响呢?

在选举之前,我们代表大会必须解决一个问题:把中央机关报和中央委员会内**三分之一**的票数给党的多数派呢,还是给党的少数派? 保留六人小组和通过马尔托夫同志所提的名单,就是给我们三分之一的票数,给马尔托夫同志的支持者三分之二的票数。选举中央机关报三人小组和通过我们所提的名单,就是给我们三分之二的票数,而给马尔托夫同志的支持者三分之一的票数。马尔托夫同志拒绝同我们妥协或作出让步,**并在代表大会上用书面**

---

① 火星派少数派的不坚定性、动摇性和态度模糊在代表大会上表现在哪里呢?第一,表现在他们在党章第1条问题上说的一些机会主义空话;第二,表现在他们和阿基莫夫同志以及李伯尔同志结成联盟,这种联盟在代表大会后半期发展得很快;第三,表现在他们竟把选举中央机关报负责人员的问题降低到宣扬庸俗观念,说些抱怨的话以至笼络人心的地步。在代表大会以后,所有这些可爱的品质更是大大发展,已经开花结果了。

**形式**向我们提出挑战，而当他在代表大会上遭到失败时，他就哭泣和抱怨起"戒严状态"来了！难道这不是无谓争吵吗？难道这不又是知识分子脆弱性的表现吗？

　　说到这里，不能不令人想起考茨基不久以前从社会和心理特征角度对于这种知识分子脆弱性所作的精辟的论述。现在各国社会民主党往往患同样的病症，我们向更有经验的同志们学习正确的诊断和正确的治疗方法是很有好处的。因此，我们引证考茨基对于某些知识分子所作的评述，只是从表面上看才能说是离开本题。

　　"……现在关于**知识分子**①**和无产阶级之间的对抗**问题又使我们产生了很大兴趣。我的同事们〈考茨基本人是个知识分子，是个著作家和编辑〉多半会由于我承认有这种对抗而表示愤慨。但是这种对抗确实是存在的，这里也像在其他场合一样，如果企图用否认事实的办法来回避这种对抗，那是一种最不适当的策略。这种对抗是社会对抗，它表现在阶级上而不是表现在个别人物上。个别资本家以及个别知识分子是可能整个投身到无产阶级的阶级斗争中去的。在这种情况下，知识分子也就改变自己的性质。我在以下的叙述中谈的主要不是**这种**至今还是本阶级中例外现象的知识分子。在以下的叙述中，如果不作特别附带说明，**我所说的知识分子就仅仅是指一般的知识分子，他们是以资产阶级社会为立脚点的**，是知识分子**阶级**的典型代表。这个**阶级**同无产阶级之间是存在某种**对抗**的。

　　这种对抗和劳资对抗不同。知识分子不是资本家。诚然，他的生活水平是资产阶级的，并且他在没有变成游民以前不得不维持这种水平，但是同时他又不得不出卖自己的劳动产品，而且常常还要出卖自己的劳动力，他往往受到资本家的剥削和一定程度的鄙视。所以，知识分子同无产阶级在经济上是没有任何对抗的。但是他们的生活状况和劳动条件却是非无产阶级的，因此在情绪上和思想上也就产生某种对抗。

————————

　　①　我把德文 Literat, Literatentum 译为知识分子，知识界，因为德文 Literat, Lit-eratentum 不只是包括著作家，而且包括一切受过教育的人，所有自由职业者，与体力劳动者相对的脑力劳动者（英国人称之为 brain worker）。

无产者作为孤立的个体等于零。他的全部力量，他的全部发展，他的一切希望和愿望，都来自**组织**，来自他和同志们的有计划的共同活动。当他成为强大有力的机体的一部分时，他就觉得自己是强大有力的。对他来说，这个机体就是一切，而单独的个体同这个机体比较起来是没有多大意义的。无产者作为无名群众的一分子以最大的自我牺牲精神进行着斗争，他毫不计较个人利益和个人荣誉，他在指定的任何岗位上都履行自己的职责，自愿地服从贯穿于他的全部情感和全部思想的纪律。

知识分子的情况则完全不同。他不是运用实力，而是利用论点来进行斗争。他的武器就是他个人的知识，个人的能力，个人的信念。他只有凭借自己的个人素质才能起一定的作用。因此，在他看来，个性的完全自由是顺利进行工作的首要条件。他作为某个整体的从属部分而服从这个整体是很勉强的，是迫于必要而不是出于本人心意。他认为纪律只有对群众才需要，对上等人物是不必要的，至于他自己，当然是属于上等人物……

……尼采的哲学主张超人崇拜，对这种超人来说，全部问题都在于保证他自己的个性得到充分发展，个人对任何伟大的社会目的的任何服从都是卑鄙可耻的，这种哲学正是知识分子世界观，它使知识分子根本不能参加无产阶级的阶级斗争。

除了尼采以外，易卜生可以说是符合知识分子情绪的知识分子世界观的另一位杰出代表。他的斯多克芒医生（《人民公敌》一剧中的人物）并不像许多人所认为的那样是个社会主义者，而是一个知识分子的典型，这种知识分子必然会同无产阶级运动、甚至任何人民运动发生冲突，如果他试图在运动中起作用的话。其所以如此，是因为无产阶级运动也和任何民主①运动一样是以尊重多数同志为基础的。斯多克芒这类典型的知识分子认为'紧密的多数派'是应当被推翻的怪物。

……李卜克内西是社会主义运动所需要的理想的知识分子的榜样，他满怀着无产阶级的感情，他虽然是一个出色的作家，却完全没有知识分子所特有的心理特点，他心甘情愿地行进在普通士兵的行列之中，在指定给他的任何岗位上工作，使自己完全服从于我们的伟大事业，并鄙视按照易卜生和尼采精神教育出来的知识分子一处于少数地位就抱怨自己的个性受到压抑的

---

① 最能表明我们的马尔托夫分子把一切组织问题都弄得一塌糊涂的事实，就是他们在转向阿基莫夫方面和鼓吹**不适当的**民主的同时，却又**拼命反对民主选举编辑部**，即照大家原先计划的那样在**代表大会**上进行选举！先生们，也许这就是你们的**原则**吧？

那种颓丧的啜泣(Weichliches Gewinsel)。这里还可以举马克思为例,他从来不想突出自己,他在国际中不止一次地处于少数地位,每次他都模范地服从党的纪律。"①

马尔托夫及其同事们只是因为一个旧小组没有被批准就拒绝担任工作,抱怨人家用戒严状态和非常法来"对付独立团体",这也正是处于少数地位的知识分子发出的那种颓丧的啜泣,当"南方工人"社和《工人事业》杂志被解散的时候,马尔托夫对这些独立团体并不关心,而当**他的**团体被解散时却关心起来了。

马尔托夫在我们党代表大会上②(尤其是在代表大会以后)滔滔不绝地对"紧密的多数派"首先发出种种抱怨、非难、暗示、斥责、造谣和诽谤,这也正是处于少数地位的知识分子发出的那种颓丧的啜泣。

少数派痛心疾首地埋怨紧密的多数派举行了自己的非正式会议。确实,少数派是需要用某种方法来掩盖一件对他们不愉快的事实的,这就是那些被少数派邀请参加少数派非正式会议的代表竟拒绝出席这种会议,而那些乐意参加这种会议的代表(叶戈罗夫们、马霍夫们、布鲁凯尔们),却由于少数派同他们在代表大会上作过斗争而不能邀请。

少数派痛心疾首地埋怨人家提出了"莫须有的机会主义罪名"。确实,少数派是需要用某种方法来掩盖一件不愉快的事实的,这就是**正是**那些时常跟着反火星派分子跑的**机会主义者**,而有一部分还是这些反火星派分子本身,组成了一个紧密的少数派,极

---

① **卡尔·考茨基**《弗兰茨·梅林》,载于《新时代》第 22 年卷(1903)第 1 册第 4 期第 99—101 页。

② 见代表大会记录第 337、338、340、352 页及其他几页。

力支持机关中的小组习气,言论方面的机会主义,党务方面的庸俗观念,知识分子的动摇性和脆弱性。

在下一节我们将要说明,如何解释在代表大会快结束时形成了"紧密的多数派"这一非常值得注意的**政治事实**,以及少数派为什么不顾一切挑战而一味小心翼翼地对多数派形成的**原因**和**经过**这个问题**避而不谈**。但是,让我们首先把我们对于代表大会讨论情况的分析告一段落吧。

在选举中央委员会时,马尔托夫同志提出了一个非常有代表性的决议案(第336页),我把这个决议案的三个基本点有时称为"三着致命棋"。这三点就是:(1)按照中央委员会候选人**名单**而不是按照单个候选人来进行表决;(2)在宣读名单以后,放过两次会议(大概是为了讨论);(3)在没有绝对多数时,第二次表决就算是最后的表决。这个决议案是考虑得非常周密的策略(对于对手也要说句公道话呀!),这个策略是叶戈罗夫同志所不同意的(第337页),可是**如果崩得分子和工人事业派分子七个人不退出代表大会**,那么这个策略是**肯定**可以保证马尔托夫取得完全胜利的。所以采取这个策略,是因为火星派少数派方面不仅同崩得以及布鲁凯尔,**而且同叶戈罗夫们以及马霍夫们没有而且也不可能有**"直接协定"(而火星派多数派方面是有这种协定的)。

你们想必记得,马尔托夫同志在同盟代表大会上诉苦说,"莫须有的机会主义罪名"是以他和崩得订立直接协定为前提的。我再说一遍,这是马尔托夫同志因害怕而产生的想法,**正是叶戈罗夫同志不同意按名单进行表决**(叶戈罗夫同志"还没有失去自己的原则",大概就是那些使他在估计民主保证的绝对价值时同戈尔德布拉特打成一片的原则),**明显地**表明一件很重要的事实,当时甚至同叶戈罗夫也谈不上什么"**直接协定**"。但是同叶戈罗夫以及同布鲁凯尔的**联盟**在当时是可能有而且确实有过的,这里所谓联盟,就是说每当马尔托夫分子同我们发生严重冲突时,每当阿基莫夫及其伙伴必须**选择害处较少的办法**时,马尔托夫分子总是**保证能得**到叶戈罗夫和布鲁凯尔两个人的支持。**阿基莫夫和李伯尔两位同志一定会选择中央机关报六人小组,选择马尔托夫所提的中央委员会候选人名单作为害处较少的办法**,作为**使火星派的目的最难达到**的办法(见阿基莫夫关于党章第 1 条的发言以及他对马尔托夫所抱的"希望"),这从来都是毫无疑问的。按照名单进行表决,放过两次会议,以及重新进行表决,所有这些办法都是为了不用任何直接协定而又能以几乎是机械的准确性达到这种结果。

　　但是,我们的紧密的多数派仍然是紧密的多数派,所以马尔托夫同志的迂回办法也就不过是一种拖延手段,我们不能不拒绝这种办法。少数派曾用书面形式(在声明书中,第 341 页)抱怨这一点,"鉴于当时进行选举的那些条件",**按照马尔丁诺夫和阿基莫夫两个人的先例拒绝参加表决**和选举中央委员会。在代表大会以后,这种抱怨选举条件不合常态的话(见《戒严状态》第 31 页)在党内数以百计的搬弄是非的人面前到处宣扬。但是,这里有什么**不合常态的地方呢**? 是采取了由代表大会的议事规程事先规定的(第 6 条,记录第 11 页)而被可笑地说成是"虚伪"或"不公平"的秘密投票吗? 是形成了被怯懦的知识分子看做"怪物"的紧密的多数派吗? 或者是这帮高贵的知识分子怀着一种**不合常态的愿望**,想要**违背**他们自己在代表大会面前许下的承认大会一切选举(第380 页,代表大会章程第 18 条)的**诺言**吗?

　　波波夫同志**巧妙地**暗示了这种愿望,他在进行选举的那天的代表大会上直截了当地问道:"既然有半数代表拒绝投票,主席团是否确信代表大会的决定是有效的和合法的呢?"①主席团当然回答说确信这一点,并提醒大家注意阿基莫夫和马尔丁诺夫两同志事件。马尔托夫同志赞成主席团的意见,并且直截了当地说波波夫同志弄错了,**"代表大会的决定是合法的"**(第 343 页)。请读者自己来评价这种(想必是非常合乎常态的)政治彻底性吧;关于这种彻底性,只要把**在党面前作的这个声明**同在代表大会以后干的事情以及在《戒严状态》中所说的**"还在代表大会上就已开始的党内半数的暴动"**(第 20 页)这种话对照一下,就可以看得很清楚了。阿基莫夫同志对马尔托夫同志抱的希望胜过了马尔托夫本人的昙花一现的善良意图。

　　阿基莫夫同志,**"你胜利了"**!

\*　　　　\*　　　　\*

　　著名的"戒严状态"一词现在已经永远具有一种令人啼笑皆非的意义了,至于它曾经是一个何等"可怕的字眼",这可以从代表大会快**结束**时,即进行选举**以后**发生的表面上很小但是实质上很重要的几件事实来说明。马尔托夫同志现在极力宣扬这个令人啼笑皆非的"戒严状态",煞有介事地自欺欺人,硬说他所臆造的这个稻草人的意思就是"多数派"对"少数派"进行了某种不正常的压迫、攻击和驱策。下面我们就会让大家看看代表大会**以后**的情况。但是,即使拿代表大会快结束时的情况来说,也可以看出,**在选举以后**,"紧密的多数派"不但没有压迫这些不幸的、被驱策的、被侮辱的、任人宰割的马尔托夫分子,反而**自动提议**(通过利亚多夫之口)

---

① 见第 342 页。这是指选举总委员会的第五个委员而言。当时投了 24 张选票(总共有 44 票),其中 2 张是空白票。

把记录委员会中的**三个席位**分给他们**两个**（第 354 页）。拿策略问题和其他问题的决议案（第 355 页及以下各页）来说，也可以看出完全切实地讨论问题的情况，当时提出决议案的同志的署名往往表明，可怕的紧密的"多数派"和"被损害和被侮辱的""少数派"是互相交替提出决议案的（记录第 355、357、363、365、367 页）。这难道像是"解除工作"以及别的什么"驱策"吗？

在讨论斯塔罗韦尔提出的关于自由派的决议案时发生了唯一值得注意的、但可惜太简短的实质性争论。这个决议案所以被代表大会通过，根据它的署名情况来看（第 357 页和第 358 页），是因为有三个"多数派"分子（布劳恩、奥尔洛夫、奥西波夫）既**赞成斯塔罗韦尔的决议案**，又赞成普列汉诺夫的决议案，因为他们并不认为两者有什么不可调和的矛盾。初看起来，这两个决议案之间没有不可调和的矛盾，因为普列汉诺夫的决议案是规定总的原则，是对**俄国资产阶级自由主义**表示一定的原则上和策略上的态度，而斯塔罗韦尔的决议案是企图规定**容许**同"自由派或自由主义民主派"**订立"暂时协定"的具体条件**。两个决议案的主题是不同的。但是，斯塔罗韦尔的决议案恰恰犯了**政治态度模糊**的毛病，因而是一个琐碎的决议案。它没有规定俄国自由主义的阶级内容，它没有指出代表这个自由主义的**一定的**政治派别，它没有向无产阶级说明他们对待这些一定派别的**基本**宣传鼓动任务，它把学生运动和《解放》杂志这两个不同的东西混为一谈（因为它患有态度模糊的毛病），它过分琐碎地烦琐地规定了容许订立"暂时协定"的三个具体条件。政治态度模糊在这种情况下也如同在其他许多情况下一样，导致了过分的烦琐。不谈总的原则而只是列举"条件"，结果就把这种条件规定得很琐碎，严格说来，是规定**错了**。下面我们就来看一看斯塔罗韦尔提出的三个条件吧：（1）"自由派或自由主义民主派"应当"明确而肯定地声明，他们在同专制政府斗争时将坚决站在俄国社会民主党方面"。自由派和自由主义民主派的区别在哪里呢？决议案并没有提供任何可用来回答这个问题的材料。区别不就在于自由派代表资产阶级中政治进步性最小的阶层的立场，而自由主义民主派则代表资产阶级和小资产阶级中政治进步性最大的阶层的立场吗？如果是这样，难道斯塔罗韦尔同志认为资产阶级中进步性最小的（但终究是有进步性的，否则就谈不上什么自由主义）阶层"将坚决站在社会民主党方面"是可能的吗？？这是荒谬的，即使这样一个派别的代表人物**明确而肯定地声明这一点**（这种假定是完全不可能的），我们无产阶级政党也**不应当相信**他们的声明。做一个自由主义者和坚决站在社会民主党方面，这两者是彼此不相容的。

其次，我们假定"自由派或自由主义民主派"会明确而肯定地声明，说他们在同专制制度斗争时将坚决站在**社会革命党人**方面。这种假定远不像斯塔罗韦尔同志的假定那样不可思议（因为社会革命党人是资产阶级民主主义的派别）。如果按照他那个意思模糊和内容烦琐的决议案观点，**在这种情形下是不允许**同这类自由派**缔结暂时协定的**。可是从斯塔罗韦尔同志的决议案中必然得出的这个结论，**是根本不正确的**。暂时的协定可以同社会革命党人缔结（见代表大会关于社会革命党人问题的决议），**因而也可以同**可能站到社会革命党人方面的自由派分子缔结。

第二个条件：如果这些派别"在自己的纲领中不提出同工人阶级利益和一般民主派利益相抵触或者模糊他们的意识的要求"。这里又犯了同样的错误：从来没有也不可能有什么自由主义民主派在自己的纲领中不提出同工人阶级利益相抵触的要求和不模糊他们的(无产阶级的)意识。甚至我国自由主义民主派中最民主的派别，即社会革命党人，在自己的纲领(它也像一切自由派的纲领一样混乱)中也提出了同工人阶级利益相抵触并且模糊他们的意识的要求。从这个事实可以得出的一个结论就是，**必须**"揭露资产阶级解放运动的局限性和不彻底性"，但决不是不许缔结暂时的协定。

最后，斯塔罗韦尔同志的第三个"条件"(自由主义民主派应当把普遍、平等、秘密和直接的选举权作为自己的斗争口号)，就其一般提法来说，也是**不正确的**。如果宣布任何情况下都不容许同那些以争取有资格限制的宪法即"残缺不全的"宪法作为口号的自由主义民主派缔结暂时的局部的协定，那**是不明智的**。其实，"解放派"先生们这一"派别"可以说就是这样的派别，但是事先禁止同那些甚至是最怯懦的自由派缔结"暂时的协定"，因而把自己的手脚束缚住，那就是患了同马克思主义原则不相容的政治近视病了。

总之，斯塔罗韦尔同志提出的而为马尔托夫同志和阿克雪里罗得同志签名赞成的决议案，是一个**错误的**决议案，第三次代表大会一定会采取明智的行动，撤销这个决议案。这个决议案，在理论立场和策略立场方面犯了**政治态度模糊**的毛病，在它所要求的实际"条件"方面犯了过分烦琐的毛病。它**混淆了**下面两个问题：(1)揭露**任何一个**自由主义民主派所固有的"反革命和反无产阶级的"特点，必须同这些特点**作斗争**；(2)规定同这些派别中任何一个派别缔结暂时的局部的**协定的条件**。这个决议案并没有做它应当做的事情(分析自由主义的阶级内容)，而做了它不应当做的事情(预先规定"条件")。在党代表大会上规定这种暂时协定的具体"条件",根本就是荒谬的,因为这时连具体的对方,即可能缔结这种协定的对象都不存在;即使有了这样的"对象",也应当让党中央机关去决定缔结暂时协定的"条件",就像代表大会对待社会革命党人先生们的"派别"问题时所做的那样(见阿克雪里罗得同志的决议案中由普列汉诺夫修正过的末尾一段,载于记录第362页和第15页),那要更合理百倍。

至于"少数派"对普列汉诺夫决议案提出的异议,马尔托夫同志提出的唯一理由是:普列汉诺夫的决议案"是以必须揭露一个著作家这种浅薄的结论作结尾的。这岂不是'拿斧头去砍苍蝇'吗?"(第358页)这个理由是用"浅薄的结论"这种尖刻的字眼掩盖思想的贫乏,是夸夸其谈的又一个实例。第一,普列汉诺夫的决议案是说要"向无产阶级揭露资产阶级解放运动的局限性和不彻底性的一切表现"。所以,马尔托夫同志所谓"全部注意力都要集中在一个司徒卢威,一个自由主义者身上"的论断(在同盟代表大会上所作的论断,记录第88页),纯粹是一句废话。第二,在说到同俄国自由派缔结暂时的协定的可能性时,把司徒卢威先生比做"苍蝇",就是为了使用尖刻的字眼而忽略一件基本的和明显的政治事实。不,司徒卢威先生不是一只苍蝇,而是一个政治人物,他所以是一个政治人物,不是因为他本人是什么了不起的大人物,而是因为他的立场是秘密活动界中唯一代表俄国自由派,代表多少有点活动能力和组织性的自由派的。所以,谈论俄国的自由派以及我们党对待他们的态度而不明确提到司徒卢威先生,不明确提到《解放》杂志,那就等于是说废话。也许,马尔托夫同志想要向我们指出俄国**有另一个——哪怕只是一个也好**——目前能多少同"解放"派相提并论的"自由派或自由主义民主派"吧？人们倒是很希望他能这样做！①

科斯特罗夫同志拥护马尔托夫同志的意见，他说："司徒卢威的名字对于工人是毫无意义的。"这完全是（请科斯特罗夫同志和马尔托夫同志不要生气）阿基莫夫式的理由。这很像是关于无产阶级一词的所有格问题的议论135。

"司徒卢威的名字"（以及在普列汉诺夫同志的决议案中同司徒卢威先生的名字并提的《解放》这个名称）对什么样的工人是"毫无意义的"呢？对那些很少了解或者完全不了解俄国"自由派或自由主义民主派"的工人。试问，我们的党代表大会应当怎样对待这样的工人呢？是责成党员向这些工人说明俄国唯一确定的自由派呢，还是把某些工人由于不了解政治而不了解的名字**隐讳不谈**？如果科斯特罗夫同志跟着阿基莫夫同志走了第一步，而不愿意再跟着他走第二步，那他一定会按照前一种办法解决这个问题。如

---

① 马尔托夫同志在同盟代表大会上反对普列汉诺夫同志的决议案时还提出这样一个理由："反对这个决议案的主要理由，这个决议案的主要缺点，就在于它完全忽略了我们的义务是要在同专制制度的斗争中不回避同自由主义民主派缔结联盟。列宁同志也许要把这种倾向叫做马尔丁诺夫倾向。在新《火星报》上，这种倾向已经表现出来了。"（第88页）

　　这几句话内容实在太丰富了，可以说是一段难得的"妙语"集锦。(1)所谓同自由派**结成联盟**，这完全是把概念搞混乱了。马尔托夫同志，谁也没有说过要结成联盟，而只是说要缔结暂时的或局部的协定。这是有很大区别的。(2)如果普列汉诺夫在决议案中忽略了不可思议的"联盟"而只一般说到"支持"，那么这不是该决议案的缺点，而正是它的优点。(3)马尔托夫同志是不是可以费点力气给我们解释一下"马尔丁诺夫倾向"的一般特征呢？他是不是可以给我们讲一下这些倾向同机会主义的关系呢？他是不是可以考察一下这些倾向同党章第1条的关系呢？(4)我实在急欲从马尔托夫同志那里听到"马尔丁诺夫倾向"在"新"《火星报》上究竟表现在什么地方？马尔托夫同志，请你赶快说出来，免得我等得着急吧！

果他按照前一种办法解决这个问题，他就会知道，他当时所持的理由多么站不住脚。**无论如何**，普列汉诺夫的决议案中提到的"司徒卢威"和《解放》字样，要比斯塔罗韦尔的决议案中所讲的"自由派和自由主义民主派"字样**能给**工人多好多倍的东西。

现在俄国工人只有通过《解放》杂志才能切实了解我国自由派比较坦率表现出来的政治倾向。在这方面，合法的自由主义出版物因为它的态度模糊而毫无用处。我们应当尽可能努力（并在尽可能多的工人群众面前）运用自己的批判的武器反对解放派，使俄国无产阶级在即将到来的革命中，能用真正的武器的批判来制止解放派先生们必然想削弱革命的民主性质的企图。

────

除了我上面指出的叶戈罗夫同志对于我们"支持"反政府运动和革命运动的问题表示"大惑不解"以外，对于决议案的讨论并没有提供什么值得注意的材料，甚至可以说没有进行什么讨论。

────

代表大会结束时，主席简短地提醒说，代表大会的决议全体党员都必须执行。

# （十四）代表大会上斗争的一般情况。党内的革命派和机会主义派

代表大会的讨论情况和表决情况已经分析完了，现在我们应当作个总结，以便根据代表大会的**全部**材料来回答一个问题：在选举过程中我们看到的并且在一段时间内成为我们党内基本划分的

最后的多数派和少数派,是由哪些人、集团和色彩组成的呢? 必须把代表大会的记录所提供的关于原则上、理论上和策略上的各种色彩的丰富材料拿来作个总结。如果不作总的"概括",如果不把整个代表大会以及在表决时一切最主要的派别划分情况作一个全面的观察,这些材料就会始终是一些支离破碎的材料,这样,乍看起来,特别是在那些不愿意费点气力从各方面独立地**研究**代表大会记录的人(肯下这种工夫的读者能有多少呢?)看来,某些派别划分就好像是偶然产生的。

在英国议会报告中时常看到一个有特色的字眼 division(划分)。人们在谈到对于某个问题的表决情况时,就说议院"划分"成了这样那样的多数派和少数派。我们社会民主党的议院在代表大会讨论的各种问题上形成的"划分",也给我们描绘出一幅反映党内斗争、党内各种色彩和集团的**独特的、十分完备而准确的**图画。为了使这幅图画一目了然,为了得到一幅真实的**图画**,而不是一堆没有内在联系的、支离破碎的事实和细节,为了结束关于个别表决的永无休止的毫无意义的争论(谁投了谁的票,谁支持过谁?),我决定用**图表**形式表明我们代表大会上**所有各类基本的**"划分"。这样的方法大概会使许多人觉得奇怪,但是我觉得恐怕很难找到别的什么办法来进行真正的尽可能完备而准确的概括和总结。某个代表是投票赞成某个提案,还是反对某个提案,这在实行记名投票时是可以绝对准确地弄清楚的,至于某些重要的无记名投票,也可以根据记录作出一个相当可靠、十分接近真实情况的判断。所以,如果对**所有**记名投票和所有涉及比较重要(例如,可以就讨论的详细程度和热烈程度来看)问题的无记名投票都考虑在内,就可以把我们党内斗争情况作一个根据现有材料可能做到的最客观的描写。并且我们不准备作照相式的描写,也就是说,我们不去单独描写每一次表决,而是设法勾划出一幅反映所有**各类**主要表决情况的图画,而撇开那些比较次要的、只能使问题模糊不清的细枝末节。在任何情况下,每个人都可以根据记录检查我们图表中的每一个线条,并且用任何一次个别的表决来加以补充,总之,可以对它进行批评,——不仅可以用提出意见、表示怀疑和指出个别偶然事件的方法,也可以用根据同样的材料绘出**另一幅图画**的方法。

在把每一个参加投票的代表列在图表中时,我们将以特别的线条标出我们在代表大会整个讨论过程中详细考察过的四个基本集团,即:(1)火星派多数派,(2)火星派少数派,(3)"中派",(4)反火星派。这些集团在原则色彩上的区别,我们已经**从许多例子中**看到了,如果有人因这些集团的名称太使爱曲折前进的人联想到《火星报》组织和《火星报》方针而不喜欢这些**名称**,那么我们要向他们指出,问题不在于名称。现在,我们已经根据代表大会的**一切**争论考察了各种色彩,也就容易用表述**各个集团色彩的实质**的评语来代替那些已经用惯和听惯的党内的名称(使某些人听来刺耳的名称)。如果这样做,我们就可以看到这四个集团的名称如下:(1)彻底的革命社会民主党人;(2)小的机会主义者;(3)中等的机会主义者;(4)大的(按照我们俄国的尺度来讲是大的)机会主义者。但愿那些近来公然说"火星派分子"这个名称只是指一个"小组"而不是表明一种**方针**的人听到这些名称时不太感到刺耳吧。

现在我们就来详细说明这张图表上(见《代表大会上斗争的一般情况》图表)"拍摄了"哪几类表决情况。

第一类表决(A)包括的是,"中派"同火星派一起反对反火星派或其中一部分人。属于这类表决的有关于整个党纲的表决(除

## 代表大会上斗争的一般情况

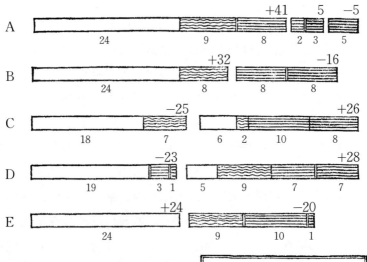

图表上附有"＋"号和"－"号的数字，是表示对于某个问题投票**赞成**或**反对**的总票数。框框下面的数字，是表示四个集团中每个集团的票数。从 A 到 E 各类分别包括哪些表决，将在正文中加以说明。

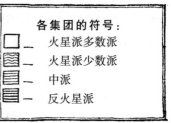

各集团的符号：

□ — 火星派多数派

〜 — 火星派少数派

☰ — 中派

▤ — 反火星派

了阿基莫夫同志一人弃权以外，其余的人都赞成），关于反对联邦制的原则性决议的表决（除了五个崩得分子以外，所有的人都赞成），关于崩得章程第 2 条问题的表决（反对我们的有五个崩得分子，弃权的有五票，即马尔丁诺夫、阿基莫夫、布鲁凯尔以及拥有两票的马霍夫，其余的人都赞成我们）；**这次表决也就是图表 A 中所表明的**。其次，关于批准《火星报》为党中央机关报问题的**三次**表决，也属于这一类表决；编辑部（五票）弃权，有两票（阿基莫夫和布鲁凯尔）在所有三次表决中都投反对票；此外，在表决批准《火星报》的**理由**时,有五个崩得分子和马尔丁诺夫同志弃权。①

　　这一类表决回答了一个非常值得注意的重要问题:代表大会的"中派"是在什么时候跟火星派一道走的呢? 或者是在**反火星派也跟我们一道走**的时候,这里只有很少的例外情况(通过党纲,不问理由如何而批准《火星报》),或者是在仅限于作一些**声明**而不必直接采取一定的政治立场的时候(承认《火星报》的组织工作而不必对个别集团切实地实现《火星报》的组织政策;否决联邦制而不妨碍在讨论联邦制的具体草案问题时弃权,例如马霍夫同志就有过这种例子)。我们在上面一般谈到代表大会上派别划分的意义时,已经看见这个问题在正式《火星报》的正式说明中解释得很不正确,正式的《火星报》(以马尔托夫同志为代言人)**拿有时反火星派也跟我们一道走作借口来抹杀和模糊**火星派和"中派"之间的区别,彻底的革命社会民主党人和机会主义者之间的区别! 甚至德法两国社会民主党内最"右的"机会主义者,也不会在**承认整个党纲**这样的问题上投反对票。

　　第二类表决(B)包括的是,彻底的火星派和不彻底的火星派共同反对所有反火星派和整个"中派"。这类表决主要涉及的问题是,实现《火星报》政策的某种具体计划,即**在事实上而不只是在口头上承认《火星报》**。属于这一类的,有**组委会事件**②,把崩得在党

---

　　①　为什么特别要把关于崩得章程第2条问题的表决描绘在图表上呢? 因为关于承认《火星报》问题的表决是不很完备的,而关于党纲和联邦制的表决又涉及到不很确定的具体的政治决议。一般说来,从一批**同类性质**的表决中挑出这次还是那次表决作典型,一点也不改变图画的基本特点,这是每个作出相应的变更的人都很容易理解的。

　　②　我们在图表B类列出的正是这次表决:当时火星派有32票,赞成崩得分子的决议案的有16票。我们要指出,在这类表决中**没有一次是记名**投票。能指明

内的地位问题提到议事日程首位，解散"南方工人"社，关于土地纲领的两次表决，以及第六，**反对**国外俄国社会民主党人联合会(《工人事业》杂志)的表决，即承认同盟为党在国外的唯一组织的表决。在这里同革命社会民主党坚持原则的彻底政策对抗的，是党成立以前的那种旧的小组习气，机会主义的组织或小集团的利益，以及对于马克思主义的狭隘理解。火星派少数派在许多场合，在许多极重要的(从组委会、"南方工人"社以及《工人事业》杂志的观点看来极重要的)表决中，还是跟我们一道走的……当时问题还没有涉及到**他们自己的**小组习气、他们自己的不彻底性。这一类"划分"明显地表明，在关于实现我们的原则的许多问题上，**中派是跟反火星派一道走的**；他们接近反火星派比接近我们的程度大得多；他们**在事实上**倾向于社会民主党**机会主义派**比倾向于社会民主党**革命派**的程度大得多。那些虽然**叫做**"火星派"但是以**成为**火星派为可耻的人暴露出自己的本性，而不可避免的斗争引起不少的愤怒，结果使那些思索力最差而感受力最强的人看不见这个斗争所暴露出来的各种原则的色彩的意义。但是现在，当斗争的热情已经稍微减退，许多激烈战斗情况的客观的摘要仍保留在记录上的时候，只有闭着眼睛的人才看不见马霍夫们和叶戈罗夫们同阿基莫夫们和李伯尔们的联合不是偶然的，而且也不可能是偶然的。马尔托夫和阿克雪里罗得只好回避全面而确切地分析记录，或是企图事后

---

代表划分情况的只有以下两种大概相当接近实际情况的材料：(1)在讨论时，火星派中两个集团的发言人都表示赞成，反火星派和中派的发言人则表示反对；(2)表示"**赞成**"的票数始终很接近33票的数字。同时不要忘记，在分析代表大会上的讨论情况时，我们除了指出表决情况之外，还指出了"中派"同反火星派一起(即同机会主义者一起)反对我们的**许多**场合。属于这种场合的，有民主要求的绝对价值问题，支持反政府派问题，限制集中制问题等等。

用各种**惋惜的**口吻来**改变**自己在代表大会上的行为。似乎用惋惜的口吻就可以消除观点上的区别和政策上的区别！似乎马尔托夫和阿克雪里罗得现在同阿基莫夫、布鲁凯尔和马尔丁诺夫结成联盟，就能迫使我们党——在第二次代表大会上恢复起来的党——忘记火星派在几乎整个代表大会期间同反火星派进行的斗争！

　　代表大会上第三类表决包括的是，图表五部分中的后三部分（即 C、D、E），其特征就是**一小部分火星派分子脱离出去而转到反火星派方面**，结果就使反火星派获得胜利（当他们还留在代表大会时）。为了十分确切地考察火星派少数派同反火星派结成的这一有名的**联盟**（在代表大会上一有人提起这个联盟就使马尔托夫歇斯底里地上书诉苦）的发展情况，我们把这类**记名**投票的所有三个基本类别都列举出来。**C 类**是关于语言平等问题的表决（这里列举的是对这个问题举行的三次记名投票中最完全的最后一次表决）。整个反火星派和整个中派都联成一气竭力反对我们，同时火星派方面又有多数派的一部分人和少数派的一部分人脱离出去。**当时还看不出，哪些火星派分子同代表大会上的机会主义"右派"能结成牢固持久的联盟。**其次，**D 类**是关于党章第 1 条的表决（这里举出的是两次表决中比较明确的，即没有一个人弃权的那次表决）。这时，**这个联盟表现得更明显，结合得更牢固了**①：火星派少

——————

① 从各种迹象可以看出，属于这一类的还有**关于党章的四次表决**：在第 278 页载明，赞成佛敏的有 27 票，赞成我们的有 21 票；在第 279 页载明，赞成马尔托夫的有 26 票，赞成我们的有 24 票；在第 280 页载明，反对我的有 27 票，赞成我的有 22 票。在同一页载明，赞成马尔托夫的有 24 票，赞成我们的有 23 票。这是我在前面提到的关于中央机关成员增补问题的表决。没有载明记名投票（只举行过一次，但是记录已经遗失了）。崩得分子（全部或者一部分）显然是**援救了**马尔托夫。马尔托夫（在同盟中）对这类表决所作的错误的论断，已在上面纠正了。

数派已经**全体**站在阿基莫夫和李伯尔方面，火星派多数派中只有很小一部分人站在他们方面，这一小部分抵消了当时转到我们方面的三个"中派"分子和一个反火星派分子。只要看一看图表就可以知道，究竟哪些分子是偶然和暂时地时而转到这边，时而又转到那边；哪些分子又是**一往直前地同阿基莫夫们结成牢固的联盟**。根据最后一次表决（E类是中央机关报、中央委员会以及党总委员会的选举），即表明**最终地分为多数派和少数派的那次表决**，显然可以看出火星派少数派同**整个**"中派"以及反火星派**残余**完全打成一片了。这时八个反火星派分子当中留在代表大会上的已经**只有**布鲁凯尔同志**一人**了（当时阿基莫夫同志已经向布鲁凯尔说明了自己的错误，于是布鲁凯尔就在**马尔托夫分子**当中占了应有的地位）。七个**极"右派"机会主义者**退出大会，决定了选举的命运，使马尔托夫遭到了失败。①

现在我们就根据**各类**表决的客观材料给代表大会作一个总结。

人们往往说我们代表大会上形成的多数派带有"**偶然**"性质。马尔托夫同志在他的《又一次处在少数地位》中就是拿这个作为唯一的理由来安慰自己的。从图表中可以明显地看出，说多数派是偶然现象，在**一个意义上**，而且只是在一个意义上，即在断定七个极"**右派**"机会主义分子是**偶然**退出代表大会的意义上，才能这样

---

① 退出第二次代表大会的七个机会主义者，包括五个崩得分子（崩得是在第二次代表大会否决了联邦制原则以后退出党的）和两个"工人事业派分子"，即马尔丁诺夫同志和阿基莫夫同志。这两个人是在代表大会**只**承认火星派的同盟为党的国外组织以后，即在代表大会把工人事业派的国外俄国社会民主党人联合会解散以后退出代表大会的。（这是作者为1907年版加的注释。——编者注）

说。他们退出大会有多大偶然性，我们成为多数派**也就有多大**偶然性（一点也不多）。只要看一看图表，就能比阅读任何长篇大论的文章更清楚地知道，这七个人会站在哪一边，**一定会**站在哪一边。① 但是，试问在多大程度上可以真正认为这七个人的退出是偶然的呢？对于这个问题，那些爱说多数派是"偶然"的人是不愿意理会的。这是一个使他们不愉快的问题，退出代表大会的是我们党的**右**派中的最激烈分子而不是**左**派中的最激烈分子，难道这是偶然的吗？退出代表大会的是**机会主义者**而不是彻底的**革命社会民主党人**，难道这是偶然的吗？这种"偶然"退出，难道不是同在整个代表大会期间进行的并且在我们图表中十分明显表现出来的反对机会主义派的斗争有某种联系吗？

只要提出这些使少数派不愉快的问题，就可以看出，硬说多数派是偶然这种话是要**掩盖**什么事实。这是一个毫无疑问和不容争辩的事实，即**少数派是由我们党内最有机会主义倾向的党员组成的**。少数派是由党内那些在理论上**最不坚定、在原则上最不彻底的**分子组成的。少数派正是由党内的**右派**组成的。多数派和少数派的划分，是社会民主党划分为革命派和机会主义派，划分为山岳派和吉伦特派[136]的直接的必然的继续，这种划分不是在昨天才出现，也不只是在俄国工人政党内出现，大概也不会在明天就消失。

这个事实，对于弄清分歧的原因及其发展的问题有非常重要的意义。谁企图用否认或者模糊代表大会上发生的斗争以及这个斗争表现出来的各种原则色彩的方法来**回避**这个事实，谁就完全

---

① 我们在下面就会看到，**在**代表大会**以后**，阿基莫夫同志以及同阿基莫夫同志**最亲近的**沃罗涅日委员会，都是公然对"**少数派**"表示同情的。

证明自己在思想上和政治上是贫乏的。而要**推翻**这个事实,就必须证明:**第一**,我们党代表大会上各次表决和"划分"的一般情况并不像我描写的那样;**第二**,**按照**代表大会发生"划分"的一切问题的**实质来说**,那些在俄国博得火星派称号的最彻底的革命社会民主党人**是错误的**。[①] 先生们,请给我们证明这一点吧!

少数派是由党内最带机会主义性质、最不坚定和最不彻底的分子组成的,这个事实也就回答了那些不熟悉实际情况或者对问题考虑很差的人向多数派提出的那些怀疑和异议。有人对我们说,把马尔托夫同志和阿克雪里罗得同志的小错误看成**分离**的原因,这不是太琐碎了吗?是的,先生们,马尔托夫同志的错误本来是不大的(还在代表大会激烈进行斗争的时候,我就指出了这一点),可是这个小错误**可能产生**(**而且已经产生了**)许多恶果,因为那些犯了**许多错误**、在许多问题上表现了机会主义倾向、不坚持原则的代表把马尔托夫同志拉到自己方面去了。马尔托夫和阿克雪里罗得两个同志表现得不坚定,本来是一件属于个人性质的不重要的事实,但是**所有一切**最不坚定的分子,**所有一切**根本不承认《火星报》方针并公然反对这个方针,或者口头上承认而实际上却

---

① 这是供马尔托夫同志参考的注。如果马尔托夫同志现在已经忘记**火星派分子**一语是表示**一个方针**的拥护者,而不是表示**一个小组**的成员,那么我们劝他看看代表大会的记录中托洛茨基同志就这个问题向阿基莫夫同志作的说明。代表大会上有三个小组(和党相对而言)——"劳动解放社",《火星报》编辑部,《火星报》组织——是火星派的**小组**。这三个小组中有两个小组很明智,它们自行解散了;第三个小组则表现得党性不够,于是就被代表大会解散了。最广泛的一个火星派的小组,即《火星报》组织(它既包括编辑部又包括"劳动解放社"),在代表大会上共有 16 个人,其中**只有 11 个人**有表决权。那些只**在方针**上是火星派而不属于任何一个火星派"小组"的人,据我计算,在代表大会上有 **27 个**,一共拥有 **33 票**。这就是说,火星派中属于火星派**小组**的**不到半数**。

往往跟反火星派一道走的人，组成了一个很大的少数，这就不是属于个人性质的，而是有**全党意义的**事实了，就**不全然是**一件**不重要的**事实了。

把《火星报》旧编辑部这样一个小组中充满顽固的小组习气和革命庸俗观念的事实**看成**分离的原因，这是不是可笑呢？不，这没有什么可笑的，因为**起来维护**这种独特的小组习气的是**我们党内所有**在整个代表大会期间都**为维护任何小组习气而**斗争的**分子**，所有**根本不能超出**革命庸俗观念的分子，所有借口庸俗观念和小组习气的祸害具有"历史"性而为之辩解和加以维护的分子。狭隘的小组利益如果只在《火星报》编辑部一个小组中比党性占上风，那也许还可以认为是偶然现象。但是竭力维护这种小组习气的是同样（也许是更加）重视有名的沃罗涅日委员会[137]的"历史继承性"以及所谓彼得堡"工人组织"[138]的"历史继承性"的阿基莫夫和布鲁凯尔之类的同志，像哀悼旧编辑部"被谋害"那样痛心地（也许更加痛心地）哀悼《工人事业》杂志"被谋害"的叶戈罗夫之类的同志，以及马霍夫之类的同志等等，等等，这就不是偶然的了。常言说得好：你告诉我，你同谁相识，我就能告诉你，你是什么人。你告诉我，谁是你的政治同盟者，谁投票赞成你，我就能告诉你，你的**政治面貌**是怎样的。

马尔托夫同志和阿克雪里罗得同志的小错误，如果它还没有成为他们同我们党内整个机会主义派结成**牢固的联盟**的出发点，如果它还没有由于这个联盟而使机会主义**死灰复燃**，使所有那些受到《火星报》反对而**现在**以拿彻底的革命社会民主党人**出气**为最大快乐的人**进行报复**，那么这仍然是而且可能始终是一个**小错误**，但是代表大会以后发生的事件，恰恰造成了这样的情况：在新《火星报》上我们确实看到机会主义在死灰复燃，阿基莫夫们和布鲁凯尔们在进行报复（见沃罗涅日委员会的传单①），马尔丁诺夫们兴高采烈，因为他们终于（终于啊！）能够把可恨的《火星报》这可恨的"敌人"踢上几脚，以报复过去受的所有一切委屈了。这特别明显地告诉我们，多么需要"恢复《火星报》旧编辑部"（摘自斯塔罗韦尔同志1903年11月3日的最后通牒），以保持《火星报》的"继承性"……

　　代表大会（以及党）划分为左派和右派，划分为革命派和机会主义派的事实本身，不仅没有什么可怕，没有什么危险，而且甚至也没有什么不正常的。恰恰相反，俄国（而且不仅是俄国）社会民主主义运动最近十年的历史，必然地、不可避免地导致这样的划分。至于形成这种划分的根据是右派所犯的许多很**小的**错误，很次要的（比较来说）意见分歧，这个情况（这个使从表面看问题的人和头脑庸俗的人感到惊奇的情况）却表明**我们全党向前迈进了一大步**。从前我们往往因为大问题而发生分离，这些大问题有时甚至可以造成分裂；现在我们在一切重大问题上都已经趋于一致了，现在我们只有**色彩上**的区别，为了这些色彩可以**而且应当**进行争论，但是，因此而发生分离，就未免荒谬和幼稚了（正如普列汉诺夫同志在《不该这么办》这篇很有意义的文章中完全正确地指出的那样，这篇文章我们下面还要谈）。**现在**，当少数派**在代表大会以后的无政府主义行为**几乎使党陷于分裂时，经常可以看到这样一些聪明人，他们说：为了组委会事件、"南方工人"社或《工人事业》杂志的解散、党章第1条、旧编辑部的解散等等这一类小事情，究竟

————————
　　① 见本卷第408—410页。——编者注

是不是值得在代表大会上进行斗争呢？ 谁这样说[①]，谁就是把小组观点带到党的事业中，因为党内**各种色彩之间的斗争**，当它还没有导致无政府状态和造成分裂的时候，当它还是在全体同志和全体党员一致承认的**范围内**进行的时候，**是不可避免的而且是必要的**。而**我们在代表大会上同党的右派**，同阿基莫夫和阿克雪里罗得，同马尔丁诺夫和马尔托夫进行的**斗争，是绝对没有超出这个范围的**。只要列举两件事就可以确凿地证明这一点：(1)当马尔丁诺夫同志和阿基莫夫同志要退出代表大会时，**我们大家都决心**尽力排除所谓"侮辱"的想法，**我们大家通过了**(以 32 票通过)托洛茨基提出的决议案，这个决议案劝这两位同志对所作的解释表示满意而收回他们的声明。(2)当后来进行中央机关的选举时，我们允许代表大会的少数派(或机会主义派)**在两个中央机关中占有少数席位**：让马尔托夫加入中央机关报，让波波夫加入中央委员会。既然我们还在代表大会以前就决定选举两个三人小组，从党的观点来看，我们也就**不能有别的做法了**。**如果说代表大会上暴露出来的色彩上的区别不大**，那么我们从这些色彩斗争中作出的**实际结论**也是**不大的**，因为这个结论**只不过**是说两个三人小组中**三分之二**

---

① 说到这里，我不能不想起我在代表大会上同"中派"某一个代表的谈话。他向我抱怨说："我们的代表大会充满了多么沉重的气氛啊！这是残酷的斗争，这是鼓动互相反对，这是激烈的论战，这是非同志式的态度啊！……"我回答他说："我们的代表大会太好了！公开地、自由地进行斗争。各种意见都得到发表。各种色彩都暴露出来。各种集团都显现出来。手举过了，决议通过了。一个阶段度过了。前进吧！——这一切太好了。这才是生活。这并不是知识分子那种无休无止的讨厌的无谓口角，他们停止这种无谓口角，并不是因为他们已经解决了问题，而只是因为他们说得疲倦了……"

这位"中派"同志用大惑不解的目光看着我，耸了耸肩膀。我们没有共同的语言。

的席位应当给党代表大会的**多数派**。

只是由于党代表大会上的少数派**不同意成为中央机关中的少数**，那些遭到失败的知识分子才始则发出"颓丧的啜泣"，随后又从事**无政府主义的空谈**和无政府主义的行动。

最后，我们要再一次从中央机关组成问题的角度看一看图表。很自然，**除了色彩问题以外**，代表们在进行选举时还要考虑某某**人是不是适当**、工作能力强不强等问题。现在少数派总想把这两个问题混为一谈。这两个问题各不相同，这是不言而喻的，从一件简单的事实也可以看出这一点：选举中央机关报**最初的**三人小组的计划，**在代表大会以前**，即当马尔托夫和阿克雪里罗得同马尔丁诺夫和阿基莫夫的联盟还是谁都料想不到的时候就已经拟定好了。对于不同的问题，应当用不同的方法来回答。对于色彩问题，应当**在代表大会的记录**中，在所有一切问题的**公开**讨论和表决情况中去找答案。关于**某人**是不是适当的问题，大家在代表大会上一致决定用**秘密投票**来解决。为什么**整个代表大会一致**通过了这样的决定呢？——这是一个十分浅显、无须多谈的问题。但是，少数派（当他们在选举中遭到失败以后）甚至连浅显的道理也开始忘记了。我们听到无数激昂慷慨、兴奋欲狂的拥护旧编辑部的话，但是关于**代表大会**上那些同拥护六人小组和拥护三人小组的斗争有关的不同色彩，我们却**丝毫**也没有听到什么。我们从各个角落听到所谓选入中央委员会的人没有工作能力、不适当、心怀叵测等等流言蜚语，但是关于**代表大会**上那些为取得中央委员会中的优势而斗争的不同色彩，我们却**丝毫也**没有听到什么。我觉得，**在代表大会外面**散布关于个人品质和行动的流言蜚语，是不体面的和卑鄙的（因为这些行动百分之九十九都是只能向党的最高机关宣布的组织秘密）。用**这种流言蜚语在代表大会以外**进行斗争，我认为，这就是**诽谤行为**。对于这些流言蜚语，我能给予公众的唯一回答就是指出代表大会上的斗争情况。你们说，中央委员会是由不大的多数派选举出来的。这是事实。但是这个不大的多数派是由一切不是口头上而是事实上最彻底地为实现火星派计划而斗争的人组成的。因此，这个多数派**道义上的**威信比它**形式上的**威信要高得多，——对于那些把《火星报》**方针**的继承性看得比《火星报》某个小组的继承性更重要的人说来要高得多。谁**更有资格判断某人**是不是适于实行《火星报》的政策呢？是那些在代表大会上贯彻这种政策的人呢，还是那些往往反对这种政策而维护一切落后性、一切无用的东西以及一切小组习气的人？

# （十五）代表大会以后。两种斗争方法

以上我们已经把代表大会上的讨论情况和表决情况分析完毕，这种分析对于**代表大会以后发生的一切情况**，已经作了溯本求源(in nuce)的说明，所以对于我们党内危机的以后各个阶段也就可以谈得简短一些了。

马尔托夫和波波夫拒绝选举，立刻就使党内各种色彩之间的党的斗争掺进一种**无谓争吵**的气氛。格列博夫同志不相信落选的编辑真想**转到**阿基莫夫和马尔丁诺夫方面去，认为问题主要是由于激动情绪造成的，所以他在代表大会闭幕以后第二天就向我和普列汉诺夫提议和平了结，把所有四个人都"增补"进去，条件是保证编辑部有代表参加总委员会（即两个代表中一定有一个代表属于**党**的多数派)。这个条件在普列汉诺夫和我看来是合理的,因为如果他们同意这个条件,就等于说他们**默认自己在代表大会上犯了错误**,就等于说他们愿意和平而不愿意战争,愿意同我和普列汉诺夫接近,而不去同阿基莫夫和马尔丁诺夫接近,不去同叶戈罗夫和马霍夫接近。于是,"增补"方面的让步就带有**个人的**性质,而为平息激动情绪和恢复和平作出个人性质的让步,是不应当拒绝的。因此我和普列汉诺夫就表示同意了。但是编辑部的多数拒绝这个条件。**格列博夫离开了。**于是我们就等着看事情究竟如何发展:是马尔托夫坚持他在代表大会上(在**反对**中派代表波波夫同志时)所采取的忠诚立场,还是他所追随的那些不坚定的、倾向分裂的分子占上风。

二者必居其一:或者是马尔托夫同志想把自己在代表大会上的"联盟"当做个别的政治事实(正像倍倍尔在1895年同福尔马尔的联盟是个别事实一样——如果可以以小比大的话),或者是他想把这个联盟**巩固起来**,竭力证明**我和普列汉诺夫**在代表大会上犯了错误,因而使他自己成为我们党内机会主义派的真正首领。换句话说就是:是无谓争吵还是进行党的政治斗争? 我们三个人中间(代表大会闭幕以后第二天,中央机关的成员只有我们三个人在),格列博夫倾向于前一种,并且尽一切力量给吵架的儿童调解。倾向于后一种的是普列汉诺夫同志,他的态度称得上是十分坚决。我这一次扮演了"中派"或"泥潭派"的角色,力图采取说服方法。现在如果企图把口头上的说服重述一遍,那就等于干一件糊涂透顶的事情,所以我也就不去重蹈马尔托夫和普列汉诺夫两位同志的覆辙。但是我认为有必要从我给一位火星派"少数派"分子写的一份书面劝告中引证几段话:

"马尔托夫拒绝参加编辑部,他和党内的其他一些著作家拒绝撰稿,许多人拒绝为中央委员会工作,宣传抵制或消极反抗的思想,——所有这一切都必然会,甚至违反马尔托夫和他的朋友们的本意,造成党的分裂。即使马尔托夫会坚持忠诚的立场(他在代表大会上十分坚决地采取了这一立场),其他人也不会坚持,——而我所指出的结局将是不可避免的……

因此我常常问自己:究竟为什么我们要各奔东西呢?……我反复回想代表大会上的所有事件和印象,感到自己的行动常常过于激动,'狂热'。如果说应当把当时的气氛、反应、责备和斗争等等自然引起的那些东西叫做过错,那我愿意向任何人认错。但是,现在当我冷静地观察已经达到的结果,观察通过狂热的斗争所实现的东西时,我根本看不出它们对党有任何危害的地方,对少数派有一丝一毫委屈或侮辱的地方。

当然,处于少数派的地位本身就不能不使人感到委屈,但是我坚决反对认为我们'诋毁'了某某人,认为我们**想**侮辱或者贬低某某人这种看法。绝对没有这样的事。决不容许把政治上的分歧变成给对方加上所谓居心不良、行为卑鄙、耍弄阴谋以及在日益明显的分裂气氛中越来越流行的各种美妙的罪名,用这些来说明发生的事情。决不容许这样做,因为这至少,说到底,是毫无道理的。

正像我同马尔托夫发生过几十次分歧一样,我在政治上(和组织上)同他发生了分歧。既然我在党章第1条问题上遭到失败,就不能不极力设法利用我(以及代表大会)所剩下的机会来取得补偿。一方面,我不能不设法争取有一个完全是火星派的中央委员会,另一方面,我不能不设法争取有一个三人编辑小组…… 我认为**只有**这个三人小组才能成为负责的机关而不是一个充满小圈子习气的、散漫的小团体，才能成为唯一真正的中央机关，其中每个人可以随时从党的角度提出并坚持自己的观点，丝毫不掺杂其他成分，不考虑任何个人意气、任何委屈、退出等等。

在代表大会的种种事件以后，这个三人小组无疑把在一个方面反对马尔托夫的政治和组织路线合法化了。这是毫无疑问的。因此就要破裂吗？因此就要破坏党吗？？在游行示威问题上，马尔托夫和普列汉诺夫不是反对过我吗？在党纲问题上，我和马尔托夫不是反对过普列汉诺夫吗？任何三人小组中不总是有一方反对另一方的情况吗？如果火星派多数派无论在《火星报》组织内还是在代表大会上都认为马尔托夫的路线这一特别色彩在组织方面和政治方面是错误的，那么，企图用什么'暗算'和'挑唆'等等来解释这一点，岂不是愚蠢吗？用'恶棍'来**辱骂**这个多数派而回避这一事实，岂不是愚蠢吗？

我再说一遍：我也同代表大会上的火星派多数派一样，深信马尔托夫采取了不正确的路线，认为必须予以纠正。由于这种纠正而觉得委屈，从而作出结论说受了侮辱等等，那是没有道理的。我们无论过去还是现在在任何问题上都没有'诋毁'任何人，都没有解除任何人的**工作**。由于**没有进入中央机关**而搞分裂，这在我看来是一种不可思议的愚蠢行为。"①

我认为现在必须把我这个书面声明重复一遍，因为这个声明**确切地**表明，多数派极力想**一下子**划清一条界限，分清什么是由于

---

① 这封信是早在**9月间**(公历)写的(见本版全集第44卷第217号文献。——编者注)。这里删掉了我认为与问题无关的一些话。如果收信人认为删掉的话恰恰是重要的，那他可以很容易地把删掉的地方补上去。顺便说一下。我要趁此机会讲清楚，我允许我所有的论敌公布我所有的私人信件，只要他们认为这样做对事业有好处。

抨击的激烈和"狂热"等等可能产生的（在激烈斗争中也是必然产生的）个人委屈和个人意气用事，什么是一定的政治错误、政治路线（同右派的联盟）。

从这个声明中可以看出，少数派的**消极反抗在代表大会闭幕以后就立即开始了**，因此我们马上警告说：这是**一个使党走向分裂的步骤**；这是根本同**在代表大会上表示忠诚的声明**相矛盾的；这只是**由于没有进入中央机关**（就是说由于落选）而要搞分裂，因为任何人在任何时候都没有想过要解除任何一个党员的**工作**；我们之间的政治分歧（这种分歧是不可避免的，因为究竟是马尔托夫在代表大会上的路线错误，还是我们在代表大会上的路线错误这个问题还没有弄清楚，还没有解决）开始**愈来愈变成**夹杂着谩骂、猜疑等等的**无谓争吵了**。

但是警告并没有起作用。少数派的行为表明，最不坚定和**最不重视党**的分子在他们中间占了上风。于是我和普列汉诺夫只好收回我们对于格列博夫的建议所表示的同意。既然少数派用自己的**行动**证明他们不仅在原则方面而且在**起码的党员忠诚态度**方面都是政治上不坚定的，那么所谓"继承性"的**话**又能有什么意义呢？普列汉诺夫比谁都更巧妙地嘲笑了那种十分荒唐的要求，即要求把公开说自己有愈来愈多的分歧意见的人"增补"到党的编辑部中去，让这些人占多数！在**新的**分歧还没有在刊物上向全党**讲清楚以前**，中央机关的党的多数派竟会自动把自己变成少数，世界上哪里有这样的事？让人们先把分歧谈出来吧，让党去讨论这些分歧的深度和意义吧，让党自己纠正自己在第二次代表大会上犯的错误吧，如果它确实犯了什么错误的话！**为了**一些尚未说明的分歧就提出这种要求，这本身就表明提出要求的人是十分不坚定的，表明他们是用无谓争吵来完全压倒政治分歧,表明他们既根本不尊重整个党,又根本不尊重本人的信念。世界上还没有过而且永远也不会有这样一种**有原则性信念的**人,他们在自己打算使之改变信念的机关里取得(**用非正式手续**)多数以前,竟然拒绝**进行改变**信念的**说服工作**。

最后,10月4日,普列汉诺夫同志宣称他要作**最后的**尝试来结束这种荒唐现象。召集了旧编辑部所有六个成员在一起开会,有一个新中央委员参加①。普列汉诺夫同志费了足足三个钟头证明,要求"增补""少数派"四个人而"多数派"只两个人的做法是没有道理的。他提议**增补两个人**,以便一方面排除怕我们要"驱策"、压制、围困、处死、埋葬什么人的种种顾虑,另一方面则保障党的"多数派"的权利和阵地。**增补两个人的提议也被否决了。**

10月6日,我和普列汉诺夫给《火星报》全体原来的编辑以及撰稿人托洛茨基同志写了一封正式的信件,内容如下:

"尊敬的同志们:中央机关报编辑部对你们拒绝参加《火星报》和《曙光》杂志的工作不得不正式表示遗憾。虽然我们在党的第二次代表大会刚闭幕就邀请你们撰稿,之后又多次敦促,可是我们始终没有收到过你们任何一篇稿件。中央机关报编辑部声明,它认为你们拒绝撰稿不是由编辑部方面引起的。任何一种个人意气用事,当然都不应该成为你们参加党中央机关报工作的障碍。如果你们拒绝参加工作是由于你们和我们之间在观点上有某种分歧,那我们认为把这种分歧详细地说清楚对党是非常有益的。此外,我们还认为最好是尽快地在我们编辑的刊物上向全党讲清楚这些

---

①　除此以外,这个中央委员**139**还专门同少数派举行过几次个别谈话和集体谈话,驳斥过荒诞的谰言,并规劝他们不要忘记党员的义务。

分歧的性质和深度。"①

　　读者可以看出,我们当时还完全不了解,"少数派"的行为主要是由于他们个人意气用事,还是由于他们希望给机关报(以及党)**提供新的方针**,这新方针究竟是什么样的,内容究竟如何。我想,直到现在,即使指定70个学识渊博的注释专家根据无论多少文件和无论多少证据来阐明这个问题,他们也是永远弄不清这笔糊涂账的。无谓争吵的结子恐怕是永远也解不开的。要么把它斩断,要么把它撇开。②

　　接到我们10月6日的信以后,阿克雪里罗得、查苏利奇、斯塔罗韦尔、托洛茨基以及柯尔佐夫给我们写了一个两三行字的答复,说自从《火星报》转入新编辑部手里,他们就不参加《火星报》的任何工作了。马尔托夫同志比较爱说话,他赏赐了我们这样一封回信:

　　"致俄国社会民主工党中央机关报编辑部。尊敬的同志们:为了回答你们10月6日的来信,我特声明如下:你们曾向我们建议,让阿克雪里罗得、查苏利奇、斯塔罗韦尔和我参加编辑部,条件是我们要保证把列宁同志作为自己的'代表'选入总委员会。后来是什么原因促使你们收回这个建议的,对于这个问题,你们在10月4日由一名中央委员参加的会议上拒绝给予答复,因此我认为,在这次会议以后,我们之间已经用不着再来讨论在一个机关报内共同工作的问题了。既然你们在这次会议上一再拒绝说明你们自己当着见证人发表的声明,那我也认为不需要在给你们的信里说明在目前情况下我拒

----

①　在给马尔托夫同志的信中,还补充了一段关于一本小册子问题的话以及如下的话:"最后,为了事业的利益,我们再一次通知您,我们现在仍然准备增补您为中央机关报的成员,以便您有充分可能在党的最高机关正式申述和坚持自己的一切观点。"(见本版全集第44卷第223号文献。——编者注)

②　普列汉诺夫同志大概会在这里补充说:要么就满足那些制造无谓争吵的人的**一切奢望**。下面我们可以看到,为什么这样做不行。

绝参加《火星报》工作的理由。如果必要的话,我将向全党详细说出这方面的
意见;党已经可以从第二次代表大会的记录中看出,为什么我拒绝了你们现
在又提出来的要我在编辑部和总委员会里占一个席位的建议……①

尔·马尔托夫"

这封信连同上述几个文件,对马尔托夫同志在他的《戒严状
态》中竭力(用感叹号和省略号)回避的关于抵制、瓦解组织、无政
府状态、制造分裂的问题,即关于用正当的斗争手段和不正当的斗
争手段的问题,作了不容反驳的说明。

人们向马尔托夫等同志**提议**,要他们说明意见分歧,**请求**他们
直爽地说出问题的底细以及他们的意图,**劝**他们不要再耍脾气而
要平心静气地分析他们在党章第 1 条上犯的错误(这同他们向右
转的错误有密切联系),——但是马尔托夫同志及其伙伴们却**拒绝
交谈**,并叫喊说:我被围困了,我受驱策了! 人们对于这些"吓人的
字眼"的嘲笑,也未能使这些可笑的叫喊的热度有所降低。

**怎么能围困**一个**拒绝共同工作**的人呢? ——我们这样问马尔
托夫同志。既然少数派**拒绝当少数派**,那怎么能委屈、"驱策"和压
迫他们呢?? 要知道,处于少数地位,总是会也必然会对处于少数
地位的人有某些不利。这种不利就是,要么必须加入在某些问题
上实行少数服从多数原则的委员会,要么必须站在委员会之外攻
击委员会,因而也就要受到从坚固的炮台中射出来的炮火的攻击。

马尔托夫同志叫喊"戒严状态",是不是想说人们用不公平不
正当的手段对他们这些处于少数地位的人进行斗争或者说进行统
治呢? 只有这样的论点(在马尔托夫心目中)也许还包含一点点合

---

① 接下去是马尔托夫对他那本当时已经再版的小册子问题的回答,这里从
略了。

理的影子,因为——我再说一遍——处于少数地位是一定和必然会有某些不利的。但可笑的是,既然马尔托夫同志还拒绝交谈,**无论怎样**也不可能对他**进行斗争**! 既然少数派还拒绝当少数派,**无论如何**也不可能对他们**进行统治**!

在我和普列汉诺夫两人在编辑部工作期间,马尔托夫同志**找不出任何一件事实**可以证明中央机关报编辑部有越权或者滥用权力的地方。少数派的实际工作者也**找不出任何一件事实**可以证明中央委员会有越权或者滥用权力的地方。不管马尔托夫同志现在在他的《戒严状态》一文里如何兜圈子,一个完全不容反驳的事实是:**在关于戒严状态的叫喊声中,除了"颓丧的啜泣"以外,没有任何其他东西。**

马尔托夫同志及其伙伴们反对代表大会所任命的编辑部是根本没有任何**正当的**理由的,他们自己所说的"我们不是农奴!"(《戒严状态》第34页)一语就最好地说明了这一点。这里非常明显地暴露出资产阶级知识分子的心理。他们把自己看成超乎群众组织和群众纪律之上的"上等人物"。用"我们不是农奴"作为**说明拒绝在党内工作的理由**,就等于**彻底暴露了自己**,就等于承认自己根本没有理由,根本说不出道理,根本没有什么应该表示不满的正当原因。我和普列汉诺夫两个人声明,我们认为他们拒绝工作完全不是由我们这方面引起的,我们请他们说出分歧意见,可是他们回答说:"我们不是农奴"(还应加上一句:我们在增补问题上还没有讲好价钱)。

对于那种在争论党章第1条时就已经暴露出机会主义思想和无政府主义空谈倾向的知识分子个人主义来说,**任何无产阶级的组织和纪律都好像是农奴制**。广大读者很快就会知道,新的**党代**

**表大会**,在这些"党员"和党的"负责人"看来,也是"上等人物"觉得可怕和忍受不了的农奴制机关…… 这个"机关"对于那些乐意利用党的招牌但是又觉得这个招牌**不符合**党的利益和党的意志的人看来,确实是可怕的。

我在给新《火星报》编辑部的信里列举的并由马尔托夫同志在《戒严状态》里刊印出来的那些委员会的决议,在事实上证明少数派的行为完全**违反**代表大会的决议,**打乱**正常的实际工作。由机会主义者和仇恨《火星报》的人组成的少数派竭力**分裂党**,损害并打乱工作,他们力图为自己在代表大会上遭到失败这件事进行报复,感到用**诚实的和正当的手段**(在刊物上或者在代表大会上说明问题)**永远**不能驳倒第二次代表大会上对他们的机会主义和知识分子动摇性的指责。他们意识到自己没有力量**说服**党,就采用**瓦解党和阻挠任何工作**的手段。大家责备他们(由于他们在代表大会上的错误)把我们的罐子弄裂了一条缝,而他们对这种责备的回答是**竭力**设法把已经有裂缝的罐子**完全打破**。

概念混淆到了极点,甚至把抵制和拒绝工作都说成是斗争的"**诚实的**①手段"。马尔托夫同志现在围绕这个棘手的问题竭力兜圈子。马尔托夫同志竟这么"有原则性",当少数派实行抵制时……他支持抵制,当抵制威胁到偶尔处于多数地位的马尔托夫本人时,他就斥责抵制!

我想,这究竟是无谓争吵还是关于社会民主工党内斗争的诚实的手段的"原则性意见分歧"的问题,可以不必分析了。

--------

① 矿区委员会的决议(《戒严状态》第38页)。

　　在两次（10月4日和6日）要求那些掀起"增补"问题纠纷的同志说明理由的尝试都失败以后，中央机关只好等着看一看那些口头上答应用正当手段进行斗争的同志实际上的表现。10月10日，中央委员会给同盟发了一个通告（见同盟记录第3—5页），宣布它正在拟定章程并邀请同盟成员来协助。同盟领导机关当时否决了（以2票对1票，见同盟记录第20页）召开同盟代表大会的建议。少数派对这个通告所作的答复立刻表明，所谓正当手段和承认代表大会的决议只不过是空话罢了；少数派事实上是下决心绝对**不服从**党的中央机关，他们对中央机关提出的一起工作的号召所作的回答，就是以十足的诡辩和**无政府主义**空谈来**敷衍塞责**。我和普列汉诺夫以及其他多数派对同盟领导机关成员捷依奇的有名的公开信（第10页）作出了回答，坚决表示"抗议同盟的负责人用粗暴地违反党纪的手段阻碍党机关的组织活动和号召其他同志也违反纪律和章程的行为。所谓'我认为自己没有权利应中央委员会的邀请参加这项工作'，所谓'同志们！我们无论如何不应当让它〈中央委员会〉给同盟制定新章程'等等一类的话，是一种鼓动手法，它只能引起每一个稍微懂得什么是党、什么是组织、什么是党纪的人的愤懑。这种手法尤其令人气愤，是因为他们用这种手法来对付刚刚成立的党机关，显然是想以此破坏党员同志对这个党机关的信任，而且采用这种手法时是打着同盟领导机关成员的旗号，背着中央委员会"（第17页）。

　　在这种情况下，同盟代表大会当然只能是一场闹剧。

　　马尔托夫同志从一开始就继续使用他在代表大会上使用过的"笼络人心"的策略，这一次是针对着普列汉诺夫同志，用的方法是歪曲私人谈话的内容。普列汉诺夫同志提出抗议，因而马尔托夫同志只得收回（同盟记录第 39 页和第 134 页）他那种轻率的或者说由于气愤而提出的非难。

接下去是作报告。我是代表同盟参加党代表大会的。读者只要把我的报告纪要（第 43 页及以下几页）①拿来参照一下，就知道我当时已经大致分析了代表大会上的历次表决情况，而本书内容就是对这种分析的进一步发挥。报告的全部重心就是要证明马尔托夫及其伙伴由于犯了错误而成为我们党内的机会主义派。虽然这个报告是当着大多数最激烈的论敌的面作的，他们也不能从这个报告中找到有任何一个地方不符合党内斗争和辩论的正当方法。

相反，马尔托夫的报告，除了对我的叙述作了微不足道的局部的"修正"以外（我们在上面已经指出这些修正是不正确的），却是……一种神经失常的产物。

所以难怪多数派拒绝在这样的气氛下进行斗争。普列汉诺夫同志对"**吵闹**"（第 68 页）——这确实是一场名副其实的"吵闹"！——提出抗议，并退出了代表大会，不愿意宣读他已经准备好了的对于该报告作的实质性的反驳。其余的多数派分子，也差不多都对马尔托夫同志那种"不体面行为"提出了书面抗议（同盟记录第 75 页），接着也退出了代表大会。

少数派的斗争方法大家已经都看得十分明白了。我们责备少数派在代表大会上犯了政治错误，责备他们转向机会主义，同崩得分子、阿基莫夫们、布鲁凯尔们、叶戈罗夫们和马霍夫们结成联盟。少数派在代表大会上遭到了失败，现在"制定了"**两种**斗争方法，其

---

① 见本卷第 38—48 页。——编者注

中包括多种多样的袭击、攻击和进攻等等。

**第一种方法**就是打乱全部党的工作，败坏事业，力图阻挠一切而"不说明理由"。

**第二种方法**就是"吵闹"等等。[①]

这个"第二种斗争方法"在同盟的有名的"原则"决议中也有所表现，"多数派"当然没有参加对于这些决议的讨论。让我们仔细看一看马尔托夫同志现在在他的《戒严状态》里转载的这些决议案吧。

第一个决议案由托洛茨基、佛敏、捷依奇等同志署名，其中有两个论点，是针对党代表大会"多数派"的：（1）"同盟深表遗憾的是，由于代表大会上出现了实际上同《火星报》原先的政策背道而驰的倾向，所以在制定党章时对于建立充分的保障来维护中央委员会的独立性和威信没有予以应有的注意。"（同盟记录第83页）

正如我们所看到的，这个"原则"论点完全是**阿基莫夫式**的空话，**连波波夫同志**也在党代表大会上揭露了这些话的**机会主义性质**！其实，那些硬说"多数派"不想维护中央委员会的独立性和威信的断语，始终不过是**诽谤**罢了。只要指出一点就够了：当我和普列汉诺夫在编辑部工作的时候，**在总委员会内并没有**造成中央机关报对于中央委员会的优势；而当马尔托夫分子加入编辑部的时候，在总委员会内**才造成了**中央机关报对于中央委员会的优势！当我们两个人在编辑部工作的时候，在总委员会内是**国内实际工**

---

[①] 我已经指出，把国外生活和流放生活的气氛中经常见到的无谓争吵的这些最低劣的表现形式，都归结为动机卑劣，那是愚蠢的。这是在一定的不正常的生活条件下，在一定的神经失常等情况下像传染病一样流行的一种毛病。我所以**不得不**在这里把这种斗争方式的实质重提一下，是因为马尔托夫同志在他的《戒严状态》里完全重复了这种斗争方式。

作者多于**国外著**作家，而当马尔托夫分子加入编辑部的时候，情况却相反了。当我们两个人在编辑部工作的时候，总委员会**一次也**没有企图干涉任何一个**实际工作**问题；自从按一致意见实行增补的时候起，**就开始进行这种干涉了**。这一点读者很快就会详细知道的。

该决议案的另一个论点说："代表大会在成立党的正式中央机关时，忽略了同事实上已经形成的中央机关的继承关系……"

这个论点可以完全归结为中央机关**人选**问题。"少数派"宁愿回避旧中央机关在代表大会上已经证明自己不中用并且犯了许多错误的事实。但是最可笑的是谈论组委会方面的"继承性"。正如我们已经看到的，在代表大会上任何人也没有提到批准组委会的全体委员。马尔托夫在代表大会上甚至气得发狂地叫嚷，说包括三名组委会委员在内的名单使他感到可耻。"少数派"在代表大会上提出了一个包括**一名**组委会委员在内的**最后名单**（**波波夫**、**格列博夫**或佛敏和托洛茨基），而"多数派"提出了一个包括**两名**组委会委员在内的三人名单（**特拉温斯基**、**瓦西里耶夫**和格列博夫）。试问，难道这样谈论"继承性"可以叫做"原则性的意见分歧"吗？

我们现在来谈另一个决议案，即由旧编辑部以阿克雪里罗得同志为首的四个成员署名的决议案。这里我们看到对"多数派"提出的、后来又在报刊上一再提起的全部主要指责。这些指责最好就按编辑小组成员的说法来加以考察。这些指责反对的是"专制的官僚主义的治党方式"，即"官僚主义的集中制"，这种集中制跟"真正社会民主主义的集中制"的区别在于它"放在首位的不是内部的统一，而是用纯粹机械手段，用一贯压制个人首创性和社会主动性的办法实现和保持的外表的、形式上的一致"；所以，这种集中制"根本不能把社会的各个组成成分有机地联合起来"。

阿克雪里罗得同志及其伙伴在这里说的是什么样的"社会"呢，只有上帝才知道。大概，阿克雪里罗得同志自己也不大明白，他是在写地方自治派申请实行符合愿望的行政改革的呈文呢，还是在那里发泄"少数派"的怨气。心怀不满的"编辑们"所叫喊的党内"专制"**究竟是指什么**呢？所谓专制，就是一个人拥有至高无上的、不受监督的、不对其他人负责的、不经过选举的权力。从"少数派"的出版物中可以很清楚地看出，他们认为这个专制君主就是**我**，而不是别的什么人。当该决议案起草和通过的时候，我是同普列汉诺夫一起在中央机关报工作的。因此，阿克雪里罗得同志及其伙伴们就是认为普列汉诺夫和全体中央委员都不是按照他们自己对于事业有利的观点，而是按照专制君主列宁的**意志**来"统治党"的。提出这种所谓专制统治的责难，必然地、不可避免地要认为其余一切参与这种统治的人，即除了专制君主一人以外，都不过是别人的工具，唯命是听的小卒，执行别人意志的差役罢了。我们要再问一下：难道这就是最值得尊敬的阿克雪里罗得同志的所谓"原则性的意见分歧"吗？

其次，我们的"党员"，这些刚刚从党代表大会回来的、曾郑重地承认代表大会决议的合法性的"党员"，在这里所说的究竟是什么样的外表的、形式上的一致呢？难道他们真的认为在一个根据比较牢固的原则组织起来的党内，除了党代表大会以外，还有什么另外可以达到一致的方法吗？如果真的认为是这样，那为什么他们没有勇气直截了当地说他们已经不承认第二次代表大会是合法的代表大会了呢？如果他们有什么能使一个根据假想组织起来的假想的党内部达到一致的新意见和新方法，为什么他们不大胆地向我们谈一谈呢?

　　再其次,我们的知识分子个人主义者在这里说的是什么样的"压制个人首创性"呢? 党中央机关报刚刚在此以前还**规劝**他们说出自己的分歧意见,但是他们非但**不这样做**,反而对"增补"讲起价钱来了。我和普列汉诺夫或者中央委员会从根本上来说怎么可能压制拒绝同我们进行**任何**共同"活动"的人的首创性和主动性呢! 怎么可能在某某人**拒绝参加**的机关或者团体里"压制"他呢? 落选的编辑既然拒绝"**做被统治者**",那么他们又怎能抱怨什么"统治制度"呢? 我们**根本不可能**在领导我们这些同志方面犯**什么**错误,原因很简单,这些同志根本就不曾在我们领导下工作。

　　看来很明显,叫喊所谓官僚主义,不过是对中央机关人选不满的一种掩饰,是掩盖他们违背自己在代表大会上郑重说过的诺言的一块遮羞布。你是官僚,因为代表大会委派你不是按照我的意志,而是违反我的意志;你是形式主义者,因为你所依据的是代表大会的形式上的决议,而不是我的同意;你做事粗暴而又机械,因为你只凭借党代表大会的"机械"多数,而不考虑到我想得到增补席位的愿望;你是专制君主,因为你不愿意把权力交给旧时的亲热伙伴。这些伙伴对代表大会直接斥责他们的小组习气愈是感到不愉快,就愈是竭力坚持他们的小组习气的"继承性"。

　　除了上面说的以外,这些关于官僚主义的叫喊中没有而且也不会有什么**实在的**内容。① 这样的斗争方式不过是再一次证明少数派的知识分子不坚定性罢了。少数派想使党相信中央机关的选举不恰当。用什么方法使党相信呢? 是用批评我和普列汉诺夫所

---

① 只要指出一点就够了:普列汉诺夫同志在实行了大有好处的增补以后,就不再被少数派看做"官僚主义集中制"的拥护者了。

编辑的《火星报》的方法吗？不，他们没有力量这么做。他们想采用一部分党员拒绝在他们所仇视的中央机关领导下工作的手段。但是，世界上任何一个党的任何一个中央机关，都无法证明自己能够对那些不愿意服从领导的人进行领导。拒绝服从中央机关的领导，就等于拒绝留在党内，就等于破坏党，——这种办法不是说服，而是**破坏**。而用破坏来代替说服，这正表明自己没有坚定的原则性，对自己的思想缺乏信心。

人们在大谈官僚主义。官僚主义一词可以在俄语中译成地位观念。官僚主义就是使**事业**的利益服从于**向上爬**的需要，就是一味追求**地位**而忽视工作，为**增补**进行争吵而不进行**思想**斗争。这种官僚主义确实根本不是党所希望的，并且是对党有害的，因此我可以完全泰然地请读者自己来判断，现在我们党内斗争的双方究竟是哪一方犯了这种官僚主义毛病……　人们在说什么粗暴的、机械的统一方法。粗暴的机械的方法当然是有害的，但是我又要请读者自己来判断，当新方针和旧方针斗争时，在未能使党相信新观点的正确以前，在尚未向党说明这些观点以前，就要把自己的人送进党机关中去，难道还有比这更粗暴、更机械的斗争方法吗？

但是，也许少数派爱用的字眼确实还有某种原则的意义，确实反映了某些与那种显然成了这方面"转变"起点的微不足道的局部理由无关的特殊思想吧？也许，撇开"增补"引起的争吵不谈，这些字眼毕竟反映了另一种观点体系吧？

我们就从这一方面来考察一下问题。这里我们首先要指出：在同盟中最初着手作这种考察的是普列汉诺夫同志，他指出了少数派转向**无政府主义**和**机会主义**，而马尔托夫同志（他现在最感到委屈的是，并非大家都愿意承认他的立场是原则的[①]立场）在他的《戒严状态》里宁愿**完全回避**这一事件。

在同盟代表大会上提出的一个一般性的问题是：同盟或者某一委员会为自己制定的章程不经过中央委员会批准，或者中央委员会拒绝加以批准，是不是有效呢？其实，问题是再清楚不过的：章程是组织的形式表现，而组织各委员会的权利按照我们党章第6条的规定应该无条件地属于中央委员会；党章规定了委员会自治的范围，而规定这些范围的决定权在党的中央机关，而不在党的地方机关。**这是一个常识**，而那些说什么"组织"并不总是意味着只要"批准章程"的深奥论断实在是太幼稚了（好像同盟自己不曾主动表示过想成为一个根据正式章程组成的团体）。但是马尔托夫同志甚至忘记了（也许是暂时忘记了）社会民主党的常识。按照他的意见，要求章程经过批准，只能表明"过去革命的火星派的集中制已经被官僚主义的集中制所代替"（同盟记录第95页），同时马尔托夫同志在同一篇发言里又说，他认为这正是问题的"原则的方面"（第96页），而他在自己的《戒严状态》里却宁愿回避这个原则的方面！

---

①　新《火星报》由于列宁似乎不愿看到原则性的意见分歧或者否认这些分歧而感到**委屈**，是再可笑不过的了。如果你们比较有原则地对待问题，那你们就会比较快地看清楚我再三指出的你们转向机会主义去的问题。如果你们的立场比较有原则，那你们就不会这样把思想斗争降低为计较地位。既然你们自己竭力不让别人把你们当做有原则性的人看待，那就请你们埋怨自己吧。例如，马尔托夫同志在《戒严状态》里说到同盟代表大会时，隐讳了他和普列汉诺夫关于无政府主义的争论，而只是喋喋不休地说什么列宁凌驾于中央之上，说列宁只要使个眼色就能让中央下道命令，说中央委员会横暴地欺侮了同盟等等。我毫不怀疑，马尔托夫同志通过这样选择他的论题证明了他深刻的思想性和原则性。

　　普列汉诺夫同志立刻就回答马尔托夫，请他不要使用诸如官僚主义、彭帕杜尔作风等等"损害代表大会尊严"的字眼（第96页）。于是他同马尔托夫同志辩论起来，因为马尔托夫同志认为这些字眼是"对于一定方针的原则的表述"。**当时**普列汉诺夫同志也同所有的多数派分子一样，曾根据这些字眼的具体意思来加以考察，清楚地了解这些字眼没有什么原则的意义，而只有"增补的"意义（如果可以这么说的话）。但是他对马尔托夫和捷依奇们的坚持作了让步（第96—97页），同意对他们那些所谓的原则的观点进行**原则的**考察。他说："如果真是这样〈就是说，如果各委员会在建立其组织方面、在制定其章程方面实行自治〉，那它们就会在对整体的关系上，对党的关系上实行自治了。这已经不是崩得派的观点，而简直是无政府主义的观点了。确实，无政府主义者就是这样看待问题的：个人的权利不受限制；他们可以彼此冲突；每个个人都可以自行确定自身的权利范围。自治的范围不应当由一个集团自己确定，而应当由它构成其一部分的那个整体来确定。崩得可以说就是违反这个原则的明显的例证。这就是说，自治的范围要由代表大会或者代表大会所建立的最高机构来确定。中央机关的权力应当以道义上的和精神上的威信为基础。这一点我当然是同意的。组织中的每一分子，都应当关心使机关有道义上的威信。但是决不能由此得出结论说，既然需要有威信，那就不需要有权力了……　把权力的威信同思想的威信对立起来，这是这里所不应当有的无政府主义言论。"（第98页）这些道理是再浅显不过的，都是不言自明的公理，根本用不着进行什么表决（第102页），至于人们不相信它们，那只是因为"目前概念都混淆了"（同上）。但是，知识分子个人主义必然使少数派企图破坏代表大会，不服从多数；而要为这种企图辩护，就只好用**无政府主义的言论**。非常可笑的是，少数派除了**埋怨**普列汉诺夫使用了机会主义、无政府主义等等一类过分厉害的字眼以外，无法向普列汉诺夫提出任何其他的责难。普列汉诺夫很公正地嘲笑了这种埋怨，他问道：为什么"饶勒斯主义和无政府主义这些词不可以使用，而褒渎君主和彭帕杜尔作风这些词却可以使用呢"？这个问题始终没有得到答复。这种特有的误解在马尔托夫同志和阿克雪里罗得同志及其伙伴们那里已经是屡见不鲜了：他们的新字眼带有鲜明的"火气"的迹象；当人家指出这一点时，他们感到委屈，——说什么我们是有原则性的人；但是，人家对他们说，如果你们**在原则上**否定局部服从整体，那么你们就是无政府主义者。他们又因人家使用了厉害的字眼而感到委屈。换句话说，他们准备同普列汉诺夫厮杀一场，但是又要普列汉诺夫手下留情！

马尔托夫同志及其他一切"孟什维克"也多次用同样幼稚的手段来揭露我的"矛盾"。他们从《怎么办？》或者从《给一位同志的信》里引证一些谈到思想影响、谈到争取影响的斗争等等的话，同经过党章施加"官僚主义"影响，以及依靠权力实行"专制"的倾向等等对立起来。多么幼稚啊！他们已经忘记了，**从前**，我们党还不是正式的有组织的整体，而只是各个集团的总和，所以在这些集团间除了思想影响以外，别的关系是不可能有的。**现在**，我们已经成为有组织的政党，这也就是说造成了一种权力，思想威信变成了权力威信，党的下级机关应当服从党的上级机关。说实在的，向自己的老同事们反复讲解这样一些起码的道理，真叫人不好意思，特别是当你感觉到，问题不过是在选举问题上少数不愿意服从多数！但是，**在原则上**，滔滔不绝地揭露我的矛盾的这些话，**完全**是无政府主义的言论。新《火星报》并不拒绝利用党机关的招牌和权利，但是却不愿意服从党的多数。

如果说这些谈论官僚主义的词句中真有什么原则的话，如果说这不是用无政府主义态度否认局部必须服从整体的话，那么这个原则就是**机会主义的原则**，因为机会主义就是力图削弱知识分子对于无产阶级政党的责任，削弱中央机关的影响，加强党内最不坚定分子的自治，把组织关系搞成只是在口头上抽象地加以承认。这一点我们在党代表大会上已经看见了，当时阿基莫夫们和李伯尔们就曾经大谈"可怕的"集中制，和后来马尔托夫及其伙伴们在同盟代表大会上讲的一模一样，机会主义导致马尔托夫式的和阿克雪里罗得式的组织"观点"，并不是偶然的，而是出自机会主义的本性，而且不仅在俄国，在全世界都是如此，这一点我们在下面分析新《火星报》所刊载的阿克雪里罗得同志的文章时就可以看出来。

# （十六）勿因小别扭而妨碍大快事

同盟否决了关于同盟章程必须经中央批准的决议案（同盟记录第 105 页），正如党代表大会的整个多数派立刻指出的，这是"**根本违反党章的行为**"。这种违反党章的行为，如果把它看成是一些有原则的人的行为，那就是十足的无政府主义，这种行为在代表大会以后的斗争环境中必然造成一种印象，即党的少数派在向党的多数派"进行报复"（同盟记录第 112 页），这种行为意味着党内的少数派不愿意服从党和不愿意留在党内。既然同盟拒绝根据中央关于必须修改章程的声明通过决议（第 124 — 125 页），这就势必导致其大会被认为是**非法的**,因为这个大会虽然想**算做**党组织的大会,却又不服从党中央机关,所以党内的多数派立刻离开了这个冒牌的党的大会,不参加这出不体面的滑稽剧。

于是,那种抽象地承认组织关系、在讨论党章第 1 条问题时暴露出思想动摇的知识分子个人主义,在实践上就走到了早在 9 月间即在一个半月以前我曾经预言过的那种合乎逻辑的结局——**破坏**党组织的地步。恰恰在这个时候,即在同盟代表大会闭幕的那天晚上,普列汉诺夫同志向两个党中央机关的同事声明,说他不忍"向自己人开枪",说他"宁肯自杀,也不愿意分裂",说为了避免更大的灾难必须作最大限度的个人让步。当时进行这场毁灭性的斗争实际上正是为了取得这种让步(这种成分比为了维护党章第 1 条上的不正确立场所暴露的原则要大得多)。为了确切说明普列汉诺夫同志的这种在一定程度上具有全党意义的转变,我认为最好不拿私人谈话作根据,也不拿私人信件(这只有在万不得已时才可以援引)作根据,而是拿普列汉诺夫自己在全党面前对情况所作的说明,即拿他发表在《火星报》第 52 号上的《不该这么办》一文作根据,这篇文章正是在同盟代表大会以后,在我退出中央机关报编辑部(1903 年 11 月 1 日)以后,在增补马尔托夫分子(1903 年 11 月 26 日)以前写成的。

《不该这么办》一文的基本思想是,在政治上不应当过于生硬、过分激烈和毫不让步:有时为了避免分裂,必须对修正主义者(那些同我们接近或者表现动摇的)和无政府个人主义者实行让步。这种抽象的笼统的论点自然使《火星报》的读者感到莫名其妙。普列汉诺夫同志那些堂皇的傲慢的声明(在以后一些文章中发表的),说人们没有懂得他的意思是由于不了解他的新思想和不懂得辩证法，这话听起来真是令人好笑。其实，当《不该这么办》一文写成时，能懂得的只有十来个住在日内瓦郊区两个地方（其地名的第一个字母相同）[140] 的人。普列汉诺夫同志的不幸，就在于他把只是写给这十来个参与代表大会以后同少数派斗争全过程的人看的一大堆暗示、责备、代数符号和猜测，搬到了成千上万的读者面前来。普列汉诺夫同志所以陷入这种不幸，是因为他正好违背了他自己很不恰当地提到的一个辩证法的基本原理：没有抽象的真理，真理总是具体的。正因为如此，用抽象的形式把在同盟代表大会以后向马尔托夫分子让步的具体思想包起来，是不妥当的。

　　普列汉诺夫同志当做新的口号提出来的让步，只有在两种情况下才是正当的和必要的：或者是让步者深信要求让步者是正确的（在这种情况下，正直的政治家总是公开坦率地承认自己的错误）；或者是为了避免更大的灾难而向那不合理的、对事业有害的要求实行让步。从这篇文章完全可以清楚地看出作者指的是后一种情况：他直爽地说要向修正主义者和无政府个人主义者（现在全体党员已经从同盟代表大会记录中知道这就是马尔托夫分子）实行让步，说为了避免分裂而必须让步。可见，普列汉诺夫同志的所谓新思想完全可以归结为一句并不怎么新的处世格言：勿因小别扭而妨碍大快事，小的机会主义愚蠢行为和无政府主义言论总比党的大分裂好。普列汉诺夫同志写这篇文章时，清楚地知道少数派是我们党内的机会主义派，并知道它是用无政府主义手段进行斗争的。普列汉诺夫同志主张，要用个人让步的办法同这个少数派作斗争，正像（又是如果可以以小比大的话）德国社会民主党同伯恩施坦作斗争时那样。倍倍尔在他自己的党的几次代表大会上曾公开声明，说他不知道有什么人比伯恩施坦同志（不像普列汉诺夫同志以前那样喜欢把他称为伯恩施坦先生，而是称为伯恩施坦同志）更容易接受环境的影响，所以我们要把他放到我们这个环境中间，我们要选派他做国会议员，我们要进行反修正主义的斗争，但不是用过分激烈的手段（像索巴开维奇—帕尔乌斯那样）来反对这位修正主义者，我们要"用温和的手段杀死"（kill with kindness）这位修正主义者，正如麦·贝尔（M.Beer）同志（我记得似乎是他）在一次英国社会民主党人会议上称道德国人乐于让步、爱好和平、温和、灵活和审慎，而反对英国的索巴开维奇—海德门的攻击时所说的那样。同样，普列汉诺夫同志也想"用温和的手段杀死"阿克雪里罗得和马尔托夫两位同志的小无政府主义和小机会主义思想。诚然，普列汉诺夫同志一方面十分清楚地暗示到"无政府个人主义者"，同时却有意把修正主义者说得含糊不清，好像他指的是从机会主义转向正统派方面的工人事业派分子，而不是开始**从正统派转向修正主义**的阿克雪里罗得和马尔托夫，但这种军事策略未免太幼稚了①，这种构筑得很不高明的工事根本挡不住全党公

---

① 在党代表大会以后根本就没有人谈到要对马尔丁诺夫、阿基莫夫、布鲁凯尔等同志实行让步。我没有听说过他们也要求"增补"。我甚至怀疑，斯塔罗韦尔同志或马尔托夫同志在他们两人以"党内半数"名义递给我们公文和"照会"时，是否和布鲁凯尔同志商量过……　在同盟代表大会上，马尔托夫同志以坚强的政治战士十分气愤的心情提出抗议，说他根本没有想到要"同梁赞诺夫或马尔丁诺夫联合"，说他根本没有想到可能同他们"勾结"，甚至没有想到可能同他们一起（以编辑身份）"为党工作"（同盟记录第53页）。马尔托夫同志在同盟代表大会上严厉地谴责"马尔丁诺夫的倾向"（第88页），而当正统派同志巧妙地暗示说阿克雪里罗得和马尔托夫好像是"承认阿基莫夫、马尔丁诺夫以及其他同志同样有权随意召集会议，为自己制定章程并按照这个章程行事"（第99页）时，马尔托夫分子马上就来否认这一点，就像彼得否认他是耶稣的门徒一样141（第100页，"正统派同志担心""阿基莫夫们、马尔丁诺夫们，等等"，"是没有根据的"）。

论的炮火。

　　所以，谁只要了解当时政治形势的具体情况，谁只要洞察普列汉诺夫同志的心理，谁就会懂得我当时不能有什么别的做法。我这样说是针对那些责怪我不应该让出编辑部的多数派分子的。普列汉诺夫同志在同盟代表大会以后转变了态度，由一个多数派变成了一个坚决的调和派，而我当时只能从最好的意义上解释他的这种转变。也许普列汉诺夫同志想在他的文章里提出一个达到善意的和真诚的和平的纲领？凡是这样的纲领都要求双方诚恳地承认自己的错误。普列汉诺夫同志指出了多数派的什么错误呢？——对修正主义者采取了索巴开维奇式的过分激烈的态度。不知普列汉诺夫同志在这里指的是什么：是他自己所说的关于驴子的那些挖苦话呢？还是当阿克雪里罗得在场时十分轻率地讲的那些关于无政府主义和机会主义的话；普列汉诺夫同志宁愿使用"抽象"说法，并把罪过转嫁到别人头上。当然，各有各的爱好。但是，我无论在给一个火星派分子的信中还是在同盟代表大会上，都公开承认过我本人说话过于激烈；我怎么会不承认多数派方面的这种"错误"呢？至于讲到少数派，普列汉诺夫同志很清楚地指出了他们的错误是修正主义（参看他在党代表大会上关于机会主义和在同盟代表大会上关于饶勒斯主义的论述）和导致分裂的无政府主义。难道我能阻挠用个人让步以及种种"kindness"（亲切的、温和的手段）使人们承认这种错误并消除它的害处的尝试吗？既然普列汉诺夫同志在《不该这么办》一文中直率地劝告大家**"宽恕"**那些"只是由于某种程度的动摇"而成了修正主义者的**"对手"**，我又怎么能阻挠这样一种尝试呢？而既然我不相信这种尝试能有什么良好结果，那么我除了在中央机关报方面作出个人让步，并为维

护多数派的立场而转移到中央委员会去以外，又有什么别的办法
呢？① 当时我不能绝对否认这种尝试可能成功而独自对于可能发
生的分裂负责，因为我自己在 10 月 6 日的信中也曾经想用"个人
意气用事"来解释这种无谓争吵。至于维护多数派的立场，我过去
和现在都认为是我自己的政治职责。在这方面指望普列汉诺夫同
志是很困难和很危险的，因为所有的情况表明，普列汉诺夫同志是
要把他所谓"一个无产阶级的领导人当自己的好战癖性同政治的
考虑相抵触时没有权利迷恋这种癖性"这句话辩证地解释成：如果
一定要射击，那就射击多数派更合算些（按日内瓦 11 月间的天气
来说）…… 当时所以必须维护多数派的立场，是因为普列汉诺夫
同志公然违反了要求具体地全面地观察问题的辩证法，在说到革
命家的善良的（？）愿望时谦虚地回避了**对一个革命家的信任**问题，
即对一个领导了我们党内一定派别的"无产阶级领导人"的信任问
题。普列汉诺夫同志讲到无政府个人主义，劝告大家"有时"应该
对违反纪律的行为装做看不见，"有时"要向"同忠实于革命的思想
毫无共同之处的感情所引起的"知识分子放肆行为让步，但是他显

---

① 关于这一点，马尔托夫同志很中肯地说我是带着武器和行囊转移的。马尔托
　　夫同志喜欢使用军事比喻：向同盟进军、战役、治不好的枪伤，如此等等。老
　　实说，我也有使用军事比喻的癖好，特别是现在从太平洋传来的消息很引人
　　注意的时候。但是，马尔托夫同志，如果用军事术语来说明，那么事实就是：
　　我们在党代表大会上占领了两座炮台。你们在同盟代表大会上攻击这两座
　　炮台。在第一次小规模的相互射击以后，我的一位同事，一座炮台上的指挥
　　官，敞开了大门迎接敌人。我当然就带着自己的一小队炮兵转到另外一座几
　　乎还没有筑好工事的炮台上去，以便"抵挡"数量上占压倒优势的敌军。我甚
　　至提议讲和：我为什么要同时和两个强敌作战呢？但是，新的联军对我的讲
　　和建议的回答是，炮轰我这座"残存的"炮台。我只好开炮还击。这时，我过
　　去的同事、那位指挥官却带着愤怒的神情一本正经地喊道：看哪，善良的人
　　们，这个张伯伦多么不喜欢和平啊！

然忘记了也应该考虑到党内多数派的善良愿望，忘记了应该让**实际工作者**来确定对无政府个人主义者让步到**什么程度**。同幼稚的无政府主义谬论进行文字斗争是比较容易的，但是要在同一个组织内同无政府个人主义者进行实际工作就比较困难了。如果一个著作家竟然要自己来确定对于无政府主义在实际上可能让步到什么程度，那就只能暴露出他过分的、学究气十足的、文人的自命不凡。普列汉诺夫同志一方面堂皇地宣称（正如巴扎罗夫[142]所说的那样，为了显示自己了不起），一旦发生新的分裂，工人们就会不再理解我们，但同时他自己又着手在新《火星报》上登载许多文章，这些文章的真正的具体的含义，不仅工人必然不能了解，而且全世界的人都不能了解。怪不得有一个中央委员[143]读了《不该这么办》一文的校样，曾警告过普列汉诺夫同志，说他这篇文章恰巧破坏了他自己想把某些文件（党代表大会记录和同盟代表大会记录）公布范围稍微缩小的计划，因为这篇文章激起人们的好奇心，使一些带有刺激性而又完全暧昧不明的东西成为街谈巷议的资料①，必然使人们大惑不解，他们会问："究竟发生了什么事？"怪不得普列汉诺夫同志的这一篇议论抽象和含义暧昧的文章使社会民主党的敌人拍手称快：《革命俄国报》为此跳起了康康舞[145]，《解放》杂志方面的彻底的修正主义者对此也备加赞扬。所有这些后来普列汉诺

---

① 我们在一所门窗都关闭起来的屋子里进行非常热烈的争论。突然我们中间有一个人跳了起来，猛地打开了临街的窗子，开始大声叫喊反对什么索巴开维奇、无政府个人主义者、修正主义者等等。于是，街上自然就聚集了一群游手好闲、爱看热闹的人，而我们的敌人不禁幸灾乐祸起来。那时，其他参加争论的人也走到窗前，表示愿意把问题从头到尾说个清楚，而不要再作那些谁也不懂的暗示。这时窗子又被砰的一声关上了，说什么不值得谈论这些**无谓争吵**（《火星报》第53号第8版第2栏倒数第24行）。普列汉诺夫同志，本来就不值得在《火星报》上开始谈论这些"无谓争吵"[144]，——这样说才对！

夫同志很可笑而又很可悲地企图摆脱的可笑而又可悲的误解**146**，其根源就在于他违背了具体问题应该根据问题的全部具体情况加以分析这一辩证法的基本原理。所以，司徒卢威先生感到高兴也是完全自然的，他对普列汉诺夫同志所追求的（但是不一定能够达到的）那些"良好的"目的（用温和的手段杀死）毫不关心；司徒卢威先生欢迎而且也不能不欢迎现在人人都看见的在新《火星报》上开始的**向我们党内机会主义派方面的转变。各国资产阶级民主派**——不仅俄国资产阶级民主派——都欢迎社会民主党内发生的每一次向机会主义的转变，哪怕是最小的和暂时的转变。聪明的敌人所作的估计很少是纯粹的误会。告诉我，谁在赞扬你，我就能告诉你，你的错误在什么地方。普列汉诺夫同志希望读者粗心大意，企图把事情说成是多数派绝对反对在增补方面作个人让步，而不是反对从党内的左派转变为右派，但这是徒劳的。问题的实质不在于普列汉诺夫同志为了避免分裂而作了个人让步（这是很值得表扬的），而在于他虽然完全承认同那些态度不一贯的修正主义者和无政府个人主义者**进行争论**的必要性，却宁可同多数派进行争论，而他同多数派的分歧就在于对无政府主义实际上可能让步**到什么程度**。问题的实质完全不在于普列汉诺夫同志改变了编辑部的人选，而在于他背叛了他自己同修正主义和无政府主义争论的立场，不再在党的中央机关报上维护这个立场。

至于说到**当时**作为多数派的唯一有组织的代表机关的中央委员会，那么普列汉诺夫同志当时同中央委员会的分歧，**只是在于对无政府主义实际上可能让步到什么程度**。自从11月1日我退出编辑部而让"用温和的手段杀死"的政策自由实行的时候起，几乎已经一个月了。普列汉诺夫同志有充分可能通过各种交往来检验

这个政策是不是行得通。普列汉诺夫同志在这个时期发表了他的
《不该这么办》一文，这篇文章过去是，**而且现在仍然是**马尔托夫分
子进入编辑部的唯一的入场券。有两个口号——修正主义（同它
应该用宽恕对手的态度来进行争论）和无政府个人主义（对它应该
加以安抚，用温和的手段杀死它），特别鲜明地印在这张入场券上。
先生们，请进吧，我会用温和的手段杀死你们的，——这就是普列
汉诺夫同志通过这个请帖对自己的编辑部新同事们说的话。当
然，中央委员会只得说出自己的最后的话（最后通牒，也就是争取
和平解决的最后的话），即从中央委员会的观点看来，容许对无政
府个人主义实际上让步到什么程度。或者是你们愿意和平，那我
们就会给你们一定数量的席位，以表明我们态度温和，爱好和平，
愿意让步等等（我们为了保障党内和平不能给你们更多的东西了，
和平并不意味着没有争论，而是意味着不许无政府个人主义破坏
党）。请你们接受这些席位并逐渐从阿基莫夫方面转到普列汉诺
夫方面吧。或者是你们想坚持并发展你们的观点，最终地转到（哪
怕只是在组织问题上）阿基莫夫方面去，使党相信你们是正确的，
而普列汉诺夫是错误的，那就请你们组织自己的著作家小组，派代
表参加代表大会，并开始用诚实的斗争和公开论战的手段争取多
数吧。中央委员会在 1903 年 11 月 25 日的最后通牒内（见《戒严
状态》和《对同盟代表大会记录的述评》①）十分清楚地向马尔托夫

---

①　至于马尔托夫在《戒严状态》中引用私人谈话等等歪曲中央委员会的最后通
牒的把戏，我当然是不准备加以分析的。这套把戏就是我在前一节曾经说过
的"第二种斗争方法"，这套把戏只有神经病理学专家才有本事把它弄清楚。
只要指出一点就够了，就是马尔托夫同志在那里硬说他们同中央订立过不
发表谈判内容的协定，可是这种协定不管怎样去找，到现在也没有找到。当
时代表中央进行谈判的特拉温斯基同志曾用书面通知我，说他认为我有权在

分子提出的这个二者择一的问题，完全符合我和普列汉诺夫两个人在1903年10月6日给原来的编辑们写的那封信的内容：或者是个人意气用事（那就可以**在最坏的情况下**实行"增补"），或者是原则性的分歧（那就要**先**说服党，然后才谈得上改变中央机关的人选）。中央委员会有理由让马尔托夫分子自己来解决这个二者择一的难题，尤其是因为**正好在这时**马尔托夫同志在他的"宣言书"（《又一次处在少数地位》）里写过如下一段话。

"**少数派只要求得到一种荣誉**，即想在我们党的历史上作出第一个这样的范例：可以处在'失败者'的地位而**不成立新党**。少数派的这种立场是出自他们对党组织发展过程的全部看法，出自他们对他们自己同以往的党的工作之间的牢固联系的认识。少数派不相信'纸上革命'的神秘力量，认为自己的意愿有**深刻的十分重要的根据**，能保证**他们在党内用纯粹思想宣传手段使自己的组织原则取得胜利**。"（黑体是我用的）

多么漂亮、多么自负的言词啊！而当我们根据实际经历清楚看到这**仅仅是一些言词**时，又是多么痛苦啊…… 马尔托夫同志，对不起，现在**我要代表多数派要求获得你们不配获得**的这种"荣

---

《火星报》以外的刊物上发表我给编辑部的信。

不过马尔托夫同志那里有一个词是我特别喜欢的。这个词就是"最坏的波拿巴主义"。我觉得，马尔托夫同志提出的这个概念是非常恰当的。让我们冷静地看一看这个概念意味着什么吧。在我看来，这个概念意味着用**形式上合法而实质上违反人民（或党）意志**的手段来取得权力。马尔托夫同志，难道不是这样吗？如果是这样，我就可以放心地让公众来判断，是谁的所作所为应该被指责为"最坏的波拿巴主义"：是本来可以根据第二次代表大会的意志行使自己的不让马尔托夫分子进来的**正式权利而没有行使**这种权利的列宁和伊格纳克呢，还是那些**在形式上正当地**占据了编辑部（"一致同意的增补"）而明知这**在实质上不符合第二次代表大会的意志**并害怕第三次代表大会将来会检查这种意志的人们？

誉"了。这种荣誉确实是一种很大的荣誉,值得为它一战,因为小组习气的传统给我们留下的就是过分轻率地进行分裂和过分热心地运用"要么飨以老拳,要么握手言欢"这一格言。

————

大快事(有一个统一的党)应当高于并且确实高于小别扭(指为增补进行的无谓争吵)。我退出了中央机关报,伊格列克同志(是我和普列汉诺夫推举他代表中央机关报编辑部参加总委员会的)退出了总委员会。马尔托夫分子用一封等于宣战的信(见我们引用过的那本书)回答了中央委员会提议和平解决的最后的话。那时,并且直到那时,我才给编辑部写信(《火星报》第53号)说到公论问题①。我说,如果真要谈论修正主义,争论不彻底性和无政府个人主义,争论一些领导人的失败,先生们,那就让我们把一切都说出来,痛痛快快地说出全部事实真相吧,——这就是我那封谈到公论问题的信的内容。编辑部对这封信的回答是破口大骂,并冠冕堂皇地训诫说:不要挑起**"小组生活中的琐事和无谓争吵"**(见《火星报》第53号)。我暗自忖度:啊,原来是"小组生活中的琐事和无谓争吵"……es ist mir recht,这和我的想法一样,先生们,这我倒是同意的。这就是说,你们把"增补"问题上的纠纷公开叫做**小组的无谓争吵**了。这倒是真话。可是,同一个(似乎是同一个)编辑部在同一号(第53号)的社论中又谈起官僚主义、形式主义等等,那么这种杂音又是怎么回事呢?② 你不要提出为中央机关报

————

① 见本卷第86—90页。——编者注
② 后来事实证明,这种"杂音"只是因为中央机关报编辑部成员中有杂音。"无谓争吵"是普列汉诺夫写的(见他在《可悲的误解》中的自白,第57号),而社论《我们的代表大会》是马尔托夫写的(《戒严状态》第84页)。真是各唱各的调。

编辑部成员的增补而斗争的问题,因为这是无谓争吵。我们却要提出中央委员会成员的增补的问题,这不是无谓争吵,而是关于"形式主义"问题的原则分歧。我想:不,亲爱的同志们,对不起,你们这么做可不行啊。你们要向我这座炮台开火,同时又要我把炮交给你们。真是开玩笑!于是我就写了一封《给编辑部的信》(《我为什么退出了〈火星报〉编辑部?》)①,并且把它发表在《火星报》以外的地方;我在这封信中简略地说明了事实真相,并且一再询问,可以不可以按照你们占有中央机关报而我们占有中央委员会这样一个分配原则讲和。任何一方面都不会觉得自己在党内是"外人",至于向机会主义方面的转变问题,我们可以争论,首先在报刊上,以后也许还要在党的第三次代表大会上争论。

一听到我提起讲和,所有敌人的炮台,包括总委员会在内,都立刻开炮作为回答。真可谓弹如雨下。什么专制君主,施韦泽,官僚主义者,形式主义者,凌驾于中央之上,片面性,简单生硬,顽固不化,心胸狭隘,疑神疑鬼,生性乖僻…… 好极了,我的朋友们!你们发射完了吗?你们的军火库里再没有什么存货了吗?你们的炮弹实在太不顶事了……

现在该我说话了。现在我们看一看新《火星报》的新组织观点的**内容**,以及这些观点同我们党内划分为"多数派"和"少数派"的关系,关于这种划分的实质,我们在分析第二次代表大会的讨论情况和表决情况时已经说过了。

---

① 见本卷第91—98页。——编者注

# （十七）新《火星报》。组织问题上的
# 机会主义

　　在剖析新《火星报》的原则立场时，无疑应当把阿克雪里罗得同志的两篇小品文①当做基本材料。关于他爱用的那一套字眼的具体意义，我们在上面已经详细地指出来了，因此现在应当竭力撇开这种具体意义，来仔细考察一下迫使"少数派"（根据某种细小的琐碎的论据）得出正是这些而不是什么别的口号的思考过程，探讨一下这些口号的原则意义，而不管它们的来源如何，不管"增补"问题如何。目前我们正处在让步空气浓厚的时候，那就让我们对阿克雪里罗得同志让一下步，"认真地谈谈"他的"理论"吧。

　　阿克雪里罗得同志的一个基本论点（《火星报》第57号）是，"我们的运动一开始就包含着两种对立的倾向，这两种倾向的互相对抗，不能不随着运动本身的发展而发展，同时又不能不影响这个运动"。这就是说："在原则上，运动的无产阶级目的〈在俄国〉同西方社会民主党的目的是一样的。"可是，我们这里影响工人群众的却是"对他们说来是异己的社会成分"，即激进知识分子。总之，阿克雪里罗得同志认定，我们党内存在着无产阶级倾向和激进知识分子倾向之间的对抗。

　　阿克雪里罗得同志在这一点上无疑是正确的。这种对抗是确实存在的（并且不仅在俄国社会民主党一个党内）。而且，大家都

---

　　①　这两篇小品文已收入《〈火星报〉的两年》文集第2册第122页及以下几页（1906年圣彼得堡版）。（这是作者为1907年版加的注释。——编者注）

知道，正是这种对抗在很大程度上说明为什么现代社会民主党已经划分成革命的（或正统的）和机会主义的（修正主义、内阁主义[147]、改良主义的）两派，而这种划分也在我们俄国近十年来的运动中充分地显露了出来。同时大家又知道，社会民主党正统派所代表的正是运动中的无产阶级倾向，社会民主党机会主义派所代表的则是民主知识分子倾向。

可是，阿克雪里罗得同志在多少触及这个尽人皆知的事实时，便胆怯地向后退缩了。他**没有作任何尝试来认真分析一下**，上述这种划分一般在俄国社会民主运动史上，尤其是在我们党代表大会上究竟是怎样表现出来的，虽然阿克雪里罗得同志所写的正是有关代表大会的问题！阿克雪里罗得同志也同新《火星报》整个编辑部一样，对这次代表大会的记录**怕得要死**。我们了解前面说过的一切之后不会对此表示惊奇，但是，这对一个仿佛在研究我们运动中各种倾向的"理论家"却是一件**害怕真相**的奇事。阿克雪里罗得同志由于自己的这种特性，避开了关于我们运动中各种倾向的最新最精确的材料，而求救于惬意的幻想。他说："既然合法马克思主义或半马克思主义给我国自由派提供了一个文坛上的领袖，为什么捉弄人的历史就不能从正统的革命的马克思主义学派中提供一个领袖给革命的资产阶级民主派呢？"[148]关于阿克雪里罗得同志的这种惬意的幻想，我们只能说，如果历史有时是在捉弄人，那么，这并不能替一个分析这种历史的人的**捉弄人的思想**作辩护。当那位半马克思主义的领袖显露出是一个自由派分子时，那些愿意（**和善于**）探讨他的"倾向"的人所引证的并不是什么可能有的历史捉弄，而是这位领袖数十种甚至数百种心理和逻辑的表现，是他全部著作的面貌特征，这些特征显出了马克思主义在资产阶级著作中的反映**149**。既然阿克雪里罗得同志在分析"我们运动中的一般革命倾向和无产阶级倾向"时，**丝毫——确实是丝毫——**不能证明并指出他所痛恨的党内正统派的某些代表人物的某些倾向，那他只不过是**郑重地证明**自己**思想贫乏**罢了。既然阿克雪里罗得同志只能引证什么可能有的历史捉弄，那么他的事情想必已经是十分不妙了！

阿克雪里罗得同志的另一引证，即关于"雅各宾派"的引证，是更有教益的。阿克雪里罗得同志大概不会不知道，现代社会民主党分成革命派和机会主义派，早已——并且不仅在俄国——使人有了运用"法国大革命时代的历史比拟"的借口。阿克雪里罗得同志大概不会不知道，**现代社会民主党中的吉伦特派**随时随地都在用"雅各宾主义"、"布朗基主义"之类的词来形容自己的对手。我们不会像阿克雪里罗得同志那样害怕真相，且让我们来翻阅一下我们代表大会的记录，看看这些记录究竟有没有什么材料可供我们分析和检查现在我们所考察的这些倾向和我们所剖析的这种比拟。

第一个例子。在党代表大会上关于党纲的争论。阿基莫夫同志（他"完全赞同"马尔丁诺夫同志的意见）声明："关于夺取政权〈即关于无产阶级专政〉的一段条文写得跟所有其他各国社会民主党的纲领不同，这种写法有可能被解释成领导组织的作用一定会把受它领导的阶级推到后面去，并使前者同后者隔离开，而且普列汉诺夫就是这样解释的。因此，我们的政治任务也就表述得完全和'民意党'的一样。"（记录第124页）普列汉诺夫同志和其他火星派分子反驳了阿基莫夫同志，指责他这是一种机会主义观点。阿克雪里罗得同志难道看不出，这次争论向我们表明了（是用事实，而不是用想象的历史捉弄）社会民主党内**现代雅各宾派**和现代吉伦特派的对抗吗？阿克雪里罗得同志所以谈起雅各宾派来，不正是因为他（由于他所犯的错误）已经与社会民主党内的**吉伦特派**为伍了吗？

　　第二个例子。波萨多夫斯基同志认为在"民主原则的绝对价值"这个"基本问题"上存在着"严重的意见分歧"（第169页）。他和普列汉诺夫一起否认民主原则的绝对价值。"中派"或泥潭派首领（叶戈罗夫）和反火星派首领（戈尔德布拉特）坚决反对这种看法，认为普列汉诺夫是在"仿效资产阶级的策略"（第170页），——**这正是阿克雪里罗得同志关于正统派同资产阶级倾向的联系的看法**，所不同的只是阿克雪里罗得没有把这种看法具体地说出来，而戈尔德布拉特则把它同一定的辩论联系了起来，我们不妨再问一次：阿克雪里罗得同志难道看不出这次争论也向我们**具体地**（在我们党代表大会上）表明了现代社会民主党内有雅各宾派和吉伦特派相对抗吗？阿克雪里罗得同志所以高喊反对雅各宾派，不正是因为他已经与吉伦特派为伍了吗？

　　第三个例子。关于党章第1条的争论。究竟是谁在捍卫"**我们运动中的无产阶级倾向**"，谁在强调说明工人不怕组织，无产者不同情无政府状态，无产者重视"组织起来！"的号召，谁在提醒人们防范那些浸透机会主义思想的资产阶级知识分子呢？**是社会民主党中的雅各宾派**。究竟是谁在把激进知识分子拉到党里来，谁在念念不忘大学教授和中学生、单干人物和激进青年呢？**是吉伦特派分子阿克雪里罗得伙同吉伦特派分子李伯尔**。

　　阿克雪里罗得同志为在我们党代表大会上公开散播的那个加给"劳动解放社"多数人的"莫须有的机会主义罪名"进行辩护，可是他辩护得多么笨拙啊！他不过是重弹伯恩施坦派的一些关于雅各宾主义、布朗基主义等等的陈词滥调，从而证实这个罪名有根有据罢了！他高喊什么激进知识分子的危险，无非是为了掩饰他自己在党代表大会上发表的那些念念不忘这种知识分子的言论。

使用雅各宾主义等等这些"吓人的字眼"，只是暴露出自己有**机会主义**思想罢了。同**已经意识到**本阶级利益的无产阶级的**组织**密切联系在一起的雅各宾派分子，就是**革命的社会民主党人**。留恋大学教授和中学生，害怕无产阶级专政，迷恋民主要求的绝对价值的吉伦特派分子，就是**机会主义者**。现在，把政治斗争缩小为密谋活动的思想已经在出版物上被驳斥过几千次了，它早就被实际生活驳倒和排挤掉了，群众性的政治鼓动的根本重要意义已经被阐明和反复地说明了，在这种情况下，只有机会主义者还会认为密谋组织是危险的东西。人们害怕密谋主义即布朗基主义的实际原因，并不是实际运动显露出来的某种特征（像伯恩施坦之流早就枉费心机地力图证明的那样），而是资产阶级知识分子那种在现代社会民主党人中间常常暴露出来的吉伦特派的怯懦心理。最滑稽不过的就是新《火星报》拼命想说出**一种新意见**（其实这种意见早已有人说过几百次了），即要人们防范40年代和60年代法国革命密谋家的策略（第62号上的社论）[150]。在即将出版的一号《火星报》上，现代社会民主党中的吉伦特派大概会给我们举出这样一批40年代的法国密谋家，对这些人来说，在工人群众中进行政治鼓动的作用，工人报纸作为党用来影响阶级的基本工具的作用，早已成了背得烂熟的起码常识。

可是，新《火星报》力图在发表新意见的幌子下重提旧事和反复咀嚼起码的常识，这决不是偶然的，而是已经陷到我党机会主义派中去的阿克雪里罗得和马尔托夫所处的地位的必然结果。处于什么样的地位，就得讲什么样的话。所以他们只好重复机会主义词句，只好**向后退**，以便从**遥远的过去**找到一点什么理由来替自己的立场辩护，但从代表大会上的斗争来看，从代表大会上形成的党内各种不同的色彩和派别划分来看，这个立场是无法辩护的。阿克雪里罗得同志除了谈一些阿基莫夫式的关于雅各宾主义和布朗基主义的深奥思想，还发了一些阿基莫夫式的怨言，说不仅"经济派"而且"政治派"也有"片面性"、过分"迷恋"的毛病等等。当你在妄自尊大、自以为比有上述一切片面性和迷恋毛病的人高明的新《火星报》上读到有关这个题目的高谈阔论时，你就会惶惑莫解地自问道：他们在描画什么人的肖像？他们从哪里听过这种对话？[151]谁不知道俄国社会民主党人分成经济派和政治派的时期早已过去了呢？你们看看党代表大会以前一两年的《火星报》就会知道，反对"经济主义"的斗争还在1902年就平息下去了，完全停止了；就会知道，例如，在1903年7月（第43号），人们就认为"经济主义时代""已经完全过去了"，经济主义"已经被彻底埋葬了"，认为政治派的迷恋是一种明显的返祖现象。《火星报》新编辑部究竟根据什么理由重新提起这个已经被彻底埋葬了的划分呢？难道我们在代表大会上同阿基莫夫们进行斗争，是因为他们两年以前在《工人事业》杂志上犯的那些错误吗？如果是这样，那我们就成了十足的白痴了。可是，谁都知道我们并没有这样做，我们在代表大会上同阿基莫夫们进行斗争，不是因为他们在《工人事业》杂志上所犯的旧的、已经被彻底埋葬了的错误，而是因为他们在代表大会上发言和表决时犯了**新的错误**。我们并不是根据他们在《工人事业》杂志上的立场，而是根据他们在代表大会上的立场来判断究竟哪些错误已经真正消除，哪些错误仍然存在，因而有争论的必要。

到举行代表大会时，经济派和政治派这种旧的划分已不存在，但是各种机会主义倾向仍然存在，这些倾向曾经在讨论和表决许多问题时表现了出来，并且终于造成党的"多数派"和"少数派"的新划分。问题的全部实质在于，《火星报》新编辑部由于某些很明显的原因力图掩盖这种新的划分同我们党内**当前**机会主义的联系，因此也就不得不从新的划分退到旧的划分上去。既然不能说明新的划分的政治起源（或者说，为了表明肯于让步而想掩盖①这种起源），那就只好去反复咀嚼早已过时的旧划分。尽人皆知，新划分的根据是**组织**问题上的分歧，这种分歧是由组织原则（党章第1条）的争论开始，并以只有无政府主义者才干得出来的"实践"作为结束。经济派和政治派之间的旧划分的根据主要是**策略**问题上的分歧。

这种从党内生活的真正是当前迫切的更为复杂的问题退回到早已解决而现在又故意翻腾出来的问题上去的行为，新《火星报》正在竭力用一种只能称为尾巴主义的可笑的深奥思想加以辩护。阿克雪里罗得同志首创的那个贯穿在新《火星报》一切言论中的深奥"思想"，就是认为内容比形式重要，纲领和策略比组织重要，认为"组织的生命力同它所灌输给运动的那种内容的范围和意义成正比"，认为集中制不是"独立自在的东西"，不是"万应灵丹"等等，

---

① 见《火星报》第53号上普列汉诺夫关于"经济主义"的文章。在这篇文章的副题上，大概印错了几个字。"关于第二次党代表大会的几点公开意见"显然应该是"关于**同盟**代表大会"，也许是"关于**增补**"。虽然在一定条件下可以对个人的要求作些让步，然而决不容许——不是从庸人观点而是从党的观点来看——把党所关心的一些问题混淆起来，不能把已经开始由正统派方面转到机会主义方面去的马尔托夫和阿克雪里罗得所犯的新错误问题，偷换为今天在纲领和策略的许多问题上也许愿意由机会主义方面转到正统派方面来的马尔丁诺夫们和阿基莫夫们所犯的旧错误（即现在只有新《火星报》才会想起的错误）问题。

等等。这是多么深奥而伟大的真理啊! 纲领的确比策略重要,策略比组织重要。识字课本比词法重要,词法比句法重要,——可是,对于那些在考试句法时没有及格而现在居然因留级而骄傲和自夸的人,又能说些什么呢? 阿克雪里罗得同志在组织原则问题上的议论像一个机会主义者(党章第1条),而在组织中的行动像一个无政府主义者(在同盟代表大会上)。而现在,他又在加深社会民主主义了——他说:葡萄是酸的!¹⁵² 其实,什么是组织呢? 它不过是一种形式罢了;什么是集中制呢? 它并不是万应灵丹;什么是句法呢? 它并不像词法那样重要,它不过是把各个单词联结起来的一种形式罢了…… 《火星报》新编辑部得意地问道:"如果我们说,代表大会制定党纲要比它通过一个无论怎样完善的党章更能促进党的工作的集中化,难道亚历山德罗夫同志会不同意我们的说法?"(第56号的附刊)可以设想,这个经典性的名言将要博得的广泛而持久的历史名声,不会亚于克里切夫斯基同志所说的那句名言:社会民主党也和人类一样,永远只给自己提出可以实现的任务。新《火星报》的这个深奥思想真是与此如出一辙。为什么克里切夫斯基同志的这句话遭到讥笑呢? 这是因为他用了一种冒充哲学的庸俗议论来替某一部分社会民主党人在策略问题上的错误辩护,替他们不能正确地提出政治任务辩护。同样,新《火星报》也是用一种所谓党纲比党章重要、党纲问题比组织问题重要的庸俗议论,来替某一部分社会民主党人在组织问题上的错误辩护,替某些同志的那种导致无政府主义空话的知识分子的不坚定性辩护! 这难道不是尾巴主义吗? 这难道不是因留级而自夸吗?

　　通过党纲要比通过党章更能促进工作的集中化。这种冒充哲学的庸俗议论散发着多么浓厚的激进知识分子的气味,这种知识分子对资产阶级颓废思想比对社会民主主义要亲近得多！要知道，集中化这个词在这句名言里完全是从**象征的**意义上理解的。如果说这句话的人不善于或者不愿意思索，那么他们至少也应当回忆一下这个简单的事实：我们和崩得分子共同通过党纲，不仅没有使我们共同的工作集中化，而且也没有使我们避免分裂。在党纲问题上和在策略问题上的一致是保证党内团结，保证党的工作集中化的必要条件，但只有这个条件还是不够的（天啊！在今天一切概念都弄得混淆不清的时候，一个多么浅显的道理也要人翻来覆去地讲！）。为了保证党内团结，为了保证党的工作集中化，还需要有组织上的统一，而这种统一在一个已经多少超出了家庭式小组范围的党里面，如果没有正式规定的党章，没有少数服从多数，没有部分服从整体，那是不可想象的。当我们在纲领和策略的基本问题上还没有一致时，我们曾直截了当地说，我们是处在一个涣散状态和小组习气盛行的时代，我们曾直截了当地声明，在统一之前必须划清界限，我们当时还没有说到共同组织的形式，只是谈到在纲领和策略方面同机会主义斗争的那些新问题（这在当时确实是些新问题）。现在我们大家都认为，这个斗争已经保证了表述在党纲和党关于策略的决议中的充分的一致；现在我们必须采取下一个步骤，于是我们就在我们大家的同意下采取了这个步骤：我们制定了把一切小组融为一体的统一组织的**形式**。现在却有人把这些形式破坏了一半，把我们拉向后退，退到无政府主义的行为，退到无政府主义的空话，退到恢复小组来代替党的编辑部，而现在又用什么识字课本比句法更能促使文理通顺来替这种倒退辩护！

三年前在策略问题上盛行一时的尾巴主义哲学，现在又在组织问题上复活了。我们不妨看看新编辑部发表的这样一段议论。

亚历山德罗夫同志说："战斗的社会民主主义方针，在党内应当不单单通过思想斗争，而且通过一定的组织形式来实行。"编辑部教训我们说："把思想斗争和组织形式这样相提并论，的确不坏。思想斗争是一种过程，而组织形式不过是……形式〈在第56号的附刊第4版第1栏下面确实就是这样说的!〉，这些形式应当包着一种流动的、发展着的内容，即发展着的党的实际工作。"这种说法和那种说铁弹是铁弹，炸弹是炸弹[153]的笑话毫无二致。思想斗争是一种过程，而组织形式不过是包着内容的形式！问题在于我们的思想斗争是由**较高级的**形式，即对大家都有约束力的党组织的形式包着呢，还是由过去的涣散状态和小组习气的形式包着。人们把我们从较高级的形式拉回到较原始的形式上去，并且还为此辩护，说什么思想斗争是一种过程，而形式不过是形式。这和克里切夫斯基同志很久以前把我们从策略-计划拉回到策略-过程上去是一模一样的。

我们不妨看一看新《火星报》为了反对那些似乎只顾形式却忽略了内容的人而说的这些关于"无产阶级的自我教育"的大话（第58号的社论）。难道这不是第二号阿基莫夫主义吗？头号阿基莫夫主义常拿"无产阶级斗争"的更"深刻"内容，拿无产阶级的自我教育，来替社会民主党内某一部分知识分子在策略任务的提法上的落后辩护。第二号阿基莫夫主义，现在也用组织不过是形式而整个实质在于无产阶级的自我教育这种同样深奥的理由，来替社会民主党内某一部分知识分子在组织的理论和实践问题上的落后辩护。替小兄弟操心的先生们，无产阶级是不怕组织和纪律的！无产阶级是不会去操心让那些不愿加入组织的大学教授先生和中学生先生因为在党组织的监督下工作，就被承认为党员的。无产阶级由它的全部生活养成的组织性,要比许多知识分子彻底得多。对我们的纲领和我们的策略已经有所认识的无产阶级,是不会用形式不如内容重要的口实来替组织上的落后辩护的。并不是无产阶级,而是我们党内**某些知识分子**,在组织和纪律方面缺乏**自我教育**,在敌视和鄙视无政府主义空话方面缺乏**自我教育**。正如头号阿基莫夫们从前诬蔑无产阶级,说它还没有成熟到进行政治斗争的地步一样,现在第二号阿基莫夫们也在诬蔑无产阶级,说它还没有成熟到组织起来的地步。已经成为自觉的社会民主主义者并感到自己是党的一员的无产者,也一定会像他从前用十分鄙视的态度斥责策略问题上的尾巴主义那样来斥责组织问题上的尾巴主义。

最后,请看一看新《火星报》的那位"实际工作者"的深奥思想吧。他说:"建立一个能将革命家的**活动**〈用黑体是为了加深意思〉统一集中起来的'战斗的'集中组织的思想,即使被人正确理解,也只有在**有了**这种活动的时候才会自然实现〈真是既新颖又聪明〉;组织本身作为一种形式〈注意,听着!〉,只能**随着**〈这里以及这段引文里其他各处的黑体,都是原作者用的〉构成其内容的革命工作的开展而成长起来。"(第57号)这岂不又一次使我们想起民间故事里的那个看到人家送葬时高喊"但愿你们拉也拉不完"的人物吗?**154**大概,我们党内没有哪一个实际工作者(不带引号的)不了解:我们活动的形式(即组织)老早就落在内容的后面了,并且落后得太远了;只有党内的伊万努什卡才会向落在后面的人们喊:齐步前进! 不要抢先! 不妨拿我们党和崩得比较一下。毫无疑义,我们党的工作**内容**①要比崩得的工作内容丰富、多样、广泛、深入得

---

① 且不必说,我们党的工作**内容**在代表大会上是按革命社会民主党的精神确定的(在纲领等等中),这只是**用斗争的代价**换来的,是我们同那些反火星派分子

多。理论规模更巨大,纲领更成熟,对工人群众(不仅对有组织的
手工业者)的影响更广泛更深刻,宣传鼓动工作更多样,在先进分
子和普通分子那里的政治工作的脉搏更活跃,在游行示威和总罢
工时开展的**人民**运动更壮阔,在非无产者阶层中进行的活动更有
力。可是"形式"怎样呢? 我们工作的"形式"同崩得工作的形式比
起来竟落后到不能容忍的地步,落后得使每一个对自己党内事务
不"袖手旁观"的人都感到痛心和羞愧。工作的组织比工作的内容
落后,是我们的一个弱点,并且远在召开代表大会以前,远在组委
会成立以前,就已经是我们的一个弱点了。由于形式不成熟、不牢
固,我们无法采取继续前进的重大步骤来发展内容,因而造成了可
耻的停滞,力量的浪费,言行的不一。大家都为这种言行不一而大
伤脑筋,可是阿克雪里罗得们和新《火星报》的"实际工作者们",却
在这时来鼓吹他们的深奥思想:形式只应当随着内容自然地成长
起来!

请看,如果有人想**加深**谬论并从哲学上替机会主义词句找根
据,那么在组织问题(党章第 1 条)上所犯的小错误就会导致什么
样的结果吧。要慢慢地走,要小心翼翼地曲折前进![155]——从前
我们就听见有人在策略问题上唱这个调子;现在我们又听见有人
在组织问题上唱这个调子。**组织问题上的尾巴主义是无政府个人
主义者**的心理的自然的和必然的产物,只要他开始把自己的(起初
也许是偶然的)无政府主义倾向上升为**观点的体系**,上升为一种特
别的**原则意见分歧**,就会是这种情况。在同盟代表大会上,我们看

以及在"少数派"内占大多数的泥潭派分子斗争的结果。关于"内容"问题,如
把旧《火星报》所出版的 6 号(第 46—51 号)同新《火星报》所出版的 12 号(第
52—63 号)比较一下,那也是很有趣的。但这只好另外有机会再说了。

见了这种无政府主义的开端;在新《火星报》上,我们又看见有人企图把它上升为观点的体系。这种企图十分明显地证实了我们在党代表大会上已经表示过的意见:参加社会民主主义运动的资产阶级知识分子的观点跟意识到本阶级利益的无产者的观点是不同的。例如,新《火星报》的那位"实际工作者"(他的深奥思想我们已经领教过了)揭发我,说我把党想象成一个"大工厂",厂长就是中央委员会(第57号的附刊)。这位"实际工作者"根本没有料到,他提出来的这个吓人的字眼一下子就暴露出既不了解无产阶级组织的实际工作又不了解无产阶级组织的理论的资产阶级知识分子的心理。工厂在某些人看来不过是一个可怕的怪物,其实工厂是资本主义协作的最高形式,它把无产阶级联合了起来,使它纪律化,教它学会组织,使它成为其余一切被剥削劳动群众的首脑。马克思主义是由资本主义训练出来的无产阶级的意识形态,正是马克思主义一贯教导那些不坚定的知识分子把工厂的剥削作用(建筑在饿死的威胁上面的纪律)和工厂的组织作用(建筑在由技术高度发达的生产条件联合起来的共同劳动上面的纪律)区别开来。正因为无产阶级在这种工厂"学校"里受过训练,所以它特别容易接受资产阶级知识分子难以接受的纪律和组织。对这种学校怕得要死,对这种学校的组织作用一无所知,这正是那些反映小资产阶级生存条件的思想方法的特点,这种思想方法产生了德国社会民主党人叫做Edelanarchismus的无政府主义,即"贵族式的"无政府主义,我说也可以把它称做老爷式的无政府主义。这种老爷式的无政府主义在俄国虚无主义者身上是特别突出的。党的组织在他们看来是可怕的"工厂";部分服从整体和少数服从多数在他们看来是"农奴制"(见阿克雪里罗得的小品文),他们一听见在中央领导下实行分工，就发出可悲又可笑的号叫，反对把人们变成"小轮子和小螺丝钉"（在这方面他们认为特别可怕的，就是把编辑变成撰稿人），他们一听见别人提起党的组织章程，就作出一副不屑一顾的样子，轻蔑地说（对"形式主义者"），完全不要章程也可以。

这是难以置信的，但这是事实。马尔托夫同志在《火星报》第58号上就是这样教训我的，并且为了更加使人信服，还从《给一位同志的信》里引了我本人的话。举一些涣散时代的例子，小组时代的例子，来替在党性时代保持和赞美小组习气、无政府状态**辩护**，这难道不是"老爷式的无政府主义"，这难道不是尾巴主义吗？

为什么从前我们不需要章程呢？因为当时党是由一些彼此没有任何组织联系的单个小组组成的。当时由这一小组转到另一小组，只是个人"自愿"的事情，并没有任何正式规定的整体意志作为他的行动的准绳。各个小组内部的争论问题不是按照章程，"**而是用斗争和退出相威胁**"来解决，正如我在《给一位同志的信》里根据许多小组特别是我们六人编辑小组的经验所说的那样。① 在小组时代，这种现象是自然的和不可避免的，可是谁都没有想到要赞美它，没有认为它是理想的；大家都埋怨过这种涣散状态，大家都为此感到苦恼，渴望把各个零星小组融为一个正式的党组织。现在，这种融合实现了，却有人把我们拉向后退，用冒充最高组织观点的无政府主义的空话来款待我们！在那些过惯了穿着宽大睡衣、跋拉着拖鞋的奥勃洛摩夫**156**式的家庭式小组生活的人们看来，正式章程是太狭隘、太狭窄、太累赘、太低级了，太官僚主义化、太农奴制度化了，太约束思想斗争的自由"过程"了。老爷式的无政府主

---

① 见本版全集第7卷第18页。——编者注

义不了解,正式章程所以必要,正是为了用广泛的党的联系来代替狭隘的小组联系。一个小组内部或各个小组之间的联系,在过去是不需要规定的,也是无法规定的,因为这种联系是靠朋友关系或盲目的、没有根据的"信任"来维持的。党的联系不能而且也不应当靠这两种东西来维持。党的联系一定要以**正式的**,即所谓"用官僚主义态度"(在自由散漫的知识分子看来)制定的章程为基础,也只有严格遵守这个章程,才能保证我们摆脱小组的刚愎自用,摆脱小组的任意胡闹,摆脱美其名为思想斗争的自由"过程"的小组争吵。

新《火星报》编辑部打出的一张反对亚历山德罗夫的王牌,就是用教训的口吻指出:"信任是一种微妙的东西,决不能把它钉到人心和脑袋里去。"(第56号的附刊)编辑部不了解,正是提出信任——**单纯的信任**——这一范畴本身,再一次把它那种老爷式的无政府主义和组织上的尾巴主义暴露了出来。当我还只是一个小组——无论《火星报》六人编辑小组或《火星报》组织——的成员时,譬如我为了说明我不愿意同某某人在一起工作,我有权拿那种盲目的、没有根据的不信任当做唯一的借口。当我成了一个党员时,**我就没有权利**只凭感情来表示不信任了,因为我这样做,便给以前小组习气盛行时代的一切任意胡闹和刚愎自用的现象大开方便之门;我**有责任**用正式的理由,即根据我们的纲领、我们的策略、我们党章中某一项正式规定的原则来说明我为什么"信任"或"不信任";我就不能只限于盲目的"信任"或"不信任",而必须承认我自己的决定以及党内任何一部分的一切决定都要对全党**负责**;我必须遵照**正式规定的**手续来表示自己的"不信任",来实现根据这种不信任所得出的观点和愿望。我们已经从盲目"信任"的**小组观**

点,提高到**党的**观点。党的观点要求我们按照受监督的和正式规定的手续,来表示和**检查**信任,可是编辑部却把我们拉向后退,并把自己的尾巴主义叫做新的组织观点!

请看,我们的所谓党的编辑部是怎样议论那些可能要求派代表参加编辑部的著作家小组的。时时处处都藐视纪律的老爷式的无政府主义者教训我们说:"我们不会发怒,我们不会叫起纪律来。"假如提出这种要求的是一个明白事理的集团,我们就同它"达成协议"(原文如此!);不然我们就对它的要求置之一笑。

你看,这该是一种多么高贵的与庸俗的"工厂式的"形式主义针锋相对的态度呀! 其实,这只是编辑部赠给党的一套略加修饰的、充满小组习气的辞令,编辑部感到它不是一个党的机关,而是旧时小组的残余。这种立场的内在的虚伪性,必然会产生**无政府主义的**深奥思想,这种深奥思想把涣散状态推崇为社会民主党组织的**原则**,同时在口头上又伪善地把这种涣散状态说成是早已过去了的事情。根本不需要什么由上下各级党机关构成的体系,因为在老爷式的无政府主义看来,这种体系不过是办公室里拟制的司厅科股等等的玩意(见阿克雪里罗得的小品文);根本不需要什么部分服从整体的原则,根本不需要对**党的**"达成协议"或划清界限的办法作出"形式主义和官僚主义的"规定,还是让人们去空谈"真正社会民主主义的"组织方法,崇尚旧时的小组争吵吧。

正是在这方面,受过"工厂"训练的无产者可以而且应当来教训无政府个人主义。觉悟的工人早已脱离了害怕同知识分子打交道的幼稚状态。觉悟的工人善于尊重他在知识分子社会民主党人那里发现的比较丰富的知识、比较广阔的政治视野。可是,随着我们**真正的**政党的形成,觉悟的工人应当学会辨别无产阶级军队的战士的心理和爱说无政府主义空话的资产阶级知识分子的心理，应当学会不仅**要求**普通党员，而且**要求**"上层人物"履行党员的义务，应当学会像他很久以前蔑视策略问题上的尾巴主义那样，来蔑视组织问题上的尾巴主义！

新《火星报》在组织问题上的立场的最后一个特点，是同吉伦特主义**157**和老爷式的无政府主义密切联系在一起的：这就是维护**自治制**，反对集中制。关于官僚主义和专制的号叫，关于"非火星派分子〈在代表大会上维护自治制的非火星派分子〉受到不应有的忽视"的惋惜，关于有人要求别人"唯命是从"的滑稽喊叫，关于"彭帕杜尔作风"的伤心抱怨等等，正是含有这样的原则的意思（如果有的话①）。任何一个党的机会主义派总是维护任何一种落后表现，为它辩护，无论在纲领方面、策略方面或组织方面都是如此。新《火星报》维护组织方面的落后表现（尾巴主义），是同维护**自治制**密切联系着的。诚然，一般说来，经过旧《火星报》三年来的宣传揭露，自治制已经名声很坏了，因此新《火星报》公开维护自治制未免**还**有些害羞；它还硬要我们相信它喜欢集中制，不过它用来证明这一点的，只是集中制这个词用了黑体罢了。其实，只要稍微考察一下新《火星报》的"真正社会民主主义的"（不是无政府主义的吗？）所谓集中制的"原则"，处处都会发现自治制的观点。难道现在不是所有的人都清楚看到阿克雪里罗得和马尔托夫在组织问题上已经转到阿基莫夫那里去了吗？难道他们自己不是用所谓"非火星派分子受到不应有的忽视"这句名言郑重地承认了这一点吗？难道阿基莫夫和他的朋友们在我们党的代表大会上所维护的不是

---

① 这里我也和在本节其他地方一样，把这些号叫的"增补"的意思撇开不谈。

自治制吗?

　　马尔托夫和阿克雪里罗得在同盟代表大会上所维护的正是自治制(如果不是无政府主义的话),当时他们令人可笑地竭力证明:部分不应当服从整体,部分在决定自己对整体的关系时可以有自治权,确定这种关系的国外同盟章程可以在违反党内多数的意志、违反党中央机关的意志的情况下生效。现在马尔托夫同志在新《火星报》(第60号)上说到中央委员会指定地方委员会委员问题时公开维护的也正是自治制[158]。我不来谈马尔托夫同志在同盟代表大会和现在在新《火星报》上用来维护自治制的那些幼稚的诡辩①,我认为这里重要的是,应当指出他有**维护自治制、反对集中制**的明显倾向,这种倾向是组织问题上的机会主义所固有的根本特征。

　　在新《火星报》(第53号)上拿"形式主义和**民主主义**的原则"(黑体是原作者用的)同"形式主义和**官僚主义**的原则"相对照,要算是**分析**官僚主义这个概念的唯一尝试了。这种对照(可惜,这种对照也像提到非火星派分子时那样没有加以发挥,没有加以阐明),也多少有些道理。官僚主义对民主主义,这也就是集中制对自治制,也就是革命社会民主党的组织原则对社会民主党机会主义派的组织原则。后者力求自下而上地来行动,因此在凡是可能的地方和凡是可能的程度内,都坚决主张实行自治制,主张实行达到(在那些狂热坚持这点的人们那里)无政府主义地步的"民主主义"。前者力求由上层出发,坚决主张扩大中央对于部分的权利和

---

　　① 马尔托夫同志列举党章各项条文时,恰巧**遗漏了**说明整体对部分的关系的一条:中央委员会"分配全党人力"(第6条)。如果不能把工作人员从一个委员会调到另一个委员会,那还怎么分配人力呢? 这样一个浅显的道理还需要加以说明,真叫人感到难为情。

权限。在涣散状态和小组习气盛行的时代，这种上层机关（革命社会民主党力求在组织上由它出发）必然是一个由于自己的活动和自己的革命彻底性而享有极大威信的小组（在我们这里就是《火星报》组织）。在恢复党的真正统一并在这个统一的基础上解散各个过了时的小组的时代，这种上层机关必然是**党的代表大会**，即党的最高机关；代表大会尽可能把各个积极组织的所有代表团结起来，任命中央机关（它的成分往往使党内的先进分子而不是落后分子比较满意，让党内的革命派而不是机会主义派比较喜欢），使它们成为党的最高机关，直到召开下届代表大会为止。至少在欧洲社会民主党人那里情况是如此，而且这种为无政府主义者所深恶痛绝的惯例在亚洲社会民主党人中间也开始流行起来，虽然流行得很慢，不免要遇到困难，不免要遇到斗争，不免要遇到无谓争吵。

非常值得指出的是，我在上面所谈到的组织问题上的机会主义的这些根本特征（自治制、老爷式的或知识分子的无政府主义、尾巴主义和吉伦特主义），在世界各国社会民主党内，凡是划分为革命派和机会主义派的（试问在什么地方没有这种划分呢?），都可以看到，只是作相应的改变(mutatis mutandis)罢了。这种情形最近在德国社会民主党内暴露得特别明显，因为第20号萨克森选区竞选的失败（所谓格雷事件①）把党的组织**原则**提到日程上来了。由这一事件引起了原则问题，这主要是德国机会主义者推波助澜

---

① 格雷1903年6月16日曾在第15号萨克森选区里被选为国会议员，但他在德累斯顿代表大会[159]以后辞去了议员职务。第20号选区在议员罗森诺死后出现空缺，该区选民又想推举格雷为候选人。党中央执行委员会和萨克森中央鼓动委员会对此表示反对，虽然它们没有权利正式禁止推举格雷为候选人，但是它们终于使格雷放弃了候选人的资格。在这次选举中，社会民主党人遭到了失败。

的结果。格雷（他从前是一个牧师，又是一本不无名气的书《三个月的工人生活》的作者，是德累斯顿代表大会上的"主角"之一）本人是一个顽固的机会主义者，于是彻底的德国机会主义者的机关刊物《社会主义月刊》<sup>160</sup>就立刻来为他"鸣不平"。

纲领上的机会主义，自然是同策略上的机会主义和组织问题上的机会主义相联系的。当时出面陈述"新"观点的是沃尔弗冈·海涅同志。为了向读者说明这个参加社会民主党并带来机会主义思想习气的典型知识分子的面目，只要指出沃尔弗冈·海涅同志是一个比德国的阿基莫夫同志小一点而比德国的叶戈罗夫同志大一点的人物就够了。

沃尔弗冈·海涅同志在《社会主义月刊》上，也像阿克雪里罗得同志在新《火星报》上那样大举进攻。单是文章的标题《对格雷事件的几点民主意见》（《社会主义月刊》4月第4期），就已经很了不起。内容也同样非比寻常。沃·海涅同志反对"侵犯选区自治权"，捍卫"民主原则"，抗议"委任的上司"（即党中央执行委员会）干涉人民自由选举议员。沃·海涅同志教训我们说，问题并不在于一次偶然事件，而在于一种总的倾向，即**"党内的官僚主义和集中制倾向"**，对这种倾向，据说过去人们就有所觉察，但是现在变得特别危险了。必须"在原则上承认：党的地方机关是党的生活的体现者"（这是从马尔托夫同志所写的《又一次处在少数地位》这本小册子中抄来的）。不要"习惯于让一切重要政治决定都出自一个中央机关"，党要防备"脱离实际生活的教条政策"（这是从马尔托夫同志在党代表大会上大谈"实际生活一定会显示自己的力量"那篇发言中借用来的）。沃·海涅同志加深自己的论据说："如果细心观察事物的根源，如果把这次也和任何时候一样起过不小作用的种种个人冲突撇开不谈，那么我们就会看到，这种激烈反对**修正主义者**的斗争〈黑体是原作者用的，大概是暗示"对修正主义的斗争"和"对修正主义者的斗争"这两个概念的区别吧〉，主要是党内的官方人士对'**局外人**'〈沃·海涅显然还没有读过那本论反对戒严状态的小册子，因此只好借用一个英国习惯用语：Outsidertum〉不信任，传统对一切异乎寻常的现象不信任，没有个性的机关对一切有个性的东西不信任〈见阿克雪里罗得在同盟代表大会上提出的关于反对压制个人主动性的决议案〉，一句话，就是我们在前面所说明的那种倾向，即党内的官僚主义和集中制倾向。"

"纪律"这个概念在沃·海涅同志的心里所引起的高尚愤怒，并不亚于阿克雪里罗得同志。他写道："有人指责修正主义者缺乏纪律，是因为他们给《社会主义月刊》写过文章，有人甚至不愿承认这个刊物是社会民主主义的，因为它不受**党的监督**。单是这种试图缩小'社会民主主义'这一概念的做法，单是这种让人们在应当普遍实行绝对自由的思想生产方面**遵守纪律**的要求〈请回忆一下所谓思想斗争是一个过程，而组织形式不过是形式的说法〉，就足以证明官僚主义和压制个性的倾向了。"接着沃·海涅又滔滔不绝地百般攻击这种创造"**一个包罗万象的、尽量集中化的巨大组织，一个策略，一个理论**"的可恨倾向，攻击"绝对服从"、"盲目服从"的要求，攻击"简单化的集中制"等等，真是一字不差地"模仿阿克雪里罗得"。

沃·海涅所挑起的争论激烈起来了，因为在德国党内这个争论没有掺杂什么由增补问题引起的无谓争吵，因为德国的阿基莫夫们不仅在代表大会上而且经常在专门的机关刊物上暴露自己的面目，所以这次争论很快就变成了对正统思想和修正主义在组织问题上的原则倾向的分析。以革命派(它当然也和我们这里一样被人加上"独裁"和"宗教裁判"等等的可怕罪名)代表之一的资格出面说话的,是卡·考茨基(《新时代》杂志 1904 年第 28 期的《选区和党》——«Wahlkreis und Partei»一文)。他说,沃·海涅的论文"表明整个修正主义派的思想进程"。不仅在德国,而且在法国,在意大利,机会主义者都在竭力维护自治制,力图削弱党的纪律,力图把党的纪律化为乌有,他们的倾向到处都在导向**瓦解组织**,导向把"民主原则"歪曲为**无政府主义**。卡·考茨基教训组织问题上的机会主义者说:"民主并不是没有权力,民主并不是无政府状态,民主是群众对他们委任的代表的统治,它不同于冒充人民公仆而实际上是人民统治者的其他权力形式。"卡·考茨基在详细考察了各国机会主义的自治制所起的瓦解组织的作用后指出,正是由于**"大批资产阶级分子"**[①]参加社会民主党,才使机会主义、自治制和违反纪律的倾向严重起来,并且一再提醒说,"组织是无产阶级解放自己的武器","组织是无产阶级所特有的阶级斗争的武器"。

　　德国的机会主义比法意两国的弱些,所以德国的"自治制倾向,暂时还只表现为唱一些反对独裁者和大宗教裁判者,反对开除教籍[②]和追究异端的相当动听的高调,表现为无休止的吹毛求疵和无谓争吵,而对这种吹毛求疵和无谓争吵加以分析,又只会引起无休止的口角"。

---

① 卡·考茨基把**饶勒斯**拿来作例子。这种人愈是倾向于机会主义,他们也就"必然觉得党的纪律对于他们的自由个性是一种不可容许的约束"。

② 德语 Bannstrahl(开除教籍)这个词,可以说是俄语的"戒严状态"和"非常法"的同义语。这是德国机会主义者的"吓人的字眼"。

俄国党内的机会主义比德国的更弱，所以俄国的自治制倾向所产生的东西，其思想成分更少，"动听的高调"和无谓争吵的成分更多，这原是不足为奇的。

难怪考茨基要作出结论说："也许，世界各国修正主义在任何其他问题上，都不像在组织问题上表现得那样性质一致，虽然其形态各不相同，色彩互有差异。"在谈到正统思想和修正主义在这方面的基本倾向时，卡·考茨基也用了"吓人的字眼"：官僚主义对（Versus）民主主义。卡·考茨基写道：据说，给党的执行委员会一种权利，让它对各地方选区选择候选人（国会议员候选人）施加影响，就是"无耻地侵犯民主原则，因为民主原则要求全部政治活动自下而上地由群众独立自主地进行，而不是自上而下地用官僚主义的办法进行……　但是，如果说有什么真正民主的原则，那它就是多数应比少数占优势，而不是相反……"　任何一个选区选举国会议员都是关系全党的一个重要问题，所以党至少应当经过党所信任的人（Vertrauensmänner）对指定候选人施加影响。"如果谁觉得这太官僚主义化或太集中化，他不妨提出由全体党员（Sämtliche Parteigenossen）来直接表决候选人。既然这办不到，那就不必抱怨说，这项职能也同其他许多有关全党的职能一样由党的一个或几个机关来执行，就是缺乏民主精神。"按照德国党的"习惯法"，从前各个选区也是就提出某某人为候选人的问题同党的执行委员会进行"同志式的商议"的。"可是党现在已经太大了，这个不言而喻的习惯法已经不够了。当人们不再承认习惯法为不言而喻的东西时，当这个习惯法规定的内容以及这个习惯法本身的存在都引起争议时，那它就不成其为法了。因而绝对需要精确地规定这个法，把它明文规定下来……"作更加"精确的章程性的规定

(statutarische Festlegung)①，从而加强组织的严格性（größere Straffheit）"。

这样你们就看到：在另一个环境中也有同样的斗争，即党内机会主义派和革命派在组织问题上的斗争，有同样的冲突，即自治制同集中制的冲突，民主主义同"官僚主义"的冲突，削弱组织和纪律严格性的倾向同加强组织和纪律严格性的倾向的冲突，不坚定的知识分子的心理同坚定的无产者的心理的冲突，知识分子的个人主义同无产阶级的团结精神的冲突。试问，**资产阶级民主派**——不是捉弄人的历史仅仅私下里许诺有朝一日会指给阿克雪里罗得同志看的那个资产阶级民主派，而是实实在在的资产阶级民主派，它在德国也有一些聪明敏锐的代表人物，并不亚于我国的解放派先生们，——当时是怎样对待这种冲突的呢？ 德国的资产阶级民主派马上起来对这个新的争论作出反应，并且也和俄国的资产阶级民主派一样，也和任何时候任何地方的资产阶级民主派一样，竭力支持社会民主党内的机会主义派。德国交易所资本家的著名的《**法兰克福报**》162发表了一篇气势汹汹的社论(1904 年 4 月 7 日《法兰克福报》第 97 号晚上版)，它表明肆无忌惮地抄袭阿克雪里罗得的言论简直已经成了德国报刊的一种流行病。法兰克福交易所的威风凛凛的民主派分子大肆攻击社会民主党内的"专制"、"党内独裁"、"党内首长的专制统治"，攻击打算用来"惩罚整个修正主义"(请回忆一下"莫须有的机会主义罪名"这句话)的"开除教籍"的做法，攻击"盲目

---

① 把卡·考茨基这些关于用正式规定的章程性法规代替不言而喻的习惯法的意见，拿来和我们党尤其是编辑部从党代表大会以来所经历的全部"变更"对照一下，是很有教益的。参看维·伊·查苏利奇的发言(在同盟代表大会上，见第 66 页及以下各页)，她未必能领会现在发生的这种变更的全部意义。**161**

服从"、遵守"死板纪律"的要求，攻击"唯命是从"、把党员变成"政治僵尸"（这比讲小螺丝钉和小轮子厉害得多！）的要求。交易所的骑士们看到了社会民主党内的反民主的制度，不禁愤愤不平地说："请看，任何个人特性，任何个性都要加以取缔，因为它们有产生法国那样的情况，即产生饶勒斯主义和米勒兰主义的危险，辛德曼〈在萨克森社会民主党人代表大会上〉叙述这个问题时就直截了当地这样说过。"

————

总之，如果说新《火星报》关于组织问题的新字眼有什么原则含义，那么毫无疑问，这就是机会主义的含义。证实这个结论的，既有对我们那次分成革命派和机会主义派的党代表大会的全部分析，又有欧洲**各国**社会民主党的实例，在这些社会民主党内，组织问题上的机会主义也是用同样的倾向和同样的责难表现出来的，并且往往用的是同样的字眼。当然，各国党的民族特点和各国政治条件的不同都会发生相当的影响，因而使得德国机会主义完全不同于法国机会主义，法国机会主义完全不同于意大利机会主义，意大利机会主义完全不同于俄国机会主义。但是，虽然有上述种种条件的差别，所有这些党内的革命派和机会主义派之间的基本划分显然是相同的，机会主义在组织问题上的思想过程和倾向显然是相同的。[①] 由于在我国马克思主义者和我国社会民主党人中

————

[①] 现在谁也不会怀疑，俄国社会民主党人过去在策略问题上分成经济派和政治派，同整个国际社会民主党分为机会主义派和革命派是一样的，尽管马尔丁诺夫和阿基莫夫同志同冯·福尔马尔和冯·埃尔姆同志，或同饶勒斯和米勒兰有很大的区别。同样，在组织问题上的基本划分也毫无疑义是相同的，尽管没有政治权利的国家和有政治自由的国家之间的条件大不相同。极其值得注意的是，讲原则的新《火星报》编辑部稍稍涉及了一下考茨基和海涅的争论（第64号），便畏缩地**避开了一切**机会主义派和一切正统派在组织问题上的**原则**倾向问题。

间有许多激进知识分子的代表人物，所以由这种知识分子心理产生的机会主义不论过去或现在都必然在各个不同的方面用各种不同的形式表现出来。我们曾经在我们世界观的基本问题上，即在纲领问题上，同机会主义进行了斗争，目的方面的根本分歧不可避免地使那些把我国合法马克思主义弄得声名狼藉的自由派同社会民主党人完全分道扬镳。后来我们在策略问题上同机会主义进行了斗争，我们同克里切夫斯基和阿基莫夫两位同志在这个比较次要问题上的分歧自然只是暂时的，并没有弄到各自成立政党的地步。现在我们应当克服马尔托夫和阿克雪里罗得在组织问题上的机会主义，这些问题同纲领问题和策略问题相比当然更少具有根本意义，但是它们在目前却出现在我们党的生活的前台。

谈到同机会主义作斗争，任何时候都不应当忘记整个现代机会主义在各个方面表现出来的特征：模棱两可，含糊不清，不可捉摸。机会主义者按其本性来说总是回避明确地肯定地提出问题，谋求不偏不倚，在两种互相排斥的观点之间像游蛇一样蜿蜒爬行，力图既"同意"这一观点，又"同意"另一观点，把自己的不同意见归结为小小的修正、怀疑、天真善良的愿望等等。纲领问题上的机会主义者爱德·伯恩施坦同志是"同意"党的革命纲领的，虽然他本来显然想"根本改良"这个纲领，但是他认为这样做是不合时宜的，是不适当的，还不如阐明"批判"的"一般原则"（主要是用无批判的态度抄袭资产阶级民主派的原则和字眼）来得重要。策略问题上的机会主义者冯·福尔马尔同志也是同意革命社会民主党的老的策略的，也是多半只限于唱唱高调，提出小小的修正，讲几句风凉话，而根本不提出任何明确的"内阁主义的"策略。组织问题上的机会主义者马尔托夫同志和阿克雪里罗得同志，也是直到现在并没有提出什么可以"用章程确定下来的"明确的原则论点，尽管人们一再公开提醒他们这样做；他们本来也愿意，非常愿意"根本改良"我们的组织章程（《火星报》第58号第2版第3栏），但是他们宁愿先来讲"一般组织问题"（因为如果按新《火星报》精神把我们这个不管第1条如何但毕竟是集中制的章程实行一番真正根本的改良，那就必然会导致自治制，可是马尔托夫同志当然甚至在自己面前也不愿意承认自己**在原则上**是倾向自治制的）。因此，他们在组织问题上的"原则"立场，也就来得五花八门：多半是唱一些所谓专制和官僚主义、所谓盲目服从、小螺丝钉和小轮子等等幼稚的动听的高调，——这种高调是如此幼稚，以致使人很难确定其中所包含的哪些真正是原则的意思，哪些真正是增补问题的意思。可是他们愈陷愈深：他们企图对他们所仇恨的"官僚主义"加以分析并下一个确切的定义，就不可避免地要导向自治制；他们企图"加深"和论证自己的观点，就不可避免地要为落后现象辩护，走向尾巴主义，陷入吉伦特主义的空谈。最后，就出现了**无政府主义**原则，它是作为唯一的、真正明确的、因而在实践上表现得特别明显的（实践总是走在理论前面的）原则表现出来的。藐视纪律——自治制——无政府主义，这就是我们那个组织上的机会主义时而爬上时而爬下的梯子，它从一个梯级跳到另一个梯级，巧妙地回避明确说出自己的原则。① 在纲领和策略上的机会主义那里，也可以看

① 现在，回想一下党章第1条的争论，就会清楚地看到，马尔托夫同志和阿克雪里罗得同志在党章第1条问题上的错误的发展和加深，**必然**导向组织上的机会主义。马尔托夫同志的基本思想，即自行列名入党，正是虚伪的"民主主义"，是自下而上建立党的思想。相反，我的思想所以是"官僚主义化的"，就是因为我主张自上而下，由党代表大会到各个党组织来建立党。无论是资产阶级知识分子的心理也好，无论是无政府主义的词句也好，无论是机会主义的、

到同样的阶梯：藐视"正统思想"、虔诚信仰、狭隘死板——修正主义的"批评"和内阁主义——资产阶级民主。

在一切现代机会主义者尤其是我国少数派的一切著作中发出的那种绵延不断的**委屈**声调，都是同仇恨纪律的心理有密切联系的。据说，有人在迫害他们，排挤他们，驱逐他们，围困他们，驱策他们。在这些字眼里流露出来的真实心理和政治真相，大概要比编造被驱策者和驱策者[163]这种诙谐而动听的笑话的人自己所预料的多得多。的确，拿我们党代表大会的记录来看，就可以看到少数派都是一些在某个时候和因为某件事情在革命社会民主党那儿受到委屈的人。这中间有崩得分子和工人事业派分子，我们让他们"委屈"得退出了代表大会；这中间有南方工人派分子，他们因为一切组织尤其是他们自己的组织被取消而受到极大的委屈；这中间有马霍夫同志，他每次发言的时候都受到了委屈（因为他每次总要出丑）；最后，这中间还有马尔托夫同志和阿克雪里罗得同志，他们受到的委屈，就是他们因为党章第1条而被加上了"莫须有的机会主义罪名"，就是他们在选举中遭到了失败。所有这些令人伤心

---

尾巴主义的深奥思想也好，都是在对党章第1条的争论中就显露了出来。马尔托夫同志在《戒严状态》这本小册子（第20页）中说新《火星报》上"开始了思想工作"。这种说法在某种意义上是正确的，因为他和阿克雪里罗得确实是从党章第1条开始把思想按新方向推进的。只是不幸这个新方向是机会主义的方向。他们愈顺着**这个**方向"工作"下去，他们的这种工作愈脱离增补问题的无谓争吵，他们也就愈陷到泥潭里去。普列汉诺夫同志在党代表大会上已经清楚地看出了这一点，并且他在《不该这么办》一文中又再次警告他们说：我甚至情愿把你们增补进来，只是希望你们不要顺着这条只会走到机会主义和无政府主义去的道路走下去。——但马尔托夫和阿克雪里罗得两人并没有接受这个忠告，他们说：怎么？不顺着这条路走？要赞同列宁所说增补不过是一种无谓争吵的意见吗？绝对不行！我们要向他表明我们是些讲原则的人！——果然表明了。他们已经向大家具体地表明了，如果说他们有什么新的原则，那就是机会主义的原则。

的委屈，都不像许多庸人至今想象的那样，是由于什么人说了不可容许的挖苦话，作了激烈的攻讦，进行了狂热的论战，由于什么人粗野地甩门，什么人挥舞拳头进行威胁等等偶然引起的结果，而是由于《火星报》整个三年思想工作必然产生的政治结果。既然我们在这三年中不是光耍耍嘴皮子，而是表示了一种应该转变成行动的信念，所以，我们在代表大会上也就不能不对反火星派和"泥潭派"进行斗争。在我们同站在前列勇敢地进行过斗争的马尔托夫同志一起把这样一大堆人再三地委屈过以后，我们只是稍微把阿克雪里罗得同志和马尔托夫同志委屈一下，他们就受不了了。量转变成了质。发生了否定的否定。所有受到委屈的人忘记了相互间的嫌隙，痛哭流涕地彼此拥抱在一起，并扯起了旗帜，举行"反对列宁主义的起义"①。

当先进分子起义反对反动分子时，起义是一件大好事。革命派举行起义反对机会主义派，这是很好的。机会主义派举行起义反对革命派，那就是坏事了。

普列汉诺夫同志只得以可以说是战俘的身份参加到这种坏事中去。他抓住起草支持"多数派"的某些决议的人的个别不恰当的词句，竭力"泄愤出气"，并高声叹息道："穷得可怜的列宁同志啊！他的正统派拥护者们真是太妙了！"（《火星报》第63号的附刊）

可是，普列汉诺夫同志，如果说我穷得可怜，那么，新《火星报》编辑部就应该是十足的叫花子了。无论我怎样穷，我总还没有落

---

① 这种惊人之语是马尔托夫同志创造的（《戒严状态》第68页）。马尔托夫同志一直想等到他那方面凑够五个人时举行"起义"来反对我一个人。马尔托夫同志所采用的论战手法并不高明，他想用拼命恭维对手的办法来消灭对手。

到如此绝对贫困的地步，以致只好闭起眼来不看党代表大会，而到某些地方委员会委员的决议中找材料来锻炼自己的机智。无论我怎样穷，我总比某些人富千百倍，他们的拥护者不是偶尔说出一两句不恰当的话，而是在一切问题上，不论在组织问题上也好，在策略问题或纲领问题上也好，都死死抓住同革命社会民主党原则相反的原则不放。无论我怎样穷，我总还没有穷到只好把这样一些拥护者赠给我的颂词**向公众隐瞒起来**的地步。可是新《火星报》编辑部却不得不这样做。

读者们，你们知道俄国社会民主工党沃罗涅日委员会是个什么样的组织吗？如果你们不知道，可以读一读党代表大会的记录。你们从那里可以看出，这个委员会的方向完全由阿基莫夫和布鲁凯尔两同志表现了出来，这两位同志在代表大会上对我们党的革命派进行过全面的斗争，并且多次被大家——从普列汉诺夫同志起到波波夫同志止——列为机会主义者。正是这个沃罗涅日委员会在它的一月份的传单（1904 年 1 月第 12 号）上声明说：

"去年在我们不断发展的党内，发生了一件对于党有重要意义的大事件：举行了俄国社会民主工党第二次代表大会，即由党的组织的代表参加的大会。召集党代表大会本是一件很复杂的事情，而在君主制的条件下更是一件很冒险很困难的事情，因此难怪召集这次代表大会的工作做得**很不完善**；代表大会本身虽然完全顺利地举行过了，可是并没有满足党对它提出的一切要求。受 1902 年代表会议委托负责召开代表大会的那些同志被逮捕了，**召开代表大会的工作只是由俄国社会民主党内一个派别——火星派——指派的人担任的。许多**不属于火星派的社会民主党人组织，都没有被吸收参加代表大会的工作。**在某种程度上正是由于这个原因**，代表大会制定**党纲和党章**的任务执行得**极不完善**，连参加代表大会的人自己也承认，党章里含有'可能引起危险的误解'的重大缺陷。在代表大会上，火星派本身分裂了，我们俄国社会民主工党内许多从前似乎完全接受《火星报》的行动纲领的重要人物，也都意识到该报许多**主要由列宁和普列汉诺夫**两人所主张的观点不切合实际。虽然他们两个人在代表大会上也占过上风，可是实际生活的力量，实际工作（一切非火星派分子也参加了的实际工作）的要求，很快就纠正了理论家的错误，并且在代表大会以后就作了重大的修正。《火星报》**大大地改变了，并且答应**细心听取社会民主党一切活动家的要求。这样，虽然**代表大会**的工作应当由下届代表大会**加以审查**，而且这些工作连代表大会参加者也认为显然不能令人满意，**因此也就不能作为不可改变的决议要党接受**，可是代表大会澄清了党内状况，对于党今后的理论工作和组织工作提供了大量的材料，因而对全党的工作来说也是一个大有教益的经验。代表大会通过的决议和制定的党章，将受到一切组织的**注意**，但是**由于它们具有显而易见的不足之处**，许多组织都**反对只以它们为指南**。

　　沃罗涅日委员会充分理解全党工作的重要性，对有关组织代表大会的一切问题**作出了**积极的**反应**。它充分意识到代表大会上发生的事情的重要性，**欢迎**已经成了中央机关报（主要机关报）的《火星报》所发生的转变。虽然党内和中央委员会内的状况**还**不能令我们满意，但是我们相信，困难的建党工作经过共同的努力是会日益改进的。鉴于有许多谣传，沃罗涅日委员会特向同志们声明，根本不存在沃罗涅日委员会退党的问题。沃罗涅日委员会十分了解，像沃罗涅日委员会这样一个工人组织退出俄国社会民主工党，会是一个多么危险的**先例，会多么有损于党的声誉**，这对那些可能仿效这种先例的工人组织是多么的不利。我们不应当制造新的分裂，而应当坚决努力使一切觉悟的工人和社会主义者统一成一个党。何况第二次代表大会是一个例行的大会，而不是一个成立大会。开除出党只能根据党的裁决来进行，任何一个组织，甚至连中央委员会也没有权利把某一个社会民主党组织开除出党。况且在第二次代表大会上通过的党章第 8 条已经规定，任何一个组织都在本地的事务方面享有自治权（自主权），因此**沃罗涅日委员会有充分的权利把自己的组织观点贯彻到实际生活中去，贯彻到党内来。"**

新《火星报》编辑部在第 61 号上引证这个传单时,转载了上面这一大段文字的后一部分,即用大号字排印的这一部分;至于前一部分,即用小号字排印的那一部分,编辑部**宁愿删去不要**。

大概是有些不好意思吧。

# （十八）稍微谈谈辩证法。两个变革

只要大体上看一看我们党内危机的发展经过,我们就不难看出,斗争双方的基本成分,除了小小的例外,始终没有改变。这是我们党内革命派和机会主义派之间的斗争。可是,这个斗争经过了各种不同的阶段,而每个想透彻了解在这方面堆积如山的大量文字材料的人,每个想透彻了解那许许多多片断的例证、孤立的引文、个别的责难等等的人,都必须对每个斗争阶段的特点有一确切的认识。

我们可以把彼此显然不同的一些主要阶段列举如下:(1)关于党章第 1 条问题的争论。这是关于基本组织原则问题的纯思想斗争。我和普列汉诺夫处在少数地位。马尔托夫和阿克雪里罗得提出机会主义条文,投到机会主义者怀抱中去。(2)《火星报》组织由于中央委员会候选人名单问题——是佛敏还是瓦西里耶夫参加五人小组,是托洛茨基还是特拉温斯基参加三人小组——发生了分裂。我和普列汉诺夫争得了多数(9 票对 7 票),这在某种程度上正是由于我们在党章第 1 条的问题上占少数。马尔托夫同机会主义者的联盟,用事实证明了组委会事件使我产生的种种担心。(3)继续就党章细节进行争论。机会主义者又来援救马尔托夫。我们又处于少数地位,并为少数在中央机关内的权利而斗争。(4)七个极端机会主义者退出代表大会。我们成了多数并在选举中战胜了联盟(火星派少数派、"泥潭派"以及反火星派的联盟)。马尔托夫和波波夫拒绝接受我们所提出的两个三人小组中的席位。(5)代表大会闭会以后因增补问题而发生无谓争吵。无政府主义行为和无政府主义词句猖獗。"少数派"中最不彻底和最不坚定的分子占上风。(6)普列汉诺夫为了避免分裂而采取了"用温和的手段杀死"的政策。"少数派"占领中央机关报编辑部和总委员会,并且竭力攻击中央委员会。无谓争吵继续充斥一切。(7)对中央委员会的第一次攻击被打退。无谓争吵似乎开始稍微平息下来,这样便有可能比较心平气和地讨论两个纯系思想性质而又使全党极为关心的问题:(一)我们党在第二次代表大会上分成"多数派"和"少数派"从而代替了一切旧的划分这个事实的政治意义和原因何在? (二)新《火星报》在组织问题上的新立场的原则意义何在?

　　每个阶段都有其完全独特的斗争情势和直接的攻击目标;每个阶段都可以说是一个总的战役中的一次战斗。不研究每次战斗的具体情况,就丝毫不能了解我们的斗争。研究了这一点,我们就会明显地看出,发展确实是按着辩证的道路、矛盾的道路行进的:少数变成多数,多数变成少数;各方时而转守为攻,时而转攻为守;思想斗争的出发点(党章第 1 条)"被否定",让位给充斥一切的无谓争吵①,但以后就开始"否定的否定",我们在各占一个中央机关

---

① 如何把无谓争吵和原则分歧区分开来这个难题,现在已经自行解决:凡是涉及增补问题的都是无谓争吵;凡是涉及分析代表大会上的斗争,涉及党章第 1 条问题以及关于向机会主义和无政府主义转变问题的争论的都是原则分歧。

的情况下勉强同上帝赐予的妻子"和睦相处",又回到纯思想斗争的出发点上来,但是这个"正题"已由"反题"的一切成果所充实,变成了高一级的合题,这时在党章第1条问题上的孤立的偶然的错误已经发展成为组织问题上的机会主义观点的所谓体系,这时这种现象同我们党的分成革命派和机会主义派这种根本划分的联系已经愈来愈清晰地呈现在大家面前。总而言之,不仅燕麦是按照黑格尔的规律生长的,而且俄国社会民主党人也是按照黑格尔的规律互相斗争的。

可是,无论什么时候都不应当把马克思主义使之用脚立地后接受过来的伟大的黑格尔辩证法,同那种为某些从我党革命派滚向机会主义派的政治活动家的曲折路线进行辩护的庸俗手法混为一谈,不应当把它同那种将各种特定的声明,将同一过程中不同阶段发展的各种特定的因素搅成一团的庸俗态度混为一谈。真正的辩证法并不为个人错误辩护,而是研究不可避免的转变,根据对发展过程的全部具体情况的详尽研究来证明这种转变的不可避免性。辩证法的基本原理是:没有抽象的真理,真理总是具体的……　同时也不应当把这个伟大的黑格尔辩证法同那种可以用"脑袋钻不进,就把尾巴塞进去"(mettere la coda dove non va il capo)这句意大利谚语来形容的庸俗的处世秘诀混为一谈。

我们党内斗争的辩证发展总起来说可归结为两个变革。党代表大会是一个真正的变革,如马尔托夫同志在他的《又一次处在少数地位》中所正确指出的那样。少数派里爱说俏皮话的人也说得对,他们说:世界是由革命推动的,所以我们就进行了一次革命!他们在代表大会以后确实进行了一次革命;一般来讲,说世界是由革命推动的,这也是正确的。可是,每次具体革命的具体意义,还不能用这句一般的名言来断定，如果把令人难忘的马霍夫同志的令人难忘的说法换个样子，那么可以说：有的革命类似反动。为了断定一次具体的革命究竟是向前还是向后推动了"世界"（我们党），就必须知道实行变革的实际力量究竟是党内的革命派还是机会主义派，就必须知道鼓舞战士的究竟是革命原则还是机会主义原则。

我们的党代表大会在全部俄国革命运动史上是独一无二的，空前未有的。秘密的革命党第一次从黑暗的地下状态走到光天化日之下，向大家表明了我们党内斗争的整个进程和结局，表明了我们党以及它的每个比较重要的部分在纲领、策略和组织问题上的全部面貌。我们第一次摆脱了小组自由散漫和革命庸俗观念的传统，把几十个极不相同的集团结合在一起，这些集团过去往往是彼此极端敌对，彼此只是由思想力量联系起来的，它们准备（在原则上准备）为了我们第一次实际创立起来的伟大整体——**党**而牺牲所有一切集团的特点和集团的独立性。可是，在政治上，牺牲并不是轻易作出的，而是经过战斗作出的。由于取消组织而引起的战斗，不可避免地成了异常残酷的战斗。公开的自由斗争的清风变成了狂风。这阵狂风扫除了——扫除得太好了！——所有一切小组的利益、情感和传统的残余，第一次创立了真正党的领导机构。

然而，称呼什么是一回事，而实际上是什么又是一回事。在原则上为了党牺牲小组习气是一回事，而放弃自己的小组又是一回事。清风对那些习惯于腐败的庸俗观念的人，还是太新鲜了。"党没有经得住它自己的第一次代表大会的考验"，像马尔托夫同志在他的《又一次处在少数地位》中正确地（偶然正确地）指出的那样。

为组织被取消而感到的委屈实在太大了。狂风使我们党的巨流底下的全部渣滓重新泛起，这些渣滓为过去的失败进行报复。旧的顽固的小组习气压倒了还很年轻的党性。党内被击溃的机会主义派，由于偶然得到阿基莫夫这一猎获物而加强了自己的力量，又对革命派占了——当然是暂时的——优势。

结果就产生了新《火星报》，这个新《火星报》不得不发展和加深它的编辑们在党的代表大会上所犯的错误。旧《火星报》曾教人学会革命斗争的真理。新《火星报》却教人去学处世秘诀：忍让与和睦相处。旧《火星报》是战斗的正统派的机关报。新《火星报》却使机会主义死灰复燃——主要是在组织问题上。旧《火星报》光荣地遭到了俄国机会主义者和西欧机会主义者的憎恶。新《火星报》"变聪明了"，它很快就会不再以极端机会主义者对它的赞扬为耻了。旧《火星报》一往直前地朝着自己的目标前进，言行一致。新《火星报》，它的立场的内在的虚伪性，必然产生——甚至不以任何人的意志和意识为转移——政治上的伪善。它大骂小组习气，是为了掩护小组习气对党性的胜利。它假惺惺地斥责分裂，似乎除了少数服从多数，可以设想用什么其他手段来防止一个多少有组织的、多少名副其实的党发生分裂。它声明必须考虑革命舆论，同时却隐瞒阿基莫夫们的赞扬，并制造一些卑鄙的谣言来诬蔑我们党内革命派的委员会①。这是多么可耻啊！他们把我们的旧《火星报》糟蹋到了何等地步啊！

进一步，退两步……　在个人的生活中，在民族的历史上，在政党的发展中，都有这种现象。革命的社会民主党的原则，无产阶

---

① 　为了进行这项可爱的事业，甚至已经制定了一种固定不变的格式：据我们的某某通讯员报告，多数派的某某委员会虐待少数派的某某同志。

级的组织和党的纪律,必定获得完全的胜利,怀疑这一点,即使是片刻怀疑,也是一种行同严重犯罪的意志薄弱的表现。我们已经取得了许多成就,我们应当继续努力奋斗,不因遭到挫折而灰心丧气;我们应当坚持斗争,鄙弃那些庸俗的小组争吵的方法,尽一切可能来保卫用极大精力建立起来的全俄一切社会民主党人的统一的党内联系,力求通过顽强而有步骤的工作使全体党员特别是工人充分地自觉地了解党员义务,了解第二次党代表大会上的斗争,了解我们的分歧的一切原因和演变,了解机会主义的严重危害性:机会主义在组织工作方面也像在我们的纲领和我们的策略方面一样无能为力地屈从于资产阶级心理,一样不加批判地接受资产阶级民主派的观点,一样削弱无产阶级的阶级斗争的武器。

　　无产阶级在争取政权的斗争中,除了组织,没有别的武器。无产阶级被资产阶级世界中居于统治地位的无政府竞争所分散,被那种为资本的强迫劳动所压抑,总是被抛到赤贫、粗野和退化的"底层",它所以能够成为而且必然会成为不可战胜的力量,就是因为它根据马克思主义原则形成的思想一致是用组织的物质统一来巩固的,这个组织把千百万劳动者团结成一支工人阶级的大军。在这支大军面前,无论是已经衰败的俄国专制政权还是正在衰败的国际资本政权,都是支持不住的。不管有什么曲折和退步,不管现代社会民主党的吉伦特派讲些什么机会主义的空话,不管人们怎样得意地赞美落后的小组习气,不管他们怎样炫耀和喧嚷**知识分子的**无政府主义,这支大军一定会把自己的队伍日益紧密地团结起来。

# 附　录

## 古谢夫同志和捷依奇同志的冲突事件

这个事件和第 10 节所引用的马尔托夫和斯塔罗韦尔两同志的那封信里提到的所谓"伪造的"(马尔托夫同志的说法)名单有密切联系。事件的实际情况如下。古谢夫同志曾经通知巴甫洛维奇同志,说这份包含施泰因、叶戈罗夫、波波夫、托洛茨基、佛敏五同志的名单,是捷依奇同志转交给他(古谢夫)的(巴甫洛维奇同志的《信》第 12 页)。捷依奇同志责备古谢夫同志这个通知是"蓄意诬蔑",同志仲裁法庭也认定古谢夫同志的"通知""**不正确**"(见《火星报》第 62 号刊载的法庭判决词)。当《火星报》**编辑部**把法庭的判决词登出来以后,**马尔托夫同志**(这次已经不是编辑部)印发了一个题为《同志仲裁法庭的判决词》的传单,他在这个传单中不仅转载了法庭的判决词全文,并且转载了关于此案整个审理经过的报告全文以及他**自己的后记**。在这个后记里,马尔托夫同志谈到"为了进行派别斗争而假造名单这件事"是"可耻的"。为了回答这张传单,第二次代表大会的代表利亚多夫同志和哥林同志印发了一张题为《仲裁法庭中的第四者》的传单,他们在这个传单中"坚决反对马尔托夫同志,因为他比法庭判决词走得更远,硬说古谢夫同志居心不良",而法庭并没有认为这里有什么蓄意诬蔑,而只是认定古谢夫同志的通知不正确。哥林和利亚多夫两同志详细地解释说,古谢夫同志的通知可能是出于一种完全自然的误会,认为马尔托夫同志的行为是"**不体面的**",因为他自己发表过(而且现在又在自己的传单中发表)许多错误声明,随心所欲地硬说古谢夫同志怀有不良的动机。他们说,这里根本不可能有什么不良的动机。如果我没有记错的话,以上就是关于这个问题,即我认为自己有责任帮助加以说明的问题的全部"文献"。

首先必须使读者对产生这个名单(中央委员会候选人名单)的时间和条件有一个确切的了解。我在本书正文里已经指出,《火星报》组织在代表大会期间曾开会商量过中央委员会候选人的名单,以便共同向代表大会提出。这次会议由于意见分歧而告终,《火星报》组织中的多数派通过了包含特拉温斯基、格列博夫、瓦西里耶夫、波波夫、托洛茨基五人的名单,但是少数派不愿让步,而坚持包含特拉温斯基、格列博夫、佛敏、波波夫、托洛茨基五人的名单。《火星报》组织中的两派在提出和表决这两个名单的那次会议以后,就再没有在一起开过会。双方都在代表大会上进行自由鼓动,想通过整个党代表大会的表决来解决这一引起他们分歧的争论问题,并且双方都极力想把尽量多的代表吸引到自己方面。在代表大会上进行的这种自由鼓动,立刻就暴露了我在本书里十分详细分析过的一件政治事实,即火星派少数派(以马尔托夫为首)为了战胜我们,不得不依靠"中派"(泥潭派)和反火星派的支持。他们之所以不得不这样做,是因为绝大多数一贯维护《火星报》的纲领、策略和组织计划而反对反火星派和"中派"攻击的代表,都很快很坚决地站到我们方面来了。从既不属于反火星派,又不属于"中派"的33个代表(确切些说是33票)中,我们很快就争取到了24个,并和他们订立了"直接协定",形成了"紧密的多数派"。而马尔托夫同志方面只剩下了9票;要取得胜利,他就必须得到反火星派和"中派"的全部票数,然而他和这两派虽然能够一同行进(如在党章第1条问题上)，虽然能够实行"联盟"，即能取得他们的赞助，但是并**不能**同他们订立直接协定，其所以不能，是因为他在整个代表大会期间始终都和我们一样激烈地进行过反对这两派的斗争。这也就是马尔托夫同志处境可悲而又可笑的原因！马尔托夫同志在他的《戒严状态》中想用一个极端恶毒的问题置我于死地，说什么"我们恭敬地请求列宁同志爽快地回答一个问题：'南方工人'社在代表大会上究竟对于**谁**是局外人呢？"(第23页附注)。我恭敬地爽快地回答说：对于马尔托夫同志是局外人。证据是：我很快就同火星派分子订立了直接协定，而马尔托夫同志当时却无论是同"南方工人"社，无论是同马霍夫同志，无论是同布鲁凯尔同志，都没有订立并且也无法订立直接协定。

只有把这一政治形势弄清楚以后，才有可能了解所谓"伪造"名单这一麻烦问题的"关键"。当时的具体情况是：《火星报》组织分裂了，我们双方都为维护各自提出的名单在代表大会上进行自由鼓动。在这一过程中，通过大量个别的私人交谈产生了许许多多方案，提出了以三人小组代替五人小组，更换这个或那个候选人的建议层出不穷。例如，我很清楚地记得，在多数派的私人交谈中曾经提出过鲁索夫、奥西波夫、巴甫洛维奇、杰多夫等同志为候选人，但是后来，经过讨论和争论又把他们取消了。很可能还提出过其他我所不知道的候选人。大会的每一个代表都在交谈中表示过自己的意见，提出过修正，进行过争论等等。很难设想这种情形只是在多数派中间发生。甚至可以肯定，在少数派中间也发生过同样的情形，因为我们从马尔托夫和斯塔罗韦尔两同志的信中可以看出，他们原定的那个五人小组(波波夫、托洛茨基、佛敏、格列博夫、特拉温斯基)后来用三人小组(格列博夫、托洛茨基、波波夫)代

替了,并且格列博夫也不中他们的意,他们宁愿用佛敏来代替他
(见利亚多夫和哥林两同志的传单)。不要忘记,我在本书内把大
会代表分成各个集团,是根据事后所作的分析划分的。实际上,这
些集团在进行竞选鼓动时才刚刚开始形成,因而各个代表之间交
换意见是非常自由的;我们彼此之间并没有什么"壁垒",每个人只
要想同哪个代表私下交谈,就可以同他交谈。当时,在出现各种各
样的方案和名单的情况下,除了《火星报》组织的少数派的名单(波
波夫、托洛茨基、佛敏、格列博夫、特拉温斯基)之外,还产生了一个
与它没有很大区别的名单,即包含波波夫、托洛茨基、佛敏、施泰
因、叶戈罗夫五人的名单,这也就毫不足怪了。产生这样一个候选
人名单本来是极其自然的,因为我们的候选人——格列博夫和特
拉温斯基,显然是不中《火星报》组织的少数派的意的(见他们那封
载于本书第10节的信,在这封信里他们把特拉温斯基从三人小组
名单中取消了,而关于格列博夫,干脆说这是一种妥协办法)。用
组委会委员施泰因和叶戈罗夫两人来代替格列博夫和特拉温斯
基,原是完全自然的事;如果党的少数派代表中未曾有过一个人想
要实行这样一种代替,那才是一件怪事。

现在我们就来考察以下两个问题:(1)包含叶戈罗夫、施泰因、
波波夫、托洛茨基、佛敏五人的名单,究竟是谁提出来的呢? (2)为
什么马尔托夫同志听到有人把这样一个名单推到他头上就大发雷
霆呢? 为了**准确地**回答第一个问题,必须向全体大会代表询问一
番。这在目前是办不到的。特别是必须弄清楚究竟党的少数派
(不要把党的少数派和《火星报》组织的少数派混为一谈)有哪些代
表在大会上听见过引起《火星报》组织分裂的名单? 他们究竟是怎
样对待《火星报》组织的多数派和少数派提出的这两个名单的呢?

他们没有提出过也没有听见过关于适当改变《火星报》组织少数派的名单的任何设想或意见吗? 可惜,这些问题在仲裁法庭上看来也没有提出过,仲裁法庭(根据法庭判决词来看)甚至始终不知道《火星报》组织究竟是因为什么样的两个"五人小组"发生分裂的。例如,别洛夫同志(我认为他是"中派"的一分子)"曾经作证说,他和捷依奇有很好的同志关系,捷依奇同他说过自己对代表大会工作的感想,所以如果捷依奇进行过什么鼓动来支持某个名单的话,那他会把这件事告诉别洛夫"。可惜始终没有弄清楚,捷依奇同志在代表大会上是不是和别洛夫同志说过他对于《火星报》组织的那些名单的感想? 如果说过,那么别洛夫同志对《火星报》组织的少数派提出的五人名单抱什么态度呢? 他没有提出过或没有听见过关于对这个名单作某种适当改变的意见吗? 既然这个情节没有弄清楚,所以别洛夫和捷依奇两同志的证词中也就含有哥林和利亚多夫两同志所指出的那个矛盾,即捷依奇同志和他自己的说法相反,"曾经进行鼓动来支持"《火星报》组织提出的"某些中央委员会候选人"。别洛夫同志还进一步作证说,"关于在代表大会上传阅的那个名单,他是在代表大会闭幕前一两天遇见叶戈罗夫同志、波波夫同志和哈尔科夫委员会的代表时私下听到的。当时,叶戈罗夫曾经表示惊奇,为什么竟把他列入中央委员会候选人名单,因为在他看来,把他推举为候选人是不可能得到大会代表的赞同的,——无论是多数派还是少数派的代表都不会赞同"。十分值得注意的是,这里显然是指《火星报》组织的少数派,因为在党代表大会的其余的少数派中间,叶戈罗夫同志这位组委会委员和"中派"的杰出演说家被推举为候选人,不仅能够而且一定会得到赞同。可惜,恰恰是关于党的少数派内不属于《火星报》组织的那些分子是否赞同的问题,别洛夫同志却只字未提,而这个问题正是重要问题,因为使捷依奇同志感到气愤的是,人们把这个名单推到《火星报》组织的少数派头上,而这个名单可能出自不属于这个组织的少数派!

当然,现在很难回想起,究竟是谁第一个提出这样一个候选人名单的,我们中间每个人都是从谁的口中听见这个名单的。例如,我就不仅不记得这一点,而且也不记得多数派中间究竟是谁第一个提出我在前面谈到过的那个包括鲁索夫、杰多夫等人的候选名单的;从许多关于各种候选名单的谈话、设想和传闻中,我只记得那些直接在《火星报》组织中或在多数派的非正式会议上提过的"名单"。这些"名单"多半是用口头传达的(在我的《给〈火星报〉编辑部的信》第4页倒数第5行里所说的那个"名单",就是我用口头方式在会议上提出的五个候选人),但是往往也记在字条上,这些字条一般是在代表大会的会议上在一些代表之间传递,通常在散会以后就销毁了。

既然没有确切的材料能够说明这个人人都知道的名单的来源,那我们只好假定:或者是一个为《火星报》组织的少数派所不知道的党内少数派的代表提出了这样一个候选人名单,然后就经过口头和书面方式在代表大会上传开了;或者是《火星报》组织的少数派的某一个人在代表大会上曾经提出这样一个名单,但是后来他把这一点忘掉了。我觉得后一种可能性更大一些,因为提施泰因同志为候选人在代表大会上**显然**得到了《火星报》组织的少数派的赞同(见我的小册子),而提叶戈罗夫同志为候选人的想法显然是**这个**少数派在代表大会闭会后产生的(因为在同盟代表大会上和《戒严状态》中都对组委会没有被批准为中央委员会一事表示愤惜,而叶戈罗夫同志就是组委会的一个委员)。当时这种要把组委会委员变为中央委员的想法是比较普遍的,既然如此,设想少数派的某一个人在私人谈话中和在党代表大会上提出了这种主张,不是很自然的吗?

可是,马尔托夫同志和捷依奇同志不愿意考虑这种理所当然的解释,却认为这里面有**肮脏的**打算,有人蓄意陷害,有不诚实的成分,有人散布"**明明虚假的、目的在于中伤的传闻**",有人"**为了派别斗争而进行假造**"等等。这种不正常的倾向只能用不健康的流亡生活条件或神经不正常来解释,如果事情没有弄到无理伤害同志信誉的地步,那我根本不会谈这个问题。请你们想一想,捷依奇同志和马尔托夫同志能有什么理由追查不正确的通知或不正确的传闻含有的肮脏的不良动机呢? 他们显然是由于神经失常,才觉得多数派"中伤了"他们,不是指出少数派的政治错误(党章第1条以及同机会主义者联盟),而是把一个"明明虚假的""假造的"名单推到少数派身上。少数派宁愿说问题不是由于自己的错误,而是由于多数派采取了什么肮脏的不诚实的可耻手段! 要追查"不正确的通知"的不良动机是多么不理智,这一点我们在上面叙述当时情况时已经指出了;同志仲裁法庭也清楚地看到了这一点,它并没有认定这里有什么诬蔑、恶意和可耻的东西。最后,还有一个事实也非常明显地证实了这一点,即早在党代表大会上,在还没有进行选举以前,《火星报》组织的少数派就向多数派谈到过这种谣传,而马尔托夫同志甚至在他那封在多数派所有24个代表的会议上宣读过的信里谈到过这种谣传! 多数派根本就没有想在《火星报》组织的少数派面前隐瞒在代表大会上流传过这样一个名单的事实:连斯基同志曾将此事告诉过捷依奇同志(见法庭判决词),普列汉诺夫同志对查苏利奇同志谈过这一点（"同她是不能谈话的，她仿佛把我看成特列波夫[164]了"——普列汉诺夫同志曾经这样告诉过我，这句后来重复过许多次的笑话再次证明少数派神经不正常）。我曾经向马尔托夫同志说，他的声明（说这个名单不是他马尔托夫提出的）在我看来已经够了（同盟记录第 64 页）。当时，马尔托夫同志（我记得他是同斯塔罗韦尔同志一起）向我们主席团递了一个内容大致如下的字条："《火星报》编辑部的多数派请求允许他们参加多数派的非正式会议，以便驳斥那些对他们散布的可耻谣言。"当时我和普列汉诺夫两人就在这张字条上答复说："我们并没有听见过什么可耻的谣言，如需召集编辑部会议，则应另行安排。列宁、普列汉诺夫"。我们晚上出席多数派会议时，曾把这件事告诉过所有 24 个代表。当时为了避免产生任何误会，决定由我们 24 个人共同推选代表去向马尔托夫和斯塔罗韦尔两同志解释一下。被选出来的两个代表，即索罗金同志和萨布林娜同志，就去向他们解释了一番，说谁也没有把这个名单一定要推到马尔托夫同志或斯塔罗韦尔同志身上，特别是听过他们两个人的声明以后；说这个名单究竟是出自《火星报》组织的少数派还是出自不属于这个组织的代表大会的少数派，这根本不重要。要知道，事实上根本不能在代表大会上普遍查问！根本不能向每个代表查问这个名单！可是，马尔托夫和斯塔罗韦尔两位同志又向我们写了一封正式辟谣的信件（见第 10 节）。这封信由我们的代表索罗金和萨布林娜两位同志在 24 人会议上宣读过。看来，这件事情已经可以告一段落了，——我说已经可以告一段落，并不是说已经确定了名单的来源（如果什么人对此有兴趣的话），而是说完全排除了任何以为有人故意"危害少数派"或"中伤"某一个人，或故意"为了派别斗争而进行假造"的看法。可是马尔托夫同志在同盟大会上（记录第 63—64 页）又搬出这个由病态心理臆造出来的肮脏货色，并且作出了**许多不正确的介绍**（显然这是他自己神经过敏的结果）。他说，名单里有一个崩得分子。这是不对的。仲裁法庭的一切见证人——包括施泰因和别洛夫两位同志在内——都证实这个名单上有叶戈罗夫同志。马尔托夫同志说，这个名单就意味着签订了直接协定的联盟。这是不对的，这一点我在上面已经作了说明。马尔托夫同志说，由《火星报》组织的少数派提出的（会使代表大会多数抛弃这个少数的）其他名单"是没有的，甚至连假造的也没有"。这是不对的，因为党代表大会多数派全体都知道，由马尔托夫同志及其伙伴提出的但没有得到多数赞同的至少有三个名单（见利亚多夫和哥林的传单）。

究竟为什么这个名单使马尔托夫同志这样气愤呢？因为这个名单说明他们转到我们党的右翼方面去了。当时马尔托夫同志大喊大叫，反对"莫须有的机会主义罪名"，痛恨人家"把他的政治立场估计得不正确"，但是现在谁都看见：关于某个名单是不是由马尔托夫同志和捷依奇同志提出来的问题并不能起任何政治作用；**其实这个罪名无论同这个名单或其他什么名单都是无关的**，这个罪名不是诬加的而是真实的，对政治立场的估计是完全正确的。

从这个令人不快的、人为地造成的关于人人都知道的假名单的事件，应当作出的总结如下：

（1）马尔托夫同志高喊"为了派别斗争而假造名单是可耻的"，并以此损害古谢夫同志的名誉，我们不能不与哥林和利亚多夫两位同志一样认为这样做是不体面的。

（2）为了改善气氛并且使党员不必认真对待每一次病态的放

肆行为,看来应当在第三次代表大会上像德国社会民主工党组织章程那样确定一条规则。这个章程第 2 条说:"凡是严重违背党纲原则或犯有可耻行为者,都不能留在党内。关于他们的党籍问题,应当由党的执行委员会召集的仲裁法庭来处理。审判员由提议开除者和被提议开除者各指定半数,主审员由党的执行委员会指定。对于仲裁法庭的判决,可向监察委员会或党代表大会上诉。"这样一条规则可以成为对付那些轻易控告他人犯有什么不名誉行为(或散布此类谣言)者的有力武器。有了这样一条规则,凡是这样的控告,如果提出控告者不敢理直气壮地以控告者的资格**在党面前**说话并且力求得到相应的党机关的裁决,就会被永远地确定为算做不体面的诽谤。

1904 年在日内瓦印成单行本　　　　　　　译自《列宁全集》俄文第 5 版
　　　　　　　　　　　　　　　　　　　　第 8 卷第 185—414 页

# 给中央委员的信

(1904 年 5 月 13 日〔26 日〕)

亲爱的朋友们:波里斯转告我说,五位中央委员(他、洛沙季、瓦连廷、米特罗范和特拉温斯基)对我在总委员会中投票赞成召开代表大会以及进行召开代表大会的鼓动提出了责备。我请这五位中的每一位同志向我证实这件事实,或者加以说明,因为我不理解,**怎么**能由于一个团体的成员做了他有权利同时也有责任做的事,而对他提出责备。可以对他的意见不同意,也可以把他从总委员会召回来,但是提出"责备"就奇怪了,因为既然我还在总委员会,我就**不能不**按照自己的信念投票。进行召开代表大会的鼓动,同样是每个党员和每个中央委员的权利,因此一个团体对其成员虽然有约束力,却不能(无论形式上**还是道义上**都不能)限制我们任何一个人的这种权利。我的责任只是宣布中央委员有一半或者一半以上反对召开代表大会。

至于总委员会,现在的情况是这样的:波里斯被任命(据他说,有 5 票赞同)代替科尔。我的辞呈(据他说)没有被接受,我收回我的辞呈,继续留在总委员会。从这方面来说冲突已经得到解决,而我只请求说明为什么要提出"责备"。

但是一个更重要得多的冲突是:波里斯向我声明,如果我(1)不停止召开代表大会的鼓动和(2)不去反对召开代表大会,他就不

能继续留在中央委员会。自然,无论第一点还是第二点我都办不
到,所以我回答波里斯说,我要同中央委员会的**全体**同事进行讨
论,然后再**给他答复**,说明**我**是否退出中央委员会。对于这个有可
能使我们中的一个(甚至中央委员会两部分中的一部分)辞职的冲
突,我认为最重要的是,要冷静地、在掌握情况的基础上作一番详
尽的讨论。我对波里斯最不满的是,他在提出自己的"最后通牒"
以前,既没有看过**总委员会的记录**(这些记录极端重要!),也没有
看过表明我的**原则**立场的小册子①。不把非常复杂的问题弄清
楚,却使冲突尖锐起来,这是否明智呢?? 当我们**在基本问题上团
结一致**的时候(至少瓦连廷起草的中央宣言着重指出我们在组织
问题上的共同的原则立场,与少数派的机会主义立场不同。这个
宣言已经给我们寄出,但**还没有到达**,不过波里斯已向我谈过),却
使冲突尖锐起来,这是否明智呢? 就拿召开代表大会的问题来说,
我们的分歧也只是在日期问题上,因为波里斯并不反对在半年或
一年以后召开代表大会。请看一看目前的情况:按规定代表大会
应该在明年夏天召开,而我认为,即使在**最好的**情况下,在我们的
鼓动工作获得极大成功的情况下,代表大会也**不可能**在不到半年
的时间内召开,可能还会拖延下去。看来我们的"分歧"就在时间
的确定上! 由于这一点而分道扬镳,这是否明智呢? 请从纯政治
的观点来看一看这个问题:波里斯说,鼓动召开代表大会同加强正
常工作是不相容的,前者对后者是有害的。我不同意这种说法。
但是,即使假定波里斯是正确的,假定他能使在这个问题上同他的
意见不一致的人退出中央委员会,那结果又会怎样呢? **毫无疑问,**

---

① 见本卷第197—425页。——编者注

结果会是使鼓动工作大大加强,使多数派同中央委员会的关系尖锐化,并且使波里斯也不高兴看到的反对召开代表大会的活动加剧。使问题这样尖锐化是否妥当呢? 波里斯说,他反对召开代表大会,因为召开代表大会就是分裂。我认为,波里斯在这里对今天和明天的形势的估计是不正确的;而即使波里斯是正确的,他极力使我们退出中央委员会,也会大大**增加**分裂的可能性,因为这样无疑会使形势紧张起来。无论从什么角度来看,加剧中央委员会内部的冲突都是失算的。

其实,我和波里斯的分歧**仅仅**在于,他认为在第三次代表大会上必然会出现分裂,而我认为未必会这样。我们俩都认为,在第三次代表大会上,我们会居于多数。波里斯认为,少数派会退出党,他说,无论我们还是马尔托夫都约束不住这些极端分子。我认为,波里斯没有估计到迅速变化的形势,它今天不同于昨天,明天又将不同于今天。波里斯还抱着看待昨天的形势的观点(当时无谓的争吵把原则抛到一边,当时还**可以**指望和稀泥,掩盖矛盾,指望靠个人让步解决问题)。那种形势已经不复存在,我在我的小册子里已经详细地证实了这一点,对新《火星报》的普遍不满(甚至像在中央委员会领导下的国内著作家小组那样一些非常温和的人也表示不满)也证实了这一点。今天的形势已经不同了:原则排除了无谓争吵。问题已经不在于增补,完全不在这里。问题在于**新《火星报》在原则上是否正确**? 人们对新《火星报》的原则立场不满,而且这种不满必然还会不断增长,正是这一情况会使得争取召开代表大会的鼓动愈来愈加强。这一点是波里斯没有估计到的。明天的形势还会把无谓争吵更远地抛开。一方面,少数派本身无论是从道义上还是从政治上来说都不会退出代表大会(同盟代表大会以后曾经有过的那种时机,现在已经**失去了**)。另一方面,**我在总委员会已经声明**(我再一次请你们大家在解决这个难题以前,务必读一读总委员会的记录),我们丝毫不反对协商。我对任何人都这样说:我个人**绝对**愿意(1)向全体原先的编辑们保证用党的经费出版他们的一切著作,不加修改,也不作评注;(2)在第四次代表大会召开以前,暂时取消中央委员会任免各个地方委员会委员的权利;(3)通过专门的决议,保证**少数派**特别迫切要求得到的权利,甚至愿意(4)**在一定的条件下,在不得已的情况下**,通过由双方实际工作者组成的委员会等等使《火星报》保持中立,不登载彼此论战的材料。我认为,第三次代表大会的少数派人数不会很多,在这种形势下,他们也就不会退出代表大会。我认为,在第三次代表大会上,我们一定能彻底消除——用正式的决议来彻底消除"戒严状态"这种幻影,使争论的进行**不致妨碍正常工作**。要知道,危机的症结就在这里! 我在总委员会曾经力争的就是这一点,代表大会十分之八的代表也一定会赞成这样做! 我很清楚地知道,波里斯也在争取这一点,但是不召开代表大会,这是做不到的。波里斯错误地认为,我们发起了攻击(鼓动召开代表大会),因此少数派才被激怒了。恰恰相反,我们只是在总委员会开会以前和在总委员会的会议上发出了许多信件和呼吁以后才表示主张召开代表大会的,我们只是通过鼓动稍微显示了一下自己的力量。谁要是不愿意陷入普列汉诺夫的可笑(如果只是可笑,那还算好呢!)境地(请读一下第 65 号上他那篇小品文),谁就应该在斗争中公开和直率地表明态度。现在什么都阻挡不住争取召开代表大会的鼓动。对这种鼓动应该采取容忍的态度,如果愿意的话,也可以采取中立的态度,这样,它就不会妨碍正常工作。对这种鼓动发火是没有什么用的。

　　我诚恳地请求**每个**中央委员给我答复。我们应该把事情谈清楚，把问题弄明白，这样，我们在一起工作时，虽然会有某些意见分歧，但不致发生冲突而互不相容。

载于 1904 年日内瓦出版的尼·沙<br>霍夫《为召开代表大会而斗争》一书<br>（略有修改）
译自《列宁全集》俄文第 5 版<br>第 8 卷第 415—418 页

# 三个中央委员的声明

(1904 年 5 月 13 日〔26 日〕)

**三个中央委员格列博夫、兹韦列夫和列宁**,在讨论了中央委员会内部的意见分歧之后,作出了下面几个应当通知全体中央委员的结论:

(1)意见分歧是从要不要召开代表大会的问题引起的。列宁和瓦西里耶夫在党总委员会会议上表示主张召开代表大会①以后,多数中央委员(5 比 4,**特拉温斯基**的一票由**格列博夫**同志代投)表示反对召开代表大会。**165**当时,**列宁和瓦西里耶夫**就声明暂时退出总委员会②。目前,这个冲突已经得到解决③:**格列博夫和列宁**代表中央委员会参加总委员会。

(2)格列博夫同志向列宁同志声明,如果列宁不放弃召开代表大会的鼓动(在中央委员之外进行的),不反对代表大会的召开,他(格列博夫)就退出中央委员会。列宁认为,这样对待问题是不对的,在原则上是不容许的,因此声明,他要征求每个中央委员的意见,然后才能答复,他,列宁,要不要退出中央委员会(在**格列博夫**同志看来,凡适用于列宁的,也适用于所有与列宁一致的中央委员)。

---

① 见本卷第 144—148、149—152 页。——编者注

② 见本版全集第 44 卷第 261 号文献。——编者注

③ 关于这一点,请参看**格列博夫**同志表示赞同的、附在这声明后面的列宁的一封信。(见本卷第 426—430 页。——编者注)

(3)为了确切说明目前中央委员会内部的意见分歧,必须肯定,**瓦连廷**同志和**尼基季奇**同志在他们3月间写的并征得**格列博夫**同志同意的宣言中,曾声明:(1)他们坚决反对根据少数派的要求进行增补;(2)他们同意《怎么办?》①一书论述的组织观点;(3)他们,或者至少他们中的两人,不赞成某些党员著作家的机会主义立场。至于代表大会,格列博夫同志表示确信,(1)在这个问题上的意见分歧,使中央委员会采取了二元的政策;(2)代表大会可能导致分裂。为了表示对此不愿承担责任,他声明自己一定要退出中央委员会。而列宁认为,中央委员会作为一个负有报告情况责任的机构,在召开代表大会的问题上应当保持中立,让全体中央委员去自由进行鼓动。分裂是不可能的,因为多数派原则上容许在代表大会上进行协商,甚至包括容许《火星报》保持中立立场。

(4)直到上述冲突解决以前,**格列博夫**同志和列宁同志以中央委员会名义正式发表言论和进行一切活动,都需意见一致,共同署名。

中央委员　**格列博夫**

**兹韦列夫**

列　宁

1904年5月26日于日内瓦

载于1904年日内瓦出版的尼·沙霍夫《为召开代表大会而斗争》一书(略有修改)

译自《列宁全集》俄文第5版第8卷第419—420页

---

① 见本版全集第6卷第1—183页。——编者注

# 告 全 党 书

(1904 年 5 月下半月)

一、驳关于波拿巴主义的诽谤。胡说。不值一驳。有鼓动召开代表大会的自由。与中央机关报不同,中央委员会本身不表示态度。

应当由各地委员会作出决定。中央委员会请各委员会冷静地慎重地权衡一下,是赞成还是反对,要听取双方意见,研究文件,不要过于匆忙,要意识到自己对党的责任。

二、呼吁正常工作。当前局势的意义:战争。驻总委员会的中央委员会代表的呼吁[1]。重复一下。思想斗争不应妨碍正常工作。不能容许的斗争形式。不要夸大意见分歧和差异。

三、尝试逐步建立还过得去的关系(卡尔·考茨基的呼吁[166])。

中央委员会提出以下的条件作为行动准则:

(1)6 人都有用党的经费出版一切著作的权利。

(2)同样,可以派代表参加代表大会的著作家小组也有这种权利。

(3)在一个长时期内暂时取消任免委员的权利。

(4)在一个长时期内保证少数派享有某些权利。

---

① 见本卷第 115—117 页。——编者注

（5）保证按各地委员会的要求分配和供应党的**一切**出版物。

（6）至少要有半年的停战；最后，16 页的小册子各占一半。让少数派充分发表意见。

载于 1930 年《列宁文集》俄文版第 15 卷

译自《列宁全集》俄文第 5 版第 8 卷第 423—424 页

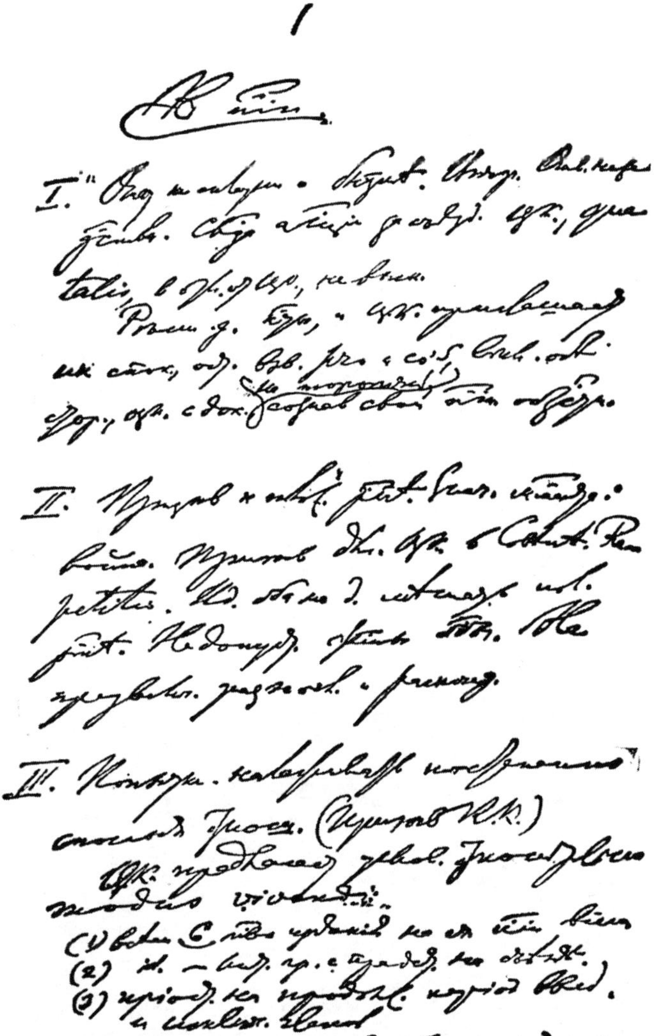

1904 年列宁《告全党书》手稿第 1 页

（按原稿缩小）

# 俄国社会民主工党总委员会文献<sup>167</sup>

（1904 年 5—6 月）

## 1

## 对议程的意见

（5 月 31 日〔6 月 13 日〕）

**列宁**提议，把波兰社会党（P.P.S.）提出的希望召开俄国社会民主工党和波兰社会党代表会议以讨论两党共同斗争的原则和条件的问题，也列入议事日程。

2

# 关于召开各党联席代表会议的发言[168]

(5 月 31 日〔6 月 13 日〕)

## (1)

　　总委员会想不想读一读波兰社会党的建议?(普列汉诺夫:"好,可以读一读。")"波兰社会党一向认为,波兰和俄国的社会主义营垒必须紧密靠拢,以便更有效地进行反对共同敌人——沙皇制度的斗争。可惜,到目前为止还没有做到这一步,从而给双方的实际工作带来了很多不便。因此,我们高兴地庆贺俄国社会民主工党恢复为统一的整体,成立了对党的一切活动负责的中央机关,因为这可以使我们朝着实现我们早已确定的目标迈出第一步。我们很清楚,由于我们和你们之间一直没有建立正常联系,彼此产生了许多误会和疙瘩,在我们最后达成所期望的协调一致以前,应当消除这些误会和疙瘩。因此,我们的中央工作委员会决定向你们建议:不久的将来,在国外召开一个代表会议,由你党代表和我党三位代表讨论两党进行共同斗争的原则和条件。这次会议的结果可以作为俄国社会民主工党和波兰社会党相应的机关将来达成协议的基础。希望尽快答复……"

　　中央在回答这封信的时候,请波兰社会党更详细地说明代表会议是什么性质，由哪些机关的代表参加，在什么时候和什么地方举行。此外，中央还请波兰社会党告知，波兰社会党对波兰社会民主党人参加会议抱什么态度。**169**

波兰社会党给我们的回信如下：

"尊敬的同志们：你们的来信使我们有些惊奇，因为我们觉得，你们来信提出的问题，在我们第一封信中已有答案了。我们提议召开的代表会议是预备性质的，目的是为了弄清我们两党靠拢的基础。这次会议例如可以制定长期协定的草案。

我们这方面将由代表大会闭会期间作为我们党的最高机关的中央委员会指定三名代表与你方会谈。你们想必也会由你党相应的机关或有进行这种会谈的权利和相应的权力的机关指派代表同我们会谈。

我们建议会议在国外举行。地点是次要的，虽然对我们来说比较方便的是维也纳。我党中央指派的代表是同你党会谈，而不是同波兰和立陶宛社会民主党会谈，因此不存在波兰和立陶宛社会民主党的代表参加的问题。"

这就是有关波兰社会党给我党提出的建议的全部文件。我个人认为，既然波兰社会党拒绝邀请波兰社会民主党的代表参加它所筹划的代表会议，它的这个建议，我们是不能接受的。至于芬兰人的提议，我们可以回答他们原则上同意举行预备性会议。因此，我想我们的决议案可以这样写：

"俄国社会民主工党原则上同意同各革命的和反政府的政党的代表举行预备性会议，以便在某些局部问题上达成协议。"

至于马尔托夫同志提议召开的只有社会民主主义组织参加的预备性会议，我认为未必妥当，因为除了崩得、波兰社会民主党和

"无产阶级"党[170]之外,还有各边疆地区的社会民主主义组织,吸收这些组织参加会议很不方便,不邀请他们又可能伤害他们的感情。

### (2)

阿克雪里罗得同志和马尔托夫同志说,拉脱维亚人有两派[171]。(马尔托夫:"两种倾向。")现在形成的结果是:和我们一起开代表会议的,将是倾向于社会革命党人、倾向于《解放》杂志和热衷于恐怖手段(用阿克雪里罗得的话来说)的一派,而另一派的力量很弱。必须把实际情况搞清楚。如果只是两种倾向,那与我们无关,我们就同现有的拉脱维亚党联合起来。如果存在着两个派别,我们选择得不对头,就会处于尴尬地位。应当首先搞清楚这两派的力量和倾向性。至于高加索,我的意见是应当吸收它参加代表会议。为此,我们就要了解一下,那里有没有能同我们并肩前进的社会民主主义组织。

### (3)

我同意对两个拉脱维亚组织都加以邀请的建议。至于持联邦制主张的亚美尼亚组织[172],既然马尔托夫同志指出了这个组织同社会革命党人关系密切,已不存在邀请它参加代表会议的问题。其次,普列汉诺夫同志坚持必须立即答复芬兰人,他的建议的内容是什么,我还不清楚。

## （4）

　　我觉得，要求在决定原则性问题时须一致同意是多余的。[173]
我不能想象，假如代表会议上通过了某种荒谬的决定，有哪个社会
民主党人会不退出会议。

# 3

# 关于俄国社会民主工党
# 出席国际社会党代表大会的
# 代表问题的发言

## (5月31日〔6月13日〕)

## (1)

我请求说明一下,既派总委员会的代表又派各组织的代表是否合适。在以前历次代表大会上其他各国的实践中有没有这种先例?我觉得,这种派代表的方法无论在原则上还是在实践上(从经费、技术等观点看)都有些不合适。让总委员会在那里做全权代表不是更好吗?我不能想象对我们的意见能够以少数服从多数原则加以拒绝。我们党的声音是剥夺不了的!

## (2)

既然普列汉诺夫同志说,分别派党的代表参加大会是做不到的,而派大量代表参加大会又太费钱,而且在这方面我们反正也比不过崩得分子,所以最好还是只由总委员会代表全党出席大会。

（3）

此外，我们未必来得及同所有组织联系以得到他们的代表委托书。[174] 因此，我提议，总委员会在没有同各个组织取得联系的情况下，必要时可以分别代表每一个组织……

4

# 关于必须对"公察克党人"的报纸
# 进行监督的意见

(5月31日〔6月13日〕)

列宁同意马尔托夫同志的建议，并且指出，"公察克党人"的报纸[175]并非一向都是社会民主主义的，对该报的活动需要加以监督。

# 5

## 对马尔托夫关于中央机关报和
## 中央委员会召回驻党总委员会代表的
## 权利的决议案的意见

### (6月5日〔18日〕)

马尔托夫同志指出,他的提议并不涉及具体情况,而只是为了避免将来的冲突。因此我也不去涉及任何具体情况,而且既然这一决议案仅仅是为了给将来确定一定的规则,我也就不准备对它提出反对意见了。如果把它压缩一下,只归结为一个机关召回其代表的权利,而把有关不对代表大会负责的词句删去,也许会更好一些。

# 6

# 关于增补各委员会委员和中央委员会
# 增补各委员会委员的权利的发言

## （6月5日〔18日〕）

## （1）

这项决议案[176]，不管它的实际结论如何，我建议修改它的开头部分。既然我们由于材料不充分不可能对莫斯科的冲突问题在实质上作出明确的决定，所以也不应该在决议案中涉及过去所发生的冲突。我建议一般在一个组织的这一部分对另一部分表示不满的情况下，应该把这个情况通知对方，使对方有可能发表自己的意见。例如莫斯科的冲突，情况就不像马尔托夫同志所说的那样。据我了解，五人中有三人希望增加两个新委员，其他人也表示同意，但有一个条件，就是他们方面再增加一人，也就是继续保持甚至加强占优势的一方。只是由于多数派坚决反对这种安排，莫斯科的同志们才想搬出党章来。有一个中央委员赞成委员会的多数派对党章的解释，另一个中央代表则反对这种解释。

我说的这一点，只是为了作为参考和列入记录。总之，我建议修改马尔托夫同志决议案的开头部分，就是说要表明这个决议案规定的是今后的、未来的规则。就实质而言，我主张把所有的分数都按整数计算。

## （2）

马尔托夫举出的事实，对我来说完全是一种新闻。[177] 我们有十分明确的材料说明，莫斯科委员会的少数派只提议增补一名自己的候选人，而并没有把这个问题同派别分歧联系起来。其次，就实质而言，我认为把所有的分数都按整数计算是更恰当和更符合党章精神的。不过，这个问题意义不大，所以我同意投票赞成马尔托夫同志的决议案。

## （3）

这次事件[178] 又一次使人认识到，如果某一方提出控诉，必须立即把这个情况通知另一方，使它可以进行解释。只有在这种条件下，我们才有可能就发生的冲突作出相应的决定。据我们了解，事情是这样的：尼古拉耶夫委员会原由多数派的代表组成，后来全被逮捕。此后，中央委员会，也可能是中央委员会的代表，委派了三个人去尼古拉耶夫委员会，其中两个过去不在尼古拉耶夫，一个过去已经在那里工作，并且有很多联系。可能在逮捕时这一个人也不在尼古拉耶夫。当中央委员会委派的委员到尼古拉耶夫的时候，那里已经有了两个少数派委员，他们愿意在那里工作，于是也就同意接受了他们。就是说，三人又增补了两人。情况就是这样，要想核对，可以去问一下这个委员会的委员，如果他们还没有被逮捕的话……（马尔托夫："已被逮捕了……"）

据我们了解，这些事实都被歪曲了，我觉得，多数派的两位委员是做得对的。中央委员会委派的委员所在的地点不能成为不接受他们的借口。我再一次建议作出一个决议：如有控诉，要听取双方的意见。其次，至于说到问题的实质，我原则上不同意马尔托夫同志的决议案。不能剥夺中央向各委员会委派候选人的权利。当然，任何一种权力都可能被滥用，但为了防止这种弊端，可以例如通过报刊或总委员会的活动等形式来实行监督。我赞成这样一种意见：在增补新委员时，不应当纠缠派别色彩问题。到现在为止，我还从来没有听说中央委员会用强迫手段委派委员的事。所有这种指责中央委员会用强迫手段进行委派的说法使得中央委员会非常谨慎，而单是策略上的考虑也使中央委员会只好暂不行使自己的权利。

## （4）

我想谈几点意见。首先，我想指出，有人硬说派到尼古拉耶夫委员会的两名委员是从敖德萨去的，甚至说是敖德萨委员会委派的，这是误会。很可能敖德萨驻有中央代办员，他在逮捕事件发生以后，采取了一些措施来恢复该委员会。但不管怎样，我们非常肯定地知道，这三人是中央委员会委派的。我顺便提到这一点，是为了消除这方面可能产生的误会。第二，马尔托夫同志声明，他也从来没有听说中央用强迫手段向地方委员会委派候选人的事，这个声明非常重要，特别是因为编辑部通过自己的代办员，对党内情况是了解得很清楚的。至于马尔托夫所说的自己要求不经投票选举而加入莫斯科委员会的那位年轻妇女，这个例子恐怕没有多大意义，因为不论是事情的经过，还是这位妇女的权限的大小，我们都不知道；当然，最后，这位妇女还是经过投票选举才加入了委员会。第三，我还认为，指出马尔托夫说的这样一句话是很重要的，他说在正常条件下，要限制中央委员会对地方委员会的组成的影响是不可能的。有人在这里指出，人们指责中央委员会在人为地"制造"委员会，不过，往往也可以听到对中央机关报发出同样的责难。但是，既然马尔托夫同志本人也肯定，实际上并没有这样的事实，只是**可能**产生这样的事实，那我认为，要限制中央委员会的权力，后面这个理由是不充分的，何况在实践中，单是这样提出问题就会引起某种不满。我赞成马尔托夫同志的看法，即他所提到的尼古拉耶夫委员会的两位委员是非常可贵的革命活动家，但是要知道他们已经被接纳加入委员会了。

总之，可以说，中央委员会由于近来遭到种种责难，行动特别谨慎，并不急于行使自己向地方组织委派新委员的权利。为了避免和制止关于中央委员会的谣言，我一点也不反对把谨慎的策略暂时正式肯定下来。

其次，关于我们提出的如有控诉应当通知有关的另一方的问题，我提出下述决议案："党总委员会请各党组织在一个组织的某一部分向党总委员会提出控诉或问题的时候，立即把这一控诉或问题的内容全部通知这个组织的另一部分，因为党总委员会必须听取双方对问题的说明，才能解决争执。这个要求也适用于一个组织对另一组织提出控诉的情况。"**179**

7

# 就俄国社会民主工党第三次代表大会
# 召开问题的表决程序所作的发言

(6月5日〔18日〕)

## (1)

**列宁**同意格列博夫的下述意见:特维尔和里加两地的委员会的票数没有法律效力[180],并提议计算现有组织不从其发表宣言时算起,而从中央批准该组织时算起。此外,他还指出:应当从马尔托夫的决议案中删去涉及代表大会时机的词句。各联合会将在代表大会上拥有多少票数的问题要由它们的章程来确定。如果它们的章程还未经批准,则应按第二次代表大会上原有的票数计算。例如,高加索联合会[181]应当拥有六票。

## (2)

我们同马尔托夫同志在有关9个委员会在表决召开代表大会问题时的权利方面的意见在实质上是一致的。我认为,不应当给巴库委员会以单独的表决权,因为它加入了高加索联合会。必须了解一下所有五个联合会的情况,然后再作出相应的决定。

（3）

我对马尔托夫同志的建议实质上并没有什么反对意见,但是这个建议在形式上是不正确的[182]。代表大会没有批准这些委员会,因此,应当对它们援用这样一条规则,即它们只有经过一年以后才能投票赞成或反对召开代表大会。而这一年即将到期,所以这个问题就更不值得多加讨论了。但是对待高加索联合会必须十分谨慎:它原来有6票,如果我们只给它2票,就会使它受到莫大的委屈。此外,我觉得,马尔托夫同志建议将各联合会与各委员会同等对待,这是把党章第3条的(**5**)、(**6**)两项混淆起来了。所以,关于高加索联合会的问题,我建议缓一缓处理并通过中央委员会进行了解。

（4）

我同意马尔托夫同志关于高加索联合会的意见[183]。其次,还有一个法律上的问题,即在统计召开代表大会所需的总票数时总委员会的票数如何计算。依我看,有两种解释可能是正确的:或者在确定必要的组织数目时总委员会的5票不算在所有组织的总票数内,总委员会的票数然后单独计算;或者干脆取现有组织的半数,不算总委员会,把这个半数作为此种情况所必需的数额。我认为,总委员会的票数单独计算是最正确的。

# 8

# 关于《黎明报》的发言

## （6 月 5 日〔18 日〕）

可惜我不能为《黎明报》[184]说许多话。到目前为止，的确应当承认，这个实验是不很成功的。邦契-布鲁耶维奇是个没有经验的著作家，他本来指望得到党内其他著作家的帮助。但他没有得到这种帮助，在这种情况下，把失败的全部责任都推到他一个人身上，是不公平的。创刊到现在，总共只有 5 个月。也许刊物还能站住脚，尤其是其他著作家能够给以帮助的话。还是做了一些事情的：无论在美国或在俄国，教派信徒中间的联系扩大了。此外，应当指出，在经费方面，这个刊物不用党来负担，因为《黎明报》有单独的经费。我认为，现在停办《黎明报》为时过早，建议继续试办。

# 9

# 关于公布党总委员会会议记录
# 问题的发言

## （6 月 5 日〔18 日〕）

## （1）

我完全不同意马尔托夫同志的意见。希望把已通过的有关上一次会议记录的规则[185]确定为总委员会所有会议的规则。保密的要求应当不会妨碍公布记录，而对党员来说，了解党的最高机关中的情况，在那里双方各持什么样的意见，是非常重要的。

## （2）

格列博夫同志提出了关于上次会议上所作的决定的问题，并建议现在重新作出决定，这使我大为吃惊。我认为，重新作决定这种做法，无论在形式上还是在道义上都是不能容许的。

## （3）

到目前为止，中央委员会还没有作出关于公布记录问题的决定,而我只是坚持中央委员会**有权**在它认为必要时作出这种决定。[186]

载于1930年《列宁文集》俄文版　　　　　译自《列宁全集》俄文第5版
第15卷　　　　　　　　　　　　　　　　　第8卷第425—442页

# 俄国社会民主工党中央委员会
# 国外代表关于移交权力的声明

1904 年 7 月 28 日于布伦嫩

鉴于我离开日内瓦和格列博夫同志也突然离开,我认为,中央委员会两个国外代表的一切事务全部由中央代办员,即奥林、邦契-布鲁耶维奇和利亚多夫三同志组成的委员会主持是理所当然的。

中央委员会国外代表　尼·列宁

译自《列宁全集》俄文第 5 版<br>第 8 卷第 443 页

# 附　　录

# 俄国革命社会民主党人国外同盟
# 第二次代表大会的材料

（1903 年 9—10 月）

## 1

## 关于俄国社会民主工党
## 第二次代表大会的报告的提纲[187]

（9 月 27 日和 10 月 13 日〔10 月 10 日和 26 日〕之间）

1. 报告的内容：（α）**叙述事实**

　　　　　　（β）**评价结果。**

2. **火星派**的代表大会的准备工作（组委会里**火星派**委员的工作。组委会内部**同崩得**和同**"南方工人"社**的斗争）。组委会对各委员会的影响，提出候选人，**提前**派遣代表。

3. 取消**限权委托书**。编辑部的少数派和多数派：**关于与三人小组无关的行动自由的声明。选举第七名成员**(伊格纳特)。

　　大会的计划和**三人小组**(大家都有改组的想法，但对它的理解各不相同)。**188**

4. 非正式性质的预备会议。内容：崩得、通俗报纸、**两个中央机关、党章(只是我的)**。

　　**像列维茨基**这样的糊涂虫：**为波兰社会党辩护**；(通俗报纸和一个中央机关的政治意义)

5. 代表大会开幕。我的代表委托书。

　　选举主席团。马尔托夫的错误计划。

　　代表大会议事规程(很详细)。

　　代表资格审查委员会中的崩得分子。

6. **组委会事件**(开场戏)——(代表大会的第 3 次会议)

　　(α)组委会的突然宣布。小窗子旁边的会议

　　(β)邀请梁赞诺夫。这一步骤的意义。冒牌火星派分子**纳塔莉娅(伊万诺夫娜)**

　　　(崩得分子的胜利)

　　(γ)伊格纳特发言进行揭露

　　(δ)马尔托夫和我们站在一起。

　　(ε)一项反对组委会的决议。**没有任何个人表示赞成梁赞诺夫**。

　　结论：冒牌火星派分子。

补 6。同尤里耶夫和马尔丁交换意见。

　　纳塔莉娅·伊万诺夫娜退出《火星报》组织。

注意

7.同崩得的斗争(议程第 1
项)(第 4 次会议)。联邦
制被否决。队伍可别动
摇了。

动摇的**魏斯曼**。

**NN 关于托洛茨
基不知分寸的行为
的意见。** 注意

8.议程第 2 项。纲领。没完没了的拖延。崩得分子;米佐夫——
是个斗争社分子和糊涂虫,**最典型的泥潭派**(Sumpf)。**南方工
人派分子**的长期动摇(他们对普列汉诺夫关于不能把**普选制**看
得至高无上的讲话**189**发出号叫)。

　　　　开始形成泥潭派＝**南方工人派分子**
　　　　　＋狭义的泥潭派。

　　　　工人事业派分子:**马尔丁诺夫、阿基莫夫、布鲁凯尔。**

**纲领被一
再拖延。**

就是这样!
第 20 次会议——土地纲领!!
!! 第 21 次会议——纲领讨论结束。

共 35(大约)—36 次会议

9.语言平等事件。(代表大会第 16 次会议!)
赞成我们的:坚持彻底路线的火星派分子

　　　　　　　　　(24—6＝)**18**

　　　马尔托夫分子
　　　2＋1 托洛茨基＋1 扎戈尔斯基＋1 捷依奇＋

?

+1 毕洛夫[190]　=　**6**

+2 安东　　　　**26**

反对的:崩得　　　──5

《工人事业》杂志──3

"南方工人"社　　──4

　　　　　　　　──12

捷依奇
动摇过?　　　　＋13

　　　　　　　　**25**

米佐夫 **2+1** 巴季连科夫＋

**+1** 康斯坦丁诺夫　＝4

＋2 列维茨基＋1

魏斯曼　　　　　＝3

? 高加索─　　　6

　　　　　　　　13

事件的意义:**暗算《火星报》**。

**泥潭派全都反对《火星报》**。

10. **泥潭派**的一般特征:最伪善的**耶稣**和**斗争社分子**是典型代表[191]

　　　　赞成"南方工人"社

　　　　叫嚣反对普列汉诺夫(普选制)。

　　见专页。

11. 议程第3项。

　　批准《火星报》。**马尔托夫向阿基莫夫解释关于第24项的选举问题**。‖注意

12. 议程第4项。报告。

13. 议程第5项。

　　党章。

　　章程草案的起草经过(马尔托夫 ⎰《**火星报**》**组织**内部关于⎱
的和我的草案)。**还在日内瓦时**就在 ⎱NN 问题的斗争。　　　⎰
代表们面前维护我的草案(马尔托夫
也维护他的草案)。

14. 党章第 1 条(大会**第 22 次**和**第 23 次**会议)。

　　　　饶勒斯主义

　　(1)扩大党

　　(2)混乱(由党员组成的非党组织)

　　(3)大家都引用列宁的话

　　(4)"群众之外的群众的党"。

15. 崩得支持马尔托夫。　　　　　(有点混乱:我们当中也有人
　　"可耻的谣言"**192**(布鲁　　　支持马尔托夫)。
　　凯尔支持我,支持我的　　⎧鲁边和列昂诺夫反对我。⎫
　　甚 至 还 有 最 伪 善 的　　⎨布鲁凯尔和最伪善的耶稣支持我⎬
　　耶稣!!(?))　　　　　⎩等等。　　　　　　　　　⎭

　　　　　　　5　　　　　⎰我看见你落在这样一伙人中
　　　　　　　　　　　　　间,感到非常痛心!①
16. **联合**:崩得＋工人事
　　　3　　　　　4
　　　业派＋南方工人派＋
　　　　7　　　　　8
　　　泥潭派＋马尔托夫分
　　　子。总共＝27

————————

　　①　见本卷第 282 页。——编者注

**反对** 24

**注意**

| 补16： | 中央委员会**名单**。《火星报》组织的**16人会议**。 |
|---|---|

| NN | 9,4 和 3 |
|---|---|
| | － ＋ 0 |
| 名单 10(11)＋1(2)－ | |

17. 中央机关报和中央委员会的相互增补总委员会的"第五名委员" ——（**代表大会第 27 次会议**）。

18. 选举。将关于 **3 人**和 **6 人**的问题提交大会。

马尔托夫分子的失败和没有批准编辑部。

所有代表先前（代表大会以前）已经知道三人小组。

19. 马尔托夫关于"**党内戒严状态**"的发言，"为争取影响中央委员会而斗争"。

20. 马尔托夫分子弃权、拒绝提出名单并表示抗议。

21. **决议案** 第 18 号和第 19 号

（斯塔罗韦尔的决议案和普列汉诺夫的决议案）。

22. 评价大会的结果。

**完成了形式上的建党**。　　内部工作的实际问题解决得**很差**。为什么。

**同阴谋诡计作斗争**：

崩得的阴谋

《工人事业》杂志的阴谋

"南方工人"社的阴谋

泥潭派的阴谋

**NN** 的阴谋。

为了**卓有成效的工作**，必须**坚决**铲除"阴谋诡计"。

马尔托夫的"戒严状态"的话不对。

马尔托夫没有理解政治时机、政治形势＝

＝马尔托夫的**错误**　　或者改正错误，

（曲折路线）　　或者顽固坚持

| 击败组委会又使其 在中央委员会复活 |
|---|

（α）**从内部证明**

（β）**从外部抵制**

！　**拒绝写**
　　**小册子**

大会的前半期

{组委会事件}
{语言平等}

大会的后半期　　{章程}
　　　　　　　　{中央机关}

载于 1928 年《列宁文集》俄文版
第 7 卷

译自《列宁全集》俄文第 5 版
第 8 卷第 447—452 页

# 2

## 同盟代表大会第一次会议札记

### （10 月 13 日〔26 日〕）

| 第一次表决<br>14 票赞成邦契，16 票反对。 | 17 票赞成托洛茨基的建议<br>（选 3 人）。[193] |
| --- | --- |

**柯尔佐夫**当选主席（17 票）。

副：查苏利奇17 票，推辞不干
　　唐恩　　　16 票

| 阿克雪里<br>罗得 15 票<br>李维诺夫<br>14 票 | 唐恩和柳·<br>伊·阿克雪<br>里罗得。<br>副。[194] |
| --- | --- |

**柯尔佐夫**。拟定议事规程。

　　会议 3—8 小时

　　　　报告 1 小时和作结论$\frac{1}{2}$小时。

　　　　发言(1)10 分钟和(2)5 分钟。

| 关于会议程序 1 票赞成和 1 票反对。 |
| --- |

(1)公开表决　　　　　　主席团一致选 2 名秘书。

(2)按代表委托书表决。　主席团一致批准记录。

(3)秘密选举。

在有 5 人要求时实行记名投票。

以表决人简单多数通过的方式表决。重新表决。

　　由于一半对一半,提议未被通过。

**宣读了中央委员会的信**[195] 。(个别的叫"好"声。)无人发言。

**代表资格的审查。**

|  | |
|---|---|
| 莉莎 | 美舍利亚科夫 |
| 多利沃 | 瓦西里·伊万诺维奇 |
| 坎采尔 | |
| 古尔维奇 | |
| 戈尔登贝格 | |

国内 7 人

　　所有国外代表的代表委托书都被批准。

　　关于国内成员的争论[196] 。

　　　　被否决

> 按人计票:
> 15 票赞成国内成员有表决权
> 17 票反对

14 票赞成 3 个月
17 票反对[197]

从此以后就按代表委托书表决。

---

1.领导机关的报告。

2.代表的报告。

3.章程。

4.选举。[198]

---

我们的[199]：

13＋**厄廷格尔**＋伊达·伊萨科夫娜＋**阿列克谢耶夫**＋**戈尔登**＋科列涅夫斯基(埃马努伊洛夫)＝**18**。

---

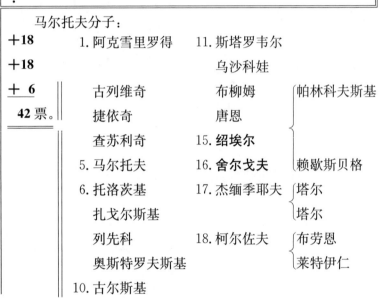

马尔托夫分子：

| ＋18 | | 1.阿克雪里罗得 | 11.斯塔罗韦尔 | |
| ＋18 | | | 乌沙科娃 | |
| ＋ 6 | | 古列维奇 | 布柳姆 | 帕林科夫斯基 |
| **42**票。 | | 捷依奇 | 唐恩 | |
| | | 查苏利奇 | 15.**绍埃尔** | |
| | | 5.马尔托夫 | 16.**舍尔戈夫** | 赖歇斯贝格 |
| | | 6.托洛茨基 | 17.杰缅季耶夫 | 塔尔 |
| | | 扎戈尔斯基 | | 塔尔 |
| | | 列先科 | 18.柯尔佐夫 | 布劳恩 |
| | | 奥斯特罗夫斯基 | | 莱特伊仁 |
| | | 10.古尔斯基 | | |

载于1928年《列宁文集》俄文版
第7卷

译自《列宁全集》俄文第5版
第8卷第453—455页

# 《民粹派化的资产阶级和
惊慌失措的民粹派》一文材料

（1903 年 10 月 29 日和 11 月 5 日
〔11 月 11 日和 18 日〕之间）

## 1

## 尔·《论土地问题》一文摘要²⁰⁰

**尔·在《解放》杂志第 9 期（总第 33 期）上发表的文章。**

α. 自由主义和社会主义

"是一致的和不可分割的" ‖（伯恩施坦主义）

β.（153）"社会经济上的民主主义"（散见各处）和纯粹的自由主义

$$\left.\begin{array}{l}= \text{"反民主的"} \\ \text{或资产阶级的}\end{array}\right\}$$

ι.（154）地主经济似乎是农民经济的**附属品**（!）

γ. 两种对立的观点：（1）（马克思主义的观点）也同工业中的情况

一样：集中、剥夺土地

$$\left.\begin{array}{l}\text{——不符合实际经验} \\ \text{——没有科学根据} \\ \text{——总之是不对}\end{array}\right\}$$

——在欧洲的社会主义 ‖（伯恩施坦主义）

（黑体是原作者用的）著

作中也愈来愈多

┌─────────────────────┐
│(2)?? **第二种观点是什么呢?**│
└─────────────────────┘

ε. **农民经济是有生命力的**,合作社,等等。

ζ. ﹛**而无产阶级化绝对不是"发展类型"**﹜

δ. 农业并不像工业那样,有由于**技术的客观发展**而在一定程度上可能出现的"**自动的进步**"(原文如此!!)。

η. 法国农民:革命后没有饥饿了,取得了进步,等等(**关于我们的农业工人什么也没有谈到**)。

载于1928年《列宁文集》俄文版
第7卷

译自《列宁全集》俄文第5版
第8卷第456—457页

2

# 《民粹派化的资产阶级和
# 惊慌失措的民粹派》一文的几个提纲

## (1)

**1. A.**　自由主义民粹派和伯恩施坦主义。

它们的融合,结婚或者还仅仅是订婚?

**2. B.**　"人民生产",农民和资本主义的对立

（民粹主义的精华）

什么先衰落?

**3. C.**　两个土地纲领:

**4. (α)** **用革命的办法**消除农奴制残余,同时**强调**新制度的资产

阶级性质,并**准备进行阶级斗争**。

**5. (β)** **用改良的办法**消除农奴制残余,同时**抹杀**(忽视)新制度

的资产阶级性质,并**缓和**(抹杀)阶级斗争。

**而社会革命党人呢??**

**6.**　含糊不清。有没有农奴制残余?? 又有又没有。新制度是

不是资产阶级性质? 又是又不是。有没有阶级斗争? 又有

又没有。

**7. 无原则性：**

　　没有教条。

　　不能为历史打保票。<sup>201</sup>

　　为什么社会主义同无产阶级相联系？

**8. 他们（社会革命党人）的"批评"<sup>202</sup>：**

　　对资产阶级统治的爱护态度

　　延缓社会革命

　　争取更完全的资本主义统治

　　积极协助社会主义的主要敌人

　　土地私有制万岁

　　割地够不够？

　　没有听过社会主义宣传的乡下佬

　　鼓励资产阶级的本能。

**9. 社会革命党人和自由主义民粹派：**

　　社会革命只是一种手段（"假定的概念"）

　　不是批评派，不是正统派

　　父辈与子辈不是原则性的对立<sup>203</sup>

　　政治自由——独立的福利

　　变农奴制的依附关系为资产阶级的依附关系＝

　　《火星报》的社会主义

　　资产阶级根本不考虑我国的政治自由。

> （β）社会经济上的
> 　　民主主义①

---

① 见本卷第 467 页和第 473 页。——编者注

**10. 纲领²⁰⁴:**

(1)迁徙自由

‖(2)退出村社
‖(3)村社＝自由联合‖

(4)农民民主主义的土地政策

‖(5)普选制‖

(6)民主的税制改革

(7)地产民主化

(8)国家应当促使土地转到劳动者手里

(α)农民银行

(β)国有土地和皇族的土地

(γ)建立小规模的劳动农场

(δ)"近乎无条件地"强制转让割地

(ε)民主租佃法。

载于 1928 年《列宁文集》俄文版
第 7 卷

译自《列宁全集》俄文第 5 版
第 8 卷第 458—460 页

## (2)²⁰⁵

A. 自由主义民粹派和伯恩施坦主义 αβγδ

Б. 它们的订婚:民粹主义和伯恩施坦主义的各自的特征。

B.《解放》杂志的土地纲领。10.

Г. 把它同社会民主党的土地纲领相比较,加以评述。**两个土地纲**

领(3).5β：$+\varepsilon+\zeta+\eta+\iota$

惊慌失措[206]

Д. 社会革命党人？马尼洛夫精神。诺沃勃兰策夫和他的民粹主义口号 2 B

Е. 社会革命党人对纲领的三个方面的态度。6.

Ж. 他们没有纲领。无原则性。7.

З. 他们的批评。8.

И. 父辈与子辈。9.

载于1928年《列宁文集》俄文版第7卷

译自《列宁全集》俄文第5版第8卷第460页

（3）

民粹派化的资产阶级和<br>惊慌失措的民粹派[207]

1. **俄国的自由主义民粹派。**

    他们由古典的革命民粹派演变而来。

    他们的特点。

    他们的衰落。

2. **伯恩施坦主义**＝当代西欧自由主义的新阶段。（"本国无先知"。）

3. **自由主义民粹派和伯恩施坦主义的接近。**《解放》杂志第9期（总第33期）上尔·的文章＝俄国自由主义的形成和巩固（唯心主义、经济上的改良主义、政治上的自由主义）。

$$\overbrace{农民}$$

村社

| (α)自由主义和社会主义是一<br>致的和不可分割的。<br>(β)社会经济上的民主主义<br>＝自由主义<br>〔在野大臣们的"善心"。〕 | （土地问题）<br>（γ）**社会主义**著作[208]也承认<br>马克思主义不科学。<br>（δ）农业和工业（"技术的自动<br>发展"和"技术的客观发<br>展"）。 |

4.《**解放**》杂志的土地纲领。编辑部支持尔·。——一个完备的纲
领。——它的特点(村社:放弃幻想;土地问题——建立小农场。
(参看大卫。)

5. **社会民主党的土地纲领和自由派的土地纲领的比较**

（**两个纲领**）　　　社会民主党人　　自由派

(α)扫除农奴制残余:**革命的办法和改良的办法**

(β)新制度的资产阶

　　级性质　　　　**揭露** —— **忽视**

(γ)阶级斗争:　　　　鼓动 —— 抹杀

〔尔·的纲领:法国革命和"进步"

　　无产阶级化不典型

　　农民经济有生命力。〕

6. **惊慌失措的民粹派。**

　一、**诺沃勃兰策夫**——不是一位灵巧的走钢丝演员。

　　　他的民粹主义口号

$$\left\{\begin{array}{l}\text{"人民生产"}\\ \text{农民和资本主义的对立}\\ \text{什么先衰落?}\end{array}\right\}$$

这些口号有什么用处?

二、而社会革命党人呢? 介乎两者之间(参看 5.α、β、γ):又是又不是,而实质与自由派相同(**合作社＋社会化**)。

**7. 社会革命党人没有纲领。无原则性。**

$$\left\{\begin{array}{l}\text{没有教条。}\\ \text{不为历史打保票。}\\ \text{为什么社会主义同}\\ \text{无产阶级相联系?}\end{array}\right.$$

**总和**＝与自由主义民粹派的纲领相同
　　(合作社和荷兰的社会主义),
　　但是蒙上了一层薄纱。

**8. 社会革命党人对我们纲领的批评**。

他们一窍不通。

$$(\alpha)\left\{\begin{array}{l}\text{对资产阶级的爱护态度}\\ \text{争取更完全的资本主义统治}\\ \text{积极协助社会主义的敌人}\\ \text{土地私有制万岁}\\ \text{鼓励资产阶级的本能}\end{array}\right\}$$

(β)割地够不够?

(γ)延缓社会革命

(δ)没有听过社会主义宣传的乡下佬。

**9. 父辈与子辈。父辈与子辈之间没有原则性的对立**——只有这一次说对了!

α. 社会革命只是手段,只是"假定的概念"

β. 不是批评派,也不是正统派

γ. 政治自由＝独立的福利

δ. 资产阶级根本不考虑我国的政治自由

ε. 变农奴制的依附关系为资产阶级的依附关系＝《火星报》的社会主义

ζ. 社会经济上的民主主义(《解放》杂志的)和社会革命党人的同类货色。

资产阶级民主派的两个派别。

载于1930年《列宁文集》俄文版
第15卷

译自《列宁全集》俄文第5版
第8卷第461—463页

# 给《火星报》编辑部的信的内容要点①

（1903 年 11 月 7 日和 19 日
〔11 月 20 日和 12 月 2 日〕之间）

## 评《火星报》第 52 号上格·瓦·
## 普列汉诺夫的文章《不该这么办》

多一些光：讨论"不彻底性"和"细小的分歧"

领袖们的"失败"；选择领袖必须是自觉的

类似日内瓦的泥潭；蛤蟆的鼓噪还不＝"分裂"

每个人都应当"各得其所"。抒情的小提琴和狂暴的大提琴；

独裁的指挥棒

中央机关报的"热情欢迎"。

载于 1930 年《列宁文集》俄文版
第 15 卷

译自《列宁全集》俄文第 5 版
第 8 卷第 464 页

---

① 该信见本卷第 86—90 页。——编者注

# 《进一步，退两步》一书材料

## （1904 年 1—2 月）

## 1

## 俄国社会民主工党

## 第二次代表大会记录的简略摘要[209]

**第 32 页。马霍夫**支持崩得（要不要放到第 1 项？）[210]

　　**第 46 页**：支持组委会（组委会事件）

**第 33 页。马霍夫**：也许是**集中制**这个麻烦的问题（注意）。

**组委会事件**（第 40—47 页）

支持组委会——崩得（第 44 页：阿布拉姆松）——5

　　　　　"南方工人"社（第 42 页和第

　　　　　43 页：叶戈罗夫和波波夫）——4

　　　　　《工人事业》杂志（第 45 页：马尔丁

　　　　　　　　诺夫）——3　51

　　　　　　　　　　　　　　　　　—

　　马霍夫（第 46 页）　　　　　　2　32（第 47 页）[211]
　　　　　　　　　　　　　　　　14　19

"**可悲的事件**"(第 45 页:普列

汉诺夫)**212**

"**严厉的责难**"(第 **45** 页:马尔

丁诺夫)

注意 { 
"**重大错误**"　马尔托夫,44
"**微不足道的理由**"(也是他)
"别人怎样议论"(44 — 45,也
是他)
"建议同向代表资格审查委员
会的报告以及组委会从前的建
议相抵触"
} 马尔托夫

第 73—74 页。布鲁凯尔谈崩得的"**民主主义组织**"**213**。

第 **87** 页:霍夫曼:代表大会的"**紧密的多数派**"**214**。

马尔托夫,第 89 页。

第 **91** 页:我反对"**琐碎的干预**"①

第 153 页:**波波夫**赞成一个中央机关**215**。

阿基莫夫**赞成**削弱中央机关报的影响。

第 **155** 页。**波波夫**:总委员会由 3 人和 2 人组成**216**这是个次要

问题。

第 156 页。**李伯尔**:你们是要使**中央委员会充当仆从的角色**!(参

看第 334 页马尔托夫谈"单纯的附庸"。)

第 157 页:**马尔托夫仅**在两个问题上和我有分歧:(1)总委员会

2+2+1;(2)$^4/_5$或者$^2/_3$增补**217**。

---

① 见本版全集第 7 卷第 249 页。——编者注

第 157 页：**阿基莫夫认为总委员会里"中央机关报占优势"**。

第 158 页。**托洛茨基**："我们的"章程是整体对部分的"有组织的不信任"。

第 160 页。**卡尔斯基**：既然总委员会是 2＋2＋1,**中央委员会就不会成为仆从**。

第 161 页：**戈尔德布拉特**：列宁的章程是**可怕的**。中央委员会面对的将是"**散漫人群**"(注意)[218]

（参看第 55 号上阿克雪里罗得的文章）。

第 162 页：**李伯尔**：假如通过了组织的"**民主原则**",难道《**火星报**》编辑部不会退党吗?

第 **169** 页。**叶戈罗夫**反对普列汉诺夫关于**民主要求的非绝对性质**的发言(嘘斥)。

**语言平等**[219]。

**172**：马尔托夫反对**拜物教**。

**三次记名投票**。

第 181 页："把"代表大会的多数"引向歧途"(叶戈罗夫)。

182:"这种气氛"(波波夫)。

第 206 页。**马霍夫谈土地纲领**(笑声)[220]。

第 1 条(第 238—253 页)。

第 263 页。**察廖夫赞成一个中央机关**。

268：**阿基莫夫说**中央机关报压制中央委员会。Ⅲ 注意

272：**叶戈罗夫和波波夫**赞成**限制**中央委员会。**马尔托夫反对**。

**278—280**。4 次表决(48、50、49 和 47 票)

马尔托夫＋崩得。[221]

**280**：记名投票(丢失了)。

# 2

## 从记录看代表的态度[223]

叶戈罗夫:(一)组委会事件(1)要求休会:36;(2)要求作结论性的发言:40;(3)指责巴甫洛维奇 42—43。——(二)发言反对崩得:93。——(三)承认《火星报》为机关报的意义:138,140。——(四)赞成一个中央机关,赞成办通俗机关报,赞成规定中央委员会的权限:155。——(五)停止报名发言是在形式上的破坏:159(支持崩得)[224]。——(六)嘘斥普列汉诺夫:169—170。——(七)赞成语言平等:172,174,181("把代表大会引向歧途"[225])。——(八)不了解土地纲领 192(理论上说服了:197)。"丝毫不像编辑部那样迷恋农民运动":205。——(九)不明白第 1 条中的问题:238(关于第 1 条的唯一的一次发言)。——(十)对党总委员会不清楚:267 和 269(折中)[226]。——(十一)限制中央委员会的权力:272,273。——(十二)"扼杀"《工人事业》杂志和退出会场[227],283—284。——(十三)要求表决"南方工人"社问题 312,313,314(说"南方工人"社=《工人思想报》是"造谣"参看 356(反对邦契))。——(十四)原则丧失净尽(围绕人选问题):337。——(十五)支持反对派。不清楚,359。[228]

波波夫:(一)组委会事件:41,43,45,55(委屈　注意)。——(二)

赞成《火星报》(为中央机关报)——140,145。——(三)赞成一个中央机关 **154**(编辑部选派 3 人还是 2 人参加总委员会是个次要问题)。中央机关报还是中央委员会(注意),完全不重要(注意)**158**。**229**——(四)**三次**赞成语言平等:174。("这种气氛"。**182**)。——(五)第 1 条——赞成马尔托夫的条文:241("对参加组织的理解很不相同"。注意)。——(六)赞成限制中央委员会的权力。**272**。——(七)支持"南方工人"社——312,314,316("现在,一切都看得很清楚了"**230**)。——(八)赞成六人小组:"棘手的委托"**231**:322。——(九)拒绝选举中央委员会 **338**。

马霍夫:(一)反对把崩得问题放到第 1 项:**32—33**("麻烦的问题":民主制还是集中制　注意)。——(二)在组委会事件中支持组委会:**46**。——(三)三次赞成语言平等:**172—173**。——(四)土地纲领**"不是社会民主主义的"201**,蛊惑人心,**202**;农民分化为几个阶级——202,同样的话　**216**。反对**整个土地纲领**:211。＋李伯尔。212(注意 211 等:伟大的糊涂虫**232**)。——(五)类似骚动的革命,206(笑声)。——(六)反对支持革命运动(笑声)——226。反对:229(资产阶级也是革命的)!!　——(七)第 1 条两次同马尔托夫站在一起。——(八)表决崩得问题时弃权。本想投票**赞成**第 2 条:第 **289—290** 页(糊涂虫!!)。**233**——(九)支持"自由社"**234**:307。——(十)"不体面"——赞成编辑部323,同样的话　**328**。**235**

李沃夫:(一)反对崩得:**33,78** 和 **89**(很好的发言)。——(二)三次赞成语言平等。**172**。——(三)关于第 1 条两次支持马尔托夫——254。——(四)支持"自由社"——**307** 和 **319**。

察廖夫:(一)赞成一个中央机关:263。——(二)赞成语言平等(两次弃权和一次支持马尔丁诺夫)——172。——(三)关于第 1 条两次支持 **我**。——(四)赞成编辑部 **324**(庸俗 注意)。——(五)选举一个编辑:335。**236**

别洛夫:(一)语言平等问题(一次支持和两次反对我们)。——(二)第 1 条两次支持马尔托夫。——(三)支持"**南方工人**"社 **308**。——(四)赞成六人小组:**335**。

---

**巴甫洛维奇:**

(1)反对"斗争"社。**39**

(2)组委会事件。**41.43.45**

(3)语言平等问题——**支持我们**

(4)第 1 条——247——**支持我**(发言好 247)

参看 255——讽刺

(5)赞成中央机关报对中央委员会占优势——**264**

(6)赞成三人小组——**328**。

---

**索罗金:**

(1)反对"斗争"社——39

(2)语言平等问题支持我们(三次)

(3)第 1 条支持我(两次)

(4)反对六人小组——注意——328

(5)反对"关于列宁的恶意"**237**——339

(6)反对关于捷依奇的言论 第 **351** 页。

## 利亚多夫：

(1)反对崩得(简要地)——70,120

(2)赞成《火星报》——140

(3)语言平等问题＋＋＋

(4)删去"贫苦儿童"[238]——180

(5)对土地纲领的一些**有实际意义的**修改意见——188

　　　　**（并散见各处）**

(6)第 1 条＋＋

(7)反对"南方工人"社(好)——316

(8)反对六人小组——326。

## 哥林：

(1)答复马尔丁诺夫——119(参看 121 和 166)[239]

(2)赞成《火星报》——137 和 141

(3)土地纲领,修改意见——191,196,212

(4)语言平等问题＋＋＋

(5)第 1 条＋＋

(6)反对"南方工人"社——317

(7)反对六人小组——325。

## 格列博夫：

(1)中央委员会的作用取决于活动……[240]158

(2)赞成解散"南方工人"社——316

(3)反对六人小组——328。

**连斯基:**

　　(1)反对沃罗涅日委员会 50

　　(2)语言平等问题**反对我们** 172,173(三次中有两次)

　　(3)第 1 条——两次**反对我**

---

**斯捷潘诺夫:**

　　(1)77——反对崩得——**77**

　　(2)语言平等问题:一次弃权＋两次支持我们

　　(3)第 1 条——两次支持我。

---

**哥尔斯基:**

　　(1)语言平等问题－,0,＋(＋支持我们)

　　(2)第 1 条＋和＋两次(支持我)。

---

| 杰多夫<br>布劳恩<br>赫尔茨 | (1)语言平等问题＋＋＋<br><br>(2)第 1 条＋＋ |
|---|---|

---

**卡尔斯基:**

　　(1)一条反对组委会的(小)意见——55

　　(2)反对崩得 65,81,89

**注意**

　　(3)答复马尔丁诺夫**以及有关党的问题**——126[241]

　　(4)语言平等问题－－－

　　(5)赞成土地纲领 207,213,222

（6）关于第 1 条的发言 239（一）。——

---

**鲁索夫：**

（1）反对崩得主义 65 和 71,104

（2）语言平等问题———

（3）土地纲领　一条有实际意义的修改意见——225

（4）第 1 条——发言 247　——

（5）总委员会。支持我——265

（6）关于新崩得主义 296,**302²⁴²**

（7）反对"南方工人"社 314

（8）反对六人小组 325。

---

别科夫：

（1）反对崩得——81

（2）语言平等问题———

（3）第 1 条＋＋

---

**朗格：**

（1）反对"斗争"社：38

（2）反对崩得：69

（3）土地［纲领］。不了解割地问题。为什么不剥夺全部土地？

　　‖注意

　　　　不喜欢土地纲领——205。

　　**建议在措辞上加以修改：225**

（4）语言平等问题三次支持我们

(5)第 1 条两次支持我

(6)关于总委员会　**反对我**(265)——‖注意

(7)反对"南方工人"社——315——

　　　　　好——注意

(8)反对六人小组——327。——注意。

**古谢夫：**

(1)语言平等问题三次支持我们

(2)关于土地纲领的**发言讲得很有道理——203**

(3)第 1 条**支持我**

(4)不能使中央委员会不受中央机关报的影响——**265**

(5)反对"南方工人"社——**312 和 314**(注意)

(6)**发言反对六人小组——326**。

**穆拉维约夫：**

(1)反对崩得——第 **76** 页

(2)赞成《火星报》——139 和 141

(3)语言平等问题——三次支持我们

(4)**赞成**土地纲领(一些小意见)——**216** 和 217

(5)赞成第 1 条(**248**),并且两次

(6)反对"南方工人"社——**313 和 315**

(7)反对六人小组——**321**(意义:353 注意)。

# 3

## 俄国社会民主工党第二次
## 代表大会上《火星报》组织的成员[243]

1. **普列汉诺夫**　　9. **杰多夫**　　　　　16 人会议

　　捷依奇　　　　10. 托洛茨基　　　　（《火星报》组织的）

　　马尔托夫　　　　　阿克雪里罗得　　9 ⎰ 3+6 名国内的

　　**列宁**　　　　　　查苏利奇　　　　7 ⎱ 6+1 名国内的

5. **索罗金**　　　　　斯塔罗韦尔

　　**巴甫洛维奇**　　　**格列博夫**

　　**奥西波夫**　　　15. **萨布林娜**

8. 佛敏　　　　　　16. **赫尔茨**

# 4

# 泥　潭　派

?

(硬拉。……切尔内绍夫。)²⁴⁴

**"南方工人"社**

1. 尤里耶夫……　　(1)组委会事件

　　　　　　　　　(2)在崩得问题上的动摇。发牢骚。

　　　　　　　　　(3)叫嚣反对普列汉诺夫(普选制)

2. 同上　　　　　　(4)语言平等事件

2. 马尔丁除第5条外‖(5)"扼杀"《工人事业》杂志

　　　　　　　　　(6)在章程中对集中制加以限制(解散组

　　　　　　　　　　织等)。

3. 安娜·伊万诺夫娜　⎫

4. 米哈伊尔·伊万诺维奇⎬同上

　　　　　　　　　　⎭

在同利波夫的冲突中拼命反对马尔托夫。

**米佐夫：**

　(2票)　　　　　(1)在崩得问题上动摇不定

　　　　　　　　　(2)纲领问题上的混乱和斗争社观点²⁴⁵。

　　　　　　　　　(3)叫嚣反对普列汉诺夫(普选制)

(4)语言平等问题。

**列维茨基：**　　　　　(1)在预备会议上赞成波兰社会党

　　（2票）　　　　　　(2)语言平等问题

　　　　　　　　　　　(3)赞成《**南方工人报**》(通俗机关报)。

**魏斯曼**　　　　　　　(1)在崩得问题上的动摇

　　（1票）　　　　　　(2)语言平等问题

　　　　　　　　　　　(3)赞成《**南方工人报**》通俗机关报。

**巴季连科夫：**　　　　(1)语言平等问题

　　（1票）　　　　　　(2)崩得退出时弃权(??)

　　　　　　　　　　　(3)组织问题上的糊涂虫(**赞成"南方工
　　　　　　　　　　　人"社**)。

---

**康斯坦丁诺夫**[246]：(1)语言平等问题

　　（1票）　　　　　（2)赞成《**南方工人报**》(通俗机

　　　　　　　　　　　　关报)？

　　**马尔托夫分子**

---

5

# 俄国社会民主工党第二次代表大会上的派别划分与各类表决[247]

**票　数：**

$$\begin{array}{r} 24 \\ \underline{20} \\ 44 \\ \underline{7} \\ 51 \end{array}$$

| | | | |
|---|---|---|---|
| 崩得 ——5 } 8 | | 马尔托夫派：9. } | |
| 《工人事业》杂志——3 | | "我们的"：24. | |
| "南方工人"社 ——4 } 10 | | 33. | |
| 泥潭派 ——6 | | +18. | |
| 18　18 | | 51. | |

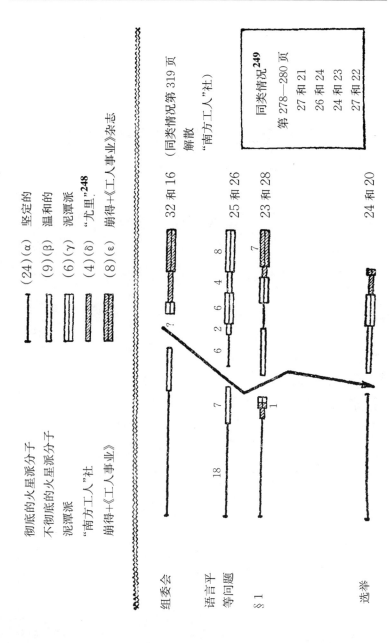

# 各 类 表 决

(A)1. 纲领。

2. 崩得退出。

3. 关于崩得的原则性的[决议]。

4—6. 承认《火星报》。

(Б)1. 组委会事件。

2. **解散"南方工人"社**。

3. 土地纲领。

4. 土地纲领。

5. 解散联合会。

6. 把崩得的地位问题放到第1项(30票赞成, 10票反对)。

((第33页, 即**在**通过了议事规程——第28页——**以后**)

(B)语言平等问题

3次记名投票(共16次)。

(Г)第1条(2次记名投票)

$\left\{\begin{array}{l}\text{属于同一类的还有}\\ \text{关于中央机关增补问题的}\\ \text{4次表决。}\end{array}\right.$

(Д)选举

(А)　6 次表决
(Б)　6 次
(В) 16 次
(Г)　6 次
(Д)　<u>3 次</u>
总共 37 次

# 6

## 小册子的结尾部分[250]

13. 选举中央机关。代表大会的结束。

14. 代表大会上表决的一般情况。

15. 在代表大会以后。谁"围困"谁？

16. 同盟。分裂的前夕。

17. 同反对派的勾结。

18. 新《火星报》。组织问题上的意见分歧。

19. 新《火星报》。讨好机会主义。

20. 两个变革。

# 7

## 关于 8 月 18 日多数派代表
## 非正式会议的考证[251]

8 月 18 日的非正式会议,据我计算,是在星期二晚上,在代表大会第 **28** 次会议以后举行的。

星期六　8 月 15 日——第 22 次和第 23 次会议(第 1 条)

星期日　8 月 16 日——第 24 次会议

星期一　8 月 17 日　代表大会第 25 次和第 26 次会议

星期二　8 月 18 日　第 27 次和第 28 次

星期三　8 月 19 日　第 29 次和第 30 次

星期四　8 月 20 日　第 31 次和第 32 次

星期五　8 月 21 日　第 33 次和第 34 次

星期六　8 月 22 日　第 35 次和第 36 次

载于 1931 年《列宁文集》俄文版
第 11 卷

译自《列宁全集》俄文第 5 版
第 8 卷第 465—481 页

# 《关于退出〈火星报〉编辑部的 一些情况》一信的片断异文①

（不晚于 1904 年 2 月 7 日〔20 日〕）

　　既然普列汉诺夫同志做出向公众介绍他的私人谈话这种有趣而又有教益的事，他会继续把它做下去的，我们将拭目以待。他大概会详详细细地讲述自己的下面两次谈话。第一次，他谈到将军们的总罢工，谈到可怜的人们，他还以动人的语调引用了这样一句话："他是男子汉，而他们是老太婆"，并且要人相信，他一定，是啊，一定要以《杯水中的热月政变》为题写一本小册子。第二次，他论证了受多数派委托的人对多数派所负的道义上的责任，还把那些认为党的机关的成员不能变更的人比做尾巴长在一起的一群老鼠。我们要提醒一下普列汉诺夫同志，两次谈话都是在他所引用的那些谈话之前一两天的事，都是在兰多尔特饭店当着**几十个听众**的面进行的。**252**

载于 1929 年《列宁文集》俄文版
第 10 卷

译自《列宁全集》俄文第 5 版
第 8 卷第 482 页

---

① 该信见本卷第 174—180 页。——编者注

# 注　　释

**1**　《俄国社会民主工党第二次代表大会记事》是在这次代表大会后，布尔
什维克同孟什维克的分裂、破坏活动进行尖锐斗争的时期写的。在大
会记录于 1904 年 1 月公布以前，这篇《记事》是阐明第二次代表大会的
结果和党分裂的原因的唯一文件。《记事》中的思想在列宁后来的一些
文章、信件、讲话中，特别在《进一步，退两步（我们党内的危机）》中，得
到了进一步的发挥。——1。

**2**　列宁在这里引用的是代表资格审查委员会在 1903 年 7 月 18 日（31 日）
代表大会第 2 次会议上作报告以前的材料。当时到会的共有 42 名有
表决权的代表，其中有 1 票表决权的代表 33 名，有 2 票表决权的代表 8
名；剩下 1 名崩得国外委员会的代表在第二名代表来到以前暂时也有
2 票表决权。崩得国外委员会的第二名代表到会以后，从 7 月 22 日（8
月 4 日）起，在代表大会上有表决权的代表共 43 名，其中有 1 票表决权
的 35 名，有 2 票表决权的 8 名。加上有发言权的代表 14 名，大会代表
共有 57 名；其中 2 名波兰社会民主党代表只参加了几次会议。——1。

**3**　国外俄国社会民主党人联合会是根据劳动解放社的倡议，在全体会员
承认劳动解放社纲领的条件下，于 1894 年在日内瓦成立的。联合会为
俄国国内出版书刊，它的出版物全部由劳动解放社负责编辑。1896——
1899 年联合会出版了不定期刊物《工作者》文集和《〈工作者〉小报》。
1898 年 3 月，俄国社会民主工党第一次代表大会承认联合会是党的国
外代表机关。1898 年底，经济派在联合会里占了优势。1898 年 11 月，
在苏黎世召开的联合会第一次代表大会上，劳动解放社声明，除《工作
者》文集以及列宁的《俄国社会民主党人的任务》和《新工厂法》两个小

册子外,拒绝为联合会编辑出版物。联合会从1899年4月起出版《工人事业》杂志,由经济派分子担任编辑。1900年4月,在日内瓦举行的联合会第二次代表大会上,劳动解放社的成员以及与其观点一致的人正式退出联合会,成立了独立的"社会民主党人"革命组织。此后,联合会和《工人事业》杂志就成了经济主义在俄国社会民主党内的代表。1903年,根据俄国社会民主工党第二次代表大会的决议,联合会宣布解散。——1。

**4** 这里指的是自称为彼得堡"斗争协会"的彼得堡"工人组织"的代表莉·彼·马赫诺韦茨(布鲁凯尔)。关于这个组织,见注138。——1。

**5** 南方工人社是1900年秋初以《南方工人报》为中心在俄国南方形成的社会民主主义团体。《南方工人报》于1900年1月—1903年4月秘密出版,共出了12号。在不同时期加入南方工人社和参加《南方工人报》编辑部的有伊·克·拉拉扬茨、阿·维连斯基、奥·阿·科甘(叶尔曼斯基)、波·索·策伊特林、叶·雅·列文、叶·谢·列文娜、弗·尼·罗扎诺夫等。

  南方工人社与经济派对立,认为进行政治斗争和推翻专制制度是无产阶级首要任务。它反对恐怖主义,主张开展群众性革命运动。但是,南方工人社过高估计自由派资产阶级的作用,轻视农民运动,并且不同意列宁和火星派关于把革命的社会民主党人联合在《火星报》周围并在集中制原则基础上建立一个马克思主义政党的计划,而提出通过建立各区域社会民主党人联合会的途径来恢复俄国社会民主工党的计划。1901年12月,南方工人社召开了南方俄国社会民主工党各委员会和组织的代表大会,成立了俄国社会民主工党南方各委员会和组织联合会,并以《南方工人报》为其机关报。这个尝试和南方工人社整个组织计划一样,是不切实际的。在1902年春大批组织被破坏后,联合会就瓦解了。1902年8月,南方工人社开始同《火星报》编辑部就恢复俄国社会民主党统一的问题进行谈判。南方工人社发表了支持《火星报》的声明(载于1902年11月1日《火星报》第27号和1902年12月《南方工人报》第10号),这对团结俄国社会民主党的力量具有很大意义。1902 年 11 月,南方工人社的成员参加了筹备召开俄国社会民主工党第二次代表大会的组织委员会。但是南方工人社在这个时期仍有分离主义倾向,曾要求出版一种与《火星报》平行的全俄报纸。在党的第二次代表大会上,南方工人社的代表采取了中派立场。根据这次代表大会的决议,南方工人社被解散。——1。

**6**　泥潭派原来是 18 世纪法国资产阶级革命中人们给国民公会里的中派集团取的绰号,又译沼泽派,也称平原派,因他们的席位处在会场中较低的地方,故有此称。该派在国民公会中占多数,代表中等工商业资产者的利益。他们没有自己的纲领,在各政治派别的斗争中依违于左派和右派之间,而总是站到当时力量较强者的一边。泥潭派一词后来成了那些动摇不定、企图回避斗争的派别的通称。——1。

**7**　组织委员会(组委会)是在 1902 年 11 月 2—3 日(15—16 日)举行的普斯科夫会议上成立的,负责召集俄国社会民主工党第二次代表大会。1902 年 3 月,经济派和崩得分子发起召开的俄国社会民主工党各委员会和组织的比亚韦斯托克代表会议曾选出由《火星报》的费·伊·唐恩、俄国社会民主工党南方各委员会和组织联合会的奥·阿·叶尔曼斯基、崩得中央委员会的 К.Я.波尔特诺伊组成的组织委员会。但是代表会议结束不久,它的两名委员就被捕了,因此这个组织委员会事实上并未着手工作。
　　1902 年春天和夏天,列宁在给《火星报》国内组织的成员——彼得堡的伊·伊·拉德琴柯和萨马拉的弗·威·林格尼克的信中,提出了成立新的组织委员会的任务(见本版全集第 44 卷第 133、135、142 号文献)。列宁认为,火星派应在组织委员会中起主导作用,同时为保持同比亚韦斯托克代表会议的继承关系,在制止崩得代表企图影响俄国社会民主党事务的条件下,吸收崩得代表加入组织委员会也是必要的。1902 年 8 月 2 日(15 日),由列宁主持,在伦敦召开了一次火星派会议。参加会议的有弗·潘·克拉斯努哈、彼·阿·克拉西科夫和弗·亚·诺斯科夫。这次会议建立了俄国组织委员会的核心。会议决定邀请崩得和当时向《火星报》靠拢的南方工人社派代表参加组织委员会。同时给了组织委员会以增补新的委员的权利。

　　11月2—3日(15—16日),在普斯科夫举行了社会民主党各组织的代表会议,成立了由俄国社会民主工党彼得堡委员会的克拉斯努哈、《火星报》国内组织的拉德琴柯和南方工人社的叶·雅·列文组成的组织委员会。组织委员会还增补了《火星报》国内组织的克拉西科夫、林格尼克、潘·尼·勒柏辛斯基、格·马·克尔日扎诺夫斯基和俄国社会民主工党北方协会的亚·米·斯托帕尼为委员(拉德琴柯、克拉斯努哈和勒柏辛斯基于会议后次日被捕)。会议还通过了《关于"组织委员会"成立的通告》,该《通告》于1902年12月在俄国印成单页出版。

　　崩得没有派代表出席这次会议,在《火星报》发表《关于"组织委员会"成立的通告》后不久,崩得在自己的报纸《最新消息》上发表声明攻击组织委员会。列宁在《论崩得的声明》(见本版全集第7卷)一文中,尖锐地批判了崩得的立场。

　　1903年2月初,在奥廖尔举行了组织委员会的第2次会议。会议决定吸收《火星报》国内组织的罗·萨·哈尔贝施塔特和叶·米·亚历山德罗娃、南方工人社代表弗·尼·罗扎诺夫、崩得代表波尔特诺伊参加组织委员会,并批准火星派分子波·伊·戈尔德曼、A.Π.多利沃-多布罗沃尔斯基、罗·萨·捷姆利亚奇卡和崩得分子伊·李·艾森施塔特为组织委员会候补委员。会议制定并通过了代表大会章程草案和有权参加代表大会的组织的名单。代表大会章程草案分发给各地方委员会进行讨论。结果,在组织委员会列入有权参加代表大会组织名单的16个组织中,表决通过章程草案的全部条文的占三分之二以上;这样,代表大会的章程就得到了各地方组织的通过和批准。组织委员会根据这一章程进一步开展了党的第二次代表大会的筹备工作。

　　列宁在《进一步,退两步》一书中谈到组织委员会的工作时写道:"组委会**主要**是一个负责召集代表大会的委员会,是一个有意吸收各种色彩的代表(直到崩得为止)组成的委员会;而实际**建立**党的组织统一工作,则完全由《火星报》组织来担负。"(见本卷第274页)。——2。

**8**　《火星报》(《Искра》)是第一个全俄马克思主义的秘密报纸,由列宁创办。创刊号于1900年12月在莱比锡出版,以后各号的出版地点是慕尼黑、伦敦(1902年7月起)和日内瓦(1903年春起)。参加《火星报》编辑部的有:列宁、格·瓦·普列汉诺夫、尔·马尔托夫、亚·尼·波特列索夫、帕·波·阿克雪里罗得和维·伊·查苏利奇。编辑部的秘书起初是因·格·斯米多维奇,1901年4月起由娜·康·克鲁普斯卡娅担任。列宁实际上是《火星报》的主编和领导者。他在《火星报》上发表了许多文章,阐述有关党的建设和俄国无产阶级的阶级斗争的基本问题,并评论国际生活中的重大事件。

《火星报》在国外出版后,秘密运往俄国翻印和传播。《火星报》成了团结党的力量、聚集和培养党的干部的中心。在俄国许多城市成立了俄国社会民主工党列宁火星派的小组和委员会。1902年1月在萨马拉举行了火星派代表大会,建立了《火星报》俄国组织常设局。

《火星报》在建立俄国马克思主义政党方面起了重大的作用。在列宁的倡议和亲自参加下,《火星报》编辑部制定了党纲草案,筹备了俄国社会民主工党第二次代表大会。这次代表大会宣布《火星报》为党的中央机关报。

根据俄国社会民主工党第二次代表大会的决议,《火星报》编辑部改由列宁、普列汉诺夫、马尔托夫三人组成。但是马尔托夫坚持保留原来的六人编辑部,拒绝参加新的编辑部,因此《火星报》第46—51号是由列宁和普列汉诺夫二人编辑的。后来普列汉诺夫转到了孟什维主义的立场上,要求把原来的编辑都吸收进编辑部,列宁不同意这样做,于1903年10月19日(11月1日)退出了编辑部。《火星报》第52号是由普列汉诺夫一人编辑的。1903年11月13日(26日),普列汉诺夫把原来的编辑全部增补进编辑部以后,《火星报》由普列汉诺夫、马尔托夫、阿克雪里罗得、查苏利奇和波特列索夫编辑。因此,从第52号起,《火星报》变成了孟什维克的机关报。人们将第52号以前的《火星报》称为旧《火星报》,而把孟什维克的《火星报》称为新《火星报》。

1905年5月第100号以后,普列汉诺夫退出了编辑部。《火星报》于1905年10月停刊,最后一号是第112号。——5。

**9**　斗争社是达·波·梁赞诺夫、尤·米·斯切克洛夫和埃·李·古列维奇于1900年夏在巴黎成立的一个团体,1901年5月取此名称。该社

试图调和俄国社会民主党内革命派和机会主义派之间的矛盾,建议统
一社会民主党各国外组织。1901年秋,斗争社成为一个独立的著作家
团体。它在自己的出版物(《制定党纲的材料》第1—3辑、1902年《快
报》第1号等)中歪曲马克思主义理论,反对列宁提出的俄国革命的社
会民主党的组织原则和策略原则。由于它背弃社会民主党的观点和策
略,进行瓦解组织的活动,并且同国内的社会民主党的组织没有联系,
因此未被允许参加1903年俄国社会民主工党第二次代表大会。根据
第二次代表大会的决定,斗争社被解散。——6。

**10** 指伊·瓦·切尔内绍夫。——6。

**11** 《工人事业》杂志(《Рабочее Дело》)是俄国经济派的不定期杂志,国外俄
国社会民主党人联合会的机关刊物,1899年4月—1902年2月在日内
瓦出版,共出了12期(9册)。该杂志的编辑部设在巴黎,担任编辑的
有波·尼·克里切夫斯基、帕·费·捷普洛夫、弗·巴·伊万申和亚·
萨·马尔丁诺夫。该杂志支持所谓"批评自由"这一伯恩施坦主义口
号,在俄国社会民主党的策略和组织问题上持机会主义立场。聚集在
《工人事业》杂志周围的经济主义的拥护者形成工人事业派。工人事业
派宣扬无产阶级政治斗争应服从经济斗争的机会主义思想,崇拜工人
运动的自发性,否认党的领导作用。他们还反对列宁关于建立严格集
中和秘密的组织的思想,维护所谓"广泛民主"的原则。《工人事业》杂
志支持露骨的经济派报纸《工人思想报》,该杂志的编辑之一伊万申
参加了这个报纸的编辑工作。在俄国社会民主工党第二次代表大会
上,工人事业派是党内机会主义极右派的代表。列宁在《怎么办?》中
批判了《工人事业》杂志和工人事业派的观点(见本版全集第6卷)。
——6。

**12** 崩得是立陶宛、波兰和俄罗斯犹太工人总联盟的简称,1897年9月在
维尔诺成立。参加这个组织的主要是俄国西部各省的犹太手工业者。
崩得在成立初期曾进行社会主义宣传,后来在争取废除反犹太特别法
律的斗争过程中滑到了民族主义立场上。在1898年俄国社会民主工
党第一次代表大会上,崩得作为只在专门涉及犹太无产阶级问题上独

立的"自治组织",加入了俄国社会民主工党。在 1903 年俄国社会民主工党第二次代表大会上,崩得分子要求承认崩得是犹太无产阶级的唯一代表。在代表大会否决了这个要求之后,崩得退出了党。根据 1906 年俄国社会民主工党第四次(统一)代表大会决议,崩得重新加入了党。从 1901 年起,崩得是俄国工人运动中民族主义和分离主义的代表。它在党内一贯支持机会主义派别(经济派、孟什维克和取消派),反对布尔什维克。第一次世界大战期间,崩得分子采取社会沙文主义立场。1917 年二月革命后,崩得支持资产阶级临时政府。1918—1920 年外国武装干涉和国内战争时期,崩得的领导人同反革命势力勾结在一起,而一般的崩得分子则开始转变,主张同苏维埃政权合作。1921 年 3 月崩得自行解散,部分成员加入俄国共产党(布)。——9。

**13**　指阿基莫夫(弗·彼·马赫诺韦茨)在俄国社会民主工党第二次代表大会第 23 次会议上的发言。——12。

**14**　劳动解放社是俄国第一个马克思主义团体,由格·瓦·普列汉诺夫和维·伊·查苏利奇、帕·波·阿克雪里罗得、列·格·捷依奇、瓦·尼·伊格纳托夫于 1883 年 9 月在日内瓦建立。劳动解放社把马克思主义创始人的许多重要著作译成俄文,在国外出版后秘密运到俄国,对马克思主义在俄国的传播起了巨大作用。普列汉诺夫当时写的《社会主义与政治斗争》、《我们的意见分歧》、《论一元论历史观之发展》等著作有力地批判了民粹主义,用马克思主义的观点分析了俄国社会的现实和俄国革命的一些基本问题。普列汉诺夫起草的劳动解放社的两个纲领草案——1883 年的《社会民主主义的劳动解放社纲领》和 1885 年的《俄国社会民主党人纲领草案》,对于俄国社会民主党的建立具有重要意义,后一个纲领草案的理论部分包含了马克思主义政党纲领的基本成分。劳动解放社在团结俄国社会民主党的力量方面也做了许多工作。它还积极参加社会民主党人的国际活动,和德、法、英等国的社会民主党都有接触。劳动解放社以普列汉诺夫为代表对伯恩施坦主义进行了积极的斗争,在反对俄国的经济派方面也起了重要作用。恩格斯曾给予劳动解放社的活动以高度评价(参看《马克思恩格斯文集》第 10

卷第532页）。列宁认为劳动解放社的历史意义在于它从理论上为俄国社会民主党奠定了基础,向着工人运动迈出了第一步。劳动解放社的主要缺点是:它没有和工人运动结合起来,它的成员对俄国资本主义发展的特点缺乏具体分析,对建立不同于第二国际各党的新型政党的特殊任务缺乏认识等。劳动解放社于1903年8月在俄国社会民主工党第二次代表大会上宣布解散。——12。

15　在俄国社会民主工党第二次代表大会期间,《火星报》组织的成员讨论了下列几个中央委员会人选名单:(1)多数派提出的"调和的"名单:弗·尼·罗扎诺夫(南方工人派分子,"为少数派所欢迎的"),列·达·托洛茨基("好战的少数派分子"),弗·亚·诺斯科夫("只在大会的斗争快结束时才参加斗争的"),当时在国内、没有参加代表大会的弗·威·林格尼克和格·马·克尔日扎诺夫斯基;(2)少数派提出的名单:罗扎诺夫、托洛茨基、维·尼·克罗赫马尔、诺斯科夫、克尔日扎诺夫斯基;(3)多数派提出的"对抗的"名单:诺斯科夫、克尔日扎诺夫斯基、罗扎诺夫;(4)少数派提出的"对抗的"名单:诺斯科夫、罗扎诺夫、托洛茨基。进行选举时,罗扎诺夫拒绝列入多数派提出的"对抗的"名单,因而代之以林格尼克。当选为中央委员的是多数派的诺斯科夫、克尔日扎诺夫斯基和林格尼克。出于保密的考虑,只向代表大会宣布了诺斯科夫一人的名字。——13。

16　俄国革命社会民主党人国外同盟是根据列宁的倡议由《火星报》和《曙光》杂志国外组织同"社会民主党人"革命组织于1901年10月在瑞士合并组成的。根据章程,同盟是《火星报》组织的国外部,其任务是协助《火星报》和《曙光》杂志的出版和传播,在国外宣传革命的社会民主党的思想,帮助俄国各社会民主党组织培养积极的活动家,向政治流亡者介绍俄国革命进程等。在1903年召开的俄国社会民主工党第二次代表大会上,同盟被承认为享有党的地方委员会权利的唯一国外组织。俄国社会民主工党第二次代表大会以后,孟什维克的势力在同盟内增强,他们于1903年10月召开同盟第二次代表大会,反对布尔什维克。列宁及其拥护者曾退出代表大会。孟什维克把持的同盟通过了同俄国

社会民主工党党章相抵触的新章程。从此同盟就成为孟什维主义在国
外的主要堡垒，直至1905年同盟撤销为止。——14。

**17**　指《俄国社会民主工党第二次(例行)代表大会计划》(见本版全集第7
卷第370—377页)。——15。

**18**　《曙光》杂志(《Заря》)是俄国马克思主义的科学政治刊物，由《火星报》
编辑部编辑，1901—1902年在斯图加特出版，共出了四期(第2、3期为
合刊)。第5期已准备印刷，但没有出版。杂志宣传马克思主义，批判
民粹主义和合法马克思主义、经济主义、伯恩施坦主义等机会主义思
潮。——16。

**19**　党总委员会(1903—1905年)是根据俄国社会民主工党第二次代表大
会通过的党章建立的党的最高机关。它的职责是：协调和统一中央委
员会和中央机关报编辑部的活动，在这两个中央机关之一的全部成员
出缺时恢复该机关，在同其他党的交往中代表党。党总委员会必须按
照党章规定的期限召开党代表大会，并在拥有代表大会一半票数的党
组织提出要求时提前召开党代表大会。党总委员会由5人组成，中央
委员会和中央机关报编辑部各派2人，另一人由代表大会任命。党的
第二次代表大会选举格·瓦·普列汉诺夫为党总委员会的第五名委
员。列宁起初代表中央机关报编辑部参加党总委员会，在他退出《火星
报》编辑部以后则代表中央委员会参加党总委员会。在普列汉诺夫转
向机会主义和孟什维克篡夺了中央机关报编辑部以后，党总委员会就
成了孟什维克同布尔什维克作斗争的工具。根据俄国社会民主工党第
三次代表大会通过的党章，党总委员会被撤销。从第三次代表大会起，
代表大会闭会期间党的唯一领导中心是中央委员会，中央机关报编辑
部由中央委员会任命。——17。

**20**　社会革命党人是俄国最大的小资产阶级政党社会革命党的成员。该党
是1901年底—1902年初由南方社会革命党、社会革命党人联合会、老
民意党人小组、社会主义土地同盟等民粹派团体联合而成的。成立时
的领导人有马·安·纳坦松、叶·康·布列什柯-布列什柯夫斯卡娅、

尼·谢·鲁萨诺夫、维·米·切尔诺夫、米·拉·郭茨、格·安·格尔舒尼等,正式机关报是《革命俄国报》(1901—1904年)和《俄国革命通报》杂志(1901—1905年)。社会革命党人的理论观点是民粹主义和修正主义思想的折中混合物。他们否认无产阶级和农民之间的阶级差别,抹杀农民内部的矛盾,否认无产阶级在资产阶级民主革命中的领导作用。在土地问题上,社会革命党人主张消灭土地私有制,按照平均使用原则将土地交村社支配,发展各种合作社。在策略方面,社会革命党人采用了社会民主党人进行群众性鼓动的方法,但主要斗争方法还是搞个人恐怖。为了进行恐怖活动,该党建立了事实上脱离该党中央的秘密战斗组织。

　　在1905—1907年俄国第一次革命中,社会革命党曾在农村开展焚烧地主庄园、夺取地主财产的所谓"土地恐怖"运动,并同其他政党一起参加武装起义和游击战,但也曾同资产阶级的解放社签订协议。在国家杜马中,该党动摇于社会民主党和立宪民主党之间。该党内部的不统一造成了1906年的分裂,其右翼和极左翼分别组成了人民社会党和最高纲领派社会革命党人联合会。在斯托雷平反动时期,社会革命党经历了思想上、组织上的严重危机。在第一次世界大战期间,社会革命党的大多数领导人采取了社会沙文主义的立场。1917年二月革命后,社会革命党中央实行妥协主义和阶级调和的政策,党的领导人亚·费·克伦斯基、尼·德·阿夫克森齐耶夫、切尔诺夫等参加了资产阶级临时政府。七月事变时期该党公开转向资产阶级方面。社会革命党中央的妥协政策造成党的分裂,左翼于1917年12月组成了一个独立政党——左派社会革命党。十月革命后,社会革命党人(右派和中派)公开进行反苏维埃的活动,在国内战争时期进行反对苏维埃政权的武装斗争,对共产党和苏维埃政权的领导人实行个人恐怖。内战结束后,他们在"没有共产党人参加的苏维埃"的口号下组织了一系列叛乱。1922年,社会革命党彻底瓦解。——18。

**21** 出典于俄国作家尼·瓦·果戈理的小说《伊万·伊万诺维奇和伊万·尼基佛罗维奇吵架的故事》。伊万·伊万诺维奇和伊万·尼基佛罗维奇(伊万·伊万内奇和伊万·尼基佛雷奇)是小说中的主人公。这两个地主本是莫逆之交,竟为一支猎枪的争端而反目,以致打了十几年的官司。——19。

**22**　《最新消息》(«Последние Известия»)是崩得国外委员会的公报,1901—1906年先后在伦敦和日内瓦出版,共出了256号。——23。

**23**　锡安主义即犹太复国主义,是19世纪末在欧洲各国犹太资产阶级中产生的一种资产阶级民族主义思潮。锡安是耶路撒冷的一座山,古犹太人把它看做犹太国的政治和宗教中心,锡安主义即得名于此。锡安主义的中心思想为:世界各国的犹太人是一个统一的犹太民族,具有一致的民族利益,因此要"从世界各地回到巴勒斯坦重建国家"。锡安主义者鼓吹犹太劳动人民同犹太资产阶级之间的阶级和平,诱使犹太劳动人民不去进行反对资产阶级的阶级斗争,不同其他民族的劳动人民共同进行争取民主自由和社会主义的斗争。——26。

**24**　阿拉克切耶夫式的统治意为极端专横和残暴的统治。阿·安·阿拉克切耶夫是俄国沙皇保罗一世和亚历山大一世的权臣,推行反动的警察制度,用极端残暴的手段对付被压迫人民的革命运动和任何要求自由的表现。——27。

**25**　列宁在这里说"中央委员会还没有诞生",是出于保密的考虑。实际上中央委员会已于1903年8月7日(20日)在俄国社会民主工党第二次代表大会上选出。——27。

**26**　《中央委员会和中央机关报编辑部告反对派成员书草稿》有两个稿本。一个稿本(见《列宁文集》俄文版第6卷第308—310页)没有结束部分。另一个就是本卷刊载的稿本,比较完整。这个号召履行党员义务的告反对派成员书本来是准备寄给尔·马尔托夫、帕·波·阿克雪里罗得、维·伊·查苏利奇、亚·尼·波特列索夫、列·达·托洛茨基等孟什维克反对派领袖人物的,可能由于在1903年10月中旬召开的俄国革命社会民主党人国外同盟代表大会上同孟什维克反对派展开了激烈的斗争而没有发出。——29。

**27** 这位中央委员是弗·威·林格尼克。——29。

**28** 这是有关俄国革命社会民主党人国外同盟第二次代表大会的一组
文献。

俄国革命社会民主党人国外同盟第二次代表大会于1903年10月
13—18日（26—31日）在瑞士日内瓦举行。大会是在孟什维克再三要
求下召开的。他们想以这个代表大会对抗俄国社会民主工党第二次代
表大会。列宁反对召开这次国外同盟代表大会。

出席国外同盟第二次代表大会的多数派代表15名（列宁、格·
瓦·普列汉诺夫、尼·埃·鲍曼、娜·康·克鲁普斯卡娅、弗·德·邦
契-布鲁耶维奇、马·马·李维诺夫等），共18票（未出席代表大会的同
盟成员可以委托他人表决）；少数派代表18名（帕·波·阿克雪里罗
得、费·伊·唐恩、列·格·捷依奇、维·伊·查苏利奇、尔·马尔托
夫、列·达·托洛茨基等），共22票（从第2次会议起多数派代表为14
名，少数派代表为19名）；既不参加多数派也不参加少数派的代表1名
（康·米·塔赫塔廖夫），2票。列入大会议程的有下列问题：同盟领导
机关的报告；出席第二次党代表大会的同盟代表的报告；同盟章程；选
举同盟领导机关。

大会议程的中心问题是出席俄国社会民主工党第二次代表大会的
同盟的代表列宁的报告。列宁在报告中对党的第二次代表大会的工作
作了说明，并揭露了孟什维克的机会主义及其在代表大会上的无原则
行为。反对派利用他们在同盟代表大会上的多数通过决议，让马尔托
夫在列宁报告之后作副报告。马尔托夫在副报告中为孟什维克辩护，
对布尔什维克进行污蔑性责难。为此列宁和多数派代表退出了大会的
这次会议。孟什维克就这一项议程通过了三项决议，反对列宁在组织
问题上的立场，并号召不断地进行反对布尔什维克的斗争。

大会通过的国外同盟章程中有许多条文是违反党章的（如同盟出
版全党性书刊、同盟领导机关不通过中央委员会和中央机关同其他
组织发生关系等），孟什维克还对中央委员会批准同盟章程的权利提出
异议。出席大会的中央委员会代表弗·威·林格尼克要求修改同盟章
程使其符合党章规定。他在反对派拒绝了这个要求之后，宣布这个大

会是非法的。林格尼克和多数派代表退出大会。党总委员会随后赞同了中央委员会代表的这一行动。在同盟第二次代表大会以后，孟什维克把同盟变成了反布尔什维克的据点。——33。

29　列宁的这一意见是对列·格·捷依奇关于第三项议程的提议的答复。捷依奇提议将"制定章程"改为"修改章程"。关于同盟章程究竟是"制定"还是"修改"，不仅仅是个字面的问题，而是具有原则的意义。同盟的旧章程（1901年）是在还没有统一的党的时候产生的；俄国社会民主工党第二次代表大会召开后，情况已经变了。代表大会通过的党章规定，同盟享有委员会的一切权利，唯一的例外是，对国内运动的支持，只能通过中央委员会特别指定的个人或团体来进行。为了实现俄国社会民主工党第二次代表大会的决议，列宁要求制定与党的章程相适应的同盟新章程。——33。

30　指尔·马尔托夫提议由他作关于党的第二次代表大会的副报告。——34。

31　指尔·马尔托夫断言格·瓦·普列汉诺夫在党代表大会期间的行为是矛盾的这件事。他说普列汉诺夫在《火星报》的非正式会议上说的是一套，而在代表大会上说的是另一套。——37。

32　看来是指国外同盟的成员米·尼·列曼或彼·格·斯米多维奇。他们在同盟代表大会开幕前不久回俄国去了，并且将自己的表决权转托给了尼·埃·鲍曼。——37。

33　这个决议是根据尔·马尔托夫的建议通过的。决议说："代表大会决定请列宁同志和马尔托夫同志在他们的报告中涉及他们认为需要涉及的一切东西。"——38。

34　在俄国社会民主工党第二次代表大会议程草案中，第23条后来被列宁改为第24条（见本版全集第7卷第377页）。——39。

35　关于民族问题的报告后来由列宁整理成一篇文章《我们纲领中的民族

问题》,发表于 1903 年 7 月 15 日《火星报》第 44 号(见本版全集第 7 卷)。
——39。

**36**　这个代表是约·尼·莫申斯基。

　　波兰社会党是以波兰社会党人巴黎代表大会(1892 年 11 月)确定
的纲领方针为基础于 1893 年成立的。这次代表大会提出了建立独立
民主共和国、为争取人民群众的民主权利而斗争的口号,但是没有把这
一斗争同俄国、德国和奥匈帝国的革命力量的斗争结合起来。该党右
翼领导人约·皮尔苏茨基等认为恢复波兰国家的唯一道路是民族起
义,而不是以无产阶级为领导的全俄反对沙皇的革命。从 1905 年 2 月
起,以马·亨·瓦列茨基、费·雅·柯恩等为首的左派逐步在党内占了
优势。1906 年 11 月在维也纳召开的波兰社会党第九次代表大会把皮
尔苏茨基及其拥护者开除出党,该党遂分裂为两个党:波兰社会党"左
派"和波兰社会党"革命派"("右派",亦称弗腊克派)。

　　波兰社会党"左派"反对皮尔苏茨基分子的民族主义及其恐怖主义
和密谋策略,主张同全俄工人运动密切合作,认为只有在全俄革命运动
胜利的基础上才能解决波兰劳动人民的民族解放和社会解放问题。在
1908—1910 年期间,主要通过工会、文教团体等合法组织进行活动。
该党不同意孟什维克关于在反对专制制度斗争中的领导权属于资产阶
级的论点,可是支持孟什维克反对第四届国家杜马中的布尔什维克代
表。第一次世界大战爆发后,该党持国际主义立场,参加了 1915 年的
齐美尔瓦尔德会议和 1916 年的昆塔尔会议。该党欢迎俄国十月革命。
1918 年 12 月,该党同波兰王国和立陶宛社会民主党一起建立了波兰
共产主义工人党(1925 年改称波兰共产党,1938 年解散)。

　　波兰社会党"革命派"于 1909 年重新使用波兰社会党的名称,强调
通过武装斗争争取波兰独立,但把这一斗争同无产阶级的阶级斗争割
裂开来。从第一次世界大战开始起,该党的骨干分子参加了皮尔苏茨
基站在奥德帝国主义一边搞的军事政治活动(成立波兰军团)。1917
年俄国二月革命后,该党转而对德奥占领者采取反对立场,开展争取建
立独立的民主共和国和进行社会改革的斗争。1918 年该党参加创建
独立的资产阶级波兰国家,1919 年同原普鲁士占领区的波兰社会党和

原奥地利占领区的加利西亚和西里西亚波兰社会民主党合并。该党不反对地主资产阶级波兰对苏维埃俄国的武装干涉，并于1920年7月参加了所谓国防联合政府。1926年该党支持皮尔苏茨基发动的政变，同年11月由于拒绝同推行"健全化"的当局合作而成为反对党。1939年该党解散。——39。

**37** 《火星报》国内组织是指在俄国活动的火星派的组织。早在《火星报》筹办时期和创刊后的第一年(1900年12月—1901年12月)，《火星报》代办员网就在俄国建立。《火星报》代办员有潘·尼·勒柏辛斯基、奥·波·勒柏辛斯卡娅、彼·阿·克拉西科夫、亚·米·斯托帕尼、格·马·克尔日扎诺夫斯基、季·巴·克尔日扎诺夫斯卡娅、斯·伊·拉德琴柯、柳·尼·拉德琴柯、亚·德·瞿鲁巴、尼·埃·鲍曼、伊·瓦·巴布什金等。在彼得堡、普斯科夫、萨马拉、波尔塔瓦等城市还建立了《火星报》协助小组。当时火星派活动的内容是：筹集出版经费，投寄通讯稿，运送和传播报纸，解决在俄国印刷《火星报》的技术问题。火星派小组和代办员主要同《火星报》编辑部直接联系，彼此之间很少来往。随着革命运动的发展和实际工作范围的扩大，列宁提出了建立全俄《火星报》组织的计划(参看《从何着手？》和《怎么办？》(本版全集第5卷和第6卷))。1902年1月，在萨马拉举行了火星派代表大会，参加大会的有格·马·克尔日扎诺夫斯基、季·巴·克尔日扎诺夫斯卡娅、弗·威·林格尼克、米·亚·西尔文、瓦·彼·阿尔齐布舍夫、德·伊·乌里扬诺夫和玛·伊·乌里扬诺娃等人。代表大会通过的决议，除确定了《火星报》组织成员之间以及同《火星报》编辑部之间联系的方式、筹集经费和分配资金的方式外，还规定了火星派在对社会民主党各委员会和各地方报刊的关系方面所担负的任务。为了实现使各委员会加入《火星报》组织并承认《火星报》是全党机关报这一基本任务，代表大会决定派人到俄国各个地区去进行工作。结果到1902年底，几乎所有重要的社会民主党委员会都宣称自己拥护《火星报》。《火星报》组织积极参加了组织委员会，为筹备和召开俄国社会民主工党第二次代表大会作出了重大贡献。这次代表大会以后，《火星报》国内组织不再存在。——39。

**38**　指大会代表叶·雅·列文(叶戈罗夫)。——41。

**39**　这个声明是列宁在国外同盟第二次代表大会第 3 次会议上听完马尔托夫的副报告后当即向大会宣读的。后来,马尔托夫不得不在 1903 年 11 月 16 日(29 日)的信中声明他不怀疑列宁的善意和真诚,于是关于成立仲裁法庭审理马尔托夫的污蔑性指责问题也就撤销了。——49。

**40**　指列·达·托洛茨基的发言。他借助于种种诡辩和对党章的任意解释,企图证明国外同盟完全有权不经俄国社会民主工党中央委员会而自行批准所讨论的同盟章程草案。——51。

**41**　列·叶·加尔佩林(科尼亚金)的决议案中写有:同盟章程只能从中央委员会批准之时起生效。这一决议案是根据俄国社会民主工党章程拟定的,它维护了党的民主集中制原则。布尔什维克坚持这一决议案。马尔托夫的决议案则认为:国外同盟有权通过本组织的章程而无须经中央批准。这一决议案在同盟代表大会上为机会主义多数通过。——53。

**42**　这是列宁写的一份书面声明,准备提交国外同盟第二次代表大会,以抗议马尔托夫在该代表大会第 3 次会议上作关于俄国社会民主工党第二次代表大会的副报告时对布尔什维克进行的污蔑性指责。列宁在 10 月 16 日(29 日)的第 4 次会议上只作了简短的口头声明(见本卷第 50 页)。后来列宁给这份声明加了一个《没有提交的声明》的标题。——54。

**43**　指弗·威·林格尼克在 1903 年 10 月 18 日(31 日)国外同盟代表大会的会议上代表中央委员会要求对大会通过的同盟章程加以修改,使其与俄国社会民主工党章程保持一致一事。由于反对派拒绝这一要求,林格尼克宣布会议为非法,并同其他布尔什维克成员一起退出了代表大会。——59。

**44**　《关于辞去党总委员会委员和中央机关报编辑部成员的职务的声明》是列宁在普列汉诺夫公开转到孟什维克方面并建议将俄国社会民主工党

第二次代表大会所否决的前编辑部成员都增补进《火星报》编辑部之后提出的。

　　11 月 5 日(18 日)，列宁请求编辑部在《火星报》上刊登他退出《火星报》编辑部的声明(见本卷第 81 页)。编辑部关于成员变动的通知载于 1903 年 11 月 25 日新《火星报》第 53 号。——60。

**45**　《工人呼声报》(《Die Arbeiterstimme》)是崩得的中央机关报，1897 — 1905 年用依地语在俄国出版(第 14 号在国外出版)，总共出了 40 号。1917 年以崩得合法机关报(周报)形式重新出版，1918 年停刊。——61。

**46**　指 1898 年俄国社会民主工党第一次代表大会的决议。该决议说，崩得"作为自治组织加入党，它只在专门涉及犹太无产阶级的问题上是独立的"(参看《苏联共产党代表大会、代表会议和中央全会决议汇编》1964 年人民出版社版第 1 分册第 7 页)。——61。

**47**　这句话出自德国诗人约·沃·歌德的诗剧《浮士德》第一部《书斋》，是靡菲斯特斐勒司给浮士德的学生瓦格纳的忠告。——66。

**48**　列宁在《犹太无产阶级是否需要"独立的政党"》一文中叙述了这一事件(见本版全集第 7 卷)。——66。

**49**　《新时代》杂志(《Die Neue Zeit》)是德国社会民主党的理论刊物，1883—1923 年在斯图加特出版。1890 年 10 月前为月刊，后改为周刊。1917 年 10 月以前编辑为卡·考茨基，以后为亨·库诺。1885 — 1895 年间，杂志发表过马克思和恩格斯的一些文章。恩格斯经常关心编辑部的工作，帮助它端正办刊方向。为杂志撰过稿的还有威·李卜克内西、保·拉法格、格·瓦·普列汉诺夫、罗·卢森堡、弗·梅林等国际工人运动活动家。《新时代》杂志在介绍马克思主义基本理论、宣传俄国 1905—1907 年革命等方面做了有益的工作。随着考茨基转到机会主义立场，1910 年以后，《新时代》杂志成了中派分子的刊物。第一次世界大战期间，杂志持中派立场，实际上支持社会沙文主义者。——68。

**50**　这里引的是阿尔弗勒德·纳凯的文章《德吕蒙和贝尔纳·拉扎尔》。该文载于1903年9月24日《小共和国报》。

　　《小共和国报》(《La Petite République》)是法国报纸,1875年在巴黎创刊。该报方针多次改变,后来成为社会党人改良主义者的报纸。1914年停刊。——68。

**51** 犹太区是沙皇俄国当局在18世纪末规定的可以允许犹太人定居的区域,包括俄罗斯帝国西部15个省,以及高加索和中亚细亚的一些地区,1917年二月革命后被废除。——68。

**52** 犹太人居住区是指中世纪西欧和中欧的城市中划分给犹太人居住的地区。起初它是中世纪行会制度的一种典型表现,从14—15世纪起变成了强制性的居住区,到19世纪上半叶基本消失。——69。

**53** 《民粹派化的资产阶级和惊慌失措的民粹派》一文只写了分析批判尔·在1903年10月19日(11月1日)《解放》杂志第9期(总第33期)《论土地问题》一文中阐述的自由派土地纲领的部分。文章的续篇,即分析批判彼·诺沃勃兰策夫在1903年9月15日(28日)和10月1日(14日)《革命俄国报》第32、33号《俄国革命纲领的基本问题》一文中阐述的社会革命党人的民粹主义土地纲领的部分,没有写出。从保存下来的《〈民粹派化的资产阶级和惊慌失措的民粹派〉一文的几个提纲》(见本卷第469—475页)中可以看到本文原计划中未完成部分的概貌和批判民粹主义土地纲领的要点。在本文的准备材料中,还保存有列宁为本文拟的一些标题:《资产阶级的民粹派和民粹派的马尼洛夫精神》、《民粹派化的资产阶级和民粹派的空想》、《民粹派的自由主义和民粹派的空想》、《资产阶级的清醒和民粹派的马尼洛夫精神》。其中第二个标题内的"民粹派的空想"被勾掉,第三个、第四个标题全部被勾掉。

　　本文是列宁发表在《火星报》上的最后一篇文章。——72。

**54** 本国无先知出典于圣经《新约全书·路加福音》。耶稣在各地传道,深得民心,唯独在自己家乡遭到厌弃。耶稣于是说:"没有一个先知能在自己家乡被人心悦诚服地接纳的。"列宁在这里引用这个典故带有讽刺意味。——73。

**55**　《解放》杂志(《Освобождение》)是俄国自由派资产阶级反对派的机关刊
物(双周刊),1902年6月18日(7月1日)——1905年10月5日(18日)
先后在斯图加特和巴黎出版,共出了79期。编辑是彼·伯·司徒卢
威。该杂志反映资产阶级的立宪和民主要求,在资产阶级知识分子和
地方自治人士中影响很大。1903年至1904年1月,该杂志筹备成立
了俄国资产阶级自由派的秘密组织解放社。解放派和立宪派地方自治
人士一起构成了1905年10月成立的立宪民主党的核心。——73。

**56**　《革命俄国报》(《Революционная Россия》)是俄国社会革命党人的秘密
报纸,由社会革命党人联合会于1900年底在俄国出版,创办人为安·
亚·阿尔古诺夫。1902年1月——1905年12月,作为社会革命党的正
式机关报在日内瓦出版,编辑为米·拉·郭茨和维·米·切尔诺夫。
——74。

**57**　指格·瓦·普列汉诺夫在1902年8月《曙光》杂志第4期上发表的《俄
国社会民主工党纲领草案解说》一文中的一段话:“固然,在**革命时代**,
没收大地主可能是我国革命党取得社会政治胜利的必要条件。但这完
全是另外一个问题。这个问题的提出和解决将取决于**那个时代的社会
力量的对比**。现在谈这个问题为时尚早,虽然现在就应当指出,在一定
条件下,**它是必然要提出的**。”——77。

**58**　这是列宁在中央委员会1903年11月14日(27日)会议上提出的俄国
社会民主工党中央委员会的决议草案。由于某些中央委员对孟什维克
采取了调和态度,这项决议没有被通过。后来列宁给这份文献加了一
个《没有发表的声明》的标题。——82。

**59**　中央委员会的最后通牒是1903年11月12日(25日)向孟什维克提出
的。这一天,中央委员会的四名委员(列宁、弗·威·林格尼克、格·
马·克尔日扎诺夫斯基和列·叶·加尔佩林)在日内瓦举行会议,确定
了对孟什维克采取的最后一次让步性非常措施。
　　　列宁还在1903年10月22日(11月4日)就给中央委员会写了一
封信,建议确定一个暂不向孟什维克宣布的最后通牒方案,即让步的最

终界限,其内容包括:(1)增补4位原来的编辑部成员到《火星报》编辑部里去;(2)由中央选定2名反对派成员增补到中央委员会里去;(3)恢复国外同盟过去的状况;(4)让孟什维克在党总委员会里占一个席位;(5)停止争吵(参看本版全集第44卷第231号文献)。以上内容除第5条外,都写进了中央委员会的最后通牒。此外,通牒还提出允许反对派成员建立独立的著作家小组,并给予它以出席代表大会的权利。

在最后通牒发出的第二天,格·瓦·普列汉诺夫一人决定把全部原来的编辑部成员增补进了《火星报》编辑部,从而帮了孟什维克的大忙。于是,孟什维克便以嘲弄口吻拒绝了中央委员会的最后通牒(中央委员会的最后通牒和孟什维克对它的答复,见《列宁文集》俄文版第7卷第257—259、267—271页)。

列宁在《进一步,退两步》中对最后通牒作了评价(见本卷第375页)。——82。

**60**　这个信稿上有列宁的一句批语:"请阅后将信稿退回,不要让任何人看。"这很可能是批给中央委员会国外代表弗·威·林格尼克的。这封信显然没有发出,但是信中所列的由国外支援国内革命运动的计划实际上构成了中央委员会国外工作的基础。——83。

**61**　《给〈火星报〉编辑部的信》是列宁为回答1903年11月7日《火星报》第52号上发表的普列汉诺夫的《不该这么办》一文而写的。孟什维克的《火星报》编辑部在该报第53号发表了列宁的信,同时加了一个编后记,用影射的手法攻击列宁是德国工人运动中的约·巴·施韦泽。

本卷《附录》收有这封信的内容要点(见第476页)。——86。

**62**　索巴开维奇是俄国作家尼·瓦·果戈理的小说《死魂灵》中的一个地主。他粗暴蛮横,厚颜无耻,嗜财如命,是愚蠢贪婪的农奴主的典型。——86。

**63**　波舍霍尼耶原为俄国北部一个偏僻的县城。自俄国作家米·叶·萨尔蒂科夫-谢德林的小说《波舍霍尼耶遗风》问世后,波舍霍尼耶即成为闭塞落后的穷乡僻壤的同义语。——88。

**64** 光，多一些光！是德国诗人约·沃·歌德的临终遗言。后来人们常引用这句话来表示期待或呼吁。——89。

**65** 《我为什么退出了〈火星报〉编辑部？(给《火星报》编辑部的信)》曾于1903年12月在日内瓦印成单页出版，随后又在俄国秘密翻印，广为传播。1904—1905年俄国警察机关文件中提到，在莫斯科、哈尔科夫、图拉、托木斯克、里加、尼古拉耶夫、波尔塔瓦、阿斯特拉罕、顿巴斯等地进行搜捕时都发现过这封信。列宁在1903年12月17日和22日之间写给尼·叶·维洛诺夫的信中谈到了有关这封信的一些情况(见本版全集第44卷第244号文献)。——91。

**66** 指1903年11月25日《火星报》第53号刊登的关于即将公布俄国社会民主工党第二次代表大会和俄国革命社会民主党人国外同盟第二次代表大会的记录的通知。——92。

**67** 马尔托夫所支持的一个候选人是叶·米·亚历山德罗娃；一个非火星派领袖是指弗·尼·罗扎诺夫；一个火星派少数派领袖是指列·达·托洛茨基。——93。

**68** 俄国社会民主工党第二次代表大会以后不久，1903年9月中旬，以尔·马尔托夫、亚·尼·波特列索夫及反对派其他领袖为首的17名孟什维克，背着党的多数派和党的中央领导机关，在日内瓦举行了秘密派别会议。这个会议建立了一个反党中心——少数派常务局，由马尔托夫、费·伊·唐恩、波特列索夫、帕·波·阿克雪里罗得和列·达·托洛茨基组成。会议通过的由托洛茨基和马尔托夫起草的决议，提出了同党的多数派和第二次代表大会选出的中央机关进行斗争的计划，并要求不惜采取一切手段来扩大少数派的影响和改组党的中央机关。会议号召反对派成员拒绝在中央委员会领导下工作，抵制《火星报》，力争恢复旧的编辑部。在会议上成立了由《火星报》原来的编辑部成员组成的著作家小组，其宗旨是联合孟什维克和宣传孟什维克反对派的机会主义思想。在篡夺了《火星报》之后，孟什维克在中央机关报内建立了秘密的中央会计处，设置了自己的书刊运输机构。为夺取地方委员会，孟什维克建立了自己的流动代办员网。——93。

**69**　《世界政策问题小报》(《Aus der Weltpolitik》)是德国的一家周报,由亚·李·帕尔乌斯于1898—1905年在慕尼黑出版。——95。

**70**　指1903年11月16日(29日)俄国社会民主工党中央委员会给国外同盟领导机关的信。该信指出,对同盟所采取的措施是当时的非常情况引起的,而现在这些情况已经不存在了。该信通知同盟领导机关说,中央委员会审查了同盟第二次代表大会制定的章程,不同意其中某几条的措辞,但不认为该章程原则上有什么不符合党的组织章程之处(参看《列宁文集》俄文版第7卷第286页)。

这封信是中央委员会内调和派对孟什维克的让步,实际上意味着中央委员会批准了同盟章程和承认了同盟第二次代表大会选出的领导机关。这同中央委员会在此以前一段时间所持的态度是完全矛盾的。这种让步并没有使党恢复和平,布尔什维克认为它是一个政治错误。——95。

**71**　指《进一步,退两步(我们党内的危机)》一书(见本卷第197—425页)。——99。

**72**　把自己过去崇拜的东西付之一炬出自俄国作家伊·谢·屠格涅夫的长篇小说《贵族之家》,是书中人物米哈列维奇的诗句,后来常被人们引用来譬喻背叛自己过去的信念。——102。

**73**　指格·瓦·普列汉诺夫把《火星报》原来的孟什维克编辑增补进了《火星报》编辑部一事。——106。

**74**　写这封信的是俄国社会民主工党叶卡捷琳诺斯拉夫委员会委员、工人尼·叶·维洛诺夫。列宁于1903年12月给他写了回信(见本版全集第44卷第244号文献)。——107。

**75**　《告党员书》是直接针对尔·马尔托夫的《当务之急(是小团体还是党?)》一文写的,当时没有发表。马尔托夫的文章载于1904年1月1

日《火星报》第 56 号。——110。

**76**　这是有关俄国社会民主工党总委员会 1904 年 1 月会议的一组文献。这次会议是根据中央机关报代表的提议,为研究中央委员会和中央机关报在出版党的书刊工作中步调如何一致而召开的,于 1 月 15—17 日(28—30 日)在日内瓦举行。出席会议的有列宁、弗·威·林格尼克、格·瓦·普列汉诺夫、帕·波·阿克雪里罗得和尔·马尔托夫。

　　根据列宁的提议,会议决定把恢复党内和平的措施问题列入议程并首先议论。列宁提出了关于这一问题的决议草案(见本卷第 115—117 页)。在讨论中,孟什维克对这一决议草案持否定态度,于是列宁和林格尼克又提出了另一个决议草案(见本卷第 143 页)。这个决议草案以三票(列宁、林格尼克、普列汉诺夫)对两票(马尔托夫、阿克雪里罗得)获得通过。但是会议并没有具体讨论恢复党内和平的问题,反而把普列汉诺夫关于增补孟什维克到中央委员会的决议案提付表决。这一决议案也以三票(普列汉诺夫、马尔托夫、阿克雪里罗得)对两票(列宁、林格尼克)通过。列宁和林格尼克就此提出不同意见(见本卷第 144—151 页),谴责普列汉诺夫无视党和第二次代表大会多数派的意志。

　　为了摆脱已经形成的状况,列宁提出召开党的第三次代表大会的决议草案(见本卷第 152 页),遭到了普列汉诺夫、马尔托夫和阿克雪里罗得的否决。关于出版党的书刊问题,中央委员会代表和孟什维克之间也没有达成协议;总委员会最后否决了列宁提出的决议案,而通过了赞同孟什维克的《火星报》编辑部的派性活动的决议案。

　　总委员会的这次会议表明,由于普列汉诺夫转向孟什维克一方,俄国社会民主工党总委员会已成为孟什维克的反党工具。——114。

**77**　指孟什维克夺取《火星报》以后,中央委员会国外代表弗·威·林格尼克就孟什维克的分裂活动问题同中央机关报编辑部的往来信件。——118。

**78**　指普列汉诺夫提出的决议草案。他建议中央委员会增补几名孟什维克委员。——123。

**79** 中央委员会在1903年11月12日(25日)的最后通牒中曾经提出增补
两名少数派成员参加中央委员会。当时中央委员会由9人组成,其中
格·马·克尔日扎诺夫斯基、弗·威·林格尼克和弗·亚·诺斯科夫
是1903年8月在第二次代表大会上选出的,费·瓦·古萨罗夫、罗·
萨·捷姆利亚奇卡、列·波·克拉辛和玛·莫·埃森是1903年9月底
增补进中央委员会的,列·叶·加尔佩林和列宁是1903年11月增补
进中央委员会的。——126。

**80** 中央委员会的文件以及本段提到的11月25日的文件都是指中央委
员会于1903年11月12日(25日)向孟什维克提出的最后通牒。
——132。

**81** 指党总委员会主席格·瓦·普列汉诺夫的行为。列宁发言时,尔·马
尔托夫要求对议程提意见,普列汉诺夫就打断列宁的发言,让马尔托夫
发言。但马尔托夫并没有谈议程问题。——132。

**82** 即中央委员弗·威·林格尼克(瓦西里耶夫)1903年11月29日(12月
12日)给《火星报》编辑部的信,这封信是列宁写的(见本版全集第44
卷第243号文献)。——134。

**83** 这两个中央委员,一个是担任中央委员会国外正式代表的弗·威·林
格尼克,另一个是1903年11月专程到瑞士同孟什维克进行谈判的
格·马·克尔日扎诺夫斯基。——135。

**84** 这句话是针对帕·波·阿克雪里罗得的发言说的。阿克雪里罗得在发
言中不赞成列宁关于反对引证私人谈话的意见,说什么如果认为只有
写在纸上的协议才有效,那是一种侮辱。——136。

**85** 指萨拉托夫委员会和敖德萨委员会。它们在决议中指责中央委员会对
国外同盟让步,并且批评孟什维克在同盟第二次代表大会上的行为。
这些委员会的决议载于1904年在日内瓦出版的尼·沙霍夫的《为召开
代表大会而斗争》一书。——138。

**86**　这句话是针对普列汉诺夫在总委员会会议上的下述发言说的。普列汉诺夫在这次发言中断言中央委员会代表格·马·克尔日扎诺夫斯基(特拉温斯基)同他谈判时说过:中央委员会认为,只要增补一定的委员,中央机关报编辑部的组成就是正常的了。普列汉诺夫还因此声称:"如果有人怀疑我的话的真实性,我将像从前一位大臣回答不赞成他的话的路易-菲力浦那样回答说:我肯定,事实就是这样,您却说不是这样,那就等着瞧,看法国相信谁吧。"(见《列宁文集》俄文版第10卷第238页)——140。

**87**　指1904年1月15日(28日)提出的关于恢复党内和平的措施的决议草案(见本卷第115—117页)。列宁坚持他的这个决议案要先于格·瓦·普列汉诺夫关于增补孟什维克进入俄国社会民主工党中央委员会的决议案进行表决。——142。

**88**　指尔·马尔托夫就列宁的决议案和格·瓦·普列汉诺夫的决议案的表决问题所作的发言。他认为普列汉诺夫的决议案提出了实际措施,应先表决,而列宁的决议案是一般性质的,可以后表决。由于列宁根据先提议先表决的惯例,坚持要先表决自己的决议案,马尔托夫才承认了列宁的合法权利,但是他建议改变问题的提法:(1)是否需要发表告党员书?(2)普列汉诺夫的具体建议(见《列宁文集》俄文版第10卷第245页)。——142。

**89**　在党总委员会第2次会议通过了格·瓦·普列汉诺夫关于把孟什维克增补进中央委员会的决议案以后,列宁和弗·威·林格尼克于次日在第3次会议上以中央委员会代表的身份对这个决议案提出了不同意见(见本卷第144—148页)。尔·马尔托夫接着对此提出一个决议案,指责列宁和林格尼克在不同意见中责难总委员会破坏党的工作(见《列宁文集》俄文版第10卷第251页)。针对马尔托夫的这项决议案,列宁作了维护中央委员会代表的不同意见的发言。在以后的辩论中,马尔托夫不得不收回自己决议案而附和普列汉诺夫提出的形式上稍有不同的决议案。普列汉诺夫的决议案被孟什维克投票通过。——148。

**90**　指格·瓦·普列汉诺夫在俄国社会民主工党第二次代表大会通过党纲后所作的发言(见《俄国社会民主工党第二次代表大会》1959 年俄文版第 258 页)。——151。

**91**　指中央委员会国外代表弗·威·林格尼克 1903 年 12 月 19 日(1904 年 1 月 1 日)和 1903 年 12 月 26 日(1904 年 1 月 8 日)给《火星报》编辑部的两封信(见《列宁文集》俄文版第 10 卷第 124 页和第 130—132 页)。第二封信是列宁和林格尼克共同起草的,其中一大段话是列宁写的(见本版全集第 44 卷第 252 号文献)。——153。

**92**　列宁在这里引用的敖德萨来信是伊·克·拉拉扬茨 1903 年 12 月 24 日(1904 年 1 月 6 日)写给娜·康·克鲁普斯卡娅。下面引用的巴库来信是列·波·克拉辛 1904 年 1 月 1 日(14 日)写给中央委员会国外部的。——155。

**93**　中央委员会发行部主任马·莱博维奇为了向中央委员会写工作报告,在第一封信中要求孟什维克《火星报》编辑部告诉他,编辑部要把它收到的 50 份《火星报》分发到什么地方去。但编辑部对此拒不作答,还坚持要求增加由它分发的报纸的份数。在第二封信中,发行部主任由于没有得到中央委员会的许可,拒绝了编辑部的这个要求。——156。

**94**　列宁引用的是以中央委员会国外代表弗·威·林格尼克的名义于 1903 年 12 月 11 日至 14 日之间(24 日至 27 日之间)寄给《火星报》编辑部的信。这封信是列宁写的(见本版全集第 44 卷第 248 号文献)。——157。

**95**　《前进报》(《Vorwärts»)是德国社会民主党的中央机关报(日报),1876 年 10 月在莱比锡创刊,编辑是威·李卜克内西和威·哈森克莱维尔。1878 年 10 月反社会党人非常法颁布后被查禁。1890 年 10 月反社会党人非常法废除后,德国社会民主党哈雷代表大会决定把 1884 年在柏林创办的《柏林人民报》改名为《前进报》(全称是《前进。柏林人民报》),从 1891 年 1 月起作为中央机关报在柏林出版,由李卜克内西任主编。恩格斯曾为《前进报》撰稿,同机会主义的各种表现进行斗争。1895年恩格斯逝世以后,《前进报》逐渐转入党的右翼手中。它支持过俄国的经济派和孟什维克。第一次世界大战期间持社会沙文主义立场。俄国十月革命以后,进行反对苏维埃的宣传。1933年停刊。——157。

**96**　列宁引用的是以中央委员会国外代表弗·威·林格尼克的名义于1903年12月26日(1904年1月8日)寄给《火星报》编辑部的信。信中这段话是列宁写的(见本版全集第44卷第252号文献)。——158。

**97**　斯塔罗韦尔的最后通牒是指亚·尼·波特列索夫1903年10月21日(11月3日)给格·瓦·普列汉诺夫的信。波特列索夫在信中代表孟什维克反对派要求恢复《火星报》旧编辑部,增补孟什维克进入中央委员会和党总委员会,并承认国外同盟第二次代表大会决议是合法的。——158。

**98**　《俄国社会民主工党中央委员会按语》是列宁就发起人小组决定在日内瓦创办"俄国社会民主工党中央委员会图书馆和档案库"一事而写的文件。它与发起人小组要求在创办党的图书馆和档案库工作中给以帮助的号召书一起刊印在《告全体书》传单上。参加这个"发起人小组"的有:А.И.伊林娜、Ф.Ф.伊林、维·米·韦利奇金娜、潘·尼·奥林、尼·尼·扎米亚京和弗·德·邦契-布鲁耶维奇。

　　1904年2月7日(20日),列宁以俄国社会民主工党中央委员的名义签署了《俄国社会民主工党中央委员会图书馆和档案库条例》。

　　1904年底或1905年初,列宁写了《创建日内瓦俄国社会民主工党图书馆发起人小组的声明》,宣布将该图书馆移交给多数派委员会常务局(见本版全集第9卷)。——163。

**99**　《告全党书》(草稿)是针对格·瓦·普列汉诺夫的《可悲的误解》一文(载于1904年1月15日《火星报》第57号)写的,当时没有发表。——164。

**100** 退出总委员会的这个多数派委员是列·叶·加尔佩林(卢)。——166。

**101** 《告俄国无产阶级书》是列宁在日俄战争开始一周后为俄国社会民主工党中央委员会写的一份传单,曾分寄俄国许多城市的党委员会翻印和散发。娜·康·克鲁普斯卡娅在1904年2月3、4日(16、17日)分别写给伊·克·拉拉扬茨、列·波·克拉辛和莉·米·克尼波维奇的信中曾提到寄发这份传单的问题(见《列宁文集》俄文版第10卷第323、324页)。

1904年3月5日(18日)《火星报》第61号转载了这份传单。《告俄国无产阶级书》于1959年首次载入《列宁全集》俄文第5版第8卷。——169。

**102** 1900年八国联军侵略中国期间,沙皇俄国除参加联军攻占天津、北京外,还单独出兵17万侵占了东三省全境。1902年4月8日,中俄签订了《交收东三省条约》,规定俄军分三期撤军,每期半年,一年半内撤完。沙皇俄国于第一期撤军之后就提出种种无理要求,拒绝撤军。——169。

**103** 指所谓"三国干涉还辽"一事。由于中国在中日甲午战争(1894—1895)中战败,日本迫使清朝政府在1895年4月17日签订了马关条约。根据条约,中国承认朝鲜完全"自主";割让辽东半岛、整个台湾岛及所属各岛、澎湖列岛给日本;"赔偿"日本军费白银2亿两;开放沙市、重庆、苏州、杭州为商埠。沙皇俄国认为割让辽东半岛给日本对它极为不利,于是联合了德国和法国,在1895年4月23日向日本政府提出抗议,要求日本放弃占有辽东半岛。日本因军事上无力与俄、德、法三国进行对抗,只好接受了他们的要求。中国为此再向日本付出了3 000万两白银的巨额"赎金"。——170。

**104** 列宁的这封信是写给出版《对俄国革命社会民主党人国外同盟第二次代表大会记录的评述》一书的布尔什维克小组的。参加这个小组的有:弗·德·邦契-布鲁耶维奇、维·米·韦利奇金娜、娜·康·克鲁普斯卡娅、米·科列涅夫斯基、马·马·李维诺夫、尼·埃·鲍曼、弗·谢·

博勃罗夫斯基、奥·阿·皮亚特尼茨基、普·伊·库利亚布科和伊·克·拉拉扬茨。

本卷《附录》部分收有《〈关于退出《火星报》编辑部的一些情况〉一信的片断异文》。——174。

**105**　指《进一步，退两步》（见本卷第197—425页）。——179。

**106**　这些都是俄国作家尼·瓦·果戈理笔下的人物。

索巴开维奇见注62。乞乞科夫是小说《死魂灵》中的主角。他是机灵圆滑、外表温柔典雅、内心贪婪狡猾、善于投机诈骗的新型剥削者的典型。

诺兹德列夫是《死魂灵》中的一个惯于信口开河、吹牛撒谎的无赖地主。

赫列斯塔科夫是喜剧《钦差大臣》中的主角。他是一个恬不知耻、肆无忌惮地吹牛撒谎的骗子。

马尼洛夫是《死魂灵》中的一个地主。他生性怠惰，终日想入非非，崇尚空谈，刻意讲究虚伪客套。马尼洛夫通常被用来形容耽于幻想、无所作为的人。

斯克沃兹尼克-德穆汉诺夫斯基是《钦差大臣》里的县长。这个沙皇制度下的作威作福的贪官，误把一个小京官当成微服私访的钦差大臣，对他极尽阿谀奉承之能事。——180。

**107**　这里收载的三个提纲是列宁1904年3月9日（22日）在日内瓦社会民主党人大会上所作的关于巴黎公社的报告的基础。在拟定提纲的过程中，列宁仔细研究了马克思的《法兰西内战》。提纲中有关《内战》的引文全部摘自该书1891年柏林版。提纲中还引用了普·奥·利沙加勒的《1871年公社史》和乔·韦伊的《法国社会运动史（1852—1902）》中的许多史料。

1905年，列宁根据这些提纲拟定了《关于公社的演讲提纲》（见本版全集第9卷）。列宁后来还不止一次回头来阐明巴黎公社的问题，参看《公社的教训》、《纪念公社》、《国家与革命》一书第3章（本版全集第16、20、31卷）。——181。

**108** 国际工人协会(第一国际)是无产阶级第一个国际性的革命联合组织，1864 年 9 月 28 日在伦敦成立。马克思参与了国际工人协会的创建，是它的实际领袖，恩格斯参加了它后期的领导工作。在马克思和恩格斯的指导下，国际工人协会领导各国工人的经济斗争和政治斗争，积极支持被压迫民族的解放运动，坚决揭露和批判蒲鲁东主义、巴枯宁主义、拉萨尔主义、工联主义等错误思潮，促进了各国工人的国际团结。国际工人协会在 1872 年海牙代表大会以后实际上已停止活动，1876 年 7 月 15 日正式宣布解散。国际工人协会的历史意义在于它"奠定了工人国际组织的基础，使工人做好向资本进行革命进攻的准备"(见本版全集第 36 卷第 290 页)。——181。

**109** 1862 年伦敦博览会是一次世界性的工业博览会。在博览会上，法国工人代表团会见了英国工人。——181。

**110** 《覆灭》(1892)是法国作家埃·左拉的一部描写普法战争的小说。——182。

**111** 指德国社会民主工党中央委员会 1870 年 9 月 5 日发表的宣言(参看《马克思恩格斯文集》第 3 卷第 126 页)。——183。

**112** 在普鲁士军队围困巴黎期间，巴黎卫戍军炮兵司令阿尔丰斯·西蒙·吉奥于 1870 年 12 月 12 日写信给炮兵师将军路易·苏桑，谈苏桑向他推荐一个人的事。信里说："请坦率地告诉我，您有什么要求，我一定照办。我可以把他带到我的参谋部去，不过由于那儿无事可做，他将无聊得难受，要不然把他派到蒙瓦勒里安炮台去，那儿比巴黎安全得多(这是为他的父母着想)，而且他去那儿还可以假装发炮，因为他可以按照诺埃尔的办法，把炮往空中打。"诺埃尔是当时该炮台的司令。

中央委员会在陆军部的办公室里发现了这封信，公社在 1871 年 4 月 25 日《法兰西共和国公报》第 115 号把它发表了。它证明国防政府所谓保卫巴黎只是作样子。关于这点可看《马克思恩格斯文集》第 3 卷第 133 页。——183。

**113**　指莱奥·弗兰克尔。——186。

**114**　马克思在《法兰西内战》一书中披露了法国国防政府的部长们的犯罪事实,指出"这些人只能够在巴黎变成废墟时得到假释证"(参看《马克思恩格斯文集》第3卷第134—135页)。——191。

**115**　指国际总委员会通讯书记欧·杜邦的信件,这些信件被引用于乔·韦伊的《法国社会运动史(1852—1902)》一书。列宁在《关于公社的演讲提纲》中提到了杜邦1870年9月7日的信(见本版全集第9卷第309页)。——191。

**116**　关于被法庭判罪的公社战士人数的材料,系引自普·奥·利沙加勒的《1871年公社史》。——192。

**117**　《五一节》这份传单曾以俄国社会民主工党中央委员会和中央机关报的名义印成单页。莫斯科、下诺夫哥罗德、特维尔等地的党委员会都曾翻印过。铅印单页的文字与这里收载的列宁手稿的原文略有不同。——193。

**118**　《进一步,退两步(我们党内的危机)》一书于1904年5月在日内瓦出版。它在马克思主义历史上第一次详尽地批判了组织上的机会主义,制定了马克思主义革命政党的组织原则。为了写这本书,列宁在几个月的时间内详细地研究了1904年1月发表的俄国社会民主工党第二次代表大会会议记录和决议、每个代表的发言、大会上所形成的各政治派别、党中央委员会和总委员会的各种文件。从本卷《附录》中《〈进一步,退两步〉一书材料》可以看到,列宁写作此书的准备工作是做得非常细致、扎实的。

　　这本书一出版,就受到孟什维克的恶毒攻击。格·瓦·普列汉诺夫要求中央委员会同列宁的书划清界限。中央委员会里的调和派也曾试图阻止它的印刷和发行。尽管如此,列宁的这部著作仍在俄国先进工人中得到广泛传播。

　　列宁把这本书编入1907年(在扉页上印的是1908年)出版的《十

二年来》文集第 1 卷时,删去了其中关于组织问题斗争细节和中央机关
人选问题斗争的部分(即 10—13、15、16 节),对其他各节也作了某些压
缩,同时增写了一些注释。在《列宁全集》俄文第 5 版中,这部著作是按
1904 年第 1 版原文刊印的,并按手稿作了校订,同时保留了作者在
1907 年版本中所加的补充。——197。

**119** 1902 年的代表会议是指 1902 年 3 月 23—28 日(4 月 5—10 日)在波兰
比亚韦斯托克举行的俄国社会民主党各委员会和组织代表会议。这
次代表会议是经济派筹办的。派代表出席这次代表会议的有俄国社会
民主工党彼得堡委员会、叶卡捷琳诺斯拉夫委员会、俄国社会民主工党
南方各委员会和组织联合会、崩得中央委员会及其国外委员会、国外俄
国社会民主党人联合会和《火星报》编辑部。经济派和支持他们的崩得
分子起初打算把这次代表会议改为俄国社会民主工党第二次代表大
会,指望这样来巩固自己在党内的地位并抑制《火星报》日益增长的影
响。但是,由于代表会议的代表面太窄(只有 4 个在俄国国内有活动的
社会民主工党组织派代表出席,比第一次代表大会还少),而代表会议
上暴露出来的原则性意见分歧又很大,尤其是《火星报》代表对此表示
坚决反对,这一企图没有得逞。代表会议通过了关于确定会议性质的
决议,通过了崩得中央委员会代表提出的原则决议案以及俄国社会民
主工党南方各委员会和组织联合会代表提出的修正案(《火星报》代表
提出了自己的原则决议草案,因而投了反对票),批准了以《火星报》编
辑部拟定的草案为基础的五一传单,选出了筹备召开党的第二次代表
大会的组织委员会。代表会议后不久,大多数代表和组织委员会委员
遭到了逮捕,所以 1902 年 11 月在普斯科夫会议上又成立了新的组织
委员会。——202。

**120** 见俄国作家米·叶·萨尔蒂科夫-谢德林的随笔《在国外》。其中写道,
1876 年春他在法国听到一些法国自由派人士在热烈地谈论大赦巴黎
公社战士的问题。他们一致认为大赦是公正而有益的措施,但在结束
这个话题时,不约而同地都把食指伸到鼻子前,说了一声"mais"(即"但
是"),就再也不说了。于是谢德林恍然大悟:原来法国人所说的"但是"

就相当于俄国人所说的"耳朵不会高过额头",意思是根本不可能有这样的事情。——209。

**121** 《工人思想报》集团即工人思想派,是俄国的经济派团体,以出版《工人思想报》得名。该报于1897年10月—1902年12月先后在彼得堡、柏林、华沙和日内瓦等地出版,共出了16号。工人思想派宣传机会主义观点,反对工人阶级的政治斗争,把工人阶级的任务局限于经济性质的改良。工人思想派反对建立马克思主义的无产阶级政党,主张成立工联主义的合法组织。它贬低革命理论的意义,认为社会主义意识可以从自发运动中产生。列宁在《俄国社会民主党中的倒退倾向》和《怎么办?》(见本版全集第4卷和第6卷)等著作中批判了工人思想派的观点。——218。

**122** 孟什维克的《火星报》编辑部在1904年1月15日的第57号《火星报》附刊上登载了亚·马尔丁诺夫的一篇反对布尔什维主义的组织原则和攻击列宁的文章。《火星报》编辑部在给该文加的注释中表示赞同马尔丁诺夫的一个观点,这就是所谓"新型的组织上的空想主义(指多数派的组织原则)忽视**党员的政治自我教育**的任务,而这种忽视乃是对'经济主义'及其崇尚组织中的'民主主义'作了剧烈反应的结果"。这个注释还说,"组织上的空想主义的这个缺陷如何同关于'自发性'和'自觉性'之间的关系问题的不正确提法相关联,以及列宁同志对这种不正确提法负何责任,本报将会不止一次地予以论述"。随后,格·瓦·普列汉诺夫就在《火星报》第70、71号上发表了《工人阶级和社会民主主义知识分子》一文,公然反对他过去曾经赞同的列宁关于自觉性和自发性问题的提法。——220。

**123** 彭帕杜尔出自俄国作家米·叶·萨尔蒂科夫-谢德林的讽刺作品《彭帕杜尔先生们和彭帕杜尔女士们》。作家在这部作品中借用法国国王路易十五的情妇彭帕杜尔这个名字塑造了俄国官僚阶层的群像。"彭帕杜尔"一词后来成了沙皇政府昏庸横暴、刚愎自用的官吏的通称。——251。

**124** 土地和自由社是俄国民粹派的秘密革命组织，1876 年在彼得堡成立，起初称为北方革命民粹主义小组、民粹派协会，1878 年底改称土地和自由社（19 世纪 60 年代初出现的一个俄国革命组织也叫土地和自由社）。该社著名活动家有：马·安·和奥·亚·纳坦松夫妇、亚·德·米哈伊洛夫、阿·费·米哈伊洛夫、阿·德·奥博列舍夫、格·瓦·普列汉诺夫、奥·瓦·阿普捷克曼、德·亚·克列缅茨、尼·亚·莫罗佐夫、索·李·佩罗夫斯卡娅等。土地自由派认为俄国可以走非资本主义的特殊发展道路，其基础就是农民村社。他们的纲领提出全部土地归"农村劳动等级"并加以"平均"分配、村社完全自治、"按地方意愿"把帝国分为几个部分等等。土地自由派认为俄国的主要革命力量是农民。他们在坦波夫、沃罗涅日等省进行革命工作，企图发动农民起义来反对沙皇政府。他们还出版和传播革命书刊，参加 70 年代末彼得堡的一些罢工和游行示威。他们的组织原则是遵守纪律、同志之间互相监督、集中制和保守秘密。由于对农村中革命运动日益感到失望，以及政府迫害的加剧，在土地和自由社内部逐渐形成了主张把恐怖活动作为同沙皇政府进行斗争的主要手段的一派。另一派主张继续采取原来的策略。1879 年 8 月，土地和自由社最终分裂，前者成立了民意党，后者组织了土地平分社。——252。

**125** 民意党是俄国土地和自由社分裂后产生的革命民粹派组织，于 1879 年 8 月建立。主要领导人是安·伊·热里雅鲍夫、亚·德·米哈伊洛夫、米·费·弗罗连柯、尼·亚·莫罗佐夫、维·尼·菲格涅尔、亚·亚·克维亚特科夫斯基、索·李·佩罗夫斯卡娅等。该党主张推翻专制制度，在其纲领中提出了广泛的民主改革的要求，如召开立宪会议，实现普选权，设置常设人民代表机关，实行言论、信仰、出版、集会等自由和广泛的村社自治，给人民以土地，给被压迫民族以自决权，用人民武装代替常备军等。但是民意党人把民主革命的任务和社会主义革命的任务混为一谈，认为在俄国可以超越资本主义，经过农民革命走向社会主义，并且认为俄国主要革命力量不是工人阶级而是农民。民意党人从积极的"英雄"和消极的"群氓"的错误理论出发，采取个人恐怖方式，把暗杀沙皇政府的个别代表人物作为推翻沙皇专制制度的主要手段。他们在 1881 年 3 月 1 日(13 日)刺杀了沙皇亚历山大二世。由于理论上、策略上和斗争方法上的错误,在沙皇政府的严重摧残下,民意党在 1881 年以后就瓦解了。——252。

126　这一事件发生在 1900 年。汉堡的 122 名泥瓦工组织了"泥瓦工自由工会",在罢工期间违反泥瓦工工会中央联合会的禁令做包工活。泥瓦工工会汉堡分会向当地社会民主党组织提出了"泥瓦工自由工会"中的社会民主党党员的破坏罢工行为的问题。地方党组织把这一问题转交给社会民主党中央委员会处理。中央委员会指定党的仲裁法庭审理此案。仲裁法庭斥责了"泥瓦工自由工会"中的社会民主党党员的行为,但否决了把他们开除出党的建议。——259。

127　科斯季奇(米·索·兹博罗夫斯基)决议案所提出的党章第 1 条条文是:"凡承认党纲、在物质上帮助党并在党的一个组织领导下经常亲自协助党的人,可以作为该组织的党员。"(见《俄国社会民主工党第二次代表大会》1959 年俄文版第 281 页)——263。

128　阿基里斯之踵意为致命弱点,出典于希腊神话。阿基里斯是希腊英雄珀琉斯和海洋女神西蒂斯所生的儿子。他的母亲为了使他和神一样永生不死,在他出生后曾捏着他的脚后跟把他放进冥河的圣水里浸过。他的脚后跟因为没有沾上圣水就成了他唯一可能受到伤害的部位。后来阿基里斯果然被暗箭射中脚后跟而死。——266。

129　参加俄国社会民主工党第二次代表大会的《火星报》组织成员共 16 人,其中以列宁为首的多数派 9 人,即列宁、格·瓦·普列汉诺夫、娜·康·克鲁普斯卡娅、罗·萨·捷姆利亚奇卡、莉·米·克尼波维奇、尼·埃·鲍曼、德·伊·乌里扬诺夫、彼·阿·克拉西科夫和弗·亚·诺斯科夫;以尔·马尔托夫为首的少数派 7 人,即马尔托夫、帕·波·阿克雪里罗得、亚·尼·波特列索夫、维·伊·查苏利奇、列·格·捷依奇、列·达·托洛茨基和维·尼·克罗赫马尔。——274。

130　奥吉亚斯的牛圈出典于希腊神话。据说古希腊西部厄利斯的国王奥吉亚斯养牛3 000头,30年来牛圈从未打扫,粪便堆积如山。奥吉亚斯的牛圈常被用来比喻藏垢纳污的地方。——276。

**131** 指在1895年10月6—12日德国社会民主党布雷斯劳代表大会上威·李卜克内西和奥·倍倍尔支持有严重错误的土地纲领草案一事。根据1894年法兰克福代表大会的决议成立的土地委员会在这次代表大会上提出了这个土地纲领草案,草案的主要错误在于它有把无产阶级政党变为"全民党"的倾向。倍倍尔和李卜克内西由于同机会主义者一起支持这个草案受到了党内同志的谴责。卡·考茨基、克·蔡特金等在代表大会上严厉地批判了这个土地纲领草案。最后,代表大会以158票对63票否决了这个草案。——281。

**132** 这是德国诗人约·沃·歌德的诗剧《浮士德》中的诗句,是浮士德的情人玛加雷特责备浮士德和靡菲斯特斐勒司为友时说的(见该剧第16场)。克·蔡特金在德国社会民主党代表大会上发言时引用了这句诗。——282。

**133** 指帕·波·阿克雪里罗得写的反对布尔什维主义组织原则的文章《俄国社会民主党的统一及其任务》,载于1903年12月15日《火星报》第55号。这篇文章说:"同经济主义时代遗产斗争的时期为我们培养了具有神权政治性质的组织上的空想主义:世俗社会要服从一个小小的宗教团体的统治,而且这个宗教团体由于地理的和其他的原因,甚至不能待在它所管理的臣民的土地上。"这里说的"宗教团体"就是指旧《火星报》编辑部。——289。

**134** 指格·马·克尔日扎诺夫斯基。——307。

**135** 指经济派分子弗·彼·阿基莫夫在俄国社会民主工党第二次代表大会第9次会议(1903年7月22日(8月4日))上的发言。阿基莫夫在发言中批评《火星报》编辑部提出的党纲草案说:在讲党的任务的段落里"党和无产阶级这两个概念是完全分离和对立的,前者是积极活动的主体,后者则是党施加影响的消极人群。因此在草案的句子中党一词总

是以主语出现,而无产阶级一词则以补语出现。"(见《俄国社会民主工
党第二次代表大会。记录》1959 年俄文版第 127 页)阿基莫夫认为,这
就表现出了一种使党脱离无产阶级利益的倾向。——332。

**136** 山岳派和吉伦特派是 18 世纪末法国资产阶级革命时期的两个政治派
别。山岳派又称雅各宾派,是法国国民公会中的左翼民主主义集团,以
其席位在会场的最高处而得名。该派代表中小资产阶级的利益,主张铲
除专制制度和封建主义,其领袖是马·罗伯斯比尔、让·保·马拉、若·
雅·丹东、安·路·圣茹斯特等。吉伦特派代表共和派的大工商业资产
阶级和农业资产阶级的利益,主要是外省资产阶级的利益。该派许多领
导人在立法议会和国民公会中代表吉伦特省,因此而得名。吉伦特派的
领袖是雅·皮·布里索、皮·维·维尼奥、罗兰夫妇、让·安·孔多塞
等。该派主张各省自治,成立联邦。吉伦特派动摇于革命和反革命之
间,走同王党勾结的道路。列宁称革命的社会民主党人为山岳派,即无
产阶级的雅各宾派,而把社会民主党内的机会主义派别称为社会民主党
的吉伦特派。在俄国社会民主工党分裂为布尔什维克和孟什维克之
后,列宁经常强调指出,孟什维克是工人运动中的吉伦特派。——341。

**137** 沃罗涅日委员会是在以弗·彼·阿基莫夫和莉·彼·马赫诺韦茨为首
的经济派影响下的一个俄国社会民主党组织。该委员会对在 1902 年
11 月普斯科夫会议上成立的组织委员会持敌对立场,不承认它有召开
党的第二次代表大会的权力。该委员会散发诽谤性信件,辱骂组织委
员会,并把在建立组织委员会中起了主要作用的《火星报》称为"社会民
主党的鹰犬",指责它实行分裂政策。由于这些原因,组织委员会认为
不宜邀请该委员会参加代表大会。第二次代表大会批准了组织委员会
的决定,指出:"鉴于沃罗涅日委员会不承认组织委员会以及召开代表
大会的章程,俄国社会民主工党第二次代表大会认为组织委员会无疑
有权不邀请该委员会参加代表大会。"关于这个委员会,参看本卷第
408—410 页。——343。

**138** 彼得堡"工人组织"是经济派的组织,于 1900 年夏建立,1900 年秋同被
承认是俄国社会民主工党彼得堡委员会的彼得堡工人阶级解放斗争协

会合并。火星派在彼得堡党组织中取得胜利后,受经济派影响的一部分彼得堡社会民主党人于1902年秋从彼得堡委员会分离出去,重新建立了独立的"工人组织"。"工人组织"委员会对列宁的《火星报》及其建立马克思主义政党的组织计划持反对态度,鼓吹工人阶级的主动性是开展工人运动和取得斗争成功的最重要条件。1904年初,在党的第二次代表大会以后,彼得堡"工人组织"加入全党的组织,不复独立存在。——343。

**139** 指1903年9月从俄国来到日内瓦的弗·威·林格尼克。——352。

**140** 可能是指日内瓦郊区的Carouge和Cluse,这两个地名的第一个字母都是C。当时这里住着俄国社会民主工党多数派和少数派的成员。——369。

**141** 彼得否认他是耶稣的门徒出典于圣经《新约全书·路加福音》。彼得是耶稣的十二门徒之一,在耶稣被捕前曾向耶稣表示要舍生忘死地效忠于他。但当耶稣果真被捕时,他却不敢出面为耶稣申辩。甚至在有人认他是耶稣的门徒后,三次盘问他,他都加以否认,说他根本不认识耶稣。——370。

**142** 巴扎罗夫是俄国作家伊·谢·屠格涅夫的长篇小说《父与子》中的主人公。作为俄国19世纪60年代的民主主义知识分子,巴扎罗夫痛恨贵族的风尚和习俗。他戳穿了贵族富媪阿金佐娃夫人的虚伪做作,指出她对她根本瞧不起的贵族姨妈——一个地位很高的贵族老处女——礼数周到,殷勤备至,只是要抬高自己的身价,"为了显示自己了不起"。——373。

**143** 指弗·威·林格尼克。——373。

**144** 在1903年11月25日《火星报》第53号上同时发表了列宁《给〈火星报〉编辑部的信》(见本卷第86—90页)和普列汉诺夫写的编辑部的答复信。列宁在信中建议在该报上讨论布尔什维克和孟什维克之间的原则分歧。普列汉诺夫在答复中拒绝了这个建议,称这种分歧是"小组生活内的无谓争吵"。——373。

**145** 康康舞是 19 世纪 30 年代出现在法国巴黎的大众舞会上的一种轻快低俗的舞蹈，后来流行于咖啡馆舞台。20 世纪初该舞曲的明快节奏被搬上了某些歌剧。——373。

**146** 指格·瓦·普列汉诺夫的两篇文章：《可笑的误解》（1903 年 12 月 15 日《火星报》第 55 号）和《可悲的误解》（1904 年 1 月 15 日《火星报》第 57 号）。它们是对《解放》杂志评论普列汉诺夫《不该这么办》一文的文章《意义重大的转折》和《革命俄国报》评论俄国社会民主工党第二次代表大会和会后多数派和少数派的论战的文章《大代表大会的小缺点》的答复。——374。

**147** 内阁主义即米勒兰主义，是社会党人参加资产阶级政府的一种机会主义策略，因法国社会党人亚·埃·米勒兰于 1899 年参加瓦尔德克-卢梭的资产阶级政府而得名。

1900 年 9 月 23—27 日在巴黎举行的第二国际第五次代表大会讨论了米勒兰主义问题。大会通过了卡·考茨基提出的调和主义决议。这个决议虽谴责社会党人参加资产阶级政府，但却认为在"非常"情况下可以这样做。法国社会党人和其他国家的社会党人就利用这项附带条件为他们在第一次世界大战期间参加帝国主义资产阶级政府的行为辩护。列宁认为米勒兰主义是一种修正主义和叛卖行为，社会改良主义者参加资产阶级政府必定会充当资本家的傀儡，成为这个政府欺骗群众的工具。——380。

**148** 帕·波·阿克雪里罗得的这些话出自他的《俄国社会民主党的统一及其任务》一文，其中自由派的文坛领袖是指彼·伯·司徒卢威，革命的资产阶级民主派的领袖是暗指列宁。——380。

**149** 这里说的是合法马克思主义的主要代表人物彼·伯·司徒卢威。1894 年秋，列宁在彼得堡革命马克思主义者和合法马克思主义者代表参加的一次讨论会上，作了题为《马克思主义在资产阶级著作中的反映》的报告，批评了司徒卢威及其他合法马克思主义者的观点。这个报告后来成为他 1894 年底至 1895 年初撰写的《民粹主义的经济内容及其在司徒卢威先生的书中受到的批评(《马克思主义在资产阶级著作中的反映》)一文(本版全集第1卷)的基础。——381。

**150** 列宁指尔·马尔托夫在《火星报》第62号上发表的《我们能这样去准备吗?》一文。该文与拥护多数派的三个乌拉尔委员会论战,反对它们坚持的必须建立严格保守秘密的组织以准备全俄武装起义的观点,认为这是空想和搞密谋活动,是19世纪40年代和60年代法国革命家的策略。——383。

**151** 他们在描画什么人的肖像? 他们从哪里听过这种对话? 出自俄国诗人米·尤·莱蒙托夫的对话体诗《编辑、读者与作家》。诗人通过读者对编辑的批评,表达了对当时一些文学作品的不满。列宁借用这句话来嘲讽新《火星报》。——384。

**152** 葡萄是酸的! 一语出自俄国作家伊·安·克雷洛夫的寓言《狐狸和葡萄》。狐狸想吃葡萄够不着,就宽慰自己说:"这葡萄看上去挺好,其实都没熟,全是酸的!"——386。

**153** 铁弹是铁弹,炸弹是炸弹出自俄国说书艺人伊·费·哥尔布诺夫讲的故事《在大炮旁》。故事说,两个士兵在大炮旁边议论炮弹。士兵甲认为这门大炮要是装上铁弹就好了,士兵乙却认为要是装上炸弹就更好。两人争论起来,但谁也说不出一个所以然来,其实他们根本不懂得他们谈论的东西。——388。

**154** 指俄罗斯民间故事《十足的傻瓜》中的主人公傻瓜伊万努什卡。这个傻瓜经常说些不合时宜的话,因此而挨揍。一次,他看到农民在脱粒,叫喊道:"你们脱三天,只能脱三粒!"为此他挨了一顿打。傻瓜回家向母亲哭诉,母亲告诉他:"你应该说,但愿你们打也打不完,运也运不完,拉也拉不完!"第二天,傻瓜看到人家送葬,就叫喊道:"但愿你们运也运不完,拉也拉不完!"结果又挨了一顿打。——389。

**155** 这两句话引自尔·马尔托夫的一首讽刺诗《现代俄国社会党人之歌》。该诗用纳尔苏修斯·土波雷洛夫(意为骄矜的蠢猪)这一笔名发表于

1901 年 4 月《曙光》杂志第 1 期。诗中嘲笑了经济派的观点及其对自
发性的盲目崇拜。——390。

**156** 奥勃洛摩夫是俄国作家伊·亚·冈察洛夫的长篇小说《奥勃洛摩夫》的
主人公，他是一个怠惰成性、害怕变动、终日耽于幻想、对生活抱消极态
度的地主。——392。

**157** 吉伦特主义即法国资产阶级革命时期的吉伦特派在国家体制问题上关
于各省自治、成立联邦的主张。——395。

**158** 指 1904 年 2 月 25 日《火星报》第 60 号上刊载的尔·马尔托夫的文章
《当务之急》。他在这篇文章中鼓吹党的地方委员会在决定自己的人选
的问题上对中央委员会保持"独立性"，并且攻击莫斯科委员会在讨论
这个问题时通过的决议：该委员会根据党章第 9 条服从中央委员会一
切命令。——396。

**159** 指德国社会民主党德累斯顿代表大会。
　　德国社会民主党德累斯顿代表大会于 1903 年 9 月 13—20 日在德
累斯顿举行。出席大会的有代表 263 人，党的执行委员会委员、帝国国
会党团成员、监察委员会委员和党报编辑 57 人，外国来宾 12 人。大会
议程：执行委员会工作报告；关于议会活动的报告；党的策略，包括帝国
国会选举、关于担任副议长的问题和关于修正主义的倾向问题。会议
的中心议题是党的策略和同修正主义作斗争的问题。大会批评了爱·
伯恩施坦、保·格雷、爱·大卫、沃·海涅等人的修正主义观点，并以绝
大多数票(288 票对 11 票)通过了谴责修正主义者企图改变党的以阶
级斗争为基础的策略的决议。但是代表大会没有把修正主义分子开除
出党，他们在大会后继续宣传自己的修正主义观点。——397。

**160** 《社会主义月刊》(«Sozialistische Monatshefte»)是德国机会主义者的主
要刊物，也是国际修正主义者的刊物之一，1897—1933 年在柏林出版。
编辑和出版者为右翼社会民主党人约·布洛赫。撰稿人有爱·伯恩施
坦、康·施米特、弗·赫茨、爱·大卫、沃·海涅、麦·席佩耳等。第一

次世界大战期间,该刊持社会沙文主义立场。——398。

161 指维·伊·查苏利奇在 1903 年 10 月 28 日同盟代表大会第 3 次会议
上的发言。在谈到党的第二次代表大会选举中央机关报编辑部的问题
时,她认为,即使编辑部内部有分歧,由党的代表大会来改变编辑部的
组成也是不必要的。——402。

162 《法兰克福报》(《Frankfurter Zeitung》)是德国交易所经纪人的报纸(日
报),1856—1943 年在美因河畔法兰克福出版。——402。

163 指尔·马尔托夫攻击多数派的诙谐性文章《俄国社会民主工党简明宪
法("坚定派"最高章程)》。这个《宪法》作为他的《当务之急》一文的附
录发表于 1904 年 1 月 25 日《火星报》第 58 号。马尔托夫在这个《宪
法》中歪曲多数派的组织原则,说什么"党分为驱策者和被驱策者";"为
了利于集中制,驱策者有不同的信任级别,而被驱策者的权利都是平等
的"等等。——406。

164 看来是指曾任警察总监和彼得堡市长的费·费·特列波夫。1878 年 1
月 24 日,他因下令鞭打被监禁的革命者而被维·伊·查苏利奇开枪击
伤。——423。

165 对中央委员会反对召开代表大会的决议案投赞成票的 5 人是:弗·
亚·诺斯科夫、列·波·克拉辛、费·瓦·古萨罗夫、列·叶·加尔佩
林和格·马·克尔日扎诺夫斯基。投反对票的 4 人是:列宁、弗·威·
林格尼克、玛·莫·埃森和罗·萨·捷姆利亚奇卡。——431。

166 指卡·考茨基就俄国社会民主工党党内斗争问题给马·尼·利亚多夫
的信。这封信发表在 1904 年 5 月 15 日《火星报》第 66 号上。考茨基
在信中呼吁双方停止"内战",建议在党内"签订停战协定"以前不要召
开党代表大会来讨论布尔什维克和孟什维克之间的分歧问题。
——433。

167 这是有关俄国社会民主工党总委员会 1904 年 5—6 月会议的一组文

献。这次会议于5月31日和6月5日(6月13日和18日)在日内瓦举
行。出席会议的有列宁、格·瓦·普列汉诺夫、弗·亚·诺斯科夫、
帕·波·阿克雪里罗得和尔·马尔托夫。5月31日的会议讨论了召
开俄国各革命党和反对党联席代表会议问题和即将召开的阿姆斯特丹
国际代表大会问题。6月5日的会议讨论了一些党内问题:关于党的
中央机关(中央机关报和中央委员会)从总委员会召回自己的代表的权
利问题;关于各委员会增补委员和中央委员会委派各委员会新委员的
权利问题;关于各党组织就召开党的第三次代表大会进行表决的程序
问题;关于公布总委员会会议记录问题等。由于总委员会5名委员中
有3名是孟什维克反对派的代表,而诺斯科夫又持调和派立场,会议在
一些重要的党内问题上通过了孟什维克的决议案。——437。

**168** 各党联席代表会议(即俄国各反对派组织和革命派组织的联席代表会
议)是1904年底由芬兰积极抵抗党倡议召开的。

　　1904年8月,在国际社会党代表大会开幕前夕,俄国社会民主工
党和俄国其他的社会民主主义政党及组织的代表在阿姆斯特丹会晤,
作出了不参加各党联席代表会议的决定。俄国社会民主工党总委员会
在1904年8月21日(9月3日)的会议上批准了这一决定。——438。

**169** 俄国社会民主工党中央委员会给波兰社会党的这封回信是列宁在
1904年2月7日写的(见本版全集第44卷第257号文献)。——439。

**170** 指波兰社会党"无产阶级派"。

　　波兰社会党"无产阶级派"是由从波兰社会党分离出来的该党利沃
夫支部于1900年夏成立的政党,中央委员会先后设于利沃夫和克拉科
夫,在华沙、罗兹等地有其组织。以路·库尔契茨基为首的该党最高纲
领是社会主义革命,最低纲领是制定全俄宪法和波兰王国自治、教会同
国家分离、实行八小时工作制。该党坚持采取个人恐怖的策略,同时主
张波兰革命运动同俄国的革命运动接近。该党于1909年春停止活动。
——440。

**171** 看来是指波罗的海沿岸拉脱维亚社会民主工人组织和拉脱维亚社会民

主党人同盟。

波罗的海沿岸拉脱维亚社会民主工人组织是1902年4月由几个社会民主主义组织联合而成的。1904年6月,以这个组织为基础建立了拉脱维亚社会民主工党。该党于1906年4月派代表出席了俄国社会民主工党第四次(统一)代表大会,加入了俄国社会民主工党。

拉脱维亚社会民主党人同盟是1900年秋天在国外建立的。这个组织就其提出的要求来说接近于俄国社会革命党人,并具有相当程度的民族主义倾向。1905年在部分农民中暂时有些影响,但很快被拉脱维亚社会民主工党排挤,以后再未起什么明显的作用。——440。

**172** 指亚美尼亚社会民主工人组织("特殊派")。

亚美尼亚社会民主工人组织("特殊派")是亚美尼亚民族联邦主义分子在俄国社会民主工党第二次代表大会后不久建立的。它像崩得一样要求实行联邦制的建党原则,把无产阶级按民族分开,并宣布自己是亚美尼亚无产阶级的唯一代表。它借口"每个民族都有特殊的条件"来为自己的民族主义辩护。列宁在1905年9月7日写给俄国社会民主工党中央委员会的信中,坚决反对这个组织参加1905年9月召开的俄国各社会民主主义组织代表会议,指出这个组织的成员是一帮在国外的著作家,同高加索没有什么联系,是崩得的亲信(参看本版全集第45卷第49号文献)。1907年俄国社会民主工党第五次代表大会通过了关于该党与亚美尼亚社会民主工人组织实行统一的决议。——440。

**173** 指尔·马尔托夫在这次会议上提出的建议:要预先规定,在各党联席代表会议上只有一致同意才能通过原则性决议。——441。

**174** 列宁的这个意见是针对尔·马尔托夫所提的决议案说的。这个决议案建议所有党组织将其参加第二国际阿姆斯特丹代表大会的代表委托书寄给党总委员会,并提交地方工作报告,以便编写总的报告。格·瓦·普列汉诺夫紧接着马尔托夫发言,指出没有时间坐等各地的报告,并建议立即委托一个人起草报告。——443。

**175** 指亚美尼亚小资产阶级民族主义政党公蔡克党的机关报《复兴报》。该报于 1903—1904 年在保加利亚鲁什丘克市出版。——444。

176　指尔·马尔托夫提出的决议案。该决议案建议党总委员会对党章第
　　　12 条关于各委员会增补新的委员须有现有委员 2/3 票数通过的规定
　　　作如下解释：在 2/3 票数不是整数的情况下，所带零头是 1/3 则舍弃不
　　　算，是 2/3 则算做 1。该决议案开头部分说，之所以有必要作这样的解
　　　释，是因为按党章要求确定增补所需的票数时发生了误解。马尔托夫
　　　举莫斯科委员会的表决为例，但实际上并没有提出具有说服力的事实。
　　　该决议案后来按列宁的意见修改后通过。——446。

177　指马尔托夫断言莫斯科委员会的少数派提议增补自己方面的代表是 2
　　　名，而不是 1 名。——447。

178　指尼古拉耶夫委员会发生的冲突。在党总委员会 6 月 5 日的会议上，
　　　尔·马尔托夫在列宁发言之前介绍了这次冲突事件。——447。

179　这一决议案由党总委员会一致通过。——449。

180　俄国社会民主工党第二次代表大会通过的党章第 3 条规定，只有在不
　　　晚于代表大会前一年被批准的组织才有权派代表参加大会。据此，
　　　弗·亚·诺斯科夫（格列博夫）在党总委员会第 2 次会议上指出，特维
　　　尔委员会和里加委员会的票对决定召开第三次党代表大会的问题没有
　　　法律效力。——450。

181　指俄国社会民主工党高加索联合会。
　　　　俄国社会民主工党高加索联合会是在 1903 年 3 月根据梯弗利斯
　　　和巴库两委员会的倡议在梯弗利斯举行的高加索各社会民主主义组织
　　　第一次代表大会上建立的。出席这次代表大会的有梯弗利斯、巴库、巴
　　　统、库塔伊西和外高加索的其他社会民主主义组织的 15 名代表。代表
　　　大会宣布高加索联合会是俄国社会民主工党不可分割的组成部分，表
　　　示赞同《火星报》的政治路线，接受《火星报》编辑部拟定的党纲、党章草
　　　案，并选出了联合会的领导机关——俄国社会民主工党高加索联合会
　　　委员会。大会决定将格鲁吉亚社会民主党的《斗争报》和亚美尼亚社会

民主党人联合会的《无产阶级报》合并为《无产阶级斗争报》。高加索联合会派出 3 名代表出席俄国社会民主工党第二次代表大会。因为联合会尚处在组建阶段,所以他们是作为三个独立委员会代表选出的,即波·米·克努尼扬茨为巴库委员会代表,阿·格·祖拉博夫为巴统委员会代表,季·亚·托普里泽为梯弗利斯委员会代表。1903 年 9 月,俄国社会民主工党中央委员会批准高加索联合会为党的区组织。

高加索联合会委员会一开始就同列宁建立了密切的联系。它是布尔什维克同孟什维克进行斗争的可靠支柱。联合会积极为召开俄国社会民主工党第三次代表大会而斗争,并派代表参加了进行实际筹备工作的多数派委员会常务局。

1906 年 2 月,在俄国社会民主工党第四次(统一)代表大会举行的前夕,俄国社会民主工党高加索联合会因布尔什维克和孟什维克两派建立了联合委员会而停止活动。——450。

**182** 指尔·马尔托夫在党总委员会第 2 次会议上的下述提议:把萨马拉、斯摩棱斯克、布良斯克和阿斯特拉罕各委员会与出席过代表大会的各委员会同等看待,在决定召开党代表大会的问题上给它们以表决权。——451。

**183** 指尔·马尔托夫的下述提议:从 1903 年 9 月即高加索联合会的章程被批准之时起,给这个联合会在决定召开党代表大会的问题上以表决权。——451。

**184** 《黎明报》(《Рассвет》)是俄国社会民主工党为教派信徒办的小报,根据列宁起草的俄国社会民主工党第二次代表大会的决议(见本版全集第 7 卷第 293 页)由弗·德·邦契-布鲁耶维奇于 1904 年 1 月在日内瓦创办。党总委员会在 1904 年 6 月 18 日的会议上反对该报作为党的机关报继续出版,但保留了邦契-布鲁耶维奇以个人名义出版小报的权利。《黎明报》于 1904 年秋停刊,共出了 9 号。——452。

**185** 指党总委员会 1904 年 1 月会议通过的关于公布总委员会会议记录的决定。——453。

186　在 1904 年 6 月 5 日(18 日)会议上,党总委员会以格·瓦·普列汉诺夫、尔·马尔托夫、帕·波·阿克雪里罗得和弗·亚·诺斯科夫(格列博夫)4 票通过决定,反对公布总委员会会议记录。——454。

187　这个文件是列宁在国外同盟代表大会上所作的关于俄国社会民主工党第二次代表大会的报告的详细提纲。它同报告的记录稿(见本卷第 38—48 页)在内容和叙述顺序上基本相符。但提纲中的某些论题在记录稿中没有涉及,而提纲中没有的一些论点却在记录稿中得到了发挥。列宁在《进一步,退两步》(见本卷第 197—425 页)和这一时期的其他著作中,对本提纲提到的情况作了详细的分析。——457。

188　指在俄国社会民主工党第二次代表大会上选举中央机关报编辑部的问题(见本卷第 305—322 页)。——458。

189　指格·瓦·普列汉诺夫在党的第二次代表大会第 16 次会议上的发言。他在发言中说:如果为了革命的胜利需要暂时限制某一个民主原则的作用,那么,不去作这种限制就是犯罪;也可能出现社会民主党人为了限制剥削阶级的政治权利而反对普选制的情况。——459。

190　这里的问号看来意味着列宁写这份提纲时没有掌握毕洛夫(即维·叶·曼德尔贝格,大会记录中的波萨多夫斯基)如何投票的准确情况,因为第二次代表大会的记录当时尚未公布。实际上毕洛夫在这次记名投票中是反对列宁的提议的。赞成列宁提议的一共是 25 票,反对的是 26 票。列宁在第二次代表大会记录公布后写的《进一步,退两步》中指出,波萨多夫斯基同反火星派分子投了一样的票(见本卷第 226 页)。——460。

191　最伪善的耶稣即叶·雅·列文(叶戈罗夫)。斗争社分子是指德·巴·卡拉法季(马霍夫;米佐夫)。——460。

192　这里引的是尔·马尔托夫的话。详见本卷第 45—46 页。——461。

193　这里提的第一次表决,是指就弗·德·邦契-布鲁耶维奇关于大会主席团选举问题的建议所进行的表决。他建议主席团由三人组成,一人由俄国社会民主工党第二次代表大会的多数派选出,另一人由少数派选出,第三人则由同盟的会议选出。孟什维克力图利用自己在同盟代表大会上的多数把孟什维克的候选人选进主席团,所以反对这样的选举程序,而主张选举三人组成主席团,不必考虑被选举人是属于党代表大会的多数派还是少数派。孟什维克的这一建议,经尔·马尔托夫写成文字后,与邦契-布鲁耶维奇的建议一同付表决。——464。

194　这里的两个"副"字都是指代表大会的副主席,前一个是指代表大会副主席(共两个)的选举情况,后边一个是指选举结果。根据同盟代表大会记录的记载,马·马·李维诺夫得13票,而不是14票。——464。

195　指俄国社会民主工党中央委员会代表弗·威·林格尼克给国外同盟代表大会的信。信中希望同盟能够根据党章精神来制定自己的新章程。——465。

196　指是否让已经回俄国的国外同盟成员在这次代表大会上享有表决权问题的辩论。布尔什维克主张给他们表决权,孟什维克反对。问题的实质在于,有两个在大会开幕前不久回俄国的同盟成员——可能是米·尼·列曼(莉莎)和彼·格·斯米多维奇(瓦西里·伊万诺维奇)——把自己的表决权转托给了尼·埃·鲍曼。孟什维克由于担心会增加第二次党代表大会的多数派代表的票数,因而反对承认已经回国的同盟成员的权利。——465。

197　米·科列涅夫斯基(埃马努伊洛夫)建议给回国尚未超过三个月的国外同盟成员保留表决权。这里记的是关于这一建议的表决情况。——465。

198　这里所列的四条是已通过的国外同盟代表大会的议程。——466。

199　在前面分别标了"**我们的**"和"**马尔托夫分子**"的这两部分札记是对布尔什维克和孟什维克在国外同盟代表大会上实际力量对比的具体计算。
　　　前一部分中未指出姓名的13个布尔什维克是在《给俄国革命社会

民主党人国外同盟成员的公开信》(见《列宁文集》俄文版第 7 卷第
72—76 页)上签名的 12 人和奥·阿·皮亚特尼茨基。

　　后一部分最右边列出的 6 人,其立场在第 1 次会议上不够明朗。
后来的各次会议表明,这 6 人中有 4 人支持孟什维克,其余两人——
康·米·塔赫塔廖夫(塔尔)和阿·亚·雅库波娃(塔尔,她的票由塔赫
塔廖夫代投)——持中立立场。——466。

**200**　列宁在《民粹派化的资产阶级和惊慌失措的民粹派》(见本卷第 72—80
页)一文中对这一提要中所指出的尔·的文章的各点作了详细的分析
和批判。——467。

**201**　这句话和上句话都是彼·诺沃勃兰策夫在 1903 年 9 月 15 日(28 日)
《革命俄国报》第 32 号上发表的《俄国革命纲领的基本问题》一文中讲
的。该文谈到历史过程的自发性,谈到社会革命党人没有"教条",他们
"不能为历史打保票"。下句话也是诺沃勃兰策夫讲的。——470。

**202**　第 8 条所列的是彼·诺沃勃兰策夫文章中反对俄国社会民主工党关于
土地问题的纲领性原则的地方。这些原则主要是在列宁《俄国社会民
主党的土地纲领》(见本版全集第 6 卷)一文中阐明的。——470。

**203**　这里说的是彼·诺沃勃兰策夫文章中以下的话:《解放》杂志把知识界
的"父辈"联合起来了,而同一知识界的"子辈"(社会革命党人)"乃是革
命事业的忘我战士",所以"父辈"与"子辈"之间没有原则性的对立。
——470。

**204**　第 10 条所列 8 项内容是尔·的《论土地问题》一文中所阐述的自由派
的土地纲领的基本原则。——471。

**205**　这个大纲与前两个文件有密切的联系。A 条中的 αβγδ 表示该条包括
《尔·〈论土地问题〉一文摘要》中的相应各条的内容。Б 条与前一文件
中 A 条的第二部分一致。各条末尾所附数码表示与前一提纲中标有
同样数码的各条在内容上相关联。Γ 条中的"(3).5β"与前一文件有关,
ε+ζ+η+ι 与《尔·〈论土地问题〉一文摘要》的相关条有关。——471。

**206**  惊慌失措几个字概括地表示文章第二部分,即 Д、Е、Ж、З、И 各条的内容。列宁曾打算在这一部分对"惊慌失措的民粹派"即社会革命党人的观点进行详细的批判。——472。

**207**  看来这个文件是《民粹派化的资产阶级和惊慌失措的民粹派》一文几个提纲中的最后一个。它比前两个提纲详细、完整,并且用了文章发表时所使用的标题。——472。

**208**  指伯恩施坦主义的著作。《论土地问题》的作者曾引用这类著作来证实他自己的所谓"马克思主义不科学"的主张。——473。

**209**  列宁在写作《进一步,退两步》(见本卷第 197—425 页)的过程中,仔细地研究了 1904 年 1 月在日内瓦出版的俄国社会民主工党第二次代表大会记录。这份《简略摘要》是列宁在阅读代表大会记录时随手作的笔记,按代表大会记录的顺序排列,其中标注的页码都是这个记录 1904 年版的页码。——477。

**210**  这里记的是德·巴·卡拉法季(马霍夫)在代表大会第 2 次会议上关于崩得在党内的地位问题应放在议程第几项的发言。卡拉法季支持崩得代表的意见,反对将这一问题放在第 1 项。他在下一次发言中(《简略摘要》也提到了这次发言)再次反对把崩得问题放在第 1 项,声称还有别的麻烦问题需要尽先讨论,如关于民主制还是集中制的问题。——477。

**211**  这一栏数字表示的是表决波·阿·金兹堡(柯尔佐夫)的决议案时双方票数的大致对比。该决议案要求在代表资格审查委员会选出之后废止组委会以委员会资格影响代表大会组成的权利。代表大会的总票数是 51 票,其中赞成金兹堡的决议案的有 32 票。火星派分子全部投了赞成票。——477。

**212**  格·瓦·普列汉诺夫称组委会事件为"可悲的事件"。接着这条札记之后摘引的亚·马尔丁诺夫和尔·马尔托夫发言中的一些话也是有关组委会事件的。列宁在《进一步,退两步》第 3 节里详细地叙述了组委会事件的内容(见本卷第 207—216 页)。——478。

**213**　这一条和下两条札记都同代表大会第 5 次和第 6 次会议讨论崩得在党内的地位问题有关。——478。

**214**　指弗·科索夫斯基(霍夫曼)的声明。他说,党代表大会上形成了一个"紧密的多数派",这个多数派"作为一方"来对待崩得。列宁在《关于崩得在俄国社会民主工党内的地位问题的发言》中对这一声明作了回答(参看本版全集第 7 卷第 248—250 页)。——478。

**215**　列宁在《进一步,退两步》第 11 节里,对弗·尼·罗扎诺夫(波波夫)在代表大会第 14 次会议上的这一发言进行了分析(见本卷第 287—288 页)。——478。

**216**　指由中央机关报出 3 名委员、中央委员会出 2 名委员组成总委员会。——478。

**217**　第一点是尔·马尔托夫关于党总委员会组成问题的建议。他主张由中央委员会和中央机关报编辑部各派 2 名委员,第五名委员由这 4 名委员从中央委员会或中央机关报编辑部的成员中一致选出。列宁的意见是:党总委员会由代表大会从中央机关报编辑部和中央委员会的委员中任命 5 人组成,两机构各不得少于 2 人。第二点是关于党的委员会和中央机关增补新委员的问题。马尔托夫反对一致同意的原则,也反对以 4/5 的多数通过,而赞成 2/3 的多数。列宁要求采取更严格的法定多数,反对将 4/5 降为 2/3。——478。

**218**　列宁在《进一步,退两步》第 8 节里曾提到弗·达·麦迭姆(戈尔德布拉特)在代表大会第 15 次会议上的这一发言(见本卷第 245 页)。——479。

**219**　列宁在《进一步,退两步》第 5 节里分析了尔·马尔托夫、叶·雅·列文(叶戈罗夫)、弗·尼·罗扎诺夫(波波夫)关于语言平等问题的发言以及对这一问题的记名表决(见本卷第 222—227 页)。——479。

**220**　列宁在《进一步,退两步》第 6 节里分析了德·巴·卡拉法季(马霍夫)

在代表大会第 19 次会议结束时的发言（见本卷第 230 — 231 页）。——479。

**221** 指关于中央机关成员增补问题的表决。当崩得分子参加表决时，他们始终支持尔·马尔托夫。括号里的数字是每次表决的总票数。列宁在《进一步，退两步》第 12 节里详细地谈到了这 4 次表决的情况（见本卷第 298—300 页）。——479。

**222** 列宁在《进一步，退两步》第 12 节里对弗·彼·阿基莫夫在代表大会第 27 次会议上的发言和下面提到的叶·雅·列文（叶戈罗夫）在同一次会议上的发言进行了分析（见本卷第 300—305 页）。——480。

**223** 这是列宁从代表大会记录中收集的关于一部分代表（共 23 人）在讨论和表决一些基本问题过程中所持的立场的材料，标有记录的有关页码。其中南方工人社代表和所谓"泥潭派"代表的材料最完备，火星派多数派的材料数量最多，但缺少评述工人事业派、崩得的代表以及火星派少数派代表的材料。——481。

**224** 这里所记的是叶·雅·列文（叶戈罗夫）在代表大会第 14 次会议结束时的发言。在这次会议上，当有人提议党章草案一般性辩论停止报名发言时，崩得代表弗·达·麦迭姆和米·伊·李伯尔提出抗议，说崩得问题是讨论项目的一部分，在没有讨论这个问题之前不应停止报名发言。在代表大会不顾崩得的意愿通过了停止报名发言的提议后，列文发言支持崩得，声称停止报名发言就是代表大会在形式上违反了自己就第 2 项议程所作的决定。——481。

**225** 指叶·雅·列文（叶戈罗夫）对尔·马尔托夫一项建议的意见。马尔托夫建议在党纲政治要求的第 14 条（关于国民教育）中增添"用本民族语言"几个字。列宁认为这是把严肃的问题化为鸡毛蒜皮，是"明显地想把代表大会的多数引向歧途"。在会议主席提出批评后，列文收回了这句话。——481。

**226** 这里记的是叶·雅·列文（叶戈罗夫）（他是章程委员会的委员之一）在

代表大会第 25 次会议上关于党总委员会组成方法的两次发言。列文
认为自己提出的条文已将章程委员会其他委员提出的另外两个条文结
合起来了，所以是一个解决问题的妥协折中办法。——481。

227　指叶·雅·列文(叶戈罗夫)在代表大会第 27 次会议上讨论波·米·
克努尼扬茨(鲁索夫)关于承认俄国单命社会民主党人国外同盟是唯一
的国外组织的建议时的行为。列宁在《进一步，退两步》第 12 节里对这
件事作了分析(见本卷第 302—303 页)。——481。

228　指叶·雅·列文(叶戈罗夫)在代表大会第 37 次会议上讨论关于社会
革命党人的决议草案时的发言。列文感到困惑不解的是：怎么可以一
方面在党纲中规定俄国社会民主工党支持任何反对俄国现存社会政治
制度的反政府运动和革命运动，而另一方面又对自由派和社会革命党
人的运动持否定态度。列宁在《进一步，退两步》第 6 节里批判了列文
的这个发言(见本卷第 234—235 页)。——481。

229　指弗·尼·罗扎诺夫(波波夫)的下述声明：在承认总委员会为党的领
导机关时，谁在其中占多数，是中央机关报的代表还是中央委员会的代
表，这完全不重要。——482。

230　对弗·尼·罗扎诺夫(波波夫)的这句话的意思，列宁在《进一步，退两
步》第 4 节里作了说明(见本卷第 218 页)。——482。

231　对弗·尼·罗扎诺夫(波波夫)的这一说法，列宁在《进一步，退两步》第
13 节里作了分析(见本卷第 313 页)。——482。

232　"伟大的糊涂虫"是列宁分析了德·巴·卡拉法季(马霍夫)关于土地纲
领草案的几次发言后对他下的评语。在代表大会第 20 次会议讨论这
个草案时，卡拉法季起初提议全盘否决土地纲领；后来又附和米·伊·
李伯尔的只保留其中总论部分而删去具体条款的提议；当这一提议被
否决以后，他又说必须把一切有关的内容都写进土地纲领；最后他又反
对关于把赎金归还农民的条款。代表大会否决了他所有的提议。
——482。

**233** 对于德·巴·卡拉法季(马霍夫)说明他为什么在表决崩得章程第 2 条时弃权的发言,列宁在《进一步,退两步》第 3 节里作了分析(见本卷第 209 页)。——482。

**234** 这里记的是德·巴·卡拉法季(马霍夫)在代表大会第 29 次会议上讨论党的各独立团体的问题时的发言。卡拉法季主张将自由社列入须由代表大会批准或解散的组织的名单。他的这个建议未被代表大会通过。

自由社是叶·奥·捷连斯基(尔·纳杰日丁)于 1901 年 5 月建立的,自称为"革命社会主义"的组织。自由社鼓吹恐怖主义和经济主义思想,与彼得堡经济派一起反对火星派的俄国社会民主工党彼得堡委员会。该社在瑞士出版过两期《自由》杂志(1901 年第 1 期和 1902 年第 2 期)。此外,还出版过《革命前夜。理论和策略问题不定期评论》第 1 期和纲领性小册子《俄国革命主义的复活》等。1903 年,该社不复存在。——482。

**235** 这里记的德·巴·卡拉法季(马霍夫)在代表大会第 30 次会议上的两次发言都主张中央机关报编辑部保持《火星报》原有的六人小组。

《火星报》编辑部成员认为在讨论选举编辑部问题时自己在场不方便,因而退出了会场。当有人提出能否邀请《火星报》编辑部成员参加会议的问题时,卡拉法季甚至认为把这个问题提付表决也是"不体面"的。——482。

**236** 指亚·萨·洛克尔曼(察廖夫)在代表大会第 31 次会议上提出的建议:选举"一个编辑,再由这个编辑增补全体编辑人员"。——483。

**237** 尼·埃·鲍曼(索罗金)在这里指的是尔·马尔托夫的下述捏造:两个三人小组(中央机关报编辑部 3 名委员和中央委员会 3 名委员)的选举方案是列宁一人拟出来的,《火星报》其他编辑部成员既未参与,也不知道。——483。

**238** 在代表大会第 18 次会议上讨论党纲政治要求第 14 条时,米·伊·李伯尔提议删去该条的后半段,即"由国家供给贫苦儿童膳食、服装、教材和文具"这一部分。马·尼·利亚多夫赞同李伯尔的意见。——484。

**239** 指弗·菲·哥林在代表大会第 8、9、16 次会议上讨论党纲草案时的发言。——484。

**240** 指弗·亚·诺斯科夫(格列博夫)在代表大会第 14 次会议上讨论党章草案时的发言。他说:在章程中列举中央委员会的职能是多余的,因为章程应该制定得简明扼要;中央委员会的作用完全取决于它的活动,章程只是给予保证而已。——484。

**241** 指季·亚·托普里泽(卡尔斯基)在代表大会第 9 次会议上讨论纲领草案时的发言。托普里泽在发言的前一部分批判了亚·马尔丁诺夫关于工人阶级本身可以自发地产生出科学社会主义理论的意见;在后一部分论述了阶级和党的关系问题,认为党是社会主义理想的代表和向导,党不能不比工人阶级站得更高一些。——485。

**242** 这里记的是波·米·克努尼扬茨(鲁索夫)在代表大会第 28 次会议上讨论区组织问题时的两次发言。在第一次发言中他建议保留高加索各社会民主主义组织委员会的联合会。另一次发言是对叶·雅·列文的发言的回答。列文要代表大会提防正在出现的新崩得主义,认为高加索联合会的代表的观点就表现了这种危险。鲁索夫对此加以反驳,阐明了崩得和高加索联合会两者活动性质的区别。——486。

**243** 这是出席俄国社会民主工党第二次代表大会的《火星报》组织成员名单。他们都参加了《火星报》组织在代表大会期间举行的最后一次(第 4 次)会议,即"16 人会议"(见本卷第 12—14 页)。名单中用黑体字印出的是"坚定的"火星派分子。右边一栏是对出席代表大会的《火星报》组织成员所作的数字分析。9 名"坚定的"火星派分子中,3 名是国外组织的代表,6 名是国内的实际工作者;7 名"温和的"火星派分子中,6 名是国外组织的代表,1 名是国内的代表。——488。

**244** 看来是指俄国社会民主工党第二次代表大会开幕前夕举行的组织委员

会会议,这次会议讨论了邀请工人事业派分子伊·瓦·切尔内绍夫参
加代表大会的问题(见本卷第6页)。——489。

**245**　斗争社观点是指达·波·梁赞诺夫的斗争社在批评社会民主党纲领时
所持的庸俗观点。泥潭派代表德·巴·卡拉法季(即米佐夫,按代表大
会记录是马霍夫)在代表大会上用同样的观点批评社会民主工党纲领
草案。因此,列宁在这里使用了"斗争社观点"这一用语。——489。

**246**　米·索·兹博罗夫斯基(即康斯坦丁诺夫,按代表大会记录是科斯季
奇)起初被列入"泥潭派"。后来列宁更准确地断定他是马尔托夫分子,
就用铅笔标了"马尔托夫派",并把这一段笔记圈了起来。——490。

**247**　列宁根据俄国社会民主工党第二次代表大会记录,把大会上的票数按
派别和派别的联盟作了划分。在《进一步,退两步》中,列宁详细分析了
这些材料,描述了代表大会上斗争的一般情景,并对各个派别和各类表
决进行了评论(见本卷第333—347页)。——491。

**248**　"尤里"是秘密通信中使用的南方工人社的代号。——492。

**249**　这里记的是关于中央机关成员增补问题的4次表决情况。参看注
221。——492。

**250**　这是《进一步,退两步》后半部分目录的最初方案,后来作者改变了这个
方案。——495。

**251**　列宁的这篇《考证》是根据自己的《俄国社会民主工党第二次代表大会
会议日志》中的会议日期表格(见本版全集第7卷第402页)编写的,并
被引用于《进一步,退两步》第10节(见本卷第278页)。——496。

**252**　这里指的是格·瓦·普列汉诺夫1903年10月17日(30日)在国外同
盟布尔什维克成员和他们指定的同盟候补成员共同参加的非正式会议
上的发言。——497。

# 人 名 索 引

## A

阿布拉姆松——见波尔特诺伊，К.Я.。

阿基莫夫(**马赫诺韦茨**)，弗拉基米尔·彼得罗维奇(Акимов(Махновец)，
Владимир Петрович 1872—1921)——俄国社会民主党人，经济派代表人
物。19世纪90年代中期加入彼得堡意社，1897年被捕，1898年流放叶
尼塞斯克省，同年9月逃往国外，成为国外俄国社会民主党人联合会领导
人之一；为经济主义思想辩护，反对劳动解放社，后又反对《火星报》。1903
年代表联合会出席俄国社会民主工党第二次代表大会，是反火星派分子，
会后成为孟什维克极右翼代表。1905—1907年革命期间支持主张建立
"全俄工人阶级组织"(社会民主党仅是该组织中的一种思想派别)的取消
主义思想。作为有发言权的代表参加了俄国社会民主工党第四次(统一)
代表大会的工作，维护孟什维克的机会主义策略，呼吁同立宪民主党人联
合。斯托雷平反动时期脱党。——43、205、206、208、209、210、211、213、
220、227、230、244—246、256—257、261、262、263、267、270—271、272、
274、280、284、285、287—289、290、293—295、300—305、309、318、321、
323、326、327、332、336—342、343、345、346、347、348、359、367、370、375、
381、384、385、395、403、404、408、414、459、460、478、479、480。

阿克雪里罗得，柳博芙·伊萨科夫娜(正统派)(Аксельрод，Любовь Исааковна
(Ортодокс)1868—1946)——俄国哲学家和文艺学家，社会民主主义运动
参加者。1887—1906年先后侨居法国和瑞士；曾加入国外俄国社会民主
党人联合会。1903年俄国社会民主工党第二次代表大会后，起初加入布
尔什维克，后转向孟什维克。在著作中批判经济主义、新康德主义和经验
批判主义，同时又赞同普列汉诺夫的孟什维主义观点，重复他在哲学上的

错误,反对列宁的哲学观点。第一次世界大战期间持社会沙文主义立场。1917年初是孟什维克中央委员会委员,后为普列汉诺夫统一派分子。1918年起不再积极参加政治活动,在一些高等院校从事教学工作。20年代是用机械论修正马克思主义哲学的代表人物之一。晚年从事艺术社会学的研究。主要著作有《哲学论文集》(1906)、《哲学家卡尔·马克思》(1924)、《黑格尔的唯心主义辩证法和马克思的唯物主义辩证法》(1934)等。——370、464。

阿克雪里罗得,帕维尔·波里索维奇(帕·波·)(Аксельрод, Павел Борисович (П.Б.)1850—1928)——俄国孟什维克领袖之一。19世纪70年代是民粹派分子。1883年参与创建劳动解放社。1900年起是《火星报》和《曙光》杂志编辑部成员。这一时期在宣传马克思主义的同时,也在一系列著中把资产阶级民主制和西欧社会民主党议会活动理想化。1903年在俄国社会民主工党第二次代表大会上是《火星报》编辑部有发言权的代表,属火星派少数派,会后是孟什维主义的思想家。1905年提出召开广泛的工人代表大会的取消主义观点。1906年在党的第四次(统一)代表大会上代表孟什维克作了关于国家杜马问题的报告,宣扬无产阶级同资产阶级实行政治合作的机会主义思想。斯托雷平反动时期和新的革命高涨年代是取消派的思想领袖,参加孟什维克取消派《社会民主党人呼声报》编辑部。1912年加入"八月联盟"。第一次世界大战期间表面上是中派,实际持社会沙文主义立场;曾参加齐美尔瓦尔德代表会议和昆塔尔代表会议,属于右翼。1917年二月革命后任彼得格勒苏维埃执行委员会委员,支持资产阶级临时政府。十月革命后侨居国外,反对苏维埃政权,鼓吹武装干涉苏维埃俄国。——11、15、37、41、103、105、106、119、122、123、131、132、133—135、179、198、212、234—235、241、245、246、248、251—256、257、259、262—264、266、267、268、272、281、282、287、289、290、312、316、330、331、338、339、342—343、345、346、353、360—361、366、367、370、371、379—384、385、386、390、391、394—396、398—399、402、404—407、410、440、464、466、479、488。

阿克雪里罗得,伊达·伊萨科夫娜(伊达·伊萨科夫娜)(Аксельрод, Ида Исааковна(Ида Исааковна)1872—1917)——俄国社会民主党人,火星派

分子,文学批评家和哲学家。开始参加革命时为民意党人。1893 年起侨
居国外,加入劳动解放社,后为俄国革命社会民主党人国外同盟成员。俄
国社会民主工党第二次代表大会后加入布尔什维克,后转向孟什维克。斯
托雷平反动时期加入孟什维克护党派,第一次世界大战期间是护国派分
子。曾为《复兴》、《现代生活》等社会民主党杂志撰稿。十月革命前夕回
国,不久死于彼得格勒。——466。

阿列克谢耶夫,彼得·阿列克谢耶维奇(Алексеев, Петр Алексеевич 1849—
1891)——俄国早期工人革命家,织工。19 世纪 70 年代初接近革命民粹
派,1873 年加入彼得堡涅瓦关卡外的革命工人小组,1874 年 11 月起在莫
斯科工人中进行革命宣传,是全俄社会革命组织的积极成员。1875 年 4
月被捕。1877 年 3 月在法庭上发表预言沙皇专制制度必然覆灭的著名演
说。同年被判处十年苦役,1884 年起在雅库特州的一个偏僻的乡服苦役,
1891 年 8 月在该地被盗匪杀害。——258。

阿列克谢耶夫,尼古拉·亚历山德罗维奇(Алексеев, Николай Александрович
1873—1972)——俄国社会民主党人,火星派分子,布尔什维克。曾就学
于彼得堡军医学院。1897 年加入彼得堡工人阶级解放斗争协会。1898 年
被捕和流放,次年逃往国外。1900—1905 年住在伦敦,先后加入国外俄国
社会民主党人联合会和俄国革命社会民主党人国外同盟。俄国社会民主
工党第二次代表大会后是布尔什维克驻伦敦代表。作为有发言权的代表
出席了党的第三次代表大会,为大会秘书。1905 年 12 月回到彼得堡,参
加《生活通报》杂志、《浪潮报》等布尔什维克报刊工作。1911—1915 年在
东西伯利亚行医。1917 年二月革命后任伊尔库茨克军人代表苏维埃委员
和伊尔库茨克社会民主党联合组织委员会委员。该委员会分裂后是军人
代表苏维埃执行委员会第一任布尔什维克主席。参加过十月革命和国内
战争。曾任基廉斯克革命委员会主席。1922 年起在政治教育总委员会和
共产国际工作,后从事科研和教学工作。——466。

埃尔姆,阿道夫(Elm, Adolf 1857—1916)——德国社会民主党人,合作社活
动家和工会活动家,改良主义者,全德社会民主主义工会联合会(通称德国
自由工会)领袖之一;职业是烟草工人。1894—1906 年为帝国国会议员。
曾为德国机会主义者刊物《社会主义月刊》撰稿,攻击社会民主党的革命纲

领和策略。1910年出席哥本哈根国际社会党代表大会,是代表大会的合作社委员会委员及其小组委员会委员。——403。

埃马努伊洛夫——见科列涅夫斯基,米哈伊尔。

埃森,玛丽亚·莫伊谢耶夫娜(兹韦列夫)(Эссен,Мария Моисеевна(Зверев)
1872—1956)——俄国社会民主党人,火星派分子。1892年参加革命运动,在敖德萨和叶卡捷琳诺斯拉夫等地从事革命工作,是基辅工人阶级解放斗争协会会员。1899年被捕,后流放雅库特州,1902年逃往国外,但很快回国。1903年俄国社会民主工党第二次代表大会后是布尔什维克,任彼得堡委员会委员,同年底被增补进党中央委员会。1904年2月被派往国外报道俄国局势,同年夏回国时在边境被捕,一年后流放阿斯特拉罕省,于流放途中逃脱。1905年和1906年先后任党的彼得堡委员会和莫斯科委员会委员。斯托雷平反动时期脱离党的活动。1917年二月革命后为梯弗利斯工人代表苏维埃委员,参加孟什维克国际主义派。1920年重新加入俄共(布)。1921—1925年在格鲁吉亚做党的工作。1925年到莫斯科,先后在国家出版社、党史委员会和列宁研究院等单位任职。——431、432。

艾森施塔特,伊赛·李沃维奇(尤金)(Айзенштандт,Исай Львович(Юдин)
1867—1937)——崩得领袖之一。1886年加入雅罗斯拉夫尔民意党小组,90年代中期成为社会民主党人。1902年起为崩得中央委员,在明斯克和敖德萨工作。曾代表崩得中央委员会出席俄国社会民主工党第二次代表大会,会上是反火星派分子,会后成为孟什维克骨干分子。敌视十月革命。1922年侨居德国,领导诽谤苏联的崩得集团,为孟什维克的《社会主义通报》杂志撰稿。——215。

安东——见马卡久布,马尔克·绍洛维奇。

安娜·伊万诺夫娜——见列文娜,叶夫多基娅·谢苗诺夫娜。

奥尔洛夫——见马赫林,拉扎尔·达维多维奇。

奥雷尔·德·帕拉丹,路易·让·巴蒂斯特·德(Aurelle de Paladines,Louis-Jean-Baptiste d' 1804—1877)——法国将军,保皇党人。1871年为国民议会议员,国民自卫军司令,镇压巴黎公社的刽子手。——184、191。

奥林——见勒柏辛斯基,潘捷莱蒙·尼古拉耶维奇。

奥斯特罗夫斯基(Островский)——俄国社会民主党人,俄国革命社会民主党人国外同盟成员,参加同盟 1903 年召开的第二次代表大会,站在孟什维克一边。——466。

奥西波夫——见捷姆利亚奇卡,罗莎丽亚·萨莫伊洛夫娜。

## B

巴甫洛维奇——见克拉西科夫,彼得·阿纳尼耶维奇。

巴季连科夫——见洛克尔曼,亚历山大·萨莫伊洛维奇。

巴索夫斯基,约瑟夫·波里索维奇(杰缅季耶夫)(Басовский, Иосиф Борисович (Дементьев)生于 1876 年)——1896 年加入俄国敖德萨社会民主主义小组,后为向国内秘密运送《火星报》的组织者之一。1902 年 2 月因《火星报》和俄国社会民主工党基辅委员会案被捕,同年 8 月从基辅的卢基扬诺夫监狱逃出,重新组织《火星报》的运输工作。俄国社会民主工党第二次代表大会后成为孟什维克,在哈尔科夫和叶卡捷琳诺斯拉夫社会民主党组织中工作;曾作为有发言权的代表出席党的第四次(统一)代表大会。斯托雷平反动时期没有积极参加政治活动。1917 年二月革命后在沃罗涅日孟什维克组织中工作,参加国务会议和民主会议。十月革命后脱离孟什维克,在莫斯科从事经济工作。——466。

白拉克,威廉(Bracke, Wilhelm 1842—1880)——德国工人运动活动家,图书出版人和经销人。1865 年起是全德工人联合会会员。1869 年参与创建德国社会民主工党(爱森纳赫派)。1871 年创办出版社,是党的书刊的主要出版人和发行人之一。1877—1879 年是社会民主党国会党团成员。曾进行反对拉萨尔派的斗争,反对党内的无政府主义分子和机会主义分子,但不够彻底。——183。

邦契——见邦契-布鲁耶维奇,弗拉基米尔·德米特里耶维奇。

邦契-布鲁耶维奇,弗拉基米尔·德米特里耶维奇(邦契)(Бонч-Бруевич, Владимир Дмитриевич(Бонч)1873—1955)——19 世纪 80 年代末参加俄国革命运动,1896 年侨居瑞士。在国外参加劳动解放社的活动,为《火星报》撰稿。俄国社会民主工党第二次代表大会后是布尔什维克。1903—1905 在日内瓦领导俄国社会民主工党中央委员会发行部,组织出版布尔什维克的书刊(邦契-布鲁耶维奇和列宁出版社)。以后几年积极参加布尔什维克报刊和党的出版社的组织工作,屡遭沙皇政府迫害。对俄国的宗教社会运动、尤其是宗教分化运动作过研究,写过一些有关宗教分化运动史的著作;1904年曾为教派信徒出版社会民主主义的小报《黎明报》。1917年二月革命后任彼得格勒苏维埃执行委员会委员、《彼得格勒苏维埃消息报》编委(至1917年5月)、布尔什维克《工人和士兵报》编辑。积极参加彼得格勒十月武装起义。十月革命后任人民委员会办公厅主任(至1920年10月)、生活和知识出版社总编辑。1921年起从事科学研究和著述活动。1933年起任国家文学博物馆馆长。1945—1955年任苏联科学院宗教和无神论历史博物馆馆长。写有回忆列宁的文章。——452、455、464、481。

鲍曼,尼古拉·埃内斯托维奇(索罗金)(Бауман, Николай Эрнестович (Сорокин)1873—1905)——19世纪90年代前半期在俄国喀山开始革命活动,1896年积极参加彼得堡工人阶级解放斗争协会的工作。1897年被捕,后流放维亚特卡省。1899年10月流亡瑞士,加入国外俄国社会民主党人联合会,积极参加反对经济主义的斗争。1900年在创办《火星报》的工作中成为列宁的亲密助手。1901—1902年作为《火星报》代办员在莫斯科工作,成为俄国社会民主工党莫斯科委员会委员。1902年2月被捕,同年8月越狱逃往国外。在俄国社会民主工党第二次代表大会上是莫斯科委员会的代表,属火星派多数派。1903年12月回到莫斯科,领导莫斯科党的布尔什维克组织,同时主持党中央委员会北方局,在自己的住宅创办了秘密印刷所。1904年6月再次被捕,1905年10月获释。1905年10月18日参加莫斯科委员会组织的示威游行时被黑帮分子杀害。鲍曼的葬礼成了一次大规模的政治示威。——210、278、313、314、423、483、488。

贝尔,麦克斯(Beer, Max 1864—1943)——德国社会主义史学家。19世纪80年代属德国社会民主党左翼(青年派)。因参加社会主义报刊工作被捕,1894年流亡伦敦,后去美国。1901年又回到伦敦,成为《前进报》通讯员。1915年回到德国,追随右派社会民主党人。在1917—1918年革命事件影响下又向左靠拢,写了一些较接近于马克思主义的著作,如《卡尔·马克思,他的生平和学说》(1923)等。——370。

倍倍尔,奥古斯特(Bebel, August 1840—1913)——德国工人运动和国际工人运动活动家,德国社会民主党和第二国际的创建人和领袖之一,马克思和恩格斯的朋友和战友;旋工出身。19 世纪 60 年代前半期开始参加政治活动,1867 年当选为德国工人协会联合会主席,1868 年该联合会加入第一国际。1869 年与威·李卜克内西共同创建了德国社会民主工党(爱森纳赫派),该党于 1875 年与拉萨尔派合并为德国社会主义工人党,后又改名为德国社会民主党。多次当选国会议员,利用国会讲坛揭露帝国政府反动的内外政策。1870—1871 年普法战争期间持国际主义立场,在国会中投票反对军事拨款,支持巴黎公社,为此曾被捕和被控叛国,断断续续在狱中度过近六年时间。在反社会党人非常法施行时期,领导了党的地下活动和议会活动。90 年代和 20 世纪初同党内的改良主义和修正主义进行斗争,反对伯恩施坦及其拥护者对马克思主义理论的歪曲和庸俗化。是出色的政论家和演说家,对德国和欧洲工人运动的发展有很大影响。马克思和恩格斯高度评价了他的活动。——281、282、348、369。

彼舍霍诺夫,阿列克谢·瓦西里耶维奇(诺沃勃兰策夫,彼·)(Пешехонов, Алексей Васильевич(Новобранцев, П.)1867—1933)——俄国社会活动家和政论家。19 世纪 90 年代为自由主义民粹派分子。《俄国财富》杂志撰稿人,1904 年起为该杂志编委;曾为自由派资产阶级的《解放》杂志和社会革命党的《革命俄国报》撰稿。1903—1905 年为解放社成员。小资产阶级政党"人民社会党"的组织者(1906)和领袖之一,该党同劳动派合并后(1917 年 6 月),参加劳动人民社会党中央委员会。1917 年二月革命后任彼得格勒工兵代表苏维埃执行委员会委员,同年 5—8 月任临时政府粮食部长,后任预备议会副主席。十月革命后反对苏维埃政权,参加了反革命组织"俄罗斯复兴会"。1922 年被驱逐出境,成为白俄流亡分子。——79、80、472、473。

俾斯麦,奥托·爱德华·莱奥波德(Bismarck, Otto Eduard Leopold 1815—1898)——普鲁士和德国国务活动家和外交家。普鲁士容克的代表。曾任驻彼得堡大使(1859—1862)和驻巴黎大使(1862),普鲁士首相(1862—1872、1873—1890),北德意志联邦首相(1867—1871)和德意志帝国首相(1871—1890)。1870 年发动普法战争,1871 年支持法国资产阶级镇压巴黎公社。主张在普鲁士领导下"自上而下"统一德国。曾采取一系列内政措施,捍卫容克和大资产阶级的联盟。1878 年颁布反社会党人非常法。由于内外政策遭受挫折,于 1890 年 3 月去职。——185、186、187、189、190、192。

毕洛夫——见曼德尔贝格,维克多·叶夫谢耶维奇。

别科夫——见祖拉博夫,阿尔沙克·格拉西莫维奇。

别洛夫——见策伊特林,列夫·索洛蒙诺维奇。

波波夫——见罗扎诺夫,弗拉基米尔·尼古拉耶维奇。

波尔特诺伊,К.Я.(阿布拉姆松)(Портной,К.Я.(Абрамсон)1872—1941)——崩得领袖之一。19 世纪 90 年代中期参加社会民主主义运动,1896 年被捕,后流放西伯利亚五年。1900 年领导华沙的崩得组织。代表崩得参加负责召开俄国社会民主工党第二次代表大会的组织委员会,在代表大会上是崩得中央委员会的代表,反火星派分子。此后任在波兰的崩得中央委员会主席。1939 年移居美国并脱离政治活动。——212、285、477。

波里斯——见诺斯科夫,弗拉基米尔·亚历山德罗维奇。

波萨多夫斯基——见曼德尔贝格,维克多·叶夫谢耶维奇。

波特列索夫,亚历山大·尼古拉耶维奇(斯塔罗韦尔)(Потресов,Александр Николаевич(Старовер)1869—1934)——俄国孟什维克领袖之一。19 世纪 90 年代初参加马克思主义小组。1896 年加入彼得堡工人阶级解放斗争协会,后被捕,1898 年流放维亚特卡省。1900 年出国,参与创办《火星报》和《曙光》杂志。在俄国社会民主工党第二次代表大会上是《火星报》编辑部有发言权的代表,属火星派少数派,会后是孟什维克刊物的主要撰稿人和领导人。斯托雷平反动时期和新的革命高涨年代是取消派思想家,在《复兴》杂志和《我们的曙光》杂志中起领导作用。第一次世界大战期间是社会沙文主义者。1917 年在反布尔什维克的资产阶级《日报》中起领导作用。十月革命后侨居国外,为克伦斯基的《白日》周刊撰稿,攻击苏维埃政权。——15、16、18、48、49、131、158、234、278—279、285、288、312、316、328—330、333、344、350、353、370、416、418、423、462、466、488。

波特列索娃(乌沙科娃)(Потресова(Ушакова))——俄国革命社会民主党人国外同盟成员,参加了同盟 1903 年召开的第二次代表大会,站在孟什维克一边。——466。

伯恩施坦,爱德华(Bernstein, Eduard 1850—1932)——德国社会民主党和第
二国际右翼领袖之一,修正主义的代表人物。1872 年加入社会民主党,曾
是欧·杜林的信徒。1879 年和卡·赫希柏格、卡·施拉姆在苏黎世发表
《德国社会主义运动的回顾》一文,指责党的革命策略,主张放弃革命斗争,
适应俾斯麦制度,受到马克思和恩格斯的严厉批评。1881—1890 年任党
的中央机关报《社会民主党人报》编辑。从 90 年代中期起完全同马克思主
义决裂。1896—1898 年以《社会主义问题》为题在《新时代》杂志上发表一
组文章,1899 年发表《社会主义的前提和社会民主党的任务》一书,从经
济、政治和哲学方面对马克思主义的理论和策略作了全面的修正。1902
年起为国会议员。第一次世界大战期间持中派立场。1917 年参加德国独
立社会民主党,1919 年公开转到右派方面。1918 年十一月革命失败后出
任艾伯特——谢德曼政府的财政部长助理。——73、369、370、383、404。

布尔加柯夫,谢尔盖·尼古拉耶维奇(Булгаков, Сергей Николаевич 1871—
1944)——俄国经济学家、哲学家和神学家。19 世纪 90 年代是合法马克
思主义者,后来成了"马克思的批评家"。修正马克思关于土地问题的学
说,企图证明小农经济稳固并优于资本主义大经济,用土地肥力递减规律
来解释人民群众的贫困化;还试图把马克思主义同康德的批判认识论结合
起来。后来转向宗教哲学和基督教。1901—1906 年和 1906—1918 年先
后在基辅大学和莫斯科大学任政治经济学教授。1905—1907 年革命失败
后追随立宪民主党,为《路标》文集撰稿。1918 年起是正教司祭。1923 年
侨居国外。1925 年起在巴黎的俄国神学院任教授。主要著作有《论资本
主义生产条件下的市场》(1897)、《资本主义和农业》(1900)、《经济哲学》
(1912)等。——75。

布朗基,路易·奥古斯特(Blanqui, Louis-Auguste 1805—1881)——法国革
命家,空想共产主义的代表人物。曾参加巴黎 1830—1870 年间的各次起
义和革命,组织并领导四季社以及其他秘密革命团体。在从事革命活动的
50 多年间,有 30 余年是在狱中度过的。1871 年巴黎公社时期被反动派囚
禁在凡尔赛,缺席当选为公社委员。憎恨资本主义制度,但不懂得组织工
人革命政党和依靠广大群众的重要意义,认为只靠少数人密谋,组织暴动,
即可推翻旧社会,建立新社会。——184。

**布劳恩**——见斯捷潘诺夫,谢尔盖·伊万诺维奇。

**布柳缅费尔德,约瑟夫·索洛蒙诺维奇(布柳姆)**(Блюменфельд, Иосиф
　　Соломонович(Блюм)生于 1865 年)——俄国社会民主党人,劳动解放社的
　　骨干分子,《火星报》组织成员;职业是排字工人。在劳动解放社和《火星
　　报》主管印刷所和运输站。1902 年 3 月运送《火星报》时在国境线上被捕,
　　同年 8 月逃往国外。俄国社会民主工党第二次代表大会后成为孟什维克。
　　1903 年 12 月起任孟什维克《火星报》编辑部秘书,此后一直在国内外的孟
　　什维克组织中工作。1917 年参与组织孟什维克工人之刊出版社。十月革
　　命后脱离政治活动。——29、466。

**布柳姆**——见布柳缅费尔德,约瑟夫·索洛蒙诺维奇。

**布鲁凯尔**——见马赫诺韦茨,莉迪娅·彼得罗夫娜。

# C

**蔡特金,克拉拉**(Zetkin, Clara 1857—1933)——德国工人运动和国际工人运
　　动活动家,国际社会主义妇女运动领袖之一,德国共产党创建人之一。19
　　世纪 70 年代末参加革命运动,1881 年加入德国社会民主党。1882 年流亡
　　奥地利,后迁居瑞士苏黎世,为秘密发行的德国社会民主党机关报《社会民
　　主党人报》撰稿。1889 年积极参加第二国际成立大会的筹备工作。1890
　　年回国。1892—1917 年任德国社会民主党主办的女工运动机关刊物《平
　　等》杂志主编。1907 年参加国际社会党斯图加特代表大会,在由她发起的
　　第一次国际妇女社会党人代表会议上当选为国际妇女联合会书记处书记。
　　1910 年在哥本哈根举行的第二次国际妇女社会党人代表会议上,根据她
　　的倡议,通过了以 3 月 8 日为国际妇女节的决议。第一次世界大战期间持
　　国际主义立场,反对社会沙文主义。曾积极参与组织 1915 年 3 月在伯尔
　　尼召开的国际妇女社会党人代表会议。1916 年参与组织国际派(后改称
　　斯巴达克派和斯巴达克联盟)。1917 年德国独立社会民主党成立后为党
　　中央委员。1919 年起为德国共产党党员,当选为中央委员。1920 年起为
　　国会议员。1921 年起先后当选为共产国际执行委员会委员和主席团委
　　员,领导国际妇女书记处。1925 年起任国际支援革命战士协会主席。
　　——282、283。

策伊特林,列夫·索洛蒙诺维奇(别洛夫;魏斯曼)(Цейтлин, Лев Соломонович
(Белов, Вейсман)生于 1877 年)——1898 年起是俄国维捷布斯克社会民
主主义工人小组的宣传员。1901 年起在莫斯科工作,与南方工人社有联
系。1902 年 11 月莫斯科委员会遭破坏后,从事重建莫斯科党组织的工
作,加入《火星报》组织。在俄国社会民主工党第二次代表大会上是莫斯科
委员会的代表,持中派立场,会后成为孟什维克,在敖德萨、莫斯科、维捷布
斯克工作。1907 年起不再积极参加政治活动。1917 年二月革命后领导莫
斯科苏维埃编辑出版局。十月革命后从事编辑出版工作。——217、226、
420、421、424、459、460、490。

查苏利奇,维拉·伊万诺夫娜(Засулич, Вера Ивановна 1849—1919)——俄
国民粹主义运动和社会民主主义运动活动家。1868 年在彼得堡参加革命
小组。1878 年 1 月 24 日开枪打伤下令鞭打在押革命学生的彼得堡市长
费·费·特列波夫。1879 年加入土地平分社。1880 年侨居国外,逐步同
民粹主义决裂,转到马克思主义立场。1883 年参与创建劳动解放社。
80—90 年代翻译了马克思的《哲学的贫困》和恩格斯的《社会主义从空想
到科学的发展》,写了《国际工人协会史纲要》等著作;为劳动解放社的出版
物以及《新言论》和《科学评论》等杂志撰稿,发表过一系列文艺批评文章。
1900 年起是《火星报》和《曙光》杂志编辑部成员。在俄国社会民主工党第
二次代表大会上是《火星报》编辑部有发言权的代表,属火星派少数派,会
后成为孟什维克领袖之一,参加孟什维克的《火星报》编辑部。1905 年回
国。斯托雷平反动时期和新的革命高涨年代是取消派分子。第一次世界
大战期间是社会沙文主义者。1917 年是孟什维克统一派分子。对十月革
命持否定态度。——7、16、131、286、312、353、402、423、464、466、488。
察廖夫——见洛克尔曼,亚历山大·萨莫伊洛维奇。

# D

大卫,爱德华(David, Eduard 1863—1930)——德国社会民主党右翼领袖之
一,经济学家;德国机会主义者的主要刊物《社会主义月刊》创办人之一。
1893 年加入社会民主党。公开修正马克思主义关于土地问题的学说,否
认资本主义经济规律在农业中的作用。1903 年出版《社会主义和农业》一

书,宣扬小农经济稳固,维护所谓土地肥力递减规律。1903—1918年和1920—1930年为国会议员,社会民主党国会党团领袖之一。第一次世界大战期间是社会沙文主义者;在《世界大战中的社会民主党》(1915)一书中为德国社会民主党右翼在第一次世界大战中的机会主义立场辩护。1919年2月任魏玛共和国国民议会第一任议长。1919—1920年任内务部长,1922—1927年任中央政府驻黑森的代表。——75、473。

丹尼尔逊,尼古拉·弗兰策维奇(尼古拉·—逊)(Даниельсон,Николай Францевич(Николай-он)1844—1918)——俄国经济学家,政论家,自由主义民粹派理论家。他的政治活动反映了民粹派从对沙皇制度进行革命斗争转向与之妥协的演变。19世纪60—70年代与革命的青年平民知识分子小组有联系。接替格·亚·洛帕廷译完了马克思的《资本论》第1卷(1872年初版),以后又译出第2卷(1885)和第3卷(1896)。在翻译该书期间同马克思和恩格斯有过书信往来。但不了解马克思主义的实质,认为马克思主义理论不适用于俄国,资本主义在俄国没有发展前途;主张保存村社土地所有制,维护小农经济和手工业经济。1893年出版了《我国改革后的社会经济概况》一书,论证了自由主义民粹派的经济观点。列宁尖锐地批判了他的经济思想。——72、78。

德鲁扬(Друян)——155。

狄茨,约翰·亨利希·威廉(Dietz,Johann Heinrich Wilhelm 1843—1922)——德国社会民主党人,出版家。19世纪60年代在俄国彼得堡《同时代人》杂志当排字工人。返回德国后,参加汉堡、莱比锡、斯图加特的社会民主主义运动。1881年起在斯图加特定居,创办狄茨出版社,即后来的社会民主党出版社。1881—1918年为帝国国会议员。曾出版马克思和恩格斯的著作以及《曙光》杂志和列宁的著作《怎么办?》。——157。

东布罗夫斯基,雅罗斯拉夫(Dąbrowski,Jaroslaw 1836—1871)——波兰革命家,1871年巴黎公社将领。1859—1861年在彼得堡总参谋部学院学习,回国后领导波兰起义组织"红党"左翼,准备民族起义。起义开始前(1862)被捕,被判处十五年苦役,1864年12月越狱潜逃。1865年6月流亡巴黎,成为波兰流亡者民主派的领导人之一。1871年巴黎公社成立后是公社最坚决的保卫者之一,曾建议立即向凡尔赛进军,逮捕反革命政府

成员,解散反动的国民议会。负责指挥防线上最主要的地段,任公社第 1
军司令,后统率公社全部武装力量。1871 年 5 月 23 日在蒙马特尔高地保
卫战中阵亡。——186。

杜邦,欧仁(Dupont,Eugène 1831—1881)——法国革命家,国际工人运动活
动家;职业是乐器匠。1848 年参加巴黎无产阶级六月起义,后流亡伦敦。
1864—1872 年任第一国际总委员会委员,1865—1871 年任法国通讯书
记。几乎参加了第一国际的历次代表会议和代表大会,是洛桑代表大会
(1867)主席和布鲁塞尔代表大会(1868)副主席。在国际中支持马克思的
路线,反对蒲鲁东主义、巴枯宁主义和工联主义。1870 年 7 月为寻找工作
由伦敦迁居曼彻斯特,在当地的国际会员中积极开展工作。他的活动得到
马克思和恩格斯的肯定。1874 年移居美国。——191。

多利沃——见多利沃-多布罗沃尔斯基,А.П.。

多利沃-多布罗沃尔斯基,А. П.(多利沃)(Доливо-Добровольский, А. П.
(Доливо)1876—1904)——俄国社会民主党人,火星派分子。19 世纪 90
年代后半期开始参加学生运动。1896 年 11 月被捕,1897 年流放萨马拉
省,为期三年。1900 年秋在雅罗斯拉夫尔的杰米多夫高等法政学校学习
时,组织过几个工人小组。1901 年为俄国社会民主工党北方协会雅罗斯
拉夫尔小组成员。1901 年 8 月再次被捕,流放奥伦堡,为期三年,1902 年
秋从该地逃往国外。1903 年 1 月到彼得堡,代表《火星报》组织进入彼得
堡委员会。1903 年春突发精神病,病中被捕。同年夏获释,到敖德萨。
1904 年 12 月在敖德萨自杀。——465。

# E

厄廷格尔——见厄廷格尔-达维德松,叶夫根尼娅·萨莫伊洛夫娜。

厄廷格尔-达维德松(厄廷格尔),叶夫根尼娅·萨莫伊洛夫娜(Эттингер-
Давидсон(Эттингер),Евгения Самойловна)——俄国社会民主党人,火星
派分子。1896—1898 年为基辅工人阶级解放斗争协会会员和《工人报》小
组成员。1898 年春基辅党组织遭到破坏后,流亡国外,加入国外俄国社会
民主党人联合会。1900 年参加《火星报》组织,是俄国革命社会民主党人
国外同盟成员。——466。

—恩——见唐恩,费多尔·伊里奇。

尔·(Л.)——俄国自由派的典型代表人物,彼·伯·司徒卢威的同道者。
　　1903年《解放》杂志第9期《论土地问题》一文的作者。——73—76、78、
　　80、467、472—473。

## F

法夫尔,茹尔(Favre,Jules 1809—1880)——法国政治活动家;职业是律师。
　　1870—1871年任国防政府和梯也尔政府的外交部长,曾同德国进行关于
　　巴黎投降和媾和谈判。是血腥镇压巴黎公社的策划者之一。1871年6月
　　向外国政府发出通告,要求把公社战士作为刑事犯予以引渡,并号召围剿
　　国际。1871年8月辞职,脱离政治活动。——183、189、191。

费里,茹尔(Ferry,Jules 1832—1893)——法国政治活动家,资产阶级共和派
　　分子,政论家;职业是律师。1870年九月革命后先后任国防政府秘书、巴
　　黎市长,是血腥镇压巴黎公社的策划者之一。1880—1881年和1883—
　　1885年任总理。——183。

费舍,理查(Fischer,Richard 1855—1926)——德国社会民主党人。1880—
　　1890年在苏黎世和伦敦的社会民主党印刷所工作。1890—1893年任社
　　会民主党执行委员会书记。1893—1903年领导社会民主党的出版社,是
　　该党中央机关报《前进报》的出版人和管理人。1893—1926年为国会议
　　员。第一次世界大战期间是社会沙文主义者。——157。

佛敏——见克罗赫马尔,维克多·尼古拉耶维奇。

符卢勃列夫斯基,瓦列里(Wróblewski,Walery 1836—1908)——波兰革命
　　家,1871年巴黎公社将领。曾在彼得堡林学院学习,接受俄国革命民主主
　　义者的思想影响。回国后在农民中进行革命鼓动。波兰1863—1864年起
　　义期间指挥起义部队,身负重伤。1864年1月去巴黎,成为波兰流亡者民
　　主派领导人之一。1871年巴黎公社成立后,坚定地站到起义者方面,任公
　　社第2军司令。公社失败后流亡伦敦,被增补进第一国际总委员会,支持
　　马克思和恩格斯反对巴枯宁主义者的斗争。1880年大赦后回到法国。
　　——186。

福尔马尔,格奥尔格·亨利希(Vollmar,Georg Heinrich 1850—1922)——德

国社会民主党机会主义派领袖之一，新闻工作者。早年是激进的民主主义
者。1876年加入社会民主党，1879—1880年任党的中央机关报《社会民
主党人报》编辑。1881年起多次当选帝国国会议员和巴伐利亚邦议会议
员。反社会党人非常法废除后，很快转为右倾，提出一系列改良主义主张，
建议把党的活动局限在争取改良的斗争上，主张同资产阶级合作，同政府
妥协，反对阶级斗争尖锐化，鼓吹"国家社会主义"的优越性，号召社会民主
党同自由派联合；在制定党的土地纲领时，维护小土地占有者的利益。第
一次世界大战期间是社会沙文主义者。晚年不再从事政治活动。——
281、282、348、403、404

# G

戈尔德布拉特——见麦迭姆，弗拉基米尔·达维多维奇。

戈尔登——见马尔茨曼，Б.С.。

戈尔登贝格，约瑟夫·彼得罗维奇（Гольденберг, Иосиф Петрович 1873—
1922）——俄国社会民主党人。俄国社会民主工党第二次代表大会后是布
尔什维克。国外俄国社会民主党人联合会成员。在1905—1907年革命期
间起过重要作用，参加了布尔什维克所有报刊编辑部的工作，是俄国社会
民主工党中央委员会负责同其他党派和组织联系的代表。1907年在党的
第五次（伦敦）代表大会上当选为中央委员。1910年进入中央委员会俄国
局，对取消派采取调和主义态度。第一次世界大战期间是护国派分子，普
列汉诺夫的拥护者。1917—1919年参加新生活派。1920年重新加入布
尔什维克党。——465。

哥尔斯基——见绍特曼，亚历山大·瓦西里耶维奇。

哥林（**加尔金**），弗拉基米尔·菲力波维奇（Горин (Галкин), Владимир
Филиппович 1863—1925）——19世纪80年代前半期参加俄国民意党小
组，90年代中期成为社会民主党人。曾参与组织西伯利亚社会民主党人
联合会。1902年在萨拉托夫社会民主组织中工作，代表该组织出席俄
国社会民主工党第二次代表大会。会上属火星派多数派，代表布尔什维克
参加大会记录整理委员会。会后积极参加反对孟什维克的斗争。长期侨
居国外，住在日内瓦。1910年以尼·格拉博夫斯基的笔名出版《打倒唯物

主义！（对经验批判主义批判的批判）》一书，反对用马赫主义修正马克思主义。1917年二月革命后回国，在彼得格勒军事革命委员会工作，参加十月武装起义的准备工作。1918—1920年在红军中做政治工作。1920年起在普遍军训部任职，后从事科研和教学工作。——218、232、416、419、420、424、484。

格拉德瑙尔，格奥尔格（Gradnauer，Georg 1866—1946）——德国社会民主党人，哲学博士。1890—1896年任《萨克森工人报》编辑，1897—1905年任柏林《前进报》编辑，因坚持修正主义立场退出编辑部。1906—1918年任《德累斯顿人民报》主编。第一次世界大战期间是社会沙文主义者。1918年革命后任萨克森政府司法部长和内务部长，1919年3月—1920年4月任总理。曾任国会议员（1896—1906、1912—1918、1920—1924）和国民议会议员（1919）。1921年5—11月任中央政府内务部长，1921年11月—1931年任萨克森政府驻柏林中央政府的公使和全权公使。——157。

格雷，保尔（Göhre，Paul 1864—1928）——德国政治活动家和政论家。1888—1890年任《基督教世界》副编辑。为了解工人的贫困状况，在开姆尼茨一家工厂劳动了三个月，根据亲身体验撰写了《三个月的工人和帮工生活》一书（1891）。1891—1894年任福音社会大会总书记，1894—1897年当牧师。1896年参与创建民族社会联盟，1899年退出联盟。1901年参加社会民主党，追随党内修正主义右翼。1903—1918年为国会议员（有间断）。第一次世界大战期间是沙文主义者。1918年11月任普鲁士陆军部副部长，1919—1923年任普鲁士政府国务部长，兼管宗教事务。——397、398。

格列博夫——见诺斯科夫，弗拉基米尔·亚历山德罗维奇。

古尔斯基，М.Г.（Гурский，М.Г. 生于1874年）——俄国社会民主党人，火星派分子；俄国社会民主工党第二次代表大会后是孟什维克。19世纪90年代末参加革命运动。1901年因被控组织地下印刷所和参加俄国社会民主工党基辅委员会而被捕。1902年8月越狱逃往国外。是俄国革命社会民主党人国外同盟成员，参加了同盟1903年召开的第二次代表大会，站在孟什维克一边。——465、466。

古列维奇，阿布拉姆·格里戈里耶维奇（Гуревич，Абрам Григорьевич 生于

1872 年）——俄国社会民主党人，火星派分子；俄国社会民主工党第二次代表大会后是孟什维克。19 世纪 90 年代初加入下诺夫哥罗德第一批社会民主主义小组。1897 年出国，1899 年加入国外俄国社会民主党人联合会。1900—1902 年帮助《火星报》做发行和运输工作。是俄国革命社会民主党人国外同盟成员，参加了同盟 1903 年召开的第二次代表大会，站在孟什维克一边（即大会记录中的波波夫）。——466。

古萨罗夫，费多尔·瓦西里耶维奇（米特罗范）（Гусаров, Федор Васильевич (Митрофан) 1875—1920）——俄国社会民主党人，火星派分子，俄国社会民主工党第二次代表大会后是布尔什维克；专业是军医。1903 年在维尔诺工作，同年秋被增补进党中央委员会，在中央委员会工作到 1904 年年中。1906 年第一届国家杜马解散和喀琅施塔得起义期间是军事组织驻彼得堡委员会的代表。1906 年 7 月 20 日被捕，1907 年被判处服苦役四年，后改为流放西伯利亚。1917 年二月革命后在克拉斯诺亚尔斯克、伊尔库茨克和鄂木斯克做党和苏维埃的工作。——426。

古谢夫，谢尔盖·伊万诺维奇（**德拉布金，雅柯夫·达维多维奇**）（Гусев, Сергей Иванович（Драбкин, Яков Давидович）1874—1933）——1896 年在俄国彼得堡工人阶级解放斗争协会开始革命活动。1899 年起住在顿河畔罗斯托夫，积极参加俄国社会民主工党顿河区委员会的工作，是 1902 年罗斯托夫罢工和 1903 年三月示威游行的领导人之一。1903 年在俄国社会民主工党第二次代表大会上是顿河区委员会的代表，属火星派多数派。会后到俄国南方一些城市传达大会情况。1904 年 8 月参加在日内瓦举行的 22 个布尔什维克的会议。1904 年 12 月—1905 年 5 月任多数派委员会常务局书记和党的彼得堡委员会书记，后为敖德萨布尔什维克组织的领导人之一。1906 年起任党的莫斯科委员会委员，是党的第四次（统一）代表大会莫斯科组织的代表。当年被捕，流放托博尔斯克，1909 年从流放地逃走。斯托雷平反动时期反对取消派和召回派。屡遭沙皇政府迫害。十月革命期间领导彼得格勒军事革命委员会秘书处。1918—1920 年在红军中做政治工作，历任第 5 和第 2 集团军革命军事委员会委员，东方面军、东南方面军、高加索方面军和南方面军革命军事委员会委员，共和国革命军事委员会野战司令部政委等职。1921—1923 年任工农红军政治部主任、共和国革命军事委员会委员。1923年起任党中央监察委员会书记和苏联工农检查人民委员部部务委员。1925—1926年任党中央报刊部部长。1929—1933年任共产国际执行委员会主席团委员。写有《统一的经济计划和统一的经济机构》(1920)、《经济建设的当前问题(关于俄共中央的提纲)》(1920)等小册子以及一些关于党史、军事、社会主义建设和国际工人运动方面的著作。——217、218、231、279、290、416、417、424、487。

# H

哈尔图林,斯捷潘·尼古拉耶维奇(Халтурин, Степан Николаевич 1857—1882)——俄国最早的工人革命家之一;细木工。19世纪70年代中期参加工人运动,加入民粹派的友人协会,但与民粹派不同,认为政治斗争是革命运动的主要任务,并且把新兴的无产阶级视为革命运动的决定性力量。1878年组织俄国北方工人协会,并筹备出版独立的工人报纸。1879年秋加入民意党。1880年2月谋刺沙皇未成。不顾警方追捕,在俄国南方继续坚持革命工作。1881年起为民意党执行委员会委员。1882年3月因参与刺杀敖德萨军事检察官当场被捕,被战地法庭判处死刑。——258。

海德门,亨利·迈尔斯(Hyndman, Henry Mayers 1842—1921)——英国社会党人。1881年创建民主联盟(1884年改组为社会民主联盟),担任领导职务,直至1892年。曾同法国可能派一起夺取1889年巴黎国际工人代表大会的领导权,但未能得逞。1900—1910年是社会党国际局成员。1911年参与创建英国社会党,领导该党机会主义派。第一次世界大战期间是社会沙文主义者。1916年英国社会党代表大会谴责他的社会沙文主义立场后,退出社会党。敌视俄国十月革命,赞成武装干涉苏维埃俄国。——370。

海涅,沃尔弗冈(Heine, Wolfgang 1861—1944)——德国政治活动家,右派社会民主党人;职业是律师。1898年被选入帝国国会,但不久因拒绝参加社会民主党人组织的政治游行而被撤销当选证书。曾为《社会主义月刊》撰稿。他的修正主义观点受到倍倍尔、梅林等人的严厉批判。第一次世界大战期间是社会沙文主义者。1918年十一月革命后任普鲁士政府司法部长,1919—1920年任内务部长。1920年起脱离政治活动,从事律师工作。

# J

辑部参加党总委员会,后被增补进中央委员会。对孟什维克采取调和主义态度,反对召开党的第三次代表大会。1905 年 2 月再次被捕。1906 年起不再积极参加政治活动。1917 年二月革命后加入孟什维克国际主义派,参加了国务会议。1918 年起从事经济工作。——53、59、129—131、376、377、426、427、429、432。

杰多夫——见克尼波维奇,莉迪娅·米哈伊洛夫娜。

杰缅季耶夫——见巴索夫斯基,约瑟夫·波里索维奇。

捷姆利亚奇卡(**扎尔金德**),罗莎丽亚·萨莫伊洛夫娜(奥西波夫)(Землячка (Залкинд),Розалия Самойловна(Осипов)1876—1947)——1893 年参加俄国革命运动,1896 年在基辅的社会民主主义组织中工作,后进入俄国社会民主工党基辅委员会。1901 年起为《火星报》代办员,在敖德萨和叶卡捷琳诺斯拉夫开展工作。在俄国社会民主工党第二次代表大会上是敖德萨委员会的代表,属火星派多数派。会后代表布尔什维克被增补进党中央委员会,积极参加同孟什维克的斗争。1904 年 8 月参加了在日内瓦举行的22 个布尔什维克的会议,被选入多数派委员会常务局。曾任彼得堡党组织书记,代表该组织出席党的第三次代表大会。1905—1907 年革命期间任党的莫斯科委员会书记。屡遭沙皇政府迫害。1909 年任巴库布尔什维克组织书记,后侨居国外。1915 年起在莫斯科做党的领导工作,积极参加莫斯科十月武装起义。1918—1921 年在几个集团军担任政治部主任,后从事党政领导工作。1924 年起为党中央监察委员会委员。1926—1933年是工农检查人民委员部和交通人民委员部领导人之一。1934 年起为苏维埃监察委员会委员,后任苏维埃监察委员会副主席和主席。1939 年起为党中央委员。1939—1943 年任苏联人民委员会副主席。晚年任联共(布)中央党的监察委员会副主席。1937 年起为苏联最高苏维埃代表。——328、418、488。

捷依奇,列夫·格里戈里耶维奇(Дейч,Лев Григорьевич 1855—1941)——俄国社会民主主义运动活动家,孟什维克领袖之一。早年参加土地和自由社、土地平分社。1880 年出国,1883 年参与创建劳动解放社,从事出版和向国内运送马克思主义书刊的工作。曾参加《火星报》和《曙光》杂志的出版工作。1884 年被判处服苦役。1901 年从流放地逃走,来到慕尼黑,参加俄国革命社会民主党人国外同盟的工作。1903年在俄国社会民主工党第二次代表大会上是劳动解放社的代表,属火星派少数派,会后成为孟什维克。斯托雷平反动时期是取消派分子。第一次世界大战期间是社会沙文主义者。1917年二月革命后与普列汉诺夫一起编辑孟什维克护国派的《统一报》。十月革命后脱离政治活动,从事普列汉诺夫遗著的出版工作,写有一些俄国解放运动史方面的论文。——42、44、217、218、226、279、295、313、357、359、365、416、420—424、459、460、466、483、488。

# K

卡布鲁柯夫,尼古拉·阿列克谢耶维奇(Каблуков, Николай Алексеевич 1849—1919)——俄国经济学家和统计学家,民粹主义者。1874—1879年在莫斯科省地方自治局统计处工作,1885—1907年任统计处处长。1894—1919年在莫斯科大学教书,1903年起为教授。在著述中宣扬小农经济稳固,把村社理想化,认为它是防止农民分化的一种形式,反对马克思主义的阶级斗争学说。1917年在临时政府最高土地委员会工作。十月革命后在中央统计局工作。主要著作有《农业工人问题》(1884)、《农业经济学讲义》(1897)、《论俄国农民经济发展的条件》(1899)、《政治经济学》(1918)等。——75。

卡尔斯基——见托普里泽,季奥米德·亚历山德罗维奇。

卡拉法季,德米特里·巴甫洛维奇(马霍夫;米佐夫)(Калафати, Дмитрий Павлович(Махов, Мицов)1871—1940)——俄国社会民主党人。1891年起先后在莫斯科和尼古拉耶夫参加社会民主主义小组的工作。1897年参加南俄工人协会的活动,1901年进入俄国社会民主工党尼古拉耶夫委员会。1902年被捕,后流放沃洛格达省,不久逃往国外。在俄国社会民主工党第二次代表大会上是尼古拉耶夫委员会的代表,持中派立场,会后成为孟什维克。1905年负责孟什维克《火星报》出版社的技术财务工作。1906年回国,主持社会民主党的新世界出版社的工作。1913年起脱离政治活动。十月革命后做会计和经济工作。——208—209、212、215、218—219、222、226—228、230—235、324—325、336、337、338、343、348、359、406、413、418、459、477、479、482、489。

坎采尔(**策杰尔包姆**),莉迪娅·奥西波夫娜(Канцель(Цедербаум),Лидия
Осиповна 1878—1963)——俄国社会民主党人,火星派分子,俄国社会民
主工党第二次代表大会后是孟什维克;尔·马尔托夫的妹妹。1898 年加
入彼得堡社会民主主义小组"工人旗帜社"。1901 年 3 月出国,一年后受
《火星报》编辑部委派回到莫斯科工作,在莫斯科同其他人一起组织《火星
报》小组。1902 年 5 月被捕,1903 年流放雅库特州奥廖克明斯克,为期五
年。1905 年特赦后移居国外。同年 11 月回国,在彼得堡孟什维克组织中
工作,直到 1907 年夏,后再次侨居国外。第一次世界大战期间在国内居
住。——465。

康斯坦丁诺夫——见兹博罗夫斯基,米哈伊尔·索洛蒙诺维奇。

考茨基,卡尔(Kautsky,Karl 1854—1938)——德国社会民主党和第二国际
的领袖和主要理论家之一。1875 年加入奥地利社会民主党,1877 年加入
德国社会民主党。1881 年与马克思和恩格斯相识后,在他们的影响下逐
渐转向马克思主义。从 19 世纪 80 年代到 20 世纪初写过一些宣传和解释
马克思主义的著作:《卡尔·马克思的经济学说》(1887)、《土地问题》
(1899)等。但在这个时期已表现出向机会主义方面摇摆,在批判伯恩施坦
时作了很多让步。1883—1917 年任德国社会民主党理论刊物《新时代》杂
志主编。曾参与起草 1891 年德国社会民主党纲领(爱尔福特纲领)。1910
年以后逐渐转到机会主义立场,成为中派领袖。第一次世界大战前夕提出
超帝国主义论,大战期间打着中派旗号支持帝国主义战争。1917 年参与
建立德国独立社会民主党,1922 年拥护该党右翼与德国社会民主党合并。
1918 年后发表《无产阶级专政》等书,攻击俄国十月革命,反对无产阶级专
政。——67、68、69、70、157、264、282、322、324、400、401、402、403、433。

柯尔佐夫,德·(**金兹堡,波里斯·阿布拉莫维奇**)(Кольцов,Д.(Гинзбург,
Борис Абрамович)1863—1920)——俄国社会民主党人,孟什维克。19 世
纪 80 年代前半期参加民意党人运动,80 年代末转向社会民主主义。1893
年初侨居瑞士,接近劳动解放社。1895—1898 年任国外俄国社会民主
人联合会书记。1900 年联合会分裂后,退出该组织。曾参加第二国际伦
敦代表大会(1896)和巴黎代表大会(1900)的工作。作为有发言权的代表
出席了俄国社会民主工党第二次代表大会,属火星派少数派;会后成为孟

什维克骨干分子,为孟什维克报刊《社会民主党人报》、《开端报》等撰稿。1905—1907 年革命期间在彼得堡参加工会运动,1908 年起在巴库工作。斯托雷平反动时期和新的革命高涨年代持取消派立场。第一次世界大战期间是社会沙文主义者。1917 年二月革命后任彼得格勒工兵代表苏维埃劳动委员。敌视十月革命。1918—1919 年在合作社组织中工作。——17、213、215、309、353、464、466。

科尔——见林格尼克,弗里德里希·威廉莫维奇。

科列涅夫斯基,米哈伊尔(埃马努伊洛夫)(Кореневский, Михаил (Эммануилов))——俄国社会民主党人,俄国社会民主工党第二次代表大会后是布尔什维克;职业是医生。俄国革命社会民主党人国外同盟成员,参加了同盟 1903 年召开的第二次代表大会。——466。

科尼亚金——见加尔佩林,列夫·叶菲莫维奇。

科斯季奇——见兹博罗夫斯基,米哈伊尔·索洛蒙诺维奇。

科斯特罗夫——见饶尔丹尼亚,诺伊·尼古拉耶维奇。

科索夫斯基,弗拉基米尔(**列文松,М.Я.**;霍夫曼)(Косовский, Владимир (Левинсон, **М.Я.**, Гофман)1870—1941)——崩得创建人和领袖之一。19世纪 90 年代中期加入维尔诺社会民主主义小组,1897 年参加崩得成立大会,被选入崩得中央委员会,任崩得中央机关报《工人呼声报》主编。1903年在俄国社会民主工党第二次代表大会上是崩得国外委员会的代表,反火星派分子,会后成为孟什维克。斯托雷平反动时期和新的革命高涨年代为孟什维克取消派刊物《我们的曙光》杂志和《光线报》撰稿。第一次世界大战期间是社会沙文主义者,采取亲德立场。敌视十月革命,革命后侨居国外,在波兰的崩得组织中工作。1939 年移居美国。——478。

克尔日扎诺夫斯基,格列勃·马克西米利安诺维奇(特拉温斯基)(Кржижановский, Глеб Максимилианович(Травинский)1872—1959)——1893 年参加俄国革命运动,协助列宁组织彼得堡工人阶级解放斗争协会。1895 年 12 月被捕,1897 年流放西伯利亚(米努辛斯克专区捷辛斯克村),为期三年。1901 年流放期满后住在萨马拉,领导当地的火星派中心。1902 年秋参加筹备召开俄国社会民主工党第二次代表大会的组织委员会。1903 年在俄国社会民主工党第二次代表大会上缺席当选为中央委员。积极参加1905—1907年革命。在布尔什维克的出版机关做了大量工作。1917年二月革命后任莫斯科苏维埃委员,参加布尔什维克党团。十月革命后致力于恢复和发展莫斯科的动力事业。1919年底起任最高国民经济委员会电机工业总管理局局长。1920年被任命为俄罗斯国家电气化委员会主席。1921—1930年任国家计划委员会主席。1930—1936年历任最高国民经济委员会动力总管理局局长、苏联中央执行委员会高等技术教育委员会主席和俄罗斯联邦副教育人民委员。在党的第十三至第十七次代表大会上当选为中央委员。1929年当选为苏联科学院院士,1929—1939年任苏联科学院副院长。1930年创建苏联科学院动力研究所,担任所长直至逝世。写有许多动力学方面的著作。——121、133、136、137、140、151、153、156、283、318、360、375、410、417、419、426、431。

克拉西科夫,彼得·阿纳尼耶维奇(巴甫洛维奇;伊格纳特;T)(Красиков, Петр Ананьевич(Павлович,Игнат,T)1870—1939)——1892年在俄国彼得堡开始革命活动。1893年被捕,次年流放西伯利亚,在流放地结识了列宁。1900年到普斯科夫,成为《火星报》代办员。1902年被选入筹备召开俄国社会民主工党第二次代表大会的组织委员会。在代表大会上是基辅委员会的代表,属火星派多数派,同列宁、普列汉诺夫一起进入大会常务委员会。会后积极参加同孟什维克的斗争。1904年8月参加了在日内瓦举行的22个布尔什维克的会议;是布尔什维克出席第二国际阿姆斯特丹代表大会的代表。1905—1907年革命期间任彼得堡工人代表苏维埃执行委员会委员。屡遭沙皇政府迫害。1917年二月革命后任彼得格勒工兵代表苏维埃执行委员会委员。十月革命后任彼得格勒军事革命委员会所属肃反侦查委员会主席、司法人民委员部部务委员。1921年起任小人民委员会委员、副司法人民委员。1924年起任苏联最高法院检察长。1933—1938年任苏联最高法院副院长。多次当选全俄中央执行委员会和苏联中央执行委员会委员。——5、6、7、9、39、40、41、42、210—212、215、218、269—270、274、282、288、289、293、295、307、309、318、416、418、458、481、483、488。

克拉辛,列昂尼德·波里索维奇(洛沙季;尼基季奇)(Красин,Леонид Борисович(Лошадь,Никитич)1870—1926)——1890年参加俄国社会民

主主义运动,是布鲁斯涅夫小组成员。1895 年被捕,流放伊尔库茨克三年。流放期满后进入哈尔科夫工艺学院学习,1900 年毕业。1900—1904年在巴库当工程师,与弗·扎·克茨霍韦利一起建立《火星报》秘密印刷所。俄国社会民主工党第二次代表大会后加入布尔什维克党,被增补进中央委员会;在中央委员会里一度对孟什维克采取调和主义态度,帮助把三名孟什维克代表增补进中央委员会,但不久即同孟什维克决裂。俄国社会民主工党第三次代表大会的参加者,在会上当选为中央委员。1905 年是布尔什维克第一份合法报纸《新生活报》的创办人之一。1905—1907 年革命期间参加彼得堡工人代表苏维埃,领导党中央战斗技术组。在党的第四次(统一)代表大会上代表布尔什维克作了关于武装起义问题的报告,并再次当选为中央委员,在第五次(伦敦)代表大会上当选为候补中央委员。1908 年侨居国外。一度参加反布尔什维克的"前进"集团,后脱离政治活动,在国内外当工程师。十月革命后是红军供给工作的组织者之一,任红军供给非常委员会主席、最高国民经济委员会主席团委员、工商业人民委员、交通人民委员。1919 年起从事外交工作。1920 年起任对外贸易人民委员,1920—1923 年兼任驻英国全权代表和商务代表,参加了热那亚国际会议和海牙国际会议。1924 年任驻法国全权代表,1925 年起任驻英国全权代表。在党的第十三次和第十四次代表大会上当选为中央委员。——426、432。

克里切夫斯基,波里斯·尼古拉耶维奇(Кричевский, Борис Николаевич 1866—1919)——俄国社会民主党人,政论家,经济派领袖之一。19 世纪80 年代末参加社会民主主义小组的工作。90 年代初侨居国外,加入劳动解放社,参加该社的出版工作。90 年代末是国外俄国社会民主党人联合会的领导人之一。1899 年任该会机关刊物《工人事业》杂志的编辑,在杂志上宣扬伯恩施坦主义观点。1903 年俄国社会民主工党第二次代表大会后不久脱离政治活动。——386、388、404。

克鲁普斯卡娅,娜捷施达·康斯坦丁诺夫娜(萨布林娜)(Крупская, Надежда Константиновна(Саблина)1869—1939)——列宁的妻子和战友。1890 年在彼得堡大学生马克思主义小组中开始革命活动。1895 年参与组织彼得堡工人阶级解放斗争协会。1896 年 8 月被捕,后被判处流放三年,先后在

舒申斯克和乌法服刑。1901年流放期满后侨居国外,任《火星报》编辑部
秘书。曾参加俄国社会民主工党第二次代表大会的筹备工作,作为有发言
权的代表出席了大会。1904年起先后任布尔什维克的《前进报》和《无产
者报》编辑部秘书。曾参加党的第三次代表大会的筹备工作。1905—
1907年革命期间在国内担任党中央委员会秘书。斯托雷平反动时期积极
参加反对取消派和召回派的斗争。1911年在隆瑞莫党校(法国)工作。
1912年党的布拉格代表会议后协助列宁同国内党组织、《真理报》和第四
届国家杜马布尔什维克党团保持联系。第一次世界大战期间参加国际妇
女运动和布尔什维克国外支部的活动,担任国外组织委员会秘书并研究国
民教育问题。1917年二月革命后和列宁一起回国,在党中央书记处工作,
参加了十月武装起义。十月革命后任教育人民委员部部务委员,领导政治
教育总委员会;1929年起任俄罗斯联邦副教育人民委员。1924年起为党
中央监察委员会委员,1927年起为党中央委员。历届全俄中央执行委员
会和苏联中央执行委员会委员,苏联第一届最高苏维埃代表和主席团委
员。——278、423、488。

克罗赫马尔,维克多·尼古拉耶维奇(佛敏;扎戈尔斯基;Z)(Крохмаль,
　　Виктор Николаевич(Фомин,Загорский,Z)1873—1933)——俄国社会民主
　　党人,孟什维克。19世纪90年代中期参加基辅社会民主主义小组,1898
　　年被逐往乌法,在当地社会民主主义小组中起了积极作用。1901年起是
　　《火星报》代办员,在基辅工作。1902年被捕,同年8月越狱逃往国外,加
　　入俄国革命社会民主党人国外同盟。在俄国社会民主工党第二次代表大
　　会上是乌法委员会的代表,属火星派少数派。1904年底代表孟什维克被
　　增补进党中央委员会,在党的第四次(统一)代表大会上代表孟什维克被选
　　入中央委员会。1917年二月革命后编辑孟什维克的《工人报》。十月革命
　　后在列宁格勒的一些机关中工作。——154、159、300、339、359、360、410、
　　416—419、459、466、488。

克尼波维奇,莉迪娅·米哈伊洛夫娜(杰多夫)(Книпович,Лидия
　　Михайловна(Дедов)1856—1920)——俄国社会民主党人,布尔什维克。
　　19世纪70年代末参加赫尔辛福斯民意党小组的革命活动,90年代成为社
　　会民主党人。在《火星报》同俄国各地方组织建立联系方面起过重要作用。

在俄国社会民主工党第二次代表大会上是北方协会的代表,属火星派多数派。1905 年任党的敖德萨委员会书记;是党的第四次(统一)代表大会代表。1905—1907 年革命后继续做党的工作。1911 年被逐往波尔塔瓦省。晚年身患重病,长期在克里木休养。——418、421、485、488。

克努尼扬茨,波格丹·米尔扎江诺维奇(鲁边;鲁索夫)(Кнунянц, Богдан Мирзаджанович(Рубен, Русов)1878—1911)——俄国社会民主党人,布尔什维克。1897 年参加彼得堡工人阶级解放斗争协会。1901 年被逐往巴库,不久成为俄国社会民主工党巴库委员会和高加索联合会委员会委员。1902 年参与创建亚美尼亚社会民主党人联合会及其秘密机关报《无产阶级报》。在俄国社会民主工党第二次代表大会上是巴库委员会的代表,属火星派多数派,会后作为中央代办员在高加索和莫斯科工作。在彼得堡参加 1905—1907 年革命。1905 年 9 月被增补进党的彼得堡委员会并代表布尔什维克参加彼得堡第一届工人代表苏维埃执行委员会。1905 年 12 月被捕,被判处终身流放西伯利亚。1907 年从流放地逃往国外,参加了第二国际斯图加特代表大会和在赫尔辛福斯举行的俄国社会民主工党第四次代表会议(第三次全俄代表会议)的工作。1907 年底起在巴库工作。1910 年 9 月被捕,死于巴库监狱。——217—219、271、275、280、285—286、302—303、308、309、311、312、418、421、461、486。

## L

莱特伊仁,加甫里尔·达维多维奇(Лейтейзен, Гавриил Давидович 1874—1919)——俄国社会民主党人,火星派分子。19 世纪 90 年代开始革命活动,后侨居国外,加入劳动解放社,后又参加国外俄国社会民主党人联合会。曾为《火星报》和《曙光》杂志撰稿。1903 年俄国社会民主工党第二次代表大会后是布尔什维克,为《前进报》、《无产者报》等布尔什维克报刊撰稿。1907 年在党的第五次(伦敦)代表大会上当选为中央委员。同年底被捕,到到图拉行医,同时在工人中进行革命工作。斯托雷平反动时期和新的革命高涨年代参加党中央委员会俄国局的工作。1917 年二月革命后一度持孟什维克国际主义者立场,追随新生活派。1918 年初回到布尔什维克党内。同年 8 月起为东方面军第 4 集团军革命军事委员会委员。1919

年1月20日在前线被白卫分子杀害。——466。

赖歇斯贝格，瑙姆（Reichesberg，Naum 1869—1928）——伯尔尼大学政治经
　　济学和统计学教授（1892年起），生于俄国。曾是俄国革命社会民主党人
　　国外同盟的成员，参加了同盟的第二次代表大会，站在孟什维克一边。
　　1917年是旅居瑞士的俄国政治流亡者归国执行委员会委员。写有一些统
　　计学、贸易政策和劳动保护法问题的著作。——466。

朗格——见斯托帕尼，亚历山大·米特罗范诺维奇。

勒柏辛斯基，潘捷莱蒙·尼古拉耶维奇（奥林）（Лепешинский，Пантелеймон
　　Николаевич（Олин）1868—1944）——1898年加入俄国社会民主工党。
　　1895年被捕，后流放西伯利亚，在流放地结识列宁，成为列宁的至交和学
　　生。1900年流放期满后为《火星报》驻普斯科夫代办员，积极参加该报的
　　发行工作。1902年再次被捕和流放西伯利亚。1903年底逃往国外，在瑞
　　士参加了俄国社会民主工党第三次代表大会的筹备工作。1905—1907年
　　革命期间在叶卡捷琳诺斯拉夫和彼得堡进行革命工作。积极参加1917年
　　二月革命和十月革命。1918年起任俄罗斯联邦教育人民委员部部务委
　　员、土耳其斯坦副教育人民委员。1921—1924年为党史委员会创建人和
　　领导人之一。1925—1927年任国际支援革命战士协会主席。1927年起
　　先后任历史博物馆和革命博物馆馆长。写有回忆录《转折》一书以及党史
　　和教育学方面的著作。——455。

勒孔特，克劳德·马丁（Lecomte，Claude-Martin 1817—1871）——法国将军，
　　曾参加1871年3月18日凌晨突袭蒙马特尔夺取国民自卫军大炮的行动。
　　同一天（巴黎公社的第一天）被起义的士兵击毙。——185、191。

勒南，约瑟夫·厄内斯特（Renan，Joseph-Ernest 1823—1892）——法国宗教
　　史学家，唯心主义哲学家，1879年起为法兰西科学院院士。以基督教早期
　　传播史方面的著作闻名。主要著作有《基督教起源史》（1863—1883）、《耶
　　稣生平》（1863）、《以色列民族史》（五卷本，1887—1893）等。在政治上公开
　　反对民主主义和1871年的巴黎公社。——69。

李伯尔（戈尔德曼），米哈伊尔·伊萨科维奇（利波夫）（Либер（Гольдман），
　　Михаил Исаакович（Липов）1880—1937）——崩得和孟什维克领袖之一。
　　1898年起为社会民主党人，1902年起为崩得中央委员。1903年率领崩得

代表团出席俄国社会民主工党第二次代表大会,在会上采取极右的反火星派立场,会后成为孟什维克。1907 年在党的第五次(伦敦)代表大会上代表崩得被选入中央委员会,是崩得驻中央委员会国外局的代表。斯托雷平反动时期是取消派分子,1912 年是"八月联盟"的骨干分子,第一次世界大战期间是社会沙文主义者。1917 年二月革命后任彼得格勒工兵代表苏维埃执行委员会委员和第一届中央执行委员会主席团委员,采取孟什维克立场,支持资产阶级联合内阁,敌视十月革命。后脱离政治活动,从事经济工作。——224、225、227、228、231、233、234、235、244 — 246、263、266、268、269、270、284、293 — 295、302、321、326、338、340、367、382、478、479、482、489。

李卜克内西,威廉(Liebknecht,Wilhelm 1826—1900)——德国工人运动和国际工人运动活动家,德国社会民主党的创建人和领袖之一,马克思和恩格斯的朋友和战友。积极参加德国 1848 年革命,革命失败后流亡国外,在国外结识马克思和恩格斯,接受了科学共产主义思想。1850 年加入共产主义者同盟。1862 年回国。第一国际成立后,成为国际的革命思想的热心宣传者和国际的德国支部的组织者之一。1868 年起任《民主周报》编辑。1869 年与倍倍尔共同创建了德国社会民主工党(爱森纳赫派),任党的中央机关报《人民国家报》编辑。1875 年积极促成爱森纳赫派和拉萨尔派的合并。在反社会党人非常法施行期间与倍倍尔一起领导党的地下工作和斗争。1890 年起任党的中央机关报《前进报》主编,直至逝世。1867 — 1870 年为北德意志联邦国会议员,1874 年起多次被选为德意志帝国国会议员,利用议会讲坛揭露普鲁士容克反动的内外政策。因革命活动屡遭监禁。是第二国际的组织者之一。——281、282。

李维诺夫,马克西姆·马克西莫维奇(Литвинов,Максим Максимович 1876—1951)——1898 年加入俄国社会民主工党,在切尔尼戈夫省克林齐市工人小组中进行社会民主主义宣传。1900 年任党的基辅委员会委员。1901 年被捕,在狱中参加火星派。1902 年 8 月越狱逃往国外。作为《火星报》代办员,曾担任向国内运送《火星报》的工作。是俄国革命社会民主党人国外同盟的领导成员,出席了同盟第二次代表大会。1903 年俄国社会民主工党第二次代表大会后是布尔什维克,任党的里加委员会、西北委员会委员和多数派委员会常务局成员;代表里加组织出席了党的第三次代表大会。1905 年参加了布尔什维克第一份合法报纸《新生活报》的出版工作。1907 年是出席国际社会党斯图加特代表大会的俄国社会民主工党代表团的秘书。1907 年底侨居伦敦。1908 年起任布尔什维克伦敦小组书记。1914 年 6 月起为俄国社会民主工党中央委员会驻社会党国际局的代表。1915 年 2 月受列宁委托在协约国社会党伦敦代表会议上发表谴责帝国主义战争的声明。十月革命后在外交部门担任负责工作。1918—1921年任外交人民委员部部务委员,1921 年起任副外交人民委员。1922 年是出席热那亚国际会议的苏俄代表团团员和海牙国际会议的苏俄代表团团长。1930—1939 年任外交人民委员,1941—1943 年任副外交人民委员兼驻美国大使。从美国回国后至 1946 年任副外交人民委员。在党的第十七次和第十八次代表大会上当选为中央委员。曾任苏联中央执行委员会委员、第一届和第二届苏联最高苏维埃代表。——464。

李沃夫——见莫申斯基,约瑟夫·尼古拉耶维奇。

利波夫——见李伯尔,米哈伊尔·伊萨科维奇。

利沙加勒,普罗斯佩·奥利维耶(Lissagaray, Prosper Olivier 1838 — 1901)——法国政治活动家和政论家,1871 年巴黎公社的参加者。公社失败后流亡英国。1876 年出版《1871 年公社史》一书,书中引用了大量实际材料,说明人民群众在建立公社中所起的作用。这本书得到马克思的好评。1880 年大赦后回到法国,维护共和国,反对保皇派。——186。

利亚多夫(**曼德尔施塔姆**),马尔丁·尼古拉耶维奇(Лядов(Мандельштам), Мартын Николаевич 1872 — 1947)——1891 年参加俄国民粹派小组。1893 年参与创建莫斯科工人协会。1895 年被捕,1897 年流放上扬斯克,为期五年。从流放地返回后在萨拉托夫工作。在俄国社会民主工党第二次代表大会上是萨拉托夫委员会的代表,属火星派多数派;会后是党中央代办员。1904 年 8 月参加了在日内瓦举行的 22 个布尔什维克的会议,被选入多数派委员会常务局。是布尔什维克出席第二国际阿姆斯特丹代表大会的代表和俄国社会民主工党第三次代表大会有发言权的代表。积极参加 1905—1907 年革命,为党的莫斯科委员会委员。斯托雷平反动时期是召回派分子,卡普里党校(意大利)的讲课人,加入"前进"集团(1911 年退出)。1917年二月革命后任巴库工兵代表苏维埃副主席,持孟什维克立场。1920年重新加入俄共(布),在最高国民经济委员会工作。1923年起先后任斯维尔德洛夫共产主义大学校长,科学机构、博物馆及艺术科学部门总管理局局长,十月革命档案馆馆长,列宁研究院和党史委员会学术委员会委员等职。写有党史方面的著作。——218、328、416、419、420、424、455、484。

莉莎——见列曼,米哈伊尔·尼古拉耶维奇。

连斯基——见维连斯基,列昂尼德·谢苗诺维奇。

梁赞诺夫(**戈尔登达赫**),达维德·波里索维奇(Рязанов(Гольдендах),Давид Борисович 1870—1938)——1889年参加俄国革命运动。曾在敖德萨和基什尼奥夫开展工作。1900年出国,是著作家团体斗争社的组织者之一;该社反对《火星报》制定的党纲和列宁的建党组织原则。俄国社会民主工党第二次代表大会反对斗争社参加大会的工作,并否决了邀请梁赞诺夫作为该社代表出席大会的建议。代表大会后是孟什维克。1905—1907年在国家杜马社会民主党党团和工会工作。后再次出国,为《新时代》杂志撰稿。1909年在"前进"集团的卡普里党校(意大利)担任讲课人,1911年在隆瑞莫党校(法国)讲授工会运动课。曾受德国社会民主党委托从事出版《马克思恩格斯全集》和第一国际史的工作。第一次世界大战期间是中派分子,为孟什维克的《呼声报》和《我们的言论报》撰稿。1917年二月革命后参加区联派,在俄国社会民主工党(布)第六次代表大会上随区联派集体加入布尔什维克党。十月革命后从事工会工作。1918年初因反对签订布列斯特和约一度退党。1920—1921年工会问题争论期间持错误立场,被解除工会职务。1921年参与创建马克思恩格斯研究院,担任院长直到1931年。1931年2月因同孟什维克国外总部有联系被开除出党。——6—8、17、42、211、213、316、370、458。

列昂诺夫——见维连斯基,列昂尼德·谢苗诺维奇。

列曼,米哈伊尔·尼古拉耶维奇(莉莎)(Леман,Михаил Николаевич(Лиза)1872—1933)——俄国社会民主党人,布尔什维克。19世纪90年代参加革命运动。1895年在彼得堡工人阶级解放斗争协会工作。1896年8月被捕,1901年4月出国。1902年底曾建议《火星报》采用赛璐珞版的特别印刷术,1903年1月为采用这种印刷术专程回国。1905年党的第三次代表大会后前往高加索传达代表大会和彼得堡1月9日事件的情况。斯托雷平反动时期脱离政治活动。十月革命后在国内生活和工作。——465。

列宁,弗拉基米尔·伊里奇(乌里扬诺夫,弗拉基米尔·伊里奇;列宁,尼·;伊林)(Ленин,Владимир Ильич(Ульянов,Владимир Ильич,Ленин,Н.,Ильин)1870—1924)——1—19、20、33、34、35—37、38—48、49、50、51、52、53、54—58、59、60、77、81、82、86、90、91—98、99、101—102、114、119、130、136、142、143、147、148、165、166、174—180、197—200、237、239、250、257、259—260、268、270、272、273、274、275、276、278、280、287、290、291、292、297—300、318、347—357、358、359、364、370、375—376、377—378、410、426—430、431—432、437、444、450、455、461、478、483、488。

列宁,尼·——见列宁,弗拉基米尔·伊里奇。

列维茨基——见莫申斯基,约瑟夫·尼古拉耶维奇。

列文,叶弗列姆·雅柯夫列维奇(叶戈罗夫;尤里耶夫;最伪善的耶稣)(Левин,Ефрем Яковлевич(Егоров,Юрьев,Иисус Сладчайший)生于1873年)——俄国社会民主党人,南方工人社领导人之一。19世纪90年代参加哈尔科夫社会民主主义小组,1900年10月因俄国社会民主工党哈尔科夫委员会案被捕,次年被逐往波尔塔瓦。曾参加《南方工人报》编辑部,是筹备召开俄国社会民主工党第二次代表大会的组织委员会委员。在代表大会上是南方工人社的代表,持中派立场,会后成为孟什维克。1903年9月再次被捕,后脱离政治活动。——210—214、215、217、218、221—223、224—232、234、244—246、251、272、286、290—292、295、296、302—304、324—326、333、338、343、348、359、382、416、419—424、459、460、461、477、479、480、481、489。

列文娜,叶夫多基娅·谢苗诺夫娜(安娜·伊万诺夫娜;伊万诺夫)(Левина,Евдокия Семеновна(Анна Ивановна,Иванов)1874—1905)——俄国社会民主党人。19世纪90年代参加哈尔科夫社会民主主义小组,1898年因在哈尔科夫印刷工人中进行宣传案被捕,次年被逐往波尔塔瓦。曾为《南方工人报》撰稿。积极参加南方工人社的活动,反对南方工人社和《火星报》组织的联合。在俄国社会民主工党第二次代表大会上是哈尔科夫委员会的代表,持中派立场,会后成为孟什维克。不久脱离政治活动。——226、489。

列先科——见斯米多维奇,因娜·格尔莫格诺夫娜。

林格尼克,弗里德里希·威廉莫维奇(科尔;瓦西里耶夫)(Ленгник, Фридрих Вильгельмович(Кол, Васильев)1873—1936)——1893年参加俄国社会民主主义运动,1896年因彼得堡工人阶级解放斗争协会案被捕,1898年流放东西伯利亚,为期三年。流放归来后加入《火星报》组织,是筹备召开俄国社会民主工党第二次代表大会的组织委员会委员,在代表大会上被缺席选入党中央委员会和党总委员会。1903—1904年在国外积极参加反对孟什维克的斗争。1903年10月出席俄国革命社会民主党人国外同盟第二次代表大会,当孟什维克拒绝通过党中央提出的同盟章程时,他代表中央委员会宣布,此后的会议都是非法的,并同其他布尔什维克一起退出会场。1904年2月回国,是党中央委员会北方局成员,不久因北方局案被捕。1905—1907年革命后在俄国南方、莫斯科和彼得堡做党的工作。在彼得格勒参加十月革命。十月革命后在教育人民委员部、最高国民经济委员会、对外贸易人民委员部、工农检查人民委员部工作。1926—1930年为党中央监察委员会主席团委员。晚年从事科研和教学工作。全苏老布尔什维克协会副主席。—— 59、134、148、154、162、177、283、360、410、417、426、431。

卢——见加尔佩林,列夫·叶菲莫维奇。

鲁边——见克努尼扬茨,波格丹·米尔扎诺维奇。

鲁索夫——见克努尼扬茨,波格丹·米尔扎江诺维奇。

路易-菲力浦(Louis-Philippe 1773—1850)——法国国王(1830—1848)。1830年七月革命后取得王位,建立七月王朝。1848年二月革命时被推翻,逃往英国,后死在英国。——183。

罗森诺,埃米尔(Rosenow, Emil 1871—1904)——德国社会民主党人,新闻工作者。曾为社会民主党的许多报纸撰稿,任《开姆尼茨观察家报》和《莱茵—威斯特伐利亚工人报》编辑。1898—1903年为帝国国会议员。——397。

罗扎诺夫,弗拉基米尔·尼古拉耶维奇(波波夫;马尔丁)(Розанов, Владимир

Николаевич(Попов,Мартын)1876—1939)——俄国社会民主党人,孟什维克。19世纪90年代中期在莫斯科参加社会民主主义运动,1899年被逐往斯摩棱斯克。1900年加入南方工人社。是筹备召开俄国社会民主工党第二次代表大会的组织委员会委员,并代表南方工人社出席了代表大会。会上持中派立场,会后成为孟什维克骨干分子。1904年底被增补进调和主义的党中央委员会,1905年2月被捕。1905年5月在孟什维克代表会议上被选入孟什维克领导中心——组织委员会,在党的第四次(统一)代表大会上代表孟什维克被选入中央委员会。1908年侨居国外。第一次世界大战期间持国际主义立场。1917年二月革命后是彼得格勒工兵代表苏维埃孟什维克党团成员,护国派分子。敌视十月革命,积极参加反革命组织的活动,因"战术中心"案被判刑。大赦后脱离政治活动,在卫生部门工作。——211、214、218、223、226、235、239、244、246、257、263、264、283—292、309、313、318、327、345、347、348、359、360、408、411、416—420、459、477—479、481、489。

洛克尔曼,亚历山大·萨莫伊洛维奇(巴季连科夫;察廖夫)(Локерман,Александр Самойлович(Базиленков,Царев)1880—1937)——俄国社会民主党人,孟什维克。1898年参加社会民主主义运动,在顿河畔罗斯托夫工作,曾参加俄国社会民主工党顿河区委员会。在党的第二次代表大会上是顿河区委员会的代表,持中派立场,会后成为孟什维克。1917年二月革命后代表孟什维克参加中央执行委员会。十月革命后竭力反对苏维埃政权。1917—1920年为孟什维克顿河区委员会委员。因进行反革命活动被判刑。——226、272、285、311、460、479、483、490。

洛沙季——见克拉辛,列昂尼德·波里索维奇。

# M

马尔茨曼,Б.С.(戈尔登)(Мальцман,Б. С.(Гольден))——俄国社会民主党人,火星派分子。19世纪90年代开始革命活动。1902年初负责通过奥地利国境运送火星派出版物的工作,同年6月被捕,关入基辅监狱,8月越狱逃往国外,侨居巴黎和维也纳,加入俄国革命社会民主党人国外同盟。后来在莫斯科工作。十月革命后脱离政治活动。——466。

马尔丁——见罗扎诺夫,弗拉基米尔·尼古拉耶维奇。

马尔丁诺夫,亚历山大(**皮凯尔,亚历山大·萨莫伊洛维奇**)(Мартынов,
Александр(Пиккер,Александр Самойлович)1865—1935)——俄国经济派
领袖之一,孟什维克著名活动家,后为共产党员。19世纪80年代初参加
民意党人小组,1886年被捕,流放东西伯利亚十年;流放期间成为社会民
主党人。1900年侨居国外,参加经济派的《工人事业》杂志编辑部,反对列
宁的《火星报》。在俄国社会民主工党第二次代表大会上是国外俄国社会
民主党人联合会的代表,反火星派分子,会后成为孟什维克。1907年作为
叶卡捷琳诺斯拉夫组织的代表参加了党的第五次(伦敦)代表大会的工作,
在代表大会上当选为中央委员。斯托雷平反动时期和新的革命高涨年代
是取消派分子,参加取消派的机关报《社会民主党人呼声报》编辑部。第一
次世界大战期间持中派立场。1917年二月革命后为孟什维克国际主义
者。十月革命后脱离孟什维克。1918—1922年在乌克兰当教员。1923
年加入俄共(布),在马克思恩格斯研究院工作。1924年起任《共产国际》
杂志编委。——178、179、205、208—209、210、212、213、220、227—228、
230、231、233、234、235、257、262—264、302—305、309、326、327、336、337、
339、340、344、345、346、347、348、370、381、385、403、459、477、478、
484、485。

马尔托夫,尔·(**策杰尔包姆,尤利·奥西波维奇**)(Мартов,Л.(Цедербаум,
Юлий Осипович)1873—1923)——俄国孟什维克领袖之一。1895年参与
组织彼得堡工人阶级解放斗争协会。1896年被捕并流放图鲁汉斯克三
年。1900年参与创办《火星报》,为该报编辑部成员。在俄国社会民主工
党第二次代表大会上是《火星报》组织的代表,领导机会主义少数派,反对
列宁的建党原则;从那时起成为孟什维克中央机关的领导成员和孟什维克
报刊的编辑。曾参加党的第五次(伦敦)代表大会的工作。斯托雷平反动
时期和新的革命高涨年代是取消派分子,编辑《社会民主党人呼声报》,参
与组织"八月联盟"。第一次世界大战期间是中派分子,参加齐美尔瓦尔德
代表会议和昆塔尔代表会议。曾参加孟什维克组织委员会国外书记处,为
书记处编辑机关刊物。1917年二月革命后领导孟什维克国际主义派。十
月革命后反对镇压反革命和解散立宪会议。1919年当选为全俄中央执行

委员会委员,1919—1920年为莫斯科苏维埃代表。1920年9月侨居德国。参与组织第二半国际,在柏林创办和编辑孟什维克杂志《社会主义通报》。——2、5—8、10—18、29、30、34—37、40、41、43、44—48、49、50、52、53、54—58、82、92—94、97、120—124、126、127、128—135、137—139、142、148、150、153、155—159、165、174、177、179、198、204—207、210、212—216、220、221—225、227、230、231、233—241、243—246、247—248、251、253、256—258、259—283、285—304、308、309、312—321、323—327、330—332、336—343、345、346、347—351、352—360、363—367、370—372、375—377、383、385、392、395—396、398、404—407、410、411、412、413、416—419、422—424、428、439、440、444—451、453、458—463、466、478—480、482、483、488、489。

马赫林,拉扎尔·达维多维奇(奥尔洛夫)(Махлин, Лазарь Давидович (Орлов)1880—1925)——1900年参加俄国社会民主主义运动,在国外加入《火星报》组织。1902年为《火星报》代办员,在国内工作。1903年在叶卡捷琳诺斯拉夫进行宣传工作,参加俄国社会民主工党叶卡捷琳诺斯拉夫委员会,代表该委员会出席了俄国社会民主工党第二次代表大会。在会上属火星派多数派,会后成为孟什维克,在维尔诺、德文斯克和彼得堡工作。1905—1907年革命后侨居国外。1919年回国,1920年加入俄共(布),在列宁格勒做工会工作和经济工作。——218、219、313、328。

马赫诺韦茨,莉迪娅·彼得罗夫娜(布鲁凯尔)(Махновец, Лидия Петровна (Брукэр)1876—1965)——19世纪90年代末参加俄国社会民主主义运动,经济派代表人物。曾在俄国社会民主工党沃罗涅日委员会里起领导作用,该委员会在俄国社会民主工党第二次代表大会筹备期间反对《火星报》的立场。在代表大会上是彼得堡工人组织的代表,反火星派分子。1905年在沃罗涅日社会民主党组织中工作,后脱离政治活动。——45、205、206、208、210、220、261、262、265、270、271、272、302、324—326、336、337、339、340、343—344、359、370、408、418、459、461、478。

马霍夫——见卡拉法季,德米特里·巴甫洛维奇。

马卡久布,马尔克·绍洛维奇(安东;帕宁;实际工作者)(Макадзюб, Марк Саулович(Антон, Панин, Практик)生于1876年)——俄国社会民主党人,孟什维克。1901—1903 年在俄国南部社会民主党组织中工作。在俄国社会民主工党第二次代表大会上是克里木联合会的代表,属火星派少数派。1905 年 5 月参加了在日内瓦召开的孟什维克代表会议,被选入孟什维克领导中心——组织委员会。支持阿克雪里罗得关于召开广泛的工人代表大会的取消主义观点。斯托雷平反动时期和新的革命高涨年代是取消派分子,为孟什维克取消派的《我们的曙光》杂志撰稿。1917 年二月革命后任彼得格勒工兵代表苏维埃执行委员会委员。十月革命后脱离政治活动。1921 年起在苏联驻国外的木材出口机关工作。1931 年起侨居国外。——201、285、290、389—391、460。

马克思,卡尔(Marx,Karl 1818—1883)——科学共产主义的创始人,世界无产阶级的领袖和导师。——67、191、231。

马斯洛夫,彼得·巴甫洛维奇(伊克斯)(Маслов, Петр Павлович(Икс) 1867—1946)——俄国经济学家,社会民主党人。写有一些土地问题著作,修正马克思主义政治经济学原理。曾为《生活》、《开端》和《科学评论》等杂志撰稿。俄国社会民主工党第二次代表大会后是孟什维克;曾提出孟什维克的土地地方公有化纲领。在俄国社会民主工党第四次(统一)代表大会上代表孟什维克作了关于土地问题的报告,被选入中央机关报编辑部。斯托雷平反动时期和新的革命高涨年代是取消派分子。第一次世界大战期间是社会沙文主义者。十月革命后脱离政治活动,从事教学和科研工作,研究社会主义政治经济学问题。1929 年起为苏联科学院院士。——77。

麦迭姆(**格林贝格**),弗拉基米尔·达维多维奇(戈尔德布拉特)(Медем(Гринберг), Владимир Давидович(Гольдблат) 1879—1923)——崩得领袖之一。1899 年参加俄国社会民主主义运动,1900 年加入明斯克崩得组织。曾流放西伯利亚,1901 年从流放地逃往国外。1903 年起为崩得国外委员会委员,代表该委员会出席俄国社会民主工党第二次代表大会,会上是反火星派分子。1906 年当选为崩得中央委员。曾参加俄国社会民主工党第五次(伦敦)代表大会工作,支持孟什维克。十月革命后领导在波兰的崩得组织。1921 年到美国,在犹太右翼社会党人的《前进报》上撰文诽谤苏维埃俄国。——221、222、245、284、325—326、382、479。

曼德尔贝格,维克多·叶夫谢耶维奇(毕洛夫;波萨多夫斯基)(Мандельберг,Виктор Евсеевич(Бюлов,Посадовский)生于1870年)——俄国社会民主党人。1894—1896年在彼得堡当医生,因在工人中进行社会民主主义宣传而被捕,监禁三年后又遭流放东西伯利亚四年。在俄国社会民主工党第二次代表大会上是西伯利亚联合会的代表,属火星派少数派,会后成为孟什维克。第二届国家杜马代表,因社会民主党党团案被起诉,后流亡国外。——221、226、257、309—311、316、382、460。

梅德维捷夫——见尼古拉耶夫,列昂尼德·弗拉基米罗维奇。

梅什金,伊波利特·尼基季奇(Мышкин,Ипполит Никитич 1848—1885)——俄国民粹派革命家;职业是地形测绘员。1873年在莫斯科开办一家印刷所,秘密刊印禁书。1875年春到西伯利亚,试图把车尔尼雪夫斯基从流放地营救出来,未遂;同年7月在维柳伊斯克被捕,关进彼得保罗要塞。是"一百九十三人案件"的主要被告之一,1877年11月15日在法庭上发表了热情洋溢的演说。1878年被判处十年苦役。1885年因反抗监狱制度被枪决。——258。

美舍利亚科夫,尼古拉·列昂尼多维奇(Мещеряков,Николай Леонидович 1865—1942)——1885年参加俄国革命运动。1893年到比利时完成学业,1894年成为马克思主义者。1901年加入俄国革命社会民主党人国外同盟。1902年作为《火星报》代办员返回莫斯科,任俄国社会民主工党莫斯科委员会委员。不久被捕,流放雅库特州四年,1905—1907年革命时获释。1906年任党的莫斯科郊区委员会委员,同年10月被捕,流放东西伯利亚。1917年二月革命后先后任俄国社会民主工党(布)克拉斯诺亚尔斯克委员会委员,莫斯科省工人代表苏维埃主席,党的省委委员。十月革命后任《真理报》编委(1918—1922)、中央消费合作总社理事会理事(1919—1921)、国家出版社编辑委员会主席(1920—1924)。1924—1927年任农民国际组织书记。1927—1938年任《苏联小百科全书》总编辑。1939年起为苏联科学院通讯院士。——465。

米哈伊尔·伊万诺维奇——见尼古拉耶夫,列昂尼德·弗拉基米罗维奇。

米勒兰,亚历山大·埃蒂耶纳(Millerand,Alexandre Étienne 1859—1943)——法国政治家和国务活动家,法国社会党和第二国际的机会主义代表人物。

1885 年起多次当选议员。原属资产阶级激进派,90 年代初参加法国社会主义运动,领导运动中的机会主义派。1898 年同让·饶勒斯等人组成法国独立社会党人联盟。1899 年参加瓦尔德克-卢梭内阁,任工商业部长,是有史以来社会党人第一次参加资产阶级政府,列宁把这个行动斥之为"实践的伯恩施坦主义"。1904 年被开除出法国社会党,此后同阿·白里安、勒·维维安尼等前社会党人一起组成独立社会党人集团(1911 年取名为"共和社会党")。1909—1915 年先后任公共工程部长和陆军部长,竭力主张把帝国主义战争进行到底。俄国十月革命后是武装干涉苏维埃俄国的策划者之一。1920 年 1—9 月任总理兼外交部长,1920 年 9 月—1924年 6 月任法兰西共和国总统。资产阶级左翼政党在大选中获胜后,被迫辞职。1925 年和 1927 年当选为参议员。——403。

米舍涅夫,格拉西姆·米哈伊洛维奇(穆拉维约夫)(Мишенев, Герасим Михайлович(Муравьев)死于 1906 年)——俄国社会民主党人,俄国社会民主工党乌法委员会委员,代表该委员会出席了党的第二次代表大会。在会上属火星派多数派,会后成为布尔什维克;一贯反对孟什维克。1905 年起在萨拉托夫社会民主党组织中工作。——218、296、297、309、310、313、316、487。

米特罗范——见古萨罗夫,费多尔·瓦西里耶维奇。

米佐夫——见卡拉法季,德米特里·巴甫洛维奇。

莫申斯基,约瑟夫·尼古拉耶维奇(李沃夫;列维茨基)(Мошинский, Иосиф Николаевич(Львов, Левицкий) 1875 — 1954)——俄 国 社 会 民 主 党 人。1892—1893 年是基辅马克思主义工人小组组织者之一,1894—1895 年是波兰王国和立陶宛社会民主党地下组织成员,1897 年在基辅工人阶级解放斗争协会工作。1898 年流放维亚特卡省三年。1901 年起在罗斯托夫工作,加入俄国社会民主工党顿河区委员会,参与组织当地的《火星报》小组和秘密矿区联合会。代表该联合会出席党的第二次代表大会,会上持中派立场,会后成为孟什维克,在顿河畔罗斯托夫、彼得堡和华沙工作。1917年二月革命后是孟什维克国际主义者。十月革命后脱离政治活动。1925年起在莫斯科司法部门工作。——225、226、458、460、482、490。

穆拉维约夫——见米舍涅夫,格拉西姆·米哈伊洛维奇。

# N

拿破仑第三（**波拿巴，路易**）（Napoléon Ⅲ（Bonaparte，Louis）1808—1873）——法国皇帝（1852—1870），拿破仑第一的侄子。法国1848年革命失败后被选为法兰西共和国总统。1851年12月2日发动政变，1852年12月称帝。在位期间，对外屡次发动侵略战争，包括同英国一起发动侵略中国的第二次鸦片战争。对内实行警察恐怖统治，强化官僚制度，同时以虚假的承诺、小恩小惠和微小的改革愚弄工人。1870年9月2日在普法战争色当战役中被俘，9月4日巴黎革命时被废黜。——181、182、186、188、191。

纳杰日丁，尔·（**捷连斯基，叶夫根尼·奥西波维奇**）（Надеждин，Л.（Зеленский，Евгений Осипович）1877—1905）——早年是俄国民粹派分子，1898年加入萨拉托夫社会民主主义组织。1899年被捕并被逐往沃洛格达省，1900年流亡瑞士，在日内瓦组织了"革命社会主义的"自由社（1901—1903）。在《自由》杂志上以及在他写的《革命前夜》（1901）、《俄国革命主义的复活》（1901）等小册子中支持经济派，同时宣扬恐怖活动是"唤起群众"的有效手段；反对列宁的《火星报》。俄国社会民主工党第二次代表大会后为孟什维克报刊撰稿。——255、292。

纳凯，阿尔弗勒德·约瑟夫（Nagket，Alfred Joseph 1834—1916）——法国政治活动家；职业是医生。曾在巴勒莫和巴黎任化学教授。1865年因参加旨在推翻拿破仑第三政府的秘密政治团体，被解除教授职务并关进监狱。1869年又遭迫害，但逃到西班牙。1870年大赦后返回法国。1871年被选入国民议会，属极左派，后成为激进派领袖之一。1883年被选入参议院。1889年与共和派决裂后，支持布朗热主义运动；在著作中发挥了民族主义思想。——68。

纳塔莉娅·伊万诺夫娜——见亚历山德罗娃，叶卡捷琳娜·米哈伊洛夫娜。

尼古拉·一逊——见丹尼尔逊，尼古拉·弗兰策维奇。

尼古拉耶夫，列昂尼德·弗拉基米罗维奇（**梅德维捷夫**；**米哈伊尔·伊万诺维奇**）（Николаев，Леонид Владимирович（Медведев，Михаил Иванович）生于1866年）——俄国社会民主党人。19世纪90年代中期加入哈尔科夫社会

民主主义小组,1898 年因在哈尔科夫印刷工人中进行宣传案被捕,流放维
亚特卡省三年。流放期满后在哈尔科夫工作。1902 年 12 月同《火星报》
编辑部取得联系。1903 年在俄国社会民主工党第二次代表大会上是哈尔
科夫委员会的代表,持中派立场,会后成为孟什维克。——226、272、489。

尼基季奇——见克拉辛,列昂尼德·波甲索维奇。

尼基京,伊万·康斯坦丁诺维奇(斯捷潘诺夫)(Никитин, Иван Константинович
(Степанов)1877 — 1944)——俄国社会民主党人,布尔什维克;职业是旋
工。1897 年参加革命运动,曾在基辅领导马克思主义工人小组。1901 年
被捕并流放卡卢加。在俄国社会民主工党第二次代表大会上是基辅委员
会的代表,属火星派多数派。从代表大会返回后再次被捕。在基辅参加
1905—1907 年革命,后脱离政治活动。十月革命后在莫斯科索科利尼基
车辆修配厂工作。1925 年加入俄共(布)。——226、485。

诺斯科夫,弗拉基米尔·亚历山德罗维奇(波里斯;格列博夫;叶菲莫夫)
(Носков, Владимир Александрович ( Борис, Глебов, Ефимов ) 1878 —
1913)——俄国社会民主党人。19 世纪 90 年代参加革命运动。1898 年因
彼得堡工人阶级解放斗争协会案被捕,先后流放雅罗斯拉夫尔和沃罗涅
日。1900 年是俄国社会民主工党北方协会组织者之一。1902 年侨居国
外,同年 4 月参加《火星报》编辑部的苏黎世会议,会上讨论了党纲草案。
1902—1903 年负责向国内运送社会民主党秘密出版物的组织工作,参与
筹备俄国社会民主工党第二次代表大会。在会上是有发言权的代表,属火
星派多数派;是党章起草委员会主席,当选为中央委员。会后对孟什维克
采取调和主义态度,反对召开党的第三次代表大会。1905 年被捕。斯托
雷平反动时期脱离政治活动。——59、218、283、291、292、318、347、348、
351、360、417—419、426—428、431、432、450、453、455、484、488。

诺沃勃兰策夫,彼·——见彼舍霍诺夫,阿列克谢·瓦西里耶维奇。

## P

帕·波·——见阿克雪里罗得,帕维尔·波里索维奇。

帕尔乌斯(格尔方德,亚历山大·李沃维奇)(Парвус(Гельфанд, Александр
Львович)1869—1924)——生于俄国,19 世纪 80 年代移居国外。90 年代

末起在德国社会民主党内工作,属该党左翼;曾任《萨克森工人报》编辑。写有一些世界经济问题的著作。20 世纪初参加俄国社会民主工党的工作,为《火星报》撰稿。俄国社会民主工党第二次代表大会后支持孟什维克的组织路线。1905 年回到俄国,曾担任彼得堡工人代表苏维埃执行委员会委员,为孟什维克的《开端报》撰稿;同托洛茨基一起提出"不断革命论",主张参加布里根杜马,坚持同立宪民主党人搞交易。斯托雷平反动时期脱离俄国社会民主工党,后移居德国。第一次世界大战期间是社会沙文主义者和德国帝国主义的代理人。1915 年起在柏林出版《钟声》杂志。1918 年脱离政治活动。──95、370。

帕林科夫斯基,И.(Палинковский, И.)──俄国社会民主党人,19 世纪 90 年代初起为政治流亡者,拥护劳动解放社,先后加入国外俄国社会民主党人联合会和俄国革命社会民主党人国外同盟。俄国社会民主工党第二次代表大会后是孟什维克。十月革命后住在瑞士。──466。

帕宁──见马卡久布,马尔克·绍洛维奇。

皮卡尔,路易·约瑟夫·厄内斯特(Picard, Louis-Joseph-Ernest 1821 — 1877)──法国政治活动家,右翼共和派分子;职业是律师。1870 年任国防政府财政部长,1871 年任梯也尔政府内务部长;是镇压巴黎公社的刽子手之一。──183。

普列汉诺夫,格奥尔吉·瓦连廷诺维奇(瓦连廷诺夫)(Плеханов, Георгий Валентинович(Валентинов)1856 — 1918)──俄国早期的马克思主义理论家,后来成为孟什维克和第二国际机会主义领袖之一。19 世纪 70 年代参加民粹主义运动,是土地和自由社成员及土地平分社领导人之一。1880 年侨居瑞士,逐步同民粹主义决裂。1883 年在日内瓦创建俄国第一个马克思主义团体──劳动解放社。翻译和介绍了马克思和恩格斯的许多著作,对马克思主义在俄国的传播起了重要作用;写过不少优秀的马克思主义著作,批判民粹主义、合法马克思主义、经济主义、伯恩施坦主义、马赫主义。20 世纪初是《火星报》和《曙光》杂志编辑部成员。曾参与制定俄国社会民主工党纲领草案和参加党的第二次代表大会的筹备工作。在代表大会上是劳动解放社的代表,属火星派多数派,参加了大会常务委员会,会后逐渐转向孟什维克。1905 — 1907 年革命时期反对列宁的民主革命的策

略,后来在孟什维克和布尔什维克之间摇摆。在俄国社会民主工党第四次
(统一)代表大会上作了关于土地问题的报告,维护马斯洛夫的孟什维克方
案;在国家杜马问题上坚持极右立场,呼吁支持立宪民主党人的杜马。斯
托雷平反动时期和新的革命高涨年代反对取消主义,领导孟什维克护党
派。第一次世界大战期间持社会沙文主义立场。1917 年二月革命后支持
资产阶级临时政府。对十月革命持否定态度,但拒绝支持反革命。最重要
的理论著作有《社会主义与政治斗争》(1883)、《我们的意见分歧》(1885)、
《论一元论历史观之发展》(1895)、《唯物主义史论丛》(1896)、《论个人在历
史上的作用》(1898)、《没有地址的信》(1899—1900),等等。——5、7、11—
15、17、18、20、37、40、44、59、60、77、82、92、94、95、106、110、119、122、123—
132、134、136—141、144、148、151、164—166、174—179、205—206、207、
211、220—222、230、231、233、234、237、251、262、271、280、282、304、312、
315、316、328、331、332、333、344、347、348、350、351—366、368—377、381、
382、385、406、407、408、409、410、411、423、429、438、440、442、459、460、
462、466、467、478、479、481、488、489、497。

# Q

切尔内绍夫,伊拉里昂·瓦西里耶维奇(Чернышев, Илларион Васильевич)——
俄国社会民主党人,动摇于经济派与火星派之间。19 世纪 90 年代初期在
库尔斯克从事社会民主主义宣传活动。1894—1895 年领导彼得堡社会民
主党人小组"青年派",1896 年与该小组一起加入彼得堡工人阶级解放斗
争协会。1897 年 2 月被捕,流放沃洛格达省三年,后参加南方工人社。
1902 年 8 月到国外,同《火星报》编辑部就为实现党的统一采取共同行动
问题进行谈判。自称是国外俄国社会民主党人联合会的拥护者,1903 年 4
月转向经济派。——489。

# R

饶尔丹尼亚,诺伊·尼古拉耶维奇(科斯特罗夫)(Жордания, Ной Николаевич
(Костров)1869—1953)——俄国社会民主党人。19 世纪 90 年代开始政治
活动,加入格鲁吉亚第一个社会民主主义团体"麦撒墨达西社",领导该社

的机会主义派。1903年在俄国社会民主工党第二次代表大会上是有发言权的代表,属火星派少数派,会后为高加索孟什维克的领袖。1905年编辑孟什维克的《社会民主党人报》(格鲁吉亚文),反对布尔什维克在资产阶级民主革命中的策略。第一届国家杜马代表,社会民主党党团领袖。1907—1912年为俄国社会民主工党中央委员(代表孟什维克)。斯托雷平反动时期和新的革命高涨年代形式上参加孟什维克护党派,实际上支持取消派。1914年为托洛茨基的《斗争》杂志撰稿。第一次世界大战期间是社会沙文主义者。1917年二月革命后任梯弗利斯工人代表苏维埃主席。1918—1921年是格鲁吉亚孟什维克政府主席。1921年格鲁吉亚建立苏维埃政权后成为白俄流亡分子。——232、332。

饶勒斯,让(Jaurès,Jean 1859—1914)——法国社会主义运动和国际社会主义运动活动家,法国社会党领袖,历史学家和哲学家。1885年起多次当选议员。原属资产阶级共和派,90年代初开始转向社会主义。1898年同亚·米勒兰等人组成法国独立社会党人联盟。1899年竭力为米勒兰参加资产阶级政府的行为辩护。1901年起为社会党国际局成员。1902年与可能派、阿列曼派等组成改良主义的法国社会党。1903年当选为议会副议长。1904年创办《人道报》,主编该报直到逝世。1905年法国社会党同盖得领导的法兰西社会党合并后,成为统一的法国社会党的主要领导人。在理论和实践问题上往往持改良主义立场,但始终不渝地捍卫民主主义,反对殖民主义和军国主义。由于呼吁反对临近的帝国主义战争,于1914年7月31日被法国沙文主义者刺杀。写有法国大革命史等方面的著作。——400、403。

热里雅鲍夫,安德列·伊万诺维奇(Желябов, Андрей Иванович 1851—1881)——俄国革命家,民意党的组织者和领袖。是民粹派中最早认识到必须同沙皇专制制度进行政治斗争的人之一。在他的倡导下,创办了俄国第一家工人报纸《工人报》。但不理解工人阶级的历史作用,不懂得科学社会主义,把个人恐怖看做是推翻沙皇专制制度的主要手段,多次组织谋刺亚历山大二世的活动。1881年3月1日亚历山大二世遇刺前两天被捕,在法庭上拒绝辩护,并发表演说进行革命鼓动。同年4月3日(15日)在彼得堡被处以绞刑。——258。

# S

萨布林娜——见克鲁普斯卡娅，娜捷施达·康斯坦丁诺夫娜。

绍埃尔，M. M.（Шоуэр, М. М.）——俄国社会民主党人，火星派分子。1900
年流放乌法，同年夏出国，侨居苏黎世；是俄国革命社会民主党人国外同盟
成员，参加了同盟1903年召开的第二次代表大会，站在孟什维克一边。
——466。

绍特曼，亚历山大·瓦西里耶维奇（哥尔斯基）（Шотман, Александр
Васильевич（Горский）1880—1937）——1899年加入俄国社会民主工党，布
尔什维克；旋工。1899—1902年是彼得堡工人阶级解放斗争协会会员，参
加了1901年"奥布霍夫防卫战"，任维堡区党的组织员。在俄国社会民主
工党第二次代表大会上是彼得堡委员会的代表，属火星派多数派；会后在
科斯特罗马和伊万诺沃-沃兹涅先斯克工作，任党的北方委员会委员。在
彼得堡和敖德萨参加1905—1907年革命。1911—1912年任芬兰社会民
主党赫尔辛福斯委员会委员。在1913年有党的工作者参加的俄国社会民
主工党中央委员会波罗宁会议上被增补为中央委员和中央委员会俄国局
成员，同年11月被捕并流放西伯利亚。在托木斯克参加1917年二月革
命。1917年6月起任党的彼得堡郊区委员会委员；7月起是党中央委员会
和列宁之间的联络员，8月受党中央委托，安排列宁从拉兹利夫转移到芬
兰。积极参加十月革命，十月革命后历任最高国民经济委员会主席团委
员、西伯利亚国民经济委员会主席、卡累利阿苏维埃社会主义自治共和国
中央执行委员会主席等职。1926—1937年在最高国民经济委员会和全俄
中央执行委员会主席团工作。1924—1934年为党中央监察委员会委员。
——226、485。

舍尔戈夫，M.И.（Шергов, М.И.）——俄国社会民主党人；职业是医生。《火
星报》柏林协助小组和俄国革命社会民主党人国外同盟成员。俄国社会民
主工党第二次代表大会后为孟什维克。十月革命后在国内生活和工作。
——466。

施泰因——见亚历山德罗娃，叶卡捷琳娜·米哈伊洛夫娜。

施韦泽，约翰·巴蒂斯特（Schweitzer, Johann Baptist 1833—1875）——德国

工人运动活动家,拉萨尔派代表人物之一;职业是律师。政治活动初期是
自由主义者,在拉萨尔的影响下参加工人运动。1864—1871年任全德工
人联合会机关报《社会民主党人报》编辑,1867年起任联合会主席。执行
拉萨尔主义的机会主义路线,支持俾斯麦所奉行的在普鲁士领导下"自上
而下"统一德国的政策。在联合会内实行个人独裁,引起会员不满,1871
年被迫辞去主席职务。1872年因同普鲁士当局的勾结被揭露而被开除出
全德工人联合会。——378。

实际工作者——见马卡久布,马尔克·绍洛维奇。

司徒卢威,彼得·伯恩哈多维奇(Струве, Петр Бернгардович 1870—
　　1944)——俄国经济学家,哲学家,政论家,合法马克思主义主要代表人物,
　　立宪民主党领袖之一。19世纪90年代编辑合法马克思主义者的《新言
　　论》杂志和《开端》杂志。1896年参加第二国际第四次代表大会。1898年
　　参加起草《俄国社会民主工党宣言》。在1894年发表的第一部著作《俄国
　　经济发展问题的评述》中,在批判民粹主义的同时,对马克思的经济学说和
　　哲学学说提出"补充"和"批评"。20世纪初同马克思主义和社会民主主义
　　彻底决裂,转到自由派营垒。1902年起编辑自由派资产阶级刊物《解放》
　　杂志,1903年起是解放社的领袖之一。1905年起是立宪民主党中央委员,
　　领导该党右翼。1907年当选为第二届国家杜马代表。第一次世界大战爆
　　发后鼓吹俄国的帝国主义侵略扩张政策。十月革命后敌视苏维埃政权,是
　　邓尼金和弗兰格尔反革命政府成员,后逃往国外。——79、331、332、
　　333、374。

斯捷潘诺夫——见尼基京,伊万·康斯坦丁诺维奇。

斯捷潘诺夫,谢尔盖·伊万诺维奇(布劳恩)(Степанов, Сергей Иванович
　　(Браун)1876—1935)——1895年参加俄国社会民主主义运动,当时在图
　　拉枪械制造厂当车工。1902—1905年为俄国社会民主工党图拉委员会委
　　员,代表该委员会出席党的第二次代表大会,属火星派多数派。曾在图拉、
　　彼得堡、莫斯科等地做党的工作,多次被捕和流放。1917年在图拉参加十
　　月革命。十月革命后领导图拉工厂的国有化工作,1919年被任命为图拉
　　弹药厂厂长。1925年起任图拉省执行委员会主席。1930年起在莫斯科任
　　州执行委员会副主席、州监察委员会党组书记。1933—1935年任莫斯科

州法院院长。1924—1925 年为党中央监察委员会委员,1925—1934 年为党中央检查委员会委员。全俄中央执行委员会和苏联中央执行委员会委员。——328、466、485。

斯米多维奇,彼得·格尔莫格诺维奇(瓦西里·伊万诺维奇)(Смидович, Петр Гермогенович(Василий Иванович)1874—1935)——俄国社会民主党人,火星派分子,俄国社会民主工党第二次代表大会后是布尔什维克;职业是电气工程师。1898 年参加俄国社会民主工党,起初倾向经济主义,后参加火星派。1900 年底被捕,1901 年被驱逐出境;是俄国革命社会民主党人国外同盟成员。1905 年是莫斯科十二月武装起义的积极参加者。1906 年任俄国社会民主工党莫斯科郊区委员会委员,1907—1908 年任莫斯科委员会委员。屡遭沙皇政府迫害。1917 年二月革命后任俄国社会民主工党(布)莫斯科委员会委员和莫斯科苏维埃执行委员会委员。十月革命期间任莫斯科军事革命委员会委员。十月革命后历任莫斯科苏维埃主席、最高国民经济委员会主席团委员、莫斯科省国民经济委员会主席、党的监察委员会委员、全俄中央执行委员会和苏联中央执行委员会主席团委员。——465。

斯米多维奇,因娜·格尔莫格诺夫娜(列先科)(Смидович, Инна Гермогеновна(Лесенко))——俄国社会民主党人,火星派分子。从《火星报》创办起到 1901 年 4 月娜·康·克鲁普斯卡娅到日内瓦时一直担任编辑部秘书,后从事书报运送工作。1902 年被捕入狱,1903 年 1 月从基辅宪兵司令部逃出,不久流亡国外。1903 年参加俄国革命社会民主党人国外同盟第二次代表大会,站在孟什维克一边,任同盟领导机关的秘书。斯托雷平反动时期脱离政治活动。——466。

斯塔罗韦尔——见波特列索夫,亚历山大·尼古拉耶维奇。

斯特拉霍夫——见塔赫塔廖夫,康斯坦丁·米哈伊洛维奇。

斯托帕尼,亚历山大·米特罗范诺维奇(朗格)(Стопани, Александр Митрофанович(Ланге)1871—1932)——1892 年在俄国喀山开始革命活动,1893 年组织马克思主义小组。1899 年起在普斯科夫工作,1900 年结识列宁。曾参加筹备出版《火星报》的工作,是俄国社会民主工党北方协会的组织者之一。1902 年 11 月被选入筹备召开俄国社会民主工党第二次代表大会的组织委员会。在代表大会上是北方协会的代表,属火星派多数派。1903—1904年参加党的北方委员会和巴库委员会的组建工作。参加了1905—1907年革命,任党的科斯特罗马委员会书记。多次被捕。1917年二月革命后任巴库粮食委员会主席。十月革命后担任党和苏维埃的领导工作。1922年起为俄罗斯联邦最高法院成员,1924—1929年任俄罗斯联邦劳动事务检察长,1930—1932年任全苏老布尔什维克协会副主席。——210、217、232、311、314、486。

苏桑,路易(Susane,Louis 1810—1876)——法国将军,1870—1871年巴黎保卫战的参加者,写有军事史方面的著作。——183。

索罗金——见鲍曼,尼古拉·埃内斯托维奇。

## T

塔尔——见塔赫塔廖夫,康斯坦丁·米哈伊洛维奇。

塔尔——见雅库波娃,阿波利纳里娅·亚历山德罗夫娜。

塔赫塔廖夫,康斯坦丁·米哈伊洛维奇(斯特拉霍夫;塔尔)(Тахтарев,Константин Михайлович(Страхов,Тар)1871—1925)——1893年参加俄国社会民主主义运动,曾加入彼得堡工人阶级解放斗争协会。1896年被捕,后流亡国外。1900年编辑经济派的《工人思想报》,彼得堡工人组织出席第二国际1900年巴黎代表大会的代表。曾协助筹备俄国社会民主工党第二次代表大会,在会上是有发言权的代表,会后同情孟什维克,不久脱党。后来从事科研和教学活动,写有一些社会学和俄国革命运动史方面的著作。1924年起在马克思恩格斯研究院工作。——268、466。

唐恩(古尔维奇),费多尔·伊里奇(一恩)(Дан(Гурвич),Федор Ильич(—Н)1871—1947)——俄国孟什维克领袖之一;职业是医生。1894年参加社会民主主义运动,加入彼得堡工人阶级解放斗争协会。1896年8月被捕,监禁两年左右,1898年流放维亚特卡省,为期三年。1901年夏逃往国外,加入《火星报》柏林协助小组。1902年作为《火星报》代办员参加了俄国社会民主工党第二次代表大会的筹备会议,会后再次被捕,流放东西伯利亚。1903年9月逃往国外,成为孟什维克。俄国社会民主工党第四次(统一)代表大会和第五次(伦敦)代表大会及一系列代表会议的参加者。斯托雷

平反动时期和新的革命高涨年代在国外领导取消派,编辑取消派的《社会
民主党人呼声报》。第一次世界大战期间是社会沙文主义者。1917 年二
月革命后任彼得格勒苏维埃执行委员会委员和第一届中央执行委员会主
席团委员,支持资产阶级临时政府。十月革命后反对苏维埃政权,1922 年
被驱逐出境,在柏林领导孟什维克进行反革命活动。1923 年参与组织社
会主义工人国际。同年被取消苏联国籍。——94、97、155、464、466。

特拉温斯基——见克尔日扎诺夫斯基,格列勃·马克西米利安诺维奇。

特罗胥,路易·茹尔(Trochu, Louis-Jules 1815—1896)——法国将军和政治
　　活动家,波拿巴主义者。1870 年 8 月被任命为巴黎城防司令,9 月就任国
　　防政府首脑,执行民族投降政策。1871 年 1 月巴黎投降前夕辞职。
　　1871—1872 年为国民议会议员。1872 年起脱离政治活动。—— 183、
　　189、191。

梯也尔,阿道夫(Thiers, Adolphe 1797—1877)——法国国务活动家,历史学
　　家。早年当过律师和新闻记者。19 世纪 20 年代末作为自由资产阶级反
　　对派活动家开始政治活动。七月王朝时期历任参事院院长、内务大臣、外
　　交大臣和首相,残酷镇压 1834 年里昂工人起义。第二共和国时期是秩序
　　党领袖之一,制宪议会和立法议会议员。1870 年 9 月 4 日第二帝国垮台
　　后,成为资产阶级国防政府实际领导人之一,1871 年 2 月就任第三共和国
　　政府首脑。上台后与普鲁士签订了丧权辱国的和约,又策划解除巴黎国民
　　自卫军的武装,从而激起了 3 月 18 日起义。内战爆发后逃往凡尔赛,勾结
　　普鲁士军队血腥镇压巴黎公社。1871—1873 年任第三共和国总统。作为
　　历史学家,他的观点倾向于复辟王朝时期的资产阶级历史编纂学派。马克
　　思在《法兰西内战》一书中对他在法国历史上的作用作了详尽的评述。
　　——183、184、186、191。

托洛茨基(勃朗施坦),列夫·达维多维奇(Троцкий(Бронштейн), Лев
　　Давидович 1879—1940)——1897 年参加俄国社会民主主义运动。在俄
　　国社会民主工党第二次代表大会上是西伯利亚联合会的代表,属火星派少
　　数派。1905 年同亚·帕尔乌斯一起提出和鼓吹"不断革命论"。斯托雷平
　　反动时期和新的革命高涨年代,打着"非派别性"的幌子,实际上采取取消
　　派立场。1912 年组织"八月联盟"。第一次世界大战期间持中派立场。

1917年二月革命后参加区联派,在党的第六次代表大会上随区联派集体加入布尔什维克党,当选为中央委员。参加十月武装起义的领导工作。十月革命后任外交人民委员,1918年初反对签订布列斯特和约,同年3月改任共和国革命军事委员会主席、陆海军人民委员等职。参与组建红军。1919年起为党中央政治局委员。1920年起历任共产国际执行委员会候补委员、委员。1920—1921年挑起关于工会问题的争论。1923年起进行派别活动。1925年初被解除革命军事委员会主席和陆海军人民委员职务。1926年与季诺维也夫结成"托季联盟"。1927年被开除出党,1929年被驱逐出境,1932年被取消苏联国籍。在国外组织第四国际。死于墨西哥。——41、207、210、232、234、246、268、269、280、293、304、309、311、318、342、345、352、353、359、360、410、416—419、459、464、466、479、488。

托马,克莱芒(Thomas,Clément 1809—1871)——法国将军,波拿巴主义者。曾参与镇压1848年巴黎无产阶级六月起义。1870年被任命为巴黎国民自卫军司令。1871年3月18日(巴黎公社的第一天)被起义士兵击毙。——185、192。

托普里泽,季奥米德·亚历山德罗维奇(卡尔斯基)(Топуридзе,Диомид Александрович(Карский)1871—1942)——俄国社会民主党人,孟什维克。曾参加格鲁吉亚第一个社会民主主义团体"麦撒墨达西社"。在俄国社会民主工党第二次代表大会上是梯弗利斯委员会的代表,属火星派多数派,但表现动摇,大会结束时又赞同火星派少数派。会后成为孟什维克,反对代表大会选出的党的中央机关,因此于1903年10月初被党的高加索联合会委员会解除党内职务。1918—1921年在孟什维克统治格鲁吉亚时期任立宪会议财政预算委员会主席、库塔伊西市市长。1921年格鲁吉亚建立苏维埃政权后,在财政委员部工作,从事学术评论活动。——232、271、304、479、485。

# W

瓦·沃·——见沃龙佐夫,瓦西里·巴甫洛维奇。

瓦朗坦,路易·厄内斯特(Valentin,Louis-Ernest)——法国将军,波拿巴主义者,1871年3月18日起义前夕任巴黎警察局局长。——184、191。

瓦连廷——见加尔佩林,列夫·叶菲莫维奇。

瓦连廷诺夫——见普列汉诺夫,格奥尔吉·瓦连廷诺维奇。

瓦西里·伊万诺维奇——见斯米多维奇,彼得·格尔莫格诺维奇。

瓦西里耶夫——见林格尼克,弗里德里希·威廉莫维奇。

威廉一世(**霍亨索伦**)(Wilhelm I (Hohenzollern) 1797—1888)——普鲁士国
王(1861—1888),德国皇帝(1871—1888)。——182、191。

维连斯基,列昂尼德·谢苗诺维奇(连斯基;列昂诺夫)(Виленский, Леонид
Семенович (Ленский, Леонов) 1880—1950)——1899年加入俄国社会民主
工党基辅委员会宣传员小组。1902年起在叶卡捷琳诺斯拉夫从事筹办秘
密印刷所和散发社会民主党书刊的工作。在俄国社会民主工党第二次代
表大会上是叶卡捷琳诺斯拉夫委员会的代表,属火星派多数派,会后成为
布尔什维克。1905年退出俄国社会民主工党,加入无政府共产主义者组
织,是无政府主义的《反抗者》杂志编辑。1907年被捕并流放图鲁汉斯克
边疆区,为期四年,流放归来后脱离政治活动。十月革命后参与建立敖德
萨的苏维埃政权,在工农检查院机关工作,后来在莫斯科工商银行和国家
计划委员会工作。——226、271—272、423、461、485。

维努瓦,约瑟夫(Vinoy, Joseph 1800—1880)——法国将军,波拿巴主义者,
巴黎公社时期曾指挥凡尔赛军队,是镇压巴黎公社的刽子手之一。——
184、191。

魏斯曼——见策伊特林,列夫·索洛蒙诺维奇。

沃龙佐夫,瓦西里·巴甫洛维奇(瓦·沃·)(Воронцов, Василий Павлович
(В.В.)1847—1918)——俄国经济学家,社会学家,政论家,自由主义民粹
派思想家。曾为《俄国财富》、《欧洲通报》等杂志撰稿。认为俄国没有发展
资本主义的条件,俄国工业的形成是政府保护政策的结果;把农民村社理
想化,力图找到一种维护小资产者不受资本主义发展之害的手段。19世
纪90年代发表文章反对俄国马克思主义者,鼓吹同沙皇政府和解。主要
著作有《俄国资本主义的命运》(1882)、《俄国手工工业概述》(1886)、《农民
经济中的进步潮流》(1892)、《我们的方针》(1893)、《理论经济学概论》
(1895)。——72、78。

乌里扬诺夫,德米特里·伊里奇(赫尔茨)（Ульянов,Дмитрий Ильич（Герц）1874—1943）——列宁的弟弟,医生。1894年参加莫斯科大学生马克思主义小组。1900年起为《火星报》代办员。1903年在俄国社会民主工党第二次代表大会上是图拉委员会的代表,属火星派多数派,会后任中央代办员。屡遭逮捕和监禁。1905—1907年任布尔什维克辛比尔斯克委员会委员,后在谢尔普霍夫和费奥多西亚当医生,同布尔什维克的一些中央组织保持经常联系。1914年被征入伍,在士兵中进行革命工作。十月革命后任克里木人民委员会副主席和党的克里木州委员会委员等职。1921年起在卫生人民委员部工作。1925—1930年在斯维尔德洛夫共产主义大学工作。1933年起在克里姆林宫医疗卫生处工作。积极参加中央列宁博物馆的工作。——285、286、485、488。

乌沙科娃——见波特列索娃。

# X

辛格尔,保尔（Singer,Paul 1844—1911）——德国社会民主党领袖之一,第二国际中马克思主义派的著名活动家。1878年加入德国社会民主党。1887年起任德国社会民主党执行委员会委员,1890年起任执行委员会主席。1884—1911年是帝国国会议员,1885年起为社会民主党党团主席。1900年起是社会党国际局成员,属于左翼,始终不渝地同机会主义进行斗争。列宁称他是为无产阶级事业而斗争的不妥协的战士。——157。

# Y

雅库波娃,阿波利纳里娅·亚历山德罗夫娜(塔尔)（Якубова,Аполлинария Александровна(Тар)1869—1913）——1893年参加俄国社会民主主义运动,是经济派著名代表人物。曾加入彼得堡工人阶级解放斗争协会。1897—1898年是经济派的《工人思想报》创办人之一。1898年流放东西伯利亚,1899年夏流亡国外。曾协助组织俄国社会民主工党第二次代表大会,并作为有发言权的代表出席大会;会后同情孟什维克。1905年后脱离政治活动,在工人教育组织中工作。——466。

亚历山德罗夫（Александров）——《组织问题（给编辑部的信）》一文（载于

1904 年 1 月 1 日《火星报》第 56 号附刊)的作者。——386、388、393。

亚历山德罗娃,叶卡捷琳娜·米哈伊洛夫娜(纳塔莉娅·伊万诺夫娜;施泰因;N;NN)(Александрова, Екатерина Михайловна (Наталья Ивановна, Штейн,N,NN)1864—1943)——19 世纪 80 年代末加入俄国民意党组织,1890 年起在彼得堡工人小组中进行宣传活动,加入民意社。1894 年被捕,流放沃洛格达省五年;流放期间成为社会民主党人。1902 年在国外加入《火星报》组织,后作为该组织代办员在俄国工作。1903 年 2 月被选入筹备召开俄国社会民主工党第二次代表大会的组织委员会。在代表大会上是组织委员会有发言权的代表,属火星派少数派,会后成为孟什维克骨干分子。1904 年代表孟什维克被增补进中央委员会。1905 年 10 月起任孟什维克组织委员会秘书。1910—1912 年在莫斯科和彼得堡工作,加入托洛茨基的维也纳《真理报》。1913—1914 年是托洛茨基主办的《斗争》杂志编辑部秘书和成员。十月革命后在文教机关工作。——6—9、12、41、42、46、47、275、416、419、421、424、458、459、461、463。

叶菲莫夫——见诺斯科夫,弗拉基米尔·亚历山德罗维奇。

叶戈罗夫——见列文,叶弗列姆·雅柯夫列维奇。

伊达·伊萨科夫娜——见阿克雪里罗得,伊达·伊萨科夫娜。

伊格列克——见加尔佩林,列夫·叶菲莫维奇。

伊格纳特——见克拉西科夫,彼得·阿纳尼耶维奇。

伊克斯——见马斯洛夫,彼得·巴甫洛维奇。

伊林——见列宁,弗拉基米尔·伊里奇。

伊万诺夫——见列文娜,叶夫多基娅·谢苗诺夫娜。

尤金——见艾森施塔特,伊赛·李沃维奇。

尤里耶夫——见列文,叶弗列姆·雅柯夫列维奇。

# Z

扎戈尔斯基——见克罗赫马尔,维克多·尼古拉耶维奇。

张伯伦,约瑟夫(Chamberlain, Joseph 1836—1914)——英国国务活动家。1880—1885 年任商业大臣,1886 年任内务大臣,1895—1903 年任殖民大臣。极力推行殖民掠夺政策,是 1899—1902 年英布战争的主要策划者之一。他提出将英国所有殖民地统一为一个实行共同关税税率的联邦帝国的思想,主张废除自由贸易。由于在这个问题上没有得到政府的充分支持,于1903年退出政府,以便在争取社会舆论的斗争中保持行动自由。1906年脱离政治活动。——176。

正统派——见阿克雪里罗得,柳博芙·伊萨科夫娜。

兹博罗夫斯基,米哈伊尔·索洛蒙诺维奇(康斯坦丁诺夫;科斯季奇)(Зборовский, Михаил Соломонович (Константинов, Костич) 1879—1935)——俄国社会民主党人,孟什维克。1898年在敖德萨开始政治活动。1903年在俄国社会民主工党第二次代表大会上是敖德萨委员会的代表,属火星派少数派。俄国第一次革命期间支持召开广泛的工人代表大会的取消主义思想。1905年是彼得堡工人代表苏维埃执行委员会委员,与苏维埃其他领导人一起被捕和流放,1906年从流放地逃往瑞士。斯托雷平反动时期是取消派分子,1908年参与创办孟什维克取消派的国外机关报《社会民主党人呼声报》。1917年二月革命后回国,在敖德萨工作。敌视十月革命。1919年底侨居国外,继续在孟什维克组织中活动。——226、232、263、460、490。

兹韦列夫——见埃森,玛丽亚·莫伊谢耶夫娜。

祖拉博夫,阿尔沙克·格拉西莫维奇(别科夫)(Зурабов, Аршак Герасимович (Беков)1873—1920)——1892年参加俄国革命运动,1896年加入彼得堡工人阶级解放斗争协会,1899年起在俄国社会民主党梯弗利斯委员会工作,1902年是亚美尼亚社会民主党人联合会及其秘密机关报《无产阶级报》的组织者之一。1903年加入俄国社会民主工党高加索联合会委员会。在党的第二次代表大会上是巴统委员会的代表,属火星派多数派;会后是布尔什维克,1906年参加孟什维克。第二届国家杜马代表。杜马解散后转入地下。1908年被捕,关入彼得保罗要塞,后流放西伯利亚,从那里逃往国外。1912年加入反布尔什维克的"八月联盟"。第一次世界大战期间是孟什维克国际主义者。1917年二月革命后回国,被选入彼得格勒工兵代表苏维埃执行委员会。十月革命后在外高加索工作,反对孟什维克和达什纳克党人,为建立苏维埃政权并与苏维埃俄国建立密切联系而积极斗争。——483、486。

最伪善的耶稣——见列文,叶弗列姆·雅柯夫列维奇。

————

N;NN——见亚历山德罗娃,叶卡捷琳娜·米哈伊洛夫娜。

T——见克拉西科夫,彼得·阿纳尼耶维奇。

Z——见克罗赫马尔,维克多·尼古拉耶维奇。

# 文 献 索 引

阿克雪里罗得,帕·波·《俄国社会民主党的统一及其任务》(载于《〈火星报〉的两年》文集)(Аксельрод, П. Б. Объединение Российской социал-демократии и ее задачи. Итоги ликвидации кустарничества.—В кн.: «Искра» за два года. Сборник статей из «Искры». Ч. II. Спб., тип. Клобукова, 1906, стр.122—147)——379。

——《俄国社会民主党的统一及其任务》(载于 1903 年 12 月 15 日《火星报》第 55 号)(Объединение Российской социал-демократии и ее задачи. Итоги ликвидации кустарничества.—«Искра», [Женева], 1903, №55, 15 декабря, стр.2—5; 1904, №57, 15 января, стр.2—4)——289、367、379—386、391、394。

——《关于社会革命党人的决议》——见《关于社会革命党人》。

阿克雪里罗得,帕·波·等——见孟什维克(阿克雪里罗得、斯塔罗韦尔、马尔托夫和查苏利奇)的决议。

巴甫洛维奇——见克拉西科夫,彼·阿·。

[彼舍霍诺夫,阿·瓦·]诺沃勃兰策夫,彼·《俄国革命纲领的基本问题》([Пешехонов, А. В.] Новобранцев, П. Основные вопросы русской революционной программы.—«Революционная Россия», [Женева], 1903, №32, 15 сентября, стр.4—7; №33, 1 октября, стр.6—8)——79—80、469—472、473—475。

[波特列索夫,亚·厄·]斯塔罗韦尔《给格·瓦·普列汉诺夫的信》(1903 年 10 月 21 日(11 月 3 日))([Потресов, А. Н.] Старовер. [Письмо Г. В. Плеханову. 21 октября (3 ноября) 1903 г.].—В кн.: Мартов, Л. Борьба с «осадным положением» в Российской социал-демократической рабочей партии. С прил. писем Н. Ленина, Г. Плеханова и Ф. Лана. (Ответ на

лиги русской революционной соц.-демократии. Под ред. И. Лесенко и Ф. Дана. Изд. Заграничной лиги русской революц. социал-демократии. ［Женева，1903］,стр.10—13.（РСДРП））——357。

考茨基,卡·《奥地利的危机》(Kautsky, K. Die Krisis in Österreich.—In：«Die Neue Zeit»,Stuttgart,1903—1904,Jg.XXII,Bd.I,N 2,S.39—46）——67—68。

—《弗兰茨·梅林》（Franz Mehring.—In：«Die Neue Zeit», Stuttgart, 1903—1904,Jg.XXII,Bd.I,N 4,S.97—108）——321—324。

—《给〈火星报〉编辑部的信》]（［Письмо в редакцию «Искры»].—«Искра», ［Женева］, 1904, №66, 15 мая, стр. 2—4, в ст.：Каутский о наших партийных разногласиях）——433。

—《基什尼奥夫惨案和犹太人问题》（载于1903年6月15日《真理报》第42号）（Каутский, К. Кишиневская резня и еврейский вопрос.—«Искра», ［Женева］,1903,№42,15 июня,стр.1—2.）——67—68、69、70。

—《基什尼奥夫惨案和犹太人问题》（（原文是德文）出版地不详,《真理报》第42号抽印本）（Кишиневская резня и еврейский вопрос.（Пер.с нем.）Б. м.,［1903].8 стр.（Отдельный оттиск из №42 « Искры»）——67—68、69、70、71。

—《选区和政党》（Wahlkreis und Partei.—In：«Die Neue Zeit»,Stuttgart, 1903—1904,Jg.XXII,Bd.2,N 28,S.36—46）——400—402、404。

—《知识分子和社会民主党》（Die Intelligenz und die Sozialdemokratie.—In：«Die Neue Zeit»,Stuttgart,1894—1895,Jg.XIII,Bd.II,N 27,S.10—16；N 28,S.43—49；N 29,S.74—80）——264。

柯尔佐夫,德·［金兹堡,波·阿·］《关于组委会事件的决议》——见《关于组委会事件的决议》。

［克尔日扎诺夫斯基,格·马·《给弗·伊·列宁的信》(1903年12月5日 (18日))]（［Кржижановский, Г. М. Письмо В. И. Ленину. 5 (18) декабря 1903 г.］）——136—137、140。

［克拉西科夫,彼·阿·］巴甫洛维奇《就俄国社会民主工党第二次代表大会给同志们的信》（［Красиков, П. А.］Павлович. Письмо к товарищам о

［Ленин，В.И.］Ленин，Н. Ответ на критику нашего проекта программы. Изд. Лиги русск. рев. социал-демократии. Женева，тип. Лиги рус. рев. соц.-дем.，1903，стр. 26 — 42. ( X. Zum Agrarprogramm.—Lenin. Antikritik. РСДРП.) Подпись: Н. Ленин) ——77。

——［《对党章草案第12条的补充(1903年8月5日(18日)在俄国社会民主工党第二次代表大会上提出)》］(［Дополнение к § 12 проекта устава партии，внесенное 5(18) августа 1903 г.］ на II съезде РСДРП].—В кн.: Второй очередной съезд Росс. соц.-дем. рабочей партии. Полный текст протоколов. Изд. ЦК. Женева，тип. партии，［1904］，стр. 279. ( РСДРП)) ——300。

——《俄国社会民主工党的土地纲领》(Аграрная программа русской социал-демократии.—«Заря»，Stuttgart，1902，№4，август，стр. 152 — 183，в отд. 2. Подпись: Н. Ленин) ——76—79。

——《俄国社会民主党人的任务》(Задачи русских социал-демократов. С предисл. П. Аксельрода. Изд. Российской социал-демократической рабочей партии. Женева，тип. «Союза рус. с.-д.»，1898. 32 стр.) ——262。

——《俄国社会民主工党第二次(例行)代表大会纲领》(Программа II очередного съезда РСДРП. ［Вторая половина июня—первая половина июля 1903 г.］) ——10、14—15、39、55—58、93、298、305—306。

——［《俄国社会民主工党章程草案·初稿》］(［Проект устава РСДРП. Первоначальный проект].—В кн.: Второй очередной съезд Росс. соц.-дем. рабочей партии. Полный текст протоколов. Изд. ЦК. Женева，тип. партии，［1904］，стр. 393 — 394. ( РСДРП). Загл. Указано ошибочно: Проект организационного устава Росс. СДРП，внесенный на съезд Лениным) ——238—239、292—293、460—461。

——［《俄国社会民主工党组织章程草案(在俄国社会民主工党第二次代表大会上提出)》］(［Проект организационного устава РСДРП，внесенный на II съезд РСДРП］) ——11、44—46、237、238—240、260、261—262、457。

——《给［〈火星报〉］编辑部的信》(Письмо в редакцию 《«Искры»].—«Искра»，［Женева］，1903，№53，25 ноября，стр. 8，В отд.: Из партии)

—[《〈火星报〉编辑部声明》]([Заявление редакции «Искры». От редакции.[Листовка.Лейпциг],1900.2 стр.(РСДРП))——201—202。

—《进一步,退两步(我们党内的危机)》》(Шаг вперед, два шага назад. (Кризис в нашей партии.) Женева, тип. партии, 1904. VIII, 172 стр. (РСДРП). Перед загл. авт.: Н. Ленин)—— 99,179,237—243,348— 351,353,371,372,416,419,423,427。

—[《就[列·叶·加尔佩林]科尼亚金的关于同盟章程的决议的表决结果所作的发言(1903 年 10 月 17 日(30 日)在俄国革命社会民主党人国外同盟第二次代表大会上)》》]([Выступление по поводу результатов голосования резолюции[Гальперина, Л. Е.]Конягина об уставе Лиги 17 (30) октября 1903 г. на II съезде«Заграничной лиги русской революционной социал-демократии».—В кн.: Протоколы 2-го очередного съезда Заграничной лиги русской революционной соц. демократии. Под ред. И. Лесенко и Ф. Дана. Изд. Заграничной лиги русской революц. социал-демократии. [Женева, 1903], стр. 105—106. (РСДРП))——366—367。

—《就我们的组织任务给一位同志的信》——见[列宁,弗·伊·]《论俄国社会民主工党组织的革命工作》。

—《论俄国社会民主工党组织的革命工作》(《给一位同志的信》)(О революционной работе в организациях Российской социал-демократической рабочей партии. (Письмо к товарищу). Б. м., тип. Сибирского с.-д. союза, июнь 1903. 24 стр. (РСДРП). Перед загл. авт.: Ленин)——101,236,258, 260,261,264—265,268,366,392。

—《十二年来》文集(第 1 卷)(За 12 лет. Собрание статей. Т. 1. Два направления в русском марксизме и русской социал-демократии. Спб., тип. Безобразова,[1907].XII,471 стр. Перед загл. авт.: Вл. Ильин. На тит. л. и обл. год изд.: 1908)——340—341、378。

—《我们纲领中的民族问题》(Национальный вопрос в нашей программе. —«Искра»,[Женева],1903,№44,15 июля,стр.1)——39。

—[《我为什么退出了〈火星报〉编辑部?》]——见[列宁,弗·伊·]《给〈火星报〉编辑部的信》。

—[《在讨论代表大会议程时的发言(1903 年 7 月 18 日(31 日)在俄国社会民主工党第二次代表大会上)》]([Речь при обсуждении порядка дня съезда 18(31) июля 1903 г. на II съезде РСДРП].—Там же, стр. 31)——207。

—[《在讨论党章时的第一次发言(1903 年 8 月 2 日(15 日)在俄国社会民主工党第二次代表大会上)》]([Первая речь при обсуждении устава партии 2(15) августа 1903 г. на II съезде РСДРП].—В кн.: Второй очередной съезд Росс. соц.-дем. рабочей партии. Полный текст протоколов. Изд. ЦК. Женева, тип. партии, [1904], стр. 240. (РСДРП))——250。

—[《在讨论党章时的第一次发言(1903 年 8 月 4 日(17 日)在俄国社会民主工党第二次代表大会上)》]([Первое выступление при обсуждении устава партии 4(17)августа 1903 г. на II съезде РСДРП].—Там же, стр. 267)——286—287。

—[《在讨论党章时的第二次发言(1903 年 8 月 2 日(15 日)在俄国社会民主工党第二次代表大会上)》]([Вторая речь при обсуждении устава партии 2(15) августа 1903 г. на II съезде РСДРП].—В кн.: Второй очередной съезд Росс. соц.-дем. рабочей партии. Полный текст протоколов. Изд. ЦК. Женева, тип. партии, [1904], стр. 250—252. (РСДРП))——11—12、44—46、249—250、267—268、280—281。

—[《在讨论党章时的第二次发言(1903 年 8 月 4 日(17 日)在俄国社会民主工党第二次代表大会上)》]([Второе выступление при обсуждении устава партии 4(17)августа 1903 г. на II съезде РСДРП].—Там же, стр. 269)——286—287。

—[《在讨论党章时的第四次发言(1903 年 8 月 4 日(17 日)在俄国社会民主工党第二次代表大会上)》]([Четвертое выступление при обсуждении устава партии 4(17)августа 1903 г. на II съезде РСДРП].—В кн.: Второй очередной съезд Росс. соц.-дем. рабочей партии. Полный текст протоколов. Изд. ЦК. Женева, тип. партии, [1904], стр. 276—277. (РСДРП))——292、293—294。

—[《在选举〈火星报〉编辑部时的发言(1903 年 8 月 7 日(20 日)在俄国社

Троцкому. 23 сентября (6 октября) 1903 г.]. Рукопись.)——28。

林格尼克，弗·威·《俄国社会民主工党中央委员会国外代表的声明》
（Ленгник, Ф. В. Заявление заграничного представителя Центрального
Комитета Российской соц.-дем. рабочей партии. [Листовка]. Б. м.,
[декабрь 1903]. 1 стр. Подпись: Заграничный представитель ЦК）
——25。

——《致俄国革命社会民主党人同盟代表大会》[《俄国社会民主工党中央委
员会代表的信(1903 年 10 月 13 日(26 日)在俄国革命社会民主党人国
外同盟第二次代表大会上宣读)》]（Съезду Лиги русской революционной
соц.-демократии. [Письмо представителя ЦК РСДРП, зачитанное на II
съезде «Заграничной лиги русской революционной социал-демократии» 13
(26) октября 1903 г.].—В кн.: Протоколы 2-го очередного съезда
Заграничной лиги русской революционной соц.-демократии. Под ред. И.
Лесенко и Ф. Дана. Изд. Заграничной лиги русской революц. социал-
демократии. [Женева, 1903], стр. 20)——465。

——《致〈火星报〉编辑部》(1903 年 12 月 19 日(1904 年 1 月 1 日))
（Редакции «Искры». 19 декабря 1903 г. (1 января 1904 г.))——153。

马尔丁诺夫，亚·《人民的呼声》（Мартынов, А. Голос из народа.—«Искра»,
[Женева], 1904, №57, 15 января. Приложение к №57 «Искры», стр. 2)
——220—221。

马尔托夫，尔·《当务之急》(载于 1904 年 1 月 25 日《火星报》第 58 号)
（Мартов, Л. На очереди.—«Искра», [Женева], 1904, №58, 25 января,
стр. 2—4)——328、392—393、404—405、406—407。

——《当务之急》(载于 1904 年 2 月 25 日《火星报》第 60 号)（На очереди.—
«Искра», [Женева], 1904, №60, 25 февраля, стр. 3. Подпись: Л. М.)
——396。

——《当务之急(是小团体还是党?)》(载于 1904 年 1 月 1 日《火星报》第 56
号)（На очереди. (Кружок или партия?).—«Искра», [Женева], 1904,
№56, 1 января, стр. 2—3)——110、204—205、206、207、215、303、337。

——《党章草案》（Проект устава партии.—В кн.: [Ленин, В. И.] Шаг вперед,

两 шага назад. (Кризис в нашей партии.) Женева, тип. партии, 1904, стр.
31—34. (РСДРП). Перед загл. авт.: Н. Ленин)——10—14、44—46、97、
179、198—199、237—243、248—252、253、254、255、256—257、260—
272、288、405、460—461。

—[《给俄国革命社会民主党人国外同盟第二次代表大会记录编辑部的信》
（摘录）]([Письмо в редакцию протоколов II съезда «Заграничной лиги
русской революционной социал-демократии». Отрывок].—В кн.: Протоколы
2-го очередного съезда Заграничной лиги русской революционной соц.-
демократии. Под ред. И. Лесенко и Ф. Дана. Изд. Заграничной лиги русской
революц. социал-демократии, [Женева, 1903], стр. 134. (РСДРП))——
357—358。

—《给俄国社会民主工党中央机关报编辑部的[信]》[1903 年 9 月 26 日
（10 月 9 日）]([Письмо] в редакцию ЦО РСДРП. [26 сентября (9
октября) 1903 г.])——18、30、353—354。

—《关于崩得在党内的地位的决议》——见《关于崩得在党内的地位》。

—《关于同盟章程的决议》——见《关于同盟章程的决议……》。

—《红旗在俄国。俄国工人运动史纲》（1900 年版）(Красное знамя в
России. Очерк истории русского рабочего движения. С предисл. П.
Аксельрода. Изд. рев. организации «Социал-демократ». Женева, 1900. XII,
64 стр.)——353—354。

—《红旗在俄国。俄国工人运动史纲》（1904 年版）(Красное знамя в
России. Очерк истории русского рабочего движения. Изд. ЦК. Б. м.,
1904. 72 стр. (РСДРП))——353—354。

—《民主派的觉醒和我们的任务》(Пробуждение демократии и наши
задачи.—«Искра», [Женева], 1904, №58, 25 января, стр. 1—2)——
388—389。

—《同俄国社会民主工党内的"戒严状态"作斗争》(Борьба с «осадным
положением» в Российской социал-демократической рабочей партии. С
прил. писем Н. Ленина, Г. Плеханова и Ф. Дана. (Ответ на письмо Н.
Ленина.) Женева, Pfeffer, 1904. VIII, 96 стр. (РСДРП))——50、82、94、

95、97、126、132、148、155、158、174、175、177 — 178、179、239、273、275、283、287、290、312、327、343、353、354 — 355、356、359、364、370、372、375 — 376、377、399、405、406、418、421 — 422、429。

—［《〈同志仲裁法庭的判决词〉后记》］（［Послесловие к листовке: Резолюция товарищеского третейского суда.］ —В листовке: Резолюция товарищеского третейского суда. 2(15) марта 1904 г. Б. м., ［1904］, стр. 2）—— 416、422、423 — 424。

—《我们的代表大会》（Наш съезд. —«Искра», ［Женева］, 1903, №53, 25 ноября, стр. 1 — 2）—— 91、95 — 96、97、101 — 102、103、290、373、377、396。

—《我们能这样去准备吗?》（Так ли мы готовимся? —«Искра», ［Женева］, 1904, №62, 15 марта, стр. 1 — 2）—— 383 — 384。

—《现代俄国社会党人之歌》（Гимн новейшего русского социалиста. —«Заря», Stuttgart, 1901, №1, апрель, стр. 152 — 153. Подпись: Нарцис Тупорылов）—— 390。

—《又一次处在少数地位》（Еще раз в меньшинстве. Без тит. л. 20 стр. Стеклогр）—— 94、97、155、340、398、412。

—《致弗·威·林格尼克》（1903 年 12 月 22 日（1904 年 1 月 4 日））（Ф. В. Ленгнику. 22 декабря 1903 г. (4 января 1904 г.)）—— 153、157。

马尔托夫, 尔·和［波特列索夫, 亚·尼·］斯塔罗韦尔《给俄国社会民主工党第二次代表大会多数派的信》（1903 年 8 月 2 日（15 日）和 5 日（18 日）之间）］（Мартов, Л. и ［Потресов, А. Н.］ Старовер. ［Письмо, посланное большинству II съезда РСДРП между 2 (15) и 5 (18) августа 1903 г.].—В кн.:［Ленин, В. И.］Шаг вперед, два шага назад. (Кризис в нашей партии.) Женева, тип. партии, 1904, стр. 59 — 60. (РСДРП). Перед загл. авт.: Н. Ленин）—— 416、419、423。

［马卡久布, 马·绍·］《论我们党的任务问题》（［Макадзюб, М. С.］ К вопросу о наших партийных задачах. Об организации. —«Искра», ［Женева］, 1904, №57, 15 января. Приложение к №57 «Искры», стр. 1 — 2. Подпись: Практик）—— 201、389、391。

马克思,卡·《法兰西内战》(Marx, K. Der Bürgerkrieg in Frankreich. Adresse des Generalrats der Internationalen Arbeiter-Assoziation. 3-te deutsche Aufl. verm. durch die beiden Adressen des Generalrats über den deutsch-französischen Krieg und durch eine Einleitung von F. Engels. Berlin, «Vorwärts», 1891. 71 S.)——181—192。

——《〈黑格尔法哲学批判〉导言》(Zur Kritik der Hegel'schen Rechts-Philosophie. Einleitung.—In: «Deutsch-Französische Jahrbücher». Hrsg. von A. Ruge und K. Marx. Paris, 1844, Lfrg. 1—2, S. 71—85)——67。

纳尔苏修斯·土波雷洛夫——见马尔托夫,尔·《现代俄国社会党人之歌》。

纳凯,阿·《德吕蒙和贝尔纳·拉扎尔》(Naquet, A. Drumont et Bernard Lazare.—In: «La Petite République», Paris, 1903, N 10023, 24 septembre, p. 1)——68。

诺沃勃兰策夫,彼·——见彼舍霍诺夫,阿·瓦·《俄国革命纲领的基本问题》。

帕尔乌斯,亚·拉·《结局的开始?》(Parvus, A. L. Der Anfang vom Ende? — In: «Aus der Weltpolitik», München, 1903, Jg. V, N 48, 30. November, S. 1—10)——95。

普列汉诺夫,格·瓦·《编辑部的话》(Плеханов, Г. В. От редакции.—«Искра», [Женева], 1904, №63, 1 апреля. Приложение к №63 «Искры», стр. 2)——407。

——《不该这么办》(Чего не делать.—«Искра», [Женева], 1903, №52, 7 ноября, стр. 1—2)——86—90, 96、344、366—371、372—374、375、405、476。

——《俄国社会民主工党纲领草案》(Проект программы Российской социал-демократической рабочей партии.—«Заря», Stuttgart, 1902, №4, август, стр. 11—39, в отд. А.)——77。

——[《给俄国革命社会民主党人国外同盟第二次代表大会记录编辑部的信》(摘录)]([Письмо в редакцию протоколов II съезда «Заграничной лиги русской революционной социал-демократии». Отрывок].—В кн.: Протоколы 2-го очередного съезда Заграничной лиги русской революционной

——《时代特征》(Признаки времени)——280、281、377。

——《在国外》(За рубежом)——209。

实际工作者——见马卡久布,马·绍·。

斯塔罗韦尔——见波特列索夫,亚·尼·。

唐恩,费·伊·[《论反对派口号的信》](Дан, Ф. И. [Письмо о лозунгах оппозиции].—В кн.: Мартов, Л. Борьба с «осадным положением» в Российской социал-демократической рабочей партии. С прил. писем Н. Ленина, Г. Плеханова и Ф. Дана. (Ответ на письмо Н. Ленина.) Женева, Pfeffer, 1904, стр. 85—96. (РСДРП))——94、97、155。

特拉温斯基——见克尔日扎诺夫斯基,格·马·。

屠格涅夫,伊·谢·《父与子》(Тургенев, И. С. Отцы и дети)——373。

——《贵族之家》(Дворянское Гнездо)——102。

托洛茨基,列·达·《俄国社会民主工党第二次代表大会(西伯利亚代表团的报告)》(Троцкий, Л. Д. Второй съезд Росс. соц.-дем. рабочей партии. Отчет сибирской делегации. Женева, 1903. 36 стр.)——94。

陀思妥耶夫斯基,费·米·《被损害和被侮辱的》(Достоевский, Ф. М. Униженные и оскорбленные)——328。

[沃罗夫斯基,瓦·瓦·]《对俄国革命社会民主党人国外同盟第二次代表大会记录的述评》([Воровский, В. В.] Комментарий к протоколам второго съезда Заграничной лиги русс. революционной социал-демократии. Женева, тип. партии, 1904. 40 стр. (РСДРП))—— 82、95、126、132、147、158、174、375—376、377。

伊林,弗拉·——见列宁,弗·伊·。

左拉,埃·《覆灭》(Zola, E. La débâcle)——182。

Wr. A.《崩得》(Wr. A. «Bund». —«Przedświt», Kraków, 1903, N 6, s. 228—238)——71。

　　　　　*　　　　*　　　　*

《崩得代表团给俄国社会民主工党第二次代表大会的声明》(Заявление делегации Бунда Второму съезду Росс. соц.-дем. рабочей партии. —В кн.:

Второй очередной съезд Росс. соц.-дем. рабочей партии. Полный текст протоколов. Изд. ЦК. Женева, тип. партии, [1904], стр. 391 — 393. (РСДРП). Подписи: Либер, Абрамсон, Гольдблат, Юдин, Гофман) ——144。

《崩得代表团[关于俄国社会民主工党第二次代表大会]的报告》(Отчет делегации Бунда [о II съезде РСДРП].Б. м.,[1903].II,68 стр.)——92。

《崩得的纲领和策略中的民族问题》(Национальный вопрос в программе и тактике Bund'a.—В кн.:Четвертый съезд Всеобщего еврейского рабочего союза в Литве,Польше и России.Б. м.,[1901],стр.10—15.(РСДРП))——27。

[《崩得的经过修改的章程(1903年7月21日(8月3日)在俄国社会民主工党第二次代表大会第7次会议上提出)》]([Измененный устав Бунда, предложенный делегатами Бунда на седьмом заседании II съезда РСДРП 21 июля(3 августа)1903 г,].—В кн.:Второй очередной съезд Росс.соц.-дем. рабочей партии.Полный текст протоколов.Изд.ЦК.Женева,тип.партии, [1904],стр.97—98.(РСДРП))——14、335。

《崩得对俄国社会民主工党的态度》(Отношение Bund'a к Российской социал- демократической рабочей партии.—В кн.:Четвертый съезд Всеобщего еврейского рабочего союза в Литве,Польше и России.Б. м.,[1901],стр. 17.(РСДРП))——27。

《崩得在俄国社会民主工党内的地位》(Положение Бунда в Российской социал-демократической рабочей партии.Из №34 «Арбейтер Штимме».Б. м.и г.20 стр.)——61—71。

《编辑部的话》(载于1903年12月15日《火星报》第55号)(От редакции.— «Искра»,[Женева],1903,№55,15 декабря,стр.10,в отд.:Из партии) ——316。

《编辑部的话》(载于1904年1月1日《火星报》第56号)(От редакции.— «Искра»,[Женева],1904,№56,1 января.Приложение к №56«Искры», стр.3—4)——386、387—388、393—394。

《[参加同盟代表大会主席团的布尔什维克同盟成员的]声明[1903年10月

17 日(30 日)在俄国革命社会民主党人国外同盟第二次代表大会会议上宣读]》(Заявление[членов Лиги—большевиков в Бюро съезда Лиги, зачитанное на заседании II съезда «Заграничной лиги русской революционной социал-демократии» 17 (30) октября 1903 г.].—Там же, стр. 112)——368。

《[参加同盟代表大会主席团的布尔什维克同盟成员抗议马尔托夫在代表大会上的不体面行为的]声明[1903 年 10 月 16 日(29 日)在俄国革命社会民主党人国外同盟第二次代表大会会议上宣读]》(Заявление[членов Лиги—большевиков в Бюро съезда Лиги с протестом против недостойного поведения Мартова на съезде, зачитанное на заседании II съезда «Заграничной лиги русской революционной социал-демократии» 16 (29) октября 1903 г.].—Там же, стр. 75)——358—359。

《大代表大会的小缺点》(Маленькие недостатки большого съезда.—«Революционная Россия», [Женева], 1903, №37, 1 декабря, стр. 7—16)——374。

《代表大会议程》(Порядок дня съезда.—В кн.: Второй очередной съезд Росс. соц.-дем. рабочей партии. Полный текст протоколов. Изд. ЦК. Женева, тип. партии, [1904], стр. 10. (РСДРП))——207、296—297、309、457。

《代表大会议事规程》(Регламент съезда.—В кн.: Второй очередной съезд Росс. соц.-дем. рабочей партии. Полный текст протоколов. Изд. ЦК. Женева, тип. партии, [1904], стр. 11. (РСДРП))——326—327、458。

《德法年鉴》杂志(巴黎)(«Deutsch-Französische Jahrbücher», Hrsg. von A. Ruge und K. Marx. Paris, 1844, Lfrg. 1—2, S. 71—85)——67。

《德国社会民主党布雷斯劳代表大会会议记录》(1895 年 10 月 6—12 日)(Protokoll über die Verhandlungen des Parteitages der Sozialdemokratischen Partei Deutschlands. Abgehalten zu Breslau vom 6. bis 12. Oktober 1895. Berlin, «Vorwärts», 1895. 223 S.)——281、282。

《德国社会民主党吕贝克代表大会会议记录》(1901 年 9 月 22—28 日)(Protokoll über die Verhandlungen des Parteitages der Sozialdemokratischen Partei Deutschlands. Abgehalten zu Lübeck vom 22. bis 28. September

1901.Berlin,《Vorwärts》,1901,S.6—8)——425。

《德国社会民主党的组织(1900年美因茨党代表大会通过的决议)》(Organi-
sation der Sozialdemokratischen Partei Deutschlands, beschlossen auf
dem Parteitag zu Mainz 1900.—In:Protokoll über die Verhandlungen des
Parteitages der Sozialdemokratischen Partei Deutschlands.Abgehalten zu
Lübeck vom 22.bis 28.September 1901.Berlin,《Vorwärts》,1901,S.6—
8)——425。

《第五次代表大会关于崩得在党内的地位的决议受到火星派牌号的爱国者们
的评判》(1903年9月22日(9日))(Резолюция 5-го съезда о положении
Бунда в партии перед судом патриотов искровской фирмы. 22(9)сентября
1903 г. Изд. Заграничного комитета Бунда. [Листовка.] London,
Nathanson,[1903].4 стр.)——22—28。

《对俄国社会民主工党第二次代表大会章程草案的简要说明》(Объяснительная
записка к проекту устава II съезда Росс. соц.-дем. раб. партии.—Там же,
стр.383)——210。

《俄国革命社会民主党人国外同盟第二次(例行)代表大会纪录》(Протоколы
2-го очередного съезда Заграничной лиги русской революционной соц.-
демократии.Под ред.И.Лесенко и Ф.Дана.Изд.Заграничной лиги русской
революц.социал-демократии.[Женева,1903].VIII,136 стр.(РСДРП))
——33—34、35—37、49、50、51、52、53、54、55、57、94—95、111、166、
174、178—179、180、204、210、213、215、221—222、223、233—234、236、
237、238、243、248、251、266—267、271、273、275、277—278、279、281、
282、290、291、292、294—295、297—300、305、326、331、332、339、356、
357、358—360、361—362、364—366、367—368、370—371、372、373、
396、398、401—402、421—422、423、424、464、465。

《俄国革命社会民主党人国外同盟章程(1903年)》(Устав Заграничной лиги
русской революционной социал-демократии(1903 г.).—В кн.:Протоколы
2-го очередного съезда Заграничной лиги русской революционной соц.-
демократии.Под ред.И.Лесенко и Ф.Дана.Изд.Заграничной лиги русской
революц.социал-демократии.[Женева,1903],стр. 129—131)——33、

51—52、363—364。

《俄国社会民主党对民族问题的态度》（Stosunek socyalnej demokracyi rosyjskiej do kwestyi narodowościowej.—In：«Przedświt»，Kraków，1903，N 3，s.81—88）——71。

《［俄国社会民主工党第一次］代表大会的决定》（Решения［I］съезда ［РСДРП］.—В листовке：Манифест Российской социал-демократической рабочей партии.Б.м.，тип.партии，［1898］，стр.2）——61、64—65、66。

《俄国社会民主工党第二次代表大会。崩得代表团的报告》（Второй съезд Рос.соц.-дем.раб.партии.Отчет делегации Бунда.Б.м.，［1903］.II，68 стр.）——94。

《俄国社会民主工党第二次代表大会通过的主要决议》（Главнейшие резолюции，принятые на Втором съезде российской соц.-дем. рабочей партии.—В кн.：Второй очередной съезд Росс. соц.-дем. рабочей партии. Полный текст протоколов.Изд.ЦК.Женева，тип.партии，［1904］，стр.12—18.（РСДРП））——16—18、21、110、111、167、387。

《俄国社会民主工党第二次代表大会章程草案（组织委员会制定的）》（Проект устава II-го съезда Росс.соц.-дем.раб.партии，выработанный Орг.Ком.—В кн.：Второй очередной съезд Росс.соц.-дем.рабочей партии.Полный текст протоколов. Изд. ЦК. Женева，тип. партии，［1904］，стр. 379 — 381.（РСДРП））——41、117、202—203、211、327。

《俄国社会民主工党第二次（例行）代表大会》（Второй очередной съезд Росс. соц.-дем.рабочей партии.Полный текст протоколов.Изд.ЦК.Женева，тип. партии，［1904］，397，II стр.（РСДРП））——5—19、20、21、27、29、35—37、40—48、51、53、56—57、83、85、92—93、94—95、97、100、110—111、116、117、138—139、151、154、159、167、178—179、198—200、202—203、205、206、207—240、243—273、277、280、281—282、283、284—322、324、325—333、334—335、336—343、344—348、349、351、353、356、360—361、364、367、368、373、381—383、385、386、387、389、390、391、396、404、405、410、411、412、413、418、446、451、457、458、459、460、461、462、477、478、479、480、481、482、483、484、485、492—493。

《俄国社会民主工党纲领草案》(载于 1902 年 6 月 1 日《火星报》第 21 号)
(Проект программы Российской социал-демократической рабочей партии.
(Выработанный редакцией «Искры» и «Зари».)—«Искра», [Мюнхен],
1902, №21, 1 июня, стр. 1—2)——10。

《俄国社会民主工党纲领草案》(1903 年版)(Проект программы российской
социал-демократической рабочей партии. Б. м., тип. «Искры», 1903. 71 стр.
(РСДРП))——10。

《俄国社会民主工党纲领草案》(载于 1902 年 8 月《曙光》杂志第 4 期)
(Проект программы Российской социал-демократической рабочей партии.
(Выработанный редакцией «Искры» и «Зари».)—«Заря», Stuttgart,
1902, №4, август, стр. 1—10, в отд. А.)——10。

《俄国社会民主工党纲领(党的第二次代表大会通过)》(Программа российской
соц.-дем. рабочей партии, принятая на Втором съезде партии.—В кн.:
Второй очередной съезд Росс. соц.-дем. рабочей партии. Полный текст
протоколов. Изд. ЦК. Женева, тип. партии, [1904], стр. 1—6. (РСДРП))
——10、21、116、205、225—226、232—233、235—236、326、327、387、
389、458—459。

《俄国社会民主工党沃罗涅日委员会。第 12 号传单》(Воронежский комитет
российской социал-демократической рабочей партии. Листок 12-ый.
[Воронеж], январь 1904 г. Гект)——340—341、343、408—410。

[《俄国社会民主工党沃罗涅日委员会。第 12 号传单》(1904 年 1 月。片
断）] ([Воронежский комитет российской социал-демократической
рабочей партии. Листок 12-ый. Январь 1904 г. Отрывок].—«Искра»,
[Женева], 1904, №61, 5 марта, стр. 10, в отд.: Из партии)——408
—410。

《俄国社会民主工党宣言》(Манифест Российской социал-демократической
рабочей партии. [Листовка. Б. м., тип. партии, [1898]. 2 стр.)——61、
64、65。

《俄国社会民主工党中央委员会给俄国革命社会民主党人国外同盟成员的通
告》(Циркуляр Центрального Комитета Российской с.-д. раб. партии

членам Загран. лиги русской революционной социал-демократии，—В кн.：
Протоколы 2-го очередного съезда Заграничной лиги русской
революционной соц.-демократии. Под ред. И. Лесенко и Ф. Дана. Изд.
Заграничной лиги русской революц. социал-демократии.［Женева，1903］，
стр. 3—5. (РСДРП))——357。

《俄国社会民主工党中央委员会给俄国革命社会民主党人国外同盟领导机关
 的［信］》(1903 年 11 月 16 日 (29 日))(［Письмо］ЦК РСДРП
 администрации Загр. лиги рус. рев. социал-демократии. 16 (29) ноября 1903
 г.—В кн.: Протоколы 2-го очередного съезда Заграничной лиги русской
 революционной соц.-демократии. Под ред. И. Лесенко и Ф. Дана. Изд.
 Заграничной лиги русской революц. социал-демократии.［Женева，1903］，
 стр. 132. (РСДРП))——95。

《俄国社会民主工党中央委员会［关于同盟章程必须经俄国社会民主工党中
 央委员会批准］的声明［1903 年 10 月 18 日 (31 日) 弗·威·林格尼克在
 俄国革命社会民主党人国外同盟第二次代表大会会议上宣读］》
 (Заявление ЦК РСДРП［о необходимости утверждения устава Лиги
 Центральным Комитетом РСДРП, зачитанное Ф. В. Ленгником на
 заседании II съезда «Заграничной лиги русской революционной социал-
 демократии» 18 (31) октября 1903 г.].—В кн.: Протоколы 2-го очередного
 съезда Заграничной лиги русской революционной соц.-демократии. Под
 ред. И. Лесенко и Ф. Дана. Изд. Заграничной лиги русской революц. социал-
 демократии.［Женева，1903］, стр. 124. (РСДРП))——367—368。

《俄国社会民主工党总委员会会议记录》(1904 年 1 月 15 日 (28 日)—17 日
 (30 日))(Протоколы заседаний Совета РСДРП. 15 (28)—17 (30) января
 1904 г. Рукопись)——119—120、121、122、123—127、128—140、141、
 142、144、147、148、150—151、153—156、158—159、428、453。

《俄国社会民主工党总委员会会议记录》(1904 年 5 月 31 日 (6 月 13 日) 和 6
 月 5 日 (18 日))(Протоколы заседаний Совета РСДРП. 31 мая (13 июня)
 и 5 (18) июня 1904 г. Рукопись)——440—441、442、443、444、445—446、
 447—448、449—450、453。

《俄国社会民主工党组织章程（党的第二次代表大会通过）》（Организационный
　　устав российской соц.-дем. рабочей партии, принятый на Втором съезде
　　партии.—Там же, стр. 7—9）——10—14、21、31、44—46、51、53、56—
　　57、83、84—85、97、100、110、138—139、154、159、166—167、198、226—
　　227、235、236、243、247、264、271、277—280、281、282、284—298、299、
　　303、321、339、344、349—350、356、368、382—383、385、390、396、404、
　　405、406、410、411、418、446、451、461。

《法兰克福报》（«Frankfurter Zeitung». Abendblatt, 1904, N 97, 7. April）——
　　402—403。

《[弗·伊·列宁和多数派的其他拥护者]给俄国革命社会民主党人国外同盟
　　成员的公开信》[1903 年 10 月 7 日（20 日）]（Открытое письмо[В. И.
　　Ленина и др. сторонников большинства]членам Заграничной лиги русской
　　рев. соц.-демократии. [7 (20) октября 1903 г.].—В кн.: Протоколы 2-го
　　очередного съезда Заграничной лиги русской революционной соц.-
　　демократии. Под ред. И. Лесенко и Ф. Дана. Изд. Заграничной лиги русской
　　революц. социал-демократии. [Женева, 1903], стр. 13 — 17. (РСДРП))
　　——179、357。

《告叶卡捷琳诺斯拉夫市犹太工人书》（К еврейским рабочим г. Екатеринослава.
　　[Листовка. Екатеринослав], тип. Екат. комитета, б. г. 2 стр. (РСДРП).
　　Подпись: Екатеринославский комитет РСДРП)——66。

《革命俄国报》[库奥卡拉—托木斯克—日内瓦]（«Революционная Россия»,
　　[Куоккала—Томск—Женева]）——73—74、78。
　　—1903, № 32, 15 сентября, стр. 4—7. —— 79—80、469—471、473—474。
　　—№ 33, 1 октября, стр. 6—8. —— 79—80、469—471、473—474。
　　—№ 37, 1 декабря, стр. 7—16. —— 373。

《工人事业》杂志（日内瓦）（«Рабочее Дело», Женева）—— 6、12、13、43、45、
　　46、48、92、151、204、208、209、210、220、262、290、324、338、343、344、384、
　　462、489。

《关于崩得在党内的地位》（О месте Бунда в партии. [Главнейшие резолюции,
　　принятые на Втором съезде РСДРП].—В кн.: Второй очередной съезд

Росс. соц.-дем. рабочей партии. Полный текст протоколов. Изд. ЦК. Женева, тип. партии, [1904], стр. 12, 62. (РСДРП)) —— 220、458—459。

《关于承认〈火星报〉为中央机关报的决议》—— 见《关于党的中央机关报》。

《关于党的中央机关报》[俄国社会民主工党第二次代表大会通过的主要决议](О Центральном Органе партии. [Главнейшие резолюции, принятые на Втором съезде РСДРП].—Там же, стр. 12, 146 — 147) —— 205—206、235。

《关于对自由派的态度》(普列汉诺夫的)[俄国社会民主工党第二次代表大会通过的主要决议](Об отношении к либералам (Плеханова). [Главнейшие резолюции, принятые на Втором съезде РСДРП].—Там же, стр. 14、357 — 358) —— 18、48、328、330、331、332、363。

《关于对自由派的态度》(斯塔罗韦尔的)[俄国社会民主工党第二次代表大会通过的主要决议](Об отношении к либералам (Старовера). [Главнейшие резолюции, принятые на Втором съезде российской соц.-дем. рабочей партии].—Там же, стр. 13 — 14、357) —— 18、48、328 — 330、332、363。

[《关于公布俄国社会民主工党总委员会会议记录的决议(1904 年 1 月 17 日 (30 日) 通过)》]([Резолюция об опубликовании протоколов заседаний Совета РСДРП, принятая на заседании Совета 17 (30) января 1904 г.]) —— 453。

[《关于马尔丁诺夫和阿基莫夫拒绝参加代表大会工作的声明的决议(1903 年 8 月 5 日 (18 日) 俄国社会民主工党第二次代表大会通过)》]([Резолюция по поводу заявления Мартынова и Акимова об отказе от участия в работах съезда, принятая II съездом РСДРП 5 (18) августа 1903 г.].—В кн.: Второй очередной съезд Росс. соц.-дем. рабочей партии. Полный текст протоколов. Изд. ЦК. Женева, тип. партии, [1904], стр. 295. (РСДРП)) —— 304、345。

《[关于"南方工人"社的]决议[1903 年 8 月 6 日 (19 日) 俄国社会民主工党第二次代表大会通过]》(Резолюция [о группе «Южный рабочий», принятая II съездом РСДРП 6 (19) августа 1903 г.].—Там же, стр. 313) —— 216。

《关于社会革命党人》[俄国社会民主工党第二次代表大会通过的主要决议]

（О социалистах-революционерах.［Главнейшие резолюции, принятые на Втором съезде РСДРП].—Там же, стр. 14—15, 358—359）——18、234、330、331。

［《关于同盟章程的决议(1903 年 10 月 17 日(30 日)俄国革命社会民主党人国外同盟第二次(例行)代表大会通过》]（［Резолюция об уставе Лиги, принятая на II очередном съезде «Заграничной лиги русской революционной социал-демократии» 17 (30) октября 1903 г.].—В кн.: Протоколы 2-го очередного съезда Заграничной лиги русской революционной соц.-демократии. Под ред. И. Лесенко и Ф. Дана. Изд. Заграничной лиги русской революц. социал-демократии. ［Женева, 1903], стр. 101. ( РСДРП )）——53。

《［关于由两名当选的编辑部成员增补第三名成员的]决议［1903 年 8 月 7 日(20 日)俄国社会民主工党第二次代表大会通过]》（Резолюция ［о кооптировании третьего члена редакции двумя выбранными, принятая на II съезде РСДРП 7(20) августа 1903 г.].—Там же, стр. 336）——17。

［《关于组委会事件的决议(1903 年 7 月 18 日(31 日)俄国社会民主工党第二次代表大会通过)》]（［Резолюция по поводу инцидента с ОК, принятая II съездом РСДРП 18 (31) июля 1903 г.].—Там же, стр. 46）—— 7、215、458。

《火星报》［旧的、列宁的]［莱比锡—慕尼黑—伦敦—日内瓦]（«Искра» ［старая, ленинская], ［Лейпциг—Мюнхен—Лондон—Женева]）—— 5、6、7、8、9、10、12、13、14、15、16、17、27、28、29、30、35、36、38、39、40、42、43、45、47、48、50、55、56、57、60、70、93、94、139、201—202、203—204、205、206、208、209、210、216、217、235、236、239、244、245—246、271、273、274、275、276、277、278、282、287、288、289、291、292、293、294、295、298、299、300、303、304、305、306、307、309、310、311、312、319、320、321、325、335、336、337、339、341、342、343、344、345、346、352、353、354、355、359、360、361、362、372、377、384、393、406、410、414、415、417、418、419、420、421、422、423、460、461、462、481、482、483、484、485。

——［新的、孟什维克的]［日内瓦]（［новая, меньшевистская], ［Женева]）——

328—329、332、333。

—(斯图加特)(Штутгарт,1903,№9(33),19 октября(1 ноября),стр.153—158.)——73—79、467—468、469、470、471、472—473、474。

—№13(37),2(15)декабря,стр.217—218.——374。

《矿区工人联合会[对列宁同志的询问]的答复》(Ответ Горнозаводского союза рабочих[на запрос тов. Ленина].—В кн.: Мартов, Л. Борьба с «осадным положением» в Российской социал-демократической рабочей партии. С прил. писем Н. Ленина, Г. Плеханова и Ф. Дана. (Ответ на письмо Н. Ленина.)Женева, Pfeffer,1904,стр.35—38.(РСДРП))——356。

《黎明报》(日内瓦)(«Рассвет»,Женева)——452。

《黎明》杂志(克拉科夫)(«Przedświt»,Kraków,1903,N 3,s.81—88)——71。

—N 6,s.228—238.——71。

—N 9,s.361—373.——71。

《立陶宛、波兰和俄罗斯犹太工人总联盟第四次代表大会》(Четвертый съезд Всеобщего еврейского рабочего союза в Литве, Польше и России. Б. м., [1901].21 стр.(РСДРП))——27。

《立陶宛、波兰和俄罗斯犹太工人总联盟第五次代表大会》(V съезд Всеобщего еврейского рабочего союза в Литве, Польше и России. 7(20) августа 1903 г. Изд. Заграничного комитета Бунда.[Листовка]. London, Nathanson,[1903].2 стр.)——22—28、63。

《马尔托夫派的声明》[1903 年 10 月 8—9 日](Заявление мартовцев.[8—9 октября 1903 г.].Подписи:Зас[улич]и др.)——18、31、353。

《[孟什维克(阿克雪里罗得、斯塔罗韦尔、马尔托夫和查苏利奇)的]决议[1903 年 10 月 16 日(29 日)在俄国革命社会民主党人国外同盟第二次代表大会上宣读]》(Резолюция[меньшевиков(Аксельрода, Старовера, Мартова и Засулич),зачитанная на II съезде «Заграничной лиги русской революционной социал-демократии» 16(29)октября 1903 г.].—Там же,стр.84)——361—362、399。

《[孟什维克(托洛茨基、佛敏、捷依奇等)关于俄国社会民主工党第二次代表大会决议的]决议[1903 年 10 月 16 日(29 日)在俄国革命社会民主党人国外同盟第二次代表大会上宣读]》( Резолюция [ меньшевиков (Троцкого, Фомина, Дейча и др.) о решениях II съезда РСДРП, зачитанная на II съезде «Заграничной лиги русской революционной социал-демократии» 16 (29) октября 1903 г.].—В кн.: Протоколы 2-го очередного съезда Заграничной лиги русской революционной соц.-демократии. Под ред. И. Лесенко и Ф. Дана. Изд. Заграничной лиги русской революц. социал-демократии. [Женева, 1903], стр. 82 — 83. (РСДРП))
——111、358—360。

《南方工人报》(叶卡捷琳诺斯拉夫等地)(«Южный Рабочий», Екатеринослав и др.)——490。

《"南方工人"社的报告》[1903 年 7 月 23 日(8 月 5 日)在俄国社会民主工党第二次代表大会上](Доклад «Южного рабочего» [23 июля(5 августа) 1903 г. на II съезде РСДРП])——219—220。

《前进报》(莱比锡—柏林)(«Vorwärts», Leipzig—Berlin)——157。

《社会主义月刊》(柏林)(«Sozialistische Monatshefte», Berlin, 1904, Bd. I, Hft. 4, April, S. 281—291)——398—400、403。

《世界政策问题小报》(慕尼黑)«Aus der Weltpolitik», München, 1903, Jg. V, N 48, 30. November, S. 1—10)——95。

《曙光》杂志(斯图加特)(«Заря», Штутгарт)——16。
—1901, №1, апрель, стр. 152—153.——390。
—1902, №4, август, стр. 1—39, в отд. А; стр. 152—183, в отд. 2.—— 9、76—79。

《斯塔罗韦尔的最后通牒》——见波特列索夫,亚·尼·《给格·瓦·普列汉诺夫的信》(1903 年 10 月 21 日(11 月 3 日))。

[《同志仲裁法庭的判决词》(1904 年 2 月 19 日(3 月 3 日))]([Резолюция товарищеского третейского суда, состоявшегося 19 февраля(3 марта) 1904 г.].—«Искра», [Женева], 1904, №62, 15 марта. Приложение к №62 «Искры», стр. 2)——416、420。

《同志仲裁法庭的判决词》(1904 年 3 月 2 日 (15 日))(Резолюция товарищеского третейского суда. 2 (15) марта 1904 г. [Листовка. С

послеслов. Л. Мартова.] Б. м., [1904]. 2 стр.) —— 416、420、422、423
—424。

《托洛茨基的决议》——见《关于马尔丁诺夫和阿基莫夫拒绝参加代表大会工
作的声明的决议》。

《小共和国报》(巴黎)(«La Petite République», Paris, 1903, N 10023, 24 sep-
tembre, p.1)——68。

《新时代》杂志(斯图加特)(«Die Neue Zeit», Stuttgart)——157。

　—1894—1895, Jg. XIII, Bd. II, N 27, S.10—16.——264。

　—N 28, S.43—49.——264。

　—N 29, S.74—80.——264。

　—1903—1904, Jg. XXII, Bd.1, N 2, S.39—46.——67—68。

　—N 4, S.97—108.——321—324。

　—Bd.2, N 28, S.36—46.——399—401、404。

《一位西伯利亚代表的报告》——见托洛茨基,列·达·《俄国社会民主工党
第二次代表大会……》。

《意义重大的转折》(Знаменательный поворот. —«Освобождение», Штутгарт,
1903, №13(37), 2(15) декабря, стр. 217 — 218. Подпись: Независимый)
——373。

《政府通报》(圣彼得堡)(«Правительственный Вестник», Спб., 1902, №72, 30
марта(12 апреля), стр.1—2)——169—170。

《致俄国社会民主工党中央委员会》[《中央机关报编辑部的信》(1903 年 12
月 9 日(22 日))](В Центральный Комитет РСДРП. [Письмо редакции
ЦО. 9(22) декабря 1903 г.])——156。

《中央机关报编辑部给俄国社会民主工党中央委员会的信》——见《致俄国社
会民主工党中央委员会》。

《中央委员会的信》——见林格尼克,弗·威·《致俄国革命社会民主党人同
盟代表大会》。

《中央委员会的最后通牒》——见《中央委员会给斯塔罗韦尔同志的信》。

《中央委员会给斯塔罗韦尔同志的信》[1903 年 11 月 12 日(25 日)](Письмо
ЦК к тов. Староверу. [12(25) ноября 1903 г.]. —В кн.: [Воровский, В.В.]

Комментарий к протоколам Второго съезда Заграничной лиги русс. революционной социал-демократии. Женева, тип. партии, 1904, стр. 26 — 28. (РСДРП). То же в кн.: Мартов, Л. Борьба с «осадным положением» в Российской социал-демократической рабочей партии. С прил. писем Н. Ленина, Г. Плеханова и Ф. Дана. (Ответ на письмо Н. Ленина.) Женева, Pfeffer, 1904, стр. 49 — 50. (РСДРП)) —— 82、95 — 96、126、132、147、158、374 — 376、377。

《组织委员会对斗争社的答复》(Ответ Организационного комитета гр. «Борьба». — В кн.: Второй очередной съезд Росс. соц.-дем. рабочей партии. Полный текст протоколов. Изд. ЦК. Женева, тип. партии, [1904], стр. 375. (РСДРП)) —— 210。

《最新消息》(伦敦—日内瓦)(«Последние Известия», Лондон—Женева) —— 24。

— (伦敦)(Лондон, 1903, № 109, 26 (13) февраля, стр. 1 — 4) —— 22 — 24。

# 年　表

## (1903 年 9 月—1904 年 7 月)

## 1903 年

**1903 年 9 月—1904 年 7 月**

列宁侨居日内瓦。

**9 月上半月**

写《俄国社会民主工党第二次代表大会记事》。

**9 月 15 日(28 日)以后**

列宁在《火星报》第 48 号上注明《拆穿了！……》一文是他写的。

**不早于 9 月 16 日(29 日)**

读波兰革命运动的参加者给《火星报》编辑部的来信,信中叙述对《火星报》的活动以及对犹太人等问题的看法。

**9 月 16 日和 10 月 1 日(9 月 29 日和 10 月 14 日)之间**

为在《火星报》上发表从敖德萨寄来的关于抵制选举工长的通讯做准备工作,并为这篇通讯写编者按语。这篇敖德萨通讯和列宁为它写的编者按语发表在 1903 年 10 月 1 日《火星报》第 49 号上。

**9 月 17 日(30 日)**

致函在德国德累斯顿的俄国女社会活动家亚·米·卡尔梅柯娃,讲述俄国社会民主工党第二次代表大会以后孟什维克所进行的破坏活动。

就一篇有关彼得罗夫斯基宪兵上校的通讯稿问题致函在维也纳的 K.Л.富特米勒。

修改娜·康·克鲁普斯卡娅给俄国社会民主工党叶卡捷琳诺斯拉夫委员会的信,信中询问委员会的工作情况,对委员会工作的安排提出建议,并告知国外俄国社会民主党人中的新闻。

**9 月 18 日（10 月 1 日）**

复函俄国社会民主工党敖德萨委员会，解释党的第二次代表大会关于参加工长选举的决议，支持委员会提出的关于更经常地交换意见以避免分歧的建议，并答应写传单，说明经济斗争和政治斗争的关系。

**9 月 21 日（10 月 4 日）**

同《火星报》编委格·瓦·普列汉诺夫及中央委员弗·威·林格尼克一起与尔·马尔托夫、帕·波·阿克雪里罗得、亚·尼·波特列索夫和维·伊·查苏利奇就共同在中央机关报工作的条件问题举行谈判。谈判持续了 3 小时，毫无结果。

起草给俄国社会民主工党第二次代表大会记录委员会的声明，以自己和格·瓦·普列汉诺夫的名义表示同意在代表大会的记录中发表他们的姓名。

**9 月 21 日—23 日（10 月 4 日—6 日）**

起草中央机关报编辑部邀请尔·马尔托夫为《火星报》和《曙光》杂志撰稿的信。

**9 月 22 日（10 月 5 日）**

致函中央委员格·马·克尔日扎诺夫斯基和弗·亚·诺斯科夫，要他们准备同孟什维克的破坏活动作斗争，提议在所有的委员会中加强自己的影响，把多数派列·叶·加尔佩林和彼·阿·克拉西科夫增补进中央委员会。

**9 月 23 日（10 月 6 日）**

以中央委员会的名义致函俄国社会民主工党第二次代表大会记录委员会，要求寄来代表大会通过的纲领、组织章程、全部决议和决定。

以中央机关报编辑部的名义致函尔·马尔托夫和《火星报》原来的其他编辑，邀请他们为《火星报》和《曙光》杂志撰稿。

**9 月 26 日和 10 月 13 日（10 月 9 日和 26 日）之间**

起草中央委员会和中央机关报编辑部告孟什维克反对派成员书，号召他们履行党员义务并停止对中央机关的抵制；建议向全体党员说明原则上的分歧。

**9 月 27 日（10 月 10 日）**

致函俄国革命社会民主党人国外同盟领导机关成员加·达·莱特伊仁，

表示反对召开同盟第二次代表大会。

**9 月 27 日和 10 月 13 日(10 月 10 日和 26 日)之间**

为参加俄国革命社会民主党人国外同盟第二次代表大会做准备工作；起草在国外同盟第二次代表大会上作的关于俄国社会民主工党第二次代表大会的报告的提纲；在俄国社会民主工党中央委员会给同盟成员的通告和同盟的原有章程上作记号和划着重线；写同盟成员名单，初步估计布尔什维克和孟什维克在这一组织即将召开的代表大会上的力量对比。

**不晚于 9 月 29 日(10 月 12 日)**

表示允许马尔托夫派在服从中央机关报监督的条件下组成著作家小组，坚持在《火星报》第 50 号上公布马尔托夫派关于拒绝参加报纸任何工作的声明。

**9 月底—10 月 19 日(11 月 1 日)以前**

以《火星报》编辑部名义致函俄国社会民主工党顿河区委员会，要求他们解释所作的关于党的第二次代表大会的总结的决议。

以《火星报》编辑部的名义致函矿业工人联合会，就联合会所通过的关于党的第二次代表大会的总结的决议提出一系列质问，并要求在委员会全体会议上讨论这些问题。

**9 月**

列宁的《革命青年的任务。第一封信》一文在《大学生报》第 2—3 号上发表。

**9 月—10 月**

揭露孟什维克分裂破坏活动的《俄国社会民主工党第二次代表大会记事》，在党的第二次代表大会以后，以手抄本形式在社会民主党人中间流传。这一文件在同孟什维克的斗争中和在团结布尔什维克拥护者的事业中发挥了很大作用。

**1903 年 9 月—1904 年 2 月**

同在柏林的马·尼·利亚多夫通信，告知政治新闻，并就运送秘密书刊等问题提出具体建议。

**不早于 10 月 1 日(14 日)**

读顿河革命组织号召对沙皇专制制度进行斗争的传单《哥萨克的愿望》，

作摘录并在传单上注明自己想就这个问题写一篇短评。

**10月1日（14日）**

列宁的《最高的无耻和最低的逻辑》一文在《火星报》第49号上发表。

**10月7日（20日）**

致函中央委员格·马·克尔日扎诺夫斯基,主张中央委员会采取更加坚决的行动,反对孟什维克的破坏活动;要克尔日扎诺夫斯基来日内瓦;反对弗·亚·诺斯科夫提出的关于把尔·马尔托夫增补进中央委员会的计划。

以自己和格·瓦·普列汉诺夫的名义致函高加索联合会委员会,同意联合会委员关于撤销倒向孟什维克的季·亚·托普里泽职务的决定,并号召坚定不移地执行党内多数派的路线。

参加起草给俄国革命社会民主党人国外同盟成员的公开信,并与同盟的12个布尔什维克成员一起签名。信中指出必须改组同盟和制定新的章程,还对同盟领导机关成员列·格·捷依奇粗暴破坏党纪的行为表示抗议。

**10月13日（26日）**

在俄国革命社会民主党人国外同盟第二次代表大会第1次会议上,在讨论议事日程问题时和在对关于俄国社会民主工党第二次代表大会的报告作预先说明时多次发言;作关于讨论进程的笔记;对布尔什维克和孟什维克在代表大会上的力量对比作估计。

**10月14日（27日）**

在国外同盟第二次代表大会第2次会议上作关于俄国社会民主工党第二次代表大会的报告;就尔·马尔托夫的副报告作笔记。

**10月15日（28日）**

在国外同盟第二次代表大会第3次会议上,对尔·马尔托夫在副报告中所采取的卑鄙的斗争手段和粗暴的捏造表示坚决抗议,之后同多数派拥护者一起退出代表大会的会场。

**10月16日（29日）**

起草书面抗议(即《没有提交的声明》),反驳尔·马尔托夫在同盟代表大会上所作的副报告中对布尔什维克所进行的诽谤性责难。

列宁在同盟第二次代表大会第 4 次会议上发表声明说：鉴于马尔托夫的非党活动，拒绝参加讨论关于党的第二次代表大会的报告和作总结发言。同盟的布尔什维克成员集体提出书面抗议，支持列宁的声明，并在提出抗议后退出代表大会的会场。

**10 月 17 日（30 日）**

在同盟第二次代表大会第 5 次会议上，列宁就关于同盟章程问题作了 3 次发言。他强调指出，同盟章程未经中央委员会批准不能生效。当代表大会通过了尔·马尔托夫提出的关于同盟章程无须经过中央委员会批准的提案以后，列宁代表多数派拥护者提出抗议，反对这一粗暴违反党章的行为。

晚上，同盟第二次代表大会第 5 次会议后，列宁出席同盟的布尔什维克成员和他们新提出的 11 名同盟成员候选人一起召开的非正式会议。会议是在日内瓦"兰多尔特"咖啡馆里举行的。

**10 月 18 日（31 日）**

晚上，国外同盟第二次代表大会结束以后，出席同盟的布尔什维克成员会议。在会上格·瓦·普列汉诺夫表示要同孟什维克进行和谈。

**10 月 19 日（11 月 1 日）以前**

同弗·威·林格尼克一起要求召集党总委员会会议，以确认中央委员弗·威·林格尼克在国外同盟第二次代表大会上所采取的行动是正确的。

**10 月中旬，不晚于 19 日（11 月 1 日）**

劝说弗·威·林格尼克留下来和孟什维克的《火星报》编辑部一起工作。

**10 月 19 日（11 月 1 日）**

清早，由弗·威·林格尼克和列·叶·加尔佩林陪同，再次同格·瓦·普列汉诺夫谈话，劝他不要向马尔托夫派让步，认为把旧编辑重新增补进中央机关报是不能容忍的。由于普列汉诺夫企图向孟什维克让步，列宁提出自己退出《火星报》编辑部的问题。

在俄国社会民主工党总委员会会议上参加拟定党总委员会关于国外同盟和中央委员会的冲突问题的决议。党总委员会认为中央委员林格尼克采取的行动是正确的，决定通过吸收新成员的办法改组同盟。

致函格·瓦·普列汉诺夫,劝他不要向马尔托夫派让步,同时指出这种让步将会给党带来极大的危害。

向党总委员会主席格·瓦·普列汉诺夫提出声明,辞去党总委员会委员和中央机关报编辑部成员的职务。

## 10月21日(11月3日)

连续两次收到格·瓦·普列汉诺夫关于商谈孟什维克反对派提出的协议条件的来信。

同弗·威·林格尼克一起会见格·瓦·普列汉诺夫。普列汉诺夫声明要向马尔托夫派让步,对此列宁重申退出中央机关报编辑部的决定。列宁还告诉普列汉诺夫,如果得到中央委员会全体委员的同意,他决定进入俄国社会民主工党中央委员会。

## 10月22日(11月4日)以前

在写《崩得在党内的地位》一文时,读崩得以同样的标题发表在《工人呼声报》1903年第34号上的一篇文章的译文,作批注并标出重点。

## 10月22日(11月4日)

同弗·威·林格尼克拜访格·瓦·普列汉诺夫。普列汉诺夫把马尔托夫分子提出的与孟什维克反对派讲和的条件告诉他们,坚持要中央委员会让步。列宁和林格尼克向普列汉诺夫声明,孟什维克的条件是不能接受的,并指出必须征求中央委员会其他委员的意见。

同弗·威·林格尼克委派伊·克·拉拉扬茨到俄国去向中央委员会介绍同盟第二次代表大会期间和以后的事态的发展情况。

致函在基辅的中央委员格·马·克尔日扎诺夫斯基,告诉他格·瓦·普列汉诺夫转向孟什维克一边,并要克尔日扎诺夫斯基和弗·亚·诺斯科夫必须到日内瓦来。

致函中央委员会,把马尔托夫派提出的同孟什维克反对派讲和的条件告诉他们,建议中央委员会向孟什维克提出自己的条件。信中还谈到自己打算退出编辑部,进入中央委员会,并出版一本揭露孟什维克破坏活动的小册子。

列宁的《崩得在党内的地位》一文在《火星报》第51号上发表。

## 10月23日(11月5日)

致函在基辅的中央委员弗·亚·诺斯科夫和格·马·克尔日扎诺夫斯

基,指出中央委员会必须同马尔托夫分子进行坚决的斗争,并请诺斯科夫和克尔日扎诺夫斯基尽快到日内瓦来,以确定中央委员会在这场斗争中的路线。

同格·瓦·普列汉诺夫谈话,普列汉诺夫建议列宁劝告列·叶·加尔佩林退出党总委员会,同时声明,否则他——普列汉诺夫将保留"完全的行动自由"。这次谈话促使列宁最后作出退出编辑部的决定。

**10月24日(11月6日)**

致函格·瓦·普列汉诺夫,不同意他提出的关于要列·叶·加尔佩林退出总委员会的建议;提出要把全部编辑事务移交给普列汉诺夫,并把中央机关报编辑部的材料寄给他。

**10月24日或25日(11月6日或7日)**

出席布尔什维克日内瓦小组会议,会议谴责格·瓦·普列汉诺夫背叛党内多数派的行为。

**不早于10月26日(11月8日)**

修改娜·康·克鲁普斯卡娅给一位姓名不详者的信,信中介绍孟什维克在俄国革命社会民主党人国外同盟第二次代表大会上和代表大会以后的行为,还谈到格·瓦·普列汉诺夫对孟什维克采取调和主义态度和列宁已退出《火星报》编辑部等情况。

**10月26日(11月8日)**

致函格·马·克尔日扎诺夫斯基,告知自己已完全退出了《火星报》编辑部,指出必须为捍卫中央委员会而斗争,反对孟什维克夺取中央委员会,认为克尔日扎诺夫斯基和其他中央委员应到国外来一趟。

**10月27日或28日(11月9日或10日)**

格·瓦·普列汉诺夫1903年10月26日(11月8日)致函列宁约稿。列宁复函说,他打算为《火星报》写一篇论土地问题的文章,分析民粹派和自由派的观点。

**10月28日(11月10日)**

致函马·尼·利亚多夫,详细叙述了在同盟代表大会上以及代表大会以后同孟什维克斗争的过程,认为布尔什维克现在应该为捍卫中央委员会和争取迅速召开新的党代表大会而斗争。

**10 月 29 日和 11 月 5 日（11 月 11 日和 18 日）之间**

写《民粹派化的资产阶级和惊慌失措的民粹派》一文。

**11 月 1 日（14 日）**

格·瓦·普列汉诺夫 1903 年 10 月 31 日（11 月 13 日）来函询问下一号《火星报》用的论土地问题一文的写作情况。列宁复函说，他已开始写这篇文章，预计在星期二即 11 月 4 日（17）完稿。

**11 月 5 日（18 日）**

给格·瓦·普列汉诺夫寄去《民粹派化的资产阶级和惊慌失措的民粹派》一文，以便在《火星报》上发表。

给格·瓦·普列汉诺夫寄去关于自己已于 1903 年 10 月 19 日（11 月 1 日）退出中央机关报《火星报》编辑部的声明，并请将这一声明在《火星报》上发表。

**11 月上半月，不早于 6 日（19 日）**

同格·马·克尔日扎诺夫斯基多次进行谈话，克尔日扎诺夫斯基是为使列宁与孟什维克和解而从俄国来到日内瓦的。

**11 月 6 日—8 日（19 日—21 日）**

被增补进中央委员会。

**11 月 7 日和 19 日（11 月 20 日和 12 月 2 日）之间**

写《给〈火星报〉编辑部的信》，评《火星报》第 52 号上发表的格·瓦·普列汉诺夫的《不该这么办》一文。

**11 月 7 日（20 日）以后**

在 1900—1903 年《火星报》第 1—52 号合订本上，标出文章作者，作记号和划出重点。

**11 月 12 日（25 日）**

在日内瓦出席中央委员会会议。根据列宁的提议，中央委员会草拟最后通牒，向孟什维克提出确立党内和平的条件。

**11 月 13 日和 12 月 9 日（11 月 26 日和 12 月 22 日）之间**

读孟什维克《火星报》编辑部给俄国社会民主工党各委员会的信。

**11 月 14 日（27 日）**

向中央委员会会议提出关于反对格·瓦·普列汉诺夫把以前的孟什维

克编辑增补进《火星报》编辑部的声明草案。

**11 月 14 日和 22 日（11 月 27 日和 12 月 5 日）之间**

以娜·康·克鲁普斯卡娅的名义致函《火星报》编辑部，说她本人同意继续担任编辑部秘书工作。

**11 月 16 日（29 日）**

根据中央委员会的推荐，代表俄国社会民主工党中央委员会参加党总委员会。

通过格·马·克尔日扎诺夫斯基，同尔·马尔托夫互相交换消除他们之间在同盟代表大会上出现的个人冲突的书面声明。

**不早于 11 月 16 日（29 日）**

起草《俄国社会民主工党中央委员会给国外同盟领导机关、国外党的协助小组和全体党员的信》。信中所制定的国外支持国内革命运动的计划成了中央委员会国外工作的基础。

**11 月 17 日和 29 日（11 月 30 日和 12 月 12 日）之间**

娜·康·克鲁普斯卡娅从 1903 年 11 月 17 日（30 日）《世界政策问题小报》第 48 号上刊登的亚·李·帕尔乌斯的文章中作摘录。列宁在摘录上作批注，在《我为什么退出了〈火星报〉编辑部?》一信中使用了摘录的材料。

**11 月 19 日（12 月 2 日）**

费·伊·唐恩为出版国外同盟第二次代表大会记录做准备工作，于 1903 年 11 月 18 日（12 月 1 日）向列宁征求意见。列宁复函反对删节他本人的关于俄国社会民主工党第二次代表大会的报告的记录以及尔·马尔托夫的副报告的记录。

**不早于 11 月 19 日（12 月 2 日）**

收到费·伊·唐恩的复函，唐恩同意在国外同盟第二次代表大会的记录中不删节列宁关于俄国社会民主工党第二次代表大会的报告和尔·马尔托夫的副报告。

**11 月 19 日或 20 日（12 月 2 日或 3 日）**

把自己针对格·瓦·普列汉诺夫的《不该这么办》一文而写的《给〈火星报〉编辑部的信》寄给《火星报》；在这一文件的附信中表示愿意为报纸

撰稿。

**11月20日(12月3日)**

由于维·伊·查苏利奇来函征询意见,两次致函中央机关报编辑部,要求把他给《火星报》编辑部的信刊登在该报第53号上;重申他打算继续为《火星报》撰稿,告知给报纸写文章的计划;要求对他写的所有文章都署名:"尼·列宁"。

**11月25日(12月8日)以前**

对一个姓名不详的作者寄给《火星报》的关于在哈尔滨庆祝五一节以及在赤塔成立"外贝加尔工人联合会"的通讯进行编辑加工。这篇通讯刊登在《火星报》第53号上。

**11月25日(12月8日)**

《火星报》第53号发表了列宁退出编辑部的通告,并刊登他给《火星报》编辑部的信(评《火星报》第52号上的格·瓦·普列汉诺夫的《不该这么办》一文)。

**11月25日和29日(12月8日和12日)之间**

给孟什维克《火星报》编辑部写了一封公开信——《我为什么退出了〈火星报〉编辑部?》。该编辑部拒绝发表这封信。1903年12月这封信印成单页发行。

**11月27日(12月10日)**

在给俄国社会民主工党中央委员会的信中提出召开党的第三次代表大会的要求。

**11月29日(12月12日)**

致函《火星报》编辑部,呼吁孟什维克停止派别斗争。

**1903年秋天**

致函马·尼·利亚多夫,建议他担任中央委员会驻柏林的代办员。

作关于土地问题的讲演。

**12月1日(14日)**

列宁的《民粹派化的资产阶级和惊慌失措的民粹派》一文在《火星报》第54号上发表。

**12月4日(17日)**

收到党内多数派、俄国社会民主工党叶卡捷琳诺斯拉夫委员会委员尼·

叶·维洛诺夫的来信,信中请求列宁阐述他对分裂后党内状况的看法。为再版《就我们的组织任务给一位同志的信》这本小册子而写后记时,引用了维洛诺夫的信。

**12 月 4 日和 9 日(17 日和 22 日)之间**

致函尼·叶·维洛诺夫,讲述党内斗争的重大事件以及孟什维克夺取中央机关报编辑部和进行反对中央委员会的破坏活动。

**12 月 5 日(18 日)**

致函在基辅的中央委员格·马·克尔日扎诺夫斯基,严厉批评个别中央委员在对待党的破坏分子——马尔托夫分子的态度问题上所表现出的调和主义情绪,并建议立即筹备召开党的代表大会。

**12 月 6 日(19 日)**

以中央委员会的名义复函尔·马尔托夫,谈有关弗·德·邦契-布鲁耶维奇为教派信徒出版社会民主党小报《黎明报》的问题。

**12 月 9 日(22 日)**

在给中央委员会的信中声明反对中央委员会发给各委员会的通知,这份通知抹煞党内的尖锐斗争,鼓吹对孟什维克采取调和主义的政策。

**12 月 11 日—14 日(24 日—27 日)**

以中央委员会国外代表弗·威·林格尼克的名义致函《火星报》编辑部,抗议中央机关报编辑部就列宁的《我为什么退出了〈火星报〉编辑部?》这封信所通过的决议。

**12 月 15 日(28 日)**

应《火星报》编辑部秘书约·索·布柳缅费尔德的请求,答应为《火星报》写一篇文章答复刊登在波兰社会党机关刊物《黎明》杂志第 9 期上的关于波兰问题的文章。

**12 月 17 日(30 日)和 20 日(1904 年 1 月 2 日)**

致函中央委员会,要求弄清楚各中央委员对召开代表大会问题所持的态度,并号召同孟什维克展开积极的斗争。这封信是 1903 年 12 月 23 日(1904 年 1 月 5 日)寄往俄国的。

**12 月 22 日(1904 年 1 月 4 日)**

收到格·马·克尔日扎诺夫斯基 1903 年 12 月 18 日(31 日)从俄国寄来

的信,信中说孟什维克《火星报》编辑部把攻击列宁和布尔什维克的信件散发给俄国社会民主工党各委员会。列宁在1904年1月16日(29日)俄国社会民主工党总委员会的会议上就关于恢复党内和平的措施问题发言时引用了克尔日扎诺夫斯基的来信。

致函格·马·克尔日扎诺夫斯基,尖锐地批评俄国国内个别中央委员的调和主义行为,要求对孟什维克进行无情的斗争,要求尽快召开党的代表大会。

**12月26日(1904年1月8日)以前**

同娜·康·克鲁普斯卡娅和弗·威·林格尼克到日内瓦附近的萨莱夫山旅游。

**12月26日(1904年1月8日)**

同弗·成·林格尼克一起致函《火星报》编辑部(这封信是以中央委员会国外代表林格尼克的名义发出的)。信中指出必须给全体党员以尽可能充分的自由来批评中央机关。

致函母亲玛·亚·乌里扬诺娃,谈自己在萨莱夫山旅游的感想,请她购买一本伊·米·谢切诺夫撰写的《思想的要素》和一本俄法辞典。

**12月下半月**

写《谈谈新〈火星报〉的立场》一文。

**12月下半月—1904年1月**

准备再版小册子《就我们的组织任务给一位同志的信》,写小册子的序言和后记。

**12月底**

收到1903年12月24日(1904年1月6日)从敖德萨寄来的信,信中反映孟什维克《火星报》编辑部背着中央委员会派维·尼·克罗赫马尔(扎戈尔斯基)到俄国社会民主工党敖德萨委员会来进行有利于孟什维克的宣传活动。列宁在俄国社会民主工党总委员会1904年1月17日(30日)会议上就出版党的书刊问题发言时引用了这封信所提供的情况。

**年底**

致函在西伯利亚流放的约·维·斯大林,扼要地说明党在近期内的工作计划。

同娜·康·克鲁普斯卡娅与朋友在一起欢度新年。

**1903 年**

阅读弗·宇伯威格《哲学史概论》(1876 — 1880 年柏林版,共 3 卷)和弗·保尔森《哲学引论》(1899 年柏林版)两部书,并作笔记。

　　开列有关社会经济问题的英文、德文和法文书籍的目录,写《手工劳动和机器劳动》(第 1—2 卷,1899 年华盛顿版。劳动特派员第 13 年度报告。1898 年)一书的提要;从 P.默里奥《现代欧洲的城市居民点》(1897 年巴黎版)、《机器生产方法和手工生产方法一览表》、《工业及手工业普查(1896 年 10 月 31 日)》(第 1—2、4—5 卷,1900—1901 年布鲁塞尔版)等书中作摘录。

**1903 年下半年—1904 年 2 月**

经常与俄国社会民主工党中央委员会驻柏林代表马·尼·利亚多夫通信。

**1903 年—1904 年**

写亨利·赖德·哈格德《农业的英国。1901 年及 1902 年作的关于农业和社会调查的报告》(两卷集,1902 年伦敦版)一书的提要。

# 1904 年

**1 月 4 日和 10 日(17 日和 23 日)之间**

针对尔·马尔托夫在《火星报》第 56 号上发表的《当务之急(是小团体,还是党?)》一文,起草告党员书。

**1 月 7 日(20 日)**

致函母亲,询问 1904 年 1 月在基辅被捕的姐姐安娜、妹妹玛丽亚和弟弟米嘉的健康情况。

**1 月 10 日(23 日)**

就即将召开党总委员会会议问题,起草给党总委员会主席格·瓦·普列汉诺夫的正式信稿。这封信是以中央委员会国外代表弗·威·林格尼克的名义寄给普列汉诺夫的。林格尼克对信稿作了很小的改动。

**1 月 14 日(27 日)**

致函党总委员会主席格·瓦·普列汉诺夫,反对中央机关报编辑部提议由费·伊·唐恩担任即将召开的党总委员会会议的秘书。

**1月15日—17日（28日—30日）**

在日内瓦出席由中央机关报召集的党总委员会会议，会议的目的是为了使中央委员会和中央机关报在出版党的书刊的工作方面步调一致。

**1月15日（28日）**

在党总委员会第1次会议上，提议讨论恢复党内和平的措施问题，就这一问题5次发言，并提出决议草案。

**1月16日（29日）**

在党总委员会第2次会议上，就恢复党内和平问题4次发言，提出关于这一问题的新的决议草案，多次就议程和程序问题发言。

写《俄国社会民主工党中央委员会按语》，恳求对日内瓦党的图书馆和档案库的组织者们给予帮助。

**1月17日（30日）**

在党总委员会第3次会议上，以中央委员会几位代表的名义宣读保留意见，抗议总委员会通过格·瓦·普列汉诺夫关于增补孟什维克进入中央委员会的提案；建议讨论召开党的第三次代表大会的问题，就这个问题3次发言并提出决议草案；就出版党的书刊、议程、程序等问题多次发言。

**1月18日（31日）**

致函中央委员会，报告党总委员会会议的结果：在一些重要问题上通过了孟什维克的决议；要求中央委员们要为迅速召开党的代表大会而坚决斗争。

**不早于1月18日（31日）**

起草告全党书。

**1月20日和25日（2月2日和7日）之间**

从来自俄国的中央委员玛·莫·埃森那里了解到有关俄国国内、党组织内和中央委员会内的情况。因此，致函在基辅的中央委员格·马·克尔日扎诺夫斯基，坚持要他转入地下，并到各委员会去巡视，提醒他要注意孟什维克夺取中央委员会的危险，并且要求各地方委员会必须坚决反对孟什维克中央机关报的破坏活动。

**1 月 25 日(2 月 7 日)**

以中央委员会的名义请波兰社会党中央委员会更详细地说明波兰社会党提出的关于召开俄国社会民主工党和波兰社会党代表会议的建议。

**1 月 26 日(2 月 8 日)**

致函弗·德·邦契-布鲁耶维奇,建议他把俄国社会民主工党中央委员会发行部掌握到自己手里。

**1 月 27 日(2 月 9 日)以后**

在日内瓦群众集会上发表讲话,谈已经开始的日俄战争和未来的革命。

**1 月下半月—2 月**

为写作《进一步,退两步》一书作准备工作:研究党的第二次代表大会的记录,从中作摘录,标出大会代表发言中突出的地方,统计在表决各项问题时票数分配的情况等。

**1 月**

同瓦·瓦·沃罗夫斯基、谢·伊·古谢夫和尼·瓦连廷诺夫就尼·加·车尔尼雪夫斯基的创作进行谈话。

**1 月—2 月**

向日内瓦俄国社会民主工党中央委员会图书馆和档案库的组织者们建议,在图书馆中设立文学作品部。

**2 月 3 日(16 日)**

写俄国社会民主工党中央委员会关于日俄战争的传单《告俄国无产阶级书》。

**不晚于 2 月 7 日(20 日)**

写《关于退出〈火星报〉编辑部的一些情况》这一信件的草稿片断。

**2 月 7 日(20 日)**

写《关于退出〈火星报〉编辑部的一些情况》一信,并把信交给《对俄国革命社会民主党人国外同盟第二次代表大会记录的述评》这本小册子的编者们,要求把这封信作为附录收入《述评》。

以俄国社会民主工党中央委员会委员的名义签署《俄国社会民主工党中央委员会图书馆和档案库条例》。

**2 月 13 日(26 日)**

以中央委员会的名义写信给《火星报》编辑部,认为把中央委员会应收的信件转交给中央机关报是违法的无理的侵占行为。

**2月上半月**

同弗·威·林格尼克一起寄信给国内各中央委员,建议解决关于立即召开党代表大会的问题,建议增补彼·阿·克拉西科夫和潘·尼·勒柏辛斯基进入中央委员会和选举中央委员会执行小组。

**2月29日(3月13日)**

以中央委员会国外部的名义写信给国内各中央委员,说他和弗·威·林格尼克暂时退出党总委员会。

**2月**

致函国内各中央委员,严厉批评他们的调和主义立场,指出摆脱分裂状态和破坏活动的唯一出路是召开党的第三次代表大会,号召中央委员会在党内政策上采取坚定方针并对孟什维克进行不调和的斗争。

同尼·瓦连廷诺夫谈话,尖锐批评他在哲学上的马赫主义观点,坚决反对他对马克思主义哲学的修正。

**2月—3月**

多次写信给党的地方工作者,说明必须尽快召开俄国社会民主工党第三次代表大会。

**2月—5月6日(19日)**

写《进一步,退两步(我们党内的危机)》一书。

**3月1日(14日)**

写书面声明给党总委员会主席,说他和弗·威·林格尼克暂时退出党总委员会。

**3月5日(18日)**

以中央委员会国外代表的代理的名义,要求中央机关报编辑部撤销它在《火星报》第61号上发表的关于要把《火星报》和《曙光》杂志的经费寄交编辑部的通告。

**3月5日和5月6日(3月18日和5月19日)之间**

读俄国社会民主工党沃罗涅日委员会论党内分裂的传单,准备在《进一步,退两步》一书中加以引用。

**3月9日(22日)**

在日内瓦举行的社会民主党人的集会上作关于巴黎公社的报告。

**3月15日和5月6日(3月28日和5月19日)之间**

读俄国社会民主工党第二次代表大会代表马·尼·利亚多夫和弗·菲·哥林印发的传单《仲裁法庭中的第四者》,在《进一步,退两步》一书的附录中提到这一传单。

**3月**

支持关于建立俄国社会民主工党中央委员会南方局的设想,赞成敖德萨委员会关于必须召开俄国社会民主工党第三次代表大会的决议草案。

**3月—4月**

领导社会民主党党章研究小组。

**4月2日(15日)**

起草五一节传单,该传单由中央委员会和中央机关报签署印发。

**5月6日(19日)以前**

校订马·尼·利亚多夫为《新时代》杂志写的关于俄国社会民主工党党内分歧的文章。

**5月6日(19日)**

列宁的《进一步,退两步(我们党内的危机)》一书出版。

**5月13日(26日)**

致函各中央委员,谈中央委员会内部分歧尖锐化;告知自己的辞呈没有被通过,还继续留在总委员会。

　　起草《三个中央委员的声明》,其中规定只有在意见一致、共同署名的情况下才能以中央委员会的名义进行一切活动。这个声明经弗·亚·诺斯科夫、玛·莫·埃森(兹韦列夫)和列宁署名,并寄给国内的俄国社会民主工党全体中央委员。

　　致函弗·威·林格尼克,坚决要求林格尼克和罗·萨·捷姆利亚奇卡不要退出中央委员会,而要在中央委员会内为布尔什维克路线的胜利而斗争。

**5月13日(26日)左右**

同弗·亚·诺斯科夫一起委派从俄国各委员会巡视回来的马·尼·利亚多夫担任中央委员会国外会计和中央委员会国外部全权代表。

**不早于5月13日(26日)**

分别致函中央委员格·马·克尔日扎诺夫斯基和列·波·克拉辛,要他们弄清在党内生活中发生的事件的实质,并在同孟什维克斗争中站稳立场。

**5月中旬,不晚于19日(6月1日)**

为自己在党总委员会会议上的发言准备材料,向中央委员会南方局成员询问尼古拉耶夫委员会内布尔什维克和孟什维克冲突的情况。

**不早于5月20日(6月2日)**

读娜·康·克鲁普斯卡娅写给玛·伊·乌里扬诺娃的信,信中告知党内状况,并表示相信布尔什维克一定能战胜孟什维克。

**5月31日和6月5日(6月13日和18日)**

出席党总委员会会议。

**5月31日(6月13日)**

在党总委员会第1次会议上,就召开各党联席会议问题4次发言;就俄国社会民主工党派代表参加第二国际阿姆斯特丹代表大会问题3次发言;就议程和讨论程序问题多次发言;就其他人的发言作笔记。

**5月下半月**

起草《告全党书》提纲。

**5月—6月12日(25日)**

同中央委员弗·亚·诺斯科夫订立关于在向第二国际阿姆斯特丹代表大会的报告中不提党内分歧的协议。

**5月或6月**

致函亚·亚·波格丹诺夫,批评他的《经验一元论》一书。

**6月5日(18日)**

在党总委员会第2次会议上,就关于中央机关报和中央委员会召回驻党总委员会代表的权利、关于地方委员会增补委员和中央委员会有权向地方委员会增补新委员、关于决定召开俄国社会民主工党第三次代表大会问题时的表决程序、关于公布党总委员会会议记录和关于《黎明报》等问题多次发言;其他人发言时作笔记。

**6月6日(19日)**

致函在俄国国内的中央委员叶·德·斯塔索娃和弗·威·林格尼克,询问有关拟定在国外召开中央委员会的情况,并请求采取防止调和派把持全会的措施。

**6 月 7 日（20 日）**

列宁同弗·亚·诺斯科夫一起通知《火星报》编辑部,他和诺斯科夫作为中央委员会的国外代表,指派马·尼·利亚多夫为中央委员会会计。

**不晚于 6 月 8 日（21 日）**

同娜·康·克鲁普斯卡娅和玛·莫·埃森一起郊游:坐船到蒙特勒,在那里参观希尔翁城堡,攀登一个山峰。

**6 月 11 日或 12（24 日或 25 日）**

拒绝调和派中央委员弗·亚·诺斯科夫提出的关于参加孟什维克《火星报》编辑部和同意增补两名孟什维克进入中央委员会的建议。

**6 月 12 日（25 日）以前**

起草批判恩·马赫哲学观点的提纲。

**6 月 12 日或 13（25 日或 26 日）**

同娜·康·克鲁普斯卡娅从日内瓦启程去洛桑,到瑞士各地旅行。

**6 月 12 日或 13 至 20 日（6 月 25 日或 26 日至 7 月 3 日）**

同娜·康·克鲁普斯卡娅一起在洛桑休息。

**6 月 19 日（7 月 2 日）**

在娜·康·克鲁普斯卡娅写给在基辅的母亲玛·亚·乌里扬诺娃的信中附言,谈自己休息的情况并邀请她夏天来。

**6 月 20 日（7 月 3 日）—7 月上半月**

同娜·康·克鲁普斯卡娅一起在瑞士各地旅行。

**6 月 25 日和 7 月 1 日（7 月 8 日和 14 日）之间**

读俄国社会民主工党向第二国际阿姆斯特丹代表大会提出的报告草稿,建议报告起草人费·伊·唐恩或者完全不涉及党内分歧,或者在报告中让布尔什维克和孟什维克各占同样多的篇幅。唐恩拒绝按这个建议进行修改。

**6 月底—7 月初**

以中央委员会名义向俄国革命社会民主党人国外同盟巴黎支部询问伊尔库茨克委员会事件一事,起草复信稿。

**7 月 3 日（16 日）**

同娜·康·克鲁普斯卡娅一起把印有布里恩茨湖上的伊塞尔特瓦尔德

风景的明信片寄给母亲玛·亚·乌里扬诺娃和妹妹玛·伊·乌里扬诺娃。

**不晚于 7 月 6 日(19 日)**

同意多数派向全党发表宣言,阐明多数派对当前局势的看法。

**7 月 7 日(20 日)**

同娜·康·克鲁普斯卡娅一起把印有小沙伊德格山和少女峰风景的明信片寄给母亲。

**7 月 13 日(26 日)**

复函在日内瓦的弗·德·邦契-布鲁耶维奇,谈国外布尔什维克的今后工作任务,指出在同孟什维克的关系问题上必须遵循既定的策略。

**7 月 15 日(28 日)**

把关于中央委员会国外代表列宁和弗·亚·诺斯科夫不在时委托中央委员会国外代办员潘·尼·勒柏辛斯基、弗·德·邦契-布鲁耶维奇、马·尼·利亚多夫组成的委员会代行职权的正式声明,由布伦嫩寄往日内瓦。

**7 月中**

同在国外的布尔什维克一起打算在国外召开布尔什维克会议,制定与掌握在孟什维克手中的党中央机关的政策进行坚决斗争的行动纲领。

**不早于 7 月 16 日(29 日)**

在俄国革命社会民主党人国外同盟领导机关致各协助小组的信的背面写多数派拥护者名单。

**7 月下半月,不晚于 22 日(8 月 4 日)**

读译成德文并由印刷所刊印出来的费·伊·唐恩起草的俄国社会民主工党代表向第二国际阿姆斯特丹代表大会提出的报告。由于这个报告从孟什维克的观点出发,有倾向地叙述了党内状况,列宁决定立即起草一份同孟什维克的报告相对立的布尔什维克派向阿姆斯特丹代表大会提出的报告。

**7 月 22 日和 30 日(8 月 4 日和 12 日)之间**

领导起草布尔什维克向第二国际阿姆斯特丹代表大会提出的报告的工作,拟定报告提纲,参加起草报告,并对报告作全面的修改。

**7 月 28 日(8 月 10 日)**

复函俄国社会民主工党总委员会书记尔·马尔托夫,声明自己拒绝投票选举马尔托夫提出的出席第二国际阿姆斯特丹代表大会代表候选人列·格·捷依奇、维·伊·查苏利奇,费·伊·唐恩;提醒说,党总委员会曾决定由总委员会全体委员作为代表出席大会;提议委派马·尼·利亚多夫和彼·阿·克拉西科夫代表自己出席大会。

**7 月 31 日(8 月 13 日)**

收到尔·马尔托夫的复信,这封信是回答列宁 1904 年 7 月 28 日(8 月 10 日)关于出席第二国际阿姆斯特丹代表大会代表团组成问题的信的。

项目统筹：崔继新
责任编辑：崔继新
装帧设计：石笑梦
版式设计：周方亚
责任校对：周　昕

---

图书在版编目(CIP)数据

列宁全集.第 8 卷/(苏)列宁著；中共中央马克思恩格斯列宁斯大林著作编译局编译.
　—2 版(增订版)-北京：人民出版社,2017.3(2024.7 重印)
ISBN 978 - 7 - 01 - 017100 - 5

Ⅰ.①列…　Ⅱ.①列…②中…　Ⅲ.①列宁著作- 全集　Ⅳ.①A2

中国版本图书馆 CIP 数据核字(2016)第 320340 号

---

书　　名　**列宁全集**
　　　　　LIENING QUANJI
　　　　　第八卷
编 译 者　中共中央马克思恩格斯列宁斯大林著作编译局
出版发行　**人民出版社**
　　　　　(北京市东城区隆福寺街 99 号　邮编　100706)
邮购电话　(010)65250042　65289539
经　　销　新华书店
印　　刷　北京新华印刷有限公司
版　　次　2017 年 3 月第 2 版增订版　2024 年 7 月北京第 2 次印刷
开　　本　880 毫米×1230 毫米 1/32
印　　张　21.5
插　　页　2
字　　数　559 千字
印　　数　3,001—6,000 册
书　　号　ISBN 978 - 7 - 01 - 017100 - 5
定　　价　53.00 元

ISBN 978-7-01-017100-5

9 787010 171005 >